北京师范大学京师社会调查丛书

Huangcun:
Rural Industrialization and Reshaping of Village

黄　村：
乡村工业化与村庄的重塑

董磊明　欧阳杜菲 .... 等 著

社会科学文献出版社
SOCIAL SCIENCES ACADEMIC PRESS (CHINA)

"京师社会调查丛书"总序

在现代社会科学体系中，社会学是基础性、综合性学科，也是具有极强实践性、应用性的学科。社会学必须直面社会实践中凝练出的重大理论问题。中国特色社会主义社会学是对社会主义社会运行特点和规律的揭示与阐释，也是对社会主义社会实践的理性认识，是在这个基础上对社会学基本理论的创新性发展。以马克思主义的认识论和方法论研究社会变迁的实践，是中国社会学学科发展的源头活水；而中国的社会发展、社会建设、社会治理，也离不开社会学理论的与时俱进、创新发展与有力支撑。

社会调查研究是社会学研究非常重要的方面。一直以来，社会调查都是中国社会学界的一个优良传统。中国社会学在近百年发展的历程中，一代代社会学人做实地调查、以实证性实验的科学精神和研究方法，立足国情、扎根本土，探索和发展具有中国特色的社会学理论和研究方法，从而将其孕育、形成、发展为比较完整的学科体系、学术体系和人才培养体系。

——

马克思主义认为，全部社会生活在本质上是实践的，只有

人们的社会实践，才是人们对外界认识的真理性的标准。实践是理论的基础，实践高于（理论的）认识，因为它不但有普遍性的品格，而且有直接现实性的品格；实践是理论的出发点和归宿点，对理论起决定作用，理论必须与实践紧密结合，理论也必须接受实践的检验，并随着实践的发展而发展。社会学是从变动着的社会系统整体出发，通过人们的社会关系和社会行为来研究社会的形态、结构、功能、演变规律。正是人类丰富的社会实践，尤其是工业革命以来经济社会和文化心理变迁催生、滋养了社会学。社会学拥有悠久深厚的社会调查传统。正确、有效的社会调查，是我们认识社会、发展社会学学科的不二法门。

中国的社会学学科发展和中国的革命实践一样，都是遵循着从实践的感性认知出发，进而跃升为理性认知，再回到实践去检验这样的认知路径。

20 世纪上半叶，中国社会和中华民族陷入深重的灾难，许多革命家和知识分子投身于救国的大潮，力求准确把握和深刻认识变化中的中国社会，致力于探索救亡图存和民族振兴之道。以毛泽东为代表的共产党人，从社会革命的高度，开展了大量的社会调查，写出了影响深远的《中国社会各阶级的分析》《湖南农民运动考察报告》《寻乌调查》《兴国调查》等一系列著名的调查报告，有力地引领了中国革命的走向，这些都是社会学的经典文献。就是在那个时期，以李景汉、陶孟和以吴文藻、费孝通为代表的中国老一辈社会学家深入开展社会调查，产生了一大批优秀的社会调查研究成果。这固然由于他们受过系统严格的社会学训练，更在于他们有着正确的认识论和方法论：他们深入农村社会内部了解农民的生活实践，洞悉农村社会结构，把握社会前行的实际逻辑。

以上两路人，一路是革命家，一路是学院派；一边是社会调查与理论政策研究，一边是社会学调查与学理学术研究，两路人马有着鲜明的区别，然而都取得了巨大成功。他们的成功有着相同的原因。首先，他们的调查与研究都不是为了玩智力游戏，也不简单地是为了建构理论，他们都有着社会责任的历史担当，都是为了深刻认识中国社会、拯救中华民族于水火。其次，他们的研究都是从中国农村的实践出发，而不是把经典理论作为教条。再次，他们的研究都没有停留在感性认识的层面，没有简单地淹没于支离破碎的经验之中，革命家是基于对社会现实和历史的全面分析，提炼出了中国社会革命的战略与策略；学院派则是在经验研究的基础上进行了有益的理论抽绎与建构。最后，他们的研究又都回归于社会实践进行检验，并程度不同地引导着和影响着中国社会实践。

新中国成立后的一段时期，中国社会学没有得到应有的发展。改革开放之后，中国经济快速发展，社会发生深刻变革，社会学得到了迅速恢复和发展。中国社会学界紧扣时代脉搏，做出了一系列卓有成效的社会调查，例如费孝通的小城镇调查、雷洁琼的家庭调查、陆学艺主持的"百县市调查"，以及中国人民大学的"中国综合社会调查"（CGSS）、中国社会科学院的"中国社会状况综合调查"（CSS）、北京大学的中国家庭追踪调查（CFPS）、北京师范大学的"百村社会治理调查"等。这些社会调查不仅有力地推动了中国社会学的理论建设、学科发展，也在不同程度上影响了国家决策和相关政策的制定与实施。

历史和现实深刻表明，社会大变革时代，一定是社会学科

大发展的时代。当今世界正经历着百年未有之大变局；当代中国正进行着历史上最为广泛而深刻的社会变革，正经历着人类历史上最为宏大而独特的社会实践创新。这些都给包括社会学在内的社会科学的繁荣发展提供了强大动力和广阔空间。如此规模的世界变局，如此深刻的社会变革，如此丰富的社会实践，如此庞杂的社会问题，既是我们中国社会学人重大的学术研究和创新机遇，也是应尽的社会责任和历史担当。

二

社会学研究必须直面社会变迁中的真问题，社会调查也必须围绕社会变迁中的实际问题而展开。社会调查的范围涉及社会生产、生活的方方面面。当前和未来一段时期，以下方面尤其值得高度重视。

新一轮科技革命对人类社会的广泛和深刻影响。随着互联网、大数据、人工智能等新技术的兴起，社会生产方式、产业结构、产业形态、利益分配格局、生活模式、社会行为与社会运行状态、社会治理机制都在发生着深刻的变化。对这些问题展开深入调查，是我们面临的重要课题。

乡村社会变迁与乡村治理。改革开放尤其是21世纪以来，农民的生计模式发生了巨大变化，劳动力主要投放于非农就业，其对家庭的经济贡献占据主导地位。这使得农民的价值观念、家庭内部关系，以及农户之间的关系、农村基层的建设状况，乃至国家与乡村社会的关系和乡村治理体系已经并将继续发生深刻的变化。如何完善相关的体制、制度、政策，如何推进农业农村现代化发展和深入实施乡村振兴战略等，都亟待调查研究。

城镇化与城市社会发展。在中国快速城镇化的进程中，城市的社会结构、社会组织、社会群体、人口流动、社会治理、社会行为、生活方式、社会心理、社会关系，以及社会发展规律等方面，都迫切需要进行深入调查和研究。

单位、企业与劳工关系。传统单位制的变化、机制与社会影响，企业与政府关系，企业与市场关系，企业与社区关系，企业内部运行机制，利益分配与保障体系，就业状况，新兴行业与新兴职业等，都需要调查研究。

家庭、婚姻、人口问题。在经济社会和文化价值体系深刻变化的情况下，家庭的规模与结构，代际关系、夫妻关系的变化需要引起关注，尤其是生育意愿与生育行为、婚恋模式、家庭暴力、家庭家教家风和婚姻的稳定性；抚养与教育、老龄社会治理、老龄人口养护等，都值得深入调查研究。

教育、医疗、健康、公共服务。这些是保障和改善民生的重点，也是推动基本公共服务均等化的重要内容；民生需求变化和投入保障，脱贫攻坚成果的巩固与提升，相对贫困的治理等，都需要作为重要课题加以研究。

此外，城乡基层民主、法治、安全、诚信、环保、公平、正义等方面的问题和制度建设，以及传统优秀文化传承、智能社会发展与治理等方面的调查研究也都应该被高度重视。

三

社会学人不仅仅是社会的生活者、观察者，还是思考者和理论的建构者。社会学的社会调查具有学术性、探索性，不仅仅是见闻的收集、资料的获取、社会现状的了解，还要深入研

究社会运行与发展的过程、逻辑与机理。因此，社会调查需要掌握科学方法。

树立问题意识。要围绕问题开展调查和收集资料。资料看似收集得丰富，但如果繁复琐碎，主次不分，"只见树木不见森林"，这样的资料用途有限，甚至可能是无效的信息，因为信息只有纳入一定社会事实的范畴来思考和体悟才是有价值的。正是基于此，对于较大规模的调研，调查人员与项目设计者要做到认知的同构，并做到把调查与研究结合起来；否则，调查者便可能沦为"学术炮灰"，仅仅是个资料收集员，主观能动性无法得到发挥，而研究者得到的仅仅是二手资料，缺乏厚重的质性感受，这样研究效果会大打折扣。

坚持整体性观念。社会生活的不同面向之间彼此交织、相互影响，从而构成一个社会的整体。任何一个系统都是更大系统中的子系统，只有在更大的系统中了解各个子系统之间的相互联系，才能对整个系统有深刻的理解。单从某一个方面切入可能会"盲人摸象"或过度阐释，发现各个部分之间的张力与悖论能使我们迸发出知识与思想的火花。因此，当我们带着具体的问题、任务进行社会调查时，必须尽可能对相关的场域有整体性的理解；面对杂乱无章的现象，要善于抽丝剥茧、溯本求源、去伪存真、拂尘见金，深刻认识社会内部各部分之间的有机联系。80多年前，著名社会学家费孝通先生在江村做调研时，就成功地使用了这样的方法，这对于今天的社会调查研究仍有很强的启迪意义。

解剖麻雀与全局分析。解剖麻雀就是进行典型个案调查，是要获得这一案例全方位的知识和深入认识，在具体深入个案做性质判断的时候，可对其进行深描，以理解行动者背后的复杂动机。但是，解剖麻雀的最终目的是认识全局，以利于"解决问题"，调查就像"十月怀胎"，解决问题就像"一朝分娩"。如果我们只局限于个案的认识，就很难获得全局知识，甚至有可能出现"攻其一点、不及其余"的毛病。因此，在全面解剖麻雀的基础上，需要展开全局分析。在从个案调查到全局分析的过程中，理论指导非常关键。毛泽东同志在进行农村调查时，之所以能够把握农村全局，很重要的就是善于运用马克思主义的理论来解剖不同村庄的材料，让理论和具体实践有机结合起来。社会科学调查之所以不同于一般社会调查，原因也在于它能够将社会科学理论运用于调查实践中，在具体个案调查中展开全局分析，从而见微知著、以小见大。

定性方法和定量方法。定性调查方法，主要是调查人员对调查对象做深入访谈来获取资料。这种调查方法的优点是，可以对调查对象进行详细、全面、深入的了解，并根据具体情况及时调整访谈内容，在与调查对象的互动过程中展开深入思考。召开调查会的方法，是一种典型的定性调查。要做"讨论式"调查，就是调查人员和调查对象之间进行深度交流，让调查对象帮助调查人员完成对事情的分析和认识。定性调查的缺点是，在有限时间内，只能对有限的人员进行访谈，并获取调查资料；同时，定性调查在资料汇总以后，在分析总结阶段对调查人员的素质要求很高——既能够掌握大量资料，又能从具体资料中归纳分析出普遍性的认知。定量方法往往需要以扎实的定性研究为预研究。定量研究主要是在获得质性感受的基础上，通过发放调查问卷和研究表格，从调查对象处收集资料，并进行集中分析和研究的方法。这种方法的优点是，能够进行大规模的标准化、规范化调查；其缺点是，只能收集到有限的数据和信息，很难根据不同调查对象进行随机应变和调整，同时对调查人员和调查对象的知识水平等要求也较高。

此外，随着科学技术的发展，大数据等信息化技术成为调查研究的重要手段、技术。将大数据作为社会调查的重要方法，可以对数据进行收集整理、分类识别、清洗净化，进而对诸多复杂社会问题展开分析研究。运用大数据等新技术进行调查研究的做法会越来越多。

四

北京师范大学社会学学科发端于 20 世纪初，底蕴深厚，大家云集。1919 年，中国共产党的创始人之一李大钊同志就在北京高等师范学校开设社会学课程。1930 年，学校成立社会学系，后来并入北京师范大学的辅仁大学，1943 年也设立了社会学系。北京师范大学和辅仁大学的社会学学科聚集了一批名家，也培养了大量的优秀人才。曾经在两校社会学系任教的名家还有李达、黎锦熙、许德珩、黄凌霜、施存统、马哲民、李景汉、朱亦松、钟敬文、袁方等，这些名师大家先后为北京师范大学社会学学科奠定了发展的基础。

改革开放以来，中国社会学恢复重建，北京师范大学社会学学科也迎来了建设发展的历史机遇。1981 年，学校设立民俗学博士点；2001 年学校将哲学院改建为哲学与社会学学院，成立社会学系，设立社会学硕士点和社会工作本科，；2011 年，学校成立中国社会管理研究院；2015 年，学校将哲学与社会学学院的社会学系、文学院民俗学方向相关资源整合，成立社会学院，与中国社会管理研究院实行两个牌子、一套班

子，致力于建设国家社会治理新型高端智库和社会学一流学术重镇；2017 年，国务院学位委员会批准北京师范大学社会学院为社会学一级学科博士点；2019 年，人力资源和社会保障部、全国博士后管理委员会批准北京师范大学在中国社会管理研究院/社会学院设立社会学博士后流动站；2020 年初，中国社会管理研究院/社会学院成为国家批准的北京师范大学国家高端智库主要组成部分。

多年来，北京师范大学中国社会管理研究院/社会学院的师生们，一边阅读社会学及人文社会科学的经典理论，掌握基本知识、理论和方法，一边深入农村、城市调研，产生了诸多科研成果。为了持续汇集和展示北京师范大学社会学教研人员和社会治理智库人员的社会调研成果，我们特编辑出版"京师社会调查丛书"。近年来，董磊明教授带领学生在深入农村调研的基础上完成了三本具有较高学术水平的著作，作为首批"京师社会调查丛书"出版。我们期待着有更多优质调查研究成果列入此系列丛书出版。我们也谨以此套丛书参与中国社会学、中国社会治理以及中国社会科学繁荣发展的进程，将其奉献给所有关心、关注中国社会发展与进步的人们。

魏礼群

2020 年 10 月

Contents 目 录

导　论

　　这是一本描述就地城镇化与乡村工业化如何对乡村社会结构进行重塑的书。费孝通在30多年前就对以社队企业为基础实现"离土不离乡"的苏南模式进行了细致阐述（费孝通，2009b）。时代瞬息万变，随着城市的扩张、工业园区的建设，苏南地区早已不是费老所想象的乡村工业化的模样。随着东南沿海工业的发展和一系列大中型城市的兴起，中西部地区大量劳动力外流，费孝通所期待的中国城镇化进程要在农村繁荣的基础上实现以保留中国传统中"家"这一核心价值形态而不是像西方那样走上工业繁荣、农村衰落的道路，似乎在中国绝大多数中西部地区都难以实现了。

　　本书描写的正是一个中部村庄就地城镇化与乡村工业化的历史与现实，这恰恰与费孝通笔下的苏南模式的精神内核极为相似。而这样的村庄在既有的经济结构之下，传统乡土社会和现代工商社会之间处于什么样的社会结构形态？这其中蕴含的极为深刻的现代性理论问题，或许可以破除传统与现代、乡土社会与工商社会简单的二元对立。本书试图破中有立，建构中国乡村社会现代性变迁的第三种理想类型。此外，在乡村社会不断被纳入国家科层机器的背景下，国家力量的渗透和有计划的社会变迁对当地社会结构的重塑也有着举足轻重的影响，而且国家在这样的社会结构变动中实践着乡村治理的新形态，乡村治理形态与乡村社会结构两者彼此磨合、相互形塑。我们研究乡村治理的视角并不局限于村庄内部的权威与秩序，而是将乡村治理视为国家政权建设与现代化转型的一部分，试图在国家治理的视域下透视乡村治理面临的现实挑战。

一　调查区域概况

虽然我们研究的是就地城镇化与乡村工业化的社会性影响，调查区域按理说不能限于村庄，应把小城镇也纳入我们的研究范围，但是我们仍需将研究对象聚焦在一个小的单位，这样才能进行深度观察和访谈。虽然村庄早已被纳入外部世界复杂的社会系统，人们的大部分生活需求都无法仅在村庄场域获得满足，但是人们主要的生产生活、社会互动仍在村庄之中。如费孝通（2012）在《江村经济》中所提到的，一个村庄作为一个社区"能够提供人们社会生活的完整的切片"，应像解剖一只麻雀一样对其内部社会关系及其与宏大社会结构之间的联系做微观社会学的分析，这种方法对本研究依然是适用的。

我们调研的黄村坐落在 D 省东部的昙虹县工业重镇——抚贤镇，位于抚贤镇的东南方，毗邻集镇区。该地以平原、丘陵为主，邻近河流的地方为冲积平原，地势较平坦，耕地多分布在平原地带，远离河流的地方多山地丘陵。该地属于亚热带季风气候，四季分明，夏季多雨，易发生洪涝灾害。

黄村经历了两次并村。2005 年，平野村与它西部的云林村合并为林叶村，2016 年林叶村又与其北部的黄村合并，沿用黄村的村名，村委会办公地点设在老黄村青山组。合并后的黄村占地共 16.9 平方公里，共 1238 户、5840 人，耕地 3114 亩，林地 4113 亩，水塘 110 个，小型水库 2 个。黄村以张、钟、黄三大姓为主，这三大姓占到总家户的 70%。据村民口述，三大姓的祖先大都是明清年间迁入，距今有 400 多年历史，村里还有少数小姓是 19 世纪末 20 世纪初从周边村庄迁过来的，如文、谢两姓。三大姓中以钟家宗族的凝聚力最强，至今仍在平野村保留着祠堂，过年时会集体祭祖。

受地形的影响，黄村人居住分布比较分散，平原地带房屋主要沿公路集中修建，而山区房屋则多散落在山脚。2017 年以前，全村共 58 个村民小组，每个小组 20~30 户。小组内以宗亲为主，在集体化时期和改革开放初期，小组是人们互助合作、纠纷调解的基本社会团体。2017 年，58 个村民小组合并为 17 个，原有的地缘性纽带远没有此前紧密，小组长也变成了上传下达、跑腿办事的人。

村庄人们的生计模式和生活面向在很大程度上受当地产业和小城镇发展的影响。抚贤镇位于该县东北部十公里处，是某高铁站所在地，交通便捷。玻璃制造业与花炮制造业是当地两大主导产业，玻璃制造业主要分布在集镇区，总产值达 2 亿元；花炮制造业则远离住宅区，主要散布在村庄的偏僻地带，生产的花炮产品有 90% 用于出口。如黄村共有三家较大型的花炮企业，还有处于这三家大型企业上、下游的七八家小型企业。由于玻璃制造业和花炮制造业的产业特点，当地工业形成了星罗棋布的多中心格局，而产业又吸纳人口就近就业和就近居住，于是当地的城镇化并非以县城为中心，而是形成了以乡镇为中心的"强乡弱县"模式。但是当地工业化和就近城镇化的这种模式也是在历史进程中以村民之间、村民与企业主之间、村民与政府之间等具体的社会互动为基础而逐渐形成的。不同代际的村民在人生节点处面临守土还是务工、进城或是返乡的重要选择，导致了大多数人聚集在村庄和小镇中安逸生活的结构性社会后果。

二　从社区研究中透视社会结构

（一）社区研究的理论渊源

本研究采用社区研究的方法。社区研究在欧美有着深厚的学术渊源，德国社会学家滕尼斯于 1887 年出版了理论性著作《共同体与社会》（*Gemeinschaft und Gesellschaft*）。在书中，他将 Gemeinschaft 解释为由同质性人口组成的关系密切、出入为友、守望相助、富有人情味的社会群体，与工业社会中彼此陌生的、异质性的 Gesellschaft 相对照（滕尼斯，2019）。Gemeinschaft 尚没有地域性的含义，只作为传统乡村社会的人与人之间关系和民情的一种理念型。后来他的这一概念被引介到美国，被翻译成英语 community（中译为共同体或社区），逐渐加入地域性的含义，且受到以帕克为代表的芝加哥学派的发扬。芝加哥学派将社区研究的方法应用于城市社会的研究。按帕克对社区的定义，社区是一定地域范围内的人群汇聚，包含人口和组织的地理分布、经济结构以及由政治、文化体系构成的规范体系。从帕克与步济时合编的《社会学绪论》一书中就可以看出社区研究在芝加哥学派构建的社会学理论框架中的位置，它是作为"人格－文化"、"共生－协和"、"社会化"、"集合行动"和"'文物'制度"这五部分中"共生－协和"的一部分。帕克在"人格是文化的主观部分"这一社会心理学观点的基础上，论述社区与社会、隔绝与沟通、距离与亲密这些都市社会学和人文区位学研究中的根本性问题（吴文藻，2010）。

社区研究的另一个理论渊源要追溯到新派文化人类学，该学派突破了旧派文化人类学的局限。旧派文化人类学在方法论上的一个很重要的武器就是"遗俗"说，该学说认为可以从已经失去其原来意义的自古传下的风俗，即从"遗俗"中推知它原来的意义，据此推测古代社会的性质，重构历史发展阶段。旧派文化人类学将文化视为一个客观存在的实体，研究就是要发现这个实体本身的发展规律，并且可以将文化中的不同要素视为独立的研究对象，在不同的空间和时间框架中整理出一套合理的逻辑体系。这些研究主要通过文本来开展，比如弗雷泽的《金枝》，因而这些学者被称为"坐在摇椅上的人类学家"。新派文化人类学以马林诺夫斯基和拉德克利夫·布朗为代表。马林诺夫斯基倡导要进入群体的生活中去看"文化"，"文化"是有哭、有笑、有感情的举止言行的活的文化；"文化"是满足人类生活需要的人工体系，各个部分彼此联系在一起。这种实地研究的精神和文化的整体论与系统论体现了新派与旧派文化人类学的实质性区别，亦是对社区研究方法影响最为深远的理论基础。

（二）社区研究的不同实践

社区研究方法于20世纪30年代传入中国，成为以吴文藻、费孝通等人为代表的燕京学派推动社会学中国化的最为重要的研究方法之一。这一方法的应用几乎同时受到了两股西方社会科学思想力量——以帕克为代表的芝加哥学派和以马林诺夫斯基、拉德克利夫·布朗为代表的文化人类学的影响。

若将社区研究理解为对社区的研究，那么它就不是一种特定的方法，而是有多种多样的实践形态。对此，吴文藻（2010）总结了五种：①社会调查；②文化人类学；③人文区位学；④地域调查运动；⑤文化社会学。其中，文化人类学与文化社会学最接近。吴认为马林诺夫斯基以文野之别来区分文化社会学和文化人类学的研究对象不甚妥当，文化人类学只是社会学应用到原始部落研究的一部分，他更赞同布朗的观点——对老一代文化人类学以民族学命名之，而将新一代文化人类学称为比较社会学或功能派文化人类学，涂尔干年鉴学派便是比较社会学的先锋，这样就把社会学与文化人类学之间的隔膜打通了。功能派文化人类学的功能观点与社会学中的社区观点在内在精神上是完全一致的，功能观点是一种实地研究的方法论，这种方法论之所以会被中国社会学所吸收，主要原因在于当时中国正处于民族救亡之际、西方文化进入而自身传统文化的主体性受到动摇之时，功能派文化人类学重点考察各文化元素在整个文化体系中的功能位置，给我们提供了关于西方文化何者可取、中国文化何者可留的取舍标准。

人文区位学始于西方农村社会学[①]，后被帕克开创的芝加

[①] 将村落当成一个社区来研究，欧洲研究村落社区最早的著作有法国社会史学家德古朗许（Fustei de Coulanges）的《古城》、英国公法学家梅因（H. S. Maine）的《古代法》和《东西方村落社区》等，美国早期的农村社区研究有威廉兹（J. M. Williams）的《一个美国镇》和高尔宾（C. J. Galpin）的《一个农业社区的社会解剖》。

哥学派大力发展。他 1934 年在燕京大学的讲学直接推动了中国社会学社区研究的发轫。都市社会的研究之所以会在美国如火如荼地展开，原因在于帕克对于美国社会丰富的经验感，以及芝加哥学派对芝加哥城的研究与当时美国社会的气质是深度扣合的。吴文藻对此有过一段很深刻的评论：

> 帕氏终觉得美国社会不是农业社会，而是工商社会，欲明了美国社会的本质与特性，必从研究都市社区起始。他且深信都市为文明的发源地；欧美的近代文明是都市文明……欲明了近代文明、近代社会、近代人以及近代社会问题，必先明了近代都市生活与都市环境。（吴文藻，2010）

而对于以农为本的中国，帕克则敏锐地指出中国社会学应集中研究乡村社区，东方文明与西方文明的根本不同乃是乡村社会与都市社会的不同，亦是农业社会与工商社会的不同（吴文藻，2010）。他此次来华讲学深刻地影响了中国社会学界的研究思路，打破了以往多数学者从改良现实问题出发而进行社会调查（大多收集描述性资料）的局面，转而做旨在认识社会、解释社会和呈现各部分复杂关系的全相的社区研究。

（三）社区研究的传承与发展

费孝通早年对江村、禄村、易村和玉村四村的实地研究是社区研究中国化的典范，其中一个基本的预设是：文化是为了满足人的需要而衍生出的一套手段，是与其所处的环境"中和位育"的结果，因而不能孤立地看某一个方面，而要将物质设备、精神文化、语言和社会组织各个要素视为一个不可分割的整体，探求不同部分之间的相互关系（马林诺夫斯基，1987），试图获得关于社区的一幅完整的图景。

我们的研究在很大程度上传承了燕京学派的社区研究方法。我们不是带着具体问题进入村庄进行专题性调研，因为每一个社会面向都是彼此交织、相互勾连从而构成社区的整体，单从某一个方面切入可能会"盲人摸象"或过度阐释，况且富有社会学意味的问题意识恰恰是在不同社会面向的边界、交织处生发出来的，发现各个部分之间的张力方能使我们迸发出思想的火花。因而，我们首先需对村庄中的经济生产与社会生活有整体性的理解和体会。本书对社会结构的理解是以己为中心逐渐推出来的，从家庭扩大到家族，再扩大到村庄社区，最后到更广阔的市场与国家，试图从外在的器物工具、行为方式中理解村民的内在精神气质。

但是以何种思考框架来达致对社区完整的、深度的理解和体会？我们是将收集到的调研材料纳入一定的社会事实的范畴来进行思考和体悟的，因而这一范畴会影响什么容易被我们感受到、什么难以被我们感受到。正如法兰克福学派所说的"fact is not enough"，仅仅收集事实是不够的，我们还要反思用来看这个世界的眼镜，反思我们的范畴。若将我们思考的范畴与费孝通的进行对比，则会发现两者有很大差异：费老在社区研究过程中逐渐形成的理论自觉是工商业的发展如何影响农村的土地地权分配，因而他在对社区全局性进行把握时主要关注农村的人口、劳动力、土地、贸易、农民家庭生计等与农民经济生活密切相关的内容，这一关注焦点一直延伸至他此后的小城镇研究，即晚年他亦关注城乡之间的生产与市场要素的功能关系，这与他早期"志在富民"的价值关怀是密切相关的；

而我们的研究更关注霍布斯的经典命题——社会秩序何以可能？在中国千年未有之变局的历史进程中，原有的社会联结纽带、秩序生成机制、人伦道德和价值世界如何嬗变？什么依然存续，什么已然瓦解？在外部现代性的影响和内部自我转型中，又逐渐生成了何种社会联结和秩序形态？也就是说，我们一直关怀的是如涂尔干的机械团结与有机团结、滕尼斯的共同体与社会这般的社会学原命题在中国这一"社会实验场"中如何经验性地演绎的问题。我们的研究中隐含了与费老笔下的中国乡土社会和西方现代工商社会这两种理念型的对比，同时结合村庄自身具体的社会变迁，反复穿梭于理论与经验之间以回应我们内心的这些迷思。

三　问题意识的展开

调研过程中，我们初步形成了许多问题意识，但是在写作的过程中，我们又进一步回炉，将所有的问题意识都融进整个大的社会结构中来深入理解，确定每一个问题意识是在这个大的结构的什么结点生发的。

我们将村庄变迁的时间跨度限定在改革开放后的 40 年来，全书共分为六章。第一章阐述的是地域经济发展与生计模式的变迁，将村庄纳入当地乡镇乃至地区整体性的产业发展格局中，描绘出当地全局性的经济基础的变迁，工业化的进程推动着村民由以工辅农渐进性地转变为以农辅工，形成了专业化、多元化的职业分途，经济分层呈现橄榄形并日趋稳定。第二、三章则对从家庭到家族，再到更广泛的地缘性关系所组成的社区中的社会关系变迁进行细致描摹。虽然行文重在对共时态的社会形态学进行分析，但我们也试图勾画出不同年代出生的个体如何与家人、邻居及业缘、趣缘朋友在多重复杂的社会网络中和合共生。当血缘和地缘关系联系强度式微而后致性的业缘、趣缘关系引入并逐渐巩固时，工具理性渗透先赋性关系和江湖义气并重塑后致性关系时，人伦规范会经历怎样的失范和重构？由此可见，吉登斯所提出的现代性的脱嵌命题——所有人都从传统的共同体之中脱离出来并面对统一的市场和国家——并非只在一个高度流动性的社会才会出现，在本书所描绘的这样一个村庄中依然存在。更为复杂的是，所有的社会关系都难以用一个二元对立的框架分析，其间错综复杂，这正是本书理论上需突破的一个难点。

第四章从理论上论述就地城镇化的社会性后果。城镇化的本质在于人的城镇化，人虽未走，但是其心态、观念已然呈现了现代化的转型。集中化、专业化的产业变革一方面加剧了经济与社会、生产与生活的分化，另一方面经济场域中原有的社会关系依然发挥着某些功能。再者，这一过程对于人的个体观念和公共性的塑造很有趣，它形塑了关注自我呈现的个体，看似热闹非凡的公共空间成为个人社会表演的舞台，具有虚假的公共性。此外，不同场域和情境的互动也体现出差序格局的变化，由于核心圈层结构中后致性关系的渗入，差序格局的个性化和情境化打破了传统社会中稳定的关系结构，亦使人们质疑还有什么关系是具有永恒价值的。这种新的差序格局又会影响人们的生活和当地经济的发展，大多数人缺乏足够的社会支持和内生性动力走出小城镇、谋求更高水平的发展，呈现丰裕经济下安逸享乐的"消遣心态"。

第五、六章则是描绘改革开放 40 多年来在乡村社会变迁的基础上，乡村治理逻辑与治理实践的变化。这一变化极其复杂，一方面是市场化所推动的乡村社会差序格局和人的行为伦理的变化，内在权威来源与维系机制也随之变化；另一方面是国家权力的渗透，科层机器逐渐延伸到乡村治理的纵深处，并采用数字化管理等治理手段来技术性地监测和控制乡村社会。国家的乡村治理与变动的乡村社会基础相互作用，集中体现在村干部与县、乡政府官员以及村民之间微妙的社会互动中。我们发现：当地经济精英随着产业的发展而逐渐崛起并进入政治领域成为乡村治理独特的实践主体，因而，富人治村成为乡村治理变迁的转折点。在富人治村出现前，村干部内生性的权威式微、混混进入，乡村治理出现结构性困境。而富人参与政治后，能否带来根本性的变化呢？富人治村的兴起正处于农村税费改革之后，基层政权变得缺乏自主权，且日益在财政和社会联系上悬浮于乡村社会之上。此时，国家通过项目制等技术化的目标管理和过程控制方式加大对基层的公共品供给，并由一群日益与基层社会脱嵌的乡、村两级干部来运作，这是否会变为独占性的政治经营，导致许多工作无法与村民的真实需求对接，从而面临治理的技术性嵌入而社会性脱嵌的困境呢？

最后，我们写作本书并不仅仅是为了记录一个村庄 40 年来变迁的故事。这是一个被纳入全国统一市场乃至全球市场和整个现代国家治理体系中的一个村庄，其中蕴含了许多重要且复杂的现代性理论的迷思。虽然就地城镇化和乡村工业化使大多数村民仍旧生活在这个时空场域，但是各种现代性的元素不断内生或者植入，与其原有的社会结构发生"润物细无声"的融合，从而呈现既不同于乡土社会，又不同于工商社会的另一种社会形态。这种社区变迁既不同于人口大量外流的乡村社区，又打破了以往费老笔下对乡村工业化的想象。这种介于传统与现代之间的乡村社会的质变正在中国的很多乡村发生，国家对于乡村社会的总体性支配已然难以实现，面对这种社会基础的变革，行政科层化的技术性治理又会面临怎样的可能与限度？

第一章

地域经济发展与黄村生计模式变迁

> 黄村毗邻抚贤镇，其生计模式的变迁与经济发展受到整个地区经济基础的影响。昙虹县较好的手工业与工业基础辐射到县内的乡镇与部分村庄，黄村由此展开社会经济变迁与就近城镇化的过程。本章在展现改革开放 40 年来黄村经济发展与生计模式的变化时，主要聚焦于当地村民务农务工与当地产业就业的变迁与发展，同时简单论述与生计变迁相关的社会关系及心态变化。

本地的两大支柱产业是花炮制造业与玻璃制造业。花炮制造从一种历史悠久的家庭手工业与副业被纳入越来越正规化、规模化的工厂，其间伴随着家庭作坊和小工厂的兴衰。玻璃生产在集体化时期便以工厂的形式存在，之后愈加专业化。此外，从 20 世纪 80 年代开始，村庄中即有一部分男性尝试在本地或外地创业。随着社区整体经济的发展与生活条件的改善，许多不同种类的工厂也纷纷建起，逐渐吸纳了越来越多的本地劳动力，很大一部分农民成了工人或老板，村庄整体经济结构发生了转变。

改革开放后，随着人口流动性的增强，收入渠道变得越来越多元化，人们通过外出打工或创业积攒本钱。外出打工始于20世纪80年代，在20世纪90年代末进入高潮，目前已成为大部分村民人生中阶段性的谋生方式。在不同时期，外出打工群体的打工逻辑存在差异，早期一些外出闯荡的创业者现在成为村里的经济精英。

随着工业的大发展和外出打工人口的增加，农业劳动逐渐退出大部分人的生活。一方面，干农活的人减少了；另一方面，农民投入农业劳动的时间也减少了。分田到户使耕作单位缩小到户，农业技术的提升降低了劳动强度，也减少了劳动时间。组织方式和生产力的变革解放了原本束缚在农业生产中的劳动力，外出就业机会的增加与本地工业的发展吸纳了这些劳动力。随着经济水平的提高和市场化程度的加深，人们无须自己耕种粮食，这导致了以家庭为单位的农业生产生活方式逐渐瓦解。

在产业的变迁中，我们更加重视当地工业的发展对黄村的影响。本地工业渐进式的生长模式使黄村呈现与中国许多村落不同的发展节奏，悠久的手工业制造传统与县内工业的弥散性分布，促使乡镇与周边村庄能够以工业为依托较早开启城镇化进程，促进了当地经济的平稳发展，并影响社会生活的各个领域。鉴于此，本章将黄村从集体化时期至今的经济变迁分为三个阶段：以工辅农的传统经济时期、由农转工的发展时期，以及职业多元化的现代时期，而贯穿不同阶段经济变迁的主要动力则是当地工业的发展。当然，这一过程又以一定的工业底蕴为依托，受到了集体工厂提供的技术与管理人员、农业释放的劳动力、招商引资与外出打工提供的资金等诸多因素的影响。

在本章，我们需要对以下两个问题进行说明。首先，三个阶段的划分并非按照严格的时间标准，而是以阶段特征为依据的，因此，两个阶段交汇之处或许会表现出一定的模糊性。但是，我们将尽力展现特定阶段的社会结构与经济模式的特点。其次，本章在描述对于地区性的经济发展与个体性的生计模式变迁时难免有所偏重。个体性的发展常常是连续而富有个人色彩的，难以拆分成不同阶段，本章在以阶段特征为主导的架构下，个案所涵盖的人生经历可能跨越不同时期，但其目的是呈现特定时期的社会经济特征与一定阶段的行为模式对其未来的影响。

一 传统时期：以工辅农

传统时期包括从集体化时期到分田到户初期的这段时间。这一时期，黄村始终维持着以农业为主、家庭手工业为辅的传统生计模式。与中国的多数农村地区一样，黄村当时的农业生产力水平与工商业发展程度较低，劳动力高度内卷化，多数人家仅能勉强维持温饱。

在集体化时期，当地已经建有集体的花炮厂与玻璃厂，尽管当时这些工厂吸纳的劳动力并不多，但集体工厂培养的技术人员与社会资源为日后本地的工业发展奠定了良好的基础。1982年分田到户后，社会组织形式的变化使生产单位从生产队变成家庭，一部分劳动力从农业中释放，流向其他领域。但是，人们仍离不开土地，一个家庭至少需要一个壮年男劳力全年耕作才能满足家庭对粮食的需求。

（一）传统农业

传统时期，黄村的土地分为三类：第一类是条件最好的土地，用来种水稻；第二类是水分较少的土地，用来种红薯，在主粮不够时，人们多会上山开荒种红薯；第三类是林地，主要种植油茶与松树等经济作物。

集体化时期，黄村人均有六分水稻田，一分旱地。人们一年种植两季水稻、一季小麦，同时在质量较差的土地上种红薯。但因为当时化肥、良种欠缺，土地肥力不够，粮食产量低，人们还是经常吃不饱饭。种植红薯的劳动时间是水稻的1.5倍，且需要的劳动力更多。据五六十岁的老人回忆，他们小时候经常到坡地上开荒种红薯。可见，当时劳动力高度内卷化，人们通过耕作仅仅能满足生存需求。

包产到户初期，当地不再种植小麦了，但大多数家庭仍不能丢掉土地。一个普通人家占有的土地不会超过四亩，每人分得约六分地①，这样的土地产出还难以满足生存需求，因此大部分人仍然开荒种红薯。一直到90年代初，大部分家庭中的男性仍在家种地。一个男劳力最多可以种五亩田，但因为农业生产力水平较低且种植双季稻，其一整年都会被束缚在土地上。

此外，几乎每家都会养猪，剩下的稻谷等粮食可以加工成猪的饲料，无须花太大养殖成本，但猪肉也主要是作为过年过节时的奢侈品来享用。人多地少使多数家庭徘徊在温饱边缘。

---

① 20世纪80年代双季稻一年亩产为800～900斤，人均六分地，这样下来人均一年仅有480～540斤粮。

在这样的条件下，家家户户几乎都依赖家庭手工业这"第二条腿"补贴家用。

（二）传统时期的工业传承

花炮生产自明清时期就在昙虹县发展壮大，集体化时期也未曾中断。在集体化时期，有少部分村民在集体工厂工作，大部分村民利用闲暇时间在家里做鞭炮补贴家用。分田到户初期，家庭小作坊开始兴起，但数量不多，人们还需积累本金以扩大规模。但是，传统时期的家庭手工业、集体工厂与家庭作坊为日后工业的发展壮大奠定了基础。

集体的鞭炮厂与玻璃厂从 20 世纪六七十年代兴起，90 年代陆续关闭。当时进厂十分困难，只有少部分与村干部有关系或能力出众的人才能进工厂上班（当时一个村有 50～60 人）。1975 年，抚贤镇即开了公社鞭炮厂。七八十年代昙虹县共有 8 个公社鞭炮厂，每个厂招工规模在 400～500 人，周围几个村距离鞭炮厂几十里，工人多骑自行车上班。人们之所以希望进厂上班是因为在工厂工作比种田轻松，每个月能有几十元工资。鞭炮厂内部存在男女分工，一般男性负责上火药、搬运等体力活，而女性负责卷鞭炮、做引线这类手工活。以村民吴大华的经历为例：

> 吴大华是平野村人，他在 1979 年从部队退役后靠着和村干部的关系进了大队鞭炮厂工作。70 年代，几乎每个大队都有一个鞭炮厂，当时平野村的大队鞭炮厂里有 50 多个人。吴大华一开始跟师傅学做鞭炮，当时他还有 3 个师兄弟。吴大华学了一年就出师，其间一天能挣 10 工

分，一个月挣 200 多工分。1981 年，大队鞭炮厂因为质量与销路不太好而被撤销，吴大华和十几个工友一起进了公社鞭炮厂。吴大华说，这十几个人一直和他一起做鞭炮。90 年代公社鞭炮厂倒闭了，他们又一起进了私人开的大鞭炮厂。

除了像吴大华这样在工厂上班的村民外，更多村民在家里进行鞭炮加工。八九十年代，本地的鞭炮加工形成了产业，核心环节必须在工厂内完成，以工厂为中心，鞭炮卷制过程则分散到各家各户。因此，老弱妇孺也能够利用闲暇时间在家加工鞭炮，获得现金收入。

家庭鞭炮小作坊在明清时期已有，但在新中国成立初期与集体化时期受到了抑制。分田到户之后，随着人员与资金慢慢活络起来，一些家庭积累了一定资本，开始进行小作坊式生产加工。

（三）打工者的出现

集体化时期村民的流动性弱，外出务工的人极少。分田到户后，组织形式的变化带来一定程度的自由流动空间。在 20 世纪 80 年代，尽管当地已有一半以上的人参与了鞭炮加工，但当时村里工、农业的收入相差不大。除了进行农业生产与在集体工厂工作以外，人们在生计压力与赚钱的动力下开始尝试不同的生计，少部分人外出打工，还有少部分人进入本地其他的行业。

从 20 世纪 80 年代初开始，村庄陆续出现外出打工的人，可谓是本地向外探索的"先驱者"。但总体来看，因为本地工业能吸纳一部分劳动力，农业仍在村民生计中占有较高比重，这一时期外出务工的人数并不多。在整个 20 世纪 80 年代，除了去外地打工谋生计，本地也有更多元的就业渠道可供选择，比如做泥瓦匠、做小本生意、开货车等。下文我们将通过王大轩和陈庆安的经历展现村里最早一批打工者创业的历程。

1. 王大轩的创业经历

1982 年分田到户后，16 岁的王大轩就跟着县里的建筑公司做泥瓦匠，他先跟着师傅当了两年学徒，这两年王大轩只是做小工打杂，到 1985 年才有工资，但是师傅又压了三年工资。几年间师傅只给他一点零花钱，一年有小几百块。出师后，王大轩的工资涨到了 4.8 元/天，但他仅做了大半年工便回家准备结婚，并用做泥瓦匠挣的 7 吨多水泥将家里的土坯房修缮成砖房。房子盖好后，王大轩到附近的李家湾油胶厂打了三年工，赚了两三万元。后来他又去挖黄金，在抚贤镇开了一间金店，一天能挣二三十块钱，当时的三四万元本钱还是妻子向亲戚借来的。但因为当时黄金生意是违法的，王大轩后来被派出所罚了七八万元，黄金生意也就此中断。

20 世纪 90 年代初，外出打工的人多了起来。尽管王大轩已经结婚了，但为了挣钱，他还是独自一人踏上了去广东打工的旅途。一年后回到村里，此后几年，王大轩仍陆陆续续在外打工。

就这样，王大轩抓紧每次打工创业的机会赚钱，"只要能干得动，不怕吃苦，挑工资高的地方干活"。尽管经历了几次创业失败，王大轩还是慢慢积攒起了本钱，30

多岁时，王大轩已经算村里比较有钱的人了。2019 年，王大轩拥有几家工厂，算得上村里的经济精英。

2. 陈庆安的创业经历

陈庆安家境较好。1986 年初中毕业后，17 岁的陈庆安开始开货车跑长途，送货到广东，虽然路途危险，但是赚钱多。当时货车司机很少，陈庆安通过关系到一家企业学习驾车技术。一直到 2004 年，陈庆安又回到村里投资办厂，现在拥有几家工厂。

王大轩迫于家境贫穷寻找各种法子挣钱，而陈庆安的家庭条件较好，他通过一定关系走上高风险、高利润的运输行业。从以上案例可以看出，在这段时间，人们的生计选择更加多样化，但像王大轩和陈庆安这样的人只是少数，大多数家庭仍以务农为主，以家庭手工业作为副业。而且，通过经营小本生意与外出打工未必就能积累大量本钱，人们更多是在多元的可能中进行探索。这时，村庄社区仍是被束缚在土地上的农业社会，但已埋下了工业化的种子，待契机来临时便能生根发芽。

（四）小结：以工辅农的生计模式

在传统社会，村民的生活仍离不开土地。每户人家都必须有男劳动力一年到头在土地上耕作。但是被解放的劳动力以不同方式加入本地工业生产，除了进集体工厂上班外，半数以上的家庭利用闲暇时间在家里从事鞭炮加工。一个家庭的生计模式通常是：父母白天干农活，晚上做鞭炮；孩子课余时间做家务、砍柴、洗衣服，也做鞭炮赚外快。

以家庭为单位的手工业生产与以工厂为单位的工业生产不

同。这一散落在农村千家万户的手工业生产被费孝通称为"庭院经济""草根工业"（费孝通，2019），劳动力高度内卷化的小农家庭利用剩余劳动力从事家庭副业，增加家庭的经济收入。本地的鞭炮工业与江村的丝织业（费孝通，2012）这类以农副产品为基础的手工业不同，鞭炮生产是完全脱离于农业的，因此更依赖技术、组织和市场。当地早有以鞭炮加工作为地区性家庭副业的传统，但以前多是靠流动的商贩网络组织贩卖产品，新中国成立后社办工厂在很大程度上取代了以前收购鞭炮的商人，参与组织村民的鞭炮生产。但这一时期，除了在工厂上班的少数工人外，鞭炮加工仍然主要作为家庭副业而不是一种职业存在于本地。生产离不开土地，家庭仍作为基本的生产单位。

费孝通曾提出农村工业的两种形式：家庭手工业与作坊手工业。二者在黄村都有根基。家庭手工业利用农业中剩余的劳动力，而作坊手工业则更依赖农业剩余的资金。在传统的农村社会，前者面临劳动力高度内卷化与边际效益递减的困境，后者有可能导致当地贫富差距扩大或资金外流（从而无法用于村庄的发展与建设），因此传统农村难以摆脱发展困境，带来村庄经济整体的结构性的飞跃（费孝通、张之毅，2006）。然而本地一旦出现了成规模、成产业的工业这一蓄水池，那么大量的劳动力、资金、技术与人才等便被投入其中，使本地工业迸发出强大的生命力，进而带动地区的经济转型。我们可以看到，从 20 世纪 80 年代开始，政策对人们的约束性开始降低，探索渠道的开放、摆脱贫穷与发家致富的动力交织在一起，推动人们谋求多样的发展渠道，进而推动了村庄经济的腾飞。

二 发展时期：由农转工

20 世纪八九十年代，中国国内的经济发展正呈现一派欣欣向荣的景象，开放由沿海深入内地，大批城市建设工程需要大量劳动力参与，千千万万的农民通过外出打工参与到全国的工业建设中。同时，农业生产技术大幅度提升，解放了农业中的青壮年劳动力。二者对全国各地的农村都产生了影响。黄村的特殊之处在于，本地良好的花炮与玻璃工业基础使被解放的劳动力和由各种渠道获得的资金与社会资源可以投入到当地的工业生产中，社办工厂则提供了一批技术人才与管理精英。于是，本地工业在举国发展浪潮之中也渐渐壮大，最终成为可以为当地居民提供充分就业的产业。

90 年代，伴随着集体工厂的陆续倒闭，一家家私人工厂如雨后春笋般冒了出来。这些工厂的建立得益于创办者们早期通过各种渠道获得的经济资源与社会资源。同时，农业生产力的提升使更多劳动力从土地中释放，进入工厂。这一时期，现金的重要性在日常生活中日益凸显，尽管大部分家庭仍需要农业维持生计，但从劳动力结构上看，农业已退居次位，成为工业的补充。值得指出的是，在近 20 年的发展过程中，工业的壮大与工商业从业者的增加、农业的弱化与农民的减少是一个较为平稳的过程。

（一）农业劳动力的解放

20 世纪 90 年代，随着生产技术的进步，农业生产力水平大幅提高。90 年代初，除草剂已在黄村普及。1994 年，当地引入杂交水稻，出现收割机和犁田机，这些进一步提升了农业生产力水平。到 90 年代末期，当地人已经能"敞开吃米饭"了，不怎么吃红薯，还可以买米吃。此外，随着经济的发展和生活条件的改善，人们的饮食结构发生了改变，即吃的米少了、肉多了。

随着现金的增多与人们对土地依赖性的降低，村里开始出现小面积的抛荒与土地流转现象。部分男劳动力从农业的束缚中解放出来，流向工业。90 年代初期，村里几乎家家种地，到 2000 年前后，村里已有约 20% 的荒地，其中一部分人完全不种地，一部分人则没有充分利用土地，只种满足家庭日常食用的粮食。同时，村里出现了土地流转的现象。1993 年，黄村出现第一个流转包田户，他当时有一台收割机，承包了 100 多亩地，与别人合伙承包了五六年，但是没挣多少钱。

由于土地抛荒，养猪等家庭农副业也受到影响。原先村里几乎每家都会养猪，但现在零散的养猪户大量减少。由于当时村民所种稻谷不多，因而养猪需要专门购买饲料，加之市场可以满足人们对猪肉的需求，多数房子整改之后便不再设计猪圈，村里养猪的人家也就逐渐减少了。

尽管人们对土地的依赖性下降，但很多家庭仍然需要种田，且种田压力依然很大。2000 年前后，当地农业税最重，十亩田需要交 600 多斤稻谷（包含公粮和购粮），其中三四百斤是农业税，两百多斤是爱国粮。一亩田每年的水费为几十块。直到 2005 年，村里还普遍种植双季稻，家庭之间经常发生换工行为。

（二）外出务工高峰期

前文提到，20 世纪 80 年代已有星星点点外出务工和从事新行业的人了。到了 90 年代，六七十年代出生的人开始大规模南下广东等沿海省份去打工。一开始外出的男性较多。90年代初，女性外出打工还会被认为作风不地道，但到后期人们也对此习以为常。以上文提到的吴大华的女儿吴翠华的经历为例：

> 90 年代，吴大华一家家境贫寒。因为在外地打工能多挣点钱，他的二女儿吴翠华高中一毕业就到外地打工了，她通过县里介绍所到广东打工，是村里第一个外出打工的女性。当时吴翠华在外打工一个月能寄 1000 多元给家里，而在村里一个月只能攒几百元。吴翠华外出打工不到五年就为家里翻新了房子，他们家在村里建了第一栋有预制板的两层房子，吴大华也因此感到十分有面子。

这一时期，大量青壮年外出务工，村庄从外地吸纳的大量资金流入本地产业，也为本地产业的发展注入一股动力。

90 年代外出打工的多是 20 岁左右的年轻人，他们正是六七十年代出生的一批人。到 2000 年前后，外出打工的人逐渐减少并稳定下来，甚至出现回流现象。这是因为 90 年代后期本地工业迅速发展，工资上涨，对本地劳动力产生了吸引力；同时早期外出打工的一批人逐渐步入中年，已结婚成家，为了照顾村里的父母和孩子，一部分人也有了返乡的愿望。

（三）本地工业的蓬勃发展

进入 20 世纪 90 年代，黄村进入工业发展的加速期。这一时期，本地工业的发展得益于过去累积的各种经济要素，包括当地政府的推动，从农业中解放的劳动力，集体企业倒闭后工厂中的技术与管理人才，通过外出打工、招商引资与创业吸纳的资金以及建立的社会关系网络，旧工厂中的关系网络等。在多要素的推动下，本地工业迈入了发展的黄金期。

下文我们将从三个角度展现这一阶段本地工业的发展情况。首先，我们根据地方年鉴记载的 1987～2002 年抚贤镇企业数量与企业职工数量的统计数据，较为宏观地展现这一时期乡镇企业的发展情况，黄村的工业发展正是在这样的背景下展开的。其次，我们通过在黄村调研的访谈资料描述这一时期村庄的工业发展情况，从中可以看到，在工业方面，村镇之间有很强的交集和互动。访谈的材料与数据呈现较高的一致性，二者也能相互佐证。最后，为了更好地了解这一时期乡镇企业的变迁与个人在创业过程中的社会支持和制度环境，我们以个案的形式展现并分析了个人的创业过程。

1. 背景：抚贤镇企业数量与企业职工数量的变化

抚贤镇的工业在 90 年代初开始进入发展的高峰期，其吸纳劳动力的能力也大大提升。图 1－1 展现了 1986～2001 年抚贤镇企业数量的变化情况，1993 年乡镇企业数量激增，1999年乡镇企业数量开始减少。而从图 1－2 来看，从 1994 年开始，越来越多的人进入企业，即本地工业在这一时期迅速发展，能够吸纳的劳动力到 1998 年几乎翻了一番，不过，之后几年间并未进一步增长。1998 年以后，职工人数的减少与全县人口的锐减有关。从整体比例来看，2000 年前后，镇上已有四五成人作为乡镇企业职工，从事工业生产。

20 世纪 90 年代末企业数量大幅减少，但职工人数基本不变，可能是因为集体企业中的员工与个体经营者都流入了私有企业。如图 1－3、图 1－4 所示，1999 年虽然企业总数减少，

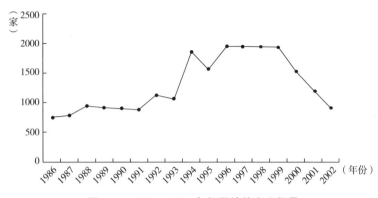

图 1 - 1　1986 ~ 2001 年抚贤镇的企业数量

资料来源：当地年鉴（1987 ~ 2003 年）。

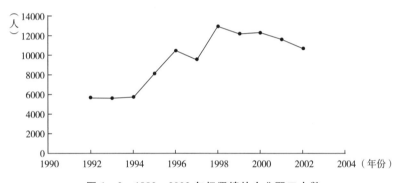

图 1 - 2　1992 ~ 2002 年抚贤镇的企业职工人数
（含集体企业、私有企业、个体企业）

资料来源：当地年鉴（1987 ~ 2003 年）。

集体企业与个体企业也大幅减少，但私有企业的数量有所增多。图 1 - 4 所示的企业职工人数变化情况展现了更有趣的信息：在企业总数减少的同时，职工人数是基本不变的。因此，很可能是同一批工人从集体企业与个体企业流向了私有企业。在这三年间，集体企业的平均规模从 90 人下降到 80 人，私有企业的平均规模从 46 人增长到 66 人，个体企业规模则在 2 ~ 4 人。这三年的数据向我们展现了集体工厂数量减少且规模减小、私有工厂数量增多且规模扩大的趋势，以及集体企业衰落、私有企业迅速发展的趋势；而个体企业很可能就是以家庭为单位的小作坊。

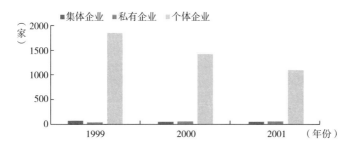

图1-3　1999~2001年抚贤镇的不同所有制企业数量
资料来源：当地年鉴（1987~2003年）。

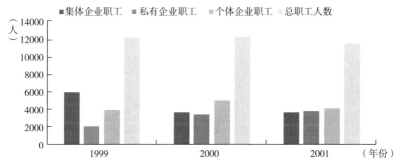

图1-4　1999~2001年抚贤镇的不同所有制企业职工人数
资料来源：当地年鉴（1987~2003年）。

结合当地的产业背景与这一时期人们的生计模式变迁来看，集体花炮厂与玻璃厂的确在90年代陆续倒闭或转制。且从90年代开始，生产鞭炮的家庭小作坊与中小规模的工厂也因安全整改而大量倒闭。但在这一过程中，大多工人并未失业，而是被私有企业吸纳了。

同时，在抚贤镇的企业数量与职工人数变化的这十几年间，乡镇工业的产值也一直在大幅增长。

2. 黄村工业的蓬勃发展

20世纪90年代，抚贤镇的社办工厂陆续被关闭。与之相应，村里的家庭小作坊、乡镇企业与镇上的私人企业开始发展。家庭作坊以家庭为单位，规模较小，投资成本低，主要做鞭炮或引线；乡镇企业多由原先集体工厂中的老员工合伙或合资创办，招用倒闭企业中的老工人，规模有几十人。家庭作坊与中小规模的乡镇企业在八九十年代兴起，但在发展过程中始终面临因安全整治而被迫关闭或被罚款的压力。从90年代中期开始，较大规模的私人企业出现，集体企业的倒闭与之后家庭小作坊的关闭，使本地私人企业的发展进入黄金期，许多类型的工厂都发展起来，吸纳了当地大量的劳动力。

20世纪80年代，做引线的家庭小作坊开始兴起。尽管在家里做引线和鞭炮不安全，没有安全许可证，出过多次事故，但昙虹县当时流传着"宁可炸死，不可饿死"的说法。80年代末，做引线和鞭炮的家庭作坊不少，每村有20多户人家，以50年代出生的那一批人为主。一个家庭无须与他人合作，仅靠一对夫妻利用零碎的时间即可经营一个家庭作坊。十几个人合伙也能办一个小鞭炮厂，但同样面临着整改倒闭的风险。到2000年初，村庄内有七八户经济条件很好的人家，这些家庭的生计结构主要是"种田＋搞厂子/私人鞭炮作坊"，后者每年至少带来3万元的纯收入。

相较家庭小作坊而言，当时村里的大型鞭炮厂很少。一方面是由于开大工厂投资多，大约需要100万元的成本，每条生产线都需要缴纳比较高的税；另一方面则是出于安全的考虑，大工厂有更高的安全要求。1993年，黄建兴办了抚贤镇的第一家私人鞭炮厂。

黄建兴的厂子是当地第一家私人所有的鞭炮加工厂。1991～1993年，黄建兴在深圳朋友的厂子里打工，年薪1万多元（当时，村庄中过半的家庭每年人均现金收入有八九千元）。1993年，他集资46万元回乡开鞭炮厂。第一年工厂雇用工人的规模达90人，产值200万元，赚了20万元；第二年工厂雇工100多人，产值300万元；第三年雇用工人的规模稳定在100多人，产值600万元。工厂当时的生产方式是老板接单，再分包给邻省下游的几十个甚至一百多个小厂子（小作坊）进行零件生产，然后集中到抚贤镇组装。

在办厂的第一年，甚至出现没招满工的现象，据黄建兴说这是因为"很多人自己找到了工作"。从经营模式来看，私人鞭炮厂与村民的联结模式与公社鞭炮厂与村民的联结模式相似，而黄建兴选择将加工环节外包给邻省的工人而不是本地的工人，一是因为本地人有了更好的就业选择，二是当地生产要求较为严格，小作坊难以生存。在家庭小作坊大量倒闭后，当地建起了更多大型私人鞭炮厂。这些鞭炮厂多建在山上，从90年代末到2010年前后都在大规模发展。鞭炮厂雇用的基本是本村人，因为几乎每个村子都有鞭炮厂。

当地的玻璃厂是在1992～1993年社办玻璃厂的基础上发展起来的，1995年前后发展最快，整个抚贤镇有四五家私人玻璃厂，每个厂有两三百个工人。当时进入工厂的主力是村里的未婚男性，他们在1990～2006年工厂发展的黄金期成为熟练工，后来大多进入管理层或者与他人合作办厂。

整体来看，90年代中后期，本地的私人工厂迅速发展。除了花炮厂与玻璃厂外，其他类型的工厂也发展起来，这些工厂的老板大多是八九十年代创业经商的一群人。到2000年前后，抚贤镇已经有十几家工厂，包括五六家花炮厂、一家造纸厂（用工100多人）、五六家活塞厂、两三家汽修厂（每个厂用工几十人）等。这些工厂一共能吸纳3000多就业人口，其中60%以上是女性，多数男性还需要种地。当时工厂的平均工资每个月为1000元。

3. 办厂个案：创业过程中的社会支持与阻碍

接下来，通过李伟经营鞭炮厂的个案，我们试图描述在80年代末开始的工业发展高潮期与创业高峰期个体创业者的成长历程，以及社会环境的作用。

1984年，初中毕业不久的李伟跟着堂姐夫去邻县的白云镇集体鞭炮厂工作，那时厂里有三四十人，李伟做的是上火药的技术活，每月可以挣好几百元（李伟表示，这些钱"自己花都还不够，不用交给父母"）。工作期间，李伟学了做鞭炮的各种技术，干了两年后，这家鞭炮厂就倒闭了。之后，李伟开始与人合伙办鞭炮厂，其间，一部分曾经一起在白云镇鞭炮厂工作的工人一直跟随着李伟。

1986年，李伟跟着原来的厂长在临县的一个乡镇合伙开办鞭炮厂，工人大多是原来在厂里工作的昙虹县人，他们都住在厂里。由于政府经常检查，厂子办了两年就经营不下去了。1989年，李伟回到黄村三爷爷所在的高头组开鞭炮厂，厂房是向堂弟租的。他的堂弟本来准备和甘阳人合伙开鞭炮厂，厂房已建好，但合伙人最后没有来，堂弟也就打消了办鞭炮厂的念头，将厂房以一年几千元的租金租给李伟，租金不比租给其他人来得便宜。但是1992年以后，政府因为安全问题叫停了小作坊，高头的鞭炮厂在这波整改的浪潮中也被关停了。

在本地因为安全整治办厂失败多次后，李伟在朋友的介绍下去了邻县——平阳县经营鞭炮厂。平阳一个镇上的鞭炮公司老板和李伟是朋友，村里的一家鞭炮厂没有人做了，李伟就去了平阳县接手这家工厂。厂子是与当地乡镇党委书记的儿子合办的，规模比之前的更大。除了李伟带来的几十个老部下外，厂里还雇了十几个当地人。由于和镇党委书记的儿子合伙，村干部、村里人对他都比较客气，没人敢找他的麻烦。后来党委书记的儿子觉得鞭炮厂的利润太少，就撤股到外面包工程去了。一个当地人想入股合伙，李伟觉得跟这人合不来，他又是外行，不知底细，便拒绝了他。不料，这人找了些村民来厂子里闹事，想挤走李伟。李伟作为一个外地人在平阳县办厂，本就与当地工人有一些矛盾，因而当地不少村民一经挑拨就加入了排挤他的队伍中。由于当地工人和村民在工厂里闹事，影响生产安全，李伟在平阳的厂子难以为继。

1998年，李伟到更远的福建办厂。他此前去福建送货时认识了一个朋友，在朋友的建议下，李伟约了四个朋友到福建合办鞭炮厂。由于与福建当地的朋友、领导、村干部打理关系开销太大，不到三个月，四人便陆续退出。李伟一个人在资金周转、应对当地人事方面感到吃力，就在福建找了一个开鳗鱼厂的老板合伙，由他出资金、厂房，李伟带了50多个昙虹县人到福建生产，其中女多男少。由于李伟掌握福建当地的销售网络，就由他来跑销售，资金回笼时两人会一起去收账。这两年是李伟办鞭炮厂以来利润最好的两年。但是好景不长，2000年，这个老板的鳗鱼厂一夜之间鳗鱼全部死了，资金链断裂，他们的鞭炮厂也被政府封了，李伟这时才知道这个老板在他办厂前就在云南借了8000多万元。福建鞭炮厂的突然倒闭，让他损失了200多万元，之前的利润全部亏空，还欠了十几万元的债务，他从福建回乡，从此不再办鞭炮厂。

从1984年到2000年，李伟在鞭炮行业中打拼的16年大致可以分为四个阶段：首先，在邻县的鞭炮厂当技术工人，上火药；其次，在本村、临县办厂，但都因为政府整治而被迫中止；之后，李伟去了更远的平阳县与人合伙办厂，但他遇到了当地人排外的问题，难以继续经营；最后，李伟到了外省开展业务，由福建本地的老板提供资金与厂房，但最后因为资金链断裂而破产。虽然李伟退出了鞭炮行业，但是他仍然在其他领域尝试了多种创业。现在，他在中铁二十局承包工程。李伟的经历并非特例，从中我们可以窥见黄村一部分企业老板的成长史，进一步看到在他们发家致富的过程中，不同圈层的社会网络如何发挥不同的支持功能。

首先，李伟每次转场能迅速找到业务资源（获得有效的信息与渠道），多依赖朋友的引荐，这里的朋友多指业缘上的合作伙伴。除了一开始进入白云镇的鞭炮厂靠的是堂姐夫外，后来李伟依靠的则是老厂长、平阳某鞭炮公司的老板、去福建送货认识的朋友等。这些业缘上的朋友为李伟提供了厂地、厂房、人脉等资源。随着业务的不断外移与扩大，李伟与其所依赖的朋友的关系其实是越来越疏远、功利性不断增强的。从基于血缘的堂姐夫到兼有地缘关系的老厂长、本省同行业的老板，再到外省送货认识的其他行业的老板，李伟与这些"朋友"的关系，从夹杂着血缘、地缘到越来越纯粹的业缘，从熟人到熟人引介的半熟人再到陌生人，二者的合作关系也从掺杂着情感的一起工作到合伙管理经营，再到纯商业性的合作。但纯粹的商业性合作导致的结果是，在缺乏制度规范的环境下，双方难以知根知底，业务上存在风险性与不确定性，如在最后一次办鞭炮厂的尝试中，李伟不知道合作伙伴竟然欠债8000多万元并出现了经营问题，最终导致了自己资金链断裂的悲剧。

其次，本地亲属为李伟提供了巨大的经济支持与社会支持，这是他能够保持创业动力的基础，但这种基于地缘、血缘关系的支持是个体性的而非社区性的，难以延伸得太远。李伟得到的经济支持在本地主要来自亲戚，并以借贷的方式体现①。同时，亲属圈还为李伟提供了社会支持，李伟在每一次办厂决策时都会征询几个兄弟、堂姐的意见，他与堂姐的关系很好，堂姐夫是他进入鞭炮行业的引路人，在后续鞭炮厂的沉浮起落中也是给予他社会支持最多的亲属。虽然他常年在外办厂，但是最为核心的社会网络与生活意义的面向仍然在五服以内的家族中。但是，基于血缘关系的支持几乎不会以合伙办厂的形式表现。当李伟回到本村办厂时，并没有选择与同样有

---

① 借贷过程也体现出亲疏远近。李伟在多次转场办厂中都是找亲戚借钱，五服内的亲戚基本上都借钱给他，例如在去平阳县办厂时，他手头上有20万～30万元，找亲戚们借了50万～60万元，一般亲戚会借1万～2万元，堂姐夫借得最多，借给他20万元。

着办厂需求的堂兄弟合伙经营，而堂弟在出租厂房时也并未因为李伟是亲戚而酌情降低租金。

最后，在李伟的身边还有一个集地缘、业缘关系于一身的"老乡圈"。在几次办厂过程中，李伟都带着曾经一同共事的老部下。到了福建，李伟还带上了50多个昙虹县老乡一同工作。这是经济生产中基于血缘、地缘纽带联系的熟人社会网络的跨空间平移，保证了在外工作时工厂内部的团结与较低的管理成本。但是，当在外地面对外人时，这群老乡却是相对独立的，他们无法从其他同乡同业者那里获得支持，无力共同抵御外地人排挤。

另外，李伟在不同的发展阶段面临着不同的阻碍。在本地，因为缺乏足够的资金或政治关系，中小规模的鞭炮厂因为安全问题面临政府的整治而被迫关闭。在外地，他所能得到的来自亲属的支持减弱，需要更多地依赖与工厂所在地社会资源的联系，这时又面临着被当地人排挤、被合伙人欺骗或资金链断裂的问题。在这样的阻碍之下，李伟在鞭炮行业中经历了一次次失败。但他并未放弃创业的尝试，现在仍然成了村里的经济精英。村里的许多创业者同李伟一样，都经历了许多挫折。从李伟身上我们看到了一个个创业者的影子，创业的成败与个人能力、社会支持和运气等因素都有关。熬过了本地一轮又一轮的整治，成长起来的是有着雄厚资本的老板，或是善于处理与政府关系的能人。在外地谋得立足之地、发展自身产业的老板则有着更加庞大而复杂的业缘网络，甚至可能和不同行业的人进行资本的合作，但厂里的工人很可能仍是同乡人。随着产业规模的扩大，工厂老板与政府或外地资本的互动也越来越多。

从个案中我们还可以看到当地鞭炮产业发展的历程。在政府整治鞭炮行业的安全生产时，许多小作坊因此倒闭，只有少数有经济资本和社会资本的人才能在一次又一次的转型升级中投入更多的资金，不断扩大生产，尽可能地达到政府对于安全生产的要求。每一次大整治的社会后果本质上都是一次资本的淘洗、经济精英的筛选，昙虹县的鞭炮厂从以前的几千家变成了如今的 200 多家。

三 现代时期：职业多元化

刘易斯的二元经济发展模型为研究经济增长提供了一个很好的框架（奥哈拉，2009：805～807）。经济的现代化转型是劳动力及其他经济要素逐渐从传统部门向现代部门转移，直至传统部门也被纳入现代生产的过程。在工业发展初期，传统部门内边际效益几乎为零的剩余劳动力流入现代部门，使后者雇用工人的工资可以维持在较低水平。通常情况下，劳动力从传统高度内卷化的农业生产进入现代工业生产，在国内的一个表现便是成千上万的农民阶段性地进城务工。当传统部门的剩余劳动力减少、边际效益提升时，现代部门开始与其争夺劳动力，导致工业部门工资的上涨——这便是第一个刘易斯拐点。

在 2005 年前后，工业工资在全国范围内大幅度提升，这可能意味着中国经济发生了结构性的变化，当然，其中也不乏国家政策与世界经济环境的影响。但这种结构性变化无疑给村庄内的经济发展与村民的就业选择带来了巨大影响。

这一时期，黄村工厂的工资从每个月 1000 多元提升到 2000 多元，工农业的收入差距扩大，工业比农业产生了更大的吸引力。2006 年，全国取消了农业税，农民上缴粮食的义务也随之消失。此外，在中国于 2001 年加入世界贸易组织（WTO）后，国外粮食进口量大幅上升，因此国内市场上的粮食更加低价易得，农民也能方便地买到便宜的粮食。在黄村，农业劳动渐渐不再作为家庭不可缺少的生计手段，工业稳定下来后，外出打工的人群也呈现稳定性与阶段性的特点。

随着本地工业、农业及村民外出打工状况的变化，村庄的社会经济水平得到整体性提升——这与黄村毗邻乡镇中心及就地城镇化无疑是有关的，村庄持续性地受到城镇文化的辐射，村民的日常生活与工厂制度密不可分。于是，乡土社会呈现更多的现代化特征，村庄内部出现更加多元的职业，包括服务娱乐类与规模养殖类等职业，这些都是传统农村社会不存在的职业。

（一）本地工业的规模化与专业化

经过十几年的发展，本地工业有了厚实的基础。近年来，在经济发展与政策的影响下，本地工厂越来越规模化与专业化。但一些企业老板认为，本地产业的发展陷入了难以进一步升级的困境。在这一部分，我们主要论述本地工业现阶段的发展特点。

花炮产业与玻璃产业是昙虹县的主要产业，在 2005 年前后开始快速发展。2010 年后，花炮产业的发展速度放缓，但玻璃产业的发展仍蒸蒸日上。在抚贤镇，花炮厂与玻璃厂的平均工资相近，为一个月 3000 元左右。在当地，月入 3000 元的人已算得上是小中产了。两类工作的区别主要在于专业性与时序性，工厂内部不同职位的工资也存在差异。

花炮生产的大部分环节很容易学会操作，生产加工的时间安排更为灵活。村里的花炮工业曾经以家庭小作坊、工厂等多种形式存在，但从 90 年代起就不断遭遇整改，小作坊、小工厂合并为具有几十、上百人规模的私人工厂，家庭内的手工生产进入工厂①。在一定程度上，这可视为花炮产业的升级，花炮生产更加规模化、正规化，即更具现代性了。现在，花炮厂内的工作分为全职与兼职，每年 7 ~ 9 月放高温假，不想严格遵守上班时间的人会倾向于在花炮厂上班，在厂里工作时间长则能挣更多工资。黄村有 3 个花炮厂工区，每个工区有几百名本地工人，厂内女工居多。

相比于花炮生产而言，玻璃生产更具时序性和专业性，这包括对厂房面积、设备、劳动力的技术和时间安排等方面的较高要求。因此，玻璃产业在早期便具备一定规模，开始实行工厂管理制度。玻璃产业的进一步发展则表现为更加专业化，如生产玻璃种类的细分、生产过程引入更高端的机器等。由于对专业设备与场地的要求较高，黄村没有玻璃厂，抚贤镇上有 3 家玻璃厂。

当地工厂在发展的同时也面临着一些挑战。一些专业性要求较高的工厂，厂里的员工基本是八九十年代出生的工人，生产技术在这批老工人手上不断成熟，但本地的年轻人不愿花大

---

① 抚贤镇花炮厂近几年整改发展的趋势为：从多元的花炮生产方式转变为现在较为单一的工厂制，花炮厂本身也愈加规模化。从某种程度上说，这可以视作一种产业升级。整改既出于安全的考虑，也出于经济和政治的考虑。整改的过程涉及村庄内政治经济的运作，工厂老板与员工对政策的反应策略也反映了上层决策与下层实践之间的张力。这一过程与村庄经济发展的直接相关性不大（后文"富人治村"的部分将进一步论述）。

量时间学习技术，也难以接触行业内已有的社会网络资源，这些工厂面临着员工老龄化与后继无人的问题。还有些年轻人不喜欢"又脏又累"的工厂生活。比如，黄村的一位妇女黄苗苗早年在深圳打工，现在回村经营电子微商，当被问及是否考虑在鞭炮厂工作时，她表示鞭炮很脏，不愿意进鞭炮厂工作。随着新兴行业在村庄的兴起，本地中低端的行业很可能面临失去劳动力的问题。但这种情况在短期内尚不会发生。

在谈及本地的工业发展及吸纳劳动力的情况时，很难将黄村与抚贤镇分离，这也是就近城镇化与工业吸纳充分劳动力的特点和后果之一。总体来看，目前镇上的工厂吸纳了 1 万多名劳动力，大部分本地人都被吸纳进本地工业，工厂里多是 30 多岁的中青年人，还有一些年轻人在尝试更加新型的职业。黄村工厂上班的工人工资约为每月 3000 元。不少鞭炮厂会临时招工，临时工工资为每小时 10 元。村里少部分 60 岁以上的老人也会到工厂赚钱，但他们一般只能靠关系在厂里从事打扫卫生、看大门这类简单工作，这些老人多是贫困户。工厂招老年工常常带有福利性质。

（二）发展型的外出务工

在本地工业已趋于成熟的情况下，大量本地劳动力被吸纳进村镇的工厂。外出务工的村民数量与性质也随之发生改变。

相比于 20 世纪 90 年代，现在黄村每年外出务工的总人数减少了，但大多数人年轻时还是会外出打工赚钱，因为外地工资比本地多，外地有更多发展机会。当地人外出打工会选择性地寻找同乡。年轻人一般到 20 岁左右会出去打工，如果前景好就留在外地，前景不好通常还是会选择在本地就业。回村的村民一般 30 多岁才安居在村里，这时他们已经完成了结婚、买房、生子等人生大事，进入了相对稳定的生命阶段。在外地发展较好的一些人可能在外地落户、成家；一些人会在本市买房，把父母、孩子都接到城里住；一些人还可能出于对父母、孩子、村庄的情感考虑而回到村里。外出务工很大程度上影响了当地人的婚姻。村里六七成男性的媳妇是他们外出打工时认识的本地女性，但也有小部分人娶的是外地人。村里的女性更可能嫁到外地，多数外嫁的女性通过婚姻实现了经济的向上流动。

黄村的经济水平、基础设施、公共服务条件均能满足人们日常的生活需求。村庄内的熟人社会也为人们提供了归属感。因此，若不是在外地发展得特别好，人们还是会选择回到村里居住。比如在合作社工作的刘某：

> 刘某目前年收入达 15 万元，他对村内的居住条件表示满足，并表示只有当在本地收入少于每年 10 万元或外地收入每年超过 20 万元时才会选择搬到外地。

刘某的想法能够代表村里一部分 70 后、80 后的想法。然而还有一些人，即便在外地的工资水平不低，但出于对家乡的情感还是回到村里：

> 钟某 30 多岁，与妻子、孩子住在村里，现在经营村中的农村淘宝业务。他在广东做了几年 IT 行业的工作，当时每月能挣 1 万元，甚至可以在广东落户，但他还是在结婚生子后和妻子、孩子一起回到了黄村。当被问及为何回村时，他说，"还是想回到家乡，家人都在这儿"。

（三）农业生产的个体化

2005 年前后是黄村农业发展的重要拐点之一。这一时期，村镇上的工厂工资大幅度提升，本地中青年劳动力进入工厂的意愿更强烈了。同时，2006 年全国取消农业税，村民种田的义务感大大下降。工农领域发生的双重变化降低了人们对土地的依赖性，农业逐渐退出大部分人的生活。对于多数家庭而言，农业不再是必要的生计手段，抛荒与土地流转现象增多。对于村庄整体而言，土地流转与规模化经营正是农业现代化转型的重要契机。但是，农业既不可能回到以家庭为单位的小农生产形态，也不可能完全被抛弃，必然面临着如何以现代组织形式经营的问题。下文将展现人们在农业角色的转变过程中更为微观的行为与心理变化，以及村庄农业发展所面临的问题。

2005 年以后，村里改种单季稻，因为不连续种植，水渠会发生淤积，清理水渠的成本过高，所以小规模种植水稻的收益很少①，土地抛荒的面积也增多了。而且到 2005 年前后，吃粮不成问题了，村里有人以 400 斤粮食/亩的价格承包土地，许多人都将土地承包出去。到 2010 年前后，村里实现机械化插秧，规模化经营的成本下降，这进一步加剧了土地抛荒与流转。此时，大多数青壮年在本地或外地的工厂工作或从事更高端的职业，在家种地的主要是老人，但老人也只愿意耕种灌溉

---

① 种植单季稻的收益估算如下：种植一亩单季稻的成本为：打田 100 元 + 收谷 120 元 + 种子 140 元 + 化肥 250 元 + 农药 120 元 = 730 元；种植一亩单季稻的收益为：每 100 斤 106 元，计算每亩产 1100 斤，每亩可赚 1166 元；种单季稻实际每亩利润为 400 多元。若种植双季稻，两季收成仅约每亩 1500 斤，但成本会翻倍。

方便、土质较好的一部分土地，耕种超出自家口粮需求的土地是边际收益递减的。在村里，我们看到村民只在家门口几平方米的土地上种着一些蔬菜水果，大部分土地都荒废着，长满了杂草。

在这样的背景下，当地的村民并不反对土地集约经营。截至 2016 年村庄推动土地规模化流转前，全村已有近一半的耕地被抛荒。现在村里大面积的田地都流转至合作社，种地的人基本上都只种自家的口粮，甚至是单纯地享受劳动的快乐。除了少部分在家里种田的中老年人、承包大户与合作社外，在农忙时节，本地五六十岁的中老年人和外地较贫穷的工人还会以零工的形式参与种地，一小时能赚 10 元工钱，当天结算。村内外约有 200 人参与合作社的农业生产活动，他们彼此熟悉，监工的成本低，通常是关系较好的人相约结伴而来。

通过分析这一时期村庄农业的转变，我们会发现从家庭生计的角度来看，农业退出了大部分人的经济生活，但在村庄层面，农业生产以一种机械化、规模化的方式经营。排除出于闲暇与"享受劳动的乐趣"而耕作的老人，出于经济目的而参与农业劳作的人包括承包大户与合作社的管理层和职工，还有以零工方式参与耕作的老人与外村人。这正是农业组织形态的一种转变，从以家庭为单位的小农生产转变为类似于企业经营的生产模式，后者依赖于现代化的农业生产技术，在组织上则包括管理层、高级工人与非正式的零工多个层级。不过，在黄村的农业合作社中，人员组织结构与关系信任还具有很大的乡土性。

农业呈现企业化管理模式的特点正是农业开始转型的表现之一，但我们远不能说黄村的农业已经步入了现代化。在实践层面，黄村的农业转型面临着许多问题。起伏的丘陵地势与零散的耕地影响了机械进入的程度，粮食种植的部分环节还需依赖人力劳动，这些劳动主要由老年人承担。合作社大规模种植的水稻利润微薄，承包了几百亩地的陈老板表示，"种植粮食作物都亏本，必须搞产业链才能赚钱"，并计划种植 1 斤能卖15 元的"环保型优质水稻"，"走向城市，走在前头"。

村庄中的各主体均缺乏农业规模化的动力。本地工业的支持与经济生产组织形式的变化使中低收入家庭无须依赖土地生存，农业规模化生产的低利润与技术障碍导致农业大户与经济精英缺乏种植粮食的动力。不同群体的理性选择却让黄村陷入大面积土地被抛荒的困境，这无疑给区域农业带来了重大损失。目前，这一问题由于三年土地休耕政策而被暂时搁置了。但是，未来农业活动的承担主体与组织模式将以何种方式呈现？一片片杂草丛生的土地能回应的仅有沉默。

（四）新兴职业的出现

因为黄村与乡镇毗邻，除了本地工业、外出务工和农业所吸纳的大量劳动力之外，村里还有部分年轻人和经济条件较好的中年人在镇上开店做小生意，或在镇上的美容院、超市当服务员等。工作之余，这些人仍住在村里。除此之外，还有一部分人在村里从事其他职业，如经营娱乐业、从事规模养殖业、发展农村淘宝、开游泳馆等。这些新兴的职业作为主业或副业出现在村庄中，恰能体现村庄城镇化过程中的特点。

1. 兼职舞龙队、军鼓队与龙灯队表演

2016 年黄村组建了舞龙队。舞龙队是村里红白事与

重要节庆日的专业表演队。昙虹县的舞龙队均由女性组成，是村庄女性业余赚钱的副业。舞龙表演十分专业，队伍组建前还要进行培训，在表演过程中成员会穿上统一服装。抚贤镇第一支舞龙队伍是去县里学的，在 2010 年前后发展起来。村里的妇女主任谢琼花参与组织了黄村的舞龙队，当时她请了邻市的舞龙队成员来村里教学。近些年，这类专业化、半职业化的舞龙队发展得十分迅速，现在 D 省东部已经有几十支舞龙队了。谢琼花 2016 年通过舞龙队赚了 3 万元，2017 年赚了 3.2 万元，之后的一两年因为竞争太激烈赚得少了。

之后，村里又组建了军鼓队和龙灯队。龙灯队的成员是相貌较好的 20～50 岁的已婚妇女，平时有 20 人参加训练，12 人参加正式表演，其余为候补人员。不过，因龙灯队经常外出参加红白事赚钱，会接触到其他男性，年轻丈夫一般不会同意妻子参加龙灯队；若妻子参加龙灯队，丈夫通常会跟随龙灯队观看演出。

2. 兼职娱乐业

王婵是黄村幼儿园的老师。幼儿园共有 8 位老师、100 名学生，学生来自本村、本镇和相邻的浦口镇。每位老师负责一个班的教学。除了主业之外，王婵利用双休日和寒暑假做些兼职。在店铺开业和摆酒席的时候，她参加跳舞和唱歌等演出活动，也做主持人，每次主持活动能赚 300～500 元。客户主要来自朋友介绍的朋友或微信群的资源共享。

3. 发展农村淘宝

农村淘宝是阿里巴巴与各地政府合作、下放到农村的项目。黄村有一处农村淘宝站点，从 2016 年开始发展，由一对 80 后夫妇作为副业经营。其业务内容为包裹代收代寄。农村淘宝业务刚开始时村民对此有防备、害怕被骗，夫妻俩宣传了一个多月后村民才逐渐接纳。生意最好的时候，农村淘宝一天有 30~50 元收入。但是 2016 年拼多多与其他竞争平台的出现，分散了客户源，现在一天收入只有 10~20 元。他们对农村淘宝的前景不太看好。

4. 开游泳馆

张良在村里开了一家游泳馆，游泳馆坐落在黄村，周边就散落着几户人家。游泳馆占地面积不大，包括两个 100 平方米左右的大池子和一个二三十平方米的儿童游泳池。人们将泳池当作一个放松、闲聊的场所。花 10 块钱，人们就可以在游泳池里待一天。来游泳的有村里的人，也有一些镇上的人，不少是张良的熟人。

5. 从事规模养殖业

村里有几户大户经营规模养殖业。随着抛荒土地的增多，原本依托小农种植的牲畜散养成本上升，牲畜养殖从原来家家户户的副业变成专业化的规模经营产业。以黄村的养殖大户邓志伟为例，他养了 200 多只鸡鸭，100 多头猪，还拥有一个鱼塘，饲料成本大约 3000 元/吨。除了鸡、鸭、猪外，他还进行龙虾、螃蟹养殖。养殖技术是邓志伟自学的，通过养殖业，邓志伟一年可以获得 10 万元左右的纯收入。养殖业赚的钱虽然可观，但村里很少人选择这种谋生方式，因为养殖业可能受猪瘟等的影响，产品价格波动比较大，要承担一定的风险，而且"又脏又累"，不如上班省事。

上述这些新兴职业的出现，反映了黄村在就近城镇化的过程中现代化的重要面向。新型的舞龙表演比传统的舞龙表演更加专业，但由于其成员兼职的特性，它既是一种服务型职业，又类似于村庄中的趣缘团体。通过舞龙表演，女性不仅能赚钱，还能展现自己，获得心理上的满足。农村淘宝已显露出城市快递行业的影子，村中甚至还出现了多种快递平台竞争的现象，但网购与快递在"进入"村子的过程中还是遇到了困难，现在普及率也不高，可见村民们的网购需求并不大。吸引了大量村民乃至镇上居民的游泳池更是现代娱乐业的一种体现，但收费的随意性与顾客和老板的熟人性质又使其具有乡土色彩。规模养殖业代替了传统农业中自给自足型的牲畜散养，其面对的不再仅仅是自家人与村庄中的村民，更是一种面向市场的经营方式，更加依赖资本，更大程度上受到政府相关部门的监督与外部市场波动的影响。

上述的多元职业都是在近几年才开始出现在黄村的。舞龙队、农村淘宝与游泳馆经营作为面向村庄大众的服务型、娱乐型行业，以一种商业化、专业化的方式满足村民对便捷生活与休闲娱乐的需求，但在经营的过程中因为经营者身处熟人社会的社会空间与社会关系之中，这些职业更具弹性与人情味，仍具有浓厚的乡土色彩。规模养殖业是生计模式从自给自足的家庭经济到外向型的商品经济的一种转型，被吸纳进更大的市场体系，虽仍处于村庄之中，却仅仅在生活上置身于黄村的场域，在生产上则很大程度上脱离了村庄。村里的规模养猪场甚至与村庄利益对立，给村庄带来了污染问题。未来或许会出现更多的新型职业，如一些外出返乡的年轻人已产生投身信息行业的想法。

村庄内的多元职业反映了村民们的经济与生活受到城镇文化与市场化的影响，产生了新的社会生活需求，职业分途已然发生。新的职业在村庄中呈现的特殊面貌或许正是城镇文化与乡土文化交融的结果。

（五）小结：经济的现代化与乡土性

从生计模式来看，近十年来本地鞭炮制造业、玻璃制造业两大传统工业已然饱和，工厂的规模化与产业化经营越来越具有现代化的模式。而农业则在近十几年间迅速衰落，农业生产成为年轻一代不熟悉、不屑从事的职业，大面积的土地被抛荒与流转。由于当地工业能提供较为充分的就业，年轻人外出务工的心态普遍是平和的，他们抱着求发展和求机遇的心态向外寻求工作机会或继续在本地尝试创业，成功者向外流出或成为本地经济精英，半数以上的人最终还会返回村庄。在村庄内部，规模养殖业、专业舞龙队、农村淘宝等更具现代特色的职业冒了出来。黄村放慢了发展的步伐，稳中带变地继续前进。村中虽然仍有大片的农田，但村民们的工作生活与人际关系已脱离了土地，悄然沾染上了工商社会的气息。那么，这一工商性或现代性具体体现在何处呢？结合本地工业吸纳大量就业与农业规模化经营的情况来看，人与人之间的生产组织方式已经从家庭单位变为个人单位，这种生产组织形式已经延伸到农业领域。工厂制使家庭在经济上解体，个体作为工人获得了经济独立。

尽管工业生产形式在经济精英的努力与政策作用下朝着更加规模化与专业化的方向发展，进行着现代化与产业升级，但工厂中的工人们并没有完全脱离乡土逻辑，被规训在现代化的工厂体制之内。这一方面体现在工厂老板常提及的农民在工厂里"不守规矩",另一方面体现在工人们对待整改政策的态度与行动之中。

在经济领域,伴随着工业发展、工厂制与企业模式的盛行而来的工商逻辑对各阶层的人都产生了作用,进而对乡土社会产生整体性的冲击。同时,乡土社会本身的逻辑也在影响着进入村庄与乡镇的工商业。二者之间产生了冲突,这也是整个村庄社会在变迁过程中面临的张力。经济生产与社会生活的其他面向密不可分,在家庭、宗族、社区的变化与城镇化过程中,我们都能感受到在这种"变"背后人们的多重行动逻辑、伦理价值之间的冲突。

第二章

就近城镇化背景下的亲属关系

在工业化和城镇化的背景下，黄村原有的社会结构不断受到冲击，一个工商社会在原有的乡土社会之上生长起来，进而重塑出全新的社会样貌。本章主要从传统农村家庭的代际关系、夫妻关系、兄弟关系、族亲关系等方面入手，尝试描绘单系偏重的传统结构变迁的具体过程及其在社会生活中的不同表现。

正如第一章所述，黄村有着悠久的工业传统，在20世纪80年代其工业产值就占到工农业总产值的70%以上。因此，改革开放40多年来，花炮制造业和玻璃制造业一直都是黄村村民的主要收入来源。由于在当地工厂工作的收入与外出务工相当，村民也更倾向于选择在当地进行生产生活。尤其到近些年，家家户户的农业生产也因劳动力被工业吸纳而几近停滞，甚至荒废。

就近城镇化和就地就业使得黄村看起来更像一个镇郊社区，而非传统村庄的理想形态。费孝通早已敏锐地关注到乡村工业的发展可能给亲属关系带来的巨大影响："挣钱的人从一家的成员中分离出来，亲属关系也产生了实质的变化。亲属关系以新的形式进行重新组合，并将随着工业的变迁得到调整。"（费孝通，2012）费孝通捕捉到了亲属关系变迁的萌芽，但是当时的江村尚未经历长期的工业发展或者完成全方位的就近城镇化，因此他在当时也没能考察到这种变迁的全貌。然而黄村的发展恰好延续了江村的轨迹，且更加清晰、完整地呈现了费孝通关注的社会变迁。

发达的工业历史极大地影响了黄村村民的生产生活与价值取向，形塑了当地的总体性社会结构。1990 年至今，这一经济迅猛发展且活跃的历史阶段，尤其是对于 60～90 年代出生的村民来说，其各自的生命历程与价值取向也因剧烈的社会变迁而呈现明显的异质性。由于黄村的城镇化过程是就近完成的，进入工商社会的个体依然聚集在原生的乡村社区中，工商社会同熟人社会重叠，生活的地域和交往的人群都没有发生太大变化。黄村依旧披着共同体的外衣，但是生计模式和交往逻辑的改变已经使黄村失去了共同体的内核，在旧有的代际关系、夫妻关系、兄弟关系、同族关系、同村关系相互勾连的基础上，工商社会的逻辑与行为方式又被引入，且不断挑战、更新、重塑着旧有的乡土社会，使黄村最终呈现别样的就近城镇化的乡土格局。

我们将沿着差序格局，由内而外地考察黄村村民的代际关系、夫妻关系、兄弟关系、族亲关系以及村民间的关系，关注不同纽带在社会生活中承载的实质内容，以及由此呈现的由每个村民的差序关系网络构建出的整个熟人社会的特质。我们将反思各层级纽带的紧密程度，分析其紧密或松散的理由，并考察其对于村民生产与生活的实际功能。在这一过程中，我们将尝试秉持下列三个视角。

一是工商逻辑嵌入与重塑乡土逻辑的视角。鉴于当地的工业传统，这种影响在改革开放前就已经存在。事实上，工业化与就近城镇化所改变的并不限于亲属关系，它相当于在原有乡土社会的空间中重新生成一个工商社会，将工商社会的逻辑全方位地嵌入村民的生产生活中。

二是代际变迁的视角。伴随着改革开放后经济的迅猛发展与社会的剧烈变迁，尽管先前就有乡镇工业的存在，60后至90后的村民所经历的社会生活也必然发生翻天覆地的变化，我们试图关注这种变化是否导致了代际的分化与家庭结构的变迁。

三是各项社会关系的功能与村庄公共性的视角。在以货币和财富作为通约性标准的工商逻辑渗入之下，经济理性在何种程度上改变了村民的社会关系，依然保留的各层级纽带又能够承载怎样的功能。由此，仍具有熟人社会特征的村庄共同体又将建构起怎样的公共性、道德观和生活世界。

我们发现，在黄村就近城镇化的过程中，代际关系、夫妻关系和兄弟关系等家庭维度都呈现别样的特质，传统与现代在不同程度和不同方面上交织杂糅，让松散的代际关系和极具个体主义但又相对稳定的夫妻关系、分合错杂的兄弟关系以及结构松散的宗族与村庄社区成为当地的主流。

一 松散的代际关系

费孝通曾说过："家，强调了父母和子女之间的相互依存"，"父母与子女、夫与妻这两种关系是家庭组织的基本轴心。但在中国所谓的家，前者的关系似乎更为重要。"（费孝通，2012）黄村有着长期的工业传统，在改革开放后，当时的年轻人，也就是 20 世纪 60 年代出生的这代人，已经在当地的工厂工作并获得工资收入。一直到我们调研时——2019 年下半年，当地的花炮制造业和玻璃制造业两大支柱产业依旧可以让村民"只要干活，每月最少有 3000 元的收入"，因此到我们调研时，已成为父辈的 60 后和他们的子辈大多有稳定的工资收入。发达的工业在改善村民生活的同时，也对其家庭结构与代际关系产生了不可忽视的影响。本部分将关注作为传统家庭主轴的代际关系，从代际间的相互支持、子代对父代的赡养传统、分家过程中的父子权力关系等角度出发，系统地考察黄村村民的代际纽带及其生活实践。

（一）低度的代际支持

改革开放后，年轻人的工资收入不断增长，一个极具张力的问题浮现出来：当年轻一代进入工厂工作获得收入，经济能力与父代相当时，两代人要如何进行相互支持，代际间的经济依赖又如何影响代际纽带的实质？一般来说，父代往往希望子代在有能力时尽可能地帮助大家庭，而子代在婚后则更倾向于将自己的收入用于小家庭的开销，于是代际间便存在着博弈的张力。我们对比考察后发现，虽然子代都能从工业生产中获得收入，但是不同年龄段的村民之间存在代际差异。

60 年代出生的这代人，同时也是第一批通过外出工作获得工资收入的这代人，几乎将工资全部上交给父母，父母则会从中拿出一部分给孩子作为零花钱，这代人几乎未有过将工资据为己有的想法。70 年代出生的这代人，步入工作岗位后的月收入一般为 1000 多元。据村民估计，他们中的 40% 会上交部分工资给父母，只有家庭经济困难的孩子才会把大部分工资给父母，自己留下两三百元作为零花钱。80 后这代人在婚前会将部分工资上交给父母，但是 90 后这代人大都不上交工资，据估计只有 10% 比较讲规矩的孩子会上交。然而，不论上交工资与否，他们对于家中日常性的开销都会不间断地提供经济支持，比如为家中添置家电、为还在上学的弟弟妹妹购买日用品等。

随着经济的发展与村民观念的转变，父辈对子辈正逐渐失去经济上的控制。事实上，在我们开展调研时，父母对子女的控制力已经降到相当低的程度，村民的普遍说法是现在的父母无法干预子女如何支配自己的收入。就好比说，本村的汽车拥有量当属邻近几个行政村中最高的，这些汽车至少有 1/3 是年轻人以贷款的形式购入，首付中的两三万元是从父母处索要而来。这部分年轻人在消费上冲动且没有计划，此类高档消费的主要目的是炫耀，一旦满足这种攀比心理后便会将汽车作为闲置商品出售，显然年轻人在汽车消费中看重的是个体感受，而不是整个家庭的预算开支。

为何父代对子代缺乏控制力？一个可能的原因是父代对子代的支持与投入较少，子代在经济上对父代的依赖也较弱。盖房子、娶媳妇、抱孙子，帮助儿子完成这三件人生大事，是多数地区的村民一辈子拼尽全力去实现的生活意义，哪怕为此负债累累，却在心中甘之如饴。而在黄村，为儿子购置婚房并不是结婚的必要条件。即使儿子因准备结婚要在县城购置婚房，多数父母也只会在儿子购房时拿出两三万元表示一下，并不会拿出全部的积蓄。至多帮忙付房子的首付，房贷则由儿子和儿媳妇自行偿还。我们以 69 岁的村民张兴国和 50 岁的村民陈建材为例：

69 岁的张兴国是黄村卫生室的医生，在部队当兵时学过半年的医学知识，这成为他这辈子谋生的饭碗。从部队的卫生员到村里的赤脚医生，这份职业让他旱涝保收却也无法大富大贵。即便在 90 年代当地花炮厂和玻璃厂遍地开花的时候，他也没有想过为了儿子有更好的生活再去拼一把。如今他的两个儿子都已经结婚，大儿子和儿媳在镇上做着小本经营的生意，在孙子 10 岁的时候，夫妻俩通过平时的省吃俭用攒够了在县城购房的首付。二儿子在县城的药店打工当药剂师，结婚两年了还是在县城租房子。对此现状，张兴国毫不焦虑，依旧过着自己优哉游哉的小日子，没有为此刻意降低自己的生活质量。他并没有觉得帮儿子分担购房费用是他必需的责任，他说道："我就是掏不出钱来你叫我怎么办，日子该享受还是得享受的。"

50 岁的陈建材是村庄中的经济精英，他在村里经营两家工厂、一家旅行社和一家小饭馆，算是当地的大老板，日常"座驾"是某品牌越野车，他享用着在镇里乃至县城能够提供的最优质的吃穿用住。就是这样一个经济上没有任何压力的老板，在独子结婚的时候也只是按照当地习俗给了女方 10 万元的彩礼。其实儿子在购置婚房和汽车上的总花费需要 20 万元，但是他也没有主动揽下所有的结婚开销。

从张兴国和陈建材的例子中不难看出，当地存在一种现象，即不论年龄段与贫富的差异，父母都不会因子代买不起房而产生焦虑感。事实上，鉴于当地普遍向好的经济环境，这种父子之间经济关联的薄弱与其说是力不能及，不如说是相互之间的经济依赖小，进而导致父代对子代家庭仅保有低度的代际支持，最后呈现为代际关系的松散化。这种低度的代际支持不仅体现在家庭发生重大支出时的现金支持上，也体现在父母对儿子婚后小家庭的日常帮助上，比如我们从对育儿的代际支持中也可以看出导致代际关系松散化的新因素。

在黄村，育儿的任务自90年代起就由孩子妈妈一人承担，如今也多由妈妈亲力亲为。过去，孩子奶奶宁愿去工厂做工也不愿留在家中照顾孩子。以下是村民谢冬梅的例子：

> 46岁的谢冬梅是一位非常要强的女性，在事业上和生活上都是如此。她的两个女儿分别出生于1994年和2001年，在二女儿出生后不久，她便按照当时的计划生育政策去镇卫生院结扎，这个行为彻底打破了婆婆传宗接代和延续香火的希望，婆婆那一代人还是有浓厚的重男轻女观念。当时谢冬梅在镇上的玻璃厂做工，每天都要往返于工厂和家，无暇顾及两个孩子。在这种情况下，婆婆还是不愿意揽下带孙女的活儿。谢冬梅觉得要争口气，便带两个女儿去镇上租房生活，孩子也因此培养了独立的品质，独自上下学，放学回家后自觉写作业。如今，两个女儿都是村里罕见的大学生，大女儿更是从黄村走出来的第一个女大学生。

如今，出生于六七十年代的新一代祖辈很乐意抚育孙辈，这可能是由于他们在青年时期就已经受到男女平等观念的洗礼，"孙子孙女都是宝"，而且每个家庭中孩子的数量也明显减少。但是，因为在教育理念和生活习惯上难以与上一代人达成一致意见，现在更多的妈妈仍愿意自己带孩子。出生于八九十年代的新一代妈妈，哪怕自己的工作异常繁忙，也不愿意婆婆过多介入孩子的教养，宁可让自己的亲生母亲——孩子的外婆在育儿过程中助一臂之力。究其原因，妈妈和婆婆毕竟不同，即便与妈妈产生摩擦，化解矛盾和修复关系的成本也相对较低。然而，当地农村又流传着一句俗语："蠢鸡婆，带鸭仔；蠢外婆，带外孙"，暗示外婆不应该多管闲事，亲手抚育长大的外孙在长大成人后也很难孝顺外婆。如今在黄村，很少有父代和子代共同生活的家庭，由奶奶还是外婆作为流动老人进城去隔代育儿，多是由孩子妈妈决定。除非是与公婆共同居住在黄村，孩子妈妈才会出于方便的考虑让奶奶辅助育儿。

总的来说，60 年代到 90 年代出生的这几代人中，无论是富裕的还是相对贫困的家庭，在大多数情况下父代对子代的支持都是低度的。这使子代对父代的经济支持不抱期待，父代对子代的控制力也较弱，暗示了当地代际关系在家庭生活的各个面向上的松散。

（二）低质的单系偏重赡养传统

与低度的代际支持相对应的是子代对父代仅承担较低水平的赡养义务。村庄社会中默认的儿子对父母的赡养义务是"只有一碗饭给老人吃，儿子很少给现钱"，儿子只在逢年过节会给父母零花钱，女儿在回娘家时偶尔也会给父母留一些零花钱。大多数情况下，父母会在尚有劳动能力的时候，通过打零工的方式攒钱养老。假如父母的积蓄有 60 万元，其中的 40 万元会留给儿子，剩余的 20 万元留给自己养老；假如有两个儿子，自己与两个儿子的数额分配比例则是 1∶1∶1，总之是要留给自己一份。正如前文所述，为子代倾其所有甚至负债累累，并不是当地常见的现象，相反，有所保留地兜底是当地默许的规范。在日常生活实践中，子代对父代的赡养义务较低，父子之间经济上的划分也相当清晰。

在松散的代际关系下，能维持的仅是低水准的赡养义务。按照当地的传统，只有独子的家庭不分家，由儿子为父母养老送终。对于生育多个儿子的家庭，当地主要有两种赡养形式：一是轮住，即老人在几个儿子家轮流居住，儿子只是提供住所和一日三餐，老人的其他开销如生病住院所需的费用，则由所有儿子平摊。轮住的更换频率为半年至一年，少数家庭按月更换，更换的频率高，一般说明兄弟间在赡养老人方面存在难以调和的矛盾，关系紧张。二是固定生活在某个儿子家中，这个儿子会定期收到他的兄弟为老人支付的生活费，父母大多会住在小儿子家中，因为大儿子会先分家组建自己的小家庭。

然而在实际生活中，老人常常宁可自己居住，也不愿意与儿子同住。老人自己的解释是"自己住自在""不麻烦儿子"。轮住在当地已较少存在，因为该形式的最大缺点是老人要和每个儿媳妇进行多次博弈，因此大多数父母都不愿意轮住，宁可自食其力。

代际关系松散的另一面，是经济理性与计算直接利益的合理化。儿子在赡养方面多是低水准的，只管到物质层面而不在意精神层面，用村民的话说就是："只给一碗饭吃，但不给尊重。"相对地，女儿无论在物质上还是精神上都应该是子代养老的有力补充。但是在工商经济较发达的黄村，女儿对父母的回馈也常牵涉经济逻辑的计算与博弈。村民钟春晖的讲述就印证了这一观点。

> 我出嫁以后还是很顾娘家的。娘家那边还有一个弟弟，他早已是两个孩子的爸爸了，但还是不成器，一直住在我爸妈家，用我爸妈的、吃我爸妈的。弟弟会焊接技术，常年在外打工，挣得不少，但也特别贪玩，挣的钱全都花了。弟媳没有工作，就是在家带孩子，在经济上完全照顾不到爸妈，甚至还要我爸妈贴补。我这个人还是很有孝心的，希望爸妈老了以后能过上好日子。我嫁得也不远，就会经常回娘家陪爸妈说说话，顺便给点钱或者买点好吃的带给他们。但是我后来发现，我给爸妈的零花钱，他们自己都舍不得花，转手就拿给弟弟用。我每次给的钱最终都落到我弟弟手里。我也不好说什么，只能不给爸妈现金了，真的是感觉女儿太难做了，心里别扭得很。

与钟春晖相似，在我们访谈的其他村民中，不少经济条件好的女儿即使嫁出去了也会资助父母，在精神上也会给予父母比儿子更多的照顾。然而，这些尽孝的女儿也面临钟春晖那样的两难问题，即在单系偏重的赡养传统下，女儿没有足够的正当性介入娘家的日常运转。

女儿内心的这种挣扎、失落与矛盾，反过来也表现出经济力量对传统单系偏重家庭结构的一种挑战。相比于儿子养老很大程度上受单系偏重传统的影响，女儿养老则更依赖女儿的情感与经济能力，缺少社区通约的赡养规范。据村民的说法，在纯女户家庭的养老过程中，其实大多数女儿对于父母的养老缺乏义务感，对于养老的责任也不是几个女儿平均分担，而是互相推卸责任。一个接受程度较高的标准是，谁经济条件好谁就多负担。

女儿在很大程度上仍受到单系偏重赡养传统的排斥。当地不存在非纯女户的女儿养老现象，女儿多是在逢年过节和父母生日时回娘家看望父母，村庄舆论对于谁是养老的主要承担者仍存有控制机制，即便儿子、儿媳妇不能够善待父母，父母也会为了面子而忍气吞声，不会选择女儿养老。父母在丧失劳动能力且没有固定生活来源时，只会选择跟随儿子生活，绝不会搬到女儿家居住。这说明在黄村，单系偏重的赡养传统依然保留着。然而一如前文所述，这种赡养传统在松散的代际关系下只能维持在相当低的水准，老人宁可过独居生活，自己给自己养老。

（三）缺乏标准的分家

分家是家庭政治中最重要的事件之一，因为它标志着家庭成员相互之间权利与义务的重新界定、家庭财产的再分配，以及新家庭的形成（阎云翔，1998）。分家并不存在一套抽象且普遍的制度，因此，分家模式存在着较为明显的区域差异和时代差异。在传统时代，普遍意义上的分家有三个标准：分爨、分产和分居。兄弟一般在婚后、父母没有劳动能力或者去世之后进行一次性分家，并且在娘舅或者村干部的主持下举行隆重的分家仪式。而黄村只保留了传统时期分家的一个特征，即女儿没有作为分家的主体之一参与分家的过程。其余规范则已发生了较大的流变与分化。

黄村的分家实践最引人注目的地方在于，不同家庭对分家的界定并不相同，没有统一和固定的标准，"不同家庭"主要是指生计模式和经济水平上的差异。这也体现了在就近城镇化的进程中，村庄中约定俗成的乡规民约在逐渐瓦解。在黄村，分家的标准和目的都是以夫妇为主轴的核心家庭的利益最大化为参考指标。

> 1967 年出生的李云辉夫妻俩与哥哥、嫂子共同经营一家大型花炮厂。这家花炮厂是在 90 年代第一波工业发展浪潮中由父亲一手创建的，他们四人虽然都是实打实的工厂老板，但是为了避免兄弟间因经济问题而产生摩擦，他们还是和普通职工一样，按时领工资，不随意动用账面上的资金。婚后的李云辉夫妇一直与父母、哥嫂在村中共同生活，后来哥哥、嫂子为了方便与生意伙伴来往合作，便搬到了镇上居住。前两年，李云辉为了在县城读初中的儿子方便上下学，便在县城购置了一套住房，顺便把年迈的父母接进县城。父母的日常开销包括请保姆的费用都是由李云辉负责，哥哥、嫂子每年会不定期地一次性给父母 1 万多元的生活费。当父母生病住院时，兄弟二人会直接走工厂的账付费，以免因经济问题产生隔阂。即便李云辉和哥哥早已分开生活，他还是认为与哥哥没有分家，因为他们还在共同经营一家工厂。

前文提到的村卫生室医生张兴国也认为他自己与两个儿子没有分家。虽然他的两个儿子都已结婚并在城镇定居，但是他坚持认定的分家标准是分割祖上留下的老房子和土地。

按照传统上对于分家的界定，分爨是分家的核心标志，因为它是经济核算单位的分化。在一位一直务农的老一辈村民眼中，第一个案例中的李云辉已与其兄弟分爨、分居，他们一家早已分家。他们虽然没有举行分家仪式，但已经发生了分家的事实。由此可以看出，对于同一个分家事件，当事人和旁观者可能持有不同的标准。对于经商的村民来说，分账对家庭生活的意义更加重大，分爨、分居所分割日常开销对于经济水平较好的村民来说是小事情，只要没有进行分账，仍不能算作分家。因此，对于现在的部分村民来说，分账必然是分家，而分爨未必是分家，分爨只体现了是否共同生活，而分账则更为明显地体现了父子是否仍是一个经济共同体。

20 世纪七八十年代，家庭经济条件的好坏会直接影响父母的权威。在经济条件好的家庭，父母在儿子结婚后尚处中年，还能够挣钱，因而能够掌握家庭的经济主导权，父子便不会分家；在经济条件差的家庭，父母的权威很容易因为子女经济实力的增强而降低，父子易在儿子婚后分家。分家的导火索通常是由婆媳矛盾引发的，主要是因为婆婆无意或者故意不平等地对待几个儿子的小家庭。90 年代，黄村的联合家庭大大减少，结婚生子后立即分家成为村民们的共识，村民也不再认为分家时间的提前是一件有损父辈面子的事情。经济条件好的子代会用自己的积蓄另建房屋，与父母分开居住，父母会赠送一套做饭的工具给即将另起炉灶的儿子；经济条件较差的子代，兄弟几人会与父母居住在同一栋房子里，但每个小家庭都设有灶台。兄长在完成分家后，没有义务为其他弟弟提供经济上的帮助。而帮助其他弟弟实质上就是帮父母减轻经济负担。

独子不分家是当地的传统，三代或者四代同堂也是常见的现象。当地分家的主要原因是父母在日常生活中对待各个儿子不能一碗水端平，而独子家庭中不存在这样的问题。相反，有父母帮衬着，年轻一代的日子过得更舒心，与父母一起搭伙做家务和带孩子，经济上的负担也减轻了。然而，这种联合家庭的结构已经呈现出貌合神离的状态，好比说是"分家似的不分家"，父代与子代合爨、合居、分账，而分账恰恰是传统意义上分家的核心标准。如今，子代结婚后自然而然地实行分账，住父母的房子、吃父母的饭，而自己的钱留作娱乐。父母不愿意分家是期盼天伦之乐的情感需求，儿子不愿意分家是经济效用最大化的选择结果，这更像是一场情感与金钱的博弈。传统意义上的联合家庭是以父子关系为主轴的，而现在年轻一代的夫妻关系完全占据主导地位，父母更像是悬挂在核心小家庭边缘的附属品。父母在生活上的协助并不能相应地提升他们在家中的权威，年轻一代的夫妻才是整个大家庭的焦点所在。

（四）平等化的婆媳关系

在黄村，"厌婆婆"和"悍媳妇"已成为家庭生活的常态。随着传统道德观念被市场经济的价值标准取代，媳妇控制了婆婆赖以养老的资源，婆媳在家庭生活中的主导地位发生倒置，媳妇在获得解放的同时也成为"最后一代传统婆婆"（笑冬，2002）。在现代家庭生活中，伴随着日常生活中婆媳之间不同的功能定位，婆媳将在生活空间上被区隔开，重新呈现其乐融融的新秩序（宋丽娜，2016）。这两种描述与黄村的经验都是相符的，即在现代化转型的过程中，婆媳关系已经由传统的婆婆占有绝对权威转变为在婆婆退场的前提下，由婆媳共同构建起家庭分工体系与和谐的婆媳关系。

这一过程当然经历了"阵痛"。婆婆和媳妇终究是两代人，她们的生活习惯、成长环境和价值观念均存在较大的差异。黄村现任的妇女主任说："婆媳吵架或者产生矛盾，主要就是因为带小孩的过程中意见存在分歧。"但这位有着丰富调解经验的村妇女主任同样谈到了近来的趋势："现在娶媳妇太难了，有的儿媳什么事情都不做，自己打牌的时候还支使婆婆干活，还会给婆婆脸色看。"婆婆在与媳妇的博弈中已经落于下风。以王辉和张秀芬夫妇的晚年生活为例：

> 王辉和张秀芬生有一个儿子，在儿子成家前，老两口就喜欢玩，攒不下钱，家里经济条件并不好。儿子曾经有一个谈了几年的女朋友，到谈婚论嫁时女方却嫌他家条件差而选择分开。幸运的是，儿子最终给老两口找了一个性格很好的儿媳。老两口自觉儿子成家不易，自 2018 年起就一起进县城打零工，每个月几千元的收入全都贴补给儿子、儿媳。儿子在村中开养猪厂，儿媳则只用全职在家中带孩子。可见，这一家人中即使儿媳没有自己的收入，但她仍然是全家人的中心。

目前，黄村的多数家庭已经形成了前文所描述的那种"其乐融融的家庭分工"，在家中婆婆往往负责洗衣服、做饭、洗碗等烦琐的家务活，儿媳只需要挑一些简单的事情做做就可以，剩下的家务几乎全都由婆婆完成。

在家庭事务的决策方面，如果不需要婆婆出钱出力，媳妇就只会与丈夫商量。在一个案例中，一个年轻媳妇给家里新添置了一台双开门冰箱，在我们的提醒下，才意识到这件事情可能要与婆婆商量是否购买，因为平时做饭都是婆婆负责，买了冰箱也是婆婆用得比较多。在问到她的婆婆是否会对此感到不满时，这位媳妇的解释是婆婆平时需要做饭，肯定会同意购买，她也没有觉得冰箱买回家后婆婆可能觉得不该买或买得不好，或者觉得不商量就是对她的不尊重。最后，她又补充道："只要是自己掏钱买，就没有必要与婆婆商量。"

可见，在娶妻难和女性经济地位提高的双重挤压下，婆婆甚至包括公公在内的老一辈，都很难再较大程度地介入小家庭的生活。温情脉脉、强调平等的婆媳关系背后，实质上是代际关系的松散。

本节从父代对子代的代际支持、子代对父代的赡养义务、分家实践和婆媳关系四个视角，讨论了黄村在经济发展与就近城镇化的过程中，作为传统家庭主轴的父子关系（也就是代际关系）发生了怎样的变迁，又呈现怎样的结果。工商业的发展提高了子代的经济水平，子代获得了可以与父代相匹敌的经济地位，进而增强了其婚后小家庭的独立性。而宗族性和社区性等传统的维持机制的缺乏，又变相地增大了小家庭独立的空间。失去社区性支持的父子纽带迅速被击散，从缺乏标准的分家实践中可以看到，即使仍有"特别孝顺"的例子，也是依照个人的情感与价值观进行的选择，这反过来证明了村庄内部整体性社会规范的缺失。

贝克的个体化理论认为，在劳动市场发达、社会流动剧烈的社会情境下，个人将逐渐从阶级、核心家庭、性别地位等社会预设的角色中解放出来，成为其自身生涯的书写者（张爱华，2011）。黄村的特殊性在于，它的代际分化并不涉及空间上的分离。由于工业集中在乡镇，大量的年轻人仍然生活在自己的家乡，与自己的父母朝夕相处，然而支撑他们社会关系的经济基础却已完全不同于传统农业社会。工厂生产与工资收入带来的经济和生活领域的变化，以及货币通约的、理性化的计算逻辑已经深入代际关系之中。而在此基础上，个体化的父子却仍然密集地居住在一个仍保有熟人社会特征的社区空间。代际关系的松散化也必然会对村庄社会结构产生进一步的影响。

二 个体化的择偶与婚姻

黄村的年轻人在规划自己的婚姻大事时都表现出极强的个体化倾向，即更倾向于满足自己多样化的需要，而不是听从父母的安排。在婚后生活中，也倾向于建立自己的小家庭，而且妻子常常在婚姻关系中占据主导地位。本节将依照一段婚姻关系发生的顺序，依次对村民的恋爱、结婚、出轨、离婚等多个与婚姻相关的生活阶段进行考察，探索这种个体化在黄村的具体表现。在最后一部分我们将说明，在婚后生活中，当地女性的地位相较于理想型的传统农村女性是较高的，如湘南宗族型村庄"既嫁从夫"的婚姻模式（杨华，2010）。黄村的女性在很大程度上真正实现了当家做主，这在夫妻关系中有明显的表现。

（一）会处对象的重要性

1. 自由恋爱：父与子的博弈

改革开放后，自由恋爱随着工商业与城镇化而逐渐兴起。20世纪60年代出生的这代人已出现自由恋爱的苗头，据亲历者回忆，这代人当中有1/10尝试过自由恋爱，但最终修成正果的极少，主要原因是父母的极力反对。如果父母不同意子女自由恋爱，年轻的恋人最后都很难走进婚姻。村民黄同发向我们回忆了他当年的恋爱经历。

53 岁的黄同发每每回想起他的初恋经历，嘴角总是泛起笑容。那个女孩和他同属一个生产小队，那年他还不到 20 岁，她比他小 6 岁。刚谈恋爱的时候，他们还不知道这叫恋爱，两个人只是觉得玩得好。黄同发因为家境贫寒、家里又需要劳动力，学习成绩很好的他只能在初中毕业后放弃念书，跟着建筑队到外地做泥瓦匠。女孩在初中毕业后继续读职校，他每年都给女孩出学费。他说："当时也没想那么多，无论我们最后能不能走到一起，能让她走出去总是一件好事。"女孩的父母一直不同意这门亲事，因为黄同发的家庭条件太差了。黄同发苦苦等了四年，女孩父母也没有因为他的专情而动摇。男方的父母也没有接受这段恋情，毕竟女孩的家庭条件更好一些，而且读了职校的女孩到底是更有前途的。女方的婶婶倒是非常同情这对恋人，经常做他俩之间的通信人，婶婶也会安排他俩在自家相会。但是婶婶的支持并不会对恋爱的结局产生实质影响，他们最后还是分开了。

父辈与子辈在婚姻大事上的博弈在 80 年代就初见苗头，在 90 年代最为激烈。如果在 80 年代父母阻挠子女自由恋爱，更多是依靠传统观念以及农业时代家长制的权威。那么到 90 年代，一些外出创业、事业小有成就的父辈就更有底气对子女的婚姻加以干涉。村民黄福贵颇为得意地讲述了他是如何按照自己的"道理"左右子女的婚事。

78 岁的黄福贵看起来是位心慈面善的老人，和人交谈起来十分和蔼可亲，却不曾想他的五个儿女中有两人与他们的恋爱对象是被他拆散的。20 世纪 90 年代，黄福贵就在县里开了家大型花炮厂，在当时的黄村已经算得上"顶尖精英"了。他的子女们在90年代尚未有所建树，经济实力自然也无法与父亲相抗衡。因此，黄福贵对于子女们的大事小情有绝对的控制权和决定权。当黄福贵的大女儿与邻居沉浸在含蓄而热烈的恋爱中时，黄福贵却嫌弃邻居的家庭条件差，坚决不同意此门婚事，但是他为了不被村民们认为是势利眼，就对外宣称因为自家和邻居家是同一个姓氏，按照当地风俗同姓不能结婚。大女儿知道自己拗不过父亲，便准备与邻居私奔去邻省。不料，被父亲知晓，最终黄福贵将大女儿用绳子捆绑回来，一年后通过说媒将她嫁与他人。黄福贵也用相似的强硬方式粗暴地解决了大儿子的婚姻大事。当时大儿子已经与对象谈了两年多的恋爱，感情十分要好。这时出现了另一个女孩对仪表堂堂的大儿子非常倾慕，这个女孩身材矮胖、长相一般，至少在外貌上与儿子并不般配，但她是城镇户口，家庭条件很优越，她的父亲、叔伯和弟弟也在各级政府机关中任要职，想把生意做大的黄福贵正急切需要人脉和资源。最终，黄福贵在生意发展和儿子意愿中选择了前者，大儿子有了姐姐的前车之鉴，知道拗不过强势的父亲，只能通过婚后长期不回家来表达自己的抗议和愤怒。

父辈权威的强弱直接影响子代的自由恋爱能否成功。在90年代，自由恋爱的结果通常是子代向父代妥协，品尝过自由恋爱的甜蜜，但最终还是要回归媒妁之约的现实。然而到近十年，方向发生了急剧转变，基本都是父代向子代妥协。这可能是由于父代丧失了先前在农业社会中的经济优势和经验优势，不再有能力和资本对子代的恋爱进行有效干预。

在年轻人的婚姻问题上，宗族发挥的作用也是极小的。在父辈权威尚显强势的八九十年代，尽管父代的权威能够在很大程度上影响子女的恋爱与婚姻，然而在这方面依然见不到家族的痕迹，哪怕直系的叔伯和祖辈的意见在年轻人结婚这件事情上也很少起作用。前文案例中黄同发的婶婶虽然一直在牵线搭桥，但没有起到任何实质作用。在宗族强盛的团结型村落，年轻人的婚事不仅要参考父母的意见，整个家族的意见也至关重要。而在黄村，恋爱和婚姻是核心家庭内部的事情，家族中的其他成员一般不会提出强烈的反对意见，这再次体现出黄村缺乏宗族性和社区性的约束。

2. 外嫁女与娶妻难

20 世纪 90 年代出生的女性嫁出去的人数增多，因为该年龄段的大部分女性可以通过学习或者工作结识恋爱对象，而不似以前都是通过职业媒人或者亲戚介绍恋爱对象。以前黄村的通婚圈以县城为半径，如今女性都想嫁出去。嫁出去主要指的是嫁到本省省会，嫁到经济更为发达的大城市的情况并不多见。调研期间，我们随机向村民问起了某个小组的适婚人群情况，从中可以更直接地感受到外嫁女所占的比重，以及外嫁女对村庄带来的直接影响，即适婚男性娶妻难。

该村民小组共 22 户人家，24 岁左右的适婚女性共 10 人，均已结婚。其中，5 人是通过外出务工的方式嫁到外省的大城市；其余 5 人在婚前都有过外出务工的经历，在达到婚嫁年龄时回村结婚，结婚对象都为本镇人。处于适婚年龄的男性有14 人，其中 7 人未婚，年龄近 30 岁，这 7 人中有 3 人在其他村民看来可能会成为光棍；其余 7 人已婚，有两人婚后定居在本省的其他城市，另外 5 人皆在本市生活，结婚对象大都是外出务工相识的同乡。与同乡结婚更多是一种理性的选择，来自同一地方就像为婚姻的稳定性增加了一重保险，毕竟在黄村人的印象中，婚后离家出走、闹离婚和出轨的事情更多发生在外地媳妇身上。

3. 不差钱的光棍

黄村村民所指的"光棍"一般是村里 30 岁以上的未婚男性，在大多数村民看来，他们已经很难娶到媳妇。在黄村，符合上述标准的大龄单身男性有 100 余人，按当地人的说法，"有一条街上全都是光棍"。

黄村极少有 40 岁以上的光棍，但从 2010 年以后，80 年代出生的这群人中开始涌现出一大批娶不到媳妇的男性，据村干部估计约占适婚男性的 10%。在较为贫困的西部农村，光棍的直接生成机制主要是经济条件差，而黄村工业基础好、经济较发达，村民总体生计状况较好，许多光棍并不是因为家庭条件差而娶不上媳妇。事实上，这些光棍往往经济条件较好，家中有新盖的楼房，部分人也购置了汽车。他们中的多数也有过恋爱经历，成为光棍的主要原因是"不会与女孩相处"，不会说甜言蜜语、不会讨女生喜欢成了他们步入婚姻的最高门槛。村妇女主任评价这些光棍的时候，使用了"情商低"一词。情商成了比经济条件更重要的择偶标准。如村支书所总结的："好多小伙，人长得也可以，家里几十万元也拿得出，就是不会处对象，自然就娶不上媳妇。"

随着打工经济的发展和人口的流动，农村婚姻市场和自由恋爱逐步兴起，年轻人拥有了完全的恋爱自主权和婚姻选择权。然而作为结果，"子代找得到"成为婚姻的前提条件，年轻人必须依靠个体性的恋爱能力去适应竞争（何倩倩，2019）。就结果而言，黄村符合学者概括的这种从"婚配"到"婚恋"的转型。村民对"处"的强调表明了女性在与未来结婚对象的相处过程中，更看重情感发展中的个体性感受，而非对方的家庭条件和宗族力量。虽然父母可能会更加看重对方的家庭条件，但父母对子女婚姻的干预程度降低，个体性因素已然在婚姻市场中占据主要位置，这也体现了代际关系的松散和父辈权威的降低。

（二）情感至上的婚姻

1. 情感契合的亲密关系

费孝通曾提到，在西洋家庭团体中，夫妇成为主轴，两性之间的感情是凝合的力量，两性感情的发展使他们的家庭成了获取生活上安慰的中心。而在乡土社会中，主轴是纵向的父子，而横向的夫妻则成为配轴，为了乡土社会所求的稳定，男女只在行为上按着一定的规则经营分工合作的经济和生育的事业，夫妻之间的感情淡漠是日常可见的现象（费孝通，1998）。然而在黄村，情感的契合恰恰是当地夫妻关系保持稳定的首要因素。择偶标准从30年前的勤劳致富到如今的"谈得来"。前文提到，当地的光棍在经济条件上基本处于村庄的中层水平，之所以单身是因为和他们相处过的女孩嫌弃他们不会"处"，这也可以体现年轻一代对于情感性因素的重视。夫妇不仅会同等重视和参与对方家族中的人情往来，而且他们会互相融入以各自为中心建立的朋友圈中。

钟燕婷和丈夫黄文祥已经结婚23年了，但是丈夫对她的依赖程度却与日俱增。黄文祥是一家花炮厂的老板，经过多年经营，花炮厂早已步入正轨，他这个老板也不需要每天去厂里坐班。而钟燕婷是一名会计，工作性质与丈夫不同，每个月末和年末都需要加班加点计算报表，忙碌到深更半夜也是常有的事情。这时丈夫会主动来到钟燕婷的单位陪伴其工作，坐在一旁的沙发上安静地看看闲书。就算是在平常的日子里，走进钟燕婷的办公室遇见黄文祥的概率也很高，钟燕婷甜蜜又幸福地说道："对，我老公就是比较黏我。"

一对 85 后的夫妻，两人都在村内生活和工作。丈夫黄超在村里的鞭炮厂干活，妻子王婵高中毕业后在村幼儿园当老师，平时除了买衣服去县城、唱歌去镇里以外，其他的活动都可以在村内达成。然而，一个村庄的地理范围毕竟是有限的，无聊的日子里积极参与村委会组织的活动也是打发时间、促进感情的绝佳选择。2018 年，村委会组织了一场摸鱼活动，即村民们以自愿的原则两两组队跳进池塘徒手摸鱼，最后按重量计算，摸鱼重量最大的一队可将摸到的鱼免费带走。王婵回忆到这次活动的场景时，笑得非常开心，当时场面火热，围观助威的村民很多，夫妻间的美好回忆也因这次活动增添了一笔。当时她将活动消息告知丈夫时，两人一拍即合，其他选手都是同性的朋友组队，但是这对夫妻并不羞于在公共场合展示他们的配合与亲密。

偏重情感性因素的婚姻关系也存在缺点，即夫妻双方对于婚姻的责任感和义务感降低，下一代的孕育与出生并没有起到加固一段婚姻、形成稳定的三角作用。由于当地经济条件好、育儿成本低，生育的社会意义因此被削弱，按照当地人的说法就是"该生照样生，该离照样离"。如今，夫妻决定离婚更多是因为两人之间的矛盾。

2. 妻子：离婚的主导者

据 20 世纪 60 年代出生的人回忆，他们父辈一代中几乎没有离婚的现象，很多妇女在丈夫去世后也没有选择改嫁。这代人还存有浓重的"嫁鸡随鸡，嫁狗随狗"观念，当时的妇女若选择改嫁也是因生活所迫。在父辈的那个年代，除非是嫁给了好吃懒做、无力养家的丈夫，在日子实在过不下去的情况下，妇女才会选择偷偷跑掉，但是这种情况的发生的概率极小。70 年代和 80 年代离婚率较低，2000 年前后离婚也是罕见现象，但自五六年前起，离婚率开始逐年攀升。

当地的夫妻关系稳定，据熟悉全村概况的某位女性村干部说，若夫妻双方共同生活，他们几乎不会离婚。她分析到，导致离婚的主要原因是妻子出轨。具体表现为夫妻双方通过打工相识、相恋后回村结婚，婚后丈夫单独外出打工，妻子留守在家后就容易出轨。

钟清和是土生土长的黄村人，初中毕业后在家混了两年便去广东打工了。打工期间，同一个工厂里有个来自四川的女工张萍，二人很快就相识、相恋。热恋期间，钟清和便兴冲冲地带着张萍回老家办婚礼，婚后不久张萍就怀孕了。然而，两个人不能都守在村里坐吃山空，钟清和决定自己一个人再出去闯一闯，多挣点钱，就让张萍在家里安心带孩子。全家五口人都等着钟清和在外打工的收入吃饭，他肩上的担子未免重了些。钟清和的爸妈便推荐儿媳兼职参加村里的龙灯队，龙灯队是由该村妇女主任发起的，是一支参加附近村落红白事或者其他庆典表演舞龙舞狮的营利性团队。龙灯队的成员都是女性，是要通过层层选拔才能入选，选拔的标准是外貌、身材和年龄。年轻貌美的女性让这支龙灯队名气大涨，每次举办活动的时候，十里八乡的村民都会到现场观看。这就让原来一直闷头在工厂做工的张萍见到了更大的世面，仰慕她的男性自然而然也多了起来。后来她离开了龙灯队，在镇上的一个高档家具城里当营业员，能消费得起高档家具的自然都是有钱人。张萍在家具城遇到了更合适的人，之后就跟钟清和离婚了。

鉴于此，当地已婚男性对于妻子报名参加龙灯队多持反对态度，若反对无效，只能全程跟着来以防万一。当妻子外出表演时，丈夫们大多会开车跟随到场观看演出。对于妇女是否可以参加龙灯队，公婆几乎没有任何发言权和决定权。

在黄村，离婚多数是由女方提出的，因为女性在离婚之后能够很容易找到再婚的对象。再婚的婚礼仪式和规模与初婚相差无几，婚姻状况也会更加稳定，再婚后再度离婚的情况几乎不存在。为了不影响再婚的进展和质量，女方在离婚时会主动放弃上一段婚姻中生育的孩子的抚养权。女方在离婚后一般不会回到娘家生活而是外出打工，离婚多多少少还会让她们觉得是件丢面子的事情，特别是在娘家的兄弟结婚之后，娘家更不是属于自己的天地。

在上述背景下，离婚的理由也日趋个人化，传宗接代不再是评判女性是否为一名合格妻子的硬性指标，离婚的原因也从原先不能延续香火的家族性问题变成夫妻情感不和的个人性问题，父辈权威的下降和代际关系的松散不仅让父代无法参与到子代的离婚决断过程，甚至子代没有意识要主动告知父母离婚的具体进展。选择与谁共度一生是根据个人的标准进行的个人选择，同样的，是否做出离婚的决定也是个人的私事，家庭和家族都没有资格参与其中。

3. 出轨：从天大的事到"无所谓"

当地自十几年前起，出轨的现象开始增多，因此村民们对此也越发不在意。某位村民说"以前出轨是天大的事情，现在越来越无所谓了"，村民对此现象增多的解释是由于经济条件改善而带来的思想开放。但若论及其深层原因，更多还是因为家族和家庭的社会支持和社会控制力量的薄弱。若妻子出轨，丈夫试图去殴打妻子出轨的对象时，丈夫的兄弟不仅不会同去助力，反而会劝说并阻止此行为，只有丈夫的朋友会协助他出这口气。某位村民和他的第一任妻子是来自同一个生产队，婆家和娘家相距只有 50 米，但是妻子在该村民当兵期间出轨并怀孕，被生产大队的干部抓到现行，最终妻子上吊身亡。关于妻子出轨的这件事情，不论是婆家还是娘家都没有人站出来管，当问及这位村民"当时你的父母为什么不管你的妻子"时，他回答道"她的父母都不管，我的父母为什么要管"。可见，当地的兄弟关系和代际关系都十分松散。加之黄村的社会舆论机制十分薄弱，即便村民有在晚饭后聚在一起闲聊的习惯，但是也绝不会谈论周边人的私事，只会谈论一些无关痛痒、不带有道德评判的事情，大有关起门来过自己的日子的意思。当村民发现村里有人出轨时，他们不会主动告知那户人家，也不会在公共场合议论此事，只是在自己心中对此人的品行做一个判断。发生在大谢和小谢姐妹身上的精彩剧情，知之者甚少。

> 姐姐谢春花、妹妹谢春玲两人分别嫁给了同村的两户人家，谢春玲和姐夫偷情被姐姐抓了个正着，谢春花带着赌气心理便出轨了妹夫。这两对夫妻双双离婚后又错位再婚，即谢春花和原妹夫、谢春玲和原姐夫结婚，再婚的时候各自举办了婚礼，亲戚和朋友也都照常来随礼和赴宴。现在这两家关系处得还不错，两家孩子也根据父亲的亲属关系更改了称谓，妈妈变成了姨妈，姨妈变成了妈妈。当地结婚的风俗是女孩出嫁当天，由姨妈送出门，爸妈都不能出现在现场，谢春花便以姨妈的身份把自己的亲生女儿送上了婚车。爸妈出轨这件事情并没有影响到女儿的择偶以及今后在婆家的地位。

这件事情刚发生时，村民偶尔会议论，但是当这个家庭的内部关系处理妥当后，村民便不会再议论。而且，这件稀奇的事情传播范围极小，主要负责调解家庭事务的村干部也并不清楚此事的来龙去脉。

负责调解家庭关系和婚姻关系的村干部总结出轨男性的普遍特征是：有钱、有实力、有稳定的婚姻、有孩子。若是女性出轨，即便东窗事发，丈夫一般不会提出离婚，大都会想方设法挽回妻子，反思是不是自己在日常生活中有不周到之处导致妻子的不满意。这种一反常态的行为主要是因为当地的女性资源极其匮乏。从2005年开始，嫁到外地的本村女性数量增多，男性娶妻的困难程度大幅增加，且当夫妻离婚后，男性能够实现再婚的可能性微乎其微，而女性则可以轻松且迅速地找到再婚对象。村干部向我们讲述了一个妻子出轨并主动提出离婚的事。

一对 80 后夫妻是在打工期间相识、相恋的，因丈夫的家庭条件较差，即便在领结婚证时丈夫发现妻子有过婚史和生育经历，也没有影响到结婚的进程。婚后妻子出轨了，便主动提出离婚，表示自己有错在先，愿意净身出户。妻子如此干脆果断地要净身出户，村干部怀疑她已经有了谈好的再婚对象。村干部为不想离婚的男方出谋划策，策略是告知女方同意离婚的前提是，把婚后生育的生活不能自理的患病孩子的抚养权归女方所有。村干部推测女方再婚的对象肯定无法接受这个患病的孩子。在这种情况下，女方最终不得不回归原先的家庭，男方可借此拖延离婚议程。

在另一则案例中，丈夫不仅不介意妻子的出轨行为，还在妻子与出轨对象分手时，主动出面帮妻子"讨回公道"，在利益面前，夫妻双方再度回归为坚不可摧的紧密共同体。

一位妻子与出轨对象分手时闹得不愉快，欲向其索要赔偿金，被拒绝后，妻子让丈夫出面殴打出轨对象。由于该纠纷涉及两个村庄，需要由镇派出所出警进行调解，最终的结果是出轨对象赔偿 10 万元。丈夫在此纠纷中并没有顾及此前妻子出轨对自身名声的损害，夫妻二人都不惜将事情闹大以获取更多舆论上的支持。

（三） 当家做主的女性

在代际关系松散、女性经济能力提高以及女性在婚姻市场中的优势地位等因素的共同作用下，女性在婚后的家庭生活中常常占据主导权，不仅掌握家庭的财权，在夫妻起争执时通常也是丈夫选择妥协。婚姻模式不再体现为传统单系偏重的"从夫居"，而是两头兼顾，甚至年轻一代更倾向于选择住在妻子的娘家或附近。女性在夫妻关系与家庭生活中获得了较高的自由度，在与丈夫和公婆的博弈中也常常能占据优势。本部分将对当地女性"当家做主"的种种表现进行分析，并尝试对其做出解释。

1. 财权的归属

家族的概念在当地人心中早已淡化，除了两三个大姓在近几年还有重修祠堂和家谱的仪式性活动外，村庄的社会支持和互助合作等方面已经看不到家族的力量。因此，在家族中缺乏绝对权威的前提下，女性在村庄生活中博弈的对象仅仅是自己的丈夫，而不是夫家的整个家族。当地一直有女性在夫妻关系中处于强势地位的传统。老一辈人回忆的种种事例也印证了早在新中国成立之前就是如此。以花炮制造和玻璃制造为主导的传统工业在当地已经形成成熟的产业链，其中大部分工作都以女性劳动力为主。在集体化时期，中青年女性就进入社办工厂工作获得工资收入，对家庭的经济贡献是明显且可被量化的，因而女性的家庭地位很高。到了20世纪90年代，自农业开始实行机械化生产之后，村庄就逐渐形成了男女平等的观念。因为干农活并不完全是凭力，男性在农业劳动上的性别优势消失，当地的个人经济收入受性别的影响越来越小。

当地人对于夫妻二人谁当家的评判标准是财权归属哪方。只有当家庭收入远大于支出时，妻子仍旧掌管财权，才是其真正当家做主的体现；否则，当家庭收支平衡时，妻子只是相当于会计出纳的角色。据 60 年代出生的人回忆，自他们的父辈起，村庄就已经存在女性当家的风气。而在他们这一代人中，据村民估算，60% 左右的家庭是妻子掌管钱财。当地 20 世纪 60~80 年代出生的夫妻还存在分别管理钱财的情况，这类夫妻的共同特征是双方都有稳定的工作且收入相当，夫妻双方在一定空间内享有充分的经济自由。

年过半百的陈光启和妻子是当年比较少见的自由恋爱成功的案例，妻子是镇中心小学的老师。如今，二人都已经是当爷爷、奶奶的人了，从结婚到现在还是坚持各管各的钱。家里的日常开销由陈光启负责，他自己还有专业的私人理财顾问，他和妻子不是非常清楚对方的积蓄到底有多少。当遇到需要上万元的大开销时，夫妻俩会从各自的小金库里拿出一部分钱赞助儿子。有时妻子还会多掏一些钱，因此陈光启猜想妻子的积蓄应该比他的多。

上文案例中提到的一起参加摸鱼活动的 80 后夫妻俩，儿子已经 10 岁了。王婵嫁到黄家的两年前，她的公公就去世了。丈夫黄超是独生子，婆婆就顺理成章地和他们一起过日子，王婵也习惯了这种四口之家的模式，从未想过丢下婆婆成立自己的核心小家庭。夫妻各管各的钱是在婚后自然形成的，双方都没有试图掌控对方的小金库。在家庭开销方面，黄超负责自己、妈妈和家庭日常的开销，王婵负责自己和儿子的开销，家中千元以上的开销则由两个人平均分担。最近家里新添置了一台 2000 多元的电器，黄超就通过微信转账的方式把一半的费用给了妻子。其实二人在小钱上也没有那么斤斤计较，若是王婵逛街看见了一件很适合老公穿的衣服，她也会买下来。黄超打工的鞭炮厂实行的是年薪制，王婵工作的幼儿园则和大多数单位一样实行月薪制，所以黄超每到年底手头会紧一些，这时候他也会向老婆借钱，等发工资了就把钱还上。

总之，黄村长期以来都有妻子掌管家庭财权的传统。改革开放后，随着女性经济水平的不断提高，关系良好的夫妻也仍然"各管各的账""互相不知道对方有多少积蓄"。这说明在黄村，女性在夫妻关系中有很高的地位。而随着经济的发展，女性在财权上也越来越独立、享有越来越多的自由，这些都是与父系家庭的衰弱与松散相伴而生的。

2. 求全的丈夫：夫妻吵架的妥协方

日常生活中的夫妻权力关系是弥散的，而夫妻间的吵架是窥探权力关系的焦点。在当地，丈夫对妻子实施家庭暴力的现象极为罕见；相反，怕妻子的丈夫比比皆是，甚至妻子打丈夫都不足为奇。

黄亮和钟芬芬都是 50 岁出头，他们结婚已经 30 年了，两人共同经营一家工厂。妻子钟芬芬精明能干，将厂子管理得井井有条。在夫妻关系上，钟芬芬也总是处于主导地位，丈夫平时处处迁就妻子，他称这是"对妻子的尊重与爱护"。有一次，夫妻二人当着全厂工人的面因一个管理问题发生了争执，钟芬芬寸步不让。黄亮气不过，就愤怒地说："信不信我给你两个耳光。"结果，钟芬芬丝毫不怕，反而向前一步冲丈夫大吼："你敢打一个试试。"吓得黄亮往后退了一步。在场的工人都笑了起来。当问到钟芬芬是否担心这会使丈夫在工人面前丧失威信时，钟芬芬却不以为然，因为"丈夫让着妻子"在黄村是很常见的。她底气十足地强调："不论我是对是错，我从来都不会向他低头。"每次吵架，都是黄亮说软话、妥协，因为"我就算离了婚照样能过好日子，难道他还能再找到个老婆吗？"

如今，黄村的女性对个体自由以及自己在婚姻中的强势地位已经非常自信。事实上，据负责调解家庭事务的村干部谈道，现在夫妻吵架的频率，相比于 20 世纪七八十年代已经大幅度降低。丈夫在很大程度上已经妥协，放弃了传统父系家庭中丈夫对妻子的权威与控制力。

还有一个变动的因素也导致了丈夫在夫妻冲突中处于孤立无援的境地，即当地人对于"私"这一概念的重视和私事范围的扩大。旁人很可能无从知晓其他夫妻间的矛盾。当地有位90 后的已婚妇女，在除夕夜被村干部看见独自一人坐在路边哭泣。然而，她无论如何也不肯将夫妻间争吵的具体内容向村干部诉说，她认为家庭内部的矛盾和纠纷是私密的，不想把私事闹到村委会。村干部只好打电话给其公婆，希望他们能够多关心儿媳。虽然生活在同一屋檐下，但公婆皆不知晓小夫妻吵架了。

3. "两头走"的婚姻模式

曾有学者阐述过一种"两头走"的婚姻模式，即夫妻二人在双方父母家都有专门的卧室，双方父辈竞相表达对子女的爱意，它意味着夫妻关系的平等以及父系传统刚性伦常规范的衰微（郭俊霞，2012）。王会（2016）在苏南农村的调查中发现，女性的地位和现状不同于其他农村，在婚姻层面上表现为不嫁不娶，即"两家并一家"，也就是从夫居模式改变，彩礼形式取消，在家庭层面上表现为夫妻平等，男性承担劳动家务比较普遍，模范丈夫盛行，女性和男性有同等财产继承权和职业发展权。经济快速发展带来的观念转变以及独生子女政策和女性受教育程度的提高是苏南农村出现此现象的基本原因，深层次原因是集体经济发展模式的均衡效应，性别分化未形成。

近几年，黄村开始出现与"两头走"或苏南农村类似的婚姻模式，主要发生在独生子女和纯女户的家庭，表现为男不娶、女不嫁，婆家和娘家分别举办规模相当、形式相同的婚礼，双方父母要各自准备婚房，双方家庭对子女的支持呈持平状态。女方的户口仍留在娘家，纯女户至少有一个女儿的户口不迁去婆家，以便娘家的土地可被继承。夫妻生育的第一个孩子随父姓，第二个孩子随母姓。以女性为中心的社会继替制度逐渐得到承认。当地出现此现象的深层次原因是女性一直处于强势地位，女性的就业机会和收入与男性相当，以及计划生育政策导致的独生子女和纯女户家庭的增多。

在黄村，还出现了另外三种与上述现象类似的情况。

一是女性出嫁后在娘家保留原有的卧室。有女儿的家庭，在女儿出嫁后还会保留她的专属卧室，不会另作他用，以方便女儿带着丈夫、孩子回娘家居住。娘家的父母去世后，继承父母房屋的兄弟会继续为已婚女性保留她们的卧室，不论是在40年代、60年代还是80年代都是如此。而在中国大多数农村，出嫁后的女儿在娘家的卧室一般会被改造成储物间。

二是女性在婚后没有从夫居的严格规定，可以选择在娘家所在地定居。该情况不属于招赘，而是正常的婚姻缔结。

刘娟出生于 20 世纪 70 年代，22 岁时通过说媒的方式嫁给了同村村民黄亚军，两家相距不远，步行只需要 10 分钟。刘娟是卫校毕业的，婚前在地级市的三甲医院当过实习医生，毕业后自己回村开了诊所，诊所挨着娘家。为了方便及时为病人看病，刘娟在婚后带着丈夫住在娘家，一住就是 7 年，与弟弟、弟妹和侄子们同处一个屋檐下，她的两个孩子也是在外公外婆家出生、长大。孩子们虽然随父姓，但是在实际生活中明显与刘娟五服之内的亲属玩得更好，而父亲那边三服之内的亲属都不能认全。两个孩子对于外祖父母的情感相较于祖父母也更加深厚。

钟报民是家中的独生子，妻子李雅萌有多个兄弟姐妹，小夫妻却选择在李雅萌娘家所在的白云镇建房定居。黄村所在的抚贤镇是中心乡镇，而白云镇只是一个非常普通的乡镇，发展前景远不如抚贤镇。他们之所以选择居住在白云镇，主要是因为李雅萌想多照顾自己的父母。钟报民仅有小学文化，除了干农活之外也没有其他能赚钱的技术，而李雅萌是同龄女性中罕见的高中毕业生，她做事勤快、为人懂事，又见过世面，这些有利条件让李雅萌在说话做事上更体面，在当家方面更占优势。所以，以务农为生、经济条件较差的男方父母在此事上没有否决权。

三是女性的婆家和娘家在姻亲关系建立后密切发展。

自从聂怀远的一双儿女都结婚之后，他的人情圈发生了变化。当地人口流动性较低，通婚圈主要是周边的几个乡镇，因此聂怀远与亲家相距不远。他的人情圈重要性排序从原来的"哥哥姐姐—妻子的兄弟姐妹—父母的兄弟姐妹—其他亲戚和邻居"，变成了"儿女亲家—夫妻双方的兄弟姐妹—父母的兄弟姐妹—其他亲戚和邻居"。最明显的变化之处在于，亲家的地位超越了其他亲属，成为最内部的圈层。虽然聂怀远的日常交流圈层受限于地理空间多为邻居，但是从人情圈可以透视，他最重视的核心亲属关系已发生了改变。

上文提到刘娟的婆家和娘家相距也不远，均属于一个村民小组，中间只隔了几户人家。刘娟的生日恰巧在中秋节那一天，她既要遵循重大节日不能回娘家的禁忌，又想在生日那天得到娘家父母的祝福，所以每年中秋节刘娟的父母都会到亲家家里，两家一起过节。平时刘娟父母家中若是来了亲朋好友，也会请亲家过去陪客人吃饭、聊天。

本节从多个角度讨论了黄村的恋爱与婚姻风俗，以及背后所涉及的夫妻关系的变迁。我们发现，现代社会的价值观、年轻人的流动性、代际关系的松散以及工业化背景下女性经济能力的提高，共同导致了一套讲究平等与个体主义的自由恋爱－亲密婚姻的总体性婚姻习惯的产生。

然而在黄村，由于就近城镇化的特殊发展历程，这种恋爱与婚姻模式并不体现为人口流动，后者消解了婚姻的地方性意义（宋丽娜，2010）。相反，这种个体主义的婚姻模式在原社区中持续出现，并逐渐形成女性当家做主的社区风尚。

三　分合错杂的兄弟关系

《论语》云："入则孝，出则悌。""悌"是传统中国人家庭理想中极为重要的组成部分。对小家庭而言，"长兄如父""打虎亲兄弟"等俗语暗示了兄弟关系一方面是父系权威的延伸和补充，另一方面构成了传统家庭最可靠的一类社会支持纽带；对同宗大家族而言，五服内的"堂兄弟"甚至更广泛的"同宗兄弟"，同样是社会支持网络的重要组成部分。更关键地，以兄弟关系为起点建构的"长幼秩序"亦是乡土社会"教化权力"的现实承载体。费老对此有过经典的论述：

> 长幼之序也点出了教化权力所发生的效力。在我们亲属称谓中，长幼是一个极重要的原则，我们分出兄和弟、姊和妹、伯和叔，在许多别的民族并不这样分法。我记得老师史禄国先生曾提示过我：这种长幼分划是中国亲属制度中最基本的原则，有时可以掩盖世代原则。亲属原则是在社会生活中形成的，长幼原则的重要也表示了教化权力的重要。（费孝通，1998：64~68）

因此，现实生活中兄弟纽带的强弱，一方面是小家庭父辈权威的延伸与表现，另一方面又是一个个同宗的核心家庭之间能否联结成宗族、构建整体性宗族秩序的关键因素。下文将讨论就近城镇化背景下黄村兄弟关系的现状，先讨论兄弟之间的"合"与"分"，即互助的责任与分家的状况，然后分别比较兄弟关系与姐弟（或兄妹）关系以及"哥们"（朋友）关系，摸清兄弟关系在当地差序格局中的具体位置。

（一）稳定而有限的底线互助

兄弟间的互助不同于一般村民的互助。兄弟之间，尤其是在兄弟分家之后，其互助既不同于父子之间那种有代际间强大伦理与责任要求的互助，也不同于一般村民间那种因为普遍性的地缘（如村民组认同）或个体化的趣缘纽带而形成的互助。

与代际间的相互支持类似，兄弟间的互助仍然是血缘性、伦理性的"一家人的互助"，它由父系家族血缘纽带来支撑，这使对兄弟的互助要求一般比对朋友的高得多。在一些宗族纽带较强的农村，兄弟在各个面向上的守望相助能达到极高的程度。我们曾调研过的江西某典型的团结型单姓村在其宗族祖训中便如此强调兄弟间的互助责任。

> 兄弟者，同气之人也，方其幼也，无不笃于友爱，及各妻其妻，各子其子，其不至渐流于衰薄者几希矣。我子孙敢有称牝鸡之鸣、从家犬之吠而伤手足之情者，家法惩究，即次于不孝之科！

可见，传统观念是试图将兄弟纽带比照父子纽带进行建构的。在宗族强大的团结型村庄，兄弟关系无疑是村民获得社会支持的重要途径。事实上，一个朋友如果能提供兄弟之间那样的帮助，如在极困难时"两肋插刀"，那便说明他与受助者的纽带极强，甚至常常被受助者当作"兄弟"。

然而，在很多社会结构松散、父系宗族衰弱的传统农村，兄弟关系的弱化往往会先于差序格局轴心的代际互助。根据我们的调研经验，"兄弟被打时会不会不问理由去帮兄弟"，常常成为测量父系家族团结程度的灵敏探针。在一些极端松散的地区，兄弟关系劣化到与普通村民无异，这使每个小家庭都不得不独自面对生活中的压力与危机，并在支撑不住时陷入孤立无援的境地，甚至酿成悲剧。

在调研中我们发现，黄村的情况显然达不到传统观念中那种兄弟之间守望相助的理想情形。在黄村，兄弟间无论实践上还是观念上，其互助责任都是极其有限的。这种有限性包括两个方面：一方面是就内容而言，较多涉及生活中的底线救济，而少有生产中的长期合作（事实上，出于经济理性的考虑，村民甚至倾向于避免这种合作）；另一方面则是兄弟角色在差序格局中的弱化，即兄弟只能作为"外人"给予直接的帮助，而不能深入干涉对方的家庭事务，如子女的教育。

黄村的土地灌溉条件较好，村民在耕作时需要的互助也较少。因此，兄弟间常见的互助并不在于经济生产，而在于生活中的帮扶与救济，主要表现为当兄弟的小家庭无力抚养其子女时，叔伯对其的关照与支持。我们以一个案例来说明这种支持的方式及其限度。

> 黄同发出生于 1966 年，1990 年他的弟弟因事故去世，弟媳也跑了，留下了尚处幼年的独子。于是，抚养侄子的责任就落到了黄同发身上。多年来，黄同发一直"把侄子当成儿子养"，供他念完了书，还出钱帮他结了婚。
>
> 黄同发说，当地失去父母的小孩会由他的亲戚，大多是爷爷、奶奶负责养大，如果爷爷、奶奶年龄大了就会轮到叔伯。爷爷、奶奶的抚养只包括日常的照料，孩子上学、结婚等"大钱"则主要由叔伯解决。如果有多个叔伯，则多由他们几人平摊。黄认为自己做的已经超过了多

数村民，因为"是否像对待儿子一样对待侄子要看个人"，多数村民只会维持其生活，供其上学以及学手艺，并不会管到结婚。而自己"把侄子当儿子养"，连侄子结婚也管到了。

黄同发最后补充道：孤儿的上学问题通过叔伯是基本能得到解决的，"即使兄弟几个钱不够，也会想尽一切办法来供他上学。要么自己借钱，要么到家族里想办法，这种情况如果向孩子父亲的堂兄弟求助，他们也是一定会帮忙的"。

从黄同发的描述中，我们发现当地以亲兄弟为主的父系近亲能为孤儿提供可靠的救助。这种救助分为两种，一种是底线的，把孩子供到能够自谋生路；另一种则是更进一步地"当成儿子养"，即连婚事也帮侄子办了。底线责任的履行是较稳定的，各人在出"大钱"的程度上则因个体的选择存在多样性。这说明当地仍较好地保有兄弟互助救济的习俗，但这种美德在更大程度是出于个人的道德要求，而不是基于宗族地区那种普遍的社会压力。事实上，黄同发自己也说："父母没有权力去要求儿子们必须相互帮助。我帮兄弟不是因为老人要求，而是自己想要去帮。"这与当地松散的代际关系是相符的。既然是个人的追求，自然因个人观点不同而呈现多样性，不形成普遍的社会规范。

这就涉及兄弟互助之有限性的第二个方面，即村民生活是以核心家庭为基本单位，而不是以父亲为权威构成的扩大家庭。村民的行为逻辑也更强调个体的追求，而不是对传统或社群的认同。总的来说，男性的兄弟关系在小家庭日常生活中的重要性远不如传统农村中的男性，兄弟之间与其说是"一家人"，不如说是"有血缘关系与底线互助责任的外人"。有两个明显的例子可以说明这一点。

第一个例子是，叔伯在侄辈的教育中并不占重要位置。事实上，在父亲对孩子进行管教时，叔伯要疏远以"避嫌"，防止因自己过多介入而引起兄弟的不满。例如在孩子做坏事时，叔伯并不能去教育孩子，只有孩子的父母和爷爷、奶奶才可以。如果叔伯看不过去而教训侄儿，反而会引起孩子父母的不满。

第二个例子是当地村民的借贷圈层，从中我们可以更清晰地看到这种兄弟关系的相对疏离。当地村民借贷的一般方式是向自己的近亲与朋友借钱，每人借得很少，积少成多来满足自己的资金需要。在这种较大范围的金额分摊中，向兄弟借的金额与普通朋友差不多，常常不如向好朋友借的多。这说明当地村民对于兄弟之间能提供的互助预期是较低的。

综上所述，在黄村，兄弟间仍保有底线的互助责任和物质救济，可这种互助无论在内容上还是在形式上都是十分有限的。当地人生活的主要单位是自己的小家庭而不是以父亲为核心的扩大家庭，兄弟间保有的底线救济更多来自个人的道德感而不是社区的普遍性压力。这与当地代际关系的松散是相符的，也暗示了兄弟各自组成家庭、划清界限的要求与趋势。这种分离的倾向在兄弟分家以及老人赡养的过程中能更清晰地体现出来。

（二）父权式微下的兄弟矛盾

兄弟矛盾不仅是兄弟两人和两个小家庭之间的矛盾，父辈与子辈的关系也贯穿于其中。在代际关系松散、父辈权威较弱的背景下，父辈除了可能是兄弟矛盾的调停者和补救者，还有可能是兄弟矛盾的直接原因和引发者。甚至有村民表示："父母在兄弟间才会有矛盾，等父母不在了，兄弟间的矛盾自然就少了。"在黄村，兄弟间的矛盾常是因为经济上的纠纷，这种纠纷可分为因分家而导致的临时性纠纷以及因赡养老人而产生的持续性纠纷。

1. 因分家而产生的临时性纠纷

父辈在分家过程中的不公极易导致兄弟间的矛盾。村民坦言："兄弟间有矛盾主要还是牵涉到了利益，尤其是要争父母的钱。老人常常喜欢最小的儿子，很少能一碗水端平"；"大哥先分出去，那时家里一般很贫穷，先分出去的常常得不到多少家产。到了弟弟分家时，家境改善了，弟弟也经常分的比大哥多，这时大哥就会觉得不公平"。因为在分家的过程中兄弟间容易发生纠纷，父辈也常常采取一些方法加以补救，一些村民选择在大儿子结婚时先不分家产，先分账，然后自己买一套做饭的工具送给儿子"表示表示"。等到自己行将就木时再划分家产，避免分家析产时产生纠纷。

一个新的变化是，在城镇化与工商业发展的背景下，随着代际经济关联逐步降低，分家作为兄弟发生矛盾的重要情境，其经济基础正在逐渐弱化。在黄村，村民"分家产"主要分的是父辈留下的老房子和土地，而对于已经进入城市生活的子代来说，这些家产的价值也在降低。调研中我们多次遇到这样的情况，即访谈对象的两个儿子都已结婚且在外工作，也就没有分家析产的迫切需求。父辈与子辈都认为自己没有分家。这种趋势随着城镇化进程的推进显然会越来越显著，但在这种情境下，村民所理解的"分家"指的仅是对祖产的划分，因为父子的账目随着子代的外流早已自然分开了。

2. 因赡养老人而产生的持续性纠纷

如果说分家情境中的兄弟矛盾是暂时性的、随变迁逐渐弱化的，父辈也还能在一定程度上掌握避免分家产生矛盾的主动权，那么在另一种情境——赡养老人下，兄弟间的矛盾则常常是持续性的，更难以避免。因为兄弟之间无论主动还是被动，都要寻求达成某种程度的共识，形成稳定的赡养方式。

在代际关系部分我们已经讨论过，由于代际关系的松散，黄村的赡养传统是"低质"的。女儿几乎不承担养老义务，而默认的儿子对父母的赡养义务仅是"只有一碗饭给你吃，很少拿现钱"。作为应对，父辈也会在分家时保留一部分积蓄为自己养老。然而经济上的保险可做，老而无力时的照料却不可避免。由于父辈缺乏权威，兄弟间在养老方式与责任分配上常常产生激烈的纠纷。而老人本人在自己如何养老的问题上是缺乏话语权的，多数情况下，他们仅能选择"老了还是自己一个人住，不麻烦儿子"的方式避免引起儿子间的推诿与矛盾。当老人失去自理能力时，他们只能被迫在各儿子家轮住，因为"儿子间的关系不好"。

麻国庆（1999）曾指出兄弟分家"分"的表象背后是"继"和"合"，"继"指的是兄弟分家后仍延续了对老人的赡养义务和对祖先的祭祀义务；"合"则指分家过程中存在稳定的文化约定。就黄村的情况而言，原本就缺乏宗族力量支撑的父权在城镇化与经济发展的过程中迅速衰弱。我们不难发现，上述这两类常见的兄弟矛盾均是以父权式微为背景的。这种父权式微首先导致对老人的赡养义务变得"低质"，分家的过程也充满矛盾。甚至到最近，在城镇化和经济发展的过程中，"分家"这个情境也要消解殆尽了。

我们已经注意到经济发展可能对代际关系产生的巨大影响。事实上，无论是对原生家庭财产的瓜分，还是对赡养老人责任的推诿，均是围绕物质利益的算计而展开的。杨善华、侯红蕊（1999）曾提出一种"差序格局的理性化趋势"，即随着市场经济，尤其是乡镇企业在农村的发展，"亲属之间关系的亲疏越来越取决于他们在生产经营中相互之间合作的有效和互惠的维持。值得一提的是，当这种关系亲疏的改变出现之后，它却不可能把自己仍局限在生产经营的范围之内，而是极有可能出现向农民的日常生活渗透的趋势，从而逐渐使农民日常生活中的相互交往也受利益的支配以至全面改造原有的亲属关系格局"。最终，"理性全面进入农民生活，从而让正式关系带上更多人情味，同时又使非正式关系具有更多的理性"。

在城镇化进程中，市场经济得到极大的发展，工商业的生产模式和社会关系也在逐步取代传统农耕文明的生产模式和社会关系——以父系家族为中心的，生产、消费、社会支持在一定地域内高度统一的封闭社区。而在代际关系与兄弟关系之中，最大的变化莫过于一种"理性化"的趋势正在逐渐扩张，对物质利益的算计正从传统社会繁复的习俗与规矩中特化出来，货币这一通约性的物质财富标准成为生活中的具象，进而形塑村民的整个生活世界。在本节我们可以看到，这种"理性化"趋势既是传统消解的结果，也是重塑代际关系与兄弟关系的强大力量。

（三）女性在娘家的地位：姐妹算"兄弟"吗？

在一个代际关系松散、女性地位较高的村庄，除了考虑父代对子代控制力的缺乏外，我们还有必要考察女儿在原生家庭中的位置，包括她们对原生家庭承担多大的责任；在分家、分遗产中有多大的权益；而在差序格局中，"姐姐"和"妹妹"的角色又在多大程度上与兄弟等同。

在女性地位部分我们提到，因为松散的传统纽带以及工业化生产、女性劳动力先行解放带来的冲击。当地女性在夫妻关系中地位较高，大多数家庭的财权都由女性掌握。这使得嫁出去的女儿有能力给娘家与自己的兄弟提供物质上的支持，也自然提高了女性在原生家庭的话语权。我们以一个案例来说明嫁出去的女儿是如何回馈娘家，并发挥自己对娘家的影响力的。

45 岁的钟秀芹与丈夫经营了一家工厂，家里颇有资产。她为了自己父母生活安好，常常接济娘家，并资助自己不成器的弟弟创业。可弟弟对钟秀芹却越来越依赖，认为她没有经济上的压力，总是将所得收入很快花完。秀芹的丈夫对此非常不满，在说了几次秀芹弟弟的坏话后，秀芹干脆不再与丈夫商量帮助弟弟的事，而是用自己的钱帮弟弟（如同前面提到的，不少夫妻有各自的积蓄，彼此都不知道对方有多少钱）。

2019 年，秀芹的爷爷去世，秀芹便趁机教育弟弟，逼迫弟弟拿出几万元办白事，而且打招呼不准其他近亲借钱给弟弟。弟弟拿不出钱来，为了不在办事的时候丢脸，只得向姐姐借钱。秀芹此时则声称这次弟弟借的是姐夫的钱，因为"借姐夫的钱必须还，借姐姐的钱不一定要还"。最后秀芹既出力帮爷爷办了丧事，又成功地对弟弟进行了教育。

对核心家庭而言，妻子一边亲戚的地位已经提高到与丈夫一边相当的位置。一位村民直言："老婆的兄弟也是我的兄弟，还比我的堂兄弟亲。"这意味着妻子一边的兄弟在小家庭的差序格局中已经占据了较高的地位。然而，秀芹在对自己兄弟施加影响时依旧只能提供物质上的帮助而不能直接干涉、管教，只能通过逼弟弟陷入窘境、凸显弟弟对自己经济上的依赖来向弟弟表达自己的观点。一个嫁出去的女儿仅因为经济条件较好就能不断尝试干涉娘家父母与弟弟日常生活，而且对秀芹而言这种尝试还颇具正当性，从中我们也可以看到物质利益与理性化是如何依托旧有社会关系中的某些环节对其整体进行挑战与重塑的。

由于代际关系的松散，黄村的兄长并不具备传统的"兄长"权威，而姐姐在娘家的话语权虽然随着女性在夫妻关系中地位的提高而有所增强，但同样不能以"兄长"的严厉形象行事。无论如何，从结果来看，在对原生家庭与弟弟妹妹的干涉力上，哥哥与姐姐的角色无疑是趋同了。

事实上，在兄弟姐妹之间的亲近程度上，姐姐常常还略胜一筹，因为女儿并不涉及家产的争夺。村民坦言："兄妹关系其实比兄弟关系更好相处，因为兄弟之间必须比对方优秀才能批评对方。"由于剥离了利益的瓜分，女儿与父母、兄弟的相处以及对原生家庭的回馈减少了矛盾，嫁出去的女儿反而成了父母最亲热的"小棉袄"以及家庭关系的"润滑剂"。

显然，女儿与原生家庭关系的亲近是以她们在经济上的彻底退出为前提的。不参与家产的瓜分，也意味着女儿不需要承担赡养老人的义务，黄村不存在非纯女户由女儿养老的现象，村民总结："哪怕不跟儿子住，自己打零工赚生活费；或者与儿子住，但儿子、儿媳不够善待自己，父母也只会忍气吞声而不会去女儿家中养老。"事实上，女儿在经济上并不被视为原生家庭的一员，她们的地位更接近能给予帮助的近亲。

在代际松散、女性地位提高的基础上，一种核心家庭之间奇特的"资助圈"形成了。这表现在钟秀芹的扩展案例之中。

> 由于在家中掌握相当的财权，秀芹常常资助父母与弟弟，资助父母的钱实际上大多还是会花在弟弟身上。而秀芹弟弟的媳妇并不是非常照顾公公家。当秀芹父母需要钱时，弟妹并不会把自家的积蓄拿出来。可与秀芹类似，弟妹"宁可自己不用钱，也要给钱帮助她自己娘家的父母和姐姐，这些钱基本是不需要还的"。

这里，我们注意到一个以"嫁出去的女儿"为桥梁的资助圈的形成，即女性因为在夫妻关系中地位高，能够较多地资助娘家；娘家父母的钱则更多地流向儿子；在儿子自己组成核心家庭中，财权又掌握在媳妇手中，于是这笔钱又流向了儿子媳妇的娘家。这种奇特的"资助圈"，只有在父子关系松散但以子为重的传统仍有所存留，且女性地位相对较高使其能够资助娘家的基础上才有可能形成。这可能暗示了一种新的家庭结构发展趋势，值得进一步研究。

（四）与朋友比较：兄弟能否合伙做生意？

在就近城镇化与工商业发展的背景下，兄弟关系面临着市场经济的机遇与挑战。我们的问题是：当村庄被打开，村民面对一个广阔的市场，需要社会资本的支持时，他们是如何在兄弟与另一种常见的社会资本——哥们儿，或者说朋友之间进行选择的？兄弟之间能够达成合作吗？如果可以，市场经济就可能反过来哺育兄弟关系，甚至进一步发展出家族式的企业；而如果不可以，本已松散的兄弟关系将在差序格局中再退一步，被关系亲密的哥们或朋友取代。

如前文所述，黄村的兄弟之间仍存在稳定而有限的互助，因为兄弟间毕竟有着基本的信任与关系纽带。当兄弟间能找到良好的分工模式且达成合作时，他们便可以迅速团结，在市场中占有一席之地。谢氏三兄弟向我们讲述了他们的成功经验。

> 黄村有姓谢的三兄弟，他们合伙开厂染花炮纸。三人有着明确的分工：老大投钱、投技术，老二跑销售，老三则在厂里干活儿。三人的收入包括平日的工资以及年底平分的利润。在这里，"公"的工资与"私"的分红被清晰地分开，以保证管理的顺畅。同样地，三兄弟均是自己核心家庭的唯一代表，他们的媳妇都不参与工厂经营，也避免了管理的混乱。以兄弟间的信任与精诚合作为基础，在明晰而高效的管理模式下，这家工厂获得了良好的发展。

我们注意到，"公"与"私"的分明似乎是谢氏三兄弟尤其关注的。事实上，这的确暗示了兄弟合作的难点。我们必须回到实际中理解"亲兄弟明算账"与"公事公办"在兄弟合作中的意涵。

我们不难发现，兄弟间的互动逻辑与合伙人之间的互动逻辑存在差异，甚至有一定的张力。兄弟关系是总体性、割裂成本极高的；合伙人之间则是相对平等、割裂成本较低的。兄弟纽带的确能够方便集资与促成合作，但当兄弟关系嵌入合伙人关系中时，这种总体性的社会关系便有可能造成合伙人之间的不平衡，从而扭曲企业的正常运作。黄忠良与妹夫的案例能够给我们一些启示。

> 黄忠良在 1986~1987 年曾与自己的妹夫合伙做副食品加工。妹夫是内行、懂技术，忠良投钱并且擅长跑销售。两人的合作非常成功，10 个月就赚了 8000 多元。但就在发展势头最好的时候，矛盾发生了。黄忠良的妹妹攻击黄忠良，认为自己家应该分得更多，因为自己丈夫的技术是不可或缺的。而黄忠良的妻子则认为，妹夫虽懂技术，但嘴太笨不会跑销售，而且不够精明，不会做生意，所以自己丈夫做出的贡献明显更大。黄忠良与妹夫实际上并没有太大的分歧，但因为怕妻子间的矛盾激化，两家关系闹僵，索性一拍两散，不再合作。错失良机之后，黄忠良与妹夫都没能再赚大钱。

这里凸显出了兄弟的总体性关系可能带来的第一重张力：专家与外行之间的信息张力。市场经营是效率优先的，它要求明晰每个人在经营中起到的效用。不像流动性较强的朋友与合伙人，合作能进行更充分的洽谈与双向选择。与兄弟合作意味着有可能与一个不懂行的人合作。而兄弟关系是相对固定的。与兄弟合作很可能并没有经过双方充分的筛选与磨合，出现分歧后也很容易从"就事论事"扩展为亲属之间人与人的矛盾。

于是第二重张力就凸显出来了：矛盾的扩大与其他亲属的横加干涉。兄弟之间经济上的合作同时也是他们社会互动的一部分，当这种社会互动出现问题时，矛盾也会顺延到亲属关系中。一位村民坦言："父亲死了之后，自己与兄弟之间矛盾就小了，因为从前父亲偏心，会一直逼着自己去帮弟弟。"

兄弟合伙面临的第三重张力，便是因经济利益而产生的矛盾。前面提到，分家容易导致兄弟产生矛盾，因为涉及双方的实际利益。在合伙办厂的情境下，这种利益算计更是无处不在。我们以一个案例来说明兄弟间的这种利益博弈是如何展开的。

钟富强和弟弟钟富贵于 1998 年继承了父亲创办的鞭炮厂。在接手的头几年，弟弟富贵和妻子丽青都在城里上班，厂子的经营就完全交到了哥哥富强和富强的媳妇秀芬手里。尤其是厂子的账务，完全由嫂子秀芬一手打理。对于富贵和丽青而言，厂子的收入完全是一个黑箱。结果他们发现，厂子越来越红火，自己分得的利润却始终只有一点点。"眼看着大哥家买小车、起高楼，我们家还是清汤寡水。"不仅如此，两人每次要钱还要求着大嫂。于是夫妻俩意识到，自己必须直接参与厂子的经营了。

兄弟间的第一次博弈是因为丽青试图安排自己的表妹参与工厂财务的管理。结果，表妹到厂子后就被大嫂安排去干杂活，大嫂直说："要管账就让丽青自己来！"她赌的是丽青不可能放下自己在城里的工作。可没想到，丽青真的一狠心辞掉了工作，到厂里来管账。大嫂骑虎难下，又说："你要能看懂账本，我就让你来管账。"她这次赌的是丽青不可能看懂账本。结果，丽青"三天三夜没有睡觉"，把账本查了个清楚，并且查出了大哥大嫂吃供销商回扣的证据。由于是亲兄弟，也不好撕破脸，丽青没有选择把证据公开，而是把有问题的账本直接扔给大嫂。丽青回忆："她因为太羞愧，觉得丢脸，跑回家里一个月没来厂里上班。之后她就收敛了许多。"与丽青一样，富贵也放弃了城里的工作，逐渐参与到厂子的生产经营中来。

大嫂虽然失去了全盘掌控的能力，却还是常常搞小动作占便宜。富贵和丽青夫妇感到不胜其烦，索性提出将厂子"分家"，就是还用一个厂房，但是两家人在生产与销售上完全分开，各做各的。如果能分家，自己家愿意放弃仓库里还存着的价值80万元的货物。这次"分家"事件引发了兄弟间第二次大的博弈。

富强与秀芬无力阻止弟弟和弟妹的分家要求，他们担心的是另一个问题：分家即意味着清账，一清账目自己以前占厂的便宜岂不是全都要曝光？于是一天下午趁着富贵与丽青不在，富强便溜进二人的办公室，拿走了弟弟的那份账本。富贵和丽青上门理论，富强却说他们那份账本被老鼠咬坏了，自己看见便把账本扔掉了。而富强自己那份账本自然也被他不慎"遗失"了。

最终，兄弟二人只得在无法清账的情况下强行分了家，兄弟二人的合作便这样潦草收场了。

富强与富贵的例子一方面展现出兄弟合伙可能因利益而产生的矛盾，另一方面展现出一种在亲属关系与合伙关系互嵌的基础上呈现的"对赌"的博弈机制。

毫无疑问，企业管理是需要投入精力，并且需要相当多的专业知识的。这就在合伙的亲属之间形成了一种筛选机制：只有能够投入足够精力参与经营，且具备了一定专业知识的人，才能进入企业管理的核心。而这也成为博弈中逼退对方的理由：在第一次博弈中，大嫂先后利用丽青放不下自己在城里的工作以及看不懂账本，试图逼迫丽青知难而退，自己便可以顺理成章地占有企业经营的更多利润。

我们可以发现，成功的兄弟合作需要兄弟齐心克服技术与经济上的压力，靠亲密关系与情感信赖来弥补合作中的不平衡。相对地，朋友合伙则要求两个人都是专家，有天然的筛选机制。而在代际关系松散、社会内生规范薄弱的黄村，由于缺乏强大的亲属关系网的支持与规约，兄弟合作能带来的好处显然难以抵过它潜在的不良影响。正如村民所总结的："我们这儿都尽量不和亲戚、兄弟做生意。因为理念不同，还牵扯经济利益。一有矛盾就得一刀两断，值不得。兄弟能合伙的，那这两个人都心胸宽广，这种很少有。"

然而，兄弟间还常常需要履行一定的互助责任，否则也会被人指责"没有良心"，于是当地形成的传统就是：亲戚只能做员工，不能做合伙人。做员工的亲戚可以公事公办，该批评就批评；如果批评不了就降低对他的要求，发的工资就权当资助他的生活了。

至此，我们已经从不同的面向检视了黄村村民的兄弟关系。我们的结论是，当地的兄弟关系同时受代际关系松散、夫妻关系中妻子地位较高的影响：一方面，兄弟之间缺乏父辈以及社区性的支持与规约，这使得兄弟间的亲密更多只是个人价值观的一种选择，因而呈现多样性；另一方面，夫妻关系中妻子地位较高也提高了妻子一边兄弟在核心家庭差序格局中的位置。然而尽管女性能够给予原生家庭更多帮助，这种帮助依然没有消弭儿子与女儿间的差异，女儿对原生家庭的帮助更相当于近亲性的物质支持，并不承担主要的养老责任，也不参与家产的瓜分。因此，姐妹依然不能与兄弟等同。

我们还考察了兄弟纽带对市场经济的适应性及两者间的张力。事实证明，兄弟合伙具有方便集资、合作亲密，甚至强化兄弟纽带的正面功能，但也可能因沟通不畅、利益纠纷而导致关系破裂。关键在于当地是否存在可靠的父辈权威与家族权威，以抵消负面影响，促成兄弟的齐心协力。在黄村，这种条件显然是不具备的。下文我们将以家族为单位，进一步考察当地宗族的形态与演变，完善我们对当地社会结构的认识。

综上，我们考察了黄村村民家庭生活中的代际关系与夫妻关系，并说明这一传统的分散型村庄在经历改革开放、工商业发展以及就近城镇化的变迁之后，其代际关系变得较为松散，夫妻关系中的女性地位则不断提高。作为差序格局由内向外延展的又一重要环节，兄弟关系同时受到松散的代际关系以及较高的女性地位的影响：代际关系松散使兄弟纽带的基础相对薄弱，长辈难以制止分家；女性地位较高则意味着媳妇在家庭中有较高的话语权；而就近城镇化、工商业发展的背景又使本已相对松散的兄弟关系面临市场逻辑的冲击与重塑。作为这一系列影响的结果，黄村的兄弟关系呈现分合错杂的多样性特征：既有传统的和睦团结，又有兄弟关系在差序格局中事实上的疏远；既在分家诉求与市场冲击下面临疏离的压力，又能够在一定程度上划定权责界限，在兄弟间达成共识与合作。

四 松散宗族的分与合

据学者考证，昙虹县在元末明初以及明末清初曾遭受严重的战乱，原有的百姓鲜有留存，今天的昙虹县人多是在明初与清初从相邻省份迁居而来："历代兵燹，元为最惨，……元明之际，土著仅存十八户。播迁者以东部邻省的西部和南部一带之人为多。明末清初，重罹浩劫，土旷人稀，播迁来者则十九为南部两个邻省的两江流域之人。"（吴正东，2012）黄村以张、黄二姓为主。据村里张姓村民描述，抚贤镇及其附近的张姓人都源自同一祖先，至今已繁衍至二十二世。以 20 年为一世粗略推算，这些村民正是于明末清初迁居而来的。

本书的研究主体是黄村的社会结构，村庄的历史变迁便是其底色。本节将引述村民口中文、谢两个家族移民与家族兴衰的变迁史，从叙事中反观当地的宗族形态。我们先从文家的变迁中管窥一个家族内部各个家支是如何在历史发展过程中分化，并衍生出多样的家支间关系的。然后，我们以谢家为例，看谢家作为村庄边缘家族，在面对窘迫的生计压力时是如何抱团取暖、最终建立起紧密的家庭间关系的。最后，我们将结合张家的例子，说明在城镇化与工商业发展背景下，当地宗族可能发生的新变化。

（一）迭起兴衰——文家的变迁与分化

文家大约在 19 世纪中期从江西萍乡迁到本地，在这一百多年的历史中，不同房支经历了不同的兴衰起伏，有的房支逐渐没落，有的房支则人丁兴旺，不同房支之间也发生过恩恩怨怨。

文家最初有八兄弟一同迁入黄村，他们的后代也发展为文家的八个房支。大房与二房分别迁入黄村的湖湾组与文州组，八房则迁入了邻村，其余五房都居住在黄村的湖心组。我们的叙事主要围绕居住在湖心组的 5 个房支展开。

湖心组以张、文两姓为主，分为 3 个 20 多户的小组，共 70~80 户。文姓有 30 来户，主要居住在湖心 1 组；张姓大约在 400 年前就已迁入黄村，分布在湖心 2、3 组。

居住在湖心组的是文家的三、四、五、六、七 5 个房支，其中三房逐渐衰落。1950 年前后出生的那一辈有两兄弟，其中一个在洪水中被淹死；另一个在 20 世纪 80 年代娶了一个老婆，但没有生育孩子，离婚后又娶了一个老婆，仍然没有生育孩子，于是从姐姐那儿过继了一个儿子，勉强维持家庭的血脉。

四房虽然也人丁稀少，但没有"断根"，其中 1950 年出生的文仲科在集体化时期曾任黄村大队书记，后被提干到县虹县公安局，现退休后居住在市里。他有一个弟弟，但在下雨时上房补漏被雷电劈死了。文仲科还有两个侄儿住在庙前组，这一支的根脉仍留在黄村。

五房和六房关系十分密切，五房有几个儿子过继给了六房，过继过去的就与六房一起居住在湖心 2 组，没有过继的就与三房、四房、七房一同居住在湖心 1 组。湖心 1 组只有一户人家姓丁，其他的都姓文。

人气最旺的当属七房，65 岁的文仲彬从 2001 年至 2013 年都任黄村的村书记。文仲彬的父辈有五兄弟、两姐妹，到他这一辈有四兄弟、一个大姐，他自己排行老四。

我们将从村民叙述的两段往事中窥视文家各房的分化及彼此间的关系。

1. 七房与三房的纠葛

文仲彬的父亲这一辈有五兄弟。五兄弟中老二很早就因病去世，老五则去了南京航空航天大学上学，后跟着国民政府去了台湾。留在村里的就是老大、老三和老四。

文仲彬的父亲是长子，新中国成立初期，他们家里有两条船，经常在黄村的河里跑运输。文仲彬的父亲（老大）负责照顾往来的生意，四叔负责驾船，三叔则留在家里种田。因此，在那时七房在几个房支中算是经济条件比较好的，家里还租了地主的两三亩土地，请了一个长工。

新中国成立后划定成分，工作组对于文家七房的成分就产生了争议：到底是将他们划为富农还是划为中农。村里有人说他家请了长工应该划为富农；大房中有人在工作组，帮他家说话——他家的田并非自己所有，而是租地主的，请长工则是因为没有劳力不得已才请的，因而只能算中农，七房因此被划为中农。

另一边，文家三房在划定成分时因为家境贫穷被划为贫农。在集体化时期，三房与七房因为一连串的事件结下了仇怨，七房的文仲彬至今还在说："三房人品不好，家族里的人都不愿与他们来往。"

初级社时，七房家有一头牛。一次七房老大用牛车踩水，牛不听话，他就拿鞭子抽牛。初级社规定不能打牛，但七房当时还没有入社。三房的媳妇看见七房老大打牛，想当积极分子，就去社里告七房老大，三房的一个姐夫当时是党员，得知后就开批斗会批斗了七房老大。事情并未就此结束。批斗之后，七房老大心里窝火，就在采菜籽时打了三房的侄儿，侄儿却以此为由在批斗会上批斗七房老大。七房老大因此结下了心结，心想其他队里人打他是跟风、出于无奈，而他的侄儿对付他则是另一回事了。这之后，七房与三房就不再有什么往来了。

改革开放后，七房老大，也就是文仲彬的父亲得到了平反。三房的那个侄儿特意到他家来赔礼道歉，七房老大也觉得不要因此结下梁子，于是关系就缓和了，但是心里仍然留有心结。后来三房逐渐衰落，在侄儿这一辈绝了后，只能靠过继维持香火，文仲彬觉得这都是命运使然。

在乡土社会中，每个人都被期待以尊卑、长幼的礼俗行事，对待家族内的人与家族外的人要有亲疏远近的区分，违背这些伦理行事的人会被排斥在社会之外，其悲惨的命运也被视为是对其越轨行为的"惩罚"。可是，这种"惩罚"反而说明在大的宗族内部缺乏消弭矛盾、制裁越轨行为的社会规范机制。

2. 七房与四房的施与报

七房因为老五跟着国民政府去了台湾，在"文革"中被批斗，子孙当兵、升学都受到了较大的影响。就在小家庭走向困境之时，来自其他家支的亲人伸出了援助之手。

集体化时期，四房的文景军任黄村大队书记，在七房面临困境时，他尽己所能庇护了七房。并在"文革"形势稍微缓和后，让20岁出头的文仲彬当了三年生产小队会计和政治队长。然后又把文仲彬调到大队担任了一年主管工业生产的会计。

1978年，黄村分了一台拖拉机，文景军便将其交给了文仲彬管理。拖拉机每年都需要到公社的农机站年检，农机站站长托文仲彬给文景军带话，能否带点油、米给他家，因为文景军的生产队是粮食生产大队。文仲彬向文景军汇报后，文景军便把这件事全权交给文仲彬来办。最后文仲彬带了20斤油、60斤大米去了农机站站长家，站长因为这件事对文仲彬留下了很好的印象。

一年过后，抚贤公社的出口花炮厂需要一个管理干部，从各生产大队选调。农机站站长任公社企业办委员，很有权威，就力推文仲彬，最后文仲彬进入了花炮厂。从此，文仲彬就逐渐改变了自己的人生：他先在公社的出口花炮厂干了九年，之后买下了同村村民的一家私人花炮厂，经历了多次转型升级，一直到2016年才将工厂转让给了朋友。文仲彬因开办花炮厂，经济收入得到了大幅提升，随之而来的在村庄中的社会地位也逐步提高。文仲彬至今都十分感激四房的堂兄文景军，如果不是堂兄帮他，他就不会有去公社鞭炮厂的机会：当时生产大队还有比他更优秀的人——一个复员军人。大队长以为去公社花炮厂是公社给队里的一个指标，认为这个指标本应该给更加优秀的复员军人，而文景军却徇了私情。文仲彬人生的转折点，便是做了堂兄的关系户，以不公平竞争的方式得到了指标。

文仲彬最终尽己所能地回报了自己的堂兄。1992年，文仲彬要搬到昙虹县，此时文景军已被调任到市公安局。于是1993年文仲彬就与文景军一起凑钱在市区建了房，成本11万元，文景军只出了2万元，后来文仲彬觉得这里逐渐成了公安局员工的住宅区，就将房子直接给了文景军，自家另购了一套房子。

除了文仲彬（老四）之外，文仲彬的二哥也得到了文景军的照顾，因为文景军的帮助，他当上了大队的电工，攒下了第一桶金，后来便在抚贤镇办花炮厂，如今已在城里买了别墅。提起三房时，七房的几兄弟都摇头叹息；而在提起四房时，几兄弟就感激涕零、亲如一家了。

可见，文家各个家支的关系是自由生长的，也许因为一些人内心的家族责任感能对其有所保护，但既然有个体性的恩与施，就有个体性的仇与怨。总的来说，这里的家族是缺乏宗族的社会整合与集体行动能力的。有的家支在集体化时期能够通过掌握行政资源汲取养分、滋润宗族，但这样的案例毕竟是少数。

做出如上判断的大背景是如我们在生计模式部分说明的——黄村的传统农业耕作不需要多少互助与合作，因此没有迫使分化的小家庭间因为合作和集体行动的需要而形成具有较强内聚力的宗族的压力。相对的，在一些特殊情境下，只要村民在生产、生活中面临实际合作的需要，小家庭间也可能建立起紧密、团结的关系。下面叙述的谢家，作为村庄边缘家族，面对窘迫的生计压力而抱团取暖，最终形成了紧密的宗族关系。

（二）相扶度困——谢家在困难岁月的紧密团结

从黄村谢家的家族史我们可以看到在中国 20 世纪三四十年代，处于生存边缘的中国农民如何通过家族的分割与互助来维持基本的生存与后续发展。

黄村的谢氏家族原本居住在隔壁河湾村。谢家在河湾村也是小姓，20 世纪 40 年代从河湾村搬迁到黄村湖心组（当时为保甲制），买下地主的田耕种。迁居一段时间后，谢家家长去世，留下五个儿子。老大在 20 世纪初出生，结婚后生下三个女儿，没有儿子。老二婚后生了四个儿子，便将最小的儿子过继给了老大。过继时，爷爷、叔叔、伯伯等五服以内的长辈都到场做证。仪式上，老二的小儿子需写过继文书，写明过继后对亲生父母与养父母的义务。尽管老二的小儿子过继后并没有改口，但在大伯老后，他仍赡养了大伯，而对自己亲生父母所尽的孝道也就少一些。最后，他在大伯去世后像儿子一样为其戴孝。他后来回忆，如果自己亲生父母与大伯是分开居住的，他应该就会改口，称养父母为父母，但是回到亲生父母家后，也会称亲生父母为父母。不改口是因为大伯和自己父母同住一个村。

长房老三当时跟着一个熟人军官去参加抗日战争，加入了国民党的部队，后来一直没有消息，家里人估计他已经死了。他家当时有两处房子，老大、老二住在一处，老四、老五住在另一处，后来老四、老五这一处的房子倒塌了，无处可住，他们就来投奔老大和老二，仍以种地主的地为生。老四与老五关系密切，两家一直未分家，老四的老婆生下三个女儿后就去世了，他也未再娶。他的三个女儿在出嫁之前就一直与老五一家——包括他的五个儿子生活在一起。老四是一个种田好手，集体化时期以来就一直种田，由于老五在集体化时期就去了公社国营陶瓷厂工作，老四会在家里帮忙干农活，老五媳妇也会帮忙照看他的三个女儿。据老五的一个儿子回忆：他们两家当时关系非常亲近，自己的几个兄弟与几个堂姐妹关系很好，在生活中互相帮助，彼此就像亲兄弟姐妹一样。至今，五兄弟和三个堂姐妹之间还时常团聚，谁有困难时其他几人也会竭力互助。

共同生活的团体亦是一个紧密的情感共同体，共同生活的经验与由此产生的感情是他们互助的基础。老四和老五一家的团结，在很大程度上是由于生活的窘迫使得他们不得不通过互助共同渡过难关。而哪怕难关过去，子代共同生活、相亲相爱的经历仍会帮助他们构建紧密的强关系纽带，帮助他们共同应对生活中的困难。

（三） 市场化浪潮下宗族概念的再造——以张家为例

当市场化浪潮来临，传统家族要么如"莆田系"医院那样，在高度的流动性背景下形成合作机制，以血缘为纽带组织新的生产方式，在经济层面汲取宗族团结所需的养分（林颖楠，2016）；要么随着市场的冲击，走向分化与淡漠。在传统时期，黄村的宗族是松散的、弱小的，正如兄弟之间不能合伙做生意那样，当地的亲戚之间也难以在生意上开展合作。因此，在大趋势上，黄村的宗族遵循后一种发展趋势。

然而，在一次大修宗祠的行动中，张家——这一黄村乃至整个抚贤镇的大家族却表现出一种新的宗族联合方式。

黄村以张、黄二姓为主，抚贤镇及其附近的张姓人都源自同一祖先，至今已繁衍至二十二世。2018 年，一位住在其他镇的张姓富人发起了修建张氏宗祠的倡议，地址就选在黄村，作为昙虹县范围内张氏宗族的总祠堂。宗祠修建委员会在每个村子委任了一个德高望重的长老担任该村的宗族理事长。宗族理事长负责召开村内的宗族会议并通知该村的张姓人吃酒、自愿捐款，捐款不足的部分则由发起倡议的这位富人兜底。村内宗族会议是临时性的，主要讨论宗祠修建的捐款、聚餐等事宜，一般会召集家庭条件好的、会办事、品行端正的老人前去。

这项倡议在当时并没有引起村民的兴趣：20 世纪六七十年代出生的中年人一般不愿意参与，觉得浪费时间。有钱人也最多只愿拿钱，不愿意费心费力地参与宗族事务。修建祠堂筹钱，每人摊派 200 元，但不做强制要求。宗族理事长的权威也相当有限，黄村的宗族理事长张安邦在我们调研时已经 71 岁，在族内的辈分也最大，但他在村庄里并不具有什么权威，既不参与村庄政治，也无法在日常生活中调解村民间的矛盾。因为宗祠最后修在他家门前，他便负责管理宗祠的钥匙和打扫卫生，这是他这个"宗族理事长"所能起到的最大作用了。

宗祠建成后，张姓每户派一人前去聚餐，但是村民认为宗祠只是张氏宗族的一个标志，并没有加强张姓人之间的凝聚力。归根结底，这个宗祠只不过是一个富人在拓展自己社交圈的平台罢了。

从张家的例子我们注意到两个宗族变化的新趋势：经济精英的需要主导了宗族组织的表现形式，以及大范围、跨村庄的宗族行动。这种"宗族"无疑不同于传统时期在生产、生活上具有实际功能的宗族。正如在黄村表现出来的，这种新式的"宗族"与其说是一种村民的社会组织，不如说是富人追求传统意识形态而搭建的"玩具"，它与富人消费的其他文化产品并没有本质区别。这种"宗族"并不能树立宗族权威，更不能对本已松散的宗族进行再组织。然而，这种新型的"宗族"在市场化浪潮中的确是蓬勃发展起来了。

至此，我们已经对黄村家庭与血缘纽带的各个环节进行了考察，得出的主要结论是：受移民历史、地理分布、生产方式等因素的影响，黄村缺乏强大的宗族，同时也缺少社区对父系家长制权威的支持与维护。在经济发展与城镇化进程中，年轻人的流动空间不断加大，经济能力也迅速提高，于是作为子代的年轻人开始挑战、疏离他们的父辈,作为妻子的年轻媳妇也在不断挑战父系家长制权威。最终,代际关系被冲散,父子兄弟之间仅保留低度的经济勾连,血缘纽带没有在市场经济发展过程中找到适合的组织形式,也未能如莆田人兴办医院那样在市场经济中重新找到父系血缘纽带的经济基础。最终,对父亲、兄弟的责任仅作为底线的道德义务被保留下来。由于社区性规范的缺乏,除非某个村民因为个人价值观对父亲特别孝顺、对兄弟特别扶植,对大多数村民而言,这种保留也仅仅是低度的。

在以往的调研中,我们发现在传统时期很松散的村落,到了近些年父子关系也有再强化的可能。其原因便是儿子买房、结婚的压力加大,以父子为轴心的小家庭必须通力合作,才能帮儿子走完成家立业的过程。甚至在婚后,父辈家庭都必须不断地在经济上给子代支持。在这样的高度合作下,父与子自然又被拧成了一条绳,传统的代际伦理观又得到重塑与强化。

然而在黄村,这种情况是不存在的。因为就近城镇化,绝大多数村民并不需要进城买房,即使有到县里、市里买房的,也仅是家庭经济条件较好的个例。由于村民在家乡工作生活,主要活动范围也在镇一级以下,除了买房,他们整体上面临的生活压力较小。无论是 50 岁左右(60 后、70 后)经历过改革开放与经济大踏步发展的老一辈父母,还是 30 多岁(80后、90 后)在经济较宽松条件下成长起来的新一辈父母,对子代的要求普遍较低。他们的孩子在镇上上完中学,大多直接进入工厂上班,或者再上一个专科学校,毕业后还是到工厂上班。在这样宽裕的生活条件下,代际间因生活压力而再团结的可能性也越来越小了。

　　传统变了，社区却还在。我们在梳理黄村微观的家庭生活在各个面向上的变化的基础上，对其就近城镇化背景下社区生活面貌及其变迁逻辑进行系统考察。费孝通早已说过，他对中国农村进行研究采取的是"社区"方法（费孝通、张之毅，2006：8~14），这里所谓的社区指的就是在就近城镇化之后，各种社会关系仍然集聚的这个"熟人社会"。我们已经看到围绕家庭生活各个社会纽带的强度及具体变化，接下来，我们将综合性地考察这些纽带是如何在就近城镇化的过程中，在熟人社区内部交织、互构，呈现一个立体的生活图景的。

第三章
村庄社会公共性的衰落

村庄公共性产生的社会基础是建立在小农经济基础上的熟人社会和亲密社群。在这样的社区中，村民间的心理距离非常近，他们的关系是由一根根私人联系所构成的网络，这个网络的每个结都附着一种道德要素，人们在社会交往中不断生产高度的价值认同和社区凝聚力，社会整合仅以极低的成本就可以完成。乡村社会的经济形态发生转型后，那些建立在血缘、地缘关系上的社会交往形式和社会整合机制也随之变化。上一章我们描述了黄村家庭和家族的变迁轨迹，本章我们将在村庄社区的层次来看黄村村民间日常交往形式的转变，理解村庄公共性衰退的过程。

村庄不仅是每个农民安身立命的场所，同时还是一个具有一定共同体特征的社群，具有很强的生活互助性和伦理共同性，是农民完成社会化，定义自己生活、生命的价值和意义的主要场所。在黄村工业化的过程中，村民之间由于生产生活方式的变化而产生了一定程度的陌生感，彼此的心理距离拉大，生活面向也由村内转向村外。村民们的社会交往和日常消遣娱乐虽然还在村庄中完成，但在感情上趋于绝缘，难以产生共同的道德要素和价值认同，村庄已经不再是个熟人社会与共同体。由此，每个成员原先对生命的意义与价值的认同就受到了挑战。

我们将通过村民在村庄中生活的不同面向来透视黄村公共性式微的机制。经济互助是村民生活最重要的面向，互助中的人情亏欠与偿还机制将村民紧紧地联系在一起，村庄由此被整合为一个具有高度凝聚力的共同体。而互助需要的减少使黄村村民对他人的依赖性大大降低，职业分化和经济分层进一步切割了村庄社会，市场化的产品可以替代互助。村民在生计模式的变迁中逐渐从繁重的农业劳动中解脱出来，有充裕的休闲娱乐时间。然而，现在的休闲娱乐已成为村民展示个性、享受生活的个体化行为。黄村村民间的心理距离不断拉大，个体间越来越陌生化，熟人社会中具有道德约束的公共舆论也随之解体，表现为信息传播的碎片化和舆论评价的去道德化。村民虽然生活在共同的场所中，但各个面向所呈现的公共性已然衰退。在缺乏公共性的村庄，社会整合能力迅速削弱，传统礼治秩序衰退，社区既有的秩序受到空前的挑战。

一　经济互助的理性化

费孝通曾如此概括社会经济发展过程中人情往来日趋"理性化"的倾向："社会生活越发达，人与人之间的往来也越繁重，单靠人情不易维持相互间权利和义务的平衡。于是当场清算的需要也增加了。货币是清算的单位和媒介，有了一定的单位，清算时可以正确，有了这媒介可以保证各人间所得和所欠的信用。"（费孝通，2013）

黄村工业化的过程中，村民间的互助方式发生了较大的转变。首先，村民之间的互助需要不断减少，彼此间的经济依赖不断下降。这是其生活面向逐渐脱离村庄、内部的职业分化与经济分层导致的。其次，模糊的人情往来与具体的利害得失之间的矛盾日趋尖锐，人情逐渐成为一种负债乃至累赘。旧有的人情和义务逐渐失能，乃至被人们视为一种负担而刻意地规避。再次，小额信贷等更具正规化特征的经济支持的日益兴起，也在人情之外为村民提供了更多选择。最终，村民间的经济互助逐渐由传统农村常见的人情的相互亏欠转型为一种更具理性化的互助模式。本节将比较这两种模式之间的差异，并对其转变过程加以讨论。

传统村落社会中，人情的亏欠与偿还是一种长远预期的、多次博弈的"社会搅动机"，它把相关人等都搅和在一起，使每个人都觉得自己亏欠人家，又不断地去偿还人家。每个人都被永久地拴在这条链条之上而不得脱离，这样"自己人"的认同、村庄熟人社会的生活才能延续。人情交往越是频繁、范围越广，人们的关系就越是紧密，村落舆论氛围就越是热烈，社区的价值生产能力就越强，对人们生活意义和生命价值的集体界定就越明确，人们只要照着人情圈中的人生历程规划去做，就能获得生命的本体性体验和社会性感受（杨华，2008）。人情就是在这种无限的亏欠与偿还中不断加深并延续的。

互助合作是人情往来的重要方面。亲密的共同生活中，各人互相依赖的地方是多方面和长期的，因之在授受之间无法一笔一笔地清算。亲密社群的团结性就倚赖各分子之间都相互拖欠着未了的人情，欠着的人情就得找个机会加重一些回个礼，这样就使对方反欠了自己一笔人情，来来往往，维持着人和人之间的互助合作。亲密社群中既无法不互欠人情，也最怕"算账"，如果相互不欠人情，也就没必要来往了（费孝通，2013）。

集体化时期，黄村生产小组是日常生活中一个重要的互助合作单位，内部有着非常频繁的互助往来。邻居间会互相帮忙照看小孩，互相借农具。条件稍好的人家会打水井，全组只有三四户人家有水井，没有打井的人家就去有井的人家打水。分田到户后，村庄各户人家的经济分层依旧扁平化，村民在日常生活中相互依赖，互助往来密切。村民建房时以生产小组为界，一个小组中在家的村民都会前来帮忙。主人会记录每家帮工的天数，等到他人修房子时，他也要去还工，还工数与之前的帮工数相等，没有还够的工就拿钱来补偿。村里几乎没有不给别人家帮工的，也没有不给别人家还工的，全组人都被纳入这个互助的网络中来，没有被边缘化的群体。在黄村，这种帮工形式一直到90年代初期都相当普遍。

从90年代初开始，家庭小作坊逐渐兴起，工厂也初步建起。经济条件的改善使村民间的互助需要减少，彼此的依赖性迅速降低。对于建房、买房、办酒席、上大学等需要花大钱的重要事件，从借钱的选择来看，三服以内的亲属关系仍然是核心支持的最可靠保障，但是这种义务的强制色彩已经大大削弱。更多可替代的借钱选择形式已经出现，比如，向业缘和趣缘关系中的亲密朋友借钱、将大钱拆分开向不同关系的人借钱、向小额信贷机构借贷等。核心亲属仍是可靠的保障，但朋友关系和市场代理机构提供了可替代的选择，这使借钱这一核心支持不再仅仅依赖血缘和地缘纽带中的特殊性关系。

市场力量的进入进一步表明借贷选择由特殊性关系向普遍性关系转化，市场代理机构甚至可以替代核心支持，成为村庄社区功能的承担者。2018 年 4 月，黄村成立了小额金融信贷公司。该信贷公司是由扶贫办、阿里巴巴等联合提供资金的国有企业，首要目标是确保扶贫资金能够到达真正的贫困人群手中，使无法获得正规金融服务（金融机构提供的贷款）的贫困人群同样能够获得贷款支持。镇上业务主要由辅警王成武负责，贷款金额在几千元到几万元不等。

农村小额信贷的发展过程反映了村民是基于哪些考量而选择外部渠道的。起初，信贷公司少有人问津，工作人员常到村里挨家挨户做宣传，对资金量需求较大的老板们先接受了这一形式。随后，那些有超前消费行为，急于买房、买车的年轻人，以及不好意思向别人开口借钱的人又进入了小额信贷的大门。后来，大部分村民习惯于在种种大事上依赖小额信贷。仅 2019 年，黄村的小额信贷便达成 600 万元左右的成交额。可见，对资金量的需求、人情的缺乏与不愿相欠等因素为小额信贷提供了进入村庄的机会，甚至能够为大多数村民所接受，为村民们的人生大事提供普遍的核心支持。

有趣的是，传统的社会纽带在某些情况下反而会帮助小额信贷在村庄中扩散。我们发现，黄村小额信贷的经营者只需极低的成本即可完成款项的审核与回收：一方面，小额信贷的门槛较低，贷款金额在 10 万元以下的均不需要抵押；另一方面，这种较低的门槛并没有带来麻烦，在当地，贷款不还的情况是极少的。公司只需在每个乡镇设一名客户经理，按时上门审核、对账即可。如此便利的原因就在于小额信贷的担保人机制使其能够很好地利用熟人社会的传统纽带来降低风险。首先，公司可以通过第三方担保人对贷款人的经济情况、信用情况有整体了解，在村镇的熟人社会中，担保人所提供的信息在相当程度上是可靠的。其次，当借款人不能按时还款时，一方面借款人的家庭与担保人会帮助催款，另一方面借贷公司也能够基于人情的考虑而适当宽限还款日期。在这里，小额信贷的运作不完全是契约理性的，而是与乡土社会中的人情和社会关系密切地交织在一起。这类市场化支持的出现极大地改变了当地村民在需要资金支持时的行动策略，甚至促使传统的人情互助在一定程度上"理性化"了：村民乃至亲戚间在相互借款时，打欠条、付利息已成为常态。

这一理性化的趋势已渗透到村民生活的方方面面，乃至传统的习俗与礼仪当中。过去黄村村民在红白事中摆事、抬棺上的互助是相当频繁的。然而，目前这种最为紧密的互助纽带也日趋消解：由于人情债的麻烦，人们越来越害怕亏欠他人什么，反过来越来越担心偿还人家的过程中要付出比货币更多的东西。于是，原先必不可少的互助，也逐渐被一条龙的商业化服务取代：早在 2000 年前后当地便兴起了请公司承包办红白事的风潮，同一小组内互助办事成为历史。

二　休闲与娱乐的个性化

在城镇化过程中，黄村人的生计模式发生了结构性转变，家庭和村庄原有的经济功能逐渐剥离出去，但村庄仍是村民度过闲暇时间的主要场所。所谓闲暇，就是"个人从工作岗位、家庭、社会义务中解脱出来的时间，为了休息，为了消遣，或为了培养与谋生无关的智能，以及为了自发地参加社会活动和自由发挥创造力，是随心所欲活动的总称"（郑群明等，2004）。在村庄社会中，个体选择和谁一起度过，以及如何度过闲暇时间，反映到社群层面就是村庄休闲生活的公共性问题。就黄村而言，一方面我们观察到村庄内有许多定期举办的群体活动，例如棋牌游戏、广场舞和摸鱼竞赛等；另一方面，我们又发现这些活动参与者之间的组织机制并非基于共同体成员的情感或道德认同，而是基于个体化的休闲娱乐取向。

闲暇与娱乐是传统村落共同体社会整合的重要形式。在传统乡村，人们一年中的大部分时间都要投身于繁忙的劳作之中，所以也就没有太多的时间参与娱乐活动。但农业生产活动具有周期性间歇，在忙过一段时间之后，总会有一段相对空闲的时期，于是，村民们便充分利用这段时间来获取精神上的放松与快乐，加强彼此间的联结。费孝通这样描述禄村休闲的场景："从各村来的人，在茶馆谈生意，商议婚姻大事，调解纠纷等，但茶馆基本上是男人的俱乐部，偶尔有少数妇女和他们的男人一起在茶馆里露面。妇女在休息时期一般是走亲戚，特别是回娘家看望自己的父母和兄弟。"（费孝通，1990）人们自发聚在一个空间，在休闲活动中建立情感联结，增进社会整合。

集体化时期，黄村人在集体劳动后的空闲时间里总是喜欢聚在田间地头，一起闲聊玩乐。在分田到户初期，村民还是喜欢自发地聚在一起，扎堆在街头巷尾度过农闲的时光，村里非常有人气。这一时期电视开始下乡，少数有电视的家庭就变成了"公共影院"。当时黄村每个小组大概有两户有电视机，每天傍晚吃完晚饭后，其中一家就会把家里的电视机搬到家门口，屋前摆满了凳子，把茶沏好，组里人陆陆续续前来，屋前聚集了几十人，一边聊天一边看电视，黄村的老人现在都保留着他们年轻时组里人一起看《射雕英雄传》的美好回忆，这种集体情感是村落共同体凝聚力的重要表现。

20世纪90年代，黄村村民的互助合作需求大幅度下降，村民间的人际往来随之减少，村庄共同体的内聚力不断减弱，消遣娱乐的个体化特征不断凸显。人们不再热衷于走出家门聚在一起消遣时光，而是更愿意待在自己的私人空间。随着电视的普及，村民们都待在自己家看电视，电视节目里发生的新奇的事显然更吸引人们的注意。娱乐方式的改变说明村民的关注点逐渐从他人转向自身，从村庄内转向村庄外，这种转向在不断地削弱村庄社群的亲密性，是公共性衰弱的重要原因。

黄村近20年闲暇与娱乐向个性化转型的最明显体现就是广场舞的兴起。广场舞于2014年进入黄村后很快被接受，滚雪球似的将全村人吸引进来，没出几年已成为黄村最受欢迎的娱乐活动。广场舞之所以能替代原先的消遣方式而风靡全村，与黄村村民充裕的休闲时间和松散的社会关联是密切相关的。村民从共同体关系中解放出来，从体力劳动中挣脱出来，个体化地参与到集体的公共活动中来。然而，一起跳广场舞并不会生产高度的价值认同，增强村庄内聚力，这种热闹场景的背后只是村庄共同体的幻象。我们将从以下几方面来剖析广场舞兴起的实质原因及其所投射出的共同体的消解。

第一，广场舞兴起的根本原因在于黄村工业化进程中村民从繁重的农业劳动中解脱出来，有了更多的休闲时间。随着本地工业规模的进一步扩大及工资的上涨，去工厂上班已代替农业劳作成为主要的生计模式，村民们日常生活的变迁与工厂制度也是密不可分的。消遣本是一种随心所欲的活动，个人可以从繁忙的生活中短暂地剥离出来，和亲友享受愉快的时光。在黄村村民娱乐生活愈加个性化的转型中，休闲的性质已经不再是劳作之余的放松，娱乐中的个性化追求也不会被抨击为不务正业，而是被赋予了更积极的意义，人们会在空闲的时间里有计划地安排自己的时间，更关注个人的情感与利益。在这个背景下，广场舞中蕴含的健康理念与村民的娱乐需求相契合，从而没有任何阻碍地席卷村庄。黄村人经常将"跳广场舞绿色健康，锻炼身体"挂在嘴边，这种积极意义的赋予使这项活动深入人心。相比于广场舞，打麻将这种消遣活动被视为是没有价值的，不值得花费时间。作为理性人的村民更倾向于去计划自己的娱乐行为。

第二，广场舞兴起反映了黄村村民逐渐从社会关系中解放出来，个性的展示已经不受共同体的规约。黄村的广场舞迅速成为全村性的活动，村里一半以上的女性都会加入其中，其他人也会来围观。女性在广场上展示自己的身材和舞姿，围观的人会公开地评价她们，跳舞的女性往往将获得夸赞视为自我价值的实现。黄村的谢春花讲到村里好几个妇女闲来无事的时候都会在家里学习跳广场舞，自己买音响，在网上搜教程，学得非常认真，她们以在跳舞的公共场合获得别人的关注为荣，从中获得了自我的认可。这种现象反映了两个非常深刻的问题，首先，黄村的女性在家庭和村庄中受到的约束是很小的。这里的年轻女性地位较高，在家中很少受丈夫和婆婆的管束，她们在工厂上班赚钱，在工作中也接受了现代性的理念，这种地位的变化可以通过广场舞表现出来。其次，村庄传统的道德对个性的展现毫无约束能力，跳舞的人和围观的人都乐在其中，身材从一个私密话题成为可以公开评论的对象，这种评论还直接影响了黄村女性的价值观念。黄村的年轻女性是非常注重保持身材和外貌的,减肥是她们津津乐道的话题,村里甚至有瘦身美容的保养店。

第三,广场舞的组织化反映的是村民个体化理念的交汇,而不是共同体的重构。黄村的广场舞越来越繁荣,组织化程度也越来越高。村里甚至自发组织了广场舞比赛,吸引了十里八乡的村民来参与、观看。席卷全村的广场舞看似是村庄的集体活动,却不具有公共性,更多反映的是身体展示带来的个体性荣誉。广场舞组成了新的文化圈,这种聚合与传统的道德不仅不是相容的,而且会进一步瓦解村落的共同体基础,看似热闹的公共活动不过是共同体的幻象。

近年来,黄村还出现了城市社区营造的活动形式和组织方式,这也是村民娱乐生活的有趣转向。2018 年,黄村村委会组织举办了捉鱼活动,一个组上报一对夫妇,捉鱼最多的夫妇奖励 1000 元。村民报名很积极,前来围观的人也很多,活动举办的非常成功,在村里尤其是年轻人中得到了很好的反响。捉鱼活动举办花费 1 万多元,由村集体出资。村委会在国庆假期间又举办了放风筝比赛。组织这种活动的出发点是村干部陈书记的工作成果展示,村干部希望领导看到一个和谐的社区,这种政治意义上的和谐和村庄的文化自洽有契合点,黄村的村民享受生活,且有较为充足的闲暇时间来参与村里组织化的娱乐活动。黄村出现这样的活动说明村民对于公共服务的需求有了很大的转向,他们对这种形式化的公共活动丝毫不抵触,反而乐见其成。集体活动不再需要公共性的基础,而只是有相似兴趣的个体的简单聚合。

三 公共舆论解体与"私"的凸显

按费孝通的说法,"乡土社会"应该是"一个'熟悉'的社会,没有陌生人的社会"(费孝通,2013)。这意味着在乡土中国,同村村民之间应是知根知底的。然而,在就近城镇化的过程中,尽管黄村避免了大规模的人口外流,但村民之间仍然呈现越发陌生化的趋势。这种陌生化趋势一方面表现为同村人之间互不了解以至于产生离奇谣言;另一方面也表现在村庄舆论原有的道德约束力不复存在,私德的评价不再是公共舆论必不可少的一部分。

在集体化时期,黄村人彼此之间是知根知底的。人们以生产队的形式组织共同劳动,劳作之余就在田间地头闲话家常,这种非正式的交谈正是熟人社会中信息传播和舆论形成的重要形式。分田到户以后,尽管农业生产的组织单位从生产队变为家庭,但由于生产生活的节奏仍高度一致,黄村人的闲暇时间和消遣形式仍保持着高度的一致性。到了农闲的时间,黄村人时常聚集在村里的空地、小卖部或者在某个好客的人家,大家一起交流村庄里的新闻。正是在走家串户、家长里短的日常互动中,村庄社会中的个体与个体之间、家庭与家庭之间营造并维持着这种难分彼此的熟悉感和亲密感。

在这种"亲密社群"中,私人道德不仅关系某个人或某个家庭,更是村庄公共舆论的重要组成部分。"所有社会道德只在私人联系中发生意义"(费孝通,2013),一根根由私人联系组成的网络既是信息交换和公共舆论形成的基础,又是熟人社会道德评价的实践机制。日常的聊天是村庄社会评价产生的重要途径，聚集聊天的场所因而带有公共性的色彩。有时候，人们会在讲述过程中"诉苦"，将因邻里纠纷、家庭矛盾而产生的负面情绪表达出来，获得一些情感或舆论上的支持；有时候，聊天的主题是围绕村庄的新闻进行信息交换和道德评价，村庄社会关于"好坏是非"的伦理标准由此产生出来。当然，绝大多数的聊天内容是平淡无奇的家长里短、油盐酱醋，可正是这种看似无目的的聊天活动维系着村民间频繁的日常互动。日子久了，人们听到脚步声便知道来的人是谁。因为不论聊天的内容是什么，面对面的交流本身就是熟人社会关系维系的重要机制，维系着人与人之间的熟悉感和亲密感。因而费孝通在《乡土中国》中也将熟人社会称为"面对面的社群"（face to face group）。

在城镇化过程中，黄村人生产生活的时空条件都发生了变化，日常生活中的互助行为大大减少，公共休闲和娱乐的方式也不同以往。现在，村民们互相串门闲聊的频率大为减少，取而代之的是手机娱乐和互联网消遣。偶尔有机会坐在一起闲聊，话题内容也常常脱离村庄里的人和事。这并非意味着黄村人对本村新闻的兴趣减少了，而是因为村庄内日常生活的互动减少后，家庭之间的亲密感和熟悉感大大降低，人们不再乐于讲述自己的私事。由此，公与私、人与我的边界便逐渐清晰起来，熟人社会逐步变得陌生化。结合这一背景，我们便能理解近几年黄村内部流传的离奇故事是如何产生的。

故事一：王小花，生于 1970 年代，平时性格就比较孤僻，不太与人来往。她家庭院里养了很多鸭子，据说是因为每天听到鸭子的叫声，她的脾气变得烦躁异常，在家里争吵不休，后来越发严重，以至于被诊断出有精神障碍。

故事二：刘根，生于1960年代末，2005年前后突然暴富，后来被判刑坐了两年牢。出来后跟子女同住一栋楼房，儿子一家三口住一楼，刘根一个人住二楼，但彼此之间关系很疏远。据说刘根出狱后时常跟乡镇上其他几个老混混一起吸毒，有一次在家吸毒被孙女撞见，之后父子二人的关系就急剧恶化。

故事三：黄三，生于1980年代末，患有先天性的智力障碍。他经常与乡镇上的几个流浪汉一起游逛。他们行踪不定，大家都快忘了他们的时候，他们又突然结群出现在某场红白事的酒席上，混些饭菜吃。没有人真的了解他们都从哪里来，曾经去过哪里。

这些离奇故事之所以带有明显的猜测的痕迹，是因为讲述者难以获得关于事件的全面而真实的信息。相反，在知根知底的熟人社会是不可能存在关于身边人的离奇故事的，因为灵活的村庄舆论网络能够高效地传递并共享每个成员的历史信息和新的动态。显然，村内离奇故事的产生源于村庄内部成员间的陌生化：人们不了解王小花家里频繁争吵的真实原因，将其归因为鸭子的叫声；人们无法判断刘根发财、坐牢、父子关系恶化的具体原因，于是将其与他坐牢、跟老混混交往联系在一起；人们无法获得这群行踪不定的流浪汉的具体信息，便将他们的行踪描绘得神乎其神……归根结底，关于身边人的离奇故事为我们呈现黄村的舆论空间从熟悉走向陌生、从完整走向破碎。

伴随着公共舆论的解体，传统社会中道德评价赖以维系的社会基础也不复存在。集体记忆、社会共识和礼制规范开始淡出村民日常的生活场域。私德评价不再是公共性的话题，转而成为个人的意愿和家庭的命运。面对一个不忠于家庭的人，了解这件事情的人会将他的事例引以为茶余饭后的谈资，但并不会对他做出道德性的评价，更不会影响他在家庭之外的公共场域中的社会交往。对于诸如此类的事情，村民普遍接受的观点是"出不出轨，这是他自己的选择，他家里人倒霉，但是他也没有伤害到我"。显然，私德已被普遍接受为"家门之内"的事情，是无碍于公共场域内的社会评价与社会交往的，私人生活脱离出公共空间转而进入不受外在舆论影响的个人领域。

私人生活从公共舆论中退出，标志着一个个行动者从传统社会规范的网络中挣脱出来，不再轻易受到礼俗秩序和公共道德评判的约束。村庄社会内部的公与私，不仅出现了清晰分离的边界，还呈现"私"的部分挤压"公"的部分，并在此过程中不断扩大的趋势。长此以往，公共舆论的范围和社会评价的影响力必然面临挑战，这与下节将讨论的村庄社会秩序的更迭问题息息相关。

四　礼治衰退与秩序生成的困境

20 世纪 90 年代以来，黄村进入快速工业化发展阶段，村民生计模式实现了由农向工的转变。村民个体在逐步摆脱地方性网络和回报性伦理，村落共同体内生形成的伦理生活正在退场，整全的伦理力量已经式微，以传统伦理为基础的礼治秩序则正在逐步退场。通过当地的红白事操办，我们可以清晰地捕捉到这一变化的具体过程与内在机制。

红白事向来是传统农村最重要的公共活动之一。在这里，人们通过礼尚往来实现人情的交换，通过座次排序明晰差序格局，通过分工合作获得公共生活的实践。然而，这些在黄村似乎已经是过去式，至少也已经发生了根本性的变化。

第一，旧有的随礼圈层正面临挑战。首先，人情圈范围的扩大。相比于传统时期血缘、地缘关系在红白事中的主导地位，如今办事家庭的业缘、趣缘、学缘关系越发重要。红白事的场合已成为村民展示自家关系网络的重要机会。其次，这种炫耀心理的进一步增强，导致随礼的份额成为红白事参与者炫耀自身实力的重要场合，进而产生各个关系圈层在随礼上的"越轨"行为。红白事范围的扩大在当今中国任何地区的农村都是常见的，然而在公共性较强的地区，客人多少都会受到传统规范的制约。黄村并不是没有这样的制约：按照近年来的习惯，亲兄弟间一般为2000元，堂兄弟为400~500元，表兄弟与朋友为300元，邻居和小组内组员为200元。然而，在现实生活中这些制约却显得十分无力，常有外来客人的随礼金额是近亲的5倍甚至10倍，亲兄弟之间也不需要统一标准。经济条件的差异完全可以成为亲兄弟给出不同随礼的理由。村民的说法是："经济差异摆在那里，赚多少钱，办多大事，不会伤害兄弟情感，收礼的人也会理解。"

第二，传统仪式对于公共权威的生产功能丧失。在过去，红白事上注重差序的酒席位置、德高望重的主持人、酒席规模的比较等仪式要素都对社区规范有重要意义。而在红白事的筹办市场化之后，司仪公司逐渐操持了一切，并按照标准化的逻辑改造了原有的红白事传统。首先，是座次排序的简化。最多只保留了年长者坐主桌的简单形式，旧有的规范荡然无存。甚至司仪公司具有"专业化"正当性的安排还能为座次上的越轨提供借口（例如让年轻的老板坐首位）。更进一步，司仪公司所提供的专业主持取代了原有的村庄权威，主持人与参会者之间的关系由传统与权威的宣示转变为资本化的讨好。更不必说借由传统仪式为地方性权威赋能了。

第三，红白事操办的全面市场化既断绝了血缘、地缘等核心圈层在仪式组织过程中实现再组织的可能，也将红白事的成本推到了前所未有的高度。在传统礼俗中，被请去抬棺以及参与小组内或亲戚间的酒席帮工，是进入对方核心圈层的关键：只有罪大恶极的或者彻底被边缘化的人才会丧失这些资格。然而，如上文提到的，出于省事、不愿互欠人情等的考虑，市场化的酒席一条龙服务已成为黄村人操办红白事的主要方式。这导致旧有的因红白事产生的血缘、地缘互助在近20年内都逐渐销声匿迹了。一方面，这使得血缘、地缘纽带失去了重要的仪式性载体；另一方面，在参与人数不断扩大的背景下，酒席的操办成本越来越高，一条龙办下来动辄需要十几万元，对于一般的务工家庭而言已是一个不小的负担。然而，城镇化后有机团结之下的生活似乎比从前更需要人际关系的支持。因此即使红白事的公共性与社区规范功能已然衰微，村民出于对个体社交网络的需要，哪怕社区高度流动，大家却还是要"老实"地坐在一起。黄村人仍然要支付相当高的成本来维持这些仪式，维持一个表面和谐的社区。

通过分析红白事的变迁，我们可以从具体可见的仪轨上捕捉村庄公共性的衰落，而这种衰落带来的绝对不只是酒席座次与随礼金额上的小小"越轨"，而是从根本上改变了村庄的权威生产与秩序维持机制。我们可以从村庄小组长的人选与行动策略的前后对比中看到这一变化。

黄村的村小组是根据聚居地形划分的便于管理的社会单位，集体化时期以来村小组成员形成了较强的地缘联结。公社时期，生产小组是日常生活中一个重要的互助合作单位，有着非常频繁的互助往来。分田到户初期，小组成员互助合作仍然较为密切，选举出的小组长是"德高望重"的社会精英。黄村一位老组长认为当时的组长必须具备三个条件：一是有公心，这样大家才会服他；二是有一定的威望，讲话需要别人都认可；三是有处理人际关系的能力。分田到户初期，经济分层较为扁平，村民的日常生活仍是彼此依赖的，因此地方性规范仍然发挥着主导作用，村组长对村庄秩序发挥着重要作用，村庄公共舆论也对村民行为具有相当程度的约束作用。

分田到户后，脱离了集体控制的农户容易因地界、农业生产等问题而产生冲突。例如，黄村的农田用水量较大，处于下游的农田很容易轮不到灌溉。集体化以后灌溉不再由村里组织，很容易出现上游的农户截流水源优先灌溉的情况，强势的村民抢先灌溉，以致引发纠纷甚至严重冲突，造成秩序的混乱。但是在 80 年代初，这种危机在黄村是极少出现的，原因就在于小组长能够以村小组为单位，对内协调，对外沟通，保证灌溉的有序进行。村组长会组织村民交钱，雇用村内的人来管理灌溉，保证自上游向下游的灌溉秩序。分田到户初期，村组长是有权威的，这种权威来源于村民的认同，调解纠纷时也主要依据地方性经验。处理矛盾不够公正的村组长会受到组内人的非议，会觉得难为情，会影响其在组内的正常生活。

从 90 年代初开始，黄村进入由农转工的发展时期，村民对于彼此间的依赖进一步降低，小组的地缘联结受到很大冲击，经济实力逐渐成为当选村组长的主要标准。在近20年的生计变迁中，村组长逐渐由村庄中经济实力较强的人担任，传统的威望不再是评选的标准。村组长逐渐退出了纠纷调解的领域，要做的事也只是上传下达，在微信群里发布村干部的通知。土地流转的过程中组长负责上报组内每户流转的土地亩数并据此分发流转费，这其中存在有利可图的空间。小组长会优先考虑自身的利益，将自己的差田优先上报。有的小组长甚至贪污土地流转费。这些利用公权力为自己谋利的小组长在村中经济实力较强，但没有公心，也不受礼治的约束，成为"力治"中强势的一方。村组长贪污流转费后，并没有激起组内村民强烈的义愤，村民认为为这点钱不值得跟村组长闹事，村组长甚至没有受到舆论的攻击。这说明村组长在村民心中的形象成为强势的代表，而不再是公正的代表。

村庄公共性的衰落导致的直接后果便是其对于越轨行为无力规范，无论这种越轨是由外部人还是内部人发起的。我们可从两个例子中窥见其可能的危害：

> 黄村松山组有一个生猪养殖基地，规模有上万头，是本组人开的，养猪场的粪便处理问题涉及五个组村民的利益，也污染了河道。但是这个老板现在常年住在城里面，和村庄社会网络没有什么关联，所以村庄舆论对其行为没有什么约束力，老板甚至在厂子里直接雇了几个外村的打手看门。村民虽然"因此打了好多回架""恨不得他死掉"，最后却因为养猪场老板"在城里有过硬的关系"，老板赔偿了一些钱，很多事情没有解决就不了了之。

养猪场老板在与村民的对立中处于绝对的强势地位。老板在财力、势力上都远胜于普通村民，在博弈中能调动更多的资源，对比普通村民有结构性的优势。老板的态度也非常强硬，直接派打手来看门，丝毫不顾及情面，只顾及自己的利益。这个老板常年住在城里，在本地缺乏永久和稳定的社会关系，而且不愿意融入当地的社会网络，对于村庄来说已然是一个外人。传统乡土社会中，村庄的外来人在村庄的遭遇往往能反映出这个村庄的内部凝聚力和整合程度，外来人的越轨行为具有强化社区作为整体的认同功能。这个老板的厂子导致多数村民的利益受到侵犯，然而村民虽然仇恨老板，也做出了一定的抵抗行动，但是没有联合排外的反抗终究是失败了。最后这件事以老板的赔偿告终，很多事情没有得到妥善解决。

改革开放后，村落共同体受到外界的影响，资本、社会网络等都影响着村庄与外界的博弈，而没有内生秩序的村庄更是容易受到外界的侵蚀，难以在强势的力量前取得胜利。就地城镇化的黄村，个体的生活面向已经不完全在本地，异质化的社区缺乏排斥外人的一致性。一方面，公共性的缺乏会导致村民之间难以形成合力，面对外部人对村庄资源的掠夺而无力抵抗；另一方面，它也会导致村庄失去一个日常性的矛盾调解与社会规范力量。其集中的表现便是"混混"群体在村庄政治、经济等生活领域的全面崛起。

不务正业的混混，在其他农村也是常见的。大多数时候，他们是村庄的边缘人物，会被排斥在村庄的政治、经济生活之外。20世纪八九十年代以来，黄村涌现出以严彪为代表的十几个年轻人，他们从前被认为是游手好闲的混混，此时却凭借自己的人际关系与对规则的漠视迅速积累了财富。而这进一步强化了他们在村中扩大影响的信心。最终，村干部遇到摆不平的事情都常常要寻求他们的帮助。混混在村中的横行无阻，也催生出一系列尖锐的矛盾与冲突。

2003 年，严彪与同村的一位村民因土地而产生纠纷。最终，他通过法律途径取得了胜利，可对方却认为这是严彪凭借自己的人脉与财力勾结法院的结果。最终，出于报复，对方在大年初一用炸药炸毁了严彪家的大门。虽然没有造成人员伤亡（对方也因此入狱），但严彪从此不敢再回村居住。

改革开放以来，伴随着乡村生产、生活方式的转变，农民人际交往和社会关系开始向村落外的更广范围发展，传统的差序格局受到很大冲击，乡村伦理共同体开始式微，乡村社会礼治秩序日趋弱化。集体化以后，黄村的生计模式变迁对村庄社会结构产生了深远影响。20 世纪 80 年代，黄村村民开始选择外出务工或进入工厂上班，现代性的理念逐步进入村庄，原有的伦理观念被削弱，礼治秩序走向衰微。20 世纪 90 年代以来，黄村进入快速的工业化发展阶段，村民的生计模式由农转为工。黄村的社会结构呈现工具性圈层格局的特征，表现为以财富为标准进行社会分层的纵向结构和以己为中心遵循实利原则向外形成同心圆式的横向社会结构。

对于村庄秩序的维持机制，谭同学曾对"力治"展开讨论，并指出变迁中的村庄社会结构会呈现工具性的圈层格局，即以己为中心向外形成的同心圆式的关系网络结构，村民在处理中心与各圈层关系时遵循实利原则。工具性圈层格局的社会结构会形成力治秩序，强力（包括私人强力和公共权力）代替礼教和伦常道德维持社会秩序,复归礼治秩序的可能性十分低,但隐含有法治的需要与可能(谭同学,2010)。

事实上,在集体化以后黄村将近 40 年的变迁中,礼治、力治和法治这三种秩序形态在生活中是共存的,但是以不同的权重维持着村庄社会秩序。总体来说,礼治的权重不断下降,法治和力治处于博弈状态,当国家力量无法提供行政救济和法律救济时,力治占主导地位,反之,法治会处于强势地位(在第五章,我们将从乡村治理的视角入手,更为细致地讨论这一动态变迁的过程)。

第四章

就近城镇化的社会后果

县虹市有着厚实的乡土工业基础，先发的经济优势为就近城镇化提供了必要条件。20世纪90年代末，抚贤镇已经成为县虹县有名的商业中心。由于抚贤镇的工业化与城镇化起步较早，并吸纳了很大一部分本地劳动力，因此当地百姓不仅不需要迫于生计而离开乡镇到异地务工，还能够在乡镇上发展商品经济。于是，本土工业成为个体最普遍的生计来源，并推动本地商业、餐饮业、休闲娱乐业的繁荣。抚贤镇是就近城镇化的典型，其就近城镇化历程呈现了乡村社会从传统迈向现代的过程中所经历的经济结构与社会关系变迁。

本章有三点理论预设：（1）社会经济结构对个体间的联结方式有决定性影响；（2）经济组织是社会结构不可或缺的部分，经济组织不仅影响经济生活，更具有社会和文化意义；（3）人们长时间集中于一个"场域"，必然会产生密切的社会互动，新的社群会产生新的社会纽带，进而重塑个人的社会网络。

在内容安排上，本章结合经验描述对黄村就近城镇化背景下发生的社会形态变迁做进一步分析——呈现就近城镇化过程中，同一群行动者如何穿梭于不同的场域，又是如何在多重互动与磨合中生长出新的行动原则。首先，本章从宏观结构视角梳理产业形态与社会结构"共变"的过程；其次，从微观比较视角具体呈现"差序格局"的变与不变，理解新的个体行动与社区生活逻辑；最后，尝试衔接宏观结构与微观个体，描述小镇居民如何实践一种"面向当下"的安逸生活。

一　产业变革中的社会行动

工厂不仅是客观的技术组织形式，也是经济生产的空间组织形式，还是重塑社会结构与价值伦理的空间场域。"场域"注重各个位置上行动者之间的（物质或符号的）客观关系（布迪厄、华康德，1998）。一个场域的存在依赖于（制约于）一套特有的原则，不同场域的基本逻辑与原则是不可化约的。可以预见，一个快速变迁的社会不仅会分化出多个场域，还会面临新旧场域的更迭与冲突。

意大利的马克思主义学者特龙蒂正式提出"工厂社会"这一概念——资本在增殖过程中具有把一切社会因素都吸纳进来的强大趋势（张旱林，2018）。抚贤镇的工厂是建立在熟人社会之上的新组织形式，生产、流通与消费链上的所有参与者早已产生千丝万缕的社会关联。因而，特龙蒂关于工厂主与工人毫无人情味、截然对立的关系预设并不完全适用于就近城镇化地区。但是他"越过工厂的高墙"，将生产过程与社会领域、社会要素紧密关联的思路，对我们解读熟人社会的工厂生活及其影响有很大启发。

（一） 乡村工业的集约化

在就近城镇化地区，生产力的变革伴随着人与人联结方式的复杂变化，这是乡村工业区别于城市大工厂的核心特征。熟人社会的"工厂"是"高墙隔不开的"特殊场域。工厂中的人与人之间并不是单一的业缘关系，它是对社区原有网络的部分强化、补充，甚至重构。因此，我们很难将乡村工业中的工厂视为一个独立于公共社区或者传统私人网络的场域。相反，它恰恰是乡土社会在新时代的变体——同一群彼此相熟的行动者在新的结构位置上以新的关联方式重新整合起来。

抚贤镇的鞭炮产业经历了三种渐次替代的生产组织形式：人民公社时期，集体工厂包买家庭手工业；90 年代中期，民间小作坊与私人工厂[①]层出不穷；2000 年后，家庭小作坊向正规化、集约化的大工厂过渡。

公社时期，农户家庭的鞭炮加工经济与日常的社会和政治是融合在一个场域中的。黄村所在地区工业基础好，曾被评为"厂社挂钩"的典型。这一政策从两条线——家庭纳入工业生产体系和知识青年上山下乡——串联起县/市－公社－生产队－农户、在原本村落社会的基础上引入现代社会有计划、有分工的生产逻辑。一方面，大厂和一个或几个公社挂钩；小厂和一个公社或一个大队挂钩；党政机关和文教、卫生、财贸等单位，按系统与公社挂钩；也有大厂带小厂，工厂带机关的。

---

① 家庭小作坊指以家庭为单位组建的从事简单加工的生产单位。工作场所就是各家各户的住宅；主要成员是家庭内部成员和少数打工者；生产、加工、经营、储存都在同一场所进行。本地家庭小作坊形式在明清时期已有之，新中国成立后至集体化时期数量大大减少，分田到户之后重新兴盛起来。

另一方面，安置知识青年的社队，就是挂钩工厂的支农点；带队干部和贫下中农互相配合，共同培养、照顾知识青年。如此一来，政府部门与政治精英以生产队为基础上下联动，串联起村社中富余但分散的剩余劳动力。现代工厂的生产链延伸到家家户户的私人领域，农民家庭成为最末端的生产单位，私人住宅开始被纳入工业时代的经济场域中。

20世纪80年代，能进厂做工的只是少数人，核心工艺在工厂完成，比较机械、简单的工序（如卷制鞭炮）分散各家完成。在一个普通的三四口之家，成年人往往白天干农活，晚上做鞭炮；成年人在自己家里做鞭炮，小孩们可以到关系好的朋友家一起做鞭炮。老弱妇孺都参与进来，能够为家里挣不少现金。

人民公社时期，工厂生产的末梢伸入家家户户的庭院，成为传统家庭生计的补充。农民家庭作为一个生产单位，开始进入工业分工体系。但是劳动者的生产单位、组织方式和空间场域没有显著变化，农民家庭仍然是生产与生活、情感与经济高度统一的劳动单位。

20世纪八九十年代，在集体工厂不断退出的过程中，家庭小作坊与私人企业层出不穷。1981年，大队鞭炮厂撤销，公社花炮厂成为"农户－生产队－公社－县/市"生产网络的中心，在功能和形态上都是名副其实的"巨无霸"。1994年，公社花炮厂倒闭，但是20多年间积累下的"生产－运输－销售"网络仍然保留着良好的基础。几个有行业经验、先知先觉的本地精英瞄准时机、筹集资金，顺利接手公社鞭炮厂，继续收购家家户户小作坊生产的鞭炮，集中包装后销往外地。显

然，在政府明令严禁家庭小作坊这种生产形式之前，生产过程
的组织形式并没有因为工厂所有权性质的改变而变更（农民
仍然以家庭为单位，在家劳动）。

文伯仲，1985 年进入花炮厂工作，在厂工作的 9 年间
先后从事助理、会计与供销工作。1994 年他接手鞭炮厂，
收购本地家庭小作坊生产的鞭炮，集中包装后销往外地。
从 1999 年起，政府明令禁止家庭小作坊，文伯仲便号召小
作坊主们合伙，在生产队荒废的梨园里开办了黄村烟花鞭
炮厂。

2000 年以来，鞭炮产业经历了一系列调整，不断正规化。
在此之前，昙虹县鞭炮行业的安全事故发生率非常高，许多家
庭小作坊都发生过爆炸事件，每个厂主都在处理安全事故方面
积累了丰富的经验。90 年代末期，政府将家庭小作坊明确定
性为"非法"，赋权地方安监部门进行监管，公安局也成立了
危爆大队分管花炮厂的安全生产。"打击非法生产""产业集
中升级"，是近 20 年当地鞭炮产业最核心的政策导向。"打击
非法生产"始于 90 年代末，在 2008 年最激烈，到 2014 年才
彻底完成扫尾工作。"升级扩建"始于 2010 年，三年一轮。
生产线的技术升级与关系运作成本巨大，因此每一轮升级都会
"甩出"一部分小老板——他们趁着停产有补贴的时候退
出——小厂不断被大厂兼并，大厂家在一系列市场行为与关系
运作中"顺其自然"地成为最后的赢家，最终当地形成了高
度集约的产业生产模式。

文伯仲与小股东们分工明确。他与镇政府官员熟识，

负责办理与厂子有关的各种手续、税务等公关性质的事务，其他小股东专攻技术生产，各司其职。政府官员进厂检查的严格程度取决于企业管理者与他们的私人关系，各种潜规则在其中发挥着重要作用。文伯仲讲到："对他们要客客气气，之前买好烟，该吃饭的时候就拉他们去吃饭。办厂赚了点钱，这个地方是必须花钱的，他们有时就不会来查了，即使查了也不会有问题。"

从 1975 年至今，产业形态更迭是当地复杂社会生活中一个较为明晰的面向。经济场域的边界在公与私、工厂大院与家宅庭院之间来回伸缩。经济被乡土社会吸纳，并再造社区文化。在产业变革如火如荼地进行时，社会的结构、秩序以及人与人之间的关系也被刻上了深刻的烙印。

(二) 日益凸显的市场逻辑

黄村人有两句放在嘴边的话令我们印象深刻，一句是"企业中的亲戚本身就是矛盾"，另一句是"我们还是很有乡土气息的"。乍一听两句话互相矛盾，实际上却生动点明了就近城镇化地区工商文明与农业文明之间的张力。每个社会都有自身特有的、有一定边界的运作逻辑和基本原则。中国农民不仅是讲道义的，也是讲求实用理性的。工商社会崇尚契约和理性的经济计算，以及善于利用资源追求目标的实用理性；而农业社会崇尚私人道德和相互亏欠的人情交往。"乡土社会是靠亲密和长期的共同生活来配合各个人的行为，以信念的形式内化于心，成为行动者自觉遵守的社会规范。"（费孝通，2009a：152~156）这种公认的行为规范或惯例在村民们的集体劳动和生活过程中形成相互之间的默契、成为共识（杜赞奇，2010）。但是在一个变动的社会，所有规则与惯例是不能不变动的。在市场化背景下，社会关系经历了重新整合，工具性和实利化倾向率先在经济场域和公共事务中显现出来。

经济场域的形成是通过创造一个我们平常所说的"生意就是生意"的世界（布迪厄、华康德，1998）。按照韦伯的说法，顾及他人表现的经济行动即属于社会行动（韦伯，2010a）。一方面在熟人社会的经济场域中，行动者的行为同时满足"以经济目的为取向，自主地和平运用资源控制权"与"顾及他人表现"，与社会学家关注的"经济场域"密切相关。另一方面这种以经济目的为取向的"理性经济行动"是一种深思熟虑的有计划的行动，带有鲜明的工具合理性（韦伯，2010a）。

20 世纪 80 年代至 90 年代初期，高中普及率很低，很多不到 16 岁的年轻人到广州、深圳、上海去打工，他们是村庄中最早接触市场经济和都市社会的人。这批年轻人中除了少数年轻女孩留在外地外，大多数人在外面拼搏几年，到了适婚年龄就回来了。他们带回来的不仅仅是一笔资金，更是市场经济和工商社会的火种。

张先林，1969 年生，1990 年独自去广东务工，2000 年带着积蓄回到本村本组"低价买断了"七八亩本组的公田，开办花炮厂。当时组内有 40 多户人家，除了丁来喜一家不同意，其他人都觉得本组人办厂有利于自己就近就业，就签订了合同。张先林工厂里雇用的工人大多是本组村民，逢年过节需要鞭炮，每家可以从厂里领两卷鞭炮作为福利。过了三四年，同组村民看到张先林的花炮厂发展得不错，便后悔当年签订的地价太低，要求张先林额外补偿，有的工人甚至偷鞭炮送亲戚或者售卖。实际上，这块公地面积不大，即便是地价上调到市场行情，平均每家每年也只能增加 50 元收益。事情闹了很久也没有解决。后来村委会出面，与每一户商量，双方才达成一致：一是关于地价的条件仍然"严格按合同办事"；二是张先林要增加职工福利，逢年过节给工人发些礼品。

又过了五六年，当地鞭炮厂转型升级，张先林的厂房前后安全距离不够，需要扩建，新的地皮涉及 10 年前唯一一户不同意流转的丁来喜，不论张先林和村委会怎么洽谈，丁来喜都不同意。2012 年，在越抓越严的生产整治浪潮中，张先林的花炮厂因为不符合安全生产要求倒闭了。

这一案例的特殊性在于本组人在本组地皮上办厂，雇用本组人。一般来说，传统社会讲究"远亲不如近邻"，只要利益损害不过分，为了维系地缘关系，邻里之间都不会撕破脸皮。但是，在这个案例中，不论是同组村民还是张先林，都不愿意为了维系关系做出经济利益上的退让。

2003 年，村里需要筹钱扩宽从村里到乡镇的公路，当时任村书记的文伯仲事后感慨经营公共事务的难度很大。"从村民手里拿钱，他们就会不高兴。一个人不筹钱就会引发周边一片人不筹，最后全村大多数人都不愿意筹。人心不一，动员不起来"。因为今非昔比，现在"人心不一，每个人都精明得很"，虽然按人头平摊到每家的费用不高，但大家都打着自己的小算盘，不愿意为长远的、公共的事情出力。村庄"实用理性、及时清算"的经济逻辑替代了传统社会"讲道义、凭感情、看人情面子"的关系逻辑。

二 差序格局的新特征

中国家庭结构变动是现代化研究的基本问题。在乡土中国，家庭是社会再生产的最小单位；家庭关系（尤其是亲子关系）是社会关系的基础构成；家庭生活是每个人最亲密社会生活的核心（费孝通，2009b）。当然，任何关系的具体内容总是在历史过程中不断变动和发展的。

在传统经济时期，家庭是一个功能齐全的社会单位，涵盖个体生产生活的全部需求与实现形式，个体的行动选择总是以家庭整体的期望为标准。进入工业社会尤其是 90 年代后期，随着人们大规模进厂工作，经济功能从家庭场域中剥离出来，转移、集中到工厂场域。在一些场域下，无所不包的全能家庭开始退场，个体能够在经济与社会交往中更加个性化地做出选择，亲属关系与地缘关系在自我社会网络中的性质与形态都发生了重要变化。

以下我们将逐个呈现社会结构变迁中差序格局①的新变化。首先是核心圈层的结构——三服以外的血缘关系逐渐淡出，基于主观喜好而建构的稳定的后致性强关系网进入。其次是差序格局的中心进一步个性化——家庭已经失去了对血缘以外的大部分社会关系的控制，家庭成员各自的差序网络的异质

---

① 费孝通在《乡土中国》中将差序格局描述为"以己为中心，像石头一般投入水中，和别人所联系成的社会关系，不是团体中的分子一般大家立在一个平面上，而是像水的波纹一般，一圈圈推出去，愈推愈远，也愈推愈薄"（费孝通，1998）。

性很高。最后聚焦到社会网络本身最新的生成机制——伸缩范围变大，不同情境下形成不同的差序网络。

（一）地位动摇的血缘

稳定文化体中的社会结构与伦理秩序往往是高度契合、相互维持的。乡土中国的社会结构是差序格局，与之相匹配的个人伦理是推己及人、克己复礼，外化的秩序是仁义道德。亲属关系是根据生育和婚姻事实发生的社会关系，自我的差序格局就是以亲属关系为基础一圈一圈向外推出去的网络。那么，要考察中国人伦理实践的变化，最核心圈层的变化——"伦"的淡化、非血缘关系的进入是第一步。

"伦"是"差序"概念的核心（费孝通，2009c：124～131）。伦重在分别，是有差等的次序，是人与人往来所构成的网络中的纲纪。《礼记·大传》云："亲亲也、尊尊也、长长也，男女有别，此其不可得与民变革者也。"（王云五主编，1979：449～456）《礼记·祭统》中的"十伦"——鬼神、君臣、父子、贵贱、亲疏、爵赏、夫妇、政事、长幼、上下，皆表明社会关系贵在有别（王云五主编，1979：449～456）。

在历时性的比较中，我们观察到黄村的"差序"正在淡化。在"80后"的社会交往中，"亲疏有别"不再是笼罩性的一般秩序——三服以外的亲戚和志趣朋友没有本质区别，都可以按照个人好恶进行选择性来往。

> 我父亲那辈人爱走亲戚，七大姑八大姨都很熟悉。到我们"80后"不太一样，堂兄弟有困难完全不支援也说不过去，出了三服的亲戚彼此间就没什么道义义务了。除

了红白事要请，日常来往就看私交、看聊不聊得来。

从 80 年代开始很多人家就是两个孩子，所以同龄人间辈分拉不开。我有个同学比较特别，按辈分我应该叫他叔叔，但是我们不算这些，直呼其名就可以。

即便是进入三服以内，传统社会理想的父子、兄弟、夫妻关系——"父慈子孝，兄友弟恭，夫正妇顺"也逐渐失去其社会基础。个体进入工厂，获得了以个人为计算单位的现金报酬，个体脱离家庭成为经济生存的最小单位。伴随着生计结构的变革，家庭内部父母和子女之间的相互依存度降低，父辈对子代经济上的弱控制、成家后的弱代际支持与子代对父辈的低水平赡养义务在逻辑上相一致。

（二）功能退化的地缘

在乡土社会，地缘关系是指一个家庭以自己为中心，周围画一个圈子，这个圈子是"街坊"。有喜事要请酒，生了孩子要送红蛋，有丧事要出来助殓、抬棺材，是生活上的互助机构（费孝通，1998）。集体化时期，农耕经济仍占主导。虽然当时抚贤镇有几家社办花炮厂与玻璃厂，每个厂都可以吸纳几百人就业，但是当地大多数农民仍然参与农业劳作，较少参与花炮与玻璃的手工业生产。除了直接的农业生产活动外，独特的"限购经济"孕育出消费品流通中的集体互助。"票据经济"区别于自由流通的市场经济，它以政治手段区隔了商品在生产者与消费者之间的直接流动。普通老百姓手中的票据往往数量有限、类型单一，难免有互借互助的需求。"村庄各户人家的经济分层扁平化，村民间不会因为谁家条件好一些就产生嫉妒心理，因为日常生活仍是相互依赖的"。

这种带有临时性甚至救济性的互助经济，一般发生在亲戚、邻里之间，与传统乡土社会的血缘、地缘纽带高度重合。比如，"水井"的使用。当时人们的生活、饮用水都来源于水井，全组只有三四户条件好的人家有水井，其他人家能够就近去有井的人家打水。主人在家时会简单示意一下或寒暄几句，即便是主人不在家的时候也可以打水。于是，频繁且免费的使用使原本是私人财产的水井带有一定程度的普惠性、公共性。生产小组中的血缘与地缘网络往往是高度重合的，也是村民家庭日常生产生活中互助合作的有效单位。这种紧密团结的资源共享、生产合作、经济互助的社区关系一直保持到 20 世纪 80年代。

> 以前不是市场经济社会，人们对钱看得不重。村里几乎没有不给别人家帮工的，也没有不给别人家还工的，几乎全组人都被纳入这个互助的网络中来，没有被边缘化的人。但是到 90 年代以后，邻居间就不会轻易相互借东西了，可能是因为经济条件改善了，各家各户必备的用具都置备齐全了。日常生活里的互助合作也相对减少。

到 90 年代中后期，经济条件的改善客观上大大降低了人们日常生活中互助的需求。普遍化的工厂生计改变了人们对于劳动报酬的计算方式，传统社会不涉及现金支付的帮工、换工形式不复存在。与此同时，有外出经历的年轻人将城市的生活习惯、审美偏好以及时尚潮流带到传统的小乡镇上、扩散到村庄中。在茶余饭后、乡间田埂，一场新的风尚开始酝酿。当年工厂里面引领风尚的女工们现在 40 多岁了，她们从工厂中淡出但又在广场上崭露头角。黄村的广场舞远近闻名，规模一度达到 200 人，即便是酷暑天气也有 40 多人参加。40 多岁的工厂女工是主要领头人，有一些男工也参与其中。除此之外，一般来说在工厂工作过的村民，尤其是女性，会比一直务农的同龄人时髦很多。时空结构是社会的基础性结构，它是参与社会生产和再生产的基础。这种再生产显然不是某一方面的，它包罗万物，社会作为一个整体在再生产过程中重新展现出来。衣着打扮的变化是人们看在眼里的，但这仅仅是社会变迁外显的一个方面，村庄的人情伦理、行为规范、角色期待以及行为逻辑都在深层变化着。

（三）核心关系的高度个性化

与"伦"和差序的淡化相对应的是，后致性强关系嵌入个人网络最核心的部分。在传统社会，亲属关系、血缘伦理是弥散、笼罩于整个社会之上的一般性秩序，社会生活中的物质生产、制度设计、精神文化，都是以血缘宗族或家族为现实的组织基础生成的。亲属关系是先赋性的，没有个人选择的空间，那么因个人喜好结交的好友在伦理上是如何安置的呢？在传统社会中，对血亲的责任是不可挑选、有道义互助的强制责任。如果是同姓好友，往往会上溯各家族谱寻找联结，成为"远亲"；如果是异姓至交好友，就会"结拜兄弟、义结金兰"或者认作自己孩子的"义父/母"，甚至指腹为婚、结为姻亲。显然，传统社会允许个体有一定自主选择的非血缘关系，但是必须按照血缘关系的逻辑拟亲属化，以获取名分上的合法性。

黄村的"80 后"小家庭已然出现了与此相悖的趋势。除了三服以内的血亲仍保有强大的互助道义，个体在与其他人的交往中，私人性与自主性大大提升，后致性强关系代替血缘关系成为社会交往中更具有普遍性和解释力的逻辑。这里的"后致性关系"不仅包括因为具体兴趣爱好而结识的小群体，还包括同学、同事等非血缘、非地缘的个体社交网络。在这样的后致性关系网中，行动者能够根据主观好恶安排他们在个人差序格局中的圈层与位置，在一定情境下后致性强关系甚至能嵌入到个体最核心的圈层中。

黄晓春，1987年生，是黄村幼儿园的女老师。在家庭之外，晓春有近10个同姓至交，共同组成了晓春最核心的朋友圈。其中3人是高中室友，另外几人是娘家发小。她们的职业是幼儿园老师、电瓷厂与鞭炮厂工人，皆嫁到县城（如抚贤镇、浦口镇、白兔潭镇等）的普通家庭，各自家庭的经济条件差不多。这群小姐妹有微信群，会定期聚会，活跃度非常高。黄晓春结婚后生孩子那一两年私人时间被挤压，姐妹聚会参加得少。等到孩子大一些，晓春就重新活跃起来，参加姐妹的聚会。对于晓春而言，姐妹群给予的情感支持是其他亲属很难替代的。她们既能够分享彼此的私密生活、兴趣爱好，又能够倾诉家长里短、吐槽生活中的不如意，同时能够给对方中肯的建议。

王成武，1989年生，2015年退伍后在本乡镇金融机构做销售。成武在工作中建立了非常广的社交网络，认识本乡镇大多数人。成武有一个年长3岁的哥哥叫王成文，两兄弟感情比较好。2019年哥哥成文摆生日宴席，成武去帮忙招呼客人，成武本以为来的宾客都是乡镇上的熟人，预期宴席的规模为 7~8 桌。结果令成武大吃一惊的是，来了 20 桌人，其中有不少开着豪车（奥迪）的生面孔。成武这才发现哥哥的朋友圈这么广，跟自己的朋友圈重合度竟然不到一半，而自己之前对此也一无所知。

晓春和成文、成武的故事代表了大多数"85 后"小镇青年社会支持的一般结构。在以个人为中心的差序格局中，社会纽带更加多元化、社会网络更加个性化，即便是亲兄弟也不清楚对方的社交状况。这足以说明三服以内的成员中，他们各自的差序格局在结构上也凸显出鲜明的高异质性。不仅如此，原本社会网络的支持功能也进一步分裂。血缘关系在核心圈层中的地位弱化，但是三服以内的亲属仍然是关联紧密的经济支持网络。地缘关系与其他新兴的业缘、学缘关系的重要性相当。依据个人好恶而建立的稳定的后致性社会网络，是个体获得情感支持、同辈支持的重要渠道。它们共同组成了新时期小镇青年带有强烈个性色彩的差序格局。

（四）圈层结构的情境化生成

差序格局不是一成不变的。乡土社会中的血缘、地缘都不是一个固定的团体，而是一个范围。这种"富于伸缩的社会圈子"会依着中心的势力厚薄变化大小（费孝通，2009d：127~129）。但是在传统社会，这种"变"是范围上的调整，暂不涉及情境的丰富性。而现在，一方面，外圈层的准入门槛更低，"四海之内皆朋友"，社会交往呈现更加开放的特征。另一方面，现代社会对个人不同生活面向的分割增加了社会网络的情境化特征，"跟不同的朋友做不同的事情"。

1. 更加开放的外部圈层

由于乡镇企业超越村庄的招工范围、兴起的娱乐场所提供的各种消遣活动等，人们扩大社会交往的范围有了客观基础。然而，人们对这些新兴的社会纽带并没有抱很高的期待，他们以笼统的"普通朋友"名义稳稳地处于差序格局的外圈层。通过新兴渠道结交的"普通朋友"可以出现在大多数喜宴上，上述王成文的生日宴就是其中一种。他们在喜宴上撑起主家的门面、大放异彩。但是，在外面结交的普通朋友是不适宜出现在白事宴席上的，白事的宾客仍然以基于血缘、地缘的传统网络为主。白事场合对酒肉朋友的排斥维持着传统与新兴社会网络之间最后的边界。

> 现在常来常往的朋友是多了，但他们大多是酒肉朋友。应邀来吃宴席的，甚至那些出份子钱、有人情往来的，在你真正需要帮助的时候大多数都用不上。有一些旧相识是不好意思主动断了联系，例如平时没有很深私交的亲戚、邻居，家里办大事时还是要叫他们。请来很多新朋友也有撑场子、争面子的新用意，请客排面大，就显得你混得好，来的陌生客人越多、豪车越多，越能说明主家在外面吃得开。别人都是看个热闹，生死关头能帮一把的有几个，只有自己清楚。

2. 灵活收缩的圈层范围

每个圈层的范围都是高度灵活的，它们都可能随着中心势力的增强而变大，随着中心势力的减弱而变小。但是越靠近中心，圈层范围的变化区间越小，到核心圈层就几乎都是"义务性支持"；相反，越是外圈层，准入门槛越低，就越容易退出，古来失势者感慨门可罗雀、世态炎凉，大多是指外圈层的朋友。这种结构的伸缩性是自古就有的，符合我们对人性的一般了解。不同的是，在物质资源有限的传统社会，大多数人是有挑选地以有限的资源滋养有限的社会网络。而在资源更加充裕的现代社会，丰富的休闲活动与宽裕的经济条件大大滋养了外圈层的普通朋友，"谁都不在乎那一两顿吃喝，你来我往大家交个朋友呗"。

彭大鹏，1990 年生，现在村委会任职，负责民政、民兵事务，兼任报账员与网格员。彭大鹏与父亲共同经营一家鞭炮厂，雇佣规模稳定在 60~70 人。大鹏的朋友圈非常广泛，但又分得很清晰。大鹏在县城念高中、在本市读大专，因此有很多老同学居住在附近的县市，他们每隔一两个月就会聚一聚。但是老同学工作和生活作息差异大，空间距离也比较远，不能够"随叫随到、随时攒饭局"，所以大鹏更喜欢约本乡镇的朋友一起吃夜宵。吃夜宵的朋友圈也是有门槛的，年龄和辈分不重要，但是必须要"聊得来"。

张闪亮，1980 年生，没有外出务工经历，在本乡镇多次创业，爱好钓鱼。2005 年以来，在乡镇主街道经营一家装潢材料批发店。张闪亮的朋友圈以生意朋友和渔友为主。生意朋友主要是产业链上游和下游的搭档，在账面上有频繁的经济来往，货款期限比较宽松，但是里面也有差异——几个最谈得来的才有人情往来，能互相借钱。渔友圈的范围在县域内，大家没有人情往来，只是相约一起钓鱼，顺便吃个饭、聊聊天，交流一下技术心得。

作为"80后"的张闪亮也有吃夜宵的习惯，他的夜宵圈和"90后"彭大鹏的高度重合。男人们吃夜宵都要喝酒，消费就会高一些，人均每顿70元，大家轮流请客。

3. 圈层生成的情境条件

个体的社会行动分化到不同的场域和情境中，进一步形塑了不同圈层的结构与特征。情境条件能够反映出该情境下关系主体之间互动的性质与差序程度。正如黄晓春的闺密圈，彭大鹏的同学圈、夜宵圈，以及张闪亮的生意圈、渔友圈，每个行动者的受教育经历、工作经历、职业性质与兴趣爱好分化成不同的情境条件，在不同情境下有着各自的小圈子。

有些情境下形成的圈子的差序更加分明，例如生意圈中的借贷，这种情境下的"真心朋友"已然进入个人全部社会网络差序的核心圈层，成为稳定的、超越情境条件存在的强关系。当然，时髦的小镇青年们还有大量的社会交往是游戏场式的、去中心化的，例如吃夜宵、钓鱼。这种只是在特定情境下出现的弱关系，甚至进入不到个人全部社会网络差序的外圈，有着高度的不稳定性和流动性。但是这种高度依赖情境条件存在的朋友圈，往往在社会地位、经济能力上表现出较强的一致性，体现出阶层和品位的"区隔"。

三 面向当下的安逸生活

在抚贤镇，先发的城镇化基础与较为充裕的就业机会似乎为这里的居民创造了一个安乐窝。从最基础的需要——教育、就业、娶妻生子、养老，到软性的消遣享乐，都可以在这里得到满足。至于发展性需求，例如更好的教育、更高级的文化消费以及社会阶层的上升等，在这个相对富足和扁平化的社会中似乎并没有凸显出来。

（一）工商业发展中的职业分途

在传统时期以家庭为单位的工农相辅的生产模式下，黄村整体的经济结构较为同质与扁平化。职业之"分"源于工商业的发展。从 20 世纪 80 年代开始，村中出现了一批勇于开拓的创业者，以青壮年男性为主，他们通过在本地开小作坊、做小生意、外出打工等方式拓展社会资源与资金来源，为本地工商业发展积累了原始资本。

打拼的过程充满曲折，最终成功的人在日后大多成为村庄的经济精英。更多的人作为工人，进入了本地的工厂。当地工业收入在 80 年代被压低，与农业持平，以至于工业缺乏吸引力，只有家庭中的剩余劳动力会进入工厂。但到 90 年代后期，工业工资渐渐高于农业。早期进入工厂的人相当于抢占了先机，一些集体工厂里的老工人掌握了技术与人脉，日后也将成为工厂的老板、高级管理人员或技术工人。

到了 90 年代，村民的生计选择明显多样化，包括从事农业生产、在本地或外地创业与打工等。到 2005 年前后，虽然许多家庭还不能完全放弃农业（根据对村主任的访谈，当时仅有约 10% 的家庭完全抛荒），但职业分途已然出现，工商社会初具雏形。此时，全村的经济状况已不再扁平化，但也还未形成较为稳定的分层。

近年来，当地的工业已经具备一定的规模，并形成专业化、产业化的经营，这意味着内部分工的细化和职业的多元化。产业链和大工厂的运营需要销售者、投资者、管理者、高级技工、基层工人等多种类型的从业者，这些人组成了一个完整的经济圈层。同时，工业发展经过了一段蓬勃期后进入饱和稳定期，这意味着相对封闭的供应链已经形成，新人进入工商业圈的门槛提高了，比较稳定的经济分层也由此形成。同时，经济的发展与社会组织形式的变化促使人们产生新的需求，因为就近城镇化的背景下人们的生活空间仍然在村庄之中，因此在本地产生了新的职业以满足这些需求，如前文提到的规模养殖、农村电商、职业舞龙队等。

最后，教育也对职业分途产生了重要影响。前文提到的主要是本地职业的多元化，但在乡镇水平上能产生的职业类型仍然有限。而通过教育——特别是通过考上外地的大学——年轻人才能进入新兴的行业，甚至对一些村里人来说完全陌生的行业，进而带动家庭实现经济层级的跨越。正如黄村的村主任所说，有些家庭"根本不知道小孩在外面做什么"，就赚了很多钱。

（二）有限期望的代际教育

在就近城镇化过程中，黄村大多数家庭的社会地位都在县域范围内逐渐上升。抚贤镇人仍然认同教育对整个家庭阶层跃升的积极意义，但是父母多会视孩子的受教育潜力理性投入，而不是不计成本地送子代上更好的学校。那些在代际间实现快速跃升的家庭需要特别的条件加以助力。据村主任估算，小镇上只有不超过20%的家庭的孩子考上大专及以上的学校，其中能上重点一本院校的，几十年来更是屈指可数。想要通过教育实现阶层的飞跃，对于多数家庭而言依然是遥不可及的。但当机会出现时当地人也不会轻易放过。

> 钟爷爷 1949 年生，张奶奶 1959 年生。两口子身体都不好，是村里的贫困户。他们有一个女儿叫小芳，6 年前小芳考上一所专科学校，这在村里就是大学生了，夫妇二人感到很荣光。小芳大学 4 年的生活费和学费共 7 万元，虽然家里极度贫困，夫妇二人还是用积蓄供小芳读书。现在小芳嫁到邻镇，当小学代课老师，女婿在外省打工。小芳很感激父母供自己读完大学，平时也经常回娘家看望父母。

抚贤镇充分的就业状态大大压缩了高中学历与非重点大学学历在就业选择上的差异。一般来说，非重点大学的学费高昂，读完 4 年大学总成本不下 14 万元，但是非重点大学的大学生在找工作的时候能够选择的职业范围与高中毕业生相差不大。他们毕业后都是回到本乡镇或者附近乡镇成家、找工作，成为技术工人或者事业单位的非正式员工。虽然相比于父辈，他们的社会地位和身份得到了上升，但是上大学并不是这种低程度跃升的必要条件。如此，对于大多数小镇家庭，上大学只意味着"长长见识、更有文化"，收获的是一种个人的经历而非家庭的回报。抚贤镇充裕的就业环境与教育实现跃迁的高标准共同决定了小镇家庭有限的代际投入。

小镇家庭并没有因为子代的学历产生激烈而普遍的面子竞争。根据一位小学老师估算，目前黄村普通家庭一个孩子大学前全部的教育成本包括：幼儿园每年 5400 元，小学、初中每年 9200 元，高中每年 1 万元。从幼儿园读到高中总计 129000 元。"50 后""60 后"对子代几乎是放养的。"70 后"与"80

后"对子代的教育更加重视一些，但是他们对子女的学习成绩也是抱着"顺其自然"的心态。

> 我自己的文凭就那样，也不会要求我的孩子学历有多高。反正将来都是进厂打工，初中毕业现在还是差一些，他能考到高中我就满意了。我觉得成绩不是最重要的，身体健康就可以，最重要的就是保护好视力。我自己是个近视眼，我觉得很遗憾。

黄村人大多相信读书主要是靠天分的，而不是自致性的努力。乡镇上有两家幼儿园、一所公办小学和一所公办初中，没有高中。到目前为止，即便是在县城有房的有钱人也不一定会选择送子女到县城读书。据村主任估算，小学和初中阶段只有10%~20%的孩子去县城上学，这些孩子普遍家庭条件较好。孩子到城里上学后，家庭分工有两种情况：在城里有房的就请老人去城里陪读，父母仍然在乡镇上打工；在城里没房的就会让孩子寄宿，不会有租房陪读或者父母全职陪读的情况。有的家长即使有额外的投入，也不是为了逼子代"出人投地"。

> 吴淑慧，1984年生，在村里经营一家淘宝店。淑慧的女儿今年7岁，今年暑假开始到镇上学舞蹈。镇上舞蹈班价格不菲，暑假两个月需要3160元，但淑慧觉得很值得。一方面，女儿上了舞蹈班就不会玩手机，而自己不带孩子省下来的时间能赚比学费更多的钱；另一方面，淑慧不要求女儿成绩好，但是希望她能像自己的名字一样"形态优美"。

大多数家庭都实行宽松教育，父母对子代的教育期望就调整到考试成绩之外的部分——希望孩子有更好的身体素质，最好有一些才艺。丁忠祥和吴淑慧对子代的教育期望在"80后"父母中具有普遍性。最近几年来，村里和镇上都出现了"课外班"，主要面向群体就是"80后"父母。虽然课外班的范围覆盖了7~15岁的孩子，但是大多数都是小学生的兴趣班，比如书法、跆拳道和舞蹈。学校之外的教育投入增多并不代表教育观念本质的改变，父母对课外班职责的期待相当有限，"托儿的目的大于学习的目的"。

（三）享乐主义的生活态度

小镇居民安逸、知足的生活心态不仅体现在有限的代际期望和教育投入上，还表现在与金钱直接相关的储蓄和消费行为上。乡镇上的公共服务与基础设施很齐全，年轻人甚至中年人"如果没有什么事情，可以一年都不去县城，我们从挣钱到花钱都可以在这个小镇上得到解决"。乡镇范围内的就业、教育、医疗、娱乐等功能都集中在镇区，基本覆盖周边村庄并形成正向反馈，在长时间的城乡互动中，形成一个相对自洽的文化系统。

1. 未商品化的住房

发达的工业经济滋养了当地服务产业的繁荣发展，但是并没有产生大规模的房地产行业。乡镇街区上的房屋建设并没有模仿县城里的高楼商品房，而是沿用了村庄里的楼房标准。本地人在城镇化过程中并没有过多赋予房子新的符号、身份意义，"要不要进镇区买地建房"，往往取决于现在住处到镇区的空间距离。人们搬进镇区的目的主要是更加便利地享受公共服务。

镇郊的村民在住房上只有修缮或者重建房屋的直接开销，一般不会涉及地皮的额外成本。距离镇区比较远的村庄，村民城镇化中的住房成本相比于镇中村也仅仅高出 5 万~10 万元。工业化初期，村民可以选择在镇区租房子，面积为 100 平方米左右的房子，每月租金 500~600 元。2005 年前后，大部分家庭都有了一定积蓄，陆陆续续进乡镇买地皮、建楼房。现在，大多数距离乡镇较远的村庄都已经建了新房，在镇区买一个地基需要 5 万~10 万元，加上盖房子总成本在 20 万~40 万元。同一时期，县城一套三居室的房价最低需要 60 万元，相比之下，乡镇住房的性价比非常高。小镇青年并不需要承受城市同龄人的巨额房贷，住房问题（在村里或进镇建楼房）往往在结婚时就得到解决。购房时，80% 的青年都能够无借贷，或以代际支持的形式获得父辈的支持。村会计说，即便是剩下 20% 有借贷的青年，其父母都能够在自己身强体壮的时候还清债务。

显然，在住房问题上大多数年轻人并没有必然的、迫切的储蓄或者借贷压力。除此之外，与父母同住在村里的小家庭，在日常生活中能得到很多便利照料，大大降低了日常生活的成本。小镇上的经济生活单位则以"父母子"的核心家庭为主。有孩子的家庭刚性开销主要是教育（包括学校教育和课外班），但是每年每个孩子的教育费用不会超过 1 万元。而一般而言，夫妻两人的家庭年收入不会低于 7 万元，所以大多数小核心家庭的生活仍然是比较宽裕的。

2. 丰富的娱乐消费

充裕的就业条件以及低成本的住房和教育开销，使人们的钱包鼓了起来。但是人们增长的财富并没有转化为储蓄的累积，而是很快又在本地消费出去了，呈现享乐主义的生活态度。

年轻人是乡镇的灵魂，也是消费的主体。在充满现代活力的抚贤镇，"年轻人"这一名词指代的范围似乎可以从 20 岁放宽到 40 多岁。以镇区呈十字交叉的两条街为中心，白天，年轻人在周围乡镇的工厂里上班；晚上，寂静的大街热闹起来，这场美食与社交的狂欢将和月亮一起照亮整个街区。20多岁和 40 多岁的人互称兄弟姐妹，乡里乡亲的微信群里随便吆喝一声"夜宵"，应一声"要得"，一桌朋友就凑齐了，玩到十一二点是正常情况。女性和孩子也会去夜市。如果是女人们的小圈子聚会，她们会单独坐一桌，但是会比"好喝酒"的男人们早一点回家。如果是全家去吃夜宵，即便是 4 岁左右的小孩也会跟着父母吃到十一二点。

> 夜宵的次数很随性，每个月没有固定的预算，主要看当天的心情，想吃就吃，要是没那个心情也可以不去，随性的很！大家都是一个乡镇上的，我们跟那几个进县城或者进市里的（同龄人）不一样！我们不会弄 AA 制，大家自觉地轮流请客，很讲义气的。正常都喝酒，每顿人均80 元，一桌 400 多元。①

小镇上的年轻人有一个相对稳定的玩伴圈子，夜宵圈跟玩伴圈基本一致，都是性情相投、聊得来的"酒肉朋友"。夜宵朋友属于差序格局的最外圈，在个人需要借贷时绝对不会向夜宵圈开口，因为"知道借不到就没必要丢人"。

---

① 引自黄村彭会杰的访谈转录稿。

小镇上的消费和服务业围绕着"吃喝玩乐"展开，有各式各样的餐馆、不同规模的 KTV 和养生按摩保健馆。但是没有大型的书城或电影院，这并不是资金问题而是市场需求很低，镇上仅有一家小型放映厅（营业也不景气）。

> 我们每个月的工资至少有 4000 元。镇上也没有什么高档次的名牌消费，也不可能天天有人叫你吃夜宵，所以也没必要记账、刻意控制。我们镇上没有大型电影院，因为没人好那个，大家就喜欢"吃喝玩乐"，比较俗哈！一般工资到月底是有点不够了呢，可是这有什么呢！这个月的工资花完了就花完了呗，反正下个月还有呢！①

> 我都快 50 岁了。之前做了七八年引线家庭小作坊，攒下了几十万元。2000 年取缔小作坊后，我就安安分分种了十年田。种田收入很低的，这十年完全靠吃老本，花完了在引线厂所赚的钱。但是有什么关系呢，该花还得花。还好，孩子也大了，以后我挣的钱能够花就行了。②

正如张然和邓家兴所说，小镇上有限的消费与对未来收入的积极预期，共同促成了年轻人毫无经济危机感的现象，普遍形成不储蓄、不记账控制的随性消费习惯。"80 后"的观念是"工作玩乐两不误"，"每个月工资不论挣多挣少，该花还得花"。黄村现在有几百台小轿车，大多不是豪车，几万元一辆。至少有 1/3 的车是年轻人贷款买的。村中的长辈评价这 1/3 的年轻人"没有定形"，他们买车是出于攀比，想怎么样就怎么样，今

---

① 引自黄村张然的访谈转录稿。
② 引自黄村邓家兴的访谈转录稿。

天有车说不定明天又卖掉换钱了。

刘明，1983 年生，目前在本村农业合作社担任生产经理，是本村有名的技术精英。刘明目前年收入超过 15 万元，这低于他在外省工作的收入。但是，刘明表示家乡安逸的生活、舒适的居住条件让他很满意，"能长寿"。除非自己在家乡的年收入少于 10 万元或去外地工作收入能超过 20 万元，不然自己不会选择打破现在的生活状态外出务工。

本地安逸的生活对村庄中大多数中上阶层（如刘明）也有强大吸引力。稳定的经济收入、良好的基础设施与公共服务、熟悉的社会交往与便利的家庭照料，这一系列充满吸引力的社会经济条件，让原本有更多潜力出去闯的年轻人选择留下来，留在这个"安乐窝"。

抚贤镇深厚的乡村工业基础和先发的城镇化资源，为当地人提供了充沛的就业机会，形成了扁平化的经济结构。温和渐进的就近城镇化为传统社会的乡土文明和现代社会的工商文明提供了交汇融合的场域，逐渐形塑了家庭和个人的社会关系结构——核心圈层更加个性化、家庭成员间的社交网络异质性更高、关系的强弱与圈层的伸缩更加依赖不稳定的情境条件。在这样低度分化、温和稳定的经济和社会结构中，小镇居民的社会整合程度更低，阶层流动与面子竞争的客观条件和主观动力均不足，形成了随心所欲的社区消费文化和安逸知足的社会心态。各个社会系统相互关联、环环相扣，共同支撑起村庄城镇化实践的过去、现在和未来。

第五章
村庄治理结构的变迁

随着乡村工业化和就近城镇化所推动的乡村社会结构的变迁，活跃在村庄政治舞台上的权力精英的类型、权威来源也发生了嬗变。本章描绘了改革开放以来村庄权力精英更替的历史，产生于不同社会基础之上的权力精英轮番登场，在此起彼伏的权力竞争场域中呈现不同的秩序图景与治理结构。

改革开放以来，黄村的社会基础因当地产业结构与农民生计模式的变迁而悄然发生了变化。同时，国家在乡村的治理逻辑的改变，也在重新塑造着黄村。基于集体化时期所奠定的工农业原始积累和高度组织化的人民公社体制，国家开始在各个领域放权，过去对农民生产、生活各面向的总体性支配逐渐演化为专门领域的支配，这导致基于共同利益与集体记忆的村庄共同体因土地家户承包、生产的专业化、生活的私人化而逐渐松解。就地城镇化背景下的村民虽然依旧生活在一个共同的场所，但是职业分途、经济分化和人口流动已然让原来互嵌于一体的整体性社会被分割为不同面向错综交织的多重社会网络，原有的村庄共同体因个体流动而变得边界模糊。

村干部无疑是透视国家在村庄社会治理实践的极佳切入点。国家治理逻辑和村庄社会基础二者的变化并不同步,而是在彼此交错跌宕的互动中展现出生动的实践图景。黄村薄弱的社会基础导致其内生性力量弱小,因此高度依赖国家体制性赋权的村干部随着国家权力的后撤而失去了在村庄中的总体性权威。这导致了改革开放初期村治的式微,传统的村干部已无力完成日常村务,拥有丰富社会资源的村庄精英逐渐成为村干部的主流。随着国家治理逻辑从"汲取型"向"服务型"转变,村庄政治逐渐发展为脱嵌于村庄社会的精英的政治经营,形成了"去政治化"的村治局面。本章将以黄村人民公社解体后的近40年,以富人治村的出现为节点,分为两部分展现乡村治理是如何嵌入乡村社会,又是如何逐渐脱嵌于乡村社会的。

一 村治式微——"撞钟者"的出现(1980 ~ 2000 年)

关于基层政权权威的来源,已有不少学者进行过梳理与探讨。基层政权的权威与合法性一方面来源于地方社会共同体赋予的内生性力量,另一方面则来源于国家的体制性授权。因此,我们可以将这两种来源概括为内生性权威与体制性权威。

历史研究表明,传统中国社会的治理结构由中央政府的官僚体系和地方性的管制单位组成,形成了独特的"双轨政治",中央政府通过一套自上而下的官僚体系进行统治,而地方则由当地的乡绅、族长管理。除个人能力之外,地方权威的重要来源之一是对地方公共事务的参与。作为地方社会的行动主体，地方权威的声望与权力深深扎根于地方利益共同体中，并在日常生活的行动中不断生产，宗族在其中扮演了重要的角色。明清以来，传统贵族的宗法宗族制所表现出来的庶民化趋势使宗法宗族制成为构建村落权威、维系社会秩序的重要因素（吴毅，2002）。长老政治与宗族组织方式深刻地影响了村庄的政治结构。近代以来，国家权力向基层的不断扩张成为现代民族国家政权建设的重要内容。有学者指出，随着地方性权威被吸纳到现代国家的政治社会结构中，基层政权的权威与合法性越来越依赖于国家权力的赋予和官方的支持，而非社会的承认（张静，2019）。新中国成立以后，"政社合一"的人民公社体制打破了原有的地方社会权力结构，建立了从上到下一整套制度体系，所有的村庄社区都被编入这张巨大的权力网当中。而村干部正是全能主义国家探入基层社会的神经末梢，一方面其治理资源与手段都仰赖上级政府的给予，对上级政府负责；另一方面其日常行动仍在农村场域中展开，村干部作为个体的命运和生活深深嵌入村庄的社会网中。因此，村干部兼具了"国家利益代理人"和"村庄利益当家人"的双重身份。

人民公社解体后，国家权力在村庄的渗透一定程度上后撤，生产队在生产、分配等领域的总体性支配在短时间内式微，村干部源于国家的体制性权威大大降低。随着分田到户、村民自治、税费改革等一系列政策的施行，国家对乡村的治理逻辑已然发生了变化。与此同时，传统的村庄社会网络也随着经济发展、人口流动以及职业分途而逐渐式微，村干部越发丧失了来自村庄的内生性力量的支持。村庄传统的权威与秩序在国家权力变化、经济活力释放、人口流动、社区共同体瓦解等多重因素的影响下不断被冲击与重塑。本节我们以老黄村村干部的更迭为例，展现改革开放后 40 多年间村庄权威与秩序的嬗变。

（一）发育不足的内生性权威

宗族作为一种形成于血缘关系的社会组织，在相对封闭的农村社区中，是一种人们必需依赖和使用的社会关系网络和社会组织形态。黄村由于其传统农业的耕作过程不需要太多互助与合作，因此没有迫使分化的小家庭因为合作和集体行动的需要而形成具有较强内聚力的宗族。与此同时，新中国成立后的政治变革和土地改革也摧毁了传统社会中的村庄利益共同体，取而代之的是一套人民公社的政治社会管理体系。因此，无论是在集体化时期还是在改革开放以后，宗族力量对黄村的政治权力分配格局都没有太大影响。在村庄政治精英的选择上，黄村的村干部更多的是凭借个人能力以及上级的认可而当选的，候选人背后的宗族势力很少能构成其被选拔的重要影响因素。黄村自明清以来便以张、黄两个大姓为主，但在集体化时期，黄村的大队书记长期由文仲科担任，分田到户后，文仲彬担任了黄村 2000~2017 年的村书记，而文家在当地只是一个人丁稀少的外来户。同样，张家两任生产队队长的例子也能够佐证这一点。

在改革开放的前三年，老黄村由张正光任大队长，由张正鹏任副大队长，两人是同一个高祖下的堂兄弟。分田到户后，年龄和辈分都比张正光小的张东润连任了两届村书记。

虽然张正鹏与张正光是亲戚，但张正鹏 11 岁时成了孤儿，而他的堂兄弟张正光也很少接济他。当时按公社党委的意见，张正鹏本来有希望接任大队书记，但是张东润从中阻挠，还把他的分管工作由农业改为计划生育。由于计生工作容易得罪村民，而张正鹏在村里又缺乏足够的社会支持，所以他索性辞职不干了。张正鹏后来也放弃了入党，他认为即使入了党也没用，自己以后很难再进入村委班子。

人事制度的作用是在社会行动者之间分配权力，它在乡村极大地改变着不同人行动的机会结构（张静，2019）。在政治权力的分配上，原来担任大队长的张正光并没有遵循传统社会中所强调的长幼有序原则，反而从中作梗，使张东润接任大队书记而非年龄、辈分更高的张正鹏。张正光通过改变分管工作等方式刁难自己的堂兄弟，最后迫使他逐渐远离村庄政治权力的中心，可见宗族内部并不团结。而他这一不厚道的行为既未遭到张正鹏的抵抗，也没有受到来自村庄的谴责与压力，即他的行为没有伤害任何集体感情，社会对此也毫无反应。从中我们可以看出，黄村的宗族在事实上名存实亡，不能依靠人们的先赋性血缘关系构建和维护社会权威与社会秩序。这固然受人民公社时期国家政权建设活动的影响，但更为重要的是黄村从 20 世纪初期起便没有形成深厚的宗族社会基础。因此，在内生性权威的力量如此羸弱的村庄，社会秩序的维持和社会权威的权力主要来源于国家的赋能。

（二）高度依赖体制性赋能

缺乏社区内生性力量的黄村在集体化时期尚能被纳入国家

的系统整合之中，但因此也呈现高度依赖体制性权威赋能的特点。这一特点在分田到户后便凸显出来，具体表现为一旦村干部失去了体制性赋权，就几乎无法履行其应有的职能。分田到户后，随着国家权力在村庄的全方面后撤，村干部逐渐丧失了国家赋予的体制性资源。当了 17 年村书记的文仲彬感慨，"分田到户之后村干部就没有了权威"。政府的放权使村庄被排斥于"体制"之外，使这个本身就缺少社区性力量的村庄丧失了原有的秩序维持机制，村庄公共品的提供、各种税费的收取都开始捉襟见肘，治权弱化的村干部越来越需要依靠个人的能力来进行村庄治理。尤其是从 20 世纪 90 年代初开始，"村干部就越来越不好当了"[①]，一方面是农业税和计划生育的沉重压力，另一方面是村庄人口外流加剧导致原有的村庄社会秩序逐渐松散。面对社会结构的变动与村干部权威的下降，村干部在执行各种任务时困难重重。我们将以 90 年代任村书记的张国豪与黄德胜两人的经历来说明国家与社会关系的变化对村庄权威与秩序的影响。

1. 无力的纠纷调解

张国豪于 1993～1995 年在乡镇政府的支持下担任老黄村的村书记，他原来做过信用社的会计，深得乡镇政府的信任。尽管如此，他在当村书记时仍显得有些力不从心。

> 90 年代末，黄村的松山二组曾发生过一起冲突。冲突双方是一对关系在五服之外的叔侄，叔辈张家辉与侄辈张子文为了宅基地建房的事发生冲突。叔叔张家辉的老房

---

① 引自黄村文仲科的访谈转录稿。

子坐落在地势较高的位置，侄儿张子文家的耕地正好位于张家辉门前，张子文想以此耕地为宅基地建房，但这样做会挡住张家辉家的大门。张家辉觉得风水不好就阻拦张子文在此地建房，于是张子文就找来一群小混混恐吓张家辉。两家打起来后，村书记张国豪试图去调解，但混混们警告张国豪不要多管闲事，还差点打了他。

张子文一家在村里没什么地位，他弟弟还是一个光棍。人民公社时期，张子文被划为地主，因此在"文革"时他被批斗得厉害。虽然组里的人都觉得批斗他是大家不得已而为之的，但他一直对此事耿耿于怀，所以在公共事务上处处表现出不合作的态度，村民评价他"有些反社会"。有次村里修路要占他弟弟的地，组里给他换一块地他也不答应，因此组里的人对他很不满。在发生宅基地纠纷后，邻居们虽然在情理上大多站在张家辉一边，但只是口头上为他打抱不平，而不是在打架时出手帮忙。在公道与自身利益之间，村民们更倾向于维护自身利益。在后来的一场冲突中，张家辉的儿子把张子文打伤。因村里调解不了，两家就打了官司，最后张家辉的儿子被判了8个月。

在纠纷调解中，调解人不仅要捋清是非曲直、分辨孰是孰非，而且要重新恢复矛盾双方的关系以及社会的秩序。这就要求纠纷的调解人不仅要有地方性的知识，还要在当地有一定的权威，说话管用、有人听。身为村书记的张国豪自然是调解纠纷、主持正义与维护秩序的不二人选。但是从调解的结果来看，村庄的正义没有得到维护，反而因为国家司法的介入而恶化了，这也体现了地方伦理规范与国家法律之间的张力。在这起纠纷中，挑起矛盾的张子文并没有忌惮身为村书记的张国豪，尽管他并不占理，但他依然能通过武力来达到自己的目的。在这场有混混介入的纠纷中，张国豪显然因缺乏相应的资源而无法同张子文相抗衡。但村书记的失败也不仅仅是由于村干部缺乏国家力量的有力支持，还是由于传统的公序良俗不再起作用了。虽然张子文是村庄的边缘人并长期受到村民的排斥，但传统社区的伦理规范和村庄的公共舆论不再能起到约束个人行为的作用。因此当村干部介入纠纷时，他所援引的公序良俗已经无法对张子文的行为构成任何道德上的压力。另外，社区整体的内生性规范与秩序的瓦解使村民缺乏集体行动的能力，因此他们虽然在情理上支持张家辉，但害怕张子文的报复，所以没有人敢站出来伸张正义，无动于衷的旁观者也就只能任由事态发展下去。村书记张国豪最终也没能阻止叔侄二人的纠纷升级，事态的最终走向和法院判决的结果也不尽如人意。由此可见，当国家为村干部的赋能弱化之时，仅依靠那点儿体制性权威已经不足以胜任村书记了，还需要依靠村干部个人的能力与资源，要"文武双全、办事公正"① 才能当好村干部。

2. 艰难的税费收取

由于做村干部没有太多的经济利益，其日常工作却十分烦琐且容易得罪村民，所以村里的精英都不太愿意担任村干部，因此 90 年代的村干部更换得比较频繁。公共职位的功利化使村干部的任期大大缩短，转而忙于自己的企业经营（张静，

---

① 引自黄村张正鹏的访谈转录稿。

2019）。久而久之，村干部的职位逐渐落到了村庄中没有能力的人手上。这些人并非村庄中的精英，他们虽然有一定的工作经验并因此得到乡政府的信赖，但是他们往往和张国豪一样，在社区共同体逐渐瓦解时，其权威只能依赖国家力量的赋予，就个人而言他们没有足够的财力和社会资源以服众，因此他们就成了"做一天和尚撞一天钟"的"撞钟者"。"撞钟者"有两个特点：一方面，他们不会有意地怠慢行政任务，但由于缺乏足够的国家力量的支持，尤其是要考虑到自己在村庄中的处境，他们不一定会全力以赴；另一方面，虽然主观上愿意为村民办事，但他们的治理能力实在有限，因此常常不能满足村民的需求（吴毅，2001）。"上面千条线，下面一根针"，在治权弱化、治理资源匮乏时，村干部形成了非常弹性的治理实践，其治理效果与国家力量进入的程度密切相关。

　　1996～2001 年，老黄村村书记由农民黄德胜担任，他当过兵，此前担任过张国豪书记的助手（副职）。但他并不富裕，家里也没有多少积蓄，收入仅能维持家庭的温饱。在村庄秩序恶化时，没有资源的他即便有乡镇党委的支持也很难提升自己在村庄里的政治权威，这为他开展各项工作带来了重重困难。比如，他很难把农业税收上来，尤其是对于村里强势的、有灰色暴力资源的人更是没辙。村里有一个放高利贷的人多次拖欠农业税，黄书记就让派出所把他拘留了，这人找了关系，几天后就放出来了，出来后就把黄书记打了一顿。

90 年代是农业税负担最重的时候，国家与农民之间的关系较为紧张。黄德胜收农业税时本来想借助乡镇派出所的力量来挫挫这个放高利贷者的锐气，但没想到此人在派出所还有关系，没关几天就放出来了。这不仅没有起到惩治的效果，最后灭的反而是村书记的威风。黄德胜的遭遇同样也说明了村干部个人能力在村治中的重要性，这在村民、镇政府之间都已然形成了一定的共识，即有能力、经济地位高、社会资源丰富的人才适合当村干部。村里人一般认为家里都搞不好的人（指家庭不和睦、经济条件不好），也治理不好村庄。对村民而言，经济地位高的人在村庄中才能真正受人尊敬，若他还有为民办事的公心，就能获得声望与权威。有社会资源也意味着不仅有办法摆平村里的地痞流氓，维护村庄的秩序，还能承接更多政府资源，资金周转上也更为灵活。对政府而言，他们也乐于与这样的村干部结交以建立更加亲密的私人关系，形成紧密的利益共同体。

另外，由于村级干部并非国家科层组织中的一员，国家力量只能给予他们有限的支持，在必要时出面，但无法一劳永逸地解决问题，而且总会因为各种错综复杂的私人关系而造成治理上的困境。例如，黄德胜家境一般，有一次杀猪请客吃饭都需要找妇女主任丁雪梅赊账，所以镇上的领导也轻视他，因此他在乡镇各村的村干部中也处于边缘地位。

3. 软硬兼施的计划生育

张国豪和黄德胜的例子都说明了在社会流动加剧和国家权力后撤的情况下，过去就高度依赖体制性权威的村干部在缺乏社会资源且个人能力有限时是难以为继的。在"撞钟者"的治理下，黄村在税费收取的任务上基本没有完成过，但令人意外的是，黄村的村干部在计划生育任务上却完成得非常"顺利"，上级政府给下级的指标大部分都能完成。这看起来似乎是一个悖论，但恰好能够进一步佐证我们之前的判断。

计划生育工作能圆满完成当然不是因为村干部能一呼百应，也不是因为当地社会的伦理规范与国家政策相吻合（恰好相反，大多数农民想多生孩子），而是因为乡镇政府的力量进入村庄的内部，计划生育的任务主要是由乡镇政府推进完成的。在面对国家控制人口数量的要求与农民的传统伦理之间的冲突时，乡镇政府采取了"软硬兼施"的手段来完成这项棘手的任务。

尽管计划生育原则上要求严格控制生育人口，但是乡镇干部在执行政策的时候仍然有通融的一面。他们虽然是国家的代理人，但也是本地的居民，因此他们在面对这种情形的时候会尽量避免使用严苛的行政手段来激化双方的矛盾，乡镇政府的办法是每年随机选定一个"计划生育月"进行运动式治理，在这个月内动员一切力量严查超生，而其他月份则只进行日常性的管理和监督。这样既能保证国家政策大体上能顺利推进，又能给农民留一条退路。"计划生育月"的设立正是乡镇干部在权衡国家政策与地方利益之后采取的权宜之计。可见，计划生育政策执行的显著成效是乡镇政府背后的国家力量深入基层的结果。

作为计划生育的直接执行者，计划生育将村干部置于上级政府和村民之间的窘境中，上面是乡政府制定的严格指标，下面则是对计划生育怨声载道的村民。有人怀孕打算超生，村干部就会给乡政府通风报信，村民们纷纷抱怨："村干部就是村庄的内鬼，村庄无鬼不遭殃。"

因此，虽然村干部在政策执行过程中得到了国家力量的支持，但是他们对正式权力资源的使用非常慎重，即采取"正式权力的非正式行使"的方式，极富"人情味"地使用这些权力（孙立平、郭于华，2000），通过上演"苦肉计"的方式来平息村民的愤怒。村干部在计划生育中对自己的亲戚不但不通融，反而要求亲戚带头交钱、多交钱。这说明了他们企图通过这种大公无私的做法来洗刷自己在村民心目中"内鬼"的形象。村干部将自身塑造成计划生育政策的"受害者"，以表示干部与群众并无区别待遇，因此他们在政策执行时就掌握了话语的主动权："不能怪我，这是政策（我也是不得已而为之）。"另外，村干部一般不会与村民对着干，而且会尽力照顾和安抚村民的情绪，比如给超生户发放营养费等。但是，村干部在上级政府指标的压力下还是会遵守底线，必要时仍然会使用强硬手段，比如对于非计划生育月超生的孩子，就会通过限制上户口的方式来督促村民缴纳罚款。

由于黄村的社区内生性力量非常弱小，因此村干部的权威高度依赖国家体制的赋能。而分田到户以来，过去基于国家对资源的全面垄断和以这种垄断为基础形成的总体性权力逐渐发生变化。国家力量开始从基层退出，村治由于缺乏资源和权力而逐渐式微，这表现在村干部无力维持村庄秩序、难以征收农业税和对计划生育的变通执行上。在人口流动加剧、社区共同体逐渐瓦解、国家赋能不足的情况下，村庄治理越来越需要依赖村干部个人的能力与品质，所以村民们强烈呼唤能人的出现。

二 能人治村（2000 年至今）

随着公共权威的日益下降与社会秩序的松弛，在国家和社区力量开始放松对村庄的控制后，混混群体如雨后春笋般兴起。20 世纪 80 年代混混最为猖獗，他们根本不把村干部放在眼里。混混主要通过各种非法手段来谋取财富，并逐渐成为一股影响村庄秩序的新势力，混混群体的生成与地方经济、社会秩序的变迁密切联系在一起。

从动机的角度来说，混混进入村庄政治不仅是为了获得声望和提高社会地位，而且是为了借职位之便谋取更多的利益。在新的形势下，干部的身份和权力转化为有价值的经济利益。

2003 年换届后，文仲彬顺利当选村书记，村主任则由混混严彪担任，他在竞选时曾夸下海口，承诺了许多事情。但当严彪上台以后，他的所作所为让文仲彬大失所望。文书记抱怨说，严彪当选后仿佛变了一个人，本性逐渐暴露，他开赌场、放高利贷，天天打牌、赌博、喝酒，压根儿就不听文仲彬的劝诫。严彪进入村委班子后，他手下的一些混混也通过裙带关系随他进入班子，从中分一杯羹。他利用自己和公安局副局长的关系成为公安局危爆大队的"赢利型经纪"，他手下的小混混也在其中充当保护的代理人。村里的花炮厂如果想逃税就得找严彪，一般一车花炮交税 6000 元，找他帮忙就只需要交 3000 元保护费，因为只要是严彪联系的车，危爆大队就不会查。那些没有登记入公账的罚款，很可能就被严彪与危爆大队内部分赃了。

起初，他的这些活动相对隐蔽，村民们也不知道。当他下村执行公务时，还对村务说得头头是道，不少人仍很信任他。但是等大多数村民都认清他之后，他的权威也随着他在社区内部权力网络中的塌陷而丧失合法性，换届时村里人就不再选他当村干部了。

严彪在当选村干部前后的表现不一致说明了村干部职位功利化的现象。成为村干部对混混来说只是一个谋利的手段，严彪利用自己村干部的身份以及和公安局副局长的私人关系谋得了不少保护费，他的暴力资源隐蔽地用于谋取私人利益。这种利益的获得不是通过横暴权力，而是借助体制性符号所获得的权威。一旦他的本性暴露，虚幻的假象被戳穿，他也就在村里名声扫地。

混混仗着自己的暴力资源和政治身份胡作非为，却往往会因为与政府之间的私人关系而获得上级的庇护。权力通过私人关系纽带实现了传递，在这种强弱对比中，基层政府机构对这类人也会丧失约束的能力。所以混混当选村干部以后也容易破坏村庄的秩序与公正。由于混混村干部的合法性并不是由村民所赋予，而是主要来源于上级政府。因此村民只有在干部换届选举时，才能够利用村民自治的权利将不得民心的村干部给换掉，在日常生活中他们对混混村干部也只能敢怒不敢言。

改革开放初期，混混治村在全国范围内是普遍的现象。随着村庄秩序的衰弱以及公共权威的丧失，村庄政治一方面产生了权力真空，出现了如黄德胜这样治理资源匮乏的"撞钟者"；另一方面却又承担着各种繁重的治理任务，这为混混进入村庄政治提供了机会。混混进入村庄政治通过权力寻租的方式继续聚敛财富。但由于他们的生活重心在谋取经济资源的增量上，因此他们的参政并未使乡村社会灰色化。但是他们采取的一些手段却激化了国家和农民的矛盾，不仅加剧了地方治理的困境，还损害了国家在农民心中的合法性。税费改革以后，国家治理从"汲取型"政府转向"服务型"政府，国家加大了对乡村的资源投入，但随之而来的是乡村治理与村庄生活的脱嵌。村庄发展越来越依赖于少数精英的个人能力，尤其是经济资本和政治资本在村庄政治中越发重要，因此混混村干部开始逐渐转变身份，继续以经济精英的身份活跃在村庄政治的舞台上。

（一）经济精英进入政治

前文已经提到，随着村庄共同体内聚力的衰退，村庄传统的内生性权威日渐式微，而国家力量在乡村社会的退出也导致村干部仰赖的体制性赋能有所减弱。在村庄社会变迁与社会秩序转型的背景下，村庄权威出现了真空，生产力发展释放出的一部分劳动力成了游离于主流社会之外的混混，而混混势力壮大日益对村庄秩序产生威胁。这一时期，由于农业税费的加重和传统村干部权威的式微，乡镇政府起用了一批混混势力，混混开始影响并介入村庄政治。

但随着经济发展和村庄内经济分化的加剧，一批新兴的经济精英也开始崛起，这批经济精英在创业与经营实业的过程中积攒了社会政治资源与声望。与此同时，随着税费改革的推进，国家与农村的关系从"汲取型"向"服务型"转变，能够带领村民致富、灵活运用经济资本完成治理任务的经济精英成为村干部的最佳人选。与此同时，一些掌握了大量经济与政治资本的"灰色精英"也顺应时代变化，他们通过各种方式成为经济精英，继续维护自身在村庄政治经营中的利益。

1. 政治吸纳第一批经济精英

在世纪之交，黄村的政治陷入无序的状态，但村庄的整体经济水平却稳步提升。正如前文所提到的，本地工商业的发展促使职业分途与经济分层，进而催生了一批经济精英，他们多靠经营实业起家，先是成为村中的经济能人，之后主动或被动地被吸纳入村庄的政治体制。一部分经济精英是本地工厂的管理者，他们早期在集体工厂中工作，在集体工厂倒闭后凭着工作积累的技术与人脉在本地的相关行业创业，成为当地的经济精英，在当地有着庞大的社会关系网络。还有一部分经济精英在外打拼创业后积攒了大量资本返乡，但仍会在本地经营实业。值得指出的是，在本地平稳的经济发展过程中，经济精英的崛起也是渐进的过程，并没有严格的阶段划分。

2000 年前后，村民与镇政府对于村干部的预期逐渐形成一定的共识，认为有能力、经济地位高的人才能带领村庄发展。在某种程度上，有钱正是有能力的一种表现。一方面，90年代以来，吸引致富能人成为村干部与党员是中央基层党建工作的基本思路，其在操作层面体现为"双培双带"，即通过吸纳经济精英成为党员与村干部，实现带头致富、带领群众致富。另一方面，富人群体治理村庄在实践过程中为上下都带来了便利。对政府而言，富人村干部有能力完成村庄任务；对村民而言，经济能人当村干部将庇荫百姓，若其还有为民办事的公心，就能获得更大的声望与权威。

以黄村的老书记文仲彬为例，文仲彬是 50 年代出生的人，在 2001 年被选为村书记，直到 2013 年主动辞职。他曾在花炮厂当工人，在行业沉浮中成长为鞭炮厂的老板，在经营工厂与参与村庄活动的过程中，他的慷慨与周到为他积攒了不少名声与社会资源。

文仲彬在 1985 年进入花炮厂，1994 年花炮厂倒闭后他接手了陈子健父亲的鞭炮厂，负责收购家庭小作坊的鞭炮，将其包装送往外地。他从来不欠这些小作坊的货钱，也不像其他厂主那样截留货款的零头。1999 年后，政府不再允许小作坊生产，他号召这些小作坊主合伙开办了黄村烟花鞭炮厂，由于与镇政府的官员熟识，各种手续、交税、公关费用都由他来操办，其他人只管生产。对于前来帮他装车的工人（一个人给 20 元），文仲彬也来者不拒，来多少人就给多少人工钱，而且会从银行里换新票子给他们。

除了在做生意、办厂时施人恩惠，文仲彬还热心村庄的公益事业。前任村书记组织捐款修路时，一般人捐 1000 元已经算多了，而文仲彬慷慨地捐了 3000 元。

文仲彬在经济领域和村庄政治领域都得到了普遍的认可。他在本地经营鞭炮厂的过程中，与小作坊主和厂里的工人除了合作或雇佣关系外，还带着一种家长式的保护色彩，他"懂得小作坊主们的不容易"，对部分工人的雇用带有福利性质，因此在村庄中深得人心。在公共领域，他也慷慨解囊。在这样的情况下，他被选为新的村干部似是一件水到渠成之事。

文仲彬在村庄赢得了好名声，得到了社会的认可，也得到了上级政府的信任。较好的经济条件是他帮助小作坊主办厂、为工人提供临时工作以及为村庄建设投资的重要前提。在这种情况下，经济资本转化为社会资本与政治资本，文仲彬顺利进入村班子。

在同一时期，村里的另一位经济精英黄建兴也当选了村支书，但他和文仲彬的经历有所不同。

黄建兴，1941 年出生，由于为人厚道、能力出众，在七八十年代被请到集体鞭炮厂和林场工作。90 年代初，他去深圳招商引资，办了镇上第一家大型私人鞭炮厂。在创业的过程中，黄建兴为人热情慷慨，认识了不少镇上的领导，还和一个镇级官员结成亲家，因此在镇上也是个名人。到 90 年代末，他的鞭炮厂已是全县最优工厂，产品经 D 省定点中介出口至美国。

1998 年金融危机期间，黄建兴被骗 100 万元，但是他借钱也要将国家税收按时上交。之后不久，黄建兴的两个儿子认为凭父亲的老思想继续办厂，厂子会濒临破产，于是"半强迫"地接手了工厂。黄建兴因为在工厂和家庭的大事上已无权威，心里不舒服，经常向儿子要钱做公益，还因此与儿子起过冲突。后来，镇领导为了其心理平衡，来家中劝说其当村支书。当上村支书后的黄建兴仍经常因村庄建设（比如铺路）向儿子要钱，还会去银行以儿子名义借钱（虽然常常未果）。

黄建兴在村庄里是有名的大善人，在镇上也颇有名气。但他过分慷慨的性格被认为不适合从事工商业，于是被迫将工厂让给儿子。他进入村庄政治，一部分原因是"镇领导为了其心理平衡"。当然，这离不开他作为经济精英的身份与背后丰富的社会和政治资本。

文仲彬和黄建兴都是四五十年代出生的人，是村庄中的第一批经济精英。在经营产业的过程中，他们需要与上级政府打交道，并对村里的乡邻慷慨照顾，由此建立起自身的社会网络与政治网络。两人都无意成为村干部，他们被选为村干部与

2000 年前后村庄的政治经济环境有关。当时农民税费负担重，国家还未将大量资源下投到村庄，村庄治理任务重，当村干部几乎是吃力不讨好的工作，对村庄精英群体的吸引力不大。而且这一时期，村里的经济精英也不多，年轻一批的经济精英仍在创业之中。

2. 难以分割的政治经济身份

随着国家政策的变化与村庄经济的发展，村干部职务对村庄经济精英有了更大的吸引力。一方面，税费改革减轻了村庄治理的负担，"服务型"政策下的资源下乡使得村干部职务的政治资本可以通过各种渠道转化为经济资本。另一方面，村里的经济精英增加了，因为就近城镇化与大量本地产业的存在，黄村的经济能人大多在本地经营产业，在村的富人更可能追求村干部身份带来的社会政治地位。不论经济精英抱着何种动机、以何种目的进入村庄政治，在取消农业税后，更多的经济精英走上了村庄政治的舞台。

在这一部分，我们通过呈现钟小禾、张良、王大轩等人进入村庄政治的过程，试图分析这些经济精英的特点，以及村庄政治与经济的互动过程。我们先来看黄村现任副书记钟小禾的例子。

> 钟小禾，1974 年出生，中专毕业后，她拒绝了市整容医院的职位，听从父亲的建议回村开诊所，当了 7 年乡村医生。2000 年，钟小禾关闭诊所，与丈夫和小叔子一起经营鞭炮厂，她担任会计，之后被选去参加政府组织的财会培训。2011 年，钟小禾几乎全票当选石艳村会计兼计生专干，与丈夫商量后决定工厂每年拿出 1 万多元给村里做公益事业。2016 年，三村合并之后，钟小禾担任副书记

兼会计，并推荐谢琼花担任村妇女主任。现在，钟小禾是黄村副书记、县人大代表，同时是一家出口花炮厂经营者。

值得注意的是，钟小禾的公公正是前文提到的黄村老支书黄建兴，而她与丈夫一起经营的鞭炮厂也正是黄建兴早年创建的。除此之外，她同样能力强，热心肠，工厂每年拿出 1 万多元给村里做公益事业。

黄村的另一位村书记张良也是一名在本地创业的经济精英，2011 年当选了村主任。

> 2011 年，张良与李伟竞选村主任，他们两人都是村庄中的经济精英。张良依靠当地的社会关系网络在本地发展产业，现有 80 亩的龙虾养殖场，还在村里开了一家游泳馆。李伟在外闯荡多年，现在在中铁二十局承包工程，李姓在当地是个小姓，除了与李家五服内的亲属联系紧密外，李伟与村里其他人的联系很少。张良最终当选为村主任。

我们可以看到，在 2011 年的选举中，经济精英的比例增加了。比起竞争对手李伟，张良在村庄内拥有更大的社会网络。

还有一位村庄能人王大轩，靠着自己的一身闯劲，白手起家，一跃成为村庄的经济精英并进入了村庄政治。

> 王大轩是云林村人，60 年代出生。从 2010 年开始当村主任。他家境贫寒，但个人能力出众，靠自己一人带动家庭实现了经济的飞跃。2000 年前后，正值壮年的王大轩还在外地打拼，已经积攒了不少钱，村书记让其回村担任村干部，但王大轩不愿意。2010 年，王大轩在外地被

选为村主任，迫于人情压力便回村任职。

王大轩家人一开始都不支持他当村干部，认为耽误时间、吃亏不讨好，他只能慢慢说服家人。2013年，政府一年内把所有"非法生产"的小作坊都取缔了，村里没有正规的引线厂，需要有钱又有能力的人办厂。镇里干部就劝王大轩办一家引线厂，并为其把手续和上面的关系都疏通好。王大轩原本在镇上开了一家金店，担任村主任之后，因为大部分精力用于经营引线厂与处理村庄事务，他便将金店交由他人管理。

当了村主任以后，王大轩发现村庄政治远比自己想象的复杂。

王大轩通过当村干部认识了很多人，这些人对自己办厂很有帮助。他在办厂过程中也认识了很多人，这些人能帮助自己获取项目资源。这两部分朋友群体是高度互嵌的，除了利益关系与业务关系，王大轩与这些人也产生了感情。但是当村干部的确带来了很多压力和负担，他现在已经没有时间管引线厂，厂子主要交由妻子和职业经理管理。他说："厂不办了，村干部也就不干了。"王大轩还说："村庄中想当村干部的人大多是混过社会的人……没想到当村干部的水会这么深……"

王大轩的叙述体现了村庄经济与政治的复杂关系。经济精英进入村庄政治后可以通过政治资源获取更多的经济利益，同时政府也需要这些经济精英推动当地产业的转型升级。

这一部分提到的几位经济精英都是六七十年代出生的，他们可能与老一辈的政治经济精英有着微妙的联系。他们与第一批政治经济精英的最大差别不在于进入村庄政治的方式，而在于村庄的经济环境和他们面对的政治环境。整体来看，由于国家与村庄社会的互动更加密切，资源流入更加丰富，经济精英进入政治的动机变强烈了，而政治身份所能给经济精英的回报也增加了。另外，随着国家与村庄的联系更加紧密，政治运作的复杂性增加，如王大轩表示任职前未想到"当村干部的水会这么深"。

在国家与乡村社会关系的变化下，村庄权威与村干部的构成发生了变化。一方面，依赖灰色势力攫取市场资源，部分混混成为村庄中的政治经济精英；另一方面，靠经营产业出身的经济精英也进入村庄政治。随着村干部群体中的经济精英越来越多，黄村逐渐形成了"富人治村"的现象。

（二）富人治村与政治脱嵌

在前一部分描述村庄权威变迁的历史沿革中，我们侧重于从过程上描述富人村干部群体的出现与富人治村现象的形成。富人村干部的组成主要包括两类人：一类是早期依靠灰色势力进入村庄政治的混混群体；另一类是靠经济起家并靠经济资本培养出社会资本的经济精英们[①]（桂华，2011；欧阳静，2011；陈柏峰，2016）。在治理村庄的过程中，灰色势力渐渐

---

① 桂华（2011）、欧阳静（2011）都对由已富村民主导的村庄政治进行了讨论，陈柏峰（2016）将其归纳为"经营致富型"富人治村，即在农村经济条件较好的情况下，村里的经济精英通过为村里垫钱获得道德优势，当选村干部，由此可能导致的后果是选举标准大幅提高并形成对普通村民隐含的政治排斥。下文将结合黄村的具体情况对这一类型的经营进行分析。

合法化，成为村干部与企业老板。随着政治环境与经济环境的变化，一定的经济实力成为进入村庄核心政治圈的门槛，政治身份则通过参与项目制的形式为致富提供了新的途径[①]（欧阳静，2011；王海娟，2016；陈柏峰，2016）。

在这一部分我们将对富人治村进行机制分析，包括富人治村的社会基础以及富人治村可能的后果。其中，社会基础包括村庄共同体内部的变化，以及国家与乡村关系的变化，二者从内外两方面形塑社区价值与认同，并影响村庄权威以及村庄的治理方式。富人治村又反作用于村庄，影响了村庄政治及生活，导致基层治理自治能力的衰退、政治对普通村民的排斥，形成了村庄政治的脱嵌。另外，从宏观层面来看，这类政治精英与普通村民脱离的现象，受到了近年来国家与乡村社会关系变化的影响。国家在村庄治理中的角色转变，国家资源下乡方式的政策改变，导致了许多村庄的去政治化后果（贺雪峰，2012），而富人治村可以视为其中的一种表现。

1. 富人治村的社会基础

富人群体的形成与富人治村现象的出现基于一定的经济与社会基础，并受到国家与乡村社会关系变化的影响。

首先，经济发展与分层是富人群体产生的基础，而致富的途径影响了富人与村庄的距离及关系。黄村的就近城镇化与较为发达的工商业使富人治村成为可能。此外，村、镇、县的临近与三级行政单位经济水平的较小差距，使黄村的富人村干部的产业都落在本地。在一些相对贫困、缺乏本地产业的农村地

[①] 资源下乡为富人进入村庄政治提供一部分动力（欧阳静，2011；王海娟，2016），在黄村，国家资源主要以项目形式投放到村里，形成了"项目分肥型"的富人治村（陈柏峰，2016）。

区，赚钱致富的过程与村庄治理过程截然分离，由此可能导致富人村干部长期不在村。因此从经济上看，在本地产业蓬勃发展与村庄较高的经济水平基础上，村庄呈现橄榄形的经济分层。富人是本地土生土长的，在外致富后回到本地继续发展，在早期村庄政治资源匮乏的情况下，这些条件为富人治村提供了可能。

其次，生活面向的切割与社会共同体的松散使人们的交集减少，由此带来一定的社会与政治后果。在社会层面，这可能导致村民缺乏公认的道德规范，村庄难以形成内生性秩序与权威；在政治层面，群众难以被组织起来共同参与村庄公共事务，社区自主性衰落，基层自治难以实现。在这种情况下，个体性的经济因素容易赋予个人以权威，经济能人成为村庄精英，但这样的经济精英很可能会脱离群众。

职业分途与经济分化、生活条件的改善与休闲娱乐的多样化导致生活面向的切割。群体联结的单位从村小组到家庭再缩小到个人，村民之间的互动减少，形成了不同的社会网络乃至行动逻辑。而随着经济水平的提升，村民之间的互助需求、村庄对公共品的必要需求也在减少，交集的面向进一步萎缩。如此一来，共同体变得更为松散。对于混混这类灰色势力，难以靠社会性规范进行惩罚或道德教化，形成集体性的约束力量；对于原子化的个体，也难以动员其为村庄付出。

在较为松散的社会中，社区自主性遭到破坏，难以形成社会性权威，然而经济因素的影响力却不断增强。项飙（2018：9）在分析北京"浙江村"日益在意财富与体制赋予的光环、逐渐脱离群众的新式精英群体时，认为这一现象"不能理解为劣绅对良绅的取代，更不是现代对传统的更替"，而是社区自主性被破坏的一个后果与体现。在宗族性弱的地区，先赋性的社会因素对个人的影响较弱，个体性因素的作用更为显著。混混身上的暴力是一种个体性因素，社区对其无可奈何，只能以暴制暴；在工商业发达、流动性较强的社会，经济无疑是重要的个体因素之一。当地较有影响力的社会网络也多是依赖个人业缘而建立的，而不仅仅依赖血缘关系。经济水平成为衡量个人能力的重要指标，经济伴随着权威与地位，但经济精英却可能脱离群众、脱嵌于原有的社会共同体。

最后，国家与村庄社会关系的变化为富人治村创造了动力与机会。国家与农民的关系从"汲取型"转向"服务型"（董磊明，2019）。基层任务的变化使富人进入政治的动机增强（桂华，2011）。以税费改革为分界点，在税费改革前，农业剩余支撑城市与工业的发展。基层任务主要围绕计划生育、农业税等硬性目标展开，村干部容易得罪人，也没什么获利空间；在农业税取消之后，工业反哺农业，国家开始向农村输入资源，优惠政策、惠农资源下乡。村干部职务的含金量增加，且基层任务的减少也为村干部创造了经营副业的空间，政治与经济产生了巨大的"叠加效应"（欧阳静，2011）。在黄村，国家资源以项目制的形式下放，为有政治资源的富人村干部提供了巨大的利益空间。另外，乡镇财政资源匮乏与基础性权力的减弱导致乡镇实际权力的弱化，乡镇干部需要依赖村庄能人治理村庄，以完成治理任务。据昙虹县的乡镇干部反映，昙虹县富人治村现象普遍，80%～90%的村干部是老板，其中20%～30%是大老板。

2. 村庄治理的去政治化

在经济发展、共同体内生秩序与权威衰落、国家治理任务调整与资源下乡、乡镇权力弱化等一系列变迁背景之下，富人群体在村庄中崛起并进入政治。在这一部分，我们将结合已有的关于富人治村的研究，以黄村为例进一步分析富人治村中的机制与可能导致的村庄去政治化的社会后果。

陈柏峰根据治理机制将富人治村分为经营致富型、资源垄断型、项目分肥型、回馈家乡型四种理想类型（陈柏峰，2016）。按此分类，近十年来，黄村的富人村干部有靠经营产业致富的，也有靠暴力垄断资源的，还有通过项目分肥攫取国家资源的。我们发现，富人提高了政治参与的门槛，普通群众被排斥于村庄治理之外；村庄政治在实践中越来越多地面向上级政府，在上层政治精英与经济精英日益复杂的互动中，村庄政治对于村民而言成了一个看不透的黑箱。其所导致的结果是，村庄政治通过隐含的资本门槛排斥群众参与，政治与行政运作的复杂化与专业化使群众无法了解其中的运行逻辑。由此，村庄政治越来越脱嵌于原有的村庄社会共同体，乡村社会自治能力萎缩，产生了去政治化的后果（贺雪峰，2012）。

如黄建兴、王大轩、钟小禾、文仲彬这般开厂致富的经济精英，他们在任村干部的同时经营本地产业，并用自己的钱为村庄垫付。文仲彬在90年代末替部分村民垫付农业税，且在村庄公益中为人慷慨；钟小禾每年从工厂盈利中拿1万多元投入村庄建设；王大轩在处理村务的过程中每年也有几万元的个人投入。但是，这些经济精英们作为村干部的慷慨在村庄治理之中隐含着政治排斥。不论其主观动机如何，在客观上，富人村干部通过贴钱获得道德优势，选举标准大幅提高，一般来讲，经济水平在村里至少达到中上才能当上村干部。一方面，经济水平一定程度上反映了个人的能力；另一方面，拥有一定经济基础能防止村干部对村民的贪腐。因为村干部本身收入微薄，经济条件差的人当上村干部后很可能入不敷出。由此，普通村民被排斥于村庄政治之外，经济分层与政治分层基本同构。

在 20 世纪 90 年代末到 21 世纪初，不少村干部背后有混混势力支持或者混混本身就是村干部，这一时期乡镇力量较弱，这些混混势力利用暴力资源获取市场与国家的资源，在村中形成了派系联盟。他们在后期可能转型为老板或村干部，或因势力衰弱而退出村庄的公共空间。

近几年，国家资源下乡，许多村干部依赖社会网络在乡镇与市局跑动，以社会资源换项目，转化为经济资源[①]。在国家层面，这种操作使得国家有限的资源被不合理地分配，进入了富人的腰包而没有用于村庄建设。在村庄层面，这导致了精英俘获的后果，富人靠私人关系吸引、运转项目，保障项目实施，并从中谋利，但这一过程对普通村民来讲过于遥远，各个环节都充满了封闭性，村民直接被排斥于政治运行之外。

可见，富人精英们在村庄内部治理与外部政治运作中都更多地依赖私人性的"权力的利益网络"（王海娟，2016），但是已经难以动员村民开展某项社会性的运动了[②]。在这一层面，村庄政治也体现了脱嵌的特点。

从治理机制与后果上看，富人治村使得村庄政治日益脱嵌

---

① 对于项目制运作的具体内容，后文会更为详细地介绍。此处着重分析其对村庄政治的影响后果。

② 关于富人村干部难以动员村民，后文内生性公共品供给部分的案例能够体现。这里的动员是指社会性的、要求村民一定的认同才能产生的活动，而不是像广场舞、集体讨账这类由个别村民未经沟通而偶然产生的集体活动。

于村庄社会。村庄的社会自发性与基层自治更加困难。但是，这不仅是富人治村的问题与后果，也是在国家与乡村关系转型的背景下难以避免的趋势。

国家政策的改变实际上弱化了村庄的政治实体性，导致了乡村去政治化的后果。现代性转型的一个方面是改造村庄基层、将村庄社会也纳入庞大的国家科层机器，强化条的功能，弱化块的权力。国家取消农业税后，国家资源较少依赖村集体进行再分配，而是直接分配到农户手中或以公共品形式下放。村庄从较为封闭稳定、有强大的自治能力的社会转向一个开放型的社会，村庄政治的外向性增强了，而内生的实体性减弱了。村庄越发依赖国家提供公共品资源，如靠公安局、法院维持日常治安与秩序，靠扶贫政策资源救济村庄中的弱势群体，靠政府应对洪涝旱灾时的突发情况，最终村庄几乎丧失了产生内生性公共品的能力。这正是村庄作为政治实体去政治化的典型体现。

在富人治村与国家–乡村社会的新型关系形成的背景下，除了应对村内日常性事务之外，农村面临着政治精英的脱嵌与村庄生活去政治化的危险。在这样的村庄政治环境下，国家乡村治理形态呈现新的特点。

第六章

乡村治理的社会性脱嵌与技术性嵌入

从国家视角来看,乡村治理是国家政权建设的有机组成部分。近年来,国家职能的转变深刻影响着乡村治理的实践。一方面,乡镇政权自主性的下降与"悬浮化"使其面临社会性脱嵌的困境;另一方面,国家又通过一系列技术治理的方式将国家权力重新嵌入乡村社会。在二者的双重作用下,无论是乡村干部的行动逻辑还是乡村治理的效能都表现出了不同于以往的特征。

一 公共服务的升级及其困境

21世纪初,国家在农村实行了税费改革,取消了"三提五统"和集资收费,并最终取消了农业税。这使国家和农民的关系产生了革命性的变化,农民不仅有史以来第一次不需要缴纳"皇粮国税",还可以更大程度地获得国家对公共服务的支持。但是税费改革之初,乡镇政府和村级组织的运转和公共服务能力受到了前所未有的冲击。"三项提留、五项统筹"原本分别是乡镇和村庄两级重要的收入来源,农业税被取消后,县及以上政府利用公共财政的转移支付来弥补乡镇和村庄的收入空缺。然而上级的转移支付不足以弥补乡、村两级的收入空缺，而且教育、水利、卫生、交通等各个领域的公共服务的事权都上收县级政府，乡镇和村干部的工资也由县级财政统发，许多部门的专项资金也开始绕过乡镇政府直接由县级政府划拨给基层。因此，乡镇政府逐渐"空壳化"，没有足够自主的财政资金来根据辖区内事情的轻重缓急安排行政事务，提供公共服务的能力和治理权力也相应受到限制（周飞舟，2006）。

从公共事物本身的性质来看，公共事物总是面临着亚里士多德所说的悲剧性困境，即凡是属于最多数人的公共事物常常是最少受人照顾的事物，人们关怀着自己的所有，而忽视公共的事物；对于公共的一切，他至多留心其中与他个人多少有些相关的事物（亚里士多德，1983：48）。面对这一困境，以往学者总结了中央集权和私有化两种方案，在此基础上，埃莉诺·奥斯特罗姆（2000）从以理性人为基本预设的博弈论出发，探索了政府和市场之外的自主治理的可能性，多元主体的治理亦是其题中应有之义。然而，这一源自美国经验的理论是否适用于中国，还需多加推敲。

村庄公共品是指在农村范围内为乡村社会居民所消费的公共的社会产品，不仅包括农田水利、道路交通等物质层面的基础设施建设，还包括公共秩序、公共组织等社会和精神价值层面的维持。我们依然借鉴奥斯特罗姆的思路，将公共品的供给分为两类：一类是依靠政府组织和市场配置而生成的外生性供给；另一类是依靠村庄内部资源和集体行动而生成的内生性供给。在实践过程中，公共品供给的内生性与外生性的划分并不是绝对的，内生性供给可能以国家话语为依托；而外生性供给在村庄的落实也常常需要村民的参与，即学界常言的公共品供给的"最后一公里"。

随着国家财税体制的改革及其所推动的国家角色的转变，黄村的公共品供给呈现出内生性供给主导向外生性供给主导转变的趋势，主要表现为国家对乡村公共资源投入的增加。本章第一节将详论黄村这一转变的过程及转变的原因。但是，国家提供的公共品在村庄落地时却面临集体利益与个人利益、公与私之间的张力，交易成本大大增加；而且，公共品供给的升级也伴随着村民对国家公共品供给期待的增加，当政府公共权力的正当性日益依赖民众期待的满足程度时，一旦结果不符合民众的期待，政府的正当性基础就可能动摇。下文将对公共品供给面临的这两点困境分别进行论述。

（一）公共品供给的外生性增强

全国性的、跨地域的公共品需求对官僚制产生了技术性需要，如埃及是最古老的官僚制国家，因为它有全国性公共水利经济的需要，因此从上而下创造出书记和官僚的机构（韦伯，2010b：43）。魏特夫（1989）对中国古代中央集权的君主专制肇因的论述亦是从中国是一个治水社会开始的。中国是一个早熟的官僚制国家，直至今日，中国的公共品供给也是在官僚制中展开的，所以，大到全国性的公共品供给，小到村庄社区性的公共品供给，都有国家政权力量或隐或显的影响。因此，我们说公共品供给具有一定的外生性。

我们可以根据公共品覆盖的行政区划范围将其划分为跨省、跨市、跨县、跨乡镇、跨村和村内的公共品，如水利、高速公路、铁路、通信基站等公共品的跨地域范围可能涉及以上多种类型。每一种类型的公共品供给通常由更高一级的专业行政部门来统筹协调。因此，公共品覆盖的行政区划范围越广，其所蕴含的外生性就越强。人民公社时期大兴水利，改革开放后加大交通、通信等基础设施建设，都是在扩大跨地域的大型公共品供给。有趣的是，在人民公社时期乃至改革开放最初二十年，即使是大型公共品，国家投入的物力和财力比例也远小于今天，当时更多的是依靠动员基层群众出义务工和交纳实物赋税来完成公共品建设，村庄内部需要的社区性公共品更是由村庄内组织人力、物力实现供给。如今，即使是村庄内部的公共品也主要由政府出资来建设。我们以黄村在 2000 年后几条公路建设的筹资为例，说明这一转变的过程。

随着黄村的公路无法满足村民的生活需要，如邻村往返抚贤镇开通了两辆班车，两车途经黄村汇车时常常难以通过，2003 年村委会准备拓宽黄村的公路。但村委会起初就没有采用各村民均摊的方式，而是发动从村庄"走出去"的能人捐款，共集资 2 万多元。公路拓宽工程共花费 9.6 万元，还差 7 万元，时任村书记的文仲彬没有其他渠道获得公共资金，就以私人的名义①向抚贤镇信用社借了 7 万元，这 7 万元本质上仍算作村集体借的钱。直至 2017 年陈子健任村书记后，用村集体资金还了 1 万元给信用社，剩下的依旧是一笔陈年老账。

---

① 对于为何要以私人名义来向信用社借钱，访谈对象文仲彬这样解释：国家征收农业税时，村集体无法完纳，常常以集体名义向乡镇信用社借钱，信用社的资金运转因此面临困境。到了 21 世纪初，乡镇信用社就不再接受集体名义的借款。因此，他就采取此权宜之策，本质上是村集体向国家借债，以弥补公共品供给的空缺。

2006 年，村里开始硬化抚贤镇至黄村的一条长 3.1 公里的主路。时任村书记文仲彬与陈子健及其父亲关系亲近，就将硬化工程交给陈子健承包。道路硬化每公里花费 8 万元，共计花费 24 万多元。在筹集资金的过程中，村里没有再兴师动众，只有文仲彬与陈子健各捐了 1 万元。而对于如此大的资金缺口，村集体依然很有底气采用了先建后筹资的方式。这是因为此时国家正在推进"新农村建设"，昙虹县政府各部门都开口子加大对农村建设的资金投入。果然，在之后的三年，村里的政治经济精英们通过社会关系从市里的林业局、建设局、粮食局等部门先后申请到了 51 万元拨款用于公路建设①。这部分资金也成为后续修建组级公路的重要资金来源。

从中我们可以看到，村庄的公共品供给越来越依赖国家财政资金，并以村集体为中介来进行集中化的管理。由此，村庄与国家科层体制的关联性逐渐加强以及国家资源向村庄的不断输送，开始形塑不同于农业税费改革之前国家与乡村社会的关系形态。然而，村庄公共品供给中普通村民的主动参与和被动动员都在弱化。这一点在下文所叙述的组级公路的筹资过程中体现得尤为明显。

主路修完后，村里决定硬化一条涉及 5 个组的组级公

---

① 根据访谈对象文仲彬（时任老黄村村书记）的回忆，当时修路拨款如下：由于丁会计的哥哥在县委组织部任职，县委组织部就在黄村办点三年，每年给村里 5 万元；同时，林业局、建设局也每年给村里 5 万元，林业局给了 3 年，建设局给了 2 年，第三年粮食局给了村里 3 万元。此外，有两年县长每年拨给村里 4 万元。算上各部门的拨款，村里共申请到 51 万元。

路。村庄中的退休教师与退休干部以及村委组成了修路指挥部，组级公路便由他们筹措资金并监督工程实施。公路全长 1.35 公里，总预算达 24 万元。国家下拨了 8 万元，村里资助 3 万元，剩下的资金就由修路指挥部动员本村村民与从本村"走出去"的各色精英捐款。此外，修路指挥部还决定这条公路涉及的 5 个小组的村民每人交 100元，由这些退休干部和老师挨家挨户去收。但是向一般村民的集资遭遇了很大阻力。不住在路旁的人都不愿意交钱，住在路旁的 100 多户村民中有 60% ~ 70% 的人愿意交。他们即使交钱也会讨价还价，能交 50 元就不愿意交100 元。有的村民甚至说村里不修路也没关系，自己宁可走泥巴路，不走水泥路。最后修路指挥部从村民中只筹集了 2 万多元。延长了三五年，这路才修成。

从以上修路的案例中可以看出近年来村庄公共品供给的特点。

一方面，公共品供给的资金来源脱嵌于村庄社会。具体而言，资金的主要部分来源于上级拨款，随公路级别的不同，上级拨款占据建设总资金的比例不同，但都达到一半以上，而且村集体给组集体提供的修路资金也源于国家拨款。除此之外，村干部还通过自身的社会关系网络来动员经济精英捐款，且大部分精英是不在村的。而占据了村庄主体并实际获得公共品效益的村民却表现出微弱的积极性，不愿意投入公共品的建设。

另一方面，在公共品供给的资金筹集过程中，我们还可以看到难以被动员的村民、在乎面子的村庄精英与缺乏社区权威的小组长等不同主体的反应。普通村民以个人利益为出发点，极易出现搭便车的行为，如只要有一个人不交钱，交了钱的村民就会觉得自己的利益受损，进而导致周边的人也不交钱，最终导致筹资失败。在地精英靠社会网络动员在村与不在村的精英进行捐款，筹得的资金与自身在村庄内的地位与声望息息相关，而不在村的精英也认为捐钱是给村里的亲戚"涨面子"。而在村庄共同体松散化的环境下，象征着旧有的体制性权威的小组长失去了权威与号召力，难以动员组内成员形成一致性行动。

这一过程中，村干部的行动面向逐渐转移到村庄精英与上级政府，而村民亦对村庄事务产生一种疏离感。由此可见，村干部的社区性权威逐渐式微，他们作为村庄精英能动员的也主要是精英所在的私人网络，村庄的公共品供给可能会异化成精英之间的游戏与对社会地位的角逐。

为何村庄会发生内生性公共品供给的式微，转而高度依赖国家的外生性供给呢？我们分别从村庄内在秩序变迁与国家职能转变两个方面进行阐释。

村庄内生性公共品的供给在很大程度上依赖于社会内聚力及由此产生的集体行动能力，而社会内聚力需要村民在横向上对村庄社区这个共同体及其道德价值体系产生认同，需要在纵向上形成公认的社区权威，从而联结成一个情感与价值的共同体。在过去，不论是传统的乡村社会还是集体化时期的农村都具备一定的内生性公共品供给能力。但随着村民生计模式的分化和社会流动的加剧，原先血缘、地缘、业缘彼此重叠的情感与价值共同体逐渐瓦解。

如第一章与第三章所述，不论是改革开放前还是经济快速发展的近 20 年，黄村传统的社会结构较为松散，村庄内聚力较弱。由于当地富足的物质生活，村民之间只保持低水平的互助与合作，彼此关系很松散；宗族势力弱小，且社区权威在分田到户以后也未能建立起来。再加上当地工业发展较早，经济分化对村庄共同体的切割作用使得村民生活越发原子化。因此，早在税费改革前，村民对公共品供给参与的内在驱动力就较弱。税费改革后，村小组的集体收入只剩下机动地和鱼塘承包费，非常微薄，内生性公共品供给的能力更加不足。比如，水渠维护、环境卫生保持、道路修建等农民生产与生活所需的公共品都高度依赖少数精英捐款和上级政府的公共财政。村庄内的公共品出现由内生性供给主导转化为外生性供给主导的趋势。

此外，随着财税体制改革而产生的现代国家职能的整体性转变，是公共品供给外生性增强的另一结构性原因。关照中国乡村公共品供给的内在逻辑，我们可以看出在农村税费改革前后，国家从资源汲取者转变为公共服务的主要供给者。其背后恰恰以中国财税体制改革所带来的大政府的兴起作为结构性支撑，国家财政加大了民事支出，拓展了国家的民事职能（焦长权、焦玉平，2018）。这在乡村就表现为公共品供给和公共服务的升级，新的公共性需求既是村庄内生性地产生的，也是国家制造出来的。国家逐渐主导公共品升级的方向和建设的标准，并提供资金支持。这从黄村的人居环境整治可见一斑。

在此前以农业为主的生活中，生活垃圾较少且大多是可再生资源。随着黄村工商业的发展，工业品源源不断地进入村庄，成为村民的重要消费对象，村庄产生了越来越多难以降解的白色垃圾。而此时村庄还没有与之相配套的环卫公共设施和服务，生态环境与生产生活的矛盾越来越尖锐。

90 年代前后，黄村各小组内部每隔几户就有一个约定俗成的垃圾清倒点，这个区域通常有一定的公共性，是权属模糊的公地。2010 年前后，村集体出钱将其改造为砌了水泥砖的焚烧池，村民没有出资。村民看到垃圾满后就自愿将垃圾池中的垃圾焚烧，村里雇用的敞篷车会定期将焚烧后的垃圾运往市里的垃圾中转站。

2018 年，从中央到地方开启了人居环境整治的序幕，村里开始了为期一年的一系列关于改善人居环境整治的高标准升级。国家设立方案和标准，每一个月县、市相关部门都会到各个村庄进行人居环境检查，计分考核，各村庄在全镇、全县排名，村庄和乡镇的考核结果纳入年终绩效评估。这一套科层制的办法督促着村干部积极投入人居环境整治工作，临到上级检查时，村民们动员不了，村干部就只能自己下村捡垃圾。

按照上级政府对人居环境整治的标准方案，黄村拆除了焚烧池，买了 630 个大垃圾桶，后来又买了 200～300 个小垃圾桶，给每家各分发一个。垃圾桶共花费 15 万元。运输垃圾的车辆也相应升级，从敞篷车变为密闭的垃圾罐装车，负责装运垃圾的共有两人，村里每年给他们 12 万元。他们一般每天清倒一次垃圾桶，运往比市里的垃圾中转站更远的垃圾处理站。此外，全村还雇用了 4 名环卫工人，老黄村有 2 人，平野村有 1 人，云林村有 1 人，他们的年龄在 50～60 岁，每月工资 1200 元。村里全年需给他们支付工资 5.7 万多元。为了清理河道中的水葫芦，村里还雇了临时工打捞。由此，仅人居环境整治一项，全村每年就需支出近 18 万元，但政府每年只拨几万元。

由此可见，国家对乡村社会新的公共品需求的回应，而且这种回应明显超出了公共品的底线需求，在某种程度上甚至出现了过度投入。村庄在每隔几户的位置设立一个垃圾收集点，定期回收垃圾，就足以满足村庄的垃圾处理需要，每家每户的垃圾桶的利用率并不高也证实了这一点。要如何解释这种过度投入？首先，从政府间关系的角度看，地方政府设立更高的人居环境标准，有助于向上级政府申请更多的项目资金；其次，从基层政府的行为逻辑看，这种短时间内升级达标的运动式的治理，也会使基层政府倾向于层层加码；最后，从村民的行动逻辑看，由于垃圾处理的公共职能由村委会雇用的一群固定的人员承担，村民逐渐认可这一社会分工，这反而削弱了村民参与公共卫生建设的积极性。

国家除了增加对村庄内部公共品的供给外，还加大了对跨地域的水利、交通、通信等大型公共品的投入，以加强各地区的经济、政治联系，促进各区域联动发展。这种公共品的供给通常带有国家战略性的目的，具有极强的外生性特征，占到国家总体公共品投入的大部分。

这启发我们进一步追问：国家加大对地方社会的公共品投入对国家这个政治体而言意味着什么？借鉴韦伯对国家的经典定义：在既定的地域范围内，其存在和秩序维持是由其管理干部应用及威胁使用"暴力"而获得保证，可称作"政治性组织"；一种政治性"经营机构"，如果而且唯有当此机构的管理干部成功地宣称其对于为施行秩序而使用暴力的"正当性"

有独占的权利，则称之为"国家"（韦伯，2005：74）。现代国家的形成过程，就是国家机器不断垄断正当性暴力，并进一步促进暴力的应有规则理性化的过程（韦伯，2010c：1044）。国家对乡村社会提供公共品看似不是垄断暴力的正当性使用的过程，但是若我们将暴力的使用泛化地理解为对规则的制定与维护，乃至对行政工具的使用，那么国家加大村庄内部公共品投入的这一过程也的确影响了乡村社会规则，并逐渐垄断了乡村治理的行政工具（这在本章第三、第四节还会详细论述）。国家对跨地域的大型公共品的投入，则为形成更加通畅、高效的官僚制经营机构提供了技术性基础，亦使国家的基础性权力向基层渗透具备了后勤保障。

再者，韦伯对国家的定义是将其作为正当地垄断暴力的手段，而非有一个内在的目的，这也意味着它发挥的功能亦会应时势而变。从现代社会来看，国家的基本功能就是制定法律（立法），保障人身安全和公共秩序（治安），保护既得权利（司法行政），培育卫生、教育、社会福利以及其他文化关切，最后——但不是最不重要的——则是有组织地武装抵御外来攻击（韦伯，2010c：1040）。这是韦伯基于西欧民族国家的发展形态和功能而提炼出的理念型，与当下中国的国家形态和功能有吻合之处，但是两者在演变过程和内在机理上并不完全相同。中国的家庭、亲属群体、邻里联合体乃至乡村社会在维持秩序与公共服务上一直都有国家的在场，这种在场可能不是政治意义上的，而是文化意义上的。只是近20年来国家职能转变强化了政治意义上的国家对乡村社会的渗透。从表面来看，这就是国家理性化的政治经营向乡村社会的渗透。但是其实践形态未必是理性化的，还面临能否与乡村社会相适配的诸多困境。下文将对国家对乡村社会公共品供给的理性化经营的两点困境进行论述。

（二） 交易成本增加的困境

公共品投入村庄，往往出于村庄某些群体或者村庄整体利益的考虑，乃至出于超越村庄的地区与国家利益的考虑，身处其中的村民个人或家庭并不能完全实现自身的意志，甚至被裹挟在这个集体之中。然而，由于去集体化的实践，如家庭联产承包责任制的实施、生产生活的个体化，村民产生了更多个体利益之间、个体利益与集体利益之间的张力，每个公共品项目的落地都使身处国家与社会中间的村干部面临协调各方利益的巨大压力。

国家如何与千家万户的农民打交道是国家治理在基层实践中最为核心的问题，国家是通过作为人格化载体的基层治理的代理人与农民互动与博弈的，而其效能又与村庄社会形态密切相关。当村庄整合与组织化程度较高时，国家只需要与有限的村庄代表打交道，有限的村庄代表会被吸纳到既有的行政体系中，成为村庄组织中的行政者，即村干部。他们兼具国家的"代理人"与村庄的"当家人"的双重角色（徐勇，1997）。但是，当村庄整合与组织化程度较低时，村庄难以产生内生性的权威人物，这意味着国家即使赋予村庄中几个精英以国家代理人的角色，这几个精英也无法代表不同村民的利益。他们在协调村民之间、村民与国家之间的利益冲突时，这种分散的权威中心或无权威的状态，会使基于权威（命令权威与服从义务）的支配向基于利害状况（独占地位）的支配转换（韦伯，2010b：3~4）。

我们需仔细探讨黄村的村干部在落实国家政策时如何达成对村民的支配。村干部掌握着村庄资源的分配权，并以国家权力作为行动的后盾。在迈克尔·曼对权力的分类谱系中，国家权力可以分为基础性权力和专断性权力，基础性权力是指"国家渗透进市民社会并依靠后勤支持在其统治的疆域内实施其政治决策的能力"；专断性权力是指"国家精英所享有的、不必与市民社会团体进行日常的制度化磋商的行动范围"（迈克尔·曼，2015）。在村庄熟人或半熟人社会中，村干部并不轻易借助国家专断性权力。

> 文仲彬的前一任村书记黄德胜因为某村民不交农业税便让派出所来抓人，后来这个村民很快就被放了出来，出来后碰到黄德胜就把他打了一顿。文仲彬对此事这样评价："若换作我，我是绝对不会把村里人送进派出所的，因为我不是国家干部，国家干部可晋升、调走，即使得罪了人也没有关系，但是我们的根都扎在村里，'生是黄村人，死是黄村鬼'，是不能轻易得罪人的。"

从文仲彬的话可以看出，村干部只能以国家暴力作为制约村民的筹码和后盾，不能"动真格"。面对与村民的冲突，以往的村干部更多是援引村庄的习俗以及和村民之间的情感。他们往往是地方性规范的阐释者，通过年龄、明事理、有公益心等品质获得威望。然而，随着社会流动的加剧，市场经济侵入传统的社村关系，既有的习俗、"默会知识"被打破，村干部仅凭阐释地方性的规范、借助村庄舆论来制约越轨者或者不服从的人已经难以奏效。更何况在国家有规划地推动社会变迁的政策中，有些政策是要暂时性地损害局部利益的，这使得村干部还需要运用国家赋予的基础性权力来约制村民。

2003 年，黄村拓宽公路，部分村民的土地被占。虽然土地的所有权仍是集体的，但是长期以家户为单位种植土地的历史性事实已使村民具有了土地的"类所有权"观念，占有农民土地就类似于占有农民的其他私有财产，村干部需要给路边的村民挨家挨户地"做工作"。

回顾农民分田到户后土地调整的历史，可以发现村庄逐渐丧失了"调地权"。农民刚分田到户的最初几年，每年都会根据各家各户的人口变动调整一次土地——"增人增地，减人减地"，后来三年调整一次，以实现土地的平均主义，维持每个村民六分地的标准。1988 年，国家完善稳定农民土地承包经营权关系，实行第一轮土地承包后，村里就没有再调整过土地，因为人口减少的家庭已不愿把土地交出来，村干部也少了调地的麻烦。这也意味着村集体渐渐失去了调地权，原来村集体可以通过调地来协调公共品供给过程中的土地占用问题，因而调地权是村干部手中至关重要的治权之一。

至于这次占地，村里既难以用调地的方式来平衡村民间的付出，也拿不出资金来补偿村民。村里只有依靠市里下发的红头文件中的明文规定："占用农田，只减农业税，不补偿青苗费和其他费用"，据此来强制占地。

然而，村干部在与村民的互动中不得不借用其他方面的基础性权力。有一家低保户，屋前路边的一分土地将被村集体占用。村里派挖机挖这块地时，他的儿子阻拦挖机。文仲彬到后对他说："这么多人都要从这条路上走，损了你的这一点点土，你家什么都没有种，又不是田，你若还这样，就不让你父母吃低保了。"他只好不再强争。

文书记的这番话表明，占用这点土地对他家的利益损失不大，而且拓宽道路还是有益于全村的善举，所以他的阻拦从根本上就是不合情理的。损小利、为大家的集体主义观念在村庄公共话语中仍然有一定正当性，这亦是借用村庄公认的价值规范来约束村民的行为。但是文书记还将支配的筹码加重了一些，村庄利益的分配权是村干部权力的基础，低保户的评选亦在其内，他就以评低保户这一类基础性权力来制约村民。将另一码事的权力借用到这一件事情上恰恰体现了乡村社会整体性的特征。

但是对于集众闹事、对利益索取过分的村民，村干部动用常规性权力几乎是无效的，只能依赖国家专制性权力来威慑。

云林村修一条公路，需从老黄村经过，老黄村与它交界的一个小组中部分村民承包的土地会被占用。组长张旭和很强势，带着几个村民阻拦施工的挖机，不让其开工。云林村村书记打电话到镇政府，镇政府再打电话给文书记。文书记随身携带市里关于土地补偿的红头文件，连忙赶往事发地。一到现场，他就拿出市里的红头文件，递给组长张旭和，正色道："这是市里的文件，你学习一下。"组长看后只好让众人都散了。对于还不服的村民，文书记最后说："你们如果还阻挠，就让派出所的人来把你们拘留，到时候我是不会作保把你们随便放出来的。"随后，组里的人就渐渐散了。

市里的红头文件和派出所看上去只是符号，为何会有如此大的效力？组长也是认同红头文件的法律效力的，当发现自己的做法不符合红头文件的规定，其行为的正当性就会大大降低。文书记认为如果没有这个红头文件，他开展工作的难度将大大增加。于是，红头文件这套符号与话语成为村干部用来约束村民的形式上的"尚方宝剑"。因为无论是红头文件还是派出所，都唤起了村民对国家的想象。

具体而言，占用村民土地而不给予补偿就像损人钱财而不给赔偿一样，是有悖村庄内部的道德伦理的，所以村民要求补偿是合情合理的。但是上级政府出台了相关政策，说明了不给予补偿的合法性。以国家的行政命令作为法正是治权的体现，而且国家的法压过了民间的情理，村民只能认了。国家的法之所以如此奏效，不仅仅因为背后有垄断性的暴力作为后盾，而且因为集体化时期的实践还在村民心中形成了一个底线性的共识——造福每个村民的土地终究是国家的，村民只有使用权，出于集体与国家发展的需要，国家就有权力收回土地。由此看来，村干部每一次调解公共品落地过程中的矛盾都是在实践国家治权。

但如果运用国家权力来压制村庄情理的事件频繁发生，那么无疑会降低村干部乃至国家权力的合法性。一方面，国家需要维护统治的合法性；另一方面，村干部也需通过弥合国家规范与村庄情理之间的张力来维护自身行为在村庄场域中的正当性。

随着农村公共品供给制度化进程的推进，国家逐渐将公共品供给过程中的交易成本纳入项目资金中，即对征用私人财产的不同情形规定了不同的补偿标准，并不断以明晰产权的方式来降低其间的交易成本。但是，公共品供给涉及的村民与国家之间、村民之间关系的协调过程仍然是由村干部来承担，这一过程所产生的社会后果仍然是作用于村庄的。这使村干部行使支配的方式发生了微妙的变化，村干部对村民的支配从基于权威的支配滑向基于利益的支配，村干部只是宣传和执行各种标准与规范的行政者，依托村民对自身行为的利害权衡而协调各种关系。

2018 年，黄村准备将村干道拓宽并铺成柏油路，村干部从县政府申请到了修路的项目。项目经费由县财政局统一管理，不下拨到乡镇。施工队亦在县里通过招投标来确定，与村民没有非正式关系，完全脱嵌于村庄。项目预算中的工程造价、村民补偿等都按国家相关规定明确设立了一定标准。

如此标准化的管理技术体现了高度的形式理性。通过公共品供给落地过程中补偿村民的方式，我们便可以看到交易成本为何会增加，以及村干部行使支配方式的变化。

施工队为了制定出道路拓宽的施工方案，前期派出工程师多次下村勘测①，绘出施工图纸，评估占用哪块土地、拆掉哪座房子。随后，工程师与村干部开会讨论，在确定哪些土地可能要占用时，以工程质量优先，再考虑村民是否同意。施工队根据施工方案确定项目预算，其中除了工程造价外，还包括被占土地或被拆房屋等的补偿款。

① 这时工程还未与村民产生直接的利益相关，村民不会干涉土地的测量。

虽然项目书中有一系列关于补偿的标准，但实际上除了征地拆迁这类涉及重大利益的事件有比较明确的补偿标准外，其他补偿标准的设立都需"因地制宜"，这无疑会增加公共品落地的交易成本。

于是，村干部与工程师一同到村民家与村民商议补偿款。工程师只懂技术，却缺乏村庄的民情与地方性知识，会对村民的房屋、土地的价值做出错误的估计，或者难以理解村民提出的远高于一般标准的补偿要求，因而需要村干部从中协调、沟通。比如，村里因修路要拆掉一户人家的房子，村主任王大轩和工程师一起去这家"做工作"。村里其他几户都只有每平方米40元的补偿标准，而这户户主方宁提出要每平方米60元的补偿款。工程师以为这户人家想趁机索要，便与方宁发生口角。王大轩连忙向工程师解释方宁要求的合理性，因为他是看着方宁把房子修起来的，方宁当时用的建材确实比普通村民家的好，所以他理解方宁诉求的合理性。

工程队与村民之所以会发生纠纷，是因为两者的利益诉求不同——工程队希望尽可能减少补偿款的预算，而村民更关心自己的损失有没有得到合理的补偿。而且村民要求补偿应符合《物权法》的规定，需根据当地该物的市场行情，不能以低于市场的价格来补偿。村干部则要站在两边综合考虑，若纯粹站在村民的立场，村民会坐地起价、补偿款多多益善。虽然项目经费出自公共财政，无须村干部私人出资，但是村干部认为一旦开大了口子，有损村庄的公序良俗，之后的项目落地便更加困难。

因此，村干部经常劝村民收回不合理的要求。比如按规划要求需要砍掉一棵树，村民以影响风水为由拒绝砍树；或者对房屋的补偿款提出过高要求，村干部就要天天跑到村民家里给他"做工作"，村庄原有的舆论已经无法制约这些人，村干部疲于奔命，只能以一套政治话语来降低其要求的正当性——"你这是阻碍了村庄的发展，阻碍了村庄发展就是阻碍了当地经济的发展、下一代的发展、国家的发展"[①]。然而，这种政治话语的效力终究有限。

在有补偿的情况下，村干部较少采用国家强制力来推动公共品落地，货币成为彼此关系的润滑剂。但村民过多的理性算计无疑也大大增加了公共品落地的交易成本。而且村干部也容易从基于权威的支配者演变为村民与国家之间、村民与村民之间的协商者，让各方行动者权衡利弊、相互理解来达至关系的协调。

（三）合法性提升的困境

合法性（legitimacy）一般是指国家权力的法理基础，如韦伯建构了支配的正当性（或权威）来源的三种理念型，"当今最普遍的一类，便是对合法性的信仰，也就是服从形式正确的以一般方式通过的成文规定"，这又被称为"法理性权威"（韦伯，2005：48~49）。但在今天的学术话语中，合法性概念涵盖了国家权力来源的不同面向，既有法理性的，又有非法理性的，更接近韦伯提出的政治支配领域的正当性概念。赵鼎新（2016）在韦伯对权威来源的理念型建构的基础上，进一

---

① 引自黄村村主任王大轩应对村民不合理要求的话语。

步提出具有正交性和完备性的理想型，将国家合法性分为意识形态合法性、程序合法性、绩效合法性，他认为中国在革命传统遗留下来的意识形态在国家权力来源的比重下降后，更为倚重绩效合法性对国家权力来源的支撑。

绩效合法性正是指国家提供公共品的能力。随着政府对乡村社会的公共服务的升级，村民对国家的绩效合法性的认同是否相应增加呢？在对黄村抗洪的历史进行梳理时，我们发现虽然政府公共品供给增加了，但是由于供给过程没有满足村民的期望，政府的绩效合法性并没有实现预期的提升。

昙虹县有一条河流从中部穿过，易因暴雨引发洪涝灾害。黄村的三个小行政村中除了老黄村因为地势较高而较少受到洪涝灾害影响外，另外两个村几乎年年都会受到洪涝灾害的"侵袭"，其中平野村尤甚。每年小涝，隔几年大涝。每次发生洪涝灾害时，居住在地势较低的河滩周围的村民都会面临洪水进屋的风险，山区还可能因暴雨而引起滑坡、泥石流，或造成村民房屋倒塌、庄稼被淹、公路地基损毁等。

在十多年前，洪水涨起来后，村民主要依靠乡邻互助合作来自救。有经验的村民都知道，洪水没有定性，来得时急时缓，有时可能在短短半小时内涌进屋里，转眼间就涨到齐腰深的位置。若家具在水里泡过就废了，因此，村民需要将一楼的家具迅速转移到二楼。毗邻而居的几户村民形成一个洪水濒临时的命运共同体，他们会相互帮忙，自家搬完了，就去帮邻居搬。因此，村民在日常生活中做事不敢走极端，若将邻居得罪了，到了危急关头自己则会沦为没有社会支持的孤岛。但是村庄内部有组织的抗洪集体行动始终没有形成，这种危急时刻的互助只是私人性和临时性的。由于村里很少有人打渔，原来的小船荒废了，小船在洪水来临时可用于救人、运送救灾物资，造价并不高，但是村里一直没有人号召置办这样的船只。

近年来，村集体更加积极地组织村民抗洪救灾。2014 年的洪涝灾害是近年来最严重的一次，平野村和云林村有 1/3 的房屋被淹。时任云林村村主任王大轩开船到各家去接受困的村民，将他们转移到村里地势较高的安置点。他说："当时买包子就花了几百元，又雇人帮村民搬运物资。而政府下拨的救灾款仅 3000 元，甚至连补偿一户村民的损失都不够，村集体在救灾过程中的开销大部分只能靠到上面'跑钱'下来（弥补）。"

在洪水来势汹汹之时，村一级在救灾过程中的公共品供给能力终究有限，政府开始投入更多人力、物力。2014 年，县政府往各受灾地区派遣了冲锋舟。据平野村的钟副书记回忆，这是村庄中第一次有冲锋舟救援。随着钟副书记将这次救援事件娓娓道来，一幅村民、村干部与政府干部在危急形势下的复杂互动的图景呈现出来。

眼看着洪水渐渐涨起来，村干部接到上级政府通知，冲锋舟早上 8 点就能到达。于是，村干部连忙将这一好消息通过村广播告知村民，稳定村民的情绪。村民已陆续转移到了各家房屋的二楼，有的村民家里能吃的余粮不多，都盼着冲锋舟能早点到来。然而，早上 8 点过了，中午 12 点又过了，冲锋舟却迟迟不来，村民越等越焦躁。傍晚时分，村里有一个妇女被毒蛇咬了，时间久了，会有性命之忧。村干部赶紧找来船只，派几个人手划船将该妇女送往医院，在湍急的水流中，船还差点翻了。邻居们焦急万分。

直到晚上 8 点，镇干部和冲锋舟终于来了。村民们等了整整 12 个小时，那个妇女的几个亲属一见到干部就打了起来，质问干部怎么这么晚才来，村里都快出人命了。村干部心里也窝火，但只能双方劝和，这场冲突才得以平息。冲锋舟将部分村民转移到安全地后，山里还有几户村民滞留在家，村干部给开冲锋舟的人说把那几户村民也救出来，但是开冲锋舟的几个人都不敢去。因为他们是临时被派来开冲锋舟的，没有经过专业训练，技术并不娴熟，天黑水急，他们担心自己在救援过程中遇险。幸而后来洪峰过了，洪水渐渐退去，山里的村民也脱离了危险。

村干部说村民对于这次救援，"有人讲好，有人讲坏"。"讲坏"的人认为其实冲锋舟来了也没有救多少人，而且姗姗来迟，救灾款又寥寥无几，甚至怀疑被上级政府截留了。因此，虽然政府近年来对基层的抗洪救灾投入了很多人力、物力，但村民对政府的救灾行动不甚满意。

这一案例启发我们反思政府的公共品供给效能与政府合法性的关系问题。客观而言，在抗洪救灾过程中，由以往依靠村民自救到县里开始调拨冲锋舟救援，这是从无到有的质变，可以说政府的危机应对能力和对基层的救灾投入都大大增加了，但是村民对政府的公共品供给能力依然不甚满意，也意味着政府的绩效合法性并未相应提升。这是为何？

在理念型的建构上，绩效合法性源于工具理性（赵鼎新，2016）。虽然国家对地方公共品的投入增加，但是村民的需求也在不断增多，而且国家公共品投入的速度赶不上村民需求变化的速度。原因在于：一方面，当地政府为村庄投入的公共品越多，村民的期待就越高；另一方面，大众媒体通常将公共品供给充分的案例打造为典型，大加宣传，典型成了标杆，村民期待自己所在辖区的政府也能够达到这样的标准。更为重要的是随着农村税费改革的推进和公共品的投入，农民逐渐从过去的义务本位变为权利本位，较少承担国家赋予的义务，而要求获取更多的公共福利。管理型政府向服务型政府的转型也逐渐赋予了农民"权利本位"的正当性，农民认为政府提供便捷、有效的公共品是理所应当的。

但是它的形成机理却不仅仅是一种民众与国家的利益交换关系（民众获得国家的公共品，从而服从国家的支配），公共品供给过程和资源分配方式符合人情、信义，对绩效合法性的提升更为关键。在黄村冲锋舟抗洪救灾这一具体案例中，若政府没有提前承诺上午8点会派冲锋舟前来救援，村民不会对这次救援行动如此不满。这与两个人在交往中讲求言而有信，有相通之处。

值得注意的是，这种合法性也不纯粹是基于明文规定或法律，如政府的公共服务需要达到某一客观的标准，更是基于"人之常情"——日常生活世界中的情理。在公共品供给的运作过程中，政府与基层社会的信息不对称、基层民众对政府运作逻辑的陌生化，以及民众缺少自下而上的渠道表达自身的需求，这三方面使政府的实际公共品供给效果常常难以满足民众的期望，政府与村民之间的互动过程难以达成彼此同情性地理解。因此，从整体上看，政府面临着公共服务能力提升而政府合法性难以相应提升的困境。更进一步，这种基于"人之常情"的相互理解为何难以达成，我们将在后文继续探讨。

二 乡镇政权的悬浮化

农村税费改革后，缺乏自下而上的财税来源的乡镇政府面临财政"空壳化"与政权"悬浮化"的困境（周飞舟，2006）。为了维持基层政权的运转和提升乡村公共品的供给水平，一套大规模的自上而下的财政转移支付体系得以建立（周飞舟，2012b）。上级政府力图通过目标管理和过程控制的技术式治理办法来控制资金的高效使用，各级政府的财政资金日益专项化，使整个国家的治理模式都呈现"项目治国"的总体格局（渠敬东，2012；周飞舟，2012a）。这一总体格局在基层治理中体现为财权、事权和人事权"以县为主"和乡镇政权的弱化。我们在抚贤镇和黄村的调研中，聚焦于乡镇干部和村干部在项目的基层运作中所发挥的作用，从乡镇干部与村干部的社会行动、他们之间以及他们与村民之间的社会关系入手来探讨乡镇政权如何悬浮于乡村社会之上。

（一）自主性下降的乡镇政府

税费改革后，村庄的公共品供给大部分都依赖政府项目资金的支持。但是乡镇政府无论是在资金供给还是在资金协调上都出现自主权下降的趋势。由于财权上收和乡镇财政的"空壳化"，乡镇政府缺乏对项目的协调权。此外，因为村庄中的项目主要是村干部打破科层制的层级限制，越过乡镇，直接进入县级乃至更高层级的政府部门"拉的项目"。这种财政资源分配方式极大地影响了乡、村两级的权力关系，使村级组织的自主性增强，而乡镇政府的自主性也就相应下降。

关于乡镇政府对项目在基层社会分配的协调能力，以往研究发现项目在面对复杂的乡村社会时，乡镇政府仍然承担了联通县级政权资源和村级公共品需要的"项目捆绑""项目撮合"，以及协调复杂利益纠纷的具体事务，在"悬浮型"政权的基础上进一步演化为"协调型"政权（付伟、焦长权，2015）。但这一研究发现并不完全适用于县虹县，虽然每年都有大量的财政转移支付以项目制的方式从上级政府下拨到基层社会，但是项目主要定向至村庄，而非由乡镇统筹。

国家在项目资金申请、下拨路径的制度安排上，都倾向于弱化乡镇政权的自主性。项目在乡镇一级的申请通常只是一个必备的程序，村干部先以一项公共建设或服务的事由向乡镇政府打报告，由乡镇党委书记及分管领导签字，乡镇领导一般不会拒签。村干部再到上级政府向各领导"讨要"项目，最终起决定性作用的不是形式化的程序，而是村干部与上级政府之间的私人性关系。项目资金的下拨路径，可被分为列支到乡镇的项目和不列支到乡镇的项目两类，其中不列支到乡镇的项目占大部分，而且会有更多的项目金额不列支到乡镇。这类项目由县级政府通过招投标来确定施工队，施工队与乡镇政府和村庄此前大都没有私人性关系。乡镇政府只是项目实施过程中的配合者与调解者。

但是对于列支到乡镇的小型项目和村庄的一般性财政转移支付，部分财权就由乡镇政府掌握。乡镇会将部分项目经费截留，并要求村干部从县财政申请的项目不能占用一般性的转移支付，否则途经乡镇财政所的项目资金就不下拨村里。因此，每村约有 20 万～30 万元的一般性财政转移支付都会留在乡镇政府。这成为一个不成文的"潜规则"，以弥补乡镇经费的不足。若村干部到镇上"讨要"转移支付，会被乡镇主要干部批评为"没有政治觉悟"。这亦是乡镇政府通过反项目制运作来增强自身财权的一种非正式运作。从项目资金在各村的总体分配情况来看，昙虹县一般的村庄每年获得的项目资金多则300万元，少则100万元。对于极少数没有"活动能力"的村庄，乡镇党委书记也会在各村间进行平衡。但乡镇由于财政资金有限，只能给这类村庄提供20万~30万元的项目资金，难以从根本上协调与平衡各村的项目资金。

虽然国家实行"村财乡管"的制度设计，由乡镇政府监督村级对项目资金的使用，但除了程序化的管理，这一制度并不能实现实质性的监督。近年来，昙虹县撤除了各村的会计职位，代之为报账员，一般由村里的年轻人担任。县财政局组织全县报账员进行系列培训，使他们掌握一套精细复杂的财务报销规则和方法。村干部在县财政局拿到项目拨款单后需到乡镇财政所核验，乡镇政府再派人到县财政局核实，之后乡镇财政所才会划拨相应的项目资金。村庄对资金的支取由报账员按照统一的财务报销规则支取。但实际上，所谓严密的、标准化、程序化、形式化的报账制度会变成村干部技术化的经营，他们会逐渐掌握一套符合形式理性的报账方法。

乡镇政府自主性较弱的原因除了财政资源配置权被上收外，还与村庄在项目运作中拥有很强的主体性地位有关。以往研究提到项目申请涉及许多复杂的技术环节，村级组织无法参与，而且项目互动中有许多政治性因素，而村干部难以接触这些"高层"政治运作，因此通常都是由乡镇政府在其中"协调""撮合"（付伟、焦长权，2015）。然而，我们在黄村的调研却发现村干部深度参与到项目的申请和具体的运作，乡镇的能动性反而较弱。付伟、焦长权（2015）的调研地位于湖北恩施山区的乡镇，而我们研究的昙虹县抚贤镇是一个以工商业为主的乡镇，其中乡镇政府的自主性差别可能与研究案例中村干部的相对社会经济地位有关。据一位曾任昙虹县下属某乡镇党委书记的干部估计，昙虹县 70% 的村干部是企业主，村书记和村主任中有 80%～90% 是企业主，其中 20%～30% 是大老板，村一级组织基本上被经济精英所控制。这些经济地位高的村干部在办企业的过程中就结交了许多县、乡干部，政治精英与经济精英在某种程度上实现了联盟——他们在办企业的过程中，需要县、乡干部在土地、安全整治等事务上提供支持；他们进入村庄政治后，项目资金的获取同样要仰赖这些干部，原来在经济活动中所形塑的社会网络又能够发挥新的功能。因此，村级组织由于富人治村而在项目制运作中的能动性得以提升，从而不利于乡镇政府自主性的发挥。

乡、村两级干部的社会互动也会受到两者社会经济地位的结构性差异的影响。由于主要村干部在经济地位上比普通乡镇干部高，加之村庄在项目资源上几乎不依赖乡镇政府，此种内嵌于行政机构中的阶层结构形塑了乡镇干部与村干部之间微妙的社会互动。富人村干部仍会尊重乡镇党委书记、镇长，对他们十分客气，常请他们吃饭。由于乡镇党委书记对村庄如何使用项目资金十分清楚，若村干部行为不当，乡镇党委书记会找村干部的麻烦。但是村干部与乡镇副职干部之间的关系则较为平等，甚至在副职干部面前还会有优越感。抚贤镇邻镇的原党委书记举过一例：他所在辖区内有一个村的村书记因乡镇的武装部长行事苛刻而对其不满，私下里找乡镇党委书记抱怨，并请求撤掉该武装部长的职务。乡镇党委成员的职务变动需由上级组织部门批准，哪是村干部所能左右的，乡镇党委书记也就让此事不了了之。但是当地村干部竟然能提出撤除一个乡镇副职干部职务的诉求，乡、村两级干部的权力关系可见一斑。这说明在中国的官僚制中私人关系会打破原有的科层结构，而私人构成的关系网络形成了错综复杂的支配关系与情感关系，人与人之间的交往并非如法理性官僚制那样是去人格化的。项目制运作中有一条与科层制的上下级关系并行的身份关系，身份关系更具有私人性，可以打破科层体系的上下级关系。这也使得乡镇政府虽然在行政级别上高于村两委，但是在权力运作上依然会受这种身份关系与行政关系之间张力的掣肘。

村干部在"跑项目"过程中所发挥的能动性更充分地展现了这一点。虽然每个村都有急需的公共品，但是对于上级政府部门来说，项目申请的过程具有行政配置和自由竞争的双重性，可此种竞争并非市场性竞争，而是关系性竞争。村里一位跑了十年项目的村干部总结说："上面的钱总是要往下拨的，扶持谁都是扶持，有关系者优先。"[①] 只有那些拥有政府信息资源、人脉资源和政治资源的村庄，才能真正拿到竞争性项目（折晓叶、陈婴婴，2011）。昙虹县有的村庄干部拥有丰富的政治和社会资本，虽然在行政体系内层级较低，但拥有从县级到省级甚至全国性的政治荣誉，如省人大代表、全国劳动模范等，他们可以直接申请并获得省级甚至中央的项目资金，这样的村庄一年便可获得上千万元的项目资金。

一般而言，村书记作为村庄的领导核心，是最有政治资源的人，也是"跑项目"最多的人。但是，项目制兴起之初，

---

① 引自黄村村主任王大轩的访谈转录稿。

村庄的权力精英并不都掌握上级政府的政治资源，后来村里有政治资源的精英被吸纳进村两委班子，在村庄权威更替之时，主要掌握政治资源的前任村干部会将这种政治资源转交给新上任的村干部，于是逐渐形成了村干部主导的政治资源分配格局。

王大轩原先任云林村村主任时，正处于村干部新老交替之际。因为老支书是农民，不会跑项目，而王大轩常年在外闯市场，结交了一些县、乡干部，所以村里跑项目的事就由王大轩去做，而且项目招投标中的逻辑与市场运作逻辑有一定的相似性，他也做得得心应手。三村合并后，"跑项目"的任务就成为新任村支书陈子健的"分内之事"，王大轩把他原来在各局的政治资源和社会资本分享给陈子健，让陈子健结识他认识的政府官员。只是当申请的项目资金较多时，仅凭陈子健仍不容易拿到项目，还需王大轩亲自出马才能拿到拨款单。

在富人治村背景下，村干部在村庄中的政治权威不仅与其经济地位相匹配，还与其拥有的政治资源相匹配，而且拥有更多经济资源的人就更容易将其经济资源转化为政治人脉。

村干部的政治人脉首先来源于自己的亲戚朋友或在外地当官的村里人，通过"跑项目"不断拉近双方关系，逐渐形成自己的政治人脉网。几乎每个村都有在外做官的能人，即使这位官员的家乡不在他所任职的辖区内，他也可以通过与家乡政府进行资源置换，间接地给予一些项目支持。县域内各乡镇的主职干部经常以这样的方式相互帮忙，间接地"造福"自己的家乡。

昊虹县村干部建构政治人脉网的过程还有其特殊之处，它较少通过先赋性的亲属关系建立，而往往通过经济活动构建。因为作为企业主的村干部在办花炮厂、玻璃厂时就需要与乡镇、县、市的各领导结交，很多政治人脉正是在办厂过程中积累起来的，双方的关系偏重于利益互嵌的朋友关系，具有后致性。

这种关系性竞争，不仅充分发挥了村庄在项目申请中的自主性，还形成了基于关系与情理逻辑的经费使用方式，从而使得经费使用不完全受体制内制度性安排的约束。一般而言，项目经费中大约有 20% 用于公关，主要用于招待市局和乡镇等各层级的领导，这被认为是合乎情理的，县审计部门在项目的财务审计中对此也留有余地，不过多追究。但有的公关经费占到项目总经费的一半以上，用于工程建设的经费不得不因此缩减，施工队只能偷工减料，或挪用其他项目资金来弥补，拆东墙补西墙，这就极大地影响了项目实施效果。然而，这种项目经费使用方式很难实现实质性的监督。村庄内部的班子一般是很团结的共同体，公关费用的使用权几乎全部掌握在村书记手中，项目资金的具体运作只有最为核心的几个村干部甚至只有村书记知道，这种信息壁垒使乡镇干部和村民对此都难以监督。项目的良性运作更多依赖村干部的内在约束。

综合以上分析，乡镇政府的自主性下降一方面是由于财政资源配置权被上收，另一方面是由于项目资源配置过程中的关系性竞争。后者使得村庄的项目资源大多依靠村干部向上级争取，项目经费的使用也更多受到私人关系中的情理约束，而较少受到乡镇政府的制度性约束，从而更加削弱了乡镇政府对项目的协调权与监督权。虽然这种方式在更大程度上发挥了村庄的能动性，但是由此形成了项目制运作的两大顽疾：第一，项目资源配置不均衡，社会资本与政治资本越多的村庄就能获得越多的项目资金，并且投入程度与发展效果之间具有正反馈机制——建设得越好的村庄能够获得越多的项目资源，被打造成明星村、样板村，而缺乏社会资本与政治资本的村庄就愈加被边缘化，从而出现"马太效应"；第二，项目经费用于公关的比例难以得到实质性监督，易导致公共品供给效能降低，造成项目资源的浪费。然而，真正能让项目良性运作的并非完美的制度设计，而是乡、村两级干部与村民之间的社会关系所形塑的人心秩序。这种秩序内在地促使基层干部为村民谋福利，无论是乡、村两级干部还是村民都积极地共同培育与维持乡村社会的公序良俗。那么，基层干部与村民的社会关系在近年来发生了什么变化呢？我们将在下一小节进行探讨。

（二）权力的文化网络的嬗变

"权力的文化网络"是杜赞奇为了概括国家权力渗透乡村社会所凭借的途径和方式而提出的一个综合性的概念，用于研究 20 世纪上半叶国家政权的扩张对华北乡村社会权力结构的影响。它超越了施坚雅（1998）仅从乡村社会的经济面向出发提出的"市场体系"的概念，也不同于当时学界在韦伯对中国研究的基础上将乡村组织和地方精英看成国家政权的附属物而提出的"乡绅社会"的概念（杜赞奇，2010）。这一概念及其所蕴含的分析框架对于我们分析改革开放后乡村社会权力结构（尤其是乡镇政府所处的结构性位置）的嬗变依然有重要的参考意义。

"权力的文化网络"中的"权力"是指通过强制、暴力或继承原有的权威和法统而获取他人服从的能力，它并非只含有支配者对被支配者的单向关系，也并非特指国家政权机构的权力，而是由各种无形的社会关系合成，包括宗族、市场、宗教、水利控制的等级组织、庇护人与被庇护者、亲戚朋友间的非正式的关系网。"文化"则指扎根在这些组织中，为组织成员所认同的象征和规范，它赋予文化网络一定的权威。简言之，这种由各种权力关系交织并被赋予权力运作象征和规范的组织体系，统称为"权力的文化网络"（杜赞奇：2010）。

下面我们将考察抚贤镇的权力的文化网络。由于本书第一章、第二章、第三章都已涉及乡村错综复杂的文化网络，此处便不再——赘述，而只是从权力关系的维度来重新审视前文所展现的文化网络。杜赞奇笔下的中国华北地区，市场、宗族、宗教、水利控制等组织体系彼此交错，文化网络也构成各个组织竞逐权力合法性的场域。其中关系交错得最为密集，又能够调节其他关系的结点，就被视为权力的文化网络的中心结。它既可能在村内，也可能在村外，而且会随着乡村社会结构功能的变化而变化。在新中国成立之前，抚贤镇权力的文化网络也具有这些特征。

但是经过近百年的国家政权建设与乡村社会变迁，随着原有的文化网络式微，新的文化网络也逐渐产生。水利管理组织因农业不再占据村民生计中的主导地位而逐渐涣散甚至消失，乡村工业化的兴起新生了花炮、玻璃等集中生产的组织。网购在乡村的出现也使村民生活所需的市场圈超出了施坚雅提出的初级市场-中级市场体系，只是集镇依然是市场中心；同时，集镇也是乡镇政府的所在地，乡村社会的政治中心和经济中心在一定程度上是重合的。宗族组织在流动的商品经济中趋于离散化，且近年来宗族组织看似重建与复兴，但脱离了原有的加强血缘纽带、救贫扶困、维护乡村公序良俗的价值意涵，成为社会精英构建人际网络、扩大影响力的社交平台。同时，满足村民娱乐需求的广场舞团体往往由村两委组织或扶持，原来由村民互助合作而形成抗洪自救组织逐渐被政府构建的抗洪力量所替代。由此观之，当地文化网络变化的最为核心的特征是：一方面，不同的组织功能分化日趋明显；另一方面，各种权力对合法性象征的竞逐渐趋完成，村两委成为村庄权力的文化网络的中心结，从村庄拓展至乡镇，乡镇政府又是乡镇权力的文化网络的中心结。虽然在不同领域发生的事件情境中，行政中心不一定是权力中心，如宗族祠堂的修建与宗族聚会、花炮的集中生产等，但是只要触及公共事务，行政力量都能够介入其中，影响组织演变的方向。而且对公共事务权力介入的运作规则正因为文化网络的简化和分化而发生根本性的改变，我们从乡镇行政人员在权力的文化网络中位置的改变及其对权力运作的影响更深切地认识到这一点。

乡镇行政人员在权力的文化网络中的位置与其生活地是否在辖区及其邻近地区有密切关联。他们按照是否有编制和编制类型可分为三类：第一类是行政编制的干部，他们由县委组织部任命，通常是本县人；第二类是事业编制的各站所职工，他们由县局直属部门招聘而来，以本乡镇人为主，少数来自邻近乡镇；第三类是没有编制的合同工，他们接受乡镇政府的招聘，基本都是本乡镇人。生活环境的接近使那时的乡镇工作人员与辖区的村民有着共同的地方性知识和相似的道德价值判断。他们还通过亲缘、姻缘、学缘等非正式关系与当地其他村的村民联系起来，在彼此交错的权力的文化网络中，乡镇干部通常是多个组织或群体的核心成员。而在不同的社会关系中的互动所蕴含的伦理又不尽相同，因而在乡镇干部与村民互动的不同情境与不同社会关系中，会有多重的伦理和规则影响着彼此的行动，彼此也会主动地采取各种合宜的策略来影响对方。正是基于这种社会基础，乡镇干部在下村征收定购粮时才会软硬兼施（孙立平、郭于华，2000）。因而，此时的乡镇干部是内嵌于乡村权力的文化网络的重要结点。

而且，乡镇行政人员的工作方式也深刻影响了他们在权力的文化网络中的位置。那时的乡镇干部经常下村现场办公，很少有人在办公室坐班。抚贤镇的乡镇干部在十年前的工作情景，正如董磊明（2008）在《宋村的调解》一书中所写的那样："20世纪90年代中期，宋村所在的三里店乡派出所只有4名正式警务人员，他们分3个片进行管理，包片的警务人员平时大多数时间都不在所里，而是骑着自行车到各村巡查，每个村基本隔几天就会去一次，村民们和包片的民警都很熟……村民会检举揭发，潜在的越轨分子也会感受到压力……派出所通过民警的亲身在场起到了监控和威慑作用，从而有效维持着村庄秩序。"抚贤镇的乡镇干部在十年前也是经常下村的，甚至没有双休日，尤其是计划生育和安全生产、监督管理部门的干部，其他站所的干部也会在下村时配合完成乡镇政府的中心工作，乡镇政府能较好地调动各站所的工作积极性，将各战线的任务进行统筹和协调。由于他们与村民日常面对面地互动，他们亦是熟人社会中的一员，对村民生活有全方位的了解。村庄的过去与当下所富含的各种人情、故事，他们都熟稔于心，一旦发生冲突事件（如纠纷），他们便能迅速获知，并充分理解村庄内各个人的行动逻辑，对事件的缘由、情理、发展趋势做出较准确的预判，从而做出合乎村庄道德价值的干预行动，游刃有余地在情、理、法之间寻找到平衡点。这本质上是将国家法律与政策在地化，恰恰展现了群众路线的实质意涵。

但是，近年来乡镇行政人员的生活地和生活世界的变化使他们与乡村社会的关系悄然发生了变化。在行政编制的干部中增加了选调生，选调生一般是外县人甚至外省人，并不会长期扎根于乡村社会。新招聘的事业编制的职工中本乡镇人大为减少，对本乡镇地方性知识的了解也很少。而且大多数的乡镇工作者居住在县城，他们或每天上下班往返于城乡之间，或工作日居住在政府宿舍，双休日就回到城里，生活地与工作地彼此分立，生活世界的文化意义亦在城市中习得与生成。这使得他们与乡村社会的社会关系相对单一，只有政府行政者与村民之间的正式关系，既然此前非亲非故，短暂的事务性互动中也难以产生非正式关系。由此，他们之间依循着一板一眼的正式规则而互动。乡镇干部的行为逻辑也逐渐出现变化，他们与乡村社会身体性的疏离造成了社会认同的弱化，对基层社会的工作委身性大大降低。他们不再是力求保一方平安，而是确保自己不犯错，减少被上级问责的风险。

此外，乡镇政府干部工作方式的变化，也深刻影响了他们在权力的文化网络中的位置。乡镇政府在近年来开始实行坐班制，七站八所的事业人员越来越少下村。只有包村干部偶尔下村，督促村庄完成上级任务。坐班制的具体实践形态就是互联网办公。每天各条线都会给相应站所的工作人员下达浩繁、冗杂的数据采集、上报工作，乡镇干部向各村下发各种表格，再进行乡镇一级的汇总。网上填表也成为一项专业化的行政技能。

互联网办公产生了一系列的社会后果。首先，它加强了条上的控制权，弱化了块上的统合权。因为互联网办公使条上自上而下的控制更为便捷，乡镇不再需要统一接收各条的任务，再根据轻重缓急分配给七站八所，这意味着乡镇在块上进行整合和统筹的权力大大下降。然而，精密的科层化机器总要面对总体性的基层社会，条的加强却弱化了科层机器应对乡村社会复杂需求的能力。原来乡镇政权是相对准科层化的，通过包村干部等制度来整合各种行政资源，并与村庄总体性的复杂需求进行对接。而今天国家权力看似可以通过条上的控制权"一竿子插到底"，但无法整合村庄复杂多样的社会需求，更多是国家意志自上而下的贯彻落实。

综合以上分析，乡镇政府由于财政上自主权的下降而在治理事务上悬浮于乡村社会，更为关键的是乡镇政府在权力的文化网络中的位置从原来的深度嵌入各种组织体系并角逐权力的合法性而成为中心结，到今天仅与权力的文化网络保持较正式的联结，或者试图部分抛开文化网络的"羁绊"进行治理。它不是在乡村内部竞逐权威，而是将国家创造出的新权威构筑在既有的权力的文化网络之上。因而，权力的文化网络的嬗变过程似乎是乡镇政权悬浮于乡村社会的过程，更准确地说是乡镇政权脱嵌于乡村社会的过程。国家加强对乡村社会的控制总要深入权力的文化网络内部，那么，近年来国家以怎样的新方式将政权重新嵌入乡村社会之中呢？这将在下一节展开论述。

三 村干部的"准官僚化"

自韦伯系统论述近代西方民族国家政权机构的逐步扩张以

来，官僚化（bureaucratization）就被视为从前现代治理到现代治理转变的主要体现。在韦伯的理论中，官僚化是与封建化相对应的，指的是地方治理的行政工具逐渐从私人所有转变为国家所有，并且行政体系不断层级化与专业化（韦伯，2009：252；2010b：21~23）。它是巩固国家政权、加强国家对社会控制的有效办法。

中国是一个早熟的官僚制国家，韦伯将其划入家产制国家的理念型。值得注意的是，近代中国为民族独立与强化国家权力而进行的国家政权建设相比于古代中国更为明显，其内在机理也发生了一些重要变化——从古代凭借士绅等地方精英间接统治基层社会，到近代通过官僚化（设立正式的官僚机构）的方式实现更为直接的治理。民国时期，县以下就增设了"区"，共产党执政后又在区之下设立人民公社，到 20 世纪 80 年代，人民公社又改革为乡镇政府，但村庄一直不是法律意义上的行政单位，虽然村庄内有村干部，但村干部不是官员，他们对村庄的治理有相对自主的行动自由。

新中国成立后，为实现工业化，国家主要依赖农村剩余。国家为加强对地方的财政汲取，往往要加强对地方社会的行政控制，但是未必就一定要建立正式的官僚机构。共产党采取了"三级所有、队为基础"的人民公社化体制，将党支部建在生产队上，通过政党下乡来改造和治理乡村社会（徐勇，2007），而非建立一支由国家划分明确权限并支付薪酬、提供行政工具的官僚队伍。而且，计划经济时期延用革命时期群众动员的机制，甚至可以看作一个高度反官僚主义的传统，从延安的"简政"中即可见一斑，这种政治运动式的治理甚至比科层化的共产主义时代更加"全能主义"（黄宗智，2008）。

但是，近年来随着现代国家的构建，国家政权嵌入乡村社会的方式又发生了一些新的变化，村庄中来自上级要求的治理任务越来越繁重，村级组织开始出现从非官僚化（不等于封建化）向官僚化转变的趋势，我们称之为"准官僚化"。

（一）政府职能部门向村庄的延伸

虽然乡镇干部在权力的文化网络中逐渐出现社会性脱嵌，但是自上而下的行政任务总需要在乡村社会中落实，因而乡镇政府就通过在村庄内部增加与各政府职能部门对接的事务型代理人来强化对乡村社会的行政技术性的控制。以往的村干部班子大多由村支部书记、主任、会计、妇女主任、民兵营长（通常兼任治保主任）组成，他们工作的综合性较强。近些年，抚贤镇强化了村干部的专业性，有重点行政任务的职能部门都在村庄设立与之对接的职位，进一步延伸其在村庄的触角。比如，派出所在各村设立辅警，人民武装部在各村征召民兵，党建部门在各村设党建员，财政所在各村设报账员，网格中心在各村布置网格员，他们都是由县财政统发工资的有编制的工作人员。由此，村级组织越来越像乡镇的下一级政权组织。下文以辅警、民兵、网格员为例，探讨各条政府职能部门是如何以新的方式将国家权力渗透进村庄社会的，渗透的程度如何，以及对村庄社会带来的影响。

1. 辅警——纠纷调解的新赋能

从 2018 年开始，昙虹县政府要求各村选任一名辅警，以辅助公安机关维持村庄秩序与治安。辅警一般是本村人，较为年轻，多参过军。比如，黄村的辅警黄成武 1989 年出生，高中毕业后在成都陆军当过 8 年兵，先跟着父亲做建筑工程，后

在健身房当教练。他是钟小禾副书记的外甥，正值村里选任辅
警，钟小禾将他推荐给村委，他从 2018 年 12 月开始担任辅警
一职。

辅警接近于以往村庄里的治保主任，但是两者在与乡镇
政府的关系上有明显区别。治保主任主要扎根于村内的关
系，与乡镇政府的联系较弱。辅警虽与治保主任一样是本村
人，但是作为派出所的辅助警力，与派出所的联系更为密
切。在村庄的纠纷调解和治安维持中，村民逐渐主动援引派
出所的力量。

2017 年，黄村的出警率在抚贤镇最高，主要因为家庭纠
纷、夫妻和邻里的矛盾。以前家庭纠纷优先由邻居、家族长辈
调解，若矛盾激烈到亲邻都无法调解的地步，村民就会优先找
村干部调解，派出所较少介入家庭纠纷的调解中。只有人身安
全、财产安全遭受较大损失时，村民才会报警。而今，村民家
庭内部和村民之间因鸡毛蒜皮的小事而引发的纠纷都会报警。
村民对此的解释令人瞠目，他们认为并非因为警察调解纠纷更
有效，而是因为警号 110 比村干部手机号更易记住，而且能够
防止纠纷升级，对挑起纠纷的一方起到威慑作用。因为公安部
门规定派出所民警必须在接到报警后 20 分钟之内到达事发现
场，当事人或者周边的人提前报警，对方知道警察会来，就会
在行为举止上有所收敛，因而当事人可以通过 110 更好地保护
自己。

至于为何派出所需要增加警务力量，可从村庄社会基础的
变化进行分析。随着当地城镇化的发展和农民职业的分化、流
动性的加剧，村庄长老逐渐丧失传统型权威，纠纷越来越少由
长老调解，而是由带有公共身份的村干部以及司法和公安系统

的干部调解。所以，公安机关维持地方秩序的日常监控与紧急出警的任务大大增加。而且，从上述村民报警的案例可以看出，纠纷中及时报警对村民而言是一种极具工具理性的行为。乡镇派出所的警力虽然相比以前已有很大提升，但是对于如此繁多的基层纠纷，派出所仍然面临很大的出警压力。因此，派出所既然提高了"服务"的标准，就不得不借助各村辅警的力量。派出所出警之前会通知村书记或村主任、辅警一同前去，实际调解纠纷的仍然是村干部。

辅警、治保主任与政府关系的不同进而导致二者职能上的差异。治保主任主要负责村内治安事务，而辅警还需完成更多上级部门下派的行政任务。辅警除了调解纠纷外，还负责本村重点人口的管控。村庄中的重点人口包括上访户、曾被拘留的作案人员、吸毒者、爱滋生事端的混混等。黄村有十几个这样的人。派出所记录和保存了关于这些人的档案，让辅警定期了解这些人的近况，有新的动向及时上报派出所。

辅警不仅服务于村庄治安，还成为实现村庄其他行政任务的机动力量，增强了村庄处理突发事件的能力。

> 我们到达调研点的前几天，当地接连下雨，天气放晴后，有村民察觉路边有异味，发现原来是两只死猪被丢在路边，推测本村人不会这么做，怀疑是邻村人干的。村民立马联系村主任王大轩，希望他尽快处理。王大轩第一时间叫上辅警黄成武前往现场，黄成武迅速联系挖机，将死猪掩埋，并现场消毒，前后只用了一个小时。

> 某夜，城里的垃圾车开到村里，打算将垃圾直接倒在村里河道。邻近村民发现此事后，连忙打电话给村主任，

村主任联系辅警赶往现场阻止。

这两个案件既反映出增设辅警一职使村内提供公共服务、维持公共秩序的行政效率提高了，也体现了村庄公共服务职能得到了拓展。环境卫生这类公共服务既有村庄内生性的需求，也被纳入自上而下的行政任务。随着生活水平的提高，村民对人居环境的要求也提高了，同时乡镇政府通过人居环境整治运动将人居环境纳入村庄绩效考核之中，采取"村庄责任制"，即乡镇政府在哪个村庄所属河道里发现大量垃圾或有害垃圾，就会追究哪个村庄的责任。由此，自上而下的行政压力将村庄的环境卫生纳入国家管理的系统之中，使村干部和辅警更加不敢懈怠。

辅警之所以能承担这些新的职能，加强国家对乡村社会的控制与公共服务供给，正是源于辅警在乡村社会中特殊的结构性位置。辅警与公安机关联系的加强，强化了乡村社会和国家的联结。辅警既是地方公安系统的一分子，需在派出所值班，又是村庄社区的成员，社会关系网络扎根于村庄，拥有充分的地方性知识，并对村庄利益有认同感。因此，辅警具有公安机关辅助成员与村班子成员的双重身份。辅警相比于派出所的民警，更为熟悉日趋复杂的基层社会，由于对地方社会与公安机关的规则都很熟悉，他们顺理成章地成为双方的解释者和沟通者。相比于普通的村干部，辅警多了公安系统一分子的身份，是国家权力下渗的人格化载体。辅警虽然没有执法权，但是代表了国家权威及其背后的强制力。

从国家的视角来看，增设辅警体现了如今政府替代社区向村庄提供更多公共服务，而且用一套程序化的标准来不断规范公共服务供给的行政过程，试图获得群众的满意。但是政府基础性权力增长的需求和层层加码的考核标准已经超出了自身的能力界限，不得不以增设新的机构和向基层社会插入楔子的方式来增强其职能。然而，这样又会使这个官僚机器越来越庞大与烦冗。

2. 民兵——基层应急防务的再组织

在中国共产党的领导下，从抗战年代至今，民兵长期是与现役常备军相配合的重要制度实践。随着国内外形势的变化，其战略性地位也在不断变化。20 世纪 50 年代为了应对帝国主义的威胁，我国大办民兵师，随着人民公社运动的发展，民兵一度成为比现役部队规模还要大的军事力量。"文革"时期，民兵逐渐废弛。80 年代后国家开始重建民兵队伍，并将其作为与预备役相结合的兵役制度的重要组成部分，基层行政单位设立人民武装部。但是相比于人民公社时期，民兵数量和训练任务都大为减少，以减轻群众负担，而国家将更多精力投入经济生产，重点放在城市民兵队伍的建设上（何立波，2006）。

黄村的民兵组织在人民公社解体后仍然保留，且在 2000 年后逐渐趋于形式化，在村庄治理和地区防务中较少发挥实质性作用。从 2017 年开始，县虹县武装部要求重新组织基层民兵队伍，加强地方武装力量，提升民兵素质与组织动员能力。县武装部要求：民兵年龄必须在 35 岁以下，超过年龄的人就须退出民兵组织，由年轻人替补；每个村庄按人口基数分配民兵指标，每个村招募 5～6 名民兵，相比于此前村庄的民兵组织，规模减小；民兵为家计生产，只临时接受训练或者征调任务，因而必须经常在家，以便随时应对村庄内外的突发事件。

黄村应上级政府要求，于 2017 年重新招募了一批民兵。

黄村发布招募民兵的要求后，全村有十多个年轻人报名，民兵营长彭会杰考虑到民兵需随时应对村庄的突发事件，就将在工厂或工程队工作的几个年轻人劝退了，最后留下常年在家的 6 人。他们的年龄在 30 岁左右，都已结婚生子，没当过兵，家庭有稳定的经济收入。他们的宗旨是"保卫国家，保卫村民"。抚贤镇共招募了 53 人，昙虹县共招募了近 3000 名民兵。他们属于义务民兵，不发工资，是一支重要的应对村庄和县域范围内紧急事件的机动武装力量。

为了满足地区性的应急救灾需求，昙虹县武装部改变以前在村庄内部进行分散训练的方式，采取集中训练的方式，这有利于提升在全县范围内紧急动员民兵力量的能力。所有民兵每年集结到市武装部训练两次，每次或 3 天、或 7 天、或 15 天，各村民兵被打散到不同连队训练。训练内容类似于高校军训，未配备武器，与常备军的训练强度和素养相差甚远。

民兵属于编制外的地方武装，又服务于国家与地方治理的需要。据黄村民兵营长说："邻镇村庄的民兵组成了治安护卫队，经常在村庄中巡逻，这是以后的一个趋势。"此外，县武装部亦根据救灾需要将民兵在全县范围内调动。比如，2019 年昙虹县遭受洪灾，抚贤镇民兵就被市武装部调拨到西乡固堤抗洪。民兵营长彭会杰回忆道："穿上迷彩服，军魂就出来了，身边人都在忙着抗洪，自己就不可能偷懒。"由于集体性的行动赋予民兵一种救民于水火之中的价值符号，其行动也具有超越工具理性的价值理性。这一民兵力量的培育和动员大大增加了基层社会和地方政府应对公共危机的能力。我们围绕黄村的一次救火行动来对民兵组织的紧急动员进行更细致的分析。

2018 年春节，黄村一户村民上坟失火导致周边十几亩山林起火，范围涉及两个村的两个村民小组。起初，该村民没有告知村干部，因为担心村干部会将失火立即汇报给政府，他将会被派出所拘留 7～15 天。于是，他的第一反应是自己求救于邻居。遇到此类情况，除非依靠自己的力量无法控制火情且万不得已时，村民才会告知村干部。村干部日益成为乡镇政府在村庄的"脚"——代理人，因此更在意在政府体系中是否会因出事而被问责，而不是庇护村民。

但是林业局有 GPS 火情监测系统，对全县范围内的火情进行监控。春节、清明节是林业局重点监控的时段。当辖区内某地温度上升时，系统马上就会报警。因而，当天火势蔓延几分钟后，黄村的村干部还不知道村里山林起火，就已经接到了林业局打来的电话。林业局准确指出了起火位置，要求黄村村干部、火情发生地的村民小组组长、民兵迅速赶往火灾现场救火。村干部等人到后，抚贤镇党委书记及林业站、安监站等乡镇站所的干部也纷纷赶来协助救火。总调度由镇党委书记负责，但实际上村庄救火人员的组织仍高度依赖村干部。在这紧要关头村干部和民兵要比普通村民更奋力救火。这次火灾发生后，不仅黄村在镇政府工作大会上受到了批评，抚贤镇在市里也受到了批评。这样的行政压力使他们在遇到此类突发事件后不得不尽全力应对。

这个案例体现了重建民兵组织的政治智慧所在。为何在这样一个社会结构比较松散的地区能够重建民兵组织，它的战略性地位又是什么？这些村民之所以会积极响应政府的号召，加入民兵组织，主要是因为个人对军事感兴趣，从而形成了一个趣缘群体。有趣的是，地方政府具有将民兵组织化的力量，通过军事集训与思想教育，这个趣缘群体形成了对村庄共同利益和国家利益更强烈的认同感。因为民兵组织将加入进来的普通村民的社会角色进行了转换，彼此形成了一种结合体关系，在紧急时刻，他们更容易投身于组织赋予的公共使命中。但是民兵由于居住地分散、生产与服役未分离，对其进行广泛动员和召集的成本较高，因而相比于正式的人民军队在战争、应急救援中所发挥的中坚作用，民兵组织仅作为地方社会抗洪、救火等应急行动的辅助力量，参与危机应对时的公共品供给的"最后一公里"。

此外，林业部门也通过火情监测系统这一技术治理方式直接监控村庄内部的火灾信息，辅助村内民兵组织发挥公共职能。这不仅提升了救火的效率，还加强了对村干部的行政控制。村干部不仅仅是出于义务感而救火，而且其行动还受到自上而下的行政权力的支配，因而也出现了"村干部比村民更卖力救火"的情况。

遥感监测技术的发展与民兵队伍的重新组织使基层社会可能会发生的风险都尽量纳入国家的技术监控与应对中。国家一旦监测到地方风险，就会以自上而下的科层权力调动尽可能多的行政资源进入基层社会，国家权力通过技术治理"一竿子插到底"，渗透到乡村社会最基层。但是此时乡镇干部作为技术性嵌入的国家权力的人格化载体，即使他们身体在场，其合法性权威的宣称并不能对村民的行为构成实质性的支配力量。因为村民知道他们是出于"怕出事"来救火，村民不在乎这种法理型正当性的宣称，更多是看在村干部和失火的村民面子来救火。

3. 网格员——精细化管理机器与社会基础的调试者

网格化管理最早是北京市东城区在 2004 年实践的新型数字化城市管理模式。为了在高度复杂的城市社会实现全方位的精细化管理，网格化管理借助信息网络技术，将社区/村庄按一定标准分为多个网格单元，将每个网格各个方面的信息都纳入信息数据库中，该数据库可以由乡镇、县级各层级部门共享。基层网格之上的县区级政府设立了城市管理指挥中心和城市管理监督评价中心，基层网格管理员发现群众问题后，将问题上报到城市管理指挥中心，后者联动政府各部门去解决。因此，这种网格化管理不仅将基层社会的每一个角落都纳入政府的监控和服务体系之中，还整合和协调了原有科层体系的各层级和各部门（郑士源、徐辉、王浣尘，2005；竺乾威，2012）。这种管理模式也逐渐在其他城市乃至农村地区推广，但它能否适应农村基层社会的治理需要、是否会导致治理的叠床架屋还值得我们深入思考。

2017 年昙虹县开始实行网格化管理，其目标和宗旨也从组织运作中彰显出来。昙虹县及其下属各乡镇分别设立网格化中心与分中心，各村设立网格化工作站。每个村按 300 户一个网格的规模设立多个网格，每个网格由一名网格员负责。设立网格体系的目的首先是通过网格的条线管理打通村庄与政府各部门的层级壁垒和部门壁垒，将村庄不能解决的问题通过网格中心上报，网格中心加工处理后再分解到各职能部门处理；其次是通过网格渠道让村庄履行上级下达的行政任务。由此，网格化管理的宗旨恰恰是针对基层群众组织难以解决的问题，由政府设置这一专门机构来收集信息和辅助解决。

村庄内划分网格的方式体现了这种行政组织结构与乡村社会结构之间的关系。合并后的黄村原本分为四个网格，与此前的四个党支部相对应，支部建在网格上。网格按照地形直线切割，这种机械的网格区划方式并未将网格单元与村庄原有的社会单元相匹配，反而在信息收集和公共服务上对原有的社会单元制造了人为的割裂。2019 年，黄村对网格的划分做了新的调整。由于网格员的工资由县财政负担，县政府为了减少财政支出，要求减少网格数量。黄村的四个网格变为三个网格，三个老行政村各在一个网格，由此基层网格组织与乡村既有的社会结构得以同构。三个网格员分别是黄成武（辅警兼网格员）、肖蓉（党建专干兼网格员）、彭会杰（报账员兼网格员）。值得注意的是，他们都是老黄村人，年龄在 35 岁以下，而且他们并非负责自己所在的原行政村网格，因而对自己所负责片区并不十分熟悉。

上述网格员的社会属性及其所负责区域与其所在的村庄社会网络的不完全匹配，可能与网格员所做的主要技术性工作（信息采集和录入）有关，无须其深入乡村社会。现阶段，村庄网格员所做的主要工作是对网格化管理平台所要求的信息（包括村庄每户人口、房屋、职业、劳动力状况、身体状况）进行数据收集和录入，建立一户一档。此外，采集的信息还包括集体经济数据，以及村两委、村务监督委员会、纠纷调解委员会、议事堂委员会等各类村庄委员会的情况等。为了录入这些基础信息，三位网格员加班加点，花费了一年多时间才基本完成。这本质上是国家对基层社会进行管理所做的基础性工作，是国家政权建设中"编户齐民"的重要体现。在网格化管理系统中，政府各部门根据治理需要可以随时查到村庄中每一个人的详细信息。

　　然而，那些需要深入乡村社会的、需要与村民互动的具体事务似乎较少由网格化系统来完成。网格化管理的初衷是加强县级政府各部门对乡村社会的管理和服务，为乡、村两级的社会治理赋能。它要求网格员"及时上报社情民意，调解矛盾纠纷，准确掌握网格内特殊人群的基础信息及变化，及时排查、上报治安和消防等公共安全隐患，倡导村民改善人居环境和生产生活条件，代办群众事项等"①。而这类公共事务已经由村干部在线下完成，若与网格化系统相衔接需要花费很大的成本。比如，为了与网格化信息管理相配套，黄村在村级道路两旁安装了几十个摄像头，村网格工作站对全村主要干道各路段实现了监控。若村民向村委会反映路灯坏了，网格员就在网格工作站调取摄像头查看，再告知村书记或村主任，由他们派人去解决。但是大部分公共服务需求的反映都不是通过网格化管理的渠道。因此，网格体系只是一个信息采集和储存的平台，其中的行政人员和技术组合而成的仍是一架形式化的官僚机器，尚未能灵活机动地应对村民的公共服务需求。网格化管理系统与村支两委已有的工作内容相重叠，又暂时未发挥新的作用，因而存在浪费治理资源的问题（田毅鹏，2012）。

　　这套网格化的管理系统仍然在建设之中，并在不断强化基层治理的行政化。有研究表明，政府行为的全面回归，不仅使公共服务辐射到社会各个领域，同时也在很大程度上形成了行政强制的倾向："行政体制俨然成为一部设计合理、运转有效

---

　　①　引自黄村网格工作站《网格员工作职责表》。

的庞大机器，但面对社会出现的突发事件和具体矛盾，则需要每个部件、每个齿轮都随同这一机器系统调整方向，连带运行，失去了灵活多变、敏锐出击的应对能力。"（渠敬东、周飞舟、应星，2009）这种自上而下的庞大的现代治理机器的构建如何与社区原有的社会性衔接起来，仍需要进一步探讨。

据此，我们发现国家在乡村社会增设了新的职务，强化了国家权力在基层社会的在场感，但总体上呈现技术治理日益加强的趋势。这种国家权力的渗透终究是有限的，行政化的取向只是将政府的行政部门渗透到村庄办公室，而未渗透到田间地头和村民的日常生活中，反而增加了村干部的各种自上而下的行政任务，使自下而上的社区内生性的需求与活力受到科层体系的抑制。此外，政府在村庄社会的渗透有极强选择性，对于如治安等涉及社会稳定的事务极为看重，如辅警一职的增设。网格化管理在现阶段也多侧重于管控，而较少侧重于提供公共服务。在乡镇政权自主性减弱的背景下，上级政府重视什么，乡、村两级干部就集中力量做什么。若上级看重的与农民的需求正好契合，则能促进乡村社会的发展，若二者没有契合甚至错位，则会带来国家资源的浪费，甚至引发一系列的问题。

（二）并村后村干部的分层与统合

乡镇政府在村庄内部设立了相应的职位，将各个部门的触角伸向了村庄，村干部班子既要有效地与上级政府的各职能部门对接，又要在内部形成一套符合熟人社会逻辑的运转体系，实现新的统合与分工。三村合并与新职位的设立使黄村的干部班子变得复杂了，回顾并村的历史和村干部之间的互动逻辑，有利于我们更清晰地认识村庄社会政治生活的结构。

2005 年，平野村与云林村合并为林叶村。平野村人钟嘉俊 1953 年生，1996 年进入村委，1999 年任村会计。此时，钟小禾的岳父任村书记，非常信任钟嘉俊，于是 2004 年支持他担任云林村村主任，2011 年再次推举他担任林叶村村书记。钟嘉俊一直在村里种田、做养殖，为人本分老实。

云林村人王大轩 1966 年生，10 多岁起就在外闯荡，做过泥瓦匠、挖过金矿，开过金店。他 30 多岁时就已是村里的富人，云林村的村书记让其回来当村干部，他不愿回来，又在外干了十来年。2011 年，他决定回林叶村发展，参与村委换届选举，被选为林叶村村主任，同时换届的还有平野村人钟小禾，他任副书记，平野村人谢琼花任妇女主任，钟嘉俊任村书记。

2016 年，林叶村与黄村合并，合并后的村仍称为黄村。钟嘉俊、王大轩、钟小禾、谢琼花，原林叶村的四位村干部原班人马进入黄村的村委班子，只是钟嘉俊不再任书记，而成为"顾问"。老黄村的干部班子如第五章所述，2003～2012 年文仲彬担任村书记，2013 年换届选举时，以文书记在村庄中的威望，他再次当选实属意料之中，但是镇政府希望任用一批年轻的村干部，文书记就推选张良任村书记，陈子健当选为村主任，村会计仍是丁忠祥。2017 年黄村换届选举时老黄村的这四名村干部原班人马进入了村委班子，年龄稍大的文仲彬和丁忠祥成为"顾问"。这年，陈子健与张良一同竞选村书记一职，陈子健因为有镇领导的支持而成为村书记，张良担任负责党建工作的副书记。原林叶村干部中，王大轩任村主任，钟小禾是分管扶贫工作的副书记，谢琼花仍然任妇女主任。

近年来，上级政府部门要求村庄设立一些新职位。这些职位需要较熟练地操作电脑，因而都由 20～30 岁的年轻人担任。黄村的中年村干部分别安排与自己关系密切、值得信赖的年轻人去这些岗位，这些年轻人并不直接与乡镇相关职能部门对接，而是作为这些中年村干部的助手。例如，陈子健与彭程是发小，两人一块儿合伙跑过运输，现在仍然在一起合伙开建筑公司，因而陈子健推荐了彭程的儿子彭会杰成担任村里的报账员和民兵营长；黄成武是钟副书记的外甥，因而被推荐到村里当辅警；黄村的肖蓉是村里的党建员，协助张良处理党建工作；黄村的黄晓春协助王大轩推进人居环境整治工作。年轻人的工作既有分工又有合作，相对机动灵活。上级政府下达网格化管理的信息采集任务后，村委均分给这些年轻人，由他们共同完成。上级政府还要求设立村民议事委员会和村务监督委员会，除了陈、王、钟这三个老村干部，其他有威望的老人也加入其中，陈子健还将他生意上的合作伙伴拉进来。

黄村的村部是一个两层的大楼，位于人居密集的黄村青山组公路旁。依据村干部的办公位置和经常活动的空间，我们就可以看出他们之间的权力关系。进门处是政务厅（类似于乡镇政府的政务大厅），政务厅设有前台，前台后有四张办公桌，上面各有一台电脑，用于接待前来办理各种事务的村民。二楼是村干部的办公室和会议室。村干部中只有陈子健、王大轩和钟小禾三人有独立的办公室，他们三人每天都要来村部值班。三位老村干部也几乎每天都来村部，文老书记和丁老会计经常在二层非固定的办公室，钟老书记则经常在楼下的政务厅与村民们闲谈。副书记张良和妇女主任谢琼花的办公位分别是最靠里的两张桌子，外面的两张桌子则是给四个年轻人轮流值班用的。

由此看来，村干部班子按年龄形成了老、中、青的三层结构，同一层中又有些许分化。从村干部的日常互动中可以看出，虽然村庄日常性的工作将这两个村的事务融合起来，但是原云林村内部和原黄村内部的村干部关系更为密切，他们更负责也更能胜任所在自然村的事务。四位中年村干部是村庄治理的中坚力量，但也需要老年干部的辅助和青年干部的协助。当中年村干部遇到难处后，就会请教自己所在自然村的"顾问"，让他们出谋划策或斡旋各种社会关系。中年村干部在接受各种行政任务后，会在年轻助手的协助下完成。处理村庄纠纷的仍然是中年村干部，至于村庄总体利益的分配则是村干部内部及其所代表的社会力量协商甚至博弈的结果，并需要获得老"顾问"的支持或默许，以及上级政府的承认。

国家并村合组的关键目的在于精减人员，在尽可能不增加财政支出的情况下提高村干部的待遇，以提高其工作积极性。但实际上，村庄原来的政治结构仍然保留了下来，原来的权力精英在新的行政架构下再次被吸纳进来。

（三）以行政为兼业与坐班制

在这一部分，我们回归到村干部的日常工作和生活状态本身来考察村干部的"准官僚化"。村干部"准官僚化"的趋势首先体现在村干部的工资制上，村干部参与村庄公共事务需要获得一定的报酬。政府对此的制度逻辑是有职务者才有工资。2010年，村干部班子中仅书记、主任、会计三人有工资，每人每月210元，并由县财政局将工资直接转入他们各自的工资卡中。村干部的报酬并不在村一级统筹，但是村干部会创造自主分配报酬的空间，他们会去上级领导那儿跑项目，部分项目资金用来补贴村干部，因而他们的实际报酬为每年 5000 ~ 8000 元，村书记比其他干部每年多拿 2000 元，但是这些工资在日常办公过程中就花掉了，所剩无几。如社保每年要交 6000 元，政府承诺解决 40%，但是只给书记、主任买社保。虽然上级政府对不同职务的人进行了待遇上的区分，但是村委班子内部是一个相对平等的团体，会对福利进行重新分配与平衡。这也意味着他们能够较为自由地掌控一部分行政资源。

由于政府下达给村庄的治理任务越来越繁重，仅有微薄收入且没有晋升空间的村干部的积极性越来越低，倒逼县财政提升村干部的工资待遇。2016 年，一般村干部的工资上调为每月 960 元。从 2018 年开始，昙虹县给所有村委发工资，村支书每月 3000 多元，村主任每月 3000 元，其他村委成员每月 2500 多元。

尽管村干部的待遇有所提高，但是依然只有比较富裕的人才会积极参与村庄政治。这是因为一个壮劳力在工厂打工每月能挣到 3000 ~ 4000 元，村干部主要是 40 ~ 50 岁的中年人与 20 ~ 30 岁的年轻人，他们都是家庭中的主要劳动力，仅靠这点工资无法养活家里，因而只有家庭经济条件中等偏上的村民才愿意当村干部。更何况县级给村庄的财政转移支付除去村干部工资就只剩下几万元，办公经费不够时，村干部就只能自己垫钱。这种结构性的财政约束使主要的中年村干部需由村庄里的富人担任。黄村的几位中年村干部感叹说："村干部垫的钱比得的钱都多。"这也导致村干部只能从发展兼业上寻找弥补正式收入过少的出路。

他们除了村干部工作外，还从事着其他收入更高的兼业，以维持在村中比较体面的生活。报账员彭会杰家里原来办鞭炮厂，现在他父亲彭程和村书记陈子健一起经营建筑公司，他的父亲作为掮客，在外包工程，他家经济条件在村庄中属于中等偏上，即使他不赚钱，家里也能养活他。辅警黄成武家原来也办鞭炮厂，现在他父亲在外包建筑工程。黄成武除了在村委中任辅警和网格员外，还在一家小额信贷公司做销售。此外，党建专干肖蓉做微商，负责人居环境整治工作的黄晓春家里原来也办花炮厂，妇女主任谢琼花家里做红白喜事的物资批发。村庄中的主要村干部——陈子健（办合作社）、王大轩（开引线厂）、钟小禾（开鞭炮厂）、张良（养殖龙虾、开游泳馆、从事不锈钢加工）都是村庄中的经济精英，村干部的工资收入相比于他们的总收入是微不足道的。因而，王大轩坦言："没钱当村干部肯定不行，不能靠这点工资来养家。"

王大轩当上村主任后，增加了许多额外的开支。比如，每年因公开车的油钱要 1 万多元，工作上的应酬要花 1 万~2 万元。此外，人情礼金的开销也大大增加，2010 年他当上云林村的村主任，抚贤镇所有的乡镇干部办酒席他都要去，人情礼金开销就增加了 2 万元。2016~2019 年，他为村庄公共支出垫了 10 多万元。工资对于他的家庭收入影响不大，他的工资卡由妻子拿着，他甚至都不知道每月工资是多少、什么时候发。但他说这并不代表村干部工资待遇的提高是无关紧要的，除了几个主职村干部因为办厂而不在乎工资外，其他村委成员还是很看重工资与福利的，因此，福利的增加会对其工作有很大的激励作用。王大轩还提出了乡镇干部与村干部在待遇上的重要区别，乡镇干部有稳定的收入与生活保障，而且有晋升的空间，但村干部工资要低于乡镇干部，且不稳定，三年一换届，没有晋升空间，在村里还要受很多委屈。

上级政府在提高村干部工资的同时，对村干部工作的日常要求也提高了，要求村干部像公务员一样坐班。2016 年之前，村委只需要每天派两三个村干部轮流在村部值班，且镇政府较少对此进行监督、检查。2016 年之后，镇政府要求所有村干部每周一至周五 8 点～12 点、14 点～17 点在村部值班，周六、周日休息。村干部周末外出要请假，一般村干部向村书记请假，村书记向镇党委书记请假。村干部若在工作日外出则要向乡镇政府申请，得到批准后通过才能出去。因而，村级组织人事管理制度越来越像乡镇政府的下一级行政组织。

但是，坐班制不一定适应村庄治理的需要。坐班制是对城市管理方式的模仿，其运转需要财政支持。但这种按照国家公务员的值班要求并不符合村庄治理的实际需要。村干部的工作有很强的机动性与灵活性，如黄村村民大都在工厂上班，上班时间与村干部的上班时间几乎相同。与村干部打交道的主要是户主，一般是中年男性，他们只有清早与晚上才有时间找村干部，因而村干部通常会在清早和晚上到村民家中办事。乡镇政府对村干部的工作也有特别要求，若村干部在突发事件发生后一个小时未到现场就会受到乡镇干部的批评。而且村庄很多公务并非文件性的，需要实地考察、面对面解决。由于村庄错综复杂的关系，出于人情、伦理的考虑，并不能按照统一的标准来办理一切事务，通常是一事一特办。因而除了上级要求的填表等形式上的任务外，村庄中大多数事务都不是在办公室完成的，而是下村完成的。

虽然采取办公室值班的制度，但村干部缺乏公务员的工资、福利等保障，工资水平远低于公务员，他们只能担任兼职村干部，将部分时间用于其他经济活动。对于村干部个人与家庭而言，八小时工作制是不切实际的。

坐班制在县虹县的施行亦有其合理之处。黄村就近城镇化所形塑的社会结构更加接近苏南模式，用标准化、程序化、去人格化的治理有一定的合理性。并村后，由于管辖范围变大，有的村民甚至和村干部互不认识，村庄管理也容易变成形式化的管理。更为关键的是，伴随着职业分途、人口流动、经济分层，同一个地域中的多重社会关系网络已不再是具有统一的集体感的机械团结。但是又没有形成分工细密的有机团结，多重的社会规则在村庄内部共存，村庄治理的形态与内在机制也发生相应变化。

四　村庄治理的标准化

国家逐渐以一套标准化的规则体系来要求乡村治理，政府层级越高，标准越严格，就越少考虑基层的实际情况和治理主体的各种难言之隐。标准化的治理集中体现在抚贤镇花炮产业的安全整治和各种数目化管理工作中，反映了国家在以一种法理性权威触及乡村社会时所遭遇的种种龃龉。

（一）花炮厂的安全整治

20 世纪 90 年代至 21 世纪初，当地花炮厂安全事故发生的频率非常高，但村民对安全生产不甚重视。事故主要发生在小作坊中，这些小作坊主没有建厂房，而是把居家楼房改造为小作坊，因而一个小作坊发生爆炸可能导致全家人遇难。但是正如当地流传的俗语——"宁可被炸死，也不可被饿死"一样，人们依然坚持冒着风险以花炮谋生。

面对这些潜在的安全风险，乡村社会也逐渐形成一套地方性知识和制度化安排。比如，将装火药的生产环节集中起来，而不是分散到各家各户；装火药要请技术娴熟的老师傅；等等。这一套地方性知识大多从生产和事故经验中得来。随着政府力量的渗入，原有的地方性知识与理性化、科学主义的安全生产制度相互影响，从而产生一套新的生产实践规范。

1. 安全事故处置中的情理法

花炮产业作为当地经济的重要支柱产业，是政府的重要财税来源，也解决了大量人口的就业问题。但是，花炮的生产安全又直接关涉工厂工人和附近村民的生命安全。加强安全生产监督和管理、保障人民生命财产是政府基础性权力的重要来源。因此，政府需平衡好经济发展与人民生命安全之间的关系。

90 年代，县政府开始对鞭炮行业进行安全整治，安全生产监督与管理部门（又称安监部门）逐渐成为政府内部重要的职能部门。政府将家庭小作坊生产视为"非法生产"，对花炮的安全生产制定了一系列标准化的规章制度，细致到规定哪些生产操作属于"违章生产"。这些制度性的安排都是为了将安全事故发生率降到最低。

发生安全事故后，我们从乡镇干部、村干部、厂长、村民的处置方式就可以看出这些制度实际上是如何运作的。我们以"事件化"的方式将习以为常的生活激活，这不是将一系列的社会要素及其相关要素铺陈开来的现象表现，而是一种发生或生成的过程，由具体的社会机制所激活而呈现出来的具有现象学意味的"现象"（渠敬东，2019）。

一旦花炮厂爆炸导致人员伤亡，首先受到影响的是受伤或死亡的工人及其亲属、厂主。无论是厂主还是工人，都不希望发生安全事故，这不仅因为一旦发生了事故，工人和厂主都会遭受很大损失，还因为厂主和工人之间情感和价值性的社会联结会受到影响。厂里的工人大多是本村人，他们是厂主的亲属、邻居或朋友，这种朝夕相处和各种社会网络的勾连使他们之间并不是纯粹的雇佣关系，在工具理性的算计之外还有很多情感和价值的考量。因此，一个工人受伤或者死亡会给村里的社会关系网带来不小的冲击，亲属闻风赶来，事情处理得是否公道会成为街头巷尾议论的对象。一旦处理不好，就会引发工人家属和厂主之间的纠纷，甚至群体性事件。

但是事故的发生有极强的偶然性与不可控性，事故大多是由工人的违章生产引起的。面对安全事故，厂主内心是很不安的，出于彼此的情义和社区舆论的压力，厂主有很强的义务感为受伤的工人进行治疗和赔偿。黄村两家花炮厂的老板讲述了他们鞭炮厂曾发生的事故，从中可以看出厂长与工人之间超出雇佣关系的情义。

李伟办鞭炮厂的 20 年间只发生过一起事故，这在当地人看来已算万幸。80 年代，他在衡阳开厂时，晚上有几十人在屋顶晒鞭炮饼子。由于承重过度，厂房突然倒塌，伤了 30 多人，但没有人员死亡。李伟将这些人赶紧送往医院，住院费花了几十万元，这些费用都由他来承担。当地村书记得知此事后，决定卖树帮他治病救人，一共卖了十几万元的树，至今都没有让他偿还。当地企业主遭遇此类事故后一般不会如此卖力救工人，因此一些工人十分感激他，甚至有的人甘愿无偿在他厂里干活。

　　彭程开办的鞭炮厂 2013 年 7 月发生一起事故。彭程的朋友、带班的班长徐建运输引线时超量，本来引线生产只能挑 20 斤，但是徐建却用胶轮车推了满满一车，属于"违章生产"。当时没有人发现徐建这么做，不然就会叮嘱他不要运这么多。几根引线落地，因为天气炎热，摩擦起火，瞬间火势骤起，徐建的脸部、身体多处被烧伤。工人们赶紧将其送往医院，花费了 150 多万元医疗费，保险公司赔偿 60%，彭出了 30 万～40 万元。徐建治疗了一年多才逐渐恢复，其间，彭还经常去医院看他。

厂主对工人的赔偿受到其内化的村庄道德伦理的约制，即所谓的"凭良心做事"，而非仅仅出于法律的考虑。李和彭对受伤工人的处置方式获得了村里人的好评，这些事件也成为检验厂主和村民的试金石。如李伟作为一个外地人更加受到当地人的信赖，工厂内部的关系也因这次事件而得到进一步巩固。

此外，一套对干部的问责制则形成了自上而下的强制力来约束厂长的行为，督促其加强安全生产监管。一旦辖区内的花炮厂发生安全事故，村、乡镇、县（市）的主管领导干部都将被问责，事故越严重，被问责的领导级别就越高，他们所受的处罚也越重。几年前，抚贤镇邻镇的一家花炮厂爆炸致 8 人死亡，县安监局局长被撤职。这种问责方式使上级政府对基层安全整治的要求层层加码，工厂有营业执照才能经营，达到政府制定的安全生产标准才能得到营业执照。安全事故发生后，不仅各级主管干部会被问责，厂长也负有连带责任，将被处以行政罚款甚至承担刑事责任。

2. 安全生产的规则体系及其实践

从前述安全事故的处置方式来看，处置并非按照标准化的赔偿和惩罚规则，法律实践依然不能违背情理。但安全生产整治运动在乡村推进的过程中，有许多标准化的规则体系已渗透到乡村社会。

从 2013 年开始，打击非法生产的另一个方向是鼓励鞭炮厂在规模、设施、技术等方面全方位地升级。花炮厂每三年整改一次，每次整改都被要求调整规划布局。由于花炮厂的用地是农村建设用地，又多位于远离居民区的山林地带，因此厂主在整改过程中需与国土部门、林业部门、安监部门、发改委等打交道。黄村村主任王大轩在 2013 年办了一家花炮引线厂，他表示每次整改当地的花炮厂他都会因厂房与设备改造、罚款与公关花费 100 多万元。黄村原来的几十家花炮小厂大多被关停，部分转让，少数合并重组，至今只剩下三家大型花炮企业，每家企业有几百名工人。因此，花炮厂整改升级的进程在一定程度上也推动了花炮产业的垄断，只有少数经济资本雄厚、与政府关系密切的企业家才能承受如此高昂的整改成本。

政府下达的花炮厂整改升级的文件中也有各种标准化的规则。如省厅针对每一家鞭炮厂设计了一张建筑图纸，确保不同生产环节的厂房距离在安全生产范围内，厂房离居民区的距离不小于 70 米。这一安全距离的数字标准意味着花炮厂的部分厂房需拆除重建，还需向周边村民征地以扩大工厂占地面积，部分工厂甚至要搬迁，这无疑大大增加了整改成本。此项规定颁布后，鞭炮厂厂主主要么选择关停厂子，要么选择改建，这时厂子的生死存亡更取决于能否成功整改。

标准化规则的落实，不仅有自上而下的政治压力，还有来自周边村民的舆论压力。村民的安全意识增强了，对安全距离的要求也相应提高，倒逼政府处理不合格的花炮厂，工厂的扩建引发了不少花炮厂厂主与周边村民的纠纷。

黄村有兄弟二人，哥哥陈晓礼扩建花炮厂，弟弟陈晓启是村小组的组长。陈晓启在花炮厂快建成时带着组里十多个村民（涉及组里 2/3 的家户）来陈晓礼的工厂抗议。抗议的原因是：花炮厂扩建占用的土地是组集体的，各家各户的地上还种着苗，建厂不仅毁苗，而且征地时对土地的丈量也不准确，赔偿款不足以弥补村民的损失。因此，陈晓启提出要陈晓礼拆了盖好的工厂，给村民们退地。村主任王大轩刚调解这起纠纷时觉得蹊跷——陈晓礼与陈晓启兄弟二人平日关系不错，弟弟为何会突然公开反对哥哥？村主任多方打听才得知，之前弟弟陈晓启在哥哥陈晓礼的花炮厂里干活，但因不遵守厂里规则被哥哥辞退了，陈晓启就想借机报复陈晓礼。村民们看出组长陈晓启此次抗议行动背后的真实动机后，认为他公报私仇，不够厚道，就逐渐散去，不再追究征地赔偿款的事。

黄村一个花炮厂厂主曾万谷与邻居邓角强曾因政府规定的安全距离问题引发矛盾。曾万谷在 2013 年建了花炮厂，在三年一整改的要求下，2017 年他将储存花炮的仓库扩大为 500 平方米，与邓角强家房子的距离从约 150 米变为 70 多米，但这仍然属于安全距离（安全距离为工厂离居民住宅不小于 70 米）。邓角强新建了 200 多万元的别墅，觉得花炮仓库就如一个火药库，万一发生爆炸，后果不堪设想。虽然仓库离他家的距离符合国家安全标准，但他心里仍惴惴不安。据村主任王大轩推断，假设村里其他人面对同样情境，约有一半村民会因花炮厂离家近而感到不踏实，但大多数人会因为距离符合国家安全标准、工厂整改手续又合法而选择忍受。但邓角强没有选择隐忍，而是将曾万谷告到了上级政府那里。邓角强越过村两委，向抚贤镇政府、昙虹县国土局、安监局、林业局等上级政府部门"秘密"递交了报告，村干部事后才知道他告了状。

最终曾万谷因为私自使用山林用地（未在林业局办手续）而被林业局罚款。林业局要求他交 10 万元罚款，但是他不愿交，只交了 2 万多元，被判了 1 年缓刑。曾万谷出狱后，与邓角强见了面也不再打招呼，两人关系就此破裂。事后，邓角强说自己也未曾想到后果会如此严重，竟给曾万谷带来了牢狱之灾。但村主任王大轩认为邓角强见多识广、文字功底好，此结果早在他的预料之中，只是嘴上说说来减轻自己的社会舆论压力。其实，邓角强的真实意图是利用花炮厂整改一事，让曾万谷为他的鱼塘清淤并修缮水渠，大约要花十几万元，曾若答应，邓对仓库距离的事也就不再计较。但邓没想到事情闹到上级政府后，却不再受自己控制，曾被判刑，使他再无可能提出这一要求，否则会被村里人耻笑为做事太刻薄。

以上案例体现了扩建花炮厂所激化的兄弟或邻居间的矛盾已不纯粹是就事论事的，通常将之前的积怨在纠纷中总体性地呈现，以花炮厂整改不符合国家规范为由来追求自己的私利。第二个案例中邓角强寻找曾万谷厂子其他不符国家规定的问题，背后隐含着更多对利益的不合情理的索求。但是政府部门按规定就事论事，未从人伦教化的角度考虑对曾的惩罚可能带来更深远的社会后果，看似实行了法理性的标准之治，却让邻里之间为了私利，以标准化的规则为工具而将事情做绝。这不仅未能从根本上调解纠纷，反而会导致村庄内部人心离散。

除了花炮厂的建筑间距要符合安全生产的标准外，安监部门还对工人的安全生产素养和工厂机器的安全性能等提出要求。厂长与安全员每年都要到昙虹县花炮陶瓷大学学习安全生产知识，自费学费 1000～2000 元。因为生产技术在变化，政府每年颁布的安全生产标准也在变化，所以他们每年都要通过相应考试才能拿到生产经营许可证，许可证备齐后，工厂才能生产花炮。至于鞭炮机器，它的更新换代既受市场规律的影响，也受到安监部门制定的安全标准的影响。比如，安监部门要求机器生产厂家减少单位产品使用的火药量、提高产品的安全系数，安监部门还会让厂主学习新机器的使用方法。但是厂主们获知机器生产效能、安全系数、使用方法等信息并非仅依赖政府，更多是通过业缘网络，购置机器也是自主决策。因此，安监部门较少影响花炮厂机器的更新换代。

安监部门还出台了一系列有关花炮生产过程的规定，但是有些规定与厂主及员工提高产品质量、增加收益的经济动机相违背。比如，安监部门要求火药生产线上的工人每次只能在生产线旁放置 1 公斤火药，这意味着计件工人需来回搬运火药，导致生产效率降低，工人工资和工厂利润都会下降，所以大部分的计件工人仍然会一次性放置 3～4 公斤火药。与此类似，安监部门还要求结鞭时零散的鞭炮不能放置太多；引线只能放12 根；包装时未包装的成品也不能放太多；仓库中的花炮成品不能放置太高，彼此之间要间隔一定距离；等等。可这些都会降低工人和工厂的收益。

虽然厂主认可这一系列安全生产要求的科学性，但是在科学主义话语下由一群专家研讨出的标准化的安全生产方案却与当地民情相龃龉。在这套规则制定的过程中，当地厂主乃至花炮协会都没有参与，这极大地影响了规则的实践。工人并非完全机械地按照安全生产规则生产，而是在安全生产规则与经济利益最大化之间寻找平衡，结果就是工人在生产和储放花炮时会违背国家安全生产标准，即出现"违章生产"。而厂主也宁愿多交一些罚款，以获得更高的经济利润。

因此，安监部门不得不采取一系列与之相配套的监管办法。为了对花炮厂的生产实现过程性监督，安监部门要求每一家鞭炮厂自行安装监控器，监控视频联网到县虹县安监局，县安监局因而可监控全县范围内所有花炮厂的生产活动。一个厂的监控成本通常需几万元，全部由厂主承担。对花炮企业而言，监控系统的利与弊是一体两面的，它既可以促进安全生产规则的落实，减少安全事故的隐患，但又使生产过程全部纳入国家的监控之中。正是政府和花炮企业在规则实践中的动态博弈，共同推动了花炮生产向更安全的方向发展。

安监部门除了完善安全生产监控的技术设备外，还派安监系统的各级干部定期到工厂检查，通过这种身体的在场来实现国家权力的下渗。镇安监站有十多个工作人员，每个工作人员都包厂，实行责任连带制，负责监督花炮厂交税与安全生产。安监站的工作人员经常来工厂检查，县安监局的干部每月检查一次，检查不仅包括安全生产，还包括环境卫生等其他方面。由于厂主与这些常来检查的地方干部相互熟识，地方干部即使发现了工厂的违章行为，也常是口头叮嘱，一般不会罚款。但是一旦市安监部门的干部来花炮厂检查时则基本不讲情面，总能找到不达标之处，所以几乎每查必罚。

以上这些标准化的规则之治有一套安全生产的科学理性和专家话语作为后盾，从而受到厂主、工人与其他村民的被动认可。同时国家又以各种培训、监控体系、行政检查的方式强化了权力下渗。安全生产的各种规则虽然是为了维护村民的生命财产安全、防患于未然，但是这与花炮企业、工人的日常生产活动中对利润的追求并不完全一致，因而在规则之治的实践中充满了各种非正式运作。

（二）数字下乡

我们在黄村的调研发现，国家尝试将乡村社会的各个方面都数字化，以纳入科层制的政治经营机器中进行集中统一的管理，这些数字不仅是对乡村底盘的勾勒，还关系到国家向乡村公共服务投入的理性计算。因此，一场"数字下乡"运动悄无声息地在乡村社会展开，在日常性与超常性的数据采集、转化和上报中，村干部成为联结乡村社会和科层制的国家系统的重要担纲者，越来越多的文牍、档案自然衍生出来，这或许也是在深化村庄的标准之治。

1. 日常性的数据采集与上报

一个人的死亡不仅是一个生命消逝的自然事件，还是与国家人口管理、社会福利发放等各个科层机构密切联系起来的公共事件。上级政府要求村庄每月月底上报死亡人数、死者年龄、死亡时间等信息，当死亡信息被录入系统后，死者一系列的社会保障、社会福利也会终止，如民政部门以此为依据，停发养老金。

村里有人去世后，政府要求其家人去派出所注销户籍，注销户籍前需由村里出具死亡证明材料。但是，村干部获知村里人死亡一般并非通过组长上报等程式化的过程，而是通过白事仪式的举行、村民的闲谈获知的。因为在熟人社会的日常互动中，信息高度流通。

但是并村后，村庄的相对陌生化使村干部并不能完全获悉某村民去世的消息。民政局打电话到村里确认某村民是何时死亡时，村干部可能并不知道。这说明国家通过其他渠道就能获知一个公民是否死亡，这是技术治理在现代国家的典型体现。通过技术治理，国家可以较少依赖基层政权联系群众，与每个人通过抽象的专业体系或机构联系起来，对其生命过程进行追踪与监控。

此外，信息从乡村社会传递至国家需要进行转化，其间也存在着信息不对称。如以村庄内的人口信息上传到网格化管理的网络平台为例。派出所通过户籍管理人口，获知人口总数及家庭成员间的关系。相比较而言，村里人对人与人之间的关系、分户、每户人口总数的了解是更为细致的，将这些信息上报本质上就是将熟人社会中彼此心照不宣、默会的地方性知识以数字化的形式呈现并上交政府。这是一种将信息简化、筛选、量化的过程，相对粗疏，而且会面临被基层社会遮蔽、谎报和虚报的问题。

国家更多通过增强技术性的信息采集能力来减少信息的不对称，减少人的因素带来的"干扰"，如土地的统计一改过去人工测量、登记的方式。在新一轮土地确权中，林业部门与国土部门通过卫星遥感技术对土地的类型、面积实现精准定位与监测，遥感技术测量的全国总耕地面积相比于原来人为统计的面积大为减少。由于行政信息储存能力的增强，国家机器掌握的信息精细化程度得到极大提高，并且由更高层级的行政机构掌握信息的垄断权，即越过县市级，采用技术化手段，使乡村社会的信息直达省级和中央。

但是，纳入系统的信息是机械的，采集这些数字仍需要进入乡村社会。比如，具体每一块土地的承包权归属于哪一户仍需要组长确认，组长留了分地存根，村一级并不知道这么具体的信息。组长对自己所生活小组的了解远超过村干部，因此这些具体信息的收集都要依赖组长。

日常性的数据采集和上报还涉及因社会之富于变化而不断更新的问题。如公路这一公共品的投入每年都有变化，之前上报的公路已进入公路网这一信息系统，新增加的、硬化的或改道的公路数据则需要村干部每年采集和上报。

2. 应急性事件的数据管理

国家为了提升对应急性事件的应对能力，激活科层体制进入这种危机处置状态，将基层社会面临的事态进行数字化是其重要手段之一。我们通过分析昙虹县 2019 年抗洪救灾中的数据管理可见一斑。

2019 年 7 月初，D 省中部与东南部地区因持续强降雨而引发洪涝灾害，昙虹县城内与临近滋水及其支流的乡镇都遇洪水。昙虹县成立应急办，由市委常委、民政局、扶贫办、国土局、农业农村局等部门组成，其中民政局是抗洪主力。这三个局直部门通过乡镇向村庄下发表格，实时收集各村的受灾情况。应急办每天都会下发不同的表格，要求乡、村两级当天上交。昙虹县不同部门对于信息收集各有分工，民政局主要收集受灾人员信息，尤其是低保户与五保户的受灾情况，还有物资与安置地点信息；扶贫办主要收集贫困户的受灾情况；国土局主要收集山体滑坡、路基损毁、鱼塘垮堤的情况；农业农村局主要收集农业与农产品受灾情况。

在抗洪持续的一周内，黄村前后填写了几十个表。很多表采取累积申报的方式，记录了第一天的受灾情况后，后续每天在前一天的基础上累计填写，便于县级应急办对全县各方面的受灾情况实现实时监察。但是在不同局直部门下发的表格中，同样的信息多次重复填写。这让村干部不胜其烦，他们的大部分精力都投入到这种重复的填表劳作中。这说明虽然成立了应急办这个综合性的部门，但是它对信息的收集仍然缺乏有效的统筹规划和部门间协调。

那么，村干部是否以及如何产生如实上报受灾信息的驱动力呢？村干部一般不会漏报受灾信息。因为村干部虽然不确定能下拨多少受灾款，但他们也希望提供尽可能充分的受灾数据，以争取更多资金。此外，村干部也难以虚报受灾信息，因为政府要求所有受灾情况都要以照片为证，下拨救灾款时会下村核实受灾实情。

组长是最基层的信息收集员，组长的年轻化和通信技术的发展使信息收集的便利程度大大增加。此前村干部联络组长的方式是打电话，而现在村组干部建立了一个微信群，村干部将乡镇政府各工作群的通知统一发到村组干部微信群里，组长收集到的村民受灾信息也及时发到群里，再由村干部去核实，这种方式更为高效。

实际上，黄村 2019 年抗洪救灾花费了 4 万元。其中包括山体滑坡堵塞道路后，村干部派了挖机及时处理，花费 2 万元；置办受灾安置点，给受灾的贫困户送窝棚、搭灶，共花费 2 万元。

村庄中损失最为严重的是村书记陈子健的农业合作社，1000 亩红薯被淹，损失 20 万 ~ 30 万元；其次是张良的龙虾养殖基地，因垮堤导致大部分龙虾流失，损失 10 万元。但是这次救灾款只来了 8000 元，远不能弥补村庄集体的公共投入和村民的实际损失。村干部只能"往上面跑钱去"，否则无法弥补因救灾而导致的资金缺口。受灾严重的农户先自己承担挖机费用（每小时 770 元，一家要花 1 万 ~ 2 万元，多则 3 万元），若无力支付，由村集体出资，从 8000 元的救灾款里出。县政府一对一下拨给受灾农户的救灾款还需再次申报，以重建过程中的照片（施工前、施工时、施工后各一张）为佐证，县级政府审核通过后，每户补偿 1000 元。这是一种将救灾款在房屋受损的村民中间平分的方式，但不同使用率的房子对村民而言实际损失程度不同，老房子的损毁其实无关紧要，而长期居住的房子损毁则对村民的日常生活影响很大。但是村民不会同意有所偏重地分配救灾款，村干部也没有统筹分配的权力。这说明之前上报的受灾信息对其救灾款的分配参考价值不大，其中体现的精细性的信息并未在救灾款的分配中体现出来，许多被登记受灾的农户也没有得到足够的救灾款，一些村干部甚至会因程序烦冗、补偿款有限而放弃上报。

3. 文牍主义的表现与产生机制

关于乡村的数字化管理问题，我们还访谈了抚贤镇邻镇原党委书记。由于数字化管理是在全县范围内统筹的，因而邻镇与抚贤镇在这方面较为相似。他说这些填表工作从 2015 年开始逐渐多起来，主要包括党建、扶贫、普查，其中党建和扶贫逐渐从运动式工作变为常态化工作。这些填表工作在很大程度上滋生出文牍主义。

此外，村庄大量的公务活动都被要求制作成台账。每次开会都需要写会议记录、拍照片并制作成台账。村委中彭会杰、黄晓春、肖蓉这三个年轻人负责填写各种表格，制作各项事务的台账。例如，议事堂是上级要求成立的，关于成立日期、领导者、成员、会议内容都要有详细记录，并以照片作为佐证。

村干部从事登记台账、填写表格等如此烦冗的文牍化工作，是现代国家建设自上而下的要求所在。村干部这么做也主要是为了应对上级领导的检查。为了应对上级检查，村干部不得不在检查前将所有的资料都备齐，日常也加强台账管理。这些形式化的文牍工作增加了村干部的工作量，很多材料是根据上级要求填写一些虚实相间的内容，对村庄的实际治理没有太大帮助。

迎接上级检查更是黄村的"家常便饭"。随着黄村逐渐被打造成昙虹县的样板村，昙虹县、渌泉市政府前来检查的频率也不断增加。从 2018 年开始，几乎每个礼拜都有领导前来检查。迎接上级检查成为村干部工作的一项重要内容，甚至成为其完成形式化的文牍工作的重要动力。黄村在最初迎接检查时，几乎所有干部都加班加点，没有双休，几次检查后，这一套迎接检查的程序就已经例行化了。村干部工作量大为减少，邻村的村干部也来黄村学习这一模式。但是频繁的上级检查也给黄村带来了很多负担。村里若没有集体经济，村干部若不是富人，就会在资金上难以周转。综合以上对数字化管理的运转机制的探讨，回顾历史，地广人众的古代中国一直对主要税源（农业）保持较低的税率（周飞舟，2006），有限的财税也只能支撑简约的官僚体系以维持整个帝国的运转。在地方治理中，无论是在司法、税务、教育管理还是在衙门管理领域，都运用半正式的简约治理的原则，国家机构尽可能少地介入地方事务，避免使用程式化、规范化的检查和文书工作等官僚政治手段（黄宗智，2008）。但现在国家的日渐强大和对基层的权力下渗，使黄仁宇在《万历十五年》中提出的精细的数字化管理日益成为现实，同时，村庄的各种文牍工作也日渐增多。这样强大的国家机器是否还能维持基层的简约化治理，数字化管理在乡村社会的实践又会带来哪些社会后果，能否与基层社会的治理需要相匹配？这些问题还值得深入研究。

五　村庄治理的脱嵌

在乡村社会权力的文化网络面临社会性脱嵌的背景下，虽然国家采取了村庄组织的官僚化与治理规则的标准化等一系列技术性的政权下渗方式，但村庄治理仍出现了治理者脱嵌于村民的后果。下文将从黄村集体合作社的运作机制以及村民对村庄政治的参与来深入分析村庄治理是如何脱嵌的。

（一）似是而非的集体合作社

近年来，全国各地兴起了发展集体经济的浪潮。这涉及国家如何面对千家万户的小农，将市场化后走向原子化的农民重新组织起来的重大课题，这不仅是经济上的再组织，更是社会关系的再组织。然而，在具体的实践中，由村干部主导的集体化实践能否实现集体化的实质意涵？其是否会由于村庄的权力精英脱嵌于基层群众，而变成精英们截取财富的平台？这值得我们深思。

1. 合作社推动土地流转的机制

由于昙虹县的工业起步较早，并逐渐在 20 世纪末 21 世纪初蓬勃发展，因而抚贤镇黄村的村民们很早就摆脱了赖土地以为生的生活。截至 2016 年，黄村有近 60% 的耕地抛荒。2017 年，黄村完成换届，新的村委班子决定重新开发土地资源，发展集体经济，创办农业合作社。省政府相关部门给合作社投入了 50 万元的项目资金。2017 年，老黄村全村耕地共 1780 亩、六个小组的 700 多亩土地全部流转，流转比例达 40%。2018 年，合作社将全村耕地全部流转，还流转了邻村的部分耕地，共流转了耕地 5000 亩。

黄村的土地流转之所以如此高歌猛进，是由于黄村向政府申请了休耕计划。全村所有耕地休耕三年，每亩土地享受 700 元的休耕补贴。但是休耕补贴先拨给村集体合作社，再由合作社以支付流转租金的形式给村民，流转费为每亩 400 元。本质上，合作社是以休耕之名行土地流转之实，合作社未额外花费一分土地流转金，还获得了其中每亩 300 元的补贴差价。此外，国家还对部分土地进行"基本农田改造"，补贴种子化肥的开销，这意味着国家通过下拨各类项目经费承担了合作社前期投入的几乎所有成本。虽然原则上这些流转来的土地都被要求休耕，但是合作社仍将部分土地用于种植红薯、高粱、草皮等收益更高的经济作物，还将部分土地二轮承包给其他承包户。

大多数村民在流转土地时并不知道合作社内部的运作机

制，只是隐约觉得合作社的利润颇丰。少数懂门道又对村干部不满的村民反对土地流转，但是他们的反对只会让自己白白损失土地的流转金，并不能影响村庄土地流转的大势。而且村干部照样可以制造土地流转合同，实现形式上的土地的全部流转。因此，大多数村民都同意土地流转，他们也不会计较。

2. 集体经济典范的话语构建

合作社宣称它属于集体所有，全村人都是股民，其收益的50%用于村民分红，30%用于集体的基础设施建设，20%用于村委的办公经费与绩效工资。2018 年集体分红 30 多万元，平均每人不足 100 元。从 2018 年开始，村集体每年给 60 岁以上的老人交新农村合作医疗，这部分钱从村里合作社集体经济中支出。但是实际上，合作社的资金运转与分配由村书记陈子健一人负责，村主任王大轩只是明白其中逻辑，并不清楚具体细节，村民则知道得更少。

合作社越是实现集体土地全部流转，越是能够体现其集体性，亦符合国家所提倡的规模化经营的话语。有些老农民希望保留部分土地，自己种植蔬菜。合作社为了能使土地尽可能地全面流转，在每个小组划出 1～2 亩蔬菜种植园，让村民免费采摘、食用，但是不允许村民多吃多占或将蔬菜拿到市场上去卖。这说明村民已失去了此前对土地与蔬菜的自由处置权，而集体的蔬菜园又没有形成稳定、公平的分配机制，这就导致强势者容易占集体的便宜，而一般村民难以充分享受集体蔬菜园带来的福利。

地方政府在中央发展农村新型农业经营主体、实现土地的规模化经营的大政方针下，努力找样本、树典型。2019 年，黄村以合作社为依托，争取到全省"扶四强"的项目。这意味着省级政府将会从 2019 年开始连续四年支持黄村的集体经济发展，黄村也将继续以"打造县虹第一村"为宣传口号大力发展集体经济。

从合作社的成员构成来看，合作社的核心成员与村干部班子并不完全重合。除了村书记与村主任，其他大部分的村干部都与合作社没有关系。在公与私的边界之处，村委班子无法监管合作社的运行。合作社的收益在多大程度上用于集体建设与服务主要取决于村书记的经营，村书记以政治经营来保障合作社的经济经营，在保障自身的村干部身份合法性与经济赢利中间保持着微妙的平衡。

合作社虽然名义上是集体合作社，但是本质上是私人所有。全村只有 40 多户加入了合作社，其中陈子健控股 30% ~ 40%，王大轩占股 12%，四个管理员各占 1% ~ 5% 的股份，每年有 3 万元以上的工资收入。四个管理员中，一个是贫困户；一个是陈子健的小学同学彭程，90 年代与陈子健合伙跑陶瓷运输；另一个是曾运青，是 90 年代就与陈子健关系密切的混混，常年不交农业税；还有一个是老黄村湖心组的组长文咏之。陈子健与彭程、曾运青的关系更为密切，他们占有的股份也更多，文咏之则只拥有 1% 的股份。另外还有 30 多户贫困户也加入了合作社，但他们不享有股份。因此，合作社本质上是借集体的名义搭建了一个平台，以集体分红与各种宣传手段来塑造集体经济典范的形象，从而具有了正当性来并源源不断地获取国家项目资金与补贴。

3. 合作社的经营

2018 年后，合作社通过临时工制度，让黄村部分闲散的中老年人参与到合作社的生产中来。村里 50 ~ 60 多岁的人利用零散时间来合作社做工，工资每小时 10 元，当天结算。全村大约有 200 人参与合作社的生产活动，大部分都是本村人，也有少量邻村人，他们彼此熟悉，监工的成本低，通常是关系好的村民一同前来。合作社在不同时节所需劳动力总数不同，在农忙人手不够时，管理员就派几个人把附近的邻居都叫来干活。

合作社的农活比较轻松，大多数老人干活并非是为了挣更多的工资，而是以此为消遣，一般干一上午或一下午就不干了。只有十来个老人十分勤劳，每天甚至可以做 10 个小时农活。勤劳与否与其家庭经济条件也没有必然联系，只是因为他们习惯了勤劳的生活，以此为乐。

看似消遣的劳作背后，合作社的经营风险却很大。受市场波动与天气的影响，有的经济作物赔钱，有的经济作物赚钱。合作社的经营者并未指望将经营经济作物作为主要的利润来源。

综合以上分析，黄村的合作社与村委班子勾连密切，部分收益用于集体事业，这看似具有集体经济的特点，但实际上是村干部以集体经济的名义将集体资产部分私有化。合作社一方面整合了村庄闲置的土地资源，另一方面承接了国家资源并在村庄中形成不平等的利益分配格局。大部分的利益都被村庄核心领导层及其代理人占有，村民只获得了极少数的利益。合作社的利益在村委班子中的分配亦是不均衡的，村书记主要将利益向与自己关系密切的朋友倾斜，并让这些人参与村庄议事堂等重要决策场域，形成不属于村委班子但对村庄决策有重要影响的群体。而另一群人则是处于合作社利益与决策之外的村委班子成员，以云林村的干部为主，他们中只有王大轩一人拥有合作社的股份，但他也不享有合作社的决策权。

村民们面对这不均衡的利益分配格局无可奈何，村庄治理脱嵌于村民就此体现出来。虽然村书记将原本抛荒的土地重新利用起来，增加了村庄土地的收益，村民的土地存量收益也得到了保障，流转租金的获得就意味着土地承包权转化成了资产性质的类所有权，但是国家下拨的大量项目资金作为土地收益的增量却大部分都未分享给普通村民。由于村民的原子化，他们在意的只是自己若不同意流转而失去流转租金，因而大多数村民都默认这种利益分配格局。

（二）内行与外行的政治参与

以上述黄村农业合作社为例，大多数村民知道村干部会借集体合作社谋利，但是很少有村民知道合作社是怎么运作的。不愿流转土地的村民之所以成为钉子户，大多是因为不愿意村干部轻易获得如此大的利益，但他们通常只能看到合作社种的作物收益，不知道政府给了村庄高额的休耕补贴并为村庄平整土地投入大量资金。实际上，既然国家已经承担了合作社前期的大部分成本，那么集体合作者的经营者就没有正当性获得那么高比例的股东收益。而大多数村民对这些都不得而知。

村民对村庄政治事务难以深度参与并进行监督。在各类项目施工过程中，村干部或组长会派几个老实的村民来监督，并填写施工台账，但是有关项目财务方面的信息，村民难以获悉。村主任王大轩坦诚地说道："上面来了多少钱、怎么用的太复杂了，跟村民们讲不清。"有些村民以此为由拒绝听从村干部的意见，村干部就说：你不相信可以到乡镇政府查去。但是大多数村民不会去，只有少数村民会委托在乡镇政府工作的亲戚帮忙打听消息。

这种难以监督的局面是如何形成的呢？我们的调研发现，原来老村干部主持村庄事务时，村里不容易产生上访户、钉子户，而现在村干部在任期间很容易产生钉子户。因为原来收农业税、执行计划生育的逻辑容易得到村民的理解，村干部难以从中获得显性的利益，但是现在的政治精英与经济精英互动的方式和逻辑对普通村民而言是一套陌生的知识体系，村庄的社会治理规则、资源分配、公共品供给的方式也彻底改变。原来公共服务的提供需要所有人参与，但是现在在项目制的申请和实施过程中，农民缺少主体性，只有几个村干部深度参与，许多行政过程和信息变得秘密化，所谓信息公开也容易流于形式。这与职业分途有关，不同职业的专业化发展中，公共治理的运作机制也逐渐专业化，未从事政治领域的村民不仅内部走向分化，与村庄政治运作过程也相对隔绝。换言之，村庄政治就相对脱嵌于乡村社会了。

在公共治理专业化之后，村庄中能够理解公共治理的村民主要有两类人——富人与老干部。由于公共服务部分采用市场化的运作方式，较多从事市场活动的富人更容易理解；老干部由于具有参与村庄政治的经验，也容易明白政治的逻辑。因此，公共治理专业化后，村庄的政治精英与经济精英更易成为影响村庄政治的主体。

即便如此，村民们对自己利益的得失仍是清楚的。比如他们知道自己吃了亏，只是不知道怎么吃亏的，对干部的指责就难以击中要害。在治理专业化的背景下，干部实际做坏事之处，村民可能对治理的运作逻辑不清楚，甚至想都想不到。既然村民们难以知其堂奥，就容易对政府形成整体性的、模糊的不良印象，从而影响村民与基层干部互动的态度。

进一步，我们尝试分析公共治理中钉子户生成的具体机制。以合作社推动土地流转为例，部分村民是明白人，故意不让流转；很多人并不明白，但由于感觉可能被村干部欺骗了或者不信任村干部而拒绝流转。由此，对村干部的村庄治理门道①，村民可以分为知者与不知者。知者又分为反抗的与不反抗的，其中包括对村庄治理的大方向有所判断的人，他们虽然不知道村庄治理门道的具体细节，但是知道干部多少不清白。根据前面的分析，这类人主要是村庄中的老干部与富人。不知者中有"不知为不知"的不知者与"以不知为知"的不知者。后者若是产生了不平衡的心理也容易成为钉子户。

以上分析让我们思考：村庄中的利益分化、村民在社会结构中的位置与村民对村庄政治的认知之间存在怎样的关系，这种关系如何进一步影响村民的政治行动？村民为何可能产生社会性的表演，即为何会有"以不知为知"的人？这是否说明村民对村干部的判断，可能不完全取决于自身是否理解治理的逻辑，还取决于在日常性的互动和公共舆论中对村干部人品和性情的判断，而村民具体的政治行动，还取决于他们与村干部的关系以及行动的具体情境。这里还有许多问题尚未解开，留待我们今后的调研工作继续探讨。

回顾改革开放后，在就近城镇化的背景下，黄村40多年的乡村治理变迁，我们发现：国家退场后村庄干部权威开始式微，

---

① 所谓"村庄治理门道"，主要指项目制等各种公共品资源如何从上级获得，又如何在村庄中分配。

传统的宗族型村干部在国家与农民的关系最为紧张时退出村庄政治舞台,村庄中的非精英走上前台,充当村庄治理的"撞钟者"。但无论是宗族型村干部的出走还是"撞钟者"的出现,他们的行为逻辑都体现了他们和村民社会关系的高度互嵌。

21世纪初,由于当地经济精英崛起并逐渐进入村庄政治,黄村逐渐形成富人治村的局面,看似经济精英为村庄政治带来新的活力,但实际上乡村治理又面临着社会性脱嵌的难题。村民的外出务工、经济分化、职业分途使村庄悄无声息地发生着巨大的社会重组——原有的乡土社会中的机械团结已经被交错的多重社会关系网络所替代,人们之间原来紧密的多维度关系逐渐被抽离成单维度的关系。乡镇干部和富人村干部都逐渐在身体上与基层社会疏离,虽然此时村庄的公共品供给逐渐由以内生性为主转变为以外生性为主——这体现了现代国家公共服务职能的拓展和国家角色的转变——但是这也使得村民应对政府的行动逻辑从义务本位转换为权利本位,公共品落地的交易成本大大增加,政府合法性的提升也面临困境。虽然乡镇政府为了落实自上而下繁重的行政任务,各个职能部门都向村庄延伸,但是这都只是加强了条上的权力,而并未使得块上的整合与协调能力得到根本性提升,反而使村庄面临繁重的文牍化工作。最终村庄治理变为精英的联合,却与乡村基层社会彼此脱嵌。

国家与农民之间的枢纽是基层精英,接下来,我们将分析焦点转移到基层精英与基层群众的关系上来。在共产党早期,基层精英能够代表群众,扎根群众。但是现在乡镇干部与村民的互动越来越少,乡镇干部下村也是深入村庄富人中去。乡镇政府支持富人当村干部,也只有富人有余裕来参与政治。结果导致很多政策在基层的运作就与村民的关联较少，这背后的本质是一种社会性脱嵌的治理模式。

在这种脱嵌的治理模式下，政府通过一系列的技术治理、数字下乡的方式希望再嵌入村庄社会，却总是捉襟见肘。且不谈治理成本的骤升，更加重要的是技术治理若难以与村庄的实际治理需求相匹配，容易异化为文牍主义与形式主义的治理。

通过分析村庄治理的社会基础演变，我们可以发现一些更深度的机理。村庄治理形态与社会基础是相互匹配的。原来乡村社会中各种社会关系重叠在一起，关系是总体性的关系，社会是总体性的社会，村干部的权威是总体性的权威，治理是一种总体性的治理，处理事情不是就事论事，而是有延伸性、整体性、人格化的治理。而今，村民的生产和生活彼此分离，整体性被切割了，农民不在乎农业生产，有很多社会交往超出村庄的边界，村庄生活变得简单化、片面化。村民之间的社会关系原子化加剧、彼此社会互嵌减少、村庄的公共生活消退、公共空间萎缩，反而使得村庄治理变得简单了。村干部不管生产，只管日常生活、日常公共品和秩序的维持，很多基于乡土社会的传统治理变得难以为继。同时，现代国家角色的转变，也逐渐要求乡村治理标准化，变成专业的政治经营的有机组成部分。

可是，存在即合理吗？我们用这样一套技术性嵌入而社会性脱嵌的乡村治理模式是否能回应现代国家转型面临的困难？对于乡村社会基础的巨变，我们是简单地迎合乡村社会共同体的消解，还是要减缓或者扭转其变化？政府应该如何重塑村庄内生的共同体秩序和活力，达至善治？这些困惑萦绕在我们脑中，无论是出于对智识的渴求，还是对现实的关照，回应这些困惑都是我们不懈求索的精神源泉。

参考文献

埃莉诺·奥斯特罗姆，2000，《公共事物的治理之道——集体行动制度的演进》，余逊达、陈旭东译，上海：上海三联出版社。

陈柏峰，2005，《暴力与屈辱：乡土社会的矛盾生成与纠纷解决》，博士学位论文，中南财经政法大学。

陈柏峰，2016，《富人治村的类型与机制研究》，《北京社会科学》第9期。

董磊明，2006，《农村调解机制的语境化理解与区域比较研究》，《社会科学辑刊》第1期。

董磊明，2008，《宋村的调解：巨变时代的权威与秩序》，北京：法律出版社。

董磊明，2015，《农村公共品供给中的内生性机制分析》，《中国农业大学学报》第5期。

董磊明，2019，《"富人治村"的利与弊》，《人民论坛》第18期。

董磊明、陈柏峰、聂良波，2008，《结构混乱与迎法下乡——河南宋村法律实践的解读》，《中国社会科学》第5期。

杜赞奇，2010，《文化、权力与国家：1900–1942年的华北农村》，王福明译，南京：江苏人民出版社。

菲利普·奥哈拉主编，2009，《政治经济学百科全书》，郭庆旺等译，北京：中国人民大学出版社。

斐迪南·滕尼斯，2019，《共同体与社会》，北京：商务印书馆。

费孝通，1998，《乡土中国 生育制度》，北京大学出版社。

费孝通，2009a，《费孝通全集》第六卷，呼和浩特：内蒙古人民出版社。

费孝通，2009b，《费孝通全集》第十卷，呼和浩特：内蒙古人民出版社。

费孝通，2009c，《家庭结构变动中的老年赡养问题——再论中国家庭结构的变动》，载《费孝通全集》第十卷，呼和浩特：内蒙古人民出版社。

费孝通，2009d，《乡土中国》，载《费孝通全集》第十卷，呼和浩特：内蒙古人民出版社。

费孝通，2012，《江村经济》，北京：北京大学出版社。

费孝通，2013，《乡土中国》，北京：生活·读书·新知三联书店。

费孝通，2019，《费孝通晚年谈话录（1981－2001）》，北京：生活·读书·新知三联书店。

费孝通、张之毅，1990，《云南三村》，天津：天津人民出版社。

费孝通、张之毅，2006，《云南三村》，北京：社会科学文献出版社。

付伟、焦长权，2015，《"协调型"政权：项目制运作下的乡镇政府》，《社会学研究》第 2 期。

桂华，2011，《富人治村的困境与政治后果》，《文化纵横》第 2 期。

郭俊霞，2012，《农村家庭代际关系的现代性适应》，华中科技大学。

何立波，2006，《大办民兵师运动始末》，《文史精华》第 7 期。

何倩倩，2019，《从"婚配"到"婚恋"：婚姻模式变迁与光棍形成——基于关中 L 村的实地调查》，《华中农业大学学报》（社会科学版）第 1 期。

贺雪峰，2012，《农村精英与中国乡村治理——评田原史起著〈日本视野中的中国农村精英：关系、团结、三农政治〉》，《人民论坛》第 12 期。

黄仁宇，2006，《万历十五年》，北京：生活·读书·新知三联书店。

黄宗智，2008，《集权的简约治理——中国以准官员和纠纷解决为主的半正式基层行政》，《开放时代》第 2 期。

焦长权、焦玉平，2018，《"大政府"的兴起：经济发展与政府转型——中国政府公共收入水平研究报告（1980 - 2014）》，《开放时代》第 3 期。

卡尔·A. 魏特夫，1989，《东方专制主义：对于极权力量的比较研究》，徐式谷、奚瑞森、邹如山等译，邹如山校订，北京：中国社会科学出版社。

刘昶，2016，《迈克尔·曼论国家自主性权力》，《上海行政学院学报》第 1 期。

麻国庆，1999，《家与中国社会结构》，北京：文物出版社。

马克斯·韦伯，2005，《社会学的基本概念》，顾忠华译，桂林：广西师范大学出版社。

马克斯·韦伯，2009，《韦伯政治著作选》，彼得·拉斯曼，罗纳德·斯佩尔斯编，阎克文译，北京：东方出版社。

马克斯·韦伯，2010a，《经济与社会》第一卷，阎克文译，上海：上海人民出版社。

马克斯·韦伯，2010b，《支配社会学》，康乐、简惠美译，桂林：广西师范大学出版社。

马克斯·韦伯著，2010c，《经济与社会》第二卷，阎克文译，上海：上海人民出版社。

马林诺夫斯基，1987，《文化论》，北京：中国民间文艺出版社。

迈克尔·曼，2015，《社会权力的来源》第三卷，刘北成、李少军译，上海：上海世纪出版集团。

欧阳静，2011，《富人治村与乡镇的治理逻辑》，《北京行政学院学报》第 3 期。

皮埃尔·布迪厄、华康德，1998，《实践与反思：反思社会学引导》，李猛、李康译，北京：中央编译出版社。

渠敬东，2012，《项目制：一种新的国家治理体制》，《中国社会科学》第 5 期。

渠敬东，2019，《迈向社会全体的个案研究》，《社会》第 1 期。

渠敬东、周飞舟、应星，2009，《从总体支配到技术治理——基于中国 30 年改革经验的社会学分析》，《中国社会科学》第 6 期。

施坚雅，1998，《中国农村的市场和社会结构》，史建云、徐秀丽译，北京：中国社会科学出版社。

宋丽娜，2010，《打工青年跨省婚姻研究》，《中国青年研究》第 1 期。

宋丽娜，2016，《农民家庭生活新秩序的建构：功能主义视角的解读》，《社会建设》第 2 期。

孙立平、郭于华，2000，《"软硬兼施"：正式权力非正式运作的过程分析——华北 B 镇定购粮收购的个案研究》，《清华社会学评论》特辑，鹭江出版社。

谭同学，2010，《桥村有道——转型乡村的道德、权力与社会结构》，北京：生活·读书·新知三联书店。

田毅鹏，2012，《城市社会管理：网格化模式与基层秩序构建》，《学习与探索》第 2 期。

王海娟，2016，《论富人治村的"私人治理"性质》，《地方治理研究》第 1 期。

王会，2016，《集体经济模式下苏南农村妇女地位研究》，《中国青年研究》第 12 期。

王云五主编，1979，《礼记今注今译》，王梦鸥注释，台湾：商务印书馆。

吴文藻，2010，《论社会学的中国化》，北京：商务印书馆。

吴毅，2002，《村治变迁中的权威与秩序》，博士学位论文，华中师范大学。

吴毅，2001，《"双重角色"、"经纪模式"与"守夜人"和"撞钟者"——来自田野的学术札记》，《开放时代》第 12 期。

吴正东，2012，《明清时期湖南人口与社会变迁》，博士学位论文，华中师范大学。

项飙，2018，《跨越边界的社区——北京"浙江村"的生活史》，北京：生活·读书·新知三联书店。

笑冬，2002，《最后一代传统婆婆》，《社会学研究》第 3 期。

徐昕，2005，《论私力救济》，北京：中国政法大学出版社。

徐勇，2007，《行政下乡：动员、任务与命令——现代国家向乡土社会渗透的行政机制》，《华中师范大学学报》（人文社会科学版）第 5 期。

徐勇，1997，《村干部的双重角色：代理人与当家人》，《二十一世纪》第 8 期。

亚里士多德，1983，《政治学》，吴寿彭译，北京：商务印书馆。

阎云翔，1998，《家庭政治中的金钱与道义：北方农村分家模式的人类学分析》，《社会学研究》第 6 期。

杨华，2008，《纠纷性质及其变迁的原因》，《华中科技大学学报》（社会科学版）第 1 期。

杨华，2008，《农村人情的性质及其变化》，《中南财经政法大学研究生学报》第 1 期。

杨华，2010，《隐藏的世界：湘南水村妇女的人生归属与生命意义》，博士学位论文，华中科技大学。

杨善华、侯红蕊，1999，《血缘、姻缘、亲情与利益——现阶段中国农村社会中"差序格局"的"理性化"趋势》，《宁夏社会科学》第 6 期。

张爱华，2011，《贝克的个体化理论以及对研究中国社会的启示》，《理论界》第 10 期。

张静，2019，《基层政权：乡村制度诸问题（2018 修订版）》，北京：社会科学文献出版社。

张早林，2018，《工厂关系的计划化、社会化和世界化——意大利自主论马克思主义"工厂社会"思想的三个发展环节》，《山东社会科学》第 7 期。

赵鼎新，2016，《国家合法性和国家社会关系》，《学术月刊》第 8 期。

折晓叶、陈婴婴，2011，《项目制的分级运作机制和治理逻辑——对"项目进村"案例的社会学分析》，《中国社会科学》第 4 期。

郑群明、贺小荣、陈耿，2004，《农村居民闲暇生活特征研究——以湖南省为例》，《人文地理》第 1 期。

郑士源、徐辉、王浣尘，2005，《网格及网格化管理综述》，《系统工程》第 3 期。

周飞舟，2006，《从汲取型政权到"悬浮型"政权——税费改革对国家与农民关系之影响》，《社会学研究》第 3 期。

周飞舟，2012a，《财政资金的专项化及其问题：兼论项目治国》，《社会》第 1 期。

周飞舟，2012b，《以利为利：财政关系与地方政府行为》，上海：上海三联书店。

朱晓阳，2003，《罪过与惩罚》，天津：天津古籍出版社。

竺乾威，2012，《公共服务的流程再造：从"无缝隙政府"到"网格化管理"》，《公共行政评论》第 2 期。

后　记

　　光阴荏苒，日月如梭。从 2017 年暑期开始，这是北京师范大学社会学院董磊明教授第五次带领同学们进入村庄实地调研，我们先后在华北、华东与华中的四个省份留下我们的足迹。面对一群只读过社会学经典原著，仅在农村社会学课堂上形成对农村社会初步印象的同学们，董老师以白天调研、晚上复盘研讨的高强度训练模式，手把手地教导我们如何在村民讲述、实践的朴素经验与社会学的高深理论之间来回穿梭，他基于二十多年的农村研究经验，将一套逐渐成熟的农村研究方法"一招一式"地传授给我们。

　　起初，我们对访谈有些无所适从，对陌生社会也有一丝疏离感，但在调研过程中，我们逐渐对自身的研究者身份产生了认同，并以合宜的社会角色融入村庄。最具挑战性的是一旦深入到村庄社会内部，我们很容易被异质而又繁多的经验所淹没，陷入找不到头绪的迷茫之中。董老师的言传身教让我们逐渐学会以问题意识为导向进入经验，又能从经验中抽离出来，与前人的理论产生对话。回想 2018 年的暑期，在结束江苏沭阳调研后的回京途中，董老师就向我们提议：我们以后每调研一个村，就要尽可能地写一本书，这既可以记录我们这个学术团队的成长历程，也可以让我们对一些根本性问题的思考具有一定的累积性。那时，尚且稚嫩的我们觉得这个提议既让人心潮澎湃，又有些遥不可及、望而生畏。一年后，基于 2019 年暑期在黄村开展的为期半个月的调研，我们竟然在董老师的指导与督促下，历时一年多时间的集体创作，完成了这本拙著。融注在这本书中的是我们的多少个日夜的集体研讨与写作，由此也形成了我们彼此间"心照不宣"的默契。由衷地感谢董磊明老师的殷切教导与鼓励，我们"惟日孜孜，不敢逸豫"。

在多次调研中，董老师教导我们，在脑中要一直思考一个根本性的理论与现实问题——中国社会从传统的乡土社会历经近现代的沧桑巨变，究竟会延续哪些制度与精神传统，又会承受怎样的现代性变革？系统内部各个部分如何相互作用并呈现新的乡村社会形态？这样稍显宏大的关切，显然无法在一个村庄、一本民族志中得以体现。而本书的使命恰恰是呈现一个就近城镇化、乡村工业化的村庄改革开放 40 年来的社会变迁以及与之相对应的乡村治理逻辑的转变，或许我们并未完全实现"导论"中所讲的建构既不同于传统乡土社会又不同于现代工商社会的第三种社会的理念型，只是将乡村工业化影响下的社会形态的各个面向及其相互关系呈现出来，而更为艰深的理论提炼与建构工作还需我们继续努力。

理论是灰色的，而生活之树常青。面对身处其中的、充满切身体悟的生活者，我们始终要向他们学习。他们不仅仅是给我们提供信息和资料的人，更是让我们体验与感悟更多生命可能的人。诚挚地感谢胡湘、刘岳、董巍、刘衍斌、李景山、李冬林、王俊斌等朋友这些年来向我们提供的鼎力支持；感谢县虹县政府领导、抚贤镇与黄村干部对我们的热情款待，黄村的村干部甚至搁置部分工作，陪同我们调研。作为村庄重要的

"看门人"，他们还积极地为我们介绍村民，让村民坦诚地接受访谈，他们都是本书的重要贡献者。此外，还要感谢社会科学文献出版社张小菲编辑对本书细致入微的修改，我们拙陋的语言让她的编辑工作比平时增加了数倍。

本书是我们集体创作的结晶：导论由董磊明、欧阳杜菲撰写，第一章由徐陈晰、欧阳杜菲撰写，第二章由林舒曼、李欣灿、王悦撰写，第三章由姚雨青、李欣灿、张徐丽晶撰写，第四章由张徐丽晶、徐陈晰撰写，第五章由叶汇琳与徐陈晰撰写，第六章由欧阳杜菲、董磊明撰写；后记由欧阳杜菲撰写。

虽然本书还比较浅陋与青涩，但是它记录着我们的成长，也承载着我们师生与同学间的情谊。无论以后我们是否从事学术研究，这都是我们的起点，其中的关怀也将伴随我们终生。

图书在版编目（CIP）数据

京师社会调查 .1，黄村：乡村工业化与村庄的重
塑／董磊明等著 . -- 北京：社会科学文献出版社，
2020.10
  ISBN 978 - 7 - 5201 - 7633 - 0

  Ⅰ.①京⋯　Ⅱ.①董⋯　Ⅲ.①乡村 - 社会调查 - 醴陵
县　Ⅳ.①D668

中国版本图书馆 CIP 数据核字（2020）第 236143 号

黄村：乡村工业化与村庄的重塑

著　　者／董磊明　欧阳杜菲　等

出 版 人／谢寿光
责任编辑／张小菲

出　　版　社会科学文献出版社·群学出版分社（010）59366453
　　　　　　地址：北京市北三环中路甲 29 号院华龙大厦　邮编：100029
　　　　　　网址：www. ssap. com. cn
发　　行／市场营销中心（010）59367081　59367083
印　　装／北京市松源印刷有限公司

规　　格／开　本：889mm × 1194mm　1/32
　　　　　　本册印张：9.125　本册字数：211 千字
版　　次／2020 年 10 月第 1 版　2020 年 10 月第 1 次印刷
书　　号／ISBN 978 - 7 - 5201 - 7633 - 0
定　　价／199.00 元（全三册）

本书如有印装质量问题，请与读者服务中心（010 - 59367028）联系

北京师范大学京师社会调查丛书

Licun:
Nearby Urbanization and the Reconstruction of Geo Circle

李　村：
就近城镇化与地缘圈的重构

董磊明　宋苑 ⋯⋯⋯⋯⋯⋯⋯⋯⋯⋯⋯⋯⋯⋯⋯⋯⋯⋯⋯⋯⋯⋯ 等 著

社会科学文献出版社
SOCIAL SCIENCES ACADEMIC PRESS (CHINA)

"京师社会调查丛书"总序

在现代社会科学体系中，社会学是基础性、综合性学科，也是具有极强实践性、应用性的学科。社会学必须直面社会实践中凝练出的重大理论问题。中国特色社会主义社会学是对社会主义社会运行特点和规律的揭示与阐释，也是对社会主义社会实践的理性认识，是在这个基础上对社会学基本理论的创新性发展。以马克思主义的认识论和方法论研究社会变迁的实践，是中国社会学学科发展的源头活水；而中国的社会发展、社会建设、社会治理，也离不开社会学理论的与时俱进、创新发展与有力支撑。

社会调查研究是社会学研究非常重要的方面。一直以来，社会调查都是中国社会学界的一个优良传统。中国社会学在近百年发展的历程中，一代代社会学人做实地调查、以实证性实验的科学精神和研究方法，立足国情、扎根本土，探索和发展具有中国特色的社会学理论和研究方法，从而将其孕育、形成、发展为比较完整的学科体系、学术体系和人才培养体系。

一

马克思主义认为，全部社会生活在本质上是实践的，只有

人们的社会实践，才是人们对外界认识的真理性的标准。实践是理论的基础，实践高于（理论的）认识，因为它不但有普遍性的品格，而且有直接现实性的品格；实践是理论的出发点和归宿点，对理论起决定作用，理论必须与实践紧密结合，理论也必须接受实践的检验，并随着实践的发展而发展。社会学是从变动着的社会系统整体出发，通过人们的社会关系和社会行为来研究社会的形态、结构、功能、演变规律。正是人类丰富的社会实践，尤其是工业革命以来经济社会和文化心理变迁催生、滋养了社会学。社会学拥有悠久深厚的社会调查传统。正确、有效的社会调查，是我们认识社会、发展社会学学科的不二法门。

中国的社会学学科发展和中国的革命实践一样，都是遵循着从实践的感性认知出发，进而跃升为理性认知，再回到实践去检验这样的认知路径。

20世纪上半叶，中国社会和中华民族陷入深重的灾难，许多革命家和知识分子投身于救国的大潮，力求准确把握和深刻认识变化中的中国社会，致力于探索救亡图存和民族振兴之道。以毛泽东为代表的共产党人，从社会革命的高度，开展了大量的社会调查，写出了影响深远的《中国社会各阶级的分析》《湖南农民运动考察报告》《寻乌调查》《兴国调查》等一系列著名的调查报告，有力地引领了中国革命的走向，这些都是社会学的经典文献。就是在那个时期，以李景汉、陶孟和以吴文藻、费孝通为代表的中国老一辈社会学家深入开展社会调查，产生了一大批优秀的社会调查研究成果。这固然由于他们受过系统严格的社会学训练，更在于他们有着正确的认识论和方法论：他们深入农村社会内部了解农民的生活实践，洞悉农村社会结构，把握社会前行的实际逻辑。

以上两路人，一路是革命家，一路是学院派；一边是社会调查与理论政策研究，一边是社会学调查与学理学术研究，两路人马有着鲜明的区别，然而都取得了巨大成功。他们的成功有着相同的原因。首先，他们的调查与研究都不是为了玩智力游戏，也不简单地是为了建构理论，他们都有着社会责任的历史担当，都是为了深刻认识中国社会、拯救中华民族于水火。其次，他们的研究都是从中国农村的实践出发，而不是把经典理论作为教条。再次，他们的研究都没有停留在感性认识的层面，没有简单地淹没于支离破碎的经验之中，革命家是基于对社会现实和历史的全面分析，提炼出了中国社会革命的战略与策略；学院派则是在经验研究的基础上进行了有益的理论抽绎与建构。最后，他们的研究又都回归于社会实践进行检验，并程度不同地引导着和影响着中国社会实践。

新中国成立后的一段时期，中国社会学没有得到应有的发展。改革开放之后，中国经济快速发展，社会发生深刻变革，社会学得到了迅速恢复和发展。中国社会学界紧扣时代脉搏，做出了一系列卓有成效的社会调查，例如费孝通的小城镇调查、雷洁琼的家庭调查、陆学艺主持的"百县市调查"，以及中国人民大学的"中国综合社会调查"（CGSS）、中国社会科学院的"中国社会状况综合调查"（CSS）、北京大学的中国家庭追踪调查（CFPS）、北京师范大学的"百村社会治理调查"等。这些社会调查不仅有力地推动了中国社会学的理论建设、学科发展，也在不同程度上影响了国家决策和相关政策的制定与实施。

历史和现实深刻表明，社会大变革时代，一定是社会学科

大发展的时代。当今世界正经历着百年未有之大变局；当代中国正进行着历史上最为广泛而深刻的社会变革，正经历着人类历史上最为宏大而独特的社会实践创新。这些都给包括社会学在内的社会科学的繁荣发展提供了强大动力和广阔空间。如此规模的世界变局，如此深刻的社会变革，如此丰富的社会实践，如此庞杂的社会问题，既是我们中国社会学人重大的学术研究和创新机遇，也是应尽的社会责任和历史担当。

二

社会学研究必须直面社会变迁中的真问题，社会调查也必须围绕社会变迁中的实际问题而展开。社会调查的范围涉及社会生产、生活的方方面面。当前和未来一段时期，以下方面尤其值得高度重视。

新一轮科技革命对人类社会的广泛和深刻影响。随着互联网、大数据、人工智能等新技术的兴起，社会生产方式、产业结构、产业形态、利益分配格局、生活模式、社会行为与社会运行状态、社会治理机制都在发生着深刻的变化。对这些问题展开深入调查，是我们面临的重要课题。

乡村社会变迁与乡村治理。改革开放尤其是 21 世纪以来，农民的生计模式发生了巨大变化，劳动力主要投放于非农就业，其对家庭的经济贡献占据主导地位。这使得农民的价值观念、家庭内部关系，以及农户之间的关系、农村基层的建设状况，乃至国家与乡村社会的关系和乡村治理体系已经并将继续发生深刻的变化。如何完善相关的体制、制度、政策，如何推进农业农村现代化发展和深入实施乡村振兴战略等，都亟待调查研究。

城镇化与城市社会发展。在中国快速城镇化的进程中，城市的社会结构、社会组织、社会群体、人口流动、社会治理、社会行为、生活方式、社会心理、社会关系，以及社会发展规律等方面，都迫切需要进行深入调查和研究。

单位、企业与劳工关系。传统单位制的变化、机制与社会影响，企业与政府关系，企业与市场关系，企业与社区关系，企业内部运行机制，利益分配与保障体系，就业状况，新兴行业与新兴职业等，都需要调查研究。

家庭、婚姻、人口问题。在经济社会和文化价值体系深刻变化的情况下，家庭的规模与结构，代际关系、夫妻关系的变化需要引起关注，尤其是生育意愿与生育行为、婚恋模式、家庭暴力、家庭家教家风和婚姻的稳定性；抚养与教育、老龄社会治理、老龄人口养护等，都值得深入调查研究。

教育、医疗、健康、公共服务。这些是保障和改善民生的重点，也是推动基本公共服务均等化的重要内容；民生需求变化和投入保障，脱贫攻坚成果的巩固与提升，相对贫困的治理等，都需要作为重要课题加以研究。

此外，城乡基层民主、法治、安全、诚信、环保、公平、正义等方面的问题和制度建设，以及传统优秀文化传承、智能社会发展与治理等方面的调查研究也都应该被高度重视。

三

社会学人不仅仅是社会的生活者、观察者，还是思考者和理论的建构者。社会学的社会调查具有学术性、探索性，不仅仅是见闻的收集、资料的获取、社会现状的了解，还要深入研

究社会运行与发展的过程、逻辑与机理。因此，社会调查需要掌握科学方法。

树立问题意识。要围绕问题开展调查和收集资料。资料看似收集得丰富，但如果繁复琐碎，主次不分，"只见树木不见森林"，这样的资料用途有限，甚至可能是无效的信息，因为信息只有纳入一定社会事实的范畴来思考和体悟才是有价值的。正是基于此，对于较大规模的调研，调查人员与项目设计者要做到认知的同构，并做到把调查与研究结合起来；否则，调查者便可能沦为"学术炮灰"，仅仅是个资料收集员，主观能动性无法得到发挥，而研究者得到的仅仅是二手资料，缺乏厚重的质性感受，这样研究效果会大打折扣。

坚持整体性观念。社会生活的不同面向之间彼此交织、相互影响，从而构成一个社会的整体。任何一个系统都是更大系统中的子系统，只有在更大的系统中了解各个子系统之间的相互联系，才能对整个系统有深刻的理解。单从某一个方面切入可能会"盲人摸象"或过度阐释，发现各个部分之间的张力与悖论能使我们迸发出知识与思想的火花。因此，当我们带着具体的问题、任务进行社会调查时，必须尽可能对相关的场域有整体性的理解；面对杂乱无章的现象，要善于抽丝剥茧、溯本求源、去伪存真、拂尘见金，深刻认识社会内部各部分之间的有机联系。80多年前，著名社会学家费孝通先生在江村做调研时，就成功地使用了这样的方法，这对于今天的社会调查研究仍有很强的启迪意义。

解剖麻雀与全局分析。解剖麻雀就是进行典型个案调查，是要获得这一案例全方位的知识和深入认识，在具体深入个案做性质判断的时候，可对其进行深描，以理解行动者背后的复

杂动机。但是，解剖麻雀的最终目的是认识全局，以利于
"解决问题"，调查就像"十月怀胎"，解决问题就像"一朝分
娩"。如果我们只局限于个案的认识，就很难获得全局知识，
甚至有可能出现"攻其一点、不及其余"的毛病。因此，在
全面解剖麻雀的基础上，需要展开全局分析。在从个案调查到
全局分析的过程中，理论指导非常关键。毛泽东同志在进行农
村调查时，之所以能够把握农村全局，很重要的就是善于运用
马克思主义的理论来解剖不同村庄的材料，让理论和具体实践
有机结合起来。社会科学调查之所以不同于一般社会调查，原
因也在于它能够将社会科学理论运用于调查实践中，在具体个
案调查中展开全局分析，从而见微知著、以小见大。

　　定性方法和定量方法。定性调查方法，主要是调查人员对
调查对象做深入访谈来获取资料。这种调查方法的优点是，可
以对调查对象进行详细、全面、深入的了解，并根据具体情况
及时调整访谈内容，在与调查对象的互动过程中展开深入思
考。召开调查会的方法，是一种典型的定性调查。要做"讨
论式"调查，就是调查人员和调查对象之间进行深度交流，
让调查对象帮助调查人员完成对事情的分析和认识。定性调查
的缺点是，在有限时间内，只能对有限的人员进行访谈，并获
取调查资料；同时，定性调查在资料汇总以后，在分析总结阶
段对调查人员的素质要求很高——既能够掌握大量资料，又能
从具体资料中归纳分析出普遍性的认知。定量方法往往需要以
扎实的定性研究为预研究。定量研究主要是在获得质性感受的
基础上，通过发放调查问卷和研究表格，从调查对象处收集资
料，并进行集中分析和研究的方法。这种方法的优点是，能够
进行大规模的标准化、规范化调查；其缺点是，只能收集到有

限的数据和信息，很难根据不同调查对象进行随机应变和调整，同时对调查人员和调查对象的知识水平等要求也较高。

此外，随着科学技术的发展，大数据等信息化技术成为调查研究的重要手段、技术。将大数据作为社会调查的重要方法，可以对数据进行收集整理、分类识别、清洗净化，进而对诸多复杂社会问题展开分析研究。运用大数据等新技术进行调查研究的做法会越来越多。

四

北京师范大学社会学学科发端于 20 世纪初，底蕴深厚，大家云集。1919 年，中国共产党的创始人之一李大钊同志就在北京高等师范学校开设社会学课程。1930 年，学校成立社会学系，后来并入北京师范大学的辅仁大学，1943 年也设立了社会学系。北京师范大学和辅仁大学的社会学学科聚集了一批名家，也培养了大量的优秀人才。曾经在两校社会学系任教的名家还有李达、黎锦熙、许德珩、黄凌霜、施存统、马哲民、李景汉、朱亦松、钟敬文、袁方等，这些名师大家先后为北京师范大学社会学学科奠定了发展的基础。

改革开放以来，中国社会学恢复重建，北京师范大学社会学学科也迎来了建设发展的历史机遇。1981 年，学校设立民俗学博士点；2001 年学校将哲学院改建为哲学与社会学学院，成立社会学系，设立社会学硕士点和社会工作本科，；2011 年，学校成立中国社会管理研究院；2015 年，学校将哲学与社会学学院的社会学系、文学院民俗学方向相关资源整合，成立社会学院，与中国社会管理研究院实行两个牌子、一套班

子，致力于建设国家社会治理新型高端智库和社会学一流学术重镇；2017 年，国务院学位委员会批准北京师范大学社会学院为社会学一级学科博士点；2019 年，人力资源和社会保障部、全国博士后管理委员会批准北京师范大学在中国社会管理研究院/社会学院设立社会学博士后流动站；2020 年初，中国社会管理研究院/社会学院成为国家批准的北京师范大学国家高端智库主要组成部分。

多年来，北京师范大学中国社会管理研究院/社会学院的师生们，一边阅读社会学及人文社会科学的经典理论，掌握基本知识、理论和方法，一边深入农村、城市调研，产生了诸多科研成果。为了持续汇集和展示北京师范大学社会学教研人员和社会治理智库人员的社会调研成果，我们特编辑出版"京师社会调查丛书"。近年来，董磊明教授带领学生在深入农村调研的基础上完成了三本具有较高学术水平的著作，作为首批"京师社会调查丛书"出版。我们期待着有更多优质调查研究成果列入此系列丛书出版。我们也谨以此套丛书参与中国社会学、中国社会治理以及中国社会科学繁荣发展的进程，将其奉献给所有关心、关注中国社会发展与进步的人们。

魏礼群

2020 年 10 月

Contents 目 录

导　论

一　就近城镇化

李村位于 D 省东部的山林深处，地属昙虹市①抚贤镇，由商湾、九湾、李村、广乔村四个自然村组成，总面积 15.7 平方公里，地形狭长，南北绵延 8 公里。其地形以丘陵为主，地势南高北低。水域面积较大，其中夏季为丰水期，冬季为枯水期。村民多沿河两岸而居，家户稀疏。该村原有 56 个村民小组，2019 年 6 月经过新一轮的合村并组，现有 22 个村民小组，965 户、3967 人。然而，中青年村民几乎已经全部就近到抚贤镇建房居住，仅有 100 多人长期居住在村内，且多为老年人。

李村的总耕地面积为 1130 亩，另有广阔的林地资源，该地还盛产优质砂岩。该地属亚热带季风气候，具有春暖冬寒、四季分明、雨量充沛等特点。年平均气温为 18℃左右。一月最冷，平均气温为 5.2℃；七月最热，平均气温为 29.5℃。年平均无霜期为 288 天，年日照时间为 1500～1910 小时，年降水量为 1300～1600 毫米。该地水资源蕴藏量和地下水蕴藏量

---

① 昙虹市为县级市，于 1985 年撤县设市。本书中出现的人名、地名均做过技术化处理。

十分巨大。

在新中国成立前，李村的自然承载力有限，但村民数量不多，村民生活相对平静，因此这里成为周边地区发生自然灾害后村民的逃难之所。抚贤镇的花炮、玻璃产业发达。在20世纪70年代，李村的农民可以吃得饱饭，并以一些花炮加工作为副业。80年代乡镇企业兴起时，家庭手工作坊式的生产模式开始向社队企业过渡。在每个家庭中，中青年劳动力走进国营的花炮厂、玻璃厂成为工人。直至改革开放后，有些国营企业逐渐分割为大大小小的民营企业，更多的人走进民营企业从事花炮、玻璃的生产，未婚青年则外出打工。由此，传统工农相辅的乡土社会开始向务工经商的工商社会发展。2000年前后，该地基础教育的需求成为促使城镇化进程加快的重要因素。加之抚贤镇始终没有兴起建设商业住房的潮流，农民可以自行买地建房，因此，李村的村民开始以抚贤镇为中心，以独特形式加入城镇化与现代化的进程之中。

改革开放之前，李村是典型的地缘性村庄。在学界的一般判断中，大多数中国农村的血缘性纽带并不强烈（陈靖，2011），尤其是在杂姓村中，人与人之间的关系通常依靠地缘建构（桂华、余彪，2011）。以往的研究发现，地缘性村庄通常具有原子化、开放性、功能性的特征，缺乏长期稳定的联结机制（贺雪峰，2003）；在村落内部，人际关系以个体为中心，并呈现"散射"格局（桂华、余彪，2011）。因此，一般而言，地缘性村庄中的个体一旦向外流动，其村庄共同体就很容易瓦解。在城镇化的不断发展中，今天的李村使我们看到一种就近城镇化的新形态，即劳动力就近转移，整村移民式地搬迁到乡镇并逐渐脱离农业社会而进入至少是形式上的工商社会。但有趣的是，尽管人们的生计模式改变了，但这并未带来社会交往圈子的改变。对于村庄成员而言，血缘关系始终薄弱，业缘关系发育不良，老地缘与新地缘共同构成了农民的主要社会关系。甚至搬迁到城镇后，人们对地缘关系的依赖更胜于以往。

二　研究问题

早期，芝加哥学派提出了"乡土—城市"连续统的理论，其落脚点在于：从农村到城市的迁移是一个人际关系解组，成员逐渐个体化，最后被现代文化同化以至于失去自己过去的文化观念以及社会关系的过程（芮德菲尔德，2013）。然而，这种假设是基于农民原子化地移民进入城市的。不同于此，本研究发现村民整体迈向城镇，其以"地缘圈"① 为基础形成的、安身立命的社会关系并未解体，其进入的也不是一个完全的工商社会，仿佛处于一个过渡阶段。在这种情况下，对于社会成员来说，其在从事不同职业、处于不同位置、面对不同对象时，采取的社会行动完全不同。因此，资本逻辑与人情社会逻辑、生存逻辑与发展逻辑、积累逻辑与消遣逻辑等不同的思维模式与行动方式均在新的地域内生长。

在理论上，本书有中观与宏观两个维度的理论关怀方向。

第一，本研究遵循费孝通先生的小城镇研究范式，从乡村经济发展、乡村工业化和农村劳动力转移角度，综合考察小城

---

① 本书中出现的"地缘圈"一词，指由地缘关系建构的人际交往圈层。

镇在区域性城乡经济协调发展中的地位和作用。并且，本研究从经济领域扩大至社会领域，考察以"地缘圈重构"作为主要形态的就近城镇化类型是否可以使农民不脱离"乡土本色"，在享受到现代化生活的同时继续得到社区共同体的保护与支持。

第二，在社会分工与社会团结类型的理论谱系中，探索究竟什么样的业缘关系可以切割社会。一般认为，正在进行中的精细化社会分工不仅形塑了有机团结的现代城市，也通过吸纳劳动力冲击了机械团结的乡村社区。曾经单纯从事农作的一群人，在职业分化的现实中重新组织社会关系；同时，他们踏入城市社会，要依照两套逻辑安排自己的日常生活。但是，李村的乡镇生活似乎与此完全不同，业缘关系并没有重新组织起农民的社会关系，这种现象的机制到底是什么，值得我们探讨。

在现实中，我们发现搬迁到乡镇的李村村民比在村庄时更加依赖地缘关系，而没有产生其他地区常见的原子化现象。这种不寻常的状况促使我们思考以下的问题：从农村到乡镇，同样是地缘关系，李村的社会联结纽带以及社会联结机制是否发生了变化；原有的村落共同体趋近于瓦解还是存续；原有的社会秩序是否会转移到乡镇；李村依旧是一个功能齐全的社会；如果基本的社会秩序与社会功能尚在，那么是靠什么来维持的；如果社会秩序有变化，那么是哪些方面发生了变化；如果社会功能不再完整，那么究竟是哪些方面正在坍塌；村庄与城镇的两个社会形态是否有功能互补。最后，我们试图考察，李村村民进入城镇后是如何重新组成社会的。

三　研究进路

我们因循以往的中国农村研究进路，主要采取社区研究的方法。社区是基本的社会研究单位之一，是"人们的生活有时空的坐落"（费孝通，2012b：149）。中国的农村社区，兼具农民生活的内核空间与基层治理的基本单位两种特征，是一个真正意义上的社区共同体，因此，需要秉持整体主义的方法论与价值观，从多维视角来研究农村社区。

历来，采取社区研究的方法，其目的都不仅仅是社区这一研究对象本身，更多的是从一个社区出发考察现实中的"人文类型"。利奇曾对费孝通的研究方法发出过著名的诘问："中国这样广大的国家，个别社区的微型研究能否概括中国国情？"（费孝通，1996）对此，费孝通（1990）先后提出了"模式"和"类型"等概念，强调微观社会学的方法和社区研究的重要性。最终，费孝通从对人文世界的整体性这一命题的思索，回答了社区研究的个案代表性问题："人文世界中所言的'整体'并非数学上一个个相加而成的'总数'……一个社区的文化就是形成个人生活方式的模子。这个模子对于满足个人生活的需要具有完整性，每个人生活需要的方方面面都能从这个人文世界里得到满足，所以人文世界是完整的。"（费孝通，1996）需要注意的是，费孝通的回应并不是为了使中国的社区研究方法更加符合社会人类学的学术要求，其根本出发点在于"从实求知""志在富民"。从《江村经济》起，他就一直在研究社会的经济方面，对社会结构做出分析也是为了从根本上解决农民的生计问题，其后期研究才逐渐向社会本身靠拢。而本研究的目的则与其相反，即本研究试图通过研究经济方面的变化研究社会何以可能，以及社会结构是如何发生变迁的。

就本研究的特殊性而言，尽管李村的成员不在李村居住，大多就近搬迁到抚贤镇上，但社区并非"解体"而是"迁移"了。因此，与其他彻底人去楼空的村庄相比，从李村这个案例上可以更加清楚地观察到人们进入新的生活场域之后的社会联结现状。基于这样的研究问题，我们从空间与时间两个维度考察研究对象。

在时间维度上，对李村作为一个社区的考察从动态的社会整合力量入手，继而考察变迁发生背后的社会结构与社会制度。李村从农业社会进入工商社会有三个重要的阶段——新中国成立前由社会本身整合的乡土社会、集体化时期由国家力量整合的地方社会、改革开放后由市场力量整合的工商社会。当前的工商社会的社会基础，或许正是从以往的实践积累中产生的，我们要充分考虑其中的关联。除了通用于中国社会的"集体化时期"和"改革开放时期"等标志性时间节点外，还要考虑实际生活中的情形，包括生产生计方面农业、副业、工商业在不同时期的交替接续以及家庭内部的生命历程等。比如，集体化后期，家庭剩余劳动力的出现使一个家庭代际的生计贡献率分化，不仅使这样的家庭更早获得工商业的福利，也使这些家庭的权力关系发生了改变，而这并不一定在整个村庄中同时发生。此外，一些具体的文化现象的出现或许先于或滞后于社会物质条件的发展，这些都需从时间线上剥离分析。

在空间维度上，我们取"社区"作为一个共同体的内涵，即超越具体的地域限制，考察成员互相存在关联的场域。这样的研究以社会联结纽带为线索，研究对象不仅是李村本身，还有老李村、抚贤镇以及二者的互动过程，需要充分重视其中的联系与断裂。我们认为，这种由村到镇的渐进城镇化，没有将农民直接吸纳进城市化的大潮中，如果有较好的产业基础作为支撑，或许可以更好地实现城乡的良性融合。村庄"共同体"既是实指，也是虚指。这样一群村民，当其在一个村庄内活动时，既是生存和生活的共同体，又是情感和价值意义的共同体；当其活动范围在村庄外时，他们在生存与生活上的关联或许变弱，那么其情感和价值意义的"我们感"是否同样丧失？不同的社会联结纽带的形成机制为何？

从更加广阔的理论视野出发，社区变迁的背后蕴含国家与市场的强大力量。谭同学（2010）已经发现，不外出打工的村庄也在不断积累着陌生社会的经验，而这成为乡土社会变化的一大原因。然而在当前对中国农村变迁的研究中，一般会将农村作为"社会整合"的活化石，直接研究社区内行动者的关系与互动。这类研究倾向于在变迁发生时，直接把握个体行动者及关系的变化，将结论指向"社会整合"的解体。实际上，西方学者早已认识到，社会深层的改变发生在"系统整合"的层面（洛克伍德，1997），这需要我们将关注点转移到由现代社会制度编制的秩序复合体中（哈贝马斯，2000：7）。这个由现代性主宰的规范秩序与行动逻辑，可以跨越时空与层次，在生产生活的不同方面、不同程度上影响着行动者。在这种意义上，表面的"流动"或"移民"实际上并不是影响一个社会是否解体的根本机制，在这种情况下，李村地缘联结纽带依旧主导人际关系的现象令人感到讶异。这种由现代性支配的内在分裂，使个体趋向于依赖职业团体或者个体化。我们认为，李村移民到乡镇，人们并未在很大程度上受到社会系统的支配。地缘关系发生作用的关键机制，或许并不在于地缘本身。探索这一机制，正是题中之意。

四　研究框架

对地缘关系的研究贯穿本书始终。然而，在不同的时代与情境下，地缘关系的内涵究竟是什么？

在费孝通笔下，理想的乡土社会中，地缘关系是一种非主导性的联结纽带，依附于血缘关系，是血缘关系的投影，有时是在血缘关系不足时的补充。这种理想类型来源于费孝通（2012b：115～117）在《乡土中国》中对血缘与地缘的讨论，"在稳定的社会中，地缘不过是血缘的投影，是不分离的……'地'的关联派生于社会关系"。社区边界封闭，人们在生产生活中的需求与支持都可以在社区内部得到满足。一般情况下，交换、街集贸易等商业形式就是偶尔脱嵌于血缘关系的补充，"将原来的关系暂时搁开，一切交易都得当场算清"（费孝通，2012b：121）。

但是，如果依照费孝通的判断，仅仅将地缘关系视为血缘关系分裂的次生现象，则会削弱对地缘形成主要联结的村庄类型的关注（桂华、余彪，2011）。以往的研究大多沿着以血缘为主导的路径探索社会关系。这使学者们形成了如下的判断：地缘的产生是基于封闭的农耕社会流动少、生活场域封闭，"地缘作为一种独立的社会关系，在农民社会的作用很弱"（王晓毅，1993：81）；而纯粹的地缘关系也必须依附于拟血缘关系的建构，比如，联宗是在共同利益基础上形成一种同姓的地缘联合（钱杭，2001）。而前文已经提到，中国许多地区的村庄是在历史变迁中不断流动融合形成的杂姓村，地缘关系成为建构社会成员关系最重要的联结纽带。这种村庄会逐渐形成与血缘联结不同的社会结构、权力秩序、道德规范与交往规则。

在村庄之外，在中国古代商业社会的发展中，地缘关系本身是一种具有主导性的联结纽带。这种地缘是从商业里发展出来的社会关系，依照契约社会的特点实现人与人的交往。在这种情况下，地缘关系组建了一个地方社群，有无血缘关系都要依照空间场域的规则行事。在乡土社会中，表现为街集贸易固定为店面贸易。扩展开去，传统的工商业市镇中存在有圈层的劳动分工（周泓，2018）。但这并非整体性的社会分工，场域内覆盖整个社会的业缘关系没有形成，因此也塑造了社群性质的地缘关系（费孝通，2012b：119～122）。社区边界十分开放，但是人与人之间的互助合作仍然在宗族、行会等传统组织的范围内进行。

在现代城市中，地缘关系作为非主导性的联结纽带，是业缘关系的外溢，这是现代城市中普遍社会分工的产物。在普遍的社会分工下，人际关系是较为自主与灵活的（涂尔干，2013：288）。从涂尔干预想的极端类型来看，社会系统是无边界的，社会分工将每个个体的互助合作需求都分离到市场的环节中，而当今的现实生活正在逐渐接近于这一预想。在日常的社会交往中，地缘关系的作用愈发减弱。

因此，从已有研究对中国传统社会与现代社会的分析中，可以分离出地缘社区中影响社会联结形态的关键因素：联结纽带与紧密程度。联结纽带通常包括血缘、地缘、业缘等人际关系组带，在特定的条件下，只有其中一种会占据两个行动者交往的主导。地缘关系依附于何种关系反映了社会中的关系由何构成。一般而言，当以血缘或业缘关系搭建社会关联时，地缘关系就很难单独成为一种主导力量。紧密程度则由两个方面构成。其一，社区边界。社区边界即封闭或开放，通常外来人融入社区的难度可以反映出社区共同体的紧密程度。其二，生产生活中的互助合作。一般认为，如果生产、生活中的互助合作需求越旺盛、支持度越高，则社区内部的紧密程度越高。然而，对于这一点，本研究有新的认识。

以往农村研究的经验表明，农民生产生活中的互助合作是一个复杂的环节，蕴含着一定的交互机制，而需求与支持是这一交互机制的两端。社会学假定了社会生活的自洽性，一方面，需求是支持的起因，当每个人都有需求时，社会会内生出支持系统以满足需求；另一方面，支持的能力决定了需求是否受到抑制。而在农民的现实生活中，发展的动力很大程度上来自社区的支持力。

基于上述分析，本书搭建了理论上的研究框架（见图 0-1）。

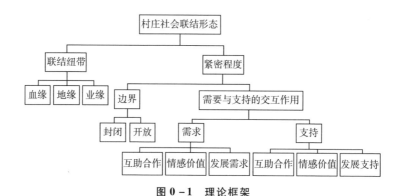

图 0-1　理论框架

　　本书将在以村庄社会联结纽带为核心的理论框架下，着重关注地缘型联结纽带，分析其作为一种农村社区常见的整合形态，在不同时期会通过何种机制对农民的生活产生影响，试图展现依靠地缘联结的非传统型乡土社会及其变迁过程。继而，探究中国社会正在发生的变化：在共同体特征始终较为薄弱的社会中，国家与市场在集体化与市场化时期分别对社会产生的影响。

第一章

新中国成立前夕：松散的地缘共同体

费孝通（2012b：12～13）在《乡土中国》中提到："中国农民聚村而居的原因大致说来有下列几点。一是每家所耕的面积小，所谓小农经营，所以聚在一起住，住宅和农场不会距离得过分远。二是需要水利的地方，他们有合作的需要，在一起住，合作起来比较方便。三是为了安全，人多了容易保卫。四是在土地平等继承原则下，兄弟分别继承祖上的遗业，使人口在一个地方一代一代地积起来，成为相当大的村落。"聚村而居的居住形态使社区之间的往来较少，从而形成了传统意义上"生于斯，长于斯，死于斯"的乡土社会。与传统理想形态的乡土社会不同，李村地处丘陵地带，地形复杂。其中多种多样的农业经营方式、得天独厚的灌溉条件、长时间开发的山区、不平等的继承制度和半向外开放的生计模式使李村的人们居住松散，进而导致社会联结纽带薄弱，社会呈现对外开放状态。上溯到新中国成立前夕，该村是一个松散的以地缘维系的社区共同体。

一　半开放的生计模式

李村地处丘陵地带，多山林，少平地，因此向来有"七山一水二分田"之说。新中国成立前，李村自然村共有土地2422亩，其中水田180亩，田土400亩，林地1842亩。当地将筑有田埂，可以经常蓄水，且用于种植水稻等水生作物的土地称为水田；将不可蓄水但可种植粮食作物并需要灌溉的土地称为田土；将可种植树木的土地称为林地。

新中国成立前，水田占李村自然村当时土地的7.4%，大多位于河流沿岸和部分冲积扇地区，土壤肥沃，水资源充足。因此水田多用于种植水稻，水稻一年两熟，亩产两三百斤。水田较少带来的不只是较低的稻谷产量，还有较低的农业生产合作需求。

新中国成立前，田土占李村土地的16.5%，大多位于山麓斜坡或部分远离河流的小平原地区，土壤贫瘠，但水资源充足。因此，田土多以种植红薯为主，一年一熟，红薯大约亩产四千斤，晒制成红薯干约八百斤。[①] 由于当时水田与田土面积较少，当地村民能从土地上获取的地力非常有限。因此，为了生存，人们不得不另谋出路。

新中国成立前，山林约占李村自然村土地的76.1%，大多位于山坡之上，土壤贫瘠且水资源分布不均。因此，山林多种植松树和杉树（该地植被不是原生林，多为次生林），这两

---

① 当地的粮食主要是红薯。为了便于储存，当地人把红薯晾晒成红薯干，红薯与晒制成的红薯干的比率一般为5∶1。

种树木十几年即可成材。杉树多被用于建造房屋，松树多被砍成柴，作为燃料运往抚贤镇。山林在李村人的生计模式中占据了很重要的位置，在三四月粮食生产青黄不接的时候，山林是支撑李村人渡过生存危机的重要支柱；在新居民到李村安家落户的时候，山林是他们完成家庭原始资本积累的重要助力。

李村在新中国成立前就解决了温饱问题，这得益于当时抚贤镇相对发达的家庭手工业。20 世纪初，抚贤镇开始创办发展家庭手工作坊式玻璃厂，与此同时，也发展出了一条与玻璃产业相关的产业链。村民们利用天时地利，迅速投入到工业化生产之中，但主要从事较为低端的工作——提供燃料。迅速扩展的玻璃手工作坊导致燃料生产出现缺口，因此，当地需要大量木材作为燃料对玻璃进行加工烧制。燃料需求的增加、丰富的山林自然资源刚好给李村人提供了一个依靠山林获得流动资金、积累家庭原始资本的机会。

新中国成立前夕，山林所有权基本上已经被当地村民分完。山林的主人被当地人称为"山主"。李村的山主共有七八户，以石灰画线作为所有权区分的标志。但是至于当时村民如何得到山林所有权，我们已经不得而知了。林地是当地重要的生计来源，当时的山主们都遵循一套关于林地的社会规范。李村村民把在山林中砍的柴作为家里烧火做饭的燃料，是被山主默认许可的，也不需要向山主支付任何费用。若村民砍柴并将其作为燃料卖往抚贤镇，则山主需要从中收取山林的成本费，有村民指出"类似于批发与零售，山主卖给村民是批发价，村民将砍的柴卖给镇上的老板是零售价，我们只是赚个运费而已"。如果当地村民需要山林中的杉树作为建造房屋的材料，则需要给山主支付一定的费用。但在山林中进行捕猎、采集药材、放牛放羊等其他活动，则不需要通知山主或向其支付任何费用。山主需要负责山林的日常维护，如种树等。这也就意味着山主占据山林所有权，依靠卖树和部分燃料获取盈利，同时负责山林的日常维护，让渡部分利益给村民。当然，这与当时地广人稀带来的较高的管理成本是分不开的。

新中国成立前夕，给山主砍柴的人分为长工、短工和小工。长工主要是无田无土的村民，年工资是八担谷到十担谷。短工和小工主要是青黄不接时期或者农闲时给山主砍柴的村民。在传统社会就已卷入工业化生产链中的村民们，靠着自己的努力，将一担担木柴借由独轮车推到镇上，参与了抚贤镇最初的工业化建设，也借此完成了自己小家庭资本的原始积累。根据老人回忆，只要村民勤劳、踏实、肯干，在村内奋斗一辈子就能依靠自己的努力从村内地主手上买到 6 分田土（新中国成立后测算李村人均仅 1 亩 6 分田），基本能实现温饱。当时村内不乏无田无林的村民，只能依靠替山主砍柴来维持生计。

由此，我们可以看到，在新中国成立前夕，李村与纯粹的农业社会不同。其生计模式大部分是面向城镇的，而非传统意义上的自给自足，也没有出现"农业内卷化"[1] 现象（刘世定、邱泽奇，2004），生计模式呈现半开放状态。也正是这个原因，李村人对外人搬来村庄并不排斥。

新中国成立前夕，村民们用小推车频繁地来往于抚贤镇与李村之间，构建起了村镇之间交流的网络，也打破了传统乡土

---

① "农业内卷化"是指，在资本、土地资源被限定的情况下，劳动力持续地被吸收到农业中获取收益并使农业内部变得更精细、更复杂的过程。

社会中的"孤立"与"隔膜"，使村民的生活世界一半面向土地，一半面向集镇，也使村民在流动中成就了李村这一非典型性的"乡土社会"。

二 流动中的半乡土化

与费孝通笔下的由于"不流动"形成的传统乡土社会不同，李村工商社会、流动社会的逻辑很早就渗透进了李村人的思想。如果说费老笔下的"农村人"由于"不流动"而透着一股"土气"，那么李村人在新中国成立前就洋溢着一股"洋气"。

（一）"洋气"与"土气"

李村是传统意义上的移民社会。明清时期，周边地区因人口密度过大被挤压出来的农民向外迁移时，可能由于集镇、平原都被人分割完了，便不得已逃至李村这一带定居，从而形成了移民社区。当时迁移过来的人带着重新开拓的决心，一直逃到山林深处，因而形成了李村绵延10公里的居住格局。新中国成立前夕，国民党在李村周边地区四处抓壮丁，逢三抽一、逢五抽二，又有很多人不得已跑到李村附近避难，一段时间内，李村人口迅速增加。

可以不断拓展的生活空间和一半面向集镇的生活世界，使李村人的生活方式跟传统农村截然不同。下面我们以李村的一户地主为例，讲述当时部分李村村民的日常生活。

付征国在新中国成立前，田土加起来一共只有两亩

多，由于地力较差，他同样需要靠砍柴来维持生计。付征
国一般在归自己所有的山林里砍柴，每逢赶集，就用担子
挑着两担柴走上四五个小时到抚贤镇上卖。他每次卖柴都
会多带一套干净的衣物，把柴卖完之后，因为嫌自己背柴
的时候把衣服弄脏了，会特意将自己带的干净衣物换上，
然后以卖柴所得的现金作为赌资去昙虹市区赌钱。当时像
付征国这样的年轻人不在少数，但是基本上"十赌九
输"。付征国由于小聪明比较多，赚取了不少流动资金，
新中国成立后被划分为地主。

李村村民本来可以将砍柴的资金作为投入再生产的原始
资本，但他们与《禄村农田》（费孝通，2006：113）中所
描绘的消遣经济类似，有的宁愿赌博花光身上仅有的现金，
也不会将这些钱积攒下来投入到土地或手工业生产上，这与
当地较为均质化的土地分配有关。李村土地兼并较少，贫富
差距较小，家家户户所拥有的田地都仅供一家人吃喝，土地
流转不频繁。砍柴得来的现金对于村民而言，除了用于解决
吃喝问题并没有多大用处，既无法积累下来买到土地（因为
无土地可买），又无法实现大资本积累来开手工作坊。于是
当时部分李村村民有了赶集、赌博等娱乐活动。

由此可见，李村村民并不是传统意义上终日"面朝黄土
背朝天"的农民，相反，他们热衷于赶集，惯于"以小博
大"，生活得十分安逸。

（二）悬浮的"江湖"

频繁的流动不只是单方面的农民进城，当时贩牛贩马的

人、唱花鼓戏的人和小商贩在李村通往抚贤镇的道路上往来频密，给李村村民的生活带来了生机与活力。在各村之间不断流动的人在当地被称为"跑江湖的人"。借由社区流动性与外向性，"跑江湖的人"建构起了一个悬浮在村庄社会之上，又以神秘诡异的江湖传闻震慑村民的隐形社会网络。

当地人称这个悬浮于村庄社会之上，又不被正规社会伦理所接受的隐形的社会网络为"圈子"。村民普遍认为"跑江湖的人"就是进了"圈子"的人。"江湖"主要是以业缘关系中的师徒关系为联结纽带。因为师徒关系中有人身依附关系，徒弟对师傅要绝对忠诚且不能出卖师傅，由此也保证了江湖的隐秘性。

"很多人可能都用不上这个东西，只有跑江湖的，比如贩牛贩马的人、花鼓戏和小商贩的人必须会"，游荡或穿梭于各个村庄之间的人是需要"江湖"这一社会网络作为救济或者互相帮助支持之用的。调研中有被访者指出，"没有这个东西，那个年代的生意是做不成的"。"跑江湖的人"经常风餐露宿，居无定所，在各个村庄之间游荡做生意，如果没有一个固定的圈子给予其一定程度上的社会支持，则其很难在"不流动的村庄"流动。

我们的调研对象张盛德大爷向我们展示了两个本子，里面记载了一些"圈子"内部使用的手势和暗语。本子开篇就是"桃园之盟""金兰结义"之类的契约文字，以师徒关系、拟亲属关系建立起一套成熟的"跑江湖"网络。进"圈子"是需要机遇的，只有拜对师傅，获得师傅信任之后才能进入"圈子"。经过师傅首肯进入"圈子"后，首先就是对着香炉上三炷香拜上三拜，算入了"圈子"。入了"圈子"之后，便可以通过一系列具有特殊含义的暗语与手势向别人证明你是"圈子"里的人。

"圈子里的人"的关系都是互相的。如旅店老板若是"圈子里的人"，看到别人抽烟抽了一半将烟蒂悬挂在饭碗上，或者在没有下雨的时候将雨伞打开放在门口，就必须留其免费住宿。同理，旅店老板出门也可以借用这套暗语"蹭吃蹭喝"。"圈子里的人"不能打破这样往来互利的关系，一旦打破，就会遭到"圈子里的人"的报复，比如药工（下文中我们将详细介绍）。因此，只有经常流动的人才需要建构这样的一种通过禁忌得以传播的社会支持网络。

在具有强社会联结、强社会关系网络的传统宗族社会，江湖作为一种"非正规"的社会支持，是被排斥的。因为"江湖中人"在宗族中往往被视为异类，而且宗族关系较强的社会支持网络使"江湖圈子"这种非正式的社会支持网络显得单薄了许多。宗族关系较强地区的"不流动"也使"江湖圈子"的观念难以传播。

联系微弱的"圈子"虽然不及血缘关系和地缘关系能提供较为稳定的社会支持，但对于李村这样仅以地缘联结为纽带的弱社区，江湖这样的"圈子"是必不可少的。"圈子"不仅帮助流动人群获得了一些"救急"的社会支持网络，也帮助社区中的弱势群体（在乡土社会只有生存不下去的人才会外出闯荡）得以存活下来。

在新中国成立前，仅有两三百人的广乔村就有十多个村民"进了圈子"。由此可见，李村是极度向外开放的，当时在这一地区流动的人口偏多，村内的流动人口也很多。

（三） 向外拓展的婚姻圈

在人口相对聚居的村庄，由于人口的不流动性以及聚集性，通婚圈一般维持在周边几个村庄之内，即使稍微予以拓展，一般也只能拓展到同镇或周边镇的范围。但李村的通婚圈，向外拓展的范围比其他人口相对聚居的村庄要广阔得多。

尽管李村地处丘陵地带，村庄聚落分散，交通不便，但由于其外向的生计模式，当地人的通婚半径很早就已超出了同镇的范围。新中国成立前，李村的很多媳妇都是从邻近镇区，如白玉乡等地"翻山越岭"嫁过来的。在她们的记忆里，回趟娘家差不多要走四五个小时的山路。虽然通婚半径较长，但是嫁过来的媳妇基本上都来自较李村更贫困的地区，像与抚贤镇相邻的月兔镇就很少有人家将女儿嫁过来，因为月兔镇离县虹县城更近，经济条件相对抚贤镇也更好。

外向的村庄带来的，不仅是类似现代化的生活模式、悬浮在村庄之上的隐秘"江湖"以及向外拓展的婚姻圈，还有当地薄弱的血缘和地缘纽带，由此导致了社会关系的薄弱。

三　薄弱的社会关系

山高林密、土地稀少、人口分散、多样化的生产模式、面向城镇的生活样态以及流动性较强的社会特征，使当地血缘关系松散，无法形成大的聚落宗族；地缘关系薄弱，仅靠以"龙王庙"为中心的地缘圈来联结（此处的龙王庙类似于当地人区分地缘共同体的方式，是一种地缘的联结纽带）；人与人之间的关系基本以核心家庭为本位。

（一）传统的男女关系

虽然李村的工业化进程开始较早，工商逻辑深入人心，但是在儒家文化的大背景下，传统思想还是相当重要的。新中国成立前村内就有私塾，但并非家族式的，而是一位老秀才作为流动人口进村租借了一间屋子开始办学堂。私塾的主要授课内容是四书五经、千字文、三字经等，这也助推了儒家思想的传播。但是当时能上私塾的人也多半是村内有钱人家的小孩儿，所以此时的私塾只是少数富家子弟的社会化场域，与大部分村民的生活距离相对较远，普通人往往在生存线上挣扎。

在儒家文化大背景的影响下，加之男性劳动力明显优于女性劳动力（种田、砍柴都以男性为主），当地男尊女卑的观念深入人心。新中国成立前基本都由男性当家做主，男人打老婆更是普遍现象。由于女性对男性劳动力的依赖，李村人对于婚姻的态度相对保守。女性在当时通常是"嫁鸡随鸡，嫁狗随狗"，即便是与丈夫性情不合、相处不睦也基本不会选择离婚。选择离婚的女性"在村里名声很差"，被村民们污名化为"生离婆"，在社会性的交往上会进一步受到惩罚：被拒绝参加各种公共仪式与宴席，甚至在女儿结婚的时候也不能送女儿上花轿。

当时女性离婚虽然会受到歧视，但是由于男多女少的婚姻市场状况，女性即使离婚依旧可以找到再嫁的对象。再嫁的女子容易受夫家歧视，但是夫家通常并没有能力对女性施加舆论之外的压力。在生产与生活方面，父系家族难以影响小家庭，小家庭的自由度是比较高的，这使得部分女性会不顾舆论的压力，认为"改嫁好过孤独终老"。而且，女性再嫁之后受到的来自夫家的歧视，在生出几个儿子后会改变。

李村的男女关系虽然与宗族地区传统的男尊女卑现象类似，但宗族地区传统男尊女卑现象的背后，是强大的父系社会规范。李村男女地位的传统则更多是由男性的先天生理优势所决定的，而非社会压力与规则。那么，此地为何没有形成强大的父系家族，是下一步我们需要探讨的。

（二）薄弱的父系家族

父系家族没有发育，与当地相对较为松散的血缘关系直接相关。从功能论的角度来看，血缘联结的互助合作基础在本地是较为薄弱的：首先，由于水田匮乏，村民之间没有生产合作的需要；其次，过早的人工开发使当地村民不受野兽侵袭的困扰；最后，当地集镇有工业托底，因而没有产生"农业内卷化"现象，李村村民一直生活得非常安逸。较大的生产拓展空间，使他们没有必要聚族而居，也没有必要紧紧抱团取暖，只要自身努力奋斗就可以在村庄内部站稳脚跟。

因此，当地并没有孕育出强大的家族势力，相反，李村是以核心家庭为单位在土地上精耕细作、向抚贤镇输出工业燃料和一些简单的纺织品的村落。我们可以借由一个例子来说明当地家族力量的薄弱。

邱泽涛年幼时由于父母双亡被付某收养而改姓付，待养父去世之后，邱泽涛又改回了自己原有的姓氏"邱"。事实上，付姓是老李村人口最多的家族，占到老李村人口的40%。但是面对邱泽涛改姓的事实，付氏家族没有人站出来替邱泽涛的养父说话，甚至连邱泽涛养父的亲弟弟也对此缄默不语，任由他将姓改了回去。

从这个例子我们可以看出，当地不仅父系纽带联结不强，而且所谓的"大姓"力量也十分薄弱。邱泽涛作为一个已经被收养的人，可以将自己的姓氏改回来，这对于传统宗族社会的人们而言是不常见到的。事实上，在我们的访谈中，村民多次提及"过继不是为了传宗接代，也不是为了养老送终，而是为了劳动力"。这揭示了村庄之中过继、入赘现象的原动力并不是社会性的继替，而是单纯对劳动力的需求。另外，在李村，外甥过继给舅舅的现象非常常见，这与宗族社会中同宗过继的规范也是完全不符的。正是由于当地家族力量较弱，人们很难依照社会规范，强迫堂兄弟或者旁支过继子嗣以传递香火，因此小家庭更倾向于动用自身的血缘纽带、社会资源来搜寻新的劳动力，如外甥过继给舅舅。

即使是在传统时期，李村村民仍然活得像"现代人"。他们没有关于老一辈来到李村"筚路蓝缕，以启山林"的艰辛记忆，没有很强的"传宗接代"的观念，也没有稳定的社会规范，更没有强调长子优先权利的继承制度。这点在财产继承上表现得尤为明显，下面我们通过一个例子来说明这种略显随意的财产继承制度。

张顺发（已过世）的父亲去世后，母亲因为疼爱他，在主持分家的时候，直接将家中的一亩九分田全部分给了张顺发，声称这是张顺发父亲的意愿。张顺发的哥哥只分走了两间房和几个月的口粮。在张顺发婚前，母亲一直与他同住。由于张顺发不能生育，在他婚后，母亲便要求他的哥哥过继给张顺发一个儿子。张顺发母亲去世之前，把自己所有的积蓄，几十块银圆全部留给了张顺发。对此，张顺发的哥哥也只有逆来顺受。

事实上，这样的案例在当时比比皆是。在土地继承制度上，父母拥有绝对决定权，并没有一个稳定的社会规范，由于老人的偏爱出现的分配不均反而更为普遍。因此，村民们有时候也会说，"兄弟之间的关系是竞争关系"。未明确的财产继承制度，使兄弟在很长一段时间内处于竞争父母劳动力与竞争父母财产的矛盾期。居住的离散也使兄弟之间开始渐渐疏离。

在这种不公平的财产继承制度下，代际关系显得格外紧张。父辈既没有强大的家族力量来支撑自己的权威，也没有足够的财产以吸引子代，使如何赡养成为一个重要问题。这种随意的遗产继承制度使绝大多数时候小儿子"得到好处"。所以新中国成立前李村主要是小儿子在日常赡养父代，其余儿子基本上都只在"一年四节"（春节、元宵节、端午节、中秋节）和老人生日的时候来送个礼。因此，这种看似不平衡的制度实际与后期的赡养是互相匹配的。其余儿子由于早早分家，也"一般不会有什么意见"。当地老人认为，"小儿子赡养父母花的钱其实和后来继承的遗产出入不会太大"，所以其余儿子一般也不会有意见，并且其余的儿子在婚后分家的时候就已经将家庭累积财富分出去了一部分。当然，这也与父辈手上田地少、积蓄少是分不开的。兄弟们也"没有必要为了那么点东西去和自己的兄弟们撕破脸皮"。兄弟之间虽然疏离，但是在后期仍有较强的互助关系。

事实上，当时的人情圈被限制在三服以内，当地还流传着

"五服以内，亲房人等"的俗语，三服以外五服以内的人虽然被称为"亲房"，但和邻居之间区别不大，而且通常不再依照社会规则而有人情走动，如果有联系，也是根据个人意向产生的私人联系。

（三）薄弱的地缘关系

地广人稀造就了李村薄弱的地缘关系。零散的居住格局使人们相距最近的邻居也至少有几百米。自给自足的生产模式使人们在农业耕作上不需要互助合作，邻里之间非常淡漠。如果是血缘关系与邻里关系重叠，则人们之间的走动会相对密切一些。新中国成立前，在李村，如果有红白喜事，则主家一般都只邀请三服以内的亲友和隔壁几家人来吃饭。

事实上，在新中国成立前，当地逐渐出现了"聚族而居"的原始形态。付氏家族最早通过土地兼并、子嗣繁衍积累了大量财富，在山脚下建了一座大庄园，当时以付氏大地主为核心的五服以内的付氏族人都居住在这座庄园里。但是很快，新中国成立后这座庄园就被收缴并重新分配，付氏家族的居住格局再次被打散，聚族而居的形态仅仅是昙花一现。

当时就已薄弱的地缘圈主要依靠龙王庙而聚拢起来。龙王庙多见于华中地区，是为求风调雨顺而建立的。在当地人的理解中，李村附近的龙王庙的主要功能是保佑农业生产风调雨顺、老人儿童平安健康。人们会在每年"龙王老爷过生日"（农历五月十九）的时候举办庙会，属这座庙"管辖"的村民基本都会来参加。庙委会请花鼓戏班子来唱花鼓戏，大家一起办宴席，热热闹闹地活动一天。这样的集体活动是不多的，"很多村民就这一年互相看一次、一起玩一次"。并且一座龙王庙的覆盖范围十分有限，在李村的一个自然村中就有三座龙王庙，覆盖范围与日常的邻里范围基本同构。新中国成立前，龙王庙的覆盖范围虽然有些含混不清，但是村民都了解彼此的界限，"庙都是有地界的，龙王的地界也区分得很清，像我们家旁边的龙王庙的范围是，从我们家到隔壁商湾村，再下面就是别的龙王的地界了，我们大家都知道这个界限，只是不知道这个界限怎么来的"。这说明龙王庙作为地缘圈的一个体现，其实也是当时李村村民的社区共识。龙王并非一个严格的宗教信仰，更多的是一种地缘圈的构建与相互认同，村民们一般都秉持"无事不登三宝殿"的态度。

（四）脆弱的社会规范

松散的血缘关系、薄弱的地缘关系和外向的村庄经济带来的是较为脆弱的社会规范。李村松散的社会共同体，孕育出了不完全、约束力不强的社会规范。

在传统时期，李村所辖的四个自然村均没有产生公认的长老型人物。在村民模糊的印象中，新中国成立前的"保长"似乎真的起到了一定的作用，但是要论起村庄真的有人来管，还是新中国成立后的事情。这体现出了两个问题：第一，村庄的确缺乏内生权威，因为在大多数地方保长并非村庄内生的权威，而只是政府与村庄联结的一个中介人物而已；第二，新中国成立后由中国共产党领导的基层政府真正起到了村庄治理的作用，尽管在不同时期其权威的内生性程度不同。在李村，能够真正得到村民认可的社会治理力量等同于国家赋予权力的政治力量。保长在地形复杂的山区进行村庄治理显得力不从心。当时国家政权的薄弱、规范的混乱使由政府建立的统一社会规范没有构造起来，村庄内生性规范又不足，村庄的社会规范处于相对混乱的状态。

社会规范与社会监督的缺乏可以从当地村民极度缺乏安全感看出。由于整个社会没有一个稳定的社会规范，社会中的人相对自由，既没有价值生产能力，也没有"维系私人的道德"（费孝通，2012b：49）。我们调研期间遇到的几个老人提到，他们会在床头放一把刀来做自卫之用；村里普遍需要在家里做陷阱以防备小偷，且普遍学习药工、点穴、功夫、秘术等用以防身。

由于幼年经历，张盛德大爷极度缺乏安全感。访谈期间张盛德大爷向我们介绍他的房屋布局，床头常年放着一把水果刀，放了足有一二十年，门后放着一杆标枪，床下一个塑料瓶里放着沙子。对此，张盛德大爷说道："我们村里大部分家里都有凶器，在山区里必须要做，东一家西一家（都做），以防万一。"

在山区的人家里，做陷阱、在室内放武器防身都是比较正常的事情。大部分山区村民的目的是预防野兽侵袭，但是李村村民主要防的是小偷，而非野兽。常规性社会规范和调解机制的缺乏使李村村民的冲突大部分不以明显的暴力方式迸发——"怕事后遭人报复，你这次靠人多赢了他，你下次一个人的时候就运气没有那么好了"——而是倾向于以"阴招"对付，极端的情况下会用点穴、药工、暗杀等极端方式加以解决。点穴，是一种利用人体的经络穴位，在人血气运行的一些重要位置上进行操作的方式，据说既可使人血脉通顺、延年益寿，也可使人血气不顺，从而诱发疾病以致死亡。药工，是利用药材的搭配，制作相应的药剂，用药剂造成人体的疾病从而诱发死亡，最简单的是辣椒粉、胡椒、石灰等，"一条蛇可以做三种药工"。点穴、药工等方式都是以让人无迹可寻的方式进行报复。暗杀则更加直接和骇人听闻。当然这都只是传说。

在村民们的传说中，药工和点穴充满着神秘诡异的色彩甚至有些情节神乎其神，很可能是掺进了后人对某一结果的想象与附会，将其作为社会控制的一种另类方式。有人死于非命，村民们就暗地里传说是出于个人报复的目的，是有人对其实施了药工。"药工是最好的，不容易被人发觉。"其实，药工与点穴的来源与李村半开放的生活世界、悬浮在村庄之上的"江湖"是息息相关的。

> 有一个妇女李桃花婚内出轨，在儿子娶了媳妇以后，由于怕给儿子和儿媳妇丢面子，就希望和自己的情夫断了联系。情夫因此对其怀恨在心，想对李桃花实行报复，趁她在晒衣服的时候在背后抱了她一下，封住了她的腰部穴道，使她腿部血液不流通。两年之后，李桃花油尽灯枯而死。虽然李桃花求到了会解药工的人，但此人了解到这（药工）是报复，也不敢治疗。

从这个传说中的案例可以看出，药工的实施是出于个人恩怨的报复行为。社会缺乏稳定的安全阀机制，当矛盾无法调和时，人们往往采取一种"暗地"的报复手段。但并不意味着会药工的人可以胡作非为，因为其作为社会体系的一部分有自身的平衡机制，比如其他会药工的人会视情况加以治疗（据说会药工的人也很多，每个村都有二十多个）。

张盛德大爷每次给别人画符，求符的人都需要给他红包，不然就不会灵。有一位妇女，不知道为什么受了药工，治到第二次的时候，女的非常感激，送来了大量礼品，张盛德大爷认为她把自己第三次治疗的红包都送了，因此第三次他就没给治，但她也自愈了。"我们都是看眼缘的，也是要被人尊敬的。"张盛德这样说他们自己的原则。比如自己儿媳的两个弟弟在外面被人下了药工，送到自己这里来治疗，由于被下药工的人问了一句："医生，你确定自己治得好吗？"张盛德生气了，觉得自己受到了质疑，就不治了。他觉得被病人提出质疑是犯了当医生的大忌。在很多治与不治的问题上也与我们设想的不太一样。

药工、点穴并非无药可救，相反由于其漫长的病发过程，是可以治疗的。但是在治疗过程中，依旧是维系着私人关系的"情感"在起作用。在上面的传说案例中，虽然来求医的人和自己有亲戚关系，但就是因为犯了忌讳而药工没有对其进行医治。张盛德大爷的行为选择一方面印证了李村薄弱的社会关系，另一方面也反映了药工与药工之间的差别，有人杀人就有人救人，是一种比较微妙的平衡机制。关于点穴、药工的种种传说似乎也是在警告人们多与人为善、感恩图报、多做善事，不然"可以治都没人给你治"。

与药工、点穴等可治疗性不同，暗杀则恐怖得多。传说在1945年李村曾发生一起骇人听闻的暗杀事件，一时之间人人自危。虽然最后不了了之，但是那种场面深深刻在了当时李村人们的心里，并被讲得活灵活现。

我们无法证实这些传说的真伪。这些对于现在的我们来说仅仅是村民们的口头传说，但是当时的村民们口口相传，深信不疑，而现在的村民已经对其嗤之以鼻、不屑一顾了。

当时，信息的不公开、不对称给了点穴、药工这种传说以神秘化的空间。与此同时，这种神秘化的诡异传说其实是一种社会控制机制，其对强者加以控制，对弱者加以保护，借此维护传统伦理。这种传说使强者不能为所欲为，有所顾忌、有所敬畏，"让你当心暗算"，"小心有人可以制住你"。事实上，该地老人也常说"会药工的人都不是身强体壮的人，而是村庄中的弱势群体"。

点穴、药工、暗杀等虽然明面上是私力救济的一种形式，但这些传说对社会构成了一种公力救济的机制。虽然这种传说使人人自危，但也使人人有一定的道德底线，"人不敢往死里欺负人"，借此保护弱势群体。而这种"不敢往死里欺负人"的思想在今天的李村，依然发挥着作用。

这种人人可越轨、暗地报复的脆弱的社会共识在新中国成立后被打破了。国家力量通过种种组织形式将李村松散的社会重新整合了起来。

小结

从上文可以看出，由于李村地处丘陵地带，地形复杂，多种农业经营方式、得天独厚的灌溉条件、长时间开发的山区、不平等的继承制度以及半向外开放的生活模式使李村的人们居住松散，没有很强互助合作的需要。李村半开放式的生计模式，使李村的村民很早就融入了工商社会之中，参与了早期抚贤镇的工业积累。同时这使村庄的流动性增强，形成了其

"洋气"的精神气质，也引入了外来的"江湖"对其进行一定的社会支持。在此基础之上，李村所形成的较为薄弱的地缘关系纽带奠定了李村后续发展的基调。

第二章
集体化改造：地缘联结纽带的强化

上一章我们描述了新中国成立前李村向外开放的经济形态、流动中社会的半乡土化及其松散的家庭关系、社会关系等。但是在集体化时期，国家权力的下渗、公社制度的建立，在李村松散的社会关系基础上重新建立起了一个村庄共同体，地缘联结纽带得到了强化。

一　农村工业化的起步

李风华（2014）指出，作为世界历史上的一道独特风景，中国农村工业的发展本身并非一条可以复制的道路，它与中国当时的历史背景是分不开的。李风华提出并讨论了农村工业起源本身所需要的一些中层制度因素。这些制度因素包括：农村土地集体所有制、人民公社的分配制度和社队企业的自主经营制度以及政府的各种扶持，正是这些其他国家难以复制的制度因素，才促成了中国农村工业的迅速发展（李风华，2014）。因此，本节从三个制度（人民公社的分配制度所起的作用并不显著，故未涉及）角度深入说明李村自身工业化的起步。这都为改革开放后大量出现的家庭手工作坊打下了良好的工业基础。

（一）农村土地集体所有制

费孝通认为，农村工业革命的前提是土地革命，而且这种土地改革是必要的，也是紧迫的，因为它是解除农民痛苦不可缺少的步骤。它将给农民以喘息的机会，排除了引起"反叛"的原因，才得以团结一切力量（费孝通，2012a：251）。

新中国成立后，李村逐步建立起农村土地集体所有制，村民们开始了共同劳作、共同生活。但是据当地人说，当时集体经济效益低下，甚至有老人坦言，当时是"越搞集体越吃不饱饭"。

李村集体化时期的农业与新中国成立前差距不大，土地依旧分为田、土、林三种，主要种植水稻与红薯，但由于田地较少，当时水稻产量不高，所以生产大队一直处于吃救济粮的状态。不过由于地理环境差异较大，各个生产队的生产效益也大相径庭。

以李村长湾生产队为例，当时长湾生产队有 21 户、87 人，管 23 亩田（主要种植水稻，一年两熟，一季总收割 5000～6000 斤稻谷，两季合计 10000 斤以上），28 亩土地（主要种植红薯，一年一熟，亩产 4000 斤左右，总亩产 112000 斤左右，折合红薯干 22000 斤左右），3～4 头牛。以一户八口人为例，一般一年分 11000 斤红薯（折合红薯干 2000 斤左右）和 200～300 斤稻谷。这样的粮食产量分配，导致每年三四月农民手里就没有粮食了，因此李村村民依旧将砍柴作为重要的副业之一。长湾队生产队队长回忆道："当时年终分配，10 工分可以换算成100 斤粮食，30% 的口粮，70% 的按劳分配粮，以我们生产队当时的生产力，基本上当时没有储备粮，需要吃国家粮，一年需要两三千斤的商品粮，生产大队所有的依靠副业挣来的钱都用来买粮食了。"

与新中国成立前不同的是，当时山林已经全部收归集体所有，集体化时期的砍柴更类似于统购统销，以生产队为单位作为经济主体来开展经济活动。柴火分为家用柴和燃料柴，家用柴一般由家里的儿童或老人负责，很多中年人回忆，自己在十岁之前就已经开始砍柴了；燃料柴一般由青壮年劳动力承担，在农闲的时候（尤其是三四月青黄不接时）上山砍柴，砍 50 斤柴可获得 3 个工分，砍 100 斤柴可获得 6 个工分。还有部分村民砍树运输到外面去赚钱，一些树木较多的生产队甚至可以直接卖树干赚钱，大多卖的还是杉树和松树，这也导致李村 20 世纪 70 年代前植被破坏严重。70 年代李村附近几个村开始建立国营林场、恢复当地植被。为了迅速建立国营林场、恢复破坏的植被，村民可以去国营林场管辖范围内种植松树和杉树，可以算作工分，政府聘请村内人做林场管理员对林场进行统一管理，不允许个人私下砍伐。

每个生产大队内部有七个干部职位：一名支部书记，主管思想政治工作；一名生产队大队长，主管农业生产、工业生产、村庄基础设施建设；两名生产大队副书记，分管工业与农业生产；一名妇女主任主管计划生育等妇女工作；一名民兵营长主管民兵训练；一名治保主任主管生产大队内的遵纪守法问题。他们的工资均是 10 工分/天。

　　即便如此，李村依旧向外输出了大量的劳动力。当时高级社老社长经常带队去李村外兴修水利、铁路等基础设施。村里大部分老年人和中年人均有集体时期外出务工的经历，按生产小组壮年劳动力比例抽调，"那个时候大部分年轻人都愿意去，因为相对自由"。当时，甚至有年轻人不想待在家里，直接在外务工两三年，只有过年的时候才会回来。在外务工工分记在生产队内，基本上都是10工分/天，过年时在生产大队内分粮食。

　　当时的生产队队长，多由青壮年劳动力担任，个人的劳动能力是其树立威信、建立权威的重要手段，生产队队长的主要职责就是带领劳作，主要农作任务如表2-1所示。

表 2-1　集体化时期农作任务情况

节　气	农作任务
立　春 雨　水	农闲
惊　蛰 春　分	备肥，收集干草，收集肥料，备耕犁地，培育红薯种苗，稻谷下种
清　明 谷　雨	插秧，秧苗管理（下肥、除虫）
立　夏	秧苗管理（下肥、除虫）
小　满	秧苗管理（下肥、除虫）
芒　种 夏　至	完成红薯栽种，红薯管理（除草、翻藤）
小　暑	秧苗管理（下肥、除虫）、红薯管理（除草、翻藤）
大　暑	收割稻谷
立　秋	红薯管理（除草、翻藤）
处　暑	红薯管理（除草、翻藤）

节　气	工　作
白　露 秋　分 寒　露	收红薯
霜　降 立　冬 小　雪	沤肥、翻田
大　雪 冬　至 小　寒 大　寒	农闲

劳动力一起出工，一起收工，按劳分配，一年开一次生产队大会评定工分，根据个人劳动能力适当调整。平均 7~8 分/（人·天），青壮年劳动力可以达到 10 工分/（人·天）。当时相对轻松的农活，如红薯翻藤、割草喂牛、沤肥等，被分配给女人和老人，但是工分也相对较低 [6~8 工分/（人·天）]。与前文中松散的社会结构一脉相承的是，当地生产队并不会对孤儿寡母、纯女户有所偏袒，基本上"一是一，二是二"，生产队只是在分配农活时对其加以照顾。当地人直言"你经济困难，你可以找亲戚借，可以乞讨，再不济可以饿着"。这种近乎"冷酷"的收入分配制度与当地血缘关系、地缘关系薄弱是息息相关的。以往的调查表明，在血缘关系、地缘关系高度统合的宗族性地区，社会团结程度较高，生产队不仅会在分配农活时对孤儿寡母加以照顾，而且在工分统计上也会多加照拂。在我们调查过的其他宗族性地区，如果是孤儿寡母在做红薯翻藤、割草喂牛等工作，一般计 10 工分/（人·天），以

示照顾。李村"一是一，二是二"的原则背后反映了集体化时期仍然较弱的社会支持网络。

除了出工赚工分之外，村民们还有别的途径能获得工分和流动资金。以收粪肥为例，人的粪便、家里的鸡鸭猪的粪便和集体的牛粪都需要统一收起来交到集体化粪池以作肥料，集体负责收肥。村里每隔一段时间派 6 个青壮年劳动力挨家挨户收集粪肥，粪肥记账上，年终统一分配。青壮年劳动力平均挑 1 担粪肥可以获得 1 工分。

由于该地水田较少，同时水资源又相对充足，田地基本上依靠天然灌溉，灌溉方便，集体化时期并没有兴修大型水利设施，生产队仅负责水渠调配管理。加之该地水稻种植较少，不需要"双抢"，农民生活相对较清闲，该村业余生活十分丰富，即使在农忙时期，青壮年劳动力依旧可以在晚上上 1~2 小时的夜校。

总的来说，农村土地集体所有制对于农村工业的发展具有两个方面的作用：第一，构建了农民的社会保障制度，为农村工业发展确立了一个稳定的经济和社会环境；第二，农村土地集体所有制用地成本极其低廉，降低了农村工业的投资门槛（李风华，2014）。虽然集体化时期失去了"砍柴"这一副业的支持，李村村民不再有充足的流动资金，整体经济效益是下降的，但是，通过农村土地集体所有制，李村确实建立了一个稳定的经济和社会环境（社会环境我们会在本章第三节叙述），为改革开放后兴起的家庭手工作坊奠定了基础（李村在后期兴起的主要是家庭手工作坊，所以不需要较高的用地成本）。

（二）社队企业的自主经营制度

昙虹市花炮产业和玻璃产业历史悠久，另外，还有一些传统工业，工业基础较为雄厚。在社队企业期间，由于当地松散的社会结构，共同体意识较为薄弱，工人为社队企业工作的积极性不高，生产效率较低，还经常有人"串通社队领导偷公家的东西"，社队企业的盈利水平偏低。

当时老李村生产大队下统辖几个工厂，主要有石灰厂、玻璃厂及花炮厂。虽然工业种类很多，但是并未盈利。下面我们可以分情况来说明。

石灰厂主要有 20 多人，分别是从各个生产队中抽调的青壮年劳动力。有村民指出，由于石灰厂的劳动量大，所以石灰厂里基本上是 20 多岁的劳动力（涵盖李村生产大队的几乎全部精壮的青年劳动力），平均 20 工分/（人·天）。由于生产队也要保持自身效益，这些青壮年劳动力基本上轮流来石灰厂上工。石灰厂上工"基本上不需要任何技巧，只需要力气"，工分又高，因此很多年轻人倾向于来石灰厂上工。但是由于石灰厂生产的石灰 50% 要供给公社和生产大队，石灰价格也不高，所以石灰厂在集体化时期并不盈利。石灰厂刨去企业流转备用金和员工工资之后，并没有额外的利润可供分配。

花炮厂有十多人，这些工作人员也是由各个生产队中抽调的剩余劳动力组成的。由于花炮技术含量低，易于制作，其工作人员多为女性和老人。但是也由于花炮厂生产的花炮易挪动，因此时有偷窃情况发生，"经常几箱鞭炮无声无息地就消失了，当时很多人串通支部的人一起用单车拖到抚贤镇上去卖"，再加上日常节日、庆祝活动时村内也需要燃放烟花爆竹，花炮厂也基本没有盈利。

玻璃厂隶属于一个生产队，生产大队负责玻璃厂的安全监管和原始材料供应，生产队负责生产。玻璃厂每年按固定提成给生产大队。玻璃厂是唯一盈利的企业，年收入1000多元，但是整个生产大队有1100多人，人均年盈利不到1元。

虽然社队企业盈利较少，但是社队企业将企业的规章制度、组织模式等引入了当时的李村，为后期家庭手工业作坊的运作奠定了一定的制度和组织基础。事实上，李村在改革开放之后兴起的第一批家庭手工作坊的小老板大部分都是在社队企业工作过的村民。玻璃厂、花炮厂的员工通过镇上的专业知识培训，成长为新的技术熟练工人，不仅为改革开放初期李村大量涌现的家庭手工作坊奠定了技术基础和设施基础，还为后来进一步的专业培养、技术扩散提供了前提条件。第三章关于家庭手工作坊的例子会论述当时社队企业的技术员工是如何参与到家庭手工作坊生产中的。

（三）各级政府对社队企业的支持——厂社挂钩

虽然盈利少，但是社队企业还是得以建立并且为改革开放的家庭手工作坊持续输送资源。这与集体化时期各级政府对社队企业的支持是分不开的。

中央和地方都给予了社队企业不同程度的支持。在地方，政府也出台政策鼓励社办企业，1972年D省已有90%的公社、75%的大队兴办了企业。D省在全国率先成立了社队企业局，之后地（市）、县陆续建立了社队企业局，区、公社成立了社队企业办公室（李凤华，2014）。

尤其是当时昙虹市政府首先推行的"厂社挂钩"制度，为当地的社队企业、后期的家庭手工作坊奠定了基础。

当时，昙虹市委从具体情况出发，根据城乡人民的需求，总结了群众的经验，提出了"厂社挂钩"，采取了集体安置知识青年到社队农场、林场、茶场的办法。昙虹市委根据农村治山造林的情况和需要、工厂的大小、毕业学生的多少，要求各工厂、机关等和农村社队挂钩，做出全面规划。大厂和一个或几个公社挂钩；小厂和一个公社或一个大队挂钩；党政机关和文教、卫生、财贸等单位，按系统与公社挂钩；也有大厂带小厂、工厂带机关的。安置知识青年的社队，就是挂钩工厂的支农点。知识青年下乡前，工厂派人到安置地点，向公社党委和大队党支部汇报知识青年及其家长的情况，一起研究选点、编组、建房等问题。这种安置方式得到了当时中央政府的认可，并被《人民日报》等报道。

"厂社挂钩"加强了工业对农业的支援，为发展社队企业创造了有利条件。各社队普遍办起了农机修配厂、农副产品加工厂、铁工厂、石灰厂、砖瓦厂等，类似的"厂社挂钩"情况曾见诸报端。

　　过去，生产队买一个螺栓，都要翻山越岭，跑几十里甚至一二百里路进城去，费时费工。现在，工厂办在家门口，农具坏了不用愁，方便了农业生产，方便了群众生活，还为社队积累了资金，为小集体所有制向大集体所有制过渡创造了条件。随着社队集体经济不断壮大，加上工厂的支援，农村的机械化、水利化、电气化迅速地发展起来……知识青年下乡来，促进了农村科学文化的发展……工厂的领导纷纷下乡，与农村的同志一起研究农业学大寨的规划，研究如何发展社队工业；公社的书记也到工厂，与城里的同志一起研究工业学大庆的规划，研究农业如何支援工业建设。城乡人民，共同研究如何进一步做好知识

青年上山下乡的工作。城市想着农村，农村想着工厂；工人想着农民，农民想着工人。（《人民日报》，1975）

虽然李村的社队企业的经济效益不尽如人意，但是通过自身建设、"厂社挂钩"等集体活动，实现了城乡良性互动。这是工业反哺农业的起点，使李村薄弱的工业基础得以缓慢奠定。

新中国成立前夕，李村村民们虽然早早地融入了工业生产链之中，但是，他们在工业生产链中依然处于初级的、低端的生产地位。集体土地所有制、社队企业、"厂社挂钩"等生产制度为李村后来的家庭手工作坊奠定了社会基础、技术基础、设施基础等，为李村 20 世纪 80 年代工业的腾飞插上了一双翅膀。

二 家庭关系的再组织

集体化不仅为当地的工业化奠定了最初的基础，还在一定程度上改变了当地的婚姻关系与家庭关系。借由一系列政治宣传，女性地位得到了迅速提高；该地婚姻逐渐被集体化时期划分的阶级所区隔，并影响了当地家庭的形态。

（一）逐渐提高的女性地位

集体化时期，通过"妇女解放运动"等一系列社会运动和"妇女能顶半边天"等一系列的宣传，加之妇女在家庭生活中劳动地位的彰显，李村的女性地位开始迅速提高。据当地老人描述，当时女性开始彰显自己的个人魅力，在不做农活时，女性普遍穿裙子；而且当地女性很喜欢跳花鼓戏，因为"被别人注目很过瘾"。由此，女性开始从被传统束缚的社会规范中挣脱出来。具体表现在婚姻自由的裁量权（出嫁前）和过继（出嫁后）这两件事情上。

从 20 世纪六七十年代开始，当地女性就可以说服自己的父母同意自己自由选择结婚对象，甚至还可以摆脱父代的束缚拒绝"换亲"等。下面我们以几个例子来说明当地女性在自己婚姻上的自主性。

> 陈桂菊（1966 年生）的大哥在 27 岁时原定与她二姐（当时 23 岁）一起换亲，但堂姑妈私下将二姐说媒给自己的亲侄子，并许诺之后将自己的外甥女嫁与大哥，二姐先成婚后，堂姑妈的外甥女又悔婚，之后陈桂菊母亲与堂姑妈结仇。陈桂菊看到母亲每日在家埋怨二姐，为大哥的婚事忧心不已，便自己主动提出换亲来为母亲分忧。尽管当时她才 17 岁，且被邻居告知男方身体羸弱多病，但为了成全大哥，她仍答应了婚事。而自己的嫂子（丈夫的妹妹）当时也没有反抗，唯一的要求就是陪嫁一辆自行车。

> 樊德美也在 17 岁时为了比自己年长 10 岁的哥哥选择了换亲。当时得知男方已经 30 岁，樊德美不愿意嫁过去，但她父亲告诉她如果她不换亲，自己的哥哥就娶不上媳妇。尽管十分委屈，她还是认命了。至今回想起当年的情境，樊德美仍旧眼眶湿润。

> 李村曾经有一对长相标致的兄妹，由于居住偏远，哥哥一直找不到对象，家里决定让其二人与另一户兄妹换

亲。无奈订婚之后妹妹反悔逃跑，导致换亲失败，后妹妹出嫁，哥哥终身单身，也无过继的子女。

从上面的例子我们可以看到，换亲往往需要家中有年龄相近的姐妹，且一般是通过牺牲女性的婚姻自主性来成全男性的婚姻，因此换亲是否成功，关键在于女性的意愿（焦长权，2012）。因为女性一般是可以通过婚姻手段实现向上跃迁的，放弃自身的婚姻自主权来成全兄弟的婚姻，也意味着丧失了阶级跃升的机会。若是双方家庭或个人条件相差较大，加之父辈权威较弱，则换亲无法进行。由此，我们可以看到，当地的女性是具有较大的婚姻自主权的，案例中的妹妹哪怕知道自己逃婚的代价可能是哥哥终身娶不到老婆，自己家庭后续香火无望，依旧反抗父代的要求，以获得自己在婚姻上的自由。事实上，根据我们的调研数据，20 世纪五六十年代，李村换亲成功的概率在 6.67% ~ 16.67%。女性在婚姻上的自主权，反映的不仅是女性地位的提高，还有父辈权威的日渐式微（在下文我们将详细叙述）。

在集体化时期，由于失去了"砍柴"这一副业的支持，李村村民的生活水平出现了下降，再加上集体化时期对地主、富人的社会区隔，一时间过继现象明显增多。但是与宗族地区"侄子过继给叔叔"或者在宗族旁支中选择与自己血缘最近的孩子不同，李村更多的是"外甥过继给舅舅"这一形式。这点我们会在后文详细展开说明。但是通过"外甥过继给舅舅"的案例，我们可以看到的是，女性就算出嫁之后在夫家，也是拥有一定的发言权和自主权的。女性在夫家可以不经过公公婆婆的同意，与丈夫商量之后就将自己的儿子过继给自己的兄弟，来继承自己家的香火。

> 辛继发在小时候就被过继给了自己的舅舅。因为当时舅舅身体不好，还是个光棍。辛继发的母亲要求辛继发的父亲将辛继发过继给自己的弟弟，说"自己只有这么一个弟弟"。辛继发父亲虽然不情愿，但是碍于妻子的要求，加之自己还有一个小儿子，无奈之下就将辛继发过继过去了。

由上例我们可以看出，女性在婚姻之中的地位开始逐渐上升，并开始有权参与家庭事务，甚至可以与夫家博弈，"抢儿子过来"给自己的弟弟养老或者为原生家庭延续香火。与此相对应的，女性开始在部分家庭事务上做主，在日常开支上可以独立支配，在家庭大事上参与商议，但直到 20 世纪 70 年代之前，传统观念仍有较大的影响。少数女性能够直接当家做主的家庭大都是因为男人"不管事"，尽管如此，女性还是要"装装样子"，将决策冠以丈夫的名号。

> （20 世纪）70 年代有一对养猪的夫妻，猪的出售价格实际上由妻子决定，但为了避免别人说闲话，每次有买家上门买猪时，妻子总要佯装进屋询问丈夫意见，然后再出来与买主谈价，而事实上屋子里往往并没有人。

由此我们可以看出，受集体化时期的影响，女性的地位正在逐渐上升，无论是在出嫁之前还是出嫁之后，女性都可以反抗父辈权威、与夫家对抗。所以，在女性地位提升的集体化时代，婚姻和家庭已经开始发生变化。

（二）被阶级区隔的婚姻

当时，阶级身份划分主要有三种类型：一是贫农、下中农；二是中农（上中农或富裕中农）；三是地主、富农、反革命分子、坏分子"四类分子"。入社资格条件上的总体阶级政策是："依靠贫农（包括新中农），巩固地团结中农，发展互助合作，由逐步限制富农到最后消灭富农剥削……对于不同阶级成分的农民入社的资格条件严格与否、顺序先后的分析，本身就意味着社员与非社员、社员与社员之间政治社会地位和待遇的差异性。"（李海金，2011）这种政治社会地位与待遇的差异性，极大地影响了当地的婚恋标准。

新中国成立前，人是否勤劳能干是评价男性是否可嫁的主要标准。即使是有田有土的富农阶层，如果个人懒惰无能也不能娶到很好的媳妇。

> 张胜能在新中国成立前拥有两亩三分田，但是由于个人比较懒惰又好赌，所以一直没找到媳妇，直到三十出头才找了一个二婚且不能生育的妇女。

新中国成立前，与个人特质息息相关的婚姻选择，与当地田土分布较为平均、社会分层结构分化较小有关。但是，新中国成立后，通过阶级划分给当地强行建构了以阶级为标准的社会区隔。因此，当时的婚姻极大程度上受到个人阶级成分的影响。

地主、富农的后代因为阶级成分问题都很难找到结婚对象。在当时，对于阶级成分划分出来的婚恋的阶级区隔，大多数人都选择了接受，并没有反抗或者采取其他措施进行弥补。

而对于一般贫农来说，由于经济上贫困，换亲和入赘是两种较多的婚配方式。换亲我们在上文已经提及，一般是通过牺牲女性在婚姻中的决定权来使男性获得婚姻，在女性地位逐渐提高的集体化时代，成功率是偏低的。因此，对于家中无姊妹或兄弟较多的人来说，通常会选择入赘。

前文提到，当地没有很强的香火传递观念，过继和入赘都只是为了给自己的家庭生计提供男性劳动力。同时，当地并没有强大的父系宗族给予纯女户社会支持，也没有形成较为稳定的入赘规范。因此，当地入赘的男方并不会遭到村民的歧视。上门女婿在家庭和村中的地位和权力是依据个人品质而定的，只要有能力、为人好，就能够当家做主，也不会受到歧视。村中当时不乏上门女婿与岳父吵架，请求大队干部加以劝和的案例。因此，入赘对于男方来说，除了孩子的姓氏问题，基本上没有别的损失。

付文广在 20 世纪 70 年代以入赘的形式娶了自己舅舅家的大女儿。由于是母亲要求的，他的父亲既没有要聘礼，也没有反对。付文广也一直并未改口，未管舅舅叫岳父，付文广与亲生兄弟也一直以兄弟称呼，付文广的儿子管付文广的同胞哥哥叫伯父而非舅舅。

上面这个例子说明了当地女性在婚姻家庭中的地位——女性可以向夫家要求儿子入赘到自己娘家。同时，我们还可以看出，当地入赘并不像传统宗族一样正式，男方入赘之后，男方和女方并不会在身份上被加以区隔，或者通过孩子的称呼、自己的称呼加以强调自己入赘的身份或孩子的宗族归属。相反，血缘关系占据了主要地位。即使男方入赘，生的孩子也可以直接称呼男方兄弟为伯伯。这在宗族观念较强的地区是无法想象的，一般宗族观念较强的地区，男方入赘后基本和原生家庭隔离，孩子也只称呼女方兄弟为伯伯。由此看来，在当地，血缘关系优先于宗族关系，男方入赘之后孩子依旧可以在男方家承担责任与义务。由此也可以看出，当地薄弱的父系宗族势力深刻地影响到了集体化时期，即使入赘，依旧无法打断与其原生家庭的血脉联系。入赘更多的是一种个人组建家庭的选择，而不是一个家族为了延续香火的决策。

阶级区隔的婚姻，加上集体化时期较为低下的生产率，使李村一时间内光棍数量增加，也对当地的家庭产生了一系列的影响。

（三）复杂的家庭关系

有学者指出，在农业集体化的冲击下，家庭不再作为一个独立的生产单位，家户主失去了控制土地等生产资料的权利，进而失去了安排家庭成员劳动和为家庭成员分配劳动产品的权利。与此同时，子代的生产活动与劳动所得在家庭中变得相对清晰与独立。当子代结婚建立新的家庭时，其财富的累积可以独立完成以避免稀释到父代控制的大家庭中，这必将导致潜在的分家。因此，农业集体化消解了家庭的生产组织角色，削弱了父权制度，增加了子代独立生产与累积财富的潜力，从而导致大家庭向小家庭转型（王天夫、王飞、唐有财，2015）。同样，受农业集体化制度的冲击，李村的传统联合家庭开始向核心家庭过渡。

核心家庭是集体化时期李村主要的家庭形态。一般，在子代订婚之后结婚之前，父代就会做好一锅新灶，子代结婚之后即很快分灶。兄弟各自成家之后便成立新的会计单位，小家庭的收支单独计算。而父母原先积累的财产往往要等到去世之前才会分配，尤其是在大儿子成家之后还需要抚养小儿子的情况下。若是兄弟同住，很多家庭会将房子大厅分成左右两半，修两个通道通往左右两侧的房间，或是在老房子旁边再修建一间新房。如果姆娌关系不睦，有的会单独搬出去另修房子。

父母在尚有劳动力时，不仅能够独立从事农业劳动获得工分，还能够帮助子代照顾家庭、抚育孙辈，成为子代的得力助手。因此，该阶段子代基本上没有养老压力。当父母年事已高、体弱多病时，兄弟就要轮流承担对父母的物质供养、生活照料和精神支持等义务。老人一般是在几个儿子家轮流居住，具体时间长短由几个兄弟商量决定。

集体化时期"无法实现温饱"的李村村民，也同时面临着复杂的家庭关系。我们的访谈对象，只要问及三代以内，就有人入赘，或有人换亲，或有人过继。当然，这与当时较高的死亡率以及较多的光棍数量是分不开的。

在李村的家庭中，最具独特性的就是其"外甥过继给舅舅"的现象。不同于宗族地区的过继，该地的过继呈现一种以核心家庭、血缘关系为本位的基本逻辑。樊林全曾对我们表示，他明确反对过继，因为即便过继兄弟的孩子也不是自己的后代，"在血脉传承上还没有女儿的作用大"。从这一点我们可以看出，在血脉关系的传承上，李村人更在意的是以个体本位出发的血缘关系，而非传统家族制下一个姓氏的"较为疏远"的血缘关系。

具体来说，李村村民选择过继的对象相对随意，也没有正规的仪式，把孩子抱到自己家，整个过继过程就算完成了。

付大魏（1949 年生）在 27 岁时就放弃结婚选择将外甥过继给自己。付大魏的姐姐想将自己的小儿子过继过来，但是到了带孩子去付大魏家的那一天，小儿子由于年纪太小，赖在床上不愿意起来，恰好姐姐的二儿子听说是要到舅舅家去玩，非常高兴地吵着闹着要去。付大魏的姐姐就将二儿子带了过来。

从上面这个例子可以看到，过继对象的选择是非常随机的，既不遵循长幼之序，也不遵守传统意义上的亲疏关系。不过，村民也曾总结道："我们村里的小孩和舅舅都特别亲。"村民对此的解释是："小时候去舅舅家什么好吃好喝的舅舅都紧着外甥，叔叔就不一样了。"但在"与舅舅更亲"的现象背后，是村民们传统宗族观念的淡薄。

当地的过继不仅在形式和选择上非常松散，而且在过继之后，依旧是先赋的血缘关系占据了孩子的主体生活。

付林在自己过继给舅舅之后对两边的称呼没改，依旧称呼自己的亲生母亲为"妈妈"，称呼亲生父亲为"爸爸"，称呼养父为"舅舅"。并且，长大之后，自己每逢年节都会给亲生父母红包、礼物。在亲生父母养老期间，自己也和兄弟们承担一样的责任与义务，在亲生父母的葬礼上也是佩戴全孝。付林认为自己唯一和兄弟不一样的地方在于，多了与舅舅（养父）相关的一些权利与义务。但是，付林对其负担的双倍的养老义务并没有太大的反感与落差。相反，他觉得"我享受了两个家庭的抚养，当然也要承担两个家庭的义务"。

在李村，像付林这样的例子比比皆是。过继之后的孩子，并没有脱离与原生家庭的关系；相反，是两条线并行，承担两个家庭的责任与义务。

由此可见，当地的过继并没有一个通行的规则，往往是"外甥"而非"侄子"。至于当地不过继侄子反而选择外甥，其原因之一是当地的宗族力量十分薄弱，缺乏对过继之后亲属关系的制度性规范，被过继者在过继之后对亲生父母仍旧不改称呼，并且仍以儿子的身份对原生家庭履行义务，甚至还有继承财产的权力。这种情况十分容易导致被过继者由于割舍不了与亲生父母的血缘之情而重新回到原生家庭、拒绝履行对养父母应尽的义务，尤其是对于居住地相隔不远的兄弟来说，养父母与过继子之间的关系容易受到原生父母的影响，继而影响两个家庭之间的关系。相比之下，外甥的原生家庭往往距离较远，其与亲生父母见面的次数少，跑回家的可能性也小，因此有利于新的家庭关系的形成和稳定。下面我们以一个案例来说明"侄子过继给叔叔"的一些问题。

张田丰在三岁时被过继给了叔叔婶婶，叔叔婶婶家与自己的亲生父母家仅相距两百米。四岁时张田丰因偷偷拿姑姑给自己的四毛钱压岁钱买了两毛钱的瓜子而被婶婶扇了两耳光，脸都被打肿了，他便哭着跑回家去找母亲诉苦。母亲因心疼他而与婶婶起了争执，但是父亲与叔叔一直袖手旁观，最后还是任由婶婶把他带走了。只是，母亲和婶婶从此就结了仇。而张田丰和叔叔婶婶也一直处于隔膜状态，"我跟他们一点都不亲"。

由上例可以看出，"侄子过继给叔叔"在缺乏社会性压制的情况下，被过继的孩子很容易和原生家庭发生频繁的互动，不仅容易引起兄弟姐妹之间的争执，也不利于孩子建立对于新家庭的归属感。

由此可见，集体化时期由于集体化的生产制度、政治因素等的影响，女性地位有了提高，也因而导致了李村被阶级区隔的婚姻。但是，集体化时期利用一系列的政权建设，将一个个核心家庭纳入了以生产队为中心的共同体。

三　由生产队整合的社会关系

集体化时期，李村通过重新整合，虽然依旧是以地缘与核心家庭为本位的松散共同体，但是生产队制度通过共同的生产、共同的教育、共同的生活建立了一个以生产队为核心的共同人情圈，创立了一系列共同生活的行为规范。

（一）集体化时期共同体的建立

集体化时期社区活动的单位主要是以生产队为中心，以临近几个生产队为地缘圈，跟新中国成立前以龙王庙为中心的地缘圈基本类似，但稍有扩大。当时李村村民住的距离虽然相隔较远，但是每天都要到生产队报到，由生产队队长统一分配生产任务后，一起下地干活，中午和晚上都一起吃饭。晚饭之后大家还一起上夜校。对于在集体化时期出生并成长的李村村民来说，"周边的关系变得比以前融洽了"，同一时代出生的儿童变成了一起砍柴、一起接受教育、一起干农活、一起上夜校的伙伴。原先松散的地缘关系得到了加强。

　　集体化时期在原先松散的地缘上存续了学缘、业缘等不同
形态的社会关系，使社会开始重新整合，内聚力得到一定程度
的加强。

　　在教育方面，随着国家推进的农村全民教育体系的完善，
李村的教育体系也呈现较为完善的形态：一方面，表现为现代
学校教育体系的不断完善，基本形成了完小、初中、高中相对
完备的教育体系；另一方面，集体化时期以夜校为主要代表的
成人教育体制的存续，虽然只在历史发展片段中出现了一小段
时间，但对当地村民的生活却产生了明显的影响。

　　就正规的学校来看，同时期村小也已形成完整的教育体
系。20 世纪 70 年代，村里的小学已具备完小的规模。设置一
到五年级，一个年级一个班，每班二三十人。入学人数囊括了
当地所有适龄入学儿童，仅有不到 10 户人家的孩子无法上小
学。这不到 10 户中，一部分是因为家里经济条件差需要推迟
到八九岁才能入学，一部分是因为地理环境的问题上学不方
便，家离学校最远的孩子要走五六公里，约一个小时的山路上
学，很危险。当时学校有五六个老师，虽然低年级只有一个
老师负责全部科目，但高年级就施行了分科教学。而村里孩
子要上学一般也很少有经济上的担忧，村民小组会一起支付
学费，再让家长用工分抵扣。个别经济条件好的小组也会垫
付所有小孩子的入学教育费用。

　　在当时，村内还设置有初中教学点，乡镇设置了高中教学
点。尽管当时小学教育基本普及并且达到了较高的完成率，差
不多有 90% 的孩子能够小学毕业，但是升学率仍然较低，只
有不到 30% 的孩子通过考试进入初中。大多数孩子小学毕业
之后，回到生产领域慢慢成长为家庭生产的主力。一起成长、

一起上学、一起务工使集体化时代出生的孩子们，渐渐熟悉了起来，共同体初步形成。

集体化时期曾经短暂出现过夜校（1964～1972 年）。夜校为当时刚刚从事生产的青壮年劳动力提供了一个共同学习、共同娱乐、共同活动的场所。夜校的费用由生产大队承担，由生产大队副队长进行管理，老师由村小的老师担任。当时，村里十几岁到三十岁的年轻人从小学毕业就开始参加夜校，直到娶妻生子，家务劳动加重之后才退出"夜校"这一公共活动。农忙的时候平均一周 2～3 次，每次可长达两个多小时；农闲的时候几乎每天都开，时间长达三个多小时。参加夜校的有男有女，村民们在夜校学习《毛主席语录》、唱革命歌曲、跳革命舞、写字、学打算盘，甚至还学习普及农业知识和政治思想的课本。村民们普遍认为当时的夜校制度对村庄生活是极其有益的，"第一增加（加强）了我们的思想认识；第二大家都变得非常的积极，第三学到了很多文化知识"。当时龙王庙已经被取消了，村庄中已经没有了给"龙王老爷过生日"的集体活动，但是通过夜校这一共同的娱乐生活，村民之间的感情得以日积月累地进一步加深。

在劳作方面，集体劳动的工作制度，增强了劳作的基本规范。第一，在生产资料和劳动工具方面进行集中统一管理。根据《农业生产合作社示范章程草案》第 25 条规定，土地以外的生产资料如耕畜、大型农具、农业传输工具等，是农业生产所不可缺少的，应该先由合作社统一使用；《高级农业生产合作社示范章程》第 31 条规定，生产队管理和使用生产队范围内固定的耕畜和农具（刘金海，2010）。生产资料（如耕牛这一稀缺财产）由生产队统一管理。耕牛的使用需要生产队队员之间互相磨合、互相讨论。对生产资料的集中统一管理也奠定了李村村民关于集体概念的经济基础。"牛不是你一个人的，是我们大家的，我们需要共同爱护。"共同的经济利益开始将李村村民以生产队为单位牢牢绑定在一起。第二，在劳动力的统一安排上，按照劳动性质配置。要求按照不同的农活性质，规定哪一些农活应该由集体共同来完成，哪一些农活则可分散完成，即所谓"大活集体干，小活分开干"（刘金海，2010）。李村村民在集体化时期，开荒、"双抢"、挑粪肥等活动都由青壮年劳动力统一完成，在长期的共同劳作中，很多村民结下了"患难与共"的友谊。

在医疗方面，村民建立了公费医疗制度。集体化时期以人口为单位，每个家庭每人每年出三毛钱放在生产大队，这笔钱专用于医疗。大队医生以月为单位去公社采购药品，以大队医疗费用报销。乡村诊所的医疗器材、疫苗等均由公社购买提供。村民来诊所看病只需要出一点出诊费，药品基本免费。而其他大队的村民来看病，则不需要出诊费，但是需要出买药的钱。大队医生由公社选拔，送至镇卫生院进行培训，学习费用由大队承担。大队医生在完成培训之后，就开始在大队看药店，大队每天拨 10 工分给医生所在的生产队。而医生每年需要交 80 元的管理费到公社，作为公社培养自己的回报。以生产大队为中心的医疗制度，建立了村民"是我村"或"非我村"的概念，也以大队诊所为核心建立了信息流通和互相交流的沟通场所。

由此可见，集体化时期通过教育、劳作、医疗等，李村实现了重新整合，村民们开始认同自己是"李村人"，在生产队中确立了"公共"的概念，更是与同生产队的队员们在"长期共同的革命奋斗中"建立了深厚的友谊。以生产队为核心的地缘共同体得以初步整合建立。

（二）共同社会规范的确立

从上一小节的论述我们可以看到，经过集体化时期的整合，李村村民过上了共同学习、共同劳作、共同娱乐的集体生活，从而产生了一定的公共舆论，并借此形成了相对稳定、被村民认可的社会规范。这一社会规范以共同知识体系的建构、干部的选拔、对地主阶级的刻板印象等为主。

由于共同的劳作、现代农业科技知识的宣传、工分的计算，人们开始对个人生产劳作情况有了基本的认识与共同的评价体系。当时李村村民每年都要开大会讨论给个人的工分如何计算，据当地老人叙述，"谁勤快、谁懒我们心里都有数，做了多少大家心里都有数，所以评工分大会上我们基本不吵架"。由此我们可以看出，通过共同的生产生活，人们确立了对生产队内每个人的基本评价。

与此同时，长期劳作使关于农业的地方性知识得以积累并传播，大家开始形成"怎样评判好与不好、价格多少"的共同知识。以当时挑粪肥为例，集体化时期，家里的鸡鸭猪和集体的牛所产生的肥料都需要统一收起来交给集体。当时生产队队长会派6个青壮年劳动力去挑，6个人一起评定价钱记账。"每个人心中都有一杆秤，我们评价体系差不多，很少有分歧。"由此我们可以看出，共同劳作使村民们开始具有共同的知识体系与评价标准。同时，他们也提到"有人占小便宜、掺假"，但是大家一般会"当众指出，当面批评"。因为只有这样，大家"才能互相团结，搞好集体"，"才能提高自己的思想觉悟"，做一个好人。

集体化时期干部的选拔主要以当地的"好人规范"为主。集体化时期，李村每年都要进行生产队队长的选拔，候选人以青壮年劳动力居多。当地人对生产队队长的要求普遍有以下几点："大公无私"、"本人劳动积极"和"敢说话"等；注重个人能力，包括个人生产生活能力、组织协调能力，因为这是当时通行的评判"好人"的标准，领导"不起带头作用就无法领导"。当时的村干部大多曾外出当兵，人们对此非常信服，接受访谈的曾华章主动提到，"军人在当时具有较高的社会地位，是相对了解国家政策、有远见卓识的精英"。国家的期待与民众的认可不谋而合。当时公社会有驻村干部，公社、大队基本上在任命干部之前都会充分听取群众意见。村民们在回忆集体化时期时普遍认为，当时的生产队思想风气好，政治觉悟高。所谓的政治觉悟高，指的是大公无私、公平合理、敢于与坏人坏事做斗争。曾经的生产队队长付全盛就指出，集体化时期的人都敢于当面指出别人的不好，有利于"集体思想的改造"。但是，由于父辈权威的缺乏，劳动力更新换代快，年轻人在政治舞台上很容易占据主导地位。因此李村生产队队长更新换代较快，以上文 A 生产队为例，该生产队集体化时期就曾经换过四任队长。在生产大队的村干部结构中也出现过类似情况，大队长的人员构成基本上都不稳定。但是生产大队的老书记付民德，由于其是抗美援朝回来的军人，拥有政治资本，所以在公社书记的位置上干了 28 年，其余的生产大队队长基本上都是四五年一换。

集体化时期村干部的高度流动性有着多重原因。据当时的村干部讲述，当生产大队干部并不能赚到钱，"当时集体经济效益不好，有时候去公社开会连饭都不敢多吃，大队没办法给你报销"。其实，这种高度流动性与当地薄弱的社会关系基础是分不开的。在内聚力强、组织化程度高的宗族性村庄，生产队队长在日积月累的工作领导之中可以建立起较强的权威，再借由宗族力量的支持，很容易在生产队中占据主导地位。因此在宗族性地区，生产队队长的流动性都较低。但在李村，"告密""夺权"屡见不鲜，生产队队长如果没有政治资本（如是退役军人），加之当地社会支持网络（如宗族）的普遍缺乏，则其只能依靠自身的劳动力来获取话语权与权威。而这种较为脆弱的权威并不能在日常交往中加以积累，在劳动力水平逐渐降低之后，只能"坐视他人'夺权'"。

集体化时期，从这两种截然不同的组织模式背后，可以看出国家对于村庄集体化的改造是循序渐进的、非断裂式的。当时国家力量的渗入是在充分尊重当地社会结构的基础上对其进行集体化改造，其对原有的社会结构并没有产生"翻天覆地"的影响。就李村而言，仅仅只是在原有松散的地缘共同体之上构筑了一个看似紧密实则松散的村庄社区。

当时干部的候选主要由前一任干部物色，并培养其管理村庄事务的能力。付勇自1978年当兵回来之后就受到关注。大队的老书记便开始培养他，任命其为生产大队主管工业的副书记，并将他评为先进党员，推荐他到党校学习。

付勇在位期间物色了年轻人付海洋做大队长，付海洋又在自己当大队长期间物色接班人。接班人陈广灿非常能干，比付海洋大5岁，当时就已经是做鞭炮的个体户了，还是一个生产小队的队长。付海洋从1980年开始介绍其入党，小组调解也带着他、锻炼他。在快换届的时候，陈广灿联系会计、组织委员这两个与付海洋有过节的人，状告付海洋在开会的路上打牌。随后几人开会对其进行批评。在半年之后，组织委员通知付海洋他已经被开除党籍（在后续对其他人的访谈中我们发现事实上付海洋并没有被开除党籍）。然而付海洋的举动非常令人意外，他只在一时气愤之后外出去林场打了一年工，并在此后都没有抱怨这些事。他不但与这些人正常往来，还互相请客吃饭，没有破坏表面的和平。对此，付海洋的想法是"自己不对在先，找谁说也没有用"。

由此我们可以看出，集体化时期建立的集体话语，充满了政治性与生活性的张力。组织者通过一系列的政治宣传，在李村村民之中树立了一些旗帜鲜明的"好人规范"，如干活要卖力、不能赌博、家庭关系要和谐等主流话语。

在主流话语逐渐深入人心的过程中，不可忽视的就是对地主、富农阶层的政治话语建构。集体化时期对地主形象的建构与宣传形成了一种对地主阶级共同的社会排斥。

付松田，由于是地主的儿子，经常被别人看不起。其中"大跃进"、大食堂时期是付松田最辛苦的时候，"那时村里经常开批斗会"，苦活累活（修路、挑粪等）都会分给他干，村里无论出了什么坏事大家都会说"是地主子女干的"。当时家里也没钱供他读书。付松田成为壮年劳动力之后，由于他"劳动能力强、干活老实、为人踏实、不干坏事、不赌钱打牌"，逐渐被生产队所接受。但是受地主身份的影响，他不能去当兵——当兵是集体化时期李村村民向上跃升的一个重要渠道——也不能担任干部，还无法结婚，最后只能过继姐姐的孩子。

这个案例不仅印证了我们上文所说的被阶级区隔的婚姻，而且说明当时政治宣传话语对地主形象的建构深深影响了李村村民对于"地主"刻板印象的形成。事实上，正是这种刻板的地主形象使很多地主都只能近亲结婚或选择过继子女。在地主子女成年初期，这些在其交友、恋爱、工作等方面都会产生深刻影响。但是，这一刻板印象可以随着时间以及与生产队队员的日常相处逐渐改观，并使他们逐步融入主流社会。村民们也在其中建立了一种阶级认同，形成了一种"我们感"。

通过共同知识体系的建构、干部的选拔、对地主的排斥，李村村民建立了一个村庄共同体，以及共行的社会规范，李村的社会开始重新整合，并由此确立了一个以生产队为核心的人情圈与地缘共同体。

（三）以生产队为核心的地缘共同体

在共同的劳作之中，以生产队为核心的地缘共同体正在逐步确立。生产队的规模大约为居住相邻的 20 户村民，主要表现为日常往来、互助帮忙、人情圈的确立等。

以上文的 A 生产队为例，当时的生产队主要有 21 户村民，以社员陈华以为核心，我们勾勒出其当时主要的人际关系（见表 2 - 2）。

表 2 - 2　生产队内亲缘关系

单位：户

关　　系	户数
亲兄弟	2
五服以内	4

关　系	户　数
入　赘	1
移　民	1
邻　里	13

由此可见，当时的生产队是一个血缘与地缘联合的共同体，但是由于血缘纽带相对薄弱，地缘仍在共同体组织中占据主导地位。在 21 户村民之中有 13 户是邻里，也充分说明该地的生产队、地缘圈是基本同构的。

村民对生产队内长期稳定的关系是有一定预期的，并且希望自己能"与人为善""处理好关系"等。生产队内部的联结还是相对紧密的。虽然组织委员等人"背后搞阴招"的行为让付海洋义愤填膺，但是出于对未来长久互动的考虑，他还是选择了忍气吞声。

另外，新中国成立前，婚丧嫁娶等仪式涉及范围较小，村民们并没有"邻里"的观念，甚至连"抬棺"都可以由三服以内的人全权代劳。在生产队时期，邻里观念开始与生产队观念同构，逐渐形成了上文所说的人员布局。婚丧嫁娶仪式开始由整个生产队组织、帮忙、捧场、送人情等。借此，人情圈也开始逐步确立。生产队队员建房子，其他人会来帮工，还互相送人情。这个邻里关系（人情圈）在现在的李村仍在发挥作用。

但是这个人情圈是以生产队为核心的，村民们由于居住过于分散，所以"只能认识隔壁几个生产队的人"，因此共同体多以生产队为核心。

在这一时期，生产队之间的关系也并不简单。但是人与人

之间的交往规则明显服从于政治规定。李村员天润大爷在 20
世纪 70 年代当会计的时候，会被派出本生产队去查账。查账
都是匿名的，当查账查出问题时，为了让上面的人觉得你有本
事，不会主动告诉被查账的人。另外，被查账的人如果动了手
脚却未被查出，还会觉得查账的人没本事，水平不够。

李村以前的生产大队队长张成权给我们讲过这样一个
故事。

> 村内抗美援朝回来的付民德，没有儿子，小女儿招
> 婿，付民德与女婿（邻近生产队的）关系并不好，经常
> 吵架，但是大家对两个人的评价都不错。有一次付民德和
> 女婿吵架，付民德的妻子叫了大队长、支部书记和治保主
> 任去调解，大队长为了顾及付民德的面子，就批评了女
> 婿，结果女婿不服气，一生气就把大队长等人给骂走了。
> 对此，村民指出，比起大队长，人们普遍更信服和听从自
> 己所属生产队的队长，如果是生产队队长来劝架，女婿就
> 不会骂走他们了。

由上例我们可以看到，村民更多的时候是更认同生产队队
长而不是生产大队队长。生产队队长在队员心中的权威以及合
法性明显高于生产大队队长。人们也更趋于认同以生产队为核
心的地缘圈和人情圈。在此地缘共同体的基础上，村庄治理开
始井然有序，公共性萌芽，权威开始产生。

集体化时期，村庄治理的有力帮手都是李村的生产小组组
长和民兵。在微观的层面上，组长作为村级治理的一个延伸，
是农民在生产生活中最先寻找和依赖的对象，在集体化时期其
承担的工作众多——最先调解纠纷矛盾、讲解国家政策、向上

反馈农民的需求等。组长的人选并非轻易决定的，而是由生产队干部仔细在村中甄别有威望、家庭和谐、朋友多的人。一个生产小组组长的任职时间不限，有时任职时间很可能超过生产队的干部，因此，许多生产小组组长的资履和阅历都非常丰富，久而久之成为小组内的权威。从原本没有权威村庄，再到培养出权威，是社会秩序的一大进步。即使村民们都搬到了镇上，村庄也在 2019 年重新合并了生产小组，许多人提到，当发生矛盾时首先想到的仍然是请过去的生产小组组长来调解。

民兵是维护村庄治安的重要支持性力量。在 20 世纪 70 年代左右，当地的民兵是趋于正规化的组织，民兵不仅配有枪，每年还会参加市里组织的集体训练。当村庄需要应对各类自然灾害、突发事故，或者是发生打架斗殴时，这些民兵都会主动上阵。可以说，对于缺乏日常自组织保护、村民安全感较差的村庄来说，民兵是一股志愿性的地方保护力量。

由此，集体化时期的社会得到了重新整合，确立了以生产队为中心的社会共同体，以及共同的行为规范，和以地缘为核心的地缘圈。社会关系得到了进一步的整合。

（四）被打碎的"江湖"

上一章我们讲到在传统流动的李村社会中，悬浮着一个隐秘的"江湖"。随着生产队制度的确立，人被束缚在了土地上，跑江湖的人开始大大减少，人不再具有流动性。但是，有一些唱花鼓戏的或者走街串巷的货郎还是以跑江湖的方式在那个年代生存。

"圈子"里曾经学习"药工""点穴"的人普遍被纳入了卫生防疫体系，成为医生，并通过卫生防疫体系的"师徒制"

对"药工""点穴""圈子"等加以传承。因此，当时李村
（4~5个医生）及邻近地区的医生也就多为"圈子里的人"，
或者是懂"圈子"的人。这些医生走街串巷都是依靠残存的
"圈子"。但是失去了人身依附关系的"师徒制"，师徒之间的
禁忌被打破，缺乏伦理性质，国家力量的介入使"江湖"开
始逐渐瓦解，"最近一次看到有人使用'药工'是在（20世
纪）80年代，以后再也没有看到过了"。下面我们以张盛德的
几个师傅为例，说明在当地师徒制的松散以及其背后"江湖"
关系的瓦解。

　　黄师傅是老李村人，大我二十多岁，大概是一九二几
年的，是与我打交道时间最长的师傅。在他那里学徒，我
起码用的有三万块钱，主要学的是治疗外伤，"擒拿封
闭"等。黄师傅的本事是向昙虹镇、孚昕镇以及外省的
好几个师父学的。我跟黄师父学徒是从学做赤脚医生开始
的，1970年我被选派去抚贤镇卫生院学医，那时候黄师
傅跟我是同一批的学员，当时卫生院的书记是我们老李村
人，知道黄师傅的本事，就偷偷跟我说要我去跟他学。我
就跟他去挤了一个被窝，在被窝里他才偷偷教了我一些
"擒拿封闭"的东西。卫生院的学习结束后，我回村里当
医生，也就正式拜他为师了。学东西是一次一次的，叫作
"画卦"，就是要带着红包（数额13.3元、133元、1333
元等）及鸡、鸭、鱼肉去找他教东西，都是关起门来教
的。当时村里还有一个人跟我一起去拜师，但黄师傅不愿
意教他，后来我就没叫他去了。我最后一次"画卦"好
像是（20世纪）80年代，红包好像是包了3000多元

（此处应是夸大了很多）。此外，一年三节（三个主要节日）徒弟们都要带着礼物去师傅家。我在村里做赤脚医生，遇到需要用他教我的东西来治疗的病人，必须把病人带到他那里去看，诊一次病分一次红包给他，我自己分文不取，不然就是不懂规矩。有时候自己看不准的病也会叫黄师傅看，十几年都是如此。直到他去世前几年，他脑子不灵光了，觉得自己看不了了，我才不再带病人去了。我师娘很瘦小，没有多高，只能做点家务，生了三个儿子，两个给别人上门（当上门女婿）了，他们父子之间脾气、性格不合，儿子也不怎么孝顺，没有跟他学的。黄师傅在村里有一二十个徒弟，师傅在的时候稍微有点来往，但没有走人情，现在就没有来往了。我不喜欢拉帮结派，而且人太多了，人情来往不了。

廖师傅是昙虹市西片区的人，是我最感激的师父。80年代，我婶子夫妻两个吵架，我在劝架的时候被人把腹部搂住了，无意中被点穴，当时不知道，请了五个师傅都没看好。廖师傅那个时候随杂技团来村里表演，是耍杂技的，路过我的诊所，我当时就竖着给他敬了一根烟（圈子里打招呼的方式）。廖师傅就跟我说："你给别人看病，怎么自己的病都治不好？"廖师傅给我拿了几服药，有的药还得去昙虹市的药材公司买，药钱得几百元，但廖师傅没收我的钱。廖师傅治好了我的病，我还跟廖师傅画了两次卦，学了四五种药工。他还给了我一些书，里面有一些推拿的图像。我本来想去西片区廖师傅家里拜师，但被廖师傅拒绝了。

还有几个师傅，广乔的罗师傅，我十几岁的时候跟他学了点功夫。临关镇的张师傅，学了"擒拿封闭"、妇科病、"符水"、草药之类。他做了一二十年牢，是进了"圈里"的人。广乔的周师傅，我跟他学厨，学了点"圈子"里的东西，迷信的东西。

由此可见，"药工""点穴"的传承仍依托于"师徒制"。但是由于这些不再是赖以生存的基础，也不是能正当流传的事物，并且逐渐失去了人身依附关系，所以师徒之间开始充满了戒备。一方面，师傅不再倾囊相授，反而通过徒弟（多是医生）给其介绍"客源"来谋取资金，由于怕徒弟抢了自己的饭碗，教授徒弟基本纯靠心情和徒弟给的红包，将师徒之间的亲密关系转化为一种经济关系。师徒关系、师门关系开始失去了它的伦理意味，甚至有人利用"圈子"暗语不停地去别人家打秋风。另一方面，徒弟开始谋求其他生路，一个徒弟七八个师傅的情况并不罕见，"希望多学点东西好治病"。

概而言之，师徒之间的亲密性关系开始消散，一些关于"药工""点穴""圈子"的隐秘知识逐渐消失。现在会"药工""点穴"的医生多是"东学一点，西学一点"，无法从师傅手中学到所有知识。

由于公共生活的增多，信息的逐渐公开化，那些关于江湖的隐秘传说也逐渐退出历史舞台。一些社会性的规范开始取代"点穴""药工"成为维系社会公平的主要手段，如求助于政府。集体化经济制度将人牢牢地束缚在了土地上，昔日频繁来往于村镇之间的村民，开始了"面朝黄土背朝天"的生活，来往于各个村庄贩牛、唱花鼓戏的人大大减少。李村的外向型经济转向内部依靠农业生活，流动性大大降低，江湖就此开始消散。"药工""点穴"等隐秘传闻也烟消云散。

集体化时期，李村的村民在生产队的层次上得到了组织化的社会关系塑造。对于李村这种社会自组织基础薄弱的地区来说，这种组织化的塑造有重要的意义：第一，国家政权与地方性文化结合，明确了公私观念、维护了社会秩序；第二，生产队既是村民共同行动的基本单位，也是村庄治理的基本单位，缓解了治理中层次不清带来的压力；第三，过去的李村没有自然发育出意义型的公共领域，生产队时期的小集体成为农民放置价值与意义的空间。然而值得注意的是，即使有生产队组织化的塑造，李村的社会共同体程度仍然比传统意义上的乡土社会村庄更低；尽管秩序好转，但集体化时期的村庄治理并不容易在社区内产生具有较高认可度的村庄权威。

小结

我们从本章内容中可以看出，集体化时期的一系列制度为改革开放以来如雨后春笋般出现的家庭手工作坊奠定了稳定的社会基础和经济基础，也提高了女性在家庭中的地位，由此改变了李村当地的婚姻形态与家庭结构。李村借由共同的教育、共同的生产生活等建立了共同的生产生活规范，从而形构了以生产队为中心的地缘圈，逐步建立起了村庄共同体，并打散了一直悬浮在村庄外部的"江湖"。

但是这种共同体在改革开放的浪潮下发生急剧变化，个人开始从集体的束缚中得以解放。

第三章

国家后撤与市场进入：地缘圈的再度松散

　　集体化时期的国家整合是一次在总体性支配下的社会建构，但 20 世纪 80 年代的分田到户很快又动摇了这个"系统性工程"。同时，由于所处地区的产业基础较好，李村得以很快被整合进工业体系之中。以生产队为中心的地缘圈逐渐又瓦解为以核心家庭为本位的地缘圈，社区在快速变迁的冲击下再度走向松散化，直到 2005 年后村民普遍进入抚贤镇，变迁才趋于稳定。这是一个从农村社区走向城镇生活的过渡阶段，家庭、社区和国家之间的关系交互影响、变动复杂，任何单独叙述都难以将关系厘清。

　　因此，本章以时间为论述线索，首先，考察分田到户之后，人们如何以核心家庭为单位从集体的生产领域撤离，村庄生活又如何在娱乐生活、纠纷调解等领域进入"集体半消解"状态。其次，分析同时期发生的加工小作坊的兴起，及其对核心家庭强化、社区联结弱化的影响，并透析由此形成的发展逻辑所塑造的独特的家庭形态和生计模式。最后，论述 20 世纪 90 年代中后期私营企业的兴起，这一方面推动了李村由农入工的生计转型，另一方面更意外地奠定了以中低收入者为主的倒"丁"字形社会分层结构，也直接影响了城镇化的后续进程以及血缘、地缘和业缘之间的关系。

一 分田到户后集体的 "半消解"

1982 年，李村开始分田到户，随后村民间关系很快回到新中国成立前"各干各"的状态，集体开始走向"半消解"。所谓"半消解"是指，人们以核心家庭为单位，从与集体的总体性关系之中逐渐剥离，但在不同维度中消解的进程不尽相同，即在生产去合作化的同时，娱乐生活以及纠纷调解仍然依赖于集体。

李村当地的农田根据旱湿程度分为三种：第一种是常年泡水不干的水田；第二种是会变干但是也能种水稻的田地；第三种是完全不会积水而需要挑水浇地、一般种植红薯的旱地。此外、山地由于阳光和土质等条件也可分为三种类型：第一种是能够种松树和茶树的地；第二种是比第一种差一点，但也能勉强种茶树的地，老一辈会选择在这种地上种茶树；第三种是连松树、茶树都不能种的地。

1982 年，李村开始分田到户，三种类型的农田和山地都平均分给农户。对于前者，村干部为了公平，把所有类型的农田都分块，一块完整的农田可能要划分成五六部分，然后标号抓阄。村里平均每人可得 1 亩左右土地，都是好坏、远近搭配，地权清楚明确。不过也由此造成土地零碎、难以集中耕作、效率不高等问题。

第二章中我们提及，李村有着较为不错的水利条件，因此分田后大家恢复为原来各干各的生产形态，只需小群体内部的互助，但不存在大的集体合作。人们利用所分农田基本能维持一家人的口粮，如果不够还可以上山砍柴，再到镇里卖柴换粮。此外，20 世纪 80 年代杂交水稻和农药化肥的使用也令粮食产量显著提高，更加巩固了以核心家庭为主的生产单位。据村民回忆，分田到户后十年当中，大概有 6 年能吃饱肚子，到 90 年代中期，当地百姓基本解决了温饱问题。粮食产量提高的结果是可以少种一些红薯（红薯的种植时间相当于水稻的 1.5 倍），替换为在集镇上可以卖出更高价格的玉米，也为节省出劳动力从事工业和副业创造了条件。

不过，20 世纪 80 年代分田到户初期到 90 年代村民大规模进镇打工，除了生产单位重新收拢为家庭，李村村民的其他面向仍然在村庄之内，尤其是在生活娱乐方面，人们对集体仍然较为依赖。当时庙会、唱花鼓戏、乡镇电影等娱乐生活对于村民来说还是比较重要的。这些活动举办地点成为年轻人展示个性、交往认识的主要场所。

庙会经历了集体化时期的停摆后，在改革开放初期又很快恢复，龙王庙在 20 世纪 90 年代初期也由当地村民自行重建。当时的起因是以前老龙王庙的房子由于下大雨坍塌了，村里一个有钱人就组织大家凑钱进行维修，没有钱的村民可以采取捐工的方式进行捐助。不论是捐了钱还是捐了工的人均以户为单位被写在功德碑上。龙王庙维修之后，以组织者为首，以捐钱捐工的人为成员，建立了庙委会，成员共有 40 余人，范围覆盖整个老李村（未并村之前的李村），但是以该龙王庙附近的几个生产队为主。该龙王庙维修的时候，组织者邀请人的范围也主要是这几个生产队，"每个村都有自己的庙，没必要请来请去的，你请我、我请你很麻烦"。虽然庙委会成员有40多人，但是龙王庙的日常运转主要由几位主要成员负责，包括会长、会计、出纳等。

当时人们对参加庙会还有很强的动力，庙会也成为维系后集体化时期松散化社区的一项公共活动。与集体化时期一样，每年农历五月十九日"龙王老爷过生日"的时候，村里都会举办盛大的宴会，请乐队来唱花鼓戏，大家围在一起热热闹闹地过上一天。村民来给龙王老爷"庆生"，需要给龙王老爷"送礼"，基本以户为单位。只要送了礼，就可以在庙里一起吃饭。到举办庙会当天的早上，庙委会邀请一个人来写礼簿，但要求极低，一般只要能写字就可以，并没有什么特殊要求，所以"谁有时间谁来"，十分随意。显示出庙会并不是很严密、很系统的"社会工程"，而只是偶发性的趣缘性活动。礼簿写完之后，会张贴到庙门口，基本上贴一年的时间，第二年"龙王老爷过生日"的时候再换，不过并没有人因此对给龙王老爷的"礼金"进行攀比。酒席上也没有排座次的具体规范，当地人称这是"龙王老爷面前人人平等"，不论是村干部，还是普通村民，都是随便坐，并没有主次之分，体现了当地并不强的尊卑观念和并不紧密森严的社会秩序。

此外，当时村里年轻女孩很爱唱花鼓戏，还曾经组建过戏团。由于李村无论是农田还是山地，各种资源都十分有限，所以村民在极力开发资源的情况下也不至于十分辛劳，有较多闲暇时光。青年女性农闲时会穿裙子参加花鼓戏团，作为一种女性的展示，引起很多男性的注意，由此成全了不少姻缘。花鼓戏团一般是在龙王庙等节庆时候表演，有时候也会被人邀请到外演出，可以收一点酬劳。在表演过程中，女孩子们都非常开心，尤其是有人鼓掌的时候，她们会更加开心、卖力表演。

国家对于个人的影响还在于社会冲突情境中的在场。集体化时期村干部的地位和权威一直延续到分田到户之后，他们仍然是村民发生纠纷时首先选择的调解者。不管是家庭争执等私事还是具有公共性的越轨行为，人们都会优先向村委或老村干部反映，而非诉诸有威望的长辈。由此，我们看到了国家力量对村民生活渗透的延续。

如果说集体化时期是共同生产、共同生活、共同娱乐和共同治理等多位一体的整合，那么分田到户初期则是个人或家庭从国家的总体性支配中渐次脱落，在告别共同生产、恢复家庭为生产单位的同时，也仍然依赖集体，将集体作为休闲娱乐、婚恋交友、价值寄托以及解决纠纷的主体。国家对村庄社会的影响并非马上消散，在分田到户初期，仍然有很大一部分得以延续，并在多个维度表现为不一样的进程。

二 加工小作坊兴起与核心家庭强化

以生产队为核心的地缘圈在集体化时期结束后又逐渐走向松散。这一方面是由于家庭联产承包责任制的实行，而还原为传统时期的生产模式。另一方面是因为一种以鞭炮业加工小作坊为代表的与乡镇企业紧密结合的半工半耕形态开始植入农村，最终凸显了核心家庭的作用，并逐渐浮现出"发展逻辑"①。在

---

① 所谓"发展逻辑"，在这里指对超越现状、实现阶层跃升有强烈意愿，并进而采取更加积极的社会行为。

发展逻辑之下，家庭持续投入收益更高的行业，内部性别分工更为精细，代际关系更为紧密，夫妻权力关系还倒向女性一方，社区也更为松散化。

（一）鞭炮产业基础上小作坊的兴起

抚贤镇在计划经济时期就有一些国营的玻璃和鞭炮企业，但是只有诸如退伍兵和文化水平较高的知识分子等少数人能被分配进去工作。20世纪80年代改革开放初期，这些工厂逐渐转为集体经营，并出现集体企业热潮，由村集体转型出资组建，原有的玻璃、鞭炮产业基础为其提供了发展优势，形成了一种"内源式工业化"。老广乔村就曾办过一家鞭炮厂，一开始村民出工采用记工分的形式，后来转为发现金。村委会主要负责管理，原先的小厂主也参与，但都不是入股，只是拿管理的工分和工资。当时在工厂上班的主要是40岁以上的妇女，因为她们这个年龄段已基本将儿女抚育成人，上班赚的工分也是补贴家用，男性就在家务农、养猪或放牛。不过由于经营问题，这家集体鞭炮厂经营了四五年后就倒闭了。

玻璃和鞭炮是抚贤镇的两个支柱产业，大部分的工厂还是设在镇上。在鞭炮的制作过程中，很多加工环节其实不需要工人在厂里完成，只需要领取加工原料带回家去加工即可。村里的人就自行联系鞭炮厂（其中大部分其实就是小作坊），在家为其加工引线，再卖回给厂家。加工原料由后者提供，村民仅赚取加工费。他们每天在村里和集镇间来回跑，拿材料、送引线。在鞭炮加工上，一般是女性做活儿又好又快，女性也因此成为家庭赚钱的主力，社会地位开始逐步提高。

由于李村离抚贤镇较远，一开始，兼职做引线的村民比较

少，离镇上最近的老广乔村也只有不到 10 户人家。后来随着
上文提到的粮食产量显著提高，以及柏油马路的建设、乡间大
巴的开通运行，村里转为从事工业（大部分为半工半耕）的
家庭逐渐增多，能占到村里家庭的一半以上，从而逐渐形成了
女性在家做鞭炮，男性务农、农闲时在村镇之间跑运输的分
工。但这时候家家户户的小作坊都是自己跑业务，没有出现几
户之间协同合作的现象。这也说明，经过集体化后，人们之间
的关系也并不十分紧密。

与鞭炮业不同的是，抚贤镇的另一支柱产业——玻璃业，
则需要工人到工厂内工作，因此村里前去的人很少。那些老人
没有生病、劳动力多的家庭，才可以出几个富余劳动力去玻璃
厂做工。尽管当时工资不多，但是先出去做工的人学到了技
术，并能逐步成为熟练工；而有的家庭受限于当时的家庭生命
周期，即尚有子女处于抚育阶段必须动用全部劳动力从事农业
耕作，才能勉强维持生存，因而不能溢出劳动力进厂务工。在
当时这些家庭的生活虽然未受多少影响，但这一情况却为后来
其无法改变生计结构埋下了伏笔。

除了一边从事工业一边从事农业，还有一些村民与家庭同
时从事农业和副业，或同时从事工业和副业。厨师是当时比较
热门的副业。在当时的李村从事这个行业的人男多女少，这可
能与当时的家庭分工有关系，女性主要是带小孩儿和在家加工
鞭炮，男性在农闲时才能有富余时间做其他副业。

罗清泉生于 1961 年，20 世纪 80 年代就开始做厨子，
也在家做过鞭炮加工。做厨师平时主要给村里乃至镇上有
红白喜事的人家帮忙，罗清泉自行组建了组里的第一个厨

师班子，班子成员都是自己的好朋友。最开始主要是给本组人帮忙，按酒席桌数算工钱。之后的三四年，生意也非常红火甚至扩大到了其他村。后来行业内参与人员增多，生意就少了，不过一般亲戚办事，还是会优先请罗清泉这一帮厨子。

（二）核心家庭驱动下的发展逻辑初现

在外向型经济逐渐兴起的大背景下，发展的逻辑有所浮现：虽然依靠农田耕作以及木材贩卖就能凑合着过活，但一般村民都愿意投入大量的时间进行鞭炮加工，并且会存下一定资金。同时不少人优先选择挣钱更快的行业，如厨师、建筑工等，还有选择背井离乡、外出务工的。

由于李村和抚贤镇的经济联系越来越紧密，往返于两地之间的中巴客运逐渐兴盛起来，到 20 世纪 90 年代中后期客运已经发展得很好了。隔着一座山的白玉乡在 20 世纪 80 年代没有通公路，人们就翻山越岭来李村坐车。李村中三个自然村都有人买中巴，加起来总共有十几辆，直到 2010 年以后坐车的人才慢慢减少。在中巴的站点附近，还聚集了一批李村人开的商店。"这里的人当时吃碗粉都要坐车出去吃"，交通和经济条件的改善更加打开了李村的大门，抚贤镇的消费与生活开始激发和形塑人们对乡镇生活的想象与向往。

20 世纪 80 年代末，沿海地区的工业进一步发展，并开始扩大经营规模和招工数量。李村由于地处偏僻，农业劳作只能使村民勉强维持生存，充满不确定性的外出务工成为改变现状的上升途径，于是李村村民成为抚贤镇第一批外出务工的人。一般都是亲戚一个带一个地出去，很少有五六人以上集体外出务工的。他们主要前往广东、江苏等地，除了进工厂外，还有一些从事木匠、水泥工和油漆工等的工作。其中油漆工每天工资可以达到十几元甚至几十元，远远超过其他类工人的工资，还有在本村修房子的小工收入也相对较高（2元/天）。村里人都知道这些职业赚钱，但是需要有人介绍才能入行，因此还只是少部分的人从事。

值得注意的是，李村的外出务工人员中还有少部分女性前去广东陪酒。按当地老百姓的说法是，当时农业税征收有所加强，"有一些妇女拿不出钱着急，或者修房子欠钱太多"。但村干部坦言，20世纪90年代末才是农业税最重的时候；另外，当地村民在稻谷不足时能用现金缴纳农业税，现金又可以用分田到户后的自留林地筹集，一般是砍松树去镇上卖。后来到90年代，遇到交不上税的情况，村干部就直接跑去这部分村民的山里砍树。砍的时候会通知村民前来监督，不在村里的人也会通知他们回来或者让其找人代砍，所以村民的农业税问题基本可以解决。外出务工是为了来钱更快以及使家庭更迅速地实现阶层跃迁。

一般外出打工者基本能改善生活，少数甚至能发家致富，回村盖房买车，甚至把户口迁出去。李村这样一批外出务工者的成功经验，引起了抚贤镇其他村村民的注意，他们在两三年后也逐渐开始跟随这种步伐。

在这种发展逻辑下，不仅夫妻之间分工密切，代际关系也似乎更为紧密。2000年之前，李村的孩子几乎都要从小参与家庭劳动。村小学早上八点上课，孩子们在上学之前要先干一些家务活，下午五点放学之后还要打猪草、砍柴和喂牛。当时砍柴很难，因为居住点邻近的山上已经几乎没有柴可砍，需要走很远才行。每家每户至少要养两头猪，一头上交，一头到年底自家吃，因此女孩除了洗衣服、做饭之外还要打猪草。初中之后孩子就可以作为半劳力上工，农忙时，放假还要在家帮忙晒稻谷、挖红薯。由于过去李村的土地产量很低，除谷物外，人们还要种红薯晒红薯干，一般一家五口人一年的口粮需要700斤的红薯干。不劳动就无法解决温饱，因此当时的孩子也非常体谅父母的辛苦。尽管通过接受教育和外出打工，子代的思想观念开始改变，但大部分孩子依旧非常听父母的话。

对于出生于20世纪70年代之前的人来说，父辈的权威并没有随着时代的变迁而下降，尤其是"孝顺"对他们而言还是一项重要的价值。

> 65岁的付慧生说，直到老母亲去世前，家中的大小事情还都由老母亲来做主，各种规矩都由老母亲来定，就连自己颇有想法的大女儿的婚事，最终也是按照她奶奶的意见来办的，尽管他认为女儿有自己的婚姻选择权，但听从老人的意见是孝顺的表现。

总而言之，20世纪80年代初开始的产业变迁，使工业和副业对农村家庭变得更为重要。在发展逻辑的导向下，大部分人选择了小作坊或外出务工的半工半耕生产方式，这种方式更加强化了核心家庭的生产地位。家庭内依靠更密切的性别分工（女性从事加工或外出务工，男性从事务农与产品运输），女性权力有一定提升，但代际没有弱化，反而因为较强的发展逻辑的驱动变得更紧密。整个过程中生产和加工占据了家庭生活的大量时间，且依靠核心家庭就能实现发展，因此与其他人的互动，无论是日常交流还是互助合作都逐渐减少，集体化时期建立的以生产队为核心的地缘圈也逐渐走向松散。

（三）家庭内部夫妻关系的转换

这一时期除了核心家庭的强化，还需特别提出的是，在家庭内部，与上一节提到的代际关系变化不大甚至更加紧密形成对比的是，夫妻之间的权力关系进一步倒向女方，从新中国成立前普遍存在男人打老婆现象，到集体化时期少数女性因为男人"不管事"能够当家做主，尽管如此，女性还是要"装装样子"、将决策冠以男性的名号，再到逐渐出现的女性在家中更具话语权，同时个性可以张扬而不被遏制。

上文提到的加工小作坊的普遍化与外出务工的出现是女性地位上升的两个重要节点，女性开始成为家庭收入的主要提供者，甚至出现女性不做家务——这类传统社会认为她们"应当做的事情"——的现象。

> 现任妇女主任杨腊梅说，她在 20 多岁时（20 世纪 90 年代），生了小孩儿。当时村里的女人都边带小孩儿边打麻将，常常为了打麻将把小孩儿放在一边，（孩子）尿裤子了也不管，丈夫回家也不敢责备。

同时，充裕的发展机会也为以前无法独立生存的女性提供了各种可能，一个女性依靠自己也能糊口甚至养活整个家庭，曾经的贫困户陈桂菊家就是这样的，她丈夫因为哮喘无法干重活，全靠她将家庭重担扛了下来。她认为，如果当初没有分田到户，那么全家只有她一个劳动力是根本无法生活下去的。从陈桂菊的经历中也能看到，改革开放在女性社会角色转变中的关键性作用。

当时贫困户陈桂菊家，丈夫因为哮喘无法干重活，家中的土地都只能错开农时请亲友帮忙盘整，因此全家的开支基本上完全依赖于陈桂菊兼业所得。陈桂菊在小孩满月之后在镇上通过卖猪仔赚了 1000 元，婆婆去世出殡、丈夫吃药、小姑子出嫁、孩子吃奶都要靠这笔钱。孩子稍大一点时，陈桂菊白天务农，晚上回家做饭、喂猪、洗衣服，在全家人都睡觉之后还要做鞭炮、插引线，每天都要做到凌晨，每个月能挣 20 多元，就这样持续了好几年。孩子上学后，陈桂菊又到当地的玻璃厂上班，早班、晚班和凌晨班三班倒，每个月工资 1000 多元，这是全家唯一的经济来源。除此之外，陈桂菊还帮着自己的二姐在菜市场卖菜，也能分得一点收入。

据杨腊梅估算，从 20 世纪 90 年代中期开始，李村有将近一半的家庭都是由女性当家和支配财产，重大事件与丈夫共同商议，1/4 的家庭夫妻财产各自独立，家庭开支由双方共同负担，1/4 的女人没有收入的家庭仍由丈夫支配。男人打老婆的现象大为减少，这不仅是因为思想观念的改变，也是因为大部分女性都有了独立生活的能力，她们随时能够与丈夫离婚。90 年代离婚人员开始增多，更有甚者刚结婚一个月就离婚的，父母、亲友的劝说通常没用，孩子也不足以成为其勉强维持婚姻的理由。

当地的中年女性外出务工经验丰富，早在 20 世纪 90 年代末，已经有相当多的女性进入邻省的电子厂等务工。因此她们的"见识"成了返乡后依然保存的财富。而中年男性一直以来主要在抚贤镇附近务工，因此，前者普遍要比后者的普通话好很多，见识阅历也更广。在我们入村调研期间，本来村干部先给我们介绍的男性访谈者，讲着讲着他们的妻子就把话抢过去了，并讲得头头是道，而一旁的丈夫则一般沉默不语。

李村甚至整个抚贤镇的女性都十分注重打扮，烫发染发的人随处可见。我们调研的时候是夏天，大部分女性都穿着裙子甚至是包臀裙，连六七十岁的奶奶也收拾得非常精致。调研期间还有一位四十多岁的阿姨向我们笑言，"嫌弃"我们学生打扮太过于朴素，认为她们这里的女性十分赶时髦。

总结而言，基于当地产业与职业类型下女性经济能力更强这一特定结构，李村的女性权力在家庭内部逐渐提高甚至超过男性，体现在有更强的独立工作能力（包括更丰富的阅历），家庭照料不再成为其必须承担的义务，个性得以张扬而不会被遏制等方面。后两个事实其实也部分体现了该地宗族关系不强，反过来，女性权力的崛起也进一步削弱了原来就较弱的宗族力量。

小结

尽管经历了集体化时代围绕生产队进行的社会整合，但改革开放初期发生的两方面重要变革，又使李村再度趋向以核心家庭为主的松散化。首先是分田到户，基于一直以来不错的自然条件，村民们分田后又迅速瓦解为"各干各"的生产形态。与此同时，体现在庙会、唱花鼓戏和乡镇放电影等公共活动上，集体仍然作为人们休闲娱乐的主体；体现在家庭私事与公共越轨的求助对象上，村社仍然是人们纠纷调解的渠道。这种多维度的渐次剥离，我们定义为"集体的半消解"。

同时期发生的加工小作坊的兴起、抚贤镇鞭炮类的产业基础使李村村民普遍进入鞭炮加工行业，并在家庭内部逐渐形成了有效的性别分工，即女性在家做鞭炮，男性务农、农闲时在村镇之间跑运输。此外，还有部分村民选择外出做生意、务工，具有超越现状的强烈意愿，体现了较强的发展逻辑。这一行动逻辑及社会结果是，代际关系更为紧密，女性地位更加突出。总体而言，加工小作坊和外出务工都更为强化了核心家庭的经济功能，并日益减少了村民间的互动与互助，社区走向松散化。

三 私营企业兴起与就近务工规模化

20 世纪 90 年代中后期，抚贤镇的乡镇企业加速发展，随后又经历了私营化浪潮，包括玻璃厂、鞭炮厂乃至医院在内的多种公立机构开始转为私人承包，由于已经拥有较成熟和充足的技术与资金等生产要素，工业化进程得以加速推进和升级，因此扩大经营规模与增加工人数量，足以吸纳大部分农村人口，加速村民由农转工的职业转型，不少外出务工的人也因此重新回到镇上工作。村里很多家庭都是夫妻二人一起进厂打工，这也为 2005 年后大量村民进入抚贤镇定居打下了经济基础。

（一）抚贤镇产业发展情况

从 1992 年开始，抚贤镇企业数量增加，这些新增部分大多来自乡镇企业，中间经过短暂的突降后又回升至高位。但从 1999 年开始，企业数量开始逐年减少，这是因为私营化浪潮下集体企业被私人承包，但随后很多因经营不善被迫倒闭

（见图 3-1）。同样的态势反映在企业职工数量上，1994 年开始企业职工数量随着乡镇企业以及私营化改革而开始大幅增加，在 1998 年达到顶峰，随后稍微滑落（见图 3-2）。

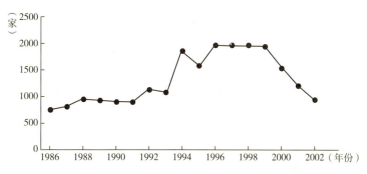

图 3-1　抚贤镇 1987～2002 年企业（含镇办、村办、民办）数量变化情况

资料来源：访谈期间当地提供的资料。

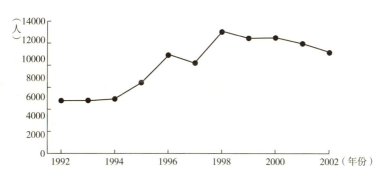

图 3-2　抚贤镇 1992～2002 年企业（含集体、私有、个体）职工人数变化情况

资料来源：访谈期间当地提供的资料。

不过玻璃和花炮的工业产值从 2000 年之后开始暴涨，可能是因为经历了第一批"产业升级"，一些劣质的企业被淘汰，大浪淘沙下来，较为优良和成熟的企业得以存留，并在

2004 年左右重新扩大规模，取得优质结构下的高效产值增长（见图 3-3）。下文我们将分别讨论这种大浪淘沙的具体过程和机制。

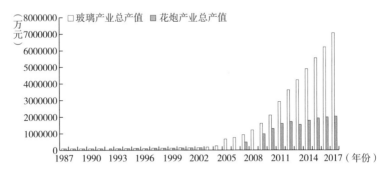

图 3-3　昙虹市玻璃、花炮产业产值变化情况

资料来源：访谈期间当地提供的资料。其中 2003 年、2004 年、2005 年、2006 年、2008 年的花炮产业总产值数据资料缺失。

（二）玻璃业的扩张与陷阱

玻璃厂在私营化浪潮中的变化尤为明显。新怡玻璃厂是其中一家普通的玻璃厂，原来是社办企业，后来转包给私人，在初期的短短 6 年内就接连换了 3 个承包者。

承包者 1：黄村曾高亭，下岗教师，1997 年与 5 个朋友合作，筹资承包了新怡玻璃厂。这 6 个合作者都不是同村人，而是在厂里一起工作过的同事。一开始效益不错，但由于曾高亭为人自私、技术不过关，后来出现经济纠纷，镇政府出面调解也未成功。工厂倒闭之后，曾高亭逃跑到外地，至今仍没有人知道他的下落。

承包者 2：抚贤镇罗满春，原工厂员工。自己找亲戚朋友借钱筹资，才得以一个人承包整个工厂。当时招收了大量本地人进厂，而后拖欠他们的工资，虽然最后他没有逃跑，但人们还是在背后议论纷纷。

　　承包者3：抚贤镇王洋，也是原工厂员工。与朋友合作承包工厂。刚开始，尤其是2000年左右效益非常好，两年后盲目扩张，最后经营不善，王洋也逃跑了。

　　除了对原有社办企业的承包，还有不少人直接自己筹资办厂，例如李村村民樊木著。2000年，他与原来的厂友唐明伟合作办起了一家约20人规模的小厂，由于加料配方不合理，玻璃质量不过关，一年半后就倒闭了。

　　最初的工业发展存在陷阱：半外行来干，看着容易但做起来难。比如在理论上只要掌握混合料的配比即可制造出合格的玻璃，但外行人刚入行往往得不到混合料的配比配方，也掌握不好加料的时间和火候。另外一个重要原因在于供应商环节。即使供应商是亲戚，也可能存在欺骗行为。"越是亲戚越骗你"。若无中间人调和，则一旦发生欺骗行为两方就直接断交，在与亲戚合作的案例中大约有10%会出现这样的情况。这也反映出李村的血缘、地缘纽带并不紧密，无法为向上流动形成紧密联结以及合力。

　　因此，玻璃厂的员工就在镇上的几家工厂之间来回流动，尤其是李村的村民，由于很少有成功的老板，即使有少数在其他行业，如医疗、家具等行业出人头地的人，也很少有拉乡亲进来共同富裕的。大部分村民最后还是换着不同厂家做着相同的工作，或者做建筑工、泥瓦匠等。最后，经过大浪淘沙，玻璃厂只有70%~80%的能做下去，抚贤镇内也只有某玻璃厂等几家企业，能逐渐站稳脚跟，成为镇域乃至县域内有名的大玻璃厂。

（三）鞭炮业的集约化与挤压

鞭炮厂也经历了相似的私营化和规模扩张，和玻璃厂相似，这些接盘者也纷纷失败，只有少数能坚持下来，后者大多数是与朋友而非亲戚（尤其是兄弟）进行生意合作，这种情况与莆田系"同乡同业"现象中经济关系与亲属关系的高度互嵌有很大的不同（吴重庆，2014）。而少数能成功的兄弟企业大都出现在父子轴较为紧密的家庭，父亲虽然年老但在家中仍具有一定的权威，并能够维持兄弟之间的公平，协调兄弟甚至妯娌之间的关系，例如李村村民黄清文。

> 黄清文接手了一家社办鞭炮厂，他之前就是少有的自行开小型鞭炮厂的厂主，在其他人还没有足够资本的情况下他就获得了承包权，并使生产规模扩大了一倍。鞭炮厂日常运营主要由黄清文和他的两个弟弟负责，一个弟弟负责管理工厂生产，另一个负责销售，黄清文是负责人。父亲在背后起统筹协调作用，每年盈利时父亲和三兄弟参与分配，其中三兄弟按三三制平分，母亲和这三兄弟的妻子都不参与分配。

由于部分经营成功的鞭炮厂的日益扩张及集约化经营，无论是村里还是镇上10人左右的鞭炮小作坊都无法与其竞争，逐渐被兼并或倒闭。鞭炮厂的制作流程也逐渐收紧为在厂内进行制作与加工，以前遍地开花的鞭炮作坊逐渐转为以大工厂为主。再加上安全生产越来越受到重视，安全生产证每年一换，最开始的换证成本为四五万元，后来逐渐增多，从而更加挤压了小鞭炮厂的生存空间。甚至有一些大厂，如黄明德的工厂，也因为没有换到安全生产证而倒闭。

此外，公立医疗机构也开始出现私营化。李村村民李长安自 1993 年开始去一家集体所有的药剂公司当副经理。这个公司是集体所有，2002 年改革后转为由李长安私人承包。李长安等原有的医生团队也因此在私营化浪潮中发家。这个团队里的一些经济精英随后又加入村两委班子，从经济精英转为政治精英，并因其掌握的经济资源所能发挥的经济效益，使非经济精英无法再立足于村委班子，这一点将在后文中展开更详细的论述。

到了 1999 年左右，当地百姓基本上告别了绝对贫困。2005 年随着"民工荒"的出现等（蔡昉，2010），第二产业的工资显著提高，更加速了李村村民放弃农业、整个家庭前往镇上打工以及从事搬迁工作的步伐，土地开始被抛荒，城镇化逐渐加速。

小结

总而言之，本节关注了三个层次的内容。第一，20 世纪 90 年代中后期抚贤镇经历私营化浪潮，玻璃和鞭炮产业都扩大规模发展，但在接收社办企业的过程中存在一些经营陷阱和对小厂的挤压，抚贤镇经历了一场"产业升级"，一些劣质的企业被淘汰，较为成熟的企业得以存留，然而很遗憾，李村人创办或承包的企业多数属于前者。

第二，李村村民在这样的发展浪潮中，普遍完成了资本的积累，为后续的城镇化打下了基础，也在这个阶段大批次地脱离村庄和农业，前往镇上打工，"身体不在场"的情况进一步导致了自分田到户以来社区关系的松散化，削弱了集体化时期建立的以生产队为核心的紧密地缘圈，表现为与传统时期相类似的松散结构。

第三，和抚贤镇的中心村相比，李村村民并没有发展出一些大企业或大老板，多数是工厂的工人，社会分层并不明显。也就是大部分人从下层跃升到中下层之后，能够继续向中上层跃迁的人很少，后者要么是存在于抚贤镇的非传统优势行业如医药、木匠等，要么是在县市以上闯出来的，在玻璃和鞭炮两个产业中并没有培育出经济精英，原因可能是在既有存量里没有社会资本、在起步阶段没有成熟的资金和技术配套与其他村竞争，来自血缘上的社会支持也不足等，下文将继续展开对这些可能原因的讨论。

第四章

就近城镇化：地缘圈重构的机制与特点

自 20 世纪 80 年代至 21 世纪初期，大部分李村村民一直维系着往返于城乡之间的半工半耕生计模式。2005 年之后，当地开始形成大规模举家进镇建房的就近城镇化实践。截至 2019 年，李村的户籍人口有 3967 人，在十几年内几乎全部搬到了镇上，仍然住在李村的只有不到 200 人。留在村里的要么是缺乏进镇条件的低保户和贫困户，要么是有物质条件但认为在村里过得舒服、不愿搬走的老人。这种就近城镇化实践的参与人员规模之大、速度之快令人惊叹。

因此本章将重点探讨这种闪电式的城镇化究竟是如何发生的。在探讨过程中试图追溯历史上的层层推进如何汇聚为进镇实践，以及这种就近城镇化将呈现怎样的特征，一种新的地缘圈和社会关系将如何形成。

一 发展逻辑下的进镇选择

李村人能在短时期内完成就近城镇化，其背后的结构性推拉力发挥着重要作用。其一是产业政策的推力。李村赖以发展的鞭炮小作坊在 2001 年之后受政策限制，成为违法生产企业。而在乡镇鞭炮企业兴起的同时，本村鞭炮小作坊遭遇挫折，李村人被迫向外寻找发展机会。当时恰好乡镇企业成功升级，劳动力吸纳能力大幅度提升，成为李村人进镇实践的强大拉力。其二是社会发展的拉力。在交通改善条件下，李村人与抚贤镇交流频繁，乡镇生活成为李村人对美好生活的想象，并通过新建住房、高频率进镇消费体验乡镇生活。其三是教育政策的推力。在"撤点并校"政策严格执行下，核心家庭中的子代进镇入学完成义务教育，也有效助推李村人做出进镇的决策。

（一）小作坊关停下的生产进镇

第三章已经说明，在小作坊经营时期，李村人在发展逻辑驱使下通过兴办小作坊、外出务工等方式获得了不错的收入。在小作坊经营的后期，私营化改革浪潮下村工商业的起步失败与镇企业的升级发展同时进行。因此，小作坊凭借其相对于农业和其他行业的高收入和稳定性，成为李村人家庭收入的主要来源，经营鞭炮小作坊也成为李村人高度依赖的生计模式。因此，2001 年新的鞭炮厂管理政策对李村人产生了冲击性影响，直接导致李村人赖以发展的家庭作坊遭受挤压。在发展逻辑的驱动下，李村人不得不寻找新的发展场域。

1. 小作坊生产被叫停

早在 20 世纪 90 年代末，昙虹县内就开展了"打击非法生产"活动，这有可能是 90 年代末乡镇企业数量急剧减少的主要原因。2001 年，昙虹县正式下发了《关于取缔非法生产经营烟花鞭炮的通知》，将家庭式鞭炮作坊纳入非法取缔范围，并加大了打击强度。

昙虹县提供的资料显示，2001 年，昙虹县共取缔烟花鞭炮作坊 5133 家，查处非法仓库 56 处，拆除非法生产作坊 227 间，收缴非法生产工具 1657 台，销毁药物原材料约 2650 公斤，没收烟花鞭炮半成品 2800 余箱，成品 3000 余箱。查处违法案件 727 起，刑事案件 5 起，违法人员 238 人，刑事拘留 17 人，逮捕 9 人，治安拘留 186 人。[①]

政府对非法鞭炮生产的打击是全方位的。不仅罚钱、没收原材料，还要处理违法生产人员，这对村庄小作坊的非法生产起到了震慑作用。李村的引线加工作坊等也受到了全面禁止，纷纷停工停产，这就意味着单个家庭最主要的收入来源被截断。如何维持较高的生活水平成为村民不得不思索的问题。据村民回忆，1997~2003 年，当地面临农业税越来越高的压力，而农业收入却越来越低，迫使村民将发展的目光投向其他生产领域和新行业。小作坊的停产和农业税的高压形成了一股推动李村人往外走的推力，但推向何方成了一个重要问题。

周边村落的产业情况与李村基本类似，因此也面临着同样的困境。当时的个别村落有自己的特殊产业，发展相对较好，但形成了封闭式的村落经济共同体，外来者难以学习和进入。幸运的是，在家庭小作坊被严厉打击的时期，镇社队企业获得了更多的政策支持。在 2001 年大力打击非法生产的同时，昙虹县还投资新建了花炮企业 262 家，改扩建 128 家。[②] 而抚贤

---

① 资料来源：访谈期间当地提供的资料。

② 资料来源：访谈期间当地提供的资料。

镇企业在 1998 年之后就职人员逐年增加，体现了其强大的劳动力吸纳能力，成为吸纳周围农村剩余劳动力的主要场所。因此，李村人将发展目光投向了抚贤镇，逐渐形成了"早进镇，晚归村"的就近就业模式。

2. 储蓄应对危机

面对危机和变迁，在小农经济的时代，农村依靠乡村社会自身的稳定性和内部互助就能渡过一次又一次危机。同时，农村家庭的努力与储蓄对帮助家庭应对危机具有重要意义。一般来说，农村家庭都习惯将多余的生活资料储存起来，最常见的就是挖地窖把白菜、萝卜、土豆埋起来过冬，或者把肉熏成容易保存的腊肉。在银行没有被农民充分信任之前，每家都会有一个土陶罐之类的储钱罐。储蓄的习惯从古至今一直都是中国人的主要选择。李村人在有机会获得额外财产的时候，一般也会存储起来。

　　曾在村内任村主任的付成安，之前有过鞭炮加工的经历。他 17 岁（1986 年）到 19 岁（1988 年）时，为了增加收入，自己联系了鞭炮厂，在家专职为其加工引线。加工原料由工厂提供，他仅赚取加工费。他每天都要在村里和集镇来回跑，拿材料、送引线。当时，村里兼职做引线的比较少，只有四五户，但兼职做引线比打工挣得多，并且在家就可以获得额外的收入，日均 10 元左右。1988 年到 1995 年，付成安外出务工了一阵子，妻子在家加工鞭炮引线，日均收入能在 14 元左右。到 1995 年，付成安回村用自己之前攒下来的一部分钱，花 4000 元购买了一台加工（引线）的机器。2001 年，小作坊被迫关闭之后，付成安进玻璃厂干起了技术要求不那么高的铲炉灰的工作，一天能收入 20 多元。直到 2013 年他建房时，已经积蓄了上十万元。

和付成安情况类似，当地村民一般会通过积蓄为未来提供比较强大的保障。不过因为行业的不同，积蓄增长的速度也是不一样的。

> 村委会会计曾文成在访谈时提到，其父亲最开始做建房零工，2000 年左右到曾文成姨父的金矿帮忙挖矿，赚取了一些收入。之后，曾文成母亲去矿地开小卖部，也积累了一些资金。2005 年，曾成文一家很早就在抚贤镇上建了新房。

一般他们都会确保在建房的时候，有三四万元的现金储蓄，其余的钱就找亲戚朋友们凑一下。不过对于在村里建了新房子的李村人来说，再在镇上建房，并不是一个理性的经济行为。

> 木匠钱茗洋在 2003 年，买了路边集体时期修建的供销社的一栋两层高的小楼做住房。小楼内部才刚刚装修完，他又匆忙地举债十几万元在镇上修建了一栋新的楼房。钱茗洋当初是为了交通方便，从山里搬到山脚下才买房的，完全没有预料到之后还会在镇上建房，并因此负债十几万元。

为何会出现这种非理性的投资行为？我们认为，最主要的原因是强烈的进镇意愿，而储蓄的习惯也为李村人进镇提供了资本。对于进镇建房的强烈意愿，村民一般给出的答案是

"要在城里上班"以及"村里中小学都没了，小孩子需要在镇上读书"。但是这种答案是需要我们重新解读的。生产进镇是一个助推条件，但这一理由并不占据主导地位。因为20世纪八九十年代村里已经有不少人在镇上打工，并往返于村镇之间。当时他们多数并没有考虑在镇上买房，相反还在村里建房，是因为他们当时觉得这是一件"很荣耀的事情"。如今大规模进镇买房，而不是选择更加廉价的进镇租房，实质上是人们意欲过上城里人的"上班族"式生活。追本溯源，这种对于乡镇"上班族"的想象与向往其实早在当地交通条件改善后就已悄然出现。

（二）交通发展条件下的生活新向往

如前文所言，李村人的发展逻辑已经浮现，主要通过向外发掘各种类型的就业实现向上发展的愿景，并且已然形成对城镇生活的美好向往。而这种向上发展愿景的实现必须有强大的支持动力，那就是交通的发展。

李村通向抚贤镇的唯一道路是一条30里长的水泥路，从李村最狭隘处的商湾村蜿蜒通向抚贤镇。公路沿着山脚分布，像一条丝带串联起沿线的各家各户。这条通往乡镇的唯一道路前后经过了三次大的修整。第一次是1984年左右由乡间小路拓宽成能过三轮车的土路，第二次是2000年前后由土路翻修成水泥路，第三次是2017年以后对道路的再拓宽和平整。作为通往乡镇的唯一道路，可以说它的变化与发展浓缩了当地近三十年来城镇化的全过程。

1. 交通发展前"吃饱穿暖"的生活向往

1984年前，水泥路维持着原始的面貌，是一条不足两人并肩行走的乡间小路，人们去镇上全靠双脚行走。当时村民去镇上看一次电影，都要走至少两小时的土路，李村人外出受到极大的限制。王建德医生还记得集体化时期，村里有人需要动手术，一般都要让人走着抬出去，有的人得的疾病是急性的，根本来不及医治。交通的落后不仅限制了村民获得医疗资源的便利性，也限制了个人生存与发展的机会。这种限制主要表现为增加了外出获得就业机会的成本。20世纪80年代初期跑乡间运输的王国权，主要靠摩托车送人，但他很少进李村接送人，因为李村路实在是太难走了。

当时，村内也有少数家庭拥有自行车，结婚时女方通常只要求男方以一辆自行车作为彩礼。这种彩礼要求是从实用出发的，自行车在当时并不是很常见。拥有一辆自行车的家庭是让人羡慕的对象，提出将自行车作为彩礼也是当事人对美好生活的愿景。但要自行车的目的并不是载人，而是运输货物。与传统的独轮车相比，自行车灵活、占空间小但载力强。每到收获水稻的季节，有自行车的人家就会用自行车驮着两大捆水稻，慢慢推回家，比人力背或挑运输得多且省力。但一般人家运货主要还是靠独轮车。独轮车由一个轮子和一个平面木板拼接而成，是家家必备的运粮、运柴工具。当时抚贤镇上有两家玻璃厂，需要大量的柴。村里常常会十几个人结成一群，各自推着自己的独轮车，来回四五个小时，把柴运到玻璃厂卖掉。

聂怀远上初中的时候就到镇上卖过柴。一般深夜一两点就起床，跟邻居一起推车走到镇上的玻璃厂，卖完柴就回家。一般按一下午的时间为单位计算，小孩儿砍的柴大概能卖一块钱，大人的能卖两三块左右。一般的男孩子靠卖柴，一年能挣四五十块。大部分男孩十几岁就可以通过卖柴自己负担学费，剩下的钱可以买零食。当时也有推着独轮车上镇上卖红薯藤和红薯丝的，换来的钱主要用来买稻米。

村镇之间物的交换几乎构成了当时村镇交换的全部内容，并且形成了工农互补的产业互动。相对来说，人的流动非常少。其原因是大多数时间，人都处在集体的管理与支配之下，很难有外出的机会与条件。同时，土地的生产率极低，要靠精耕细作维持生活，家庭内部剩余劳动力被束缚在土地上。当时李村人对美好生活的全部想象就是能够吃饱穿暖，他们也为此付出了极大的努力。

2. 交通发展后"乡镇生活"的新向往

1984 年左右，乡间小路经过拓宽，由之前仅供一人步行的小路变成了一条可供三轮车和拖拉机通过的大道。伴随着道路的发展，当地的客运业也逐渐发展起来。通常是私人购买三轮车和拖拉机运人，车费一人两三元。因此，当地村民进镇的频率有了明显增加。修路之前，每家一年一般进镇五六次，修路之后每家一年要进镇十几次。虽然当时村里有一个代销点，能够提供基本的日用品，但村民一般还是会选择到镇上买一些"高档"消费品。由于当时的交通条件并不是很好，运营车辆也不是很多，到镇上购物一般要花上一天的时间，所以通常一个家庭只会派一名妇女进镇上购物，以节省劳动力和时间。所以总的来看，当时村与乡镇的交流频率虽有提高，但交流的面向只有消费这一个比较狭窄的环节。

到了 20 世纪 90 年代，当地的营运业越来越繁荣。营运业的繁荣与李村人逐渐增加的进镇频率形成了耦合。当时四个村里的中巴车加起来有十几辆，平均一个村至少有四辆，每辆车可搭载 20 人左右。另外，还有三四辆大巴车，一辆车可搭载 45 人左右。这十几辆巴士车在生意好的时候，一天需要往返几次，往返一次不到一小时，车费一人两元。勤快的大巴车司机一个月能赚一千元左右。有了大巴车之后，当地人进镇的频率由每月一两次，变成了一周一两次。2000 年左右，土路翻修成了如今的水泥路，中巴车运营也迎来了一个新的发展期。单趟人均车费涨到 5 元左右，勤快的司机一天就能赚 1000 元。相比修路之前，收入便增加多了。这就意味着，村镇往返的人员数量和频率明显提高了，村镇交互表现出了强大的活力。

在这一时期，乡镇贸易市场十分活跃，极大地促进了村镇之间的交流，也启发了李村人对"乡镇生活"的新向往。当地逢三、六、九都会赶场，按农历算，也就是每月的初三、初六、初九、十三、十六、十九、二十三、二十六、二十九，加起来一个月内有 9 天都是赶场的日子，那么一年中约 1/3 的日子都可以赶场。在中国农村，赶场是非常盛大的农贸交易活动。一般到赶场的时候，一个镇周围的村子都会以镇为中心，从四面八方涌进乡镇。人们赶场的日子一般也是根据当地的交易周期和需求定的。当地贸易交流的需求强，赶场的日子就会多；交易需求弱，赶场日子也会相应减少。因此，当时抚贤镇上每月有 9 天可以赶场，足以说明当时村民贸易交流的旺盛。

当时赶场的人基本可以分为三类：第一类是在镇上务工的人，第二类是生意人，第三类就是普通的村民。其中，以务工者和生意人为主力。在小作坊被禁止的头几年，很多李村人都会选择进镇务工，早上去，晚上回，因而他们成了大巴的常客。村内的生意人为了做生意一天能跑好几趟，体现出很强的发展逻辑。普通的村民则完全是被乡镇市场的繁荣所吸引，是乡镇贸易活跃的身影与交易双方。与此前学者的研究结论相符，在这一级别的市场中，经济往来是最重要的环节，社会交流与文化共享的意味是比较弱的（施坚雅，1998）。

在交通快速发展的情况下，李村人与乡镇的交流日益频繁并深深被乡镇生活的繁荣所吸引，从此"好日子"的实体便不再只是"吃饱穿暖"，而是乡镇生活。

3. 模拟实现生活新向往

有了新向往，便有了新希望，也有了发展的方向。在"乡镇生活"成为生活新向往的实体之后，李村人逐渐通过模拟乡镇市民的吃、穿、住以实现自己对新生活的向往。在新向往的驱使下，李村人频繁地进镇赶集不仅是购买生活必需品，而是将购物、消遣等一系列行动视为其模拟实现乡镇生活的手段。当时村民会指责年轻人"吃碗粉都要坐车出去吃"，并不是说村民家里没有粉可以吃，而是村民家里就算有粉，也觉得乡镇上早餐店里的粉更加高级、美味；"还有一些女的就喜欢上街看衣服，就算没钱买，上街看一看、摸一摸也满意了"。这些行为背后的逻辑是村民对乡镇繁荣生活的向往，并通过在镇上餐馆吃粉、买时兴的衣服来模拟实现"好日子"。这种有区隔意味的生活方式无疑对村民具有强烈的吸引力。

另外，对乡镇生活的向往和模拟不仅体现在饮食、服饰、交通上，更逐渐体现在了居住方式上。在20世纪八九十年代，村内兴起了一阵建房热潮。这阵建房热潮的引领者主要是90年代最早发达起来的那一批人。到了20世纪末，人们逐渐攒够了建房的本钱，大概十户里面就有四五户人家是那个时候新建的房子。当时村内所建房屋的流行样式是瓷砖装饰的外墙、白石灰粉刷的内部墙面、进深尺寸较长的前厅，以及在大木门外面套上铝制的拉伸门。这些特征已经明显区别于传统前后院加上天井结构的土瓦房，这也是村民模拟乡镇上的楼房样式建造起来的。

早在1991年，杨腊梅一家就在村里老宅子边上花了十几万元建了新房子，外观和内部装饰与镇上楼房别无二致。她们家也是最早在村里修建新式住房的，后来村里就有越来越多的人开始建起了类似的房屋。2001年时任村书记的郑友明就花几十万元在老宅子的基础上建了一栋样式非常新颖的别墅，不过由于其花费实在太高，村里模仿建别墅的还是少之又少的。

在农村，建房是农民的大事，是"老婆孩子热炕头"美好生活理想实现的物质基础。当时出现的建房热潮正是李村人改善生活条件、推动家庭发展的表现。而这也是交通便利化后，李村村民追求美好新生活的实践。交通的发展让村民有了更多接触乡镇生活的机会，普通村民对于美好生活的想象也有了新的实体。并且，村民不管是在吃、穿还是在住上都开始向镇上的居民看齐，模拟乡镇生活，这也再次展现了李村人强烈的发展逻辑。在此发展逻辑下，李村人美好生活的场域便逐渐从村转向了镇。因此，当李村人被迫进镇谋生存之后，他们能快速地融入镇上的生活也在情理之中。

（三）"撤点并校"下的教育进镇

李村人在村内通过模拟乡镇居民的衣食住行而体验了美好

的乡镇生活，而且在生产进镇助推下，李村人已经形成了"早进镇、晚回村"的就近流动就业模式。这意味着核心家庭中的第一代人，在白天已经基本脱离了村庄社区，从而在社会交往、生活面向等方面事实上脱离了村庄，这种就业模式正是人口城镇化过程的一部分。

在调查中，大多数人都着重强调，正是因为 2010 年李村周围村小学被完全撤并，村内多数有学龄儿童的家长才进镇盖房以方便孩子读书，由此也形成了一波又一波村民进镇建房的城镇化热潮。但是，这些回答是经不起推敲的，比如，租房成本十分低廉，为何一定要自己盖房？因此，还有更深层的机制值得细究。下文将重点呈现"撤点并校"政策下，核心家庭子代教育进镇的形成过程，并借此进一步探讨李村人进镇的动力机制。

1. 教育作为向上流动的捷径

教育政策的实施能对当地城镇化产生如此大的影响，正是基于教育与当地居民生活的联系越来越密切这一事实。新中国成立前的私塾、现在的学校，均作为一种重要的社会化场域，与当地的家庭发生联系。几十年来，未经过学校社会化的青年比例逐渐降低到零，在校时间占个人生命时长的比例也日益提高。

教育一直是李村人向上流动的途径。不论孩子读书的天赋高不高，家长都会在孩子初中毕业后送孩子再继续读一点书。个别家长希望让孩子通过教育实现鲤鱼跃龙门的梦想，但更多家长是基于"不管怎么说，多读一点书，对出去打工也有好处"的现实诉求。虽然对教育抱有期望，但李村人大多在教育过程中经历了挫折，并最终回归村庄，从事与农业相关的行业。挫折的类型可以分为两种。第一种是教育未能直接改变命运，不能推动其"跳出农门"。例如，调研时 68 岁的樊木茗是家中长子。父母一共有 6 个儿子，他们先让樊木茗多读书，看看读书能否改变命运。父母发现长子高中毕业却不能找到好工作，因此认定读书无用，弟弟们便都没有继续念书。第二种是因家庭经济条件限制导致教育无法起步。调研时 56 岁的樊华涛，他在读书期间赶上家庭最困难的时候，并且家中劳动力人手不足，尽管一年的学费只有 1.6 元，而且他还凭借特困户政策减免了半年学费，可最终也只读了半年书就在家务农了。

然而，从义务教育体系形成到现在，村内阶段性地出现了个别教育成功的案例，即实现了个人的向上流动。这让李村人看到了教育在个体向上流动中发挥的重要作用。

在村小学当过老师的聂怀远曾在李村的村小和初中上学，在镇里的一中读完高中。他 1980 年毕业后回村成为一名民办教师，之后到县师范学习了两年并获得了大专学历，1985 年毕业后被分配回村继续做民办教师。后来成功获得编制，现在仍留在抚贤镇小学教书。

20 世纪 80 年代，聂怀远教的第二届初中生当中，有一个学生在考上了市一中之后，顺利考入了北京的大学，现在还留在北京工作。这个学生在村内是出了名的读书人，他的成功常常被当地的家长用来教育和鼓励自己家的孩子。

村内王建德初中就读一年后肆业在家务农。在 1970 年 24 岁的时候，经大队研讨，他被选入昙虹县卫校读书两年半，后又在市卫校学习一年半，之后返回大队做医生。根据国家发展乡村医疗卫生事业的要求，每个大队都输送了一位学生进卫校读书。在读期间，大队会给予每月300工分的支持，相当于按成年男性劳动力的生产力给予补贴，这也意味着选送出去的这一批学生基本没太费钱。这一批人后来就成为村内的医生，并成为医疗改革后垄断村镇医疗事业的医药商家。

86岁的荣国昌曾就读于私塾，他让儿子、女儿读完高中后再外出工作。他的儿子、女儿现在每月能挣一万元左右，是周围人羡慕的对象，荣国昌的眼光也为人称道。

在村民的印象当中，教育成功的案例屈指可数。他们多数都留在村内从事教师、医生类的工作，或进入当地政府部门工作。聂怀远所在的初中毕业班中，有十余人升入了高中，他们在高中毕业之后有90%的人回村当民办教师。另外10%的人在村医院或镇政府工作，现在都已成为各领域的精英。在集体化时期，在村小上班的民办教师属于大队聘请，由大队分配工分。一个教师挣的工分和一个成年男性劳动力一样，但相比体力劳动者却轻松很多。同时，教师在村内属于掌握知识的少数精英，因此在村内的社会地位也较高，村里有很多人家三代人都是由一个老师教出来的。村集体解散之后，教师、医生和政府工作人员又成了领工资、吃公粮、抱"铁饭碗"的人，普通人对其羡慕之情溢于言表。木匠钱茗洋就常说，"如果当初自己没有从老师转行做木匠，现在也能拿退休工资，不用做苦工了"。

不过在当时，相比高中，初中生升学时一般更偏爱中职教

育。因为中职毕业包分配，且学习内容与村庄、工厂劳动生产
的内容相关，更利于毕业之后的就业选择。因此，当时中职院
校的录取分数线比普通高中还要高。而聂怀远当时因为填错志
愿，未能如愿进入师范学校。和他们一届考试的人，仅有两人
进入中职院校，其中有一人很幸运地读了师范学校。但不管是
当时对职业教育的追捧，还是后来对高中教育的重视，都反映
了中国农村社会普遍存在的"离农"意愿，可以说教育一直
以来都是改变职业身份从而实现社会流动的重要途径。村内通
过教育这一途径获得社会地位上升的是少数，也因此成为村民
鲜活且独特的记忆。通过教育获得成功的先例也让普通村民看
到了通过接受教育而实现"锦鲤跃龙门"的希望。

2. "撤点并校"下子代进镇

自 2001 年起，为了优化农村教育资源配置、全面提高中
小学教育投资效益和教育质量，促进农村基础教育事业健康可
持续发展，国家开始对农村教育资源进行整合。主要措施是摒
弃"村村办学"的方式，对临近的学校进行资源合并。

自 2001 年正式实施"撤点并校"以来，李村内的小学前
后经历过三次大的变动。第一次是在 2002 年，九湾村、商湾
村小学并入广乔村小学；第二次是老李村小学在 2004 年并入
广乔村小学；2010 年，广乔村小学完全撤校。如果将四个村
小学的人数加起来，在最鼎盛时期学生能达四五百人。2009
年，广乔村小撤并之前仍有约 100 名学生，约占鼎盛时期人数
的 1/4。2010 年广乔村小撤校后，大批李村、九湾、商湾和广
乔的学生不得不涌进抚贤镇小学。

随着义务教育的严格执行，子女接受初级教育就不再是家
庭可以决定的事，而是受政策支配的行为。因此，撤点并校政

策对核心家庭子代进镇起到的推动作用就不言而喻了。

3. 何以举家进镇送孩子读书

在调查中，当被问及进镇建房原因时，一般人的回答都是孩子到了上学的年纪，需要到镇里的小学上学。当地大多数村民都会未雨绸缪，在村小学撤并的前几年便在镇上购买地皮，修建新房子，孩子上小学时全家就能到镇上居住了。李村人本可以过着生产与生活分离的生活，但何以举家进镇，需要我们进一步探讨。

首先，我们需要探讨的一个问题是，"撤点并校"背景下举家进镇陪读是农民生活发展的刚性需求吗？

为应对"撤点并校"，不同地区的人们有不同的策略。我们在过去的调查中注意到，许多地方的家长会选择积极行动，甚至采取抗争与博弈的手段。单丽卿（2016）对西部新丰村小学合并过程的研究发现，新丰小学四五年级的学生要在2012年秋季并入林镇中心完小，但因家长提出了上学路途遥远、不安全、租房困难等问题而未能实施撤并。其中家长的行为显得主动，他们积极表达自身的利益诉求，努力降低教育成本。

从教育成本来看，李村人举家进镇的教育投入行为是非理性的经济行为。李村人的教育投入从幼儿园阶段起步，每个家庭每年需要支付5000元到6000元不等的学费。当地私立幼儿园从2005年左右开始兴起，随后也开办了公立幼儿园。幼儿园招生主要面向3~6岁的儿童。当地家长将孩子送去幼儿园，主要目的是托管，以获得工作时间，但也有部分家长受不让子女输在起跑线上的竞争式教育思想的驱使。进入到小学义务教育阶段之后，由于学生的学杂费全免，家庭只需承担孩子日常生活的费用。但由于家庭全员进镇，家庭日常生活支出的负担也是十分沉重的。另外，20世纪90年代修建的国道穿过抚贤镇，这给学生上下学期间的安全带来了较大隐患。因此，镇上的每一个家庭几乎都形成了接送的传统，这就至少需要一位家长专门看管孩子。同样在90年代，李村内部分未进镇的学生每天走10里路上下学，这一现象延续到2009年。这再次说明对于家长而言并非没有更加经济实惠的选择。

从行为逻辑来看，与新丰村家长的积极行动相比与新丰村一样面临经济压力和政策压力的李村人，却做出了看起来完全非经济理性的选择。那么，为何在面临同样的推力时不同地区的人们会做出不同的选择呢？这就需要我们再从拉力的角度进行分析。李村人早已看到了乡镇企业繁荣背景下，家庭整体就近城镇化的可能性。李村内父代大多已经形成了乡镇居民的工作形态和消费期待，村庄对李村人的意义已完全改变，即由社会关系网络的出发点转变成睡觉和休息的场所。但对于仍以农耕为生计的新丰村村民而言，他们完全缺乏就近城镇化的可能性，村庄一直都是其生活、工作、交际叠加在一起的承载体，新丰村村民离开村庄就会既没有收入来源也没有安身之处。由此看来，教育政策变革对李村人就近城镇化的作用更像是顺水推舟，核心家庭的两代人同时面临人与村的分离，两相并举，成为触发李村人进镇的主要动力。因此，李村人就近城镇化最根本的原因还是与其改善生活条件的发展逻辑有关。

总而言之，李村人的进镇实践由历史各要素层层推进，但都蕴含着强大的发展逻辑。小作坊因存在安全隐患被取缔，李村人需要转寻新发展场域。虽然最开始李村村民不得不艰辛维持着"早进镇、晚回村"的流动就业模式，但李村人为之自豪，因为进厂做工获得的收入高于来源于农业生产的收入，同时"农转工"对其意义十分深远。虽然李村人对这种身份转变并没有很显著的感受，但工人身份早已形塑了他们对生活更丰富的想象。这种为获得好的工作和改善家庭生活条件做出的努力就是最直接的发展逻辑。

在交通条件不断改善的背景下，李村人活跃在市集之中，并被乡镇所吸引，乡镇生活构成了李村人对全新美好生活的具体想象。他们常常会通过在村内新建拟城镇建筑的瓷砖贴墙平房切身体验乡镇居民的生活。生活的模拟实践、活跃的市场交易、体验式的实践行为不仅满足了李村人发展的需求，也进一步激发了他们向上跃迁的意愿。

另外，李村人进镇还有一个影响因素，那就是"撤点并校"政策下的后代教育。在政策的推力下，核心家庭的子代也不得不进镇。教育进镇与进镇工作共同作用，将核心家庭的两代人都送进了镇，基本实现了人与田土、房的分离。对于李村人而言，房子和田土的意义已经发生了重大变化，由集生计、社交、生活于一体的承载者转变成了简单的财物。李村人的生活面向已然不再是村庄，而是乡镇。李村人最终做出舍掉已有经济基础与生活习惯、进镇白手起家的决策，与其对未来美好的预期密切相关。有希望才会有动力，对未来的良好期望构成了李村人发展逻辑的一部分。

二 进镇特点

经过十几年的家庭搬迁，李村人已遍布抚贤镇的各个街道，大致形成了如图 4-1 所示的居住布局。在图 4-1 中，我

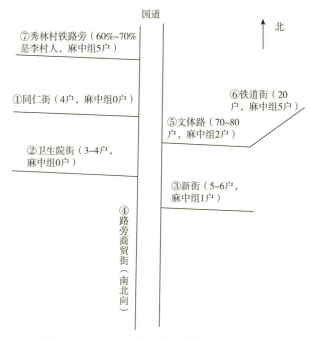

图 4 - 1　李村在镇聚居情况示意

说明：

①同仁街，是最早就近城镇化建房的区域，20 世纪 80 年代起建。李村有 4 户在此建房，分别是办厂、开大车的兄妹两家、医院职工、卖炒饭起家的饭店老板。他们之间并不相熟。目前房价 60 万元一栋。

②卫生院街，20 世纪 90 年代起建，李村有 3～4 户居住，分别是卖服装的和在外面做事的人，他们不相熟。目前房价 40 万～50 万元一栋。

③新街，2001 年政府拍卖会竞拍地皮，目前李村有 5～6 户居住在此，均是早年的有钱人，这些房屋建得最好，但统一规划性较差。

④路旁商贸街，沿国道建设，2004 年起建，政府拍卖会竞拍地皮，价格比新街低。少量早期外出务工的李村人在此建房，彼此之间联系少。

⑤文体路，2006 年抚贤镇抚贤村集体开发，目前住了 70～80 户李村人，都是李村经济条件一般的人家居住，建房的总花费一般在 20 万元左右。

⑥铁道街，2008 年抚贤镇抚贤村集体开发，住了 20 户李村人。目前临近学校的地方地价较贵，50 万元一栋。

⑦秀林村铁路旁，由秀林村在 2010 年左右开发，是李村人居住较为集中的地方，有 60%～70% 的住户是李村人。

们按照李村人进镇时间顺序对对应街道进行了编号，括号内分别标注的是李村人进镇之后在对应街道的分布情况。我们之所以对李村的麻中组予以关注，主要是因为我们了解到李村麻中组的 21 户，除了 1 户留在村里、2 户搬进县虹市，其余都搬进了乡镇。因此，观察麻中组人进镇后的居住分布格局有助于我们更好地了解李村人进镇之后的居住格局变迁。

从李村人的聚居分布和各个街道形成的时间来看，李村人进镇存在着明显的几个特点。

第一，阶段性和普遍性。李村人一般将他们进镇的过程划分为两个大的阶段，一是 20 世纪 90 年代部分精英进镇，二是 2000～2019 年李村人普遍进镇建房。

第二，时空耦合性。李村人现有的居住布局并不是商量好了的结果，极少有相熟的邻居、亲戚在镇上相互做隔壁邻居的情况。但一条街道上的住房外观表现出极强的相似性，这些住房大多是在同一时期建造而成，建筑的档次基本接近。

第三，普遍自建房。在进镇住所的选择上，李村人普遍选择了自建房，而且普遍选择超前消费式建房。至于为何没有选择租房或者是购买商品房，我们下文会加以关注。我们从同建房进镇的李村人的接触中了解到，一般没有不借钱就建成房子的李村人。村民一般是自己有了七八万元现钱后就敢盖 20 多万元的房屋，不够的全靠借钱或拖欠工人工资。

李村人就近城镇化速度快、参与面广，并且具有阶段性、时空耦合性、以自建房进镇为主和超前消费式建房为主的特点。建房进镇是李村人发展逻辑的表现，背后蕴含的正是他们的社会关系网络和生活期待的变化。

（一）阶段性与普遍性

李村人进镇最明显的特征就是进镇的阶段性和普遍性。因此，下文我们将根据李村人对其进镇的阶段性认知，划分出两个阶段进行描述。

1.20 世纪 90 年代：精英进镇建房

20 世纪 90 年代，一般家庭都未曾设想过要在镇里买房。一方面是因为没有足够的现金，另一方面是因为没有在镇上买房的现实需求。小作坊生产在农村就可以进行，如果生活在镇上，这样的模式对村民来说是无谓的支出，反而带来不便。不过，有人在回忆的时候，都会忍不住提起最早在 90 年代，村里就有少数眼光长远的人在镇上买地皮建房。而普通村民口中眼光长远、有钱的家庭主要是做小生意、拥有手艺或在镇上玻璃厂打工的人，这样的家庭在当时不超过 10 户。比如钱海星的父亲在 1984 年就搬到了镇上做木匠，随后也顺利在镇上建了房。这些人在当时就是村内的极少数，因此也没有为普通村民带来很强的示范作用。

这一波精英，也就是最早进镇的人，与李村的联系似乎被距离阻断了。一对在镇上卖服装的姐妹把自己的户口也从李村迁了出来，到 2018 年因为村庄合并涉及土地问题时，又把户口迁回去了。这些人对李村的记忆始终是淡薄的，基本上没有对李村人的身份认同。

2.21 世纪以来：整体进镇建房

2001 年，有四五户李村人进了镇，他们都是村里人眼中的有钱人。这在当时并没有引发大规模的进镇行为，这一方面是由于 2000 年左右许多家庭刚刚在村内建房，手中积蓄不多，另一方面是因为老李村小学被撤掉之后并入了广乔村小学，学生没必要进镇上学。但在 2001 年以后，"撤点并校"政策的实施以及限制家庭小作坊生产鞭炮的禁令开始生效，大部分人不得不送孩子进镇读书，并且在镇上找工作。

2006 年和 2008 年，镇上出现了两波建房潮。建房的地皮来自当时镇周围村土地的集体开发，所以，当地村民都会选择先花三四万元购买地皮，过几年之后，再建房入住。这正是当地家庭理性计算的结果，他们往往会先趁着地皮相对便宜的时候买好地皮，等到孩子差不多快到入学年龄的时候，就攒下了建房的费用，再建房入住。此举一方面顾及了孩子的入学时间，另一方面有效地缓解了家庭经济的压力。经过陆续的搬迁，到 2012 年左右，李村 90% 的村民都完成了就近城镇化。

（二）时空耦合与重组的地缘圈

从李村人的聚居分布可以看出，李村人进镇建房并未主动凑在一起（见图 4-1）。这并不是因为他们没有一同进镇的意愿，而是因为购房需求的产生存在一定的时间差，并且抚贤镇周围村集体开发售卖地皮的时间也有一定的间隔。因此每一代人的购房需求、经济水平以及地皮开放时间的耦合也造成了李村人在某些街道局部聚集的情形。

首先，这种耦合性与李村人产生需求的时间差有关。在 2006 年之前，一次搬入抚贤镇的李村人人数并不多，大多根据个人家庭经济条件合理购买地皮建房。最早搬入抚贤镇的也是经济条件比较好的，相互之间也并没有熟到要把房子建在一起的程度。这时村里的小学还能基本满足孩子上学的需要，再加上抚贤镇周围并未大量开发出售地皮，想进镇建房的人也没

有合适的落脚处，因此大规模进镇建房的潮流并未兴起。而
2006 年以后，李村人普遍面临孩子进镇上学的难题，而当时
恰好碰上了秀林村和抚贤村的集体开发，因此大多数李村人都
集中选择在抚贤村文体路和秀林村铁路旁买地皮建房子，这也
形成了后来一个新建街道 60% ～70% 都是李村人的街道布局。
但这新街道上的李村人也并不完全是在村庄就临近的李村人，
因此就算是住在一条街的李村人也并不一定相互认识，而原先
在村内挨着的亲兄弟也可能就此被打散而居住在不同的街道。

聂怀远与他哥哥之前在村内是挨着居住的，平常的来
往非常密切。但是哥哥比他早几年在靠近镇中心的位置建
了房，聂怀远则是等到自己的孙子需要进镇上学的时候，
才在新开发的秀林村建了房子。由于两家相距十几分钟的
车程，因此日常的来往也少了很多。而现在住在聂怀远家
周边的李村家庭中，除了 3 户是之前一个生产小组的，其
余的十几户都是在一个村内却不在一个生产小组的。本来
聂怀远由于早年就外出当老师，与这些家庭在村内的时候
并不是很相熟，但成了新邻居之后反而变得更加熟悉与
亲切。

生产小组被打散居住的情况，尤其以李村的麻中组体
现得最为明显。麻中组共有 21 户，目前仅一户留在村里，
有 2 户搬进了昙虹市。其余 18 户都搬进镇居住，其中有 5
户住在铁道街，还有 5 户住在秀林村铁路旁。而这些家庭
之所以能够相对集中地聚集在同一条街道，主要是因为赶
上了同一时间点进镇建房。而其余没有在 2010 年以前搬
迁的家户，目前都散居在镇上其他街道，尤其是离镇中心

稍远的地方。最近 5 年地皮价格越来越高，买不起地皮的
村民就只能在离镇中心更远的其他邻近村中建房。

这种耦合性的产生还有技术操作层面的原因。当时抚贤镇
附近村集体开发售卖地皮的时候一般都采取抽签的方式决定个
人购买地皮的位置，因此新邻居完全靠机遇形成。抽签的时
候，要购买地皮的人都聚在一起。因此，每家当场就能知道自
己未来的邻居，并且通常能一拍即合，进一步商讨一同建房的
时间、房体外表用材和基本布局。因此，李村人聚居的街道的
建筑风格极其相似，就像是有开发商统一规划而成的一样。从
外观上看，所有的房屋样式大致相同，每一层面积约为 80 平
方米，地皮价格约为 15800 元，楼高 3 层，建房花费 20 多万
元。而这些楼房的唯一区别是内部的装修用料，"穷的人用料
便宜，富的人用料奢侈，表面不显"。因此，村委会成员在街
道寻找本村人的时候，也往往认不准哪家是哪栋楼。

这种统一性的达成主要还是村民理性计算的结果。如果在
同一时间建房的话，相邻的邻居之间就可以共用一堵墙，相当
于节省了 2 万元左右的建设成本。这 2 万元对于为了建房背负
十几万元债务的李村人而言能减轻不少还债的压力。另外，进
镇的李村人表现出了高度的适应性，能很快与陌生的新邻居建
立互助联结，实在让人感到震惊。不过深入了解李村人之后就
不难理解，他们的高度适应性与其社会文化结构是高度契合
的。对于这种高度契合性的分析，我们将在后文加以呈现。

（三）自建房何以成为主流

李村人进镇居住主要是以自建房屋为主，少数会购买二手

房或商品房，极少数会选择租房，这说明自建房具有一定的优势。

1. 租房、买房还是自建房

据较早到乡镇工作的人回忆，2000 年以前有很多人就是租房居住的，房租每个月 50 ~ 60 元。房源主要是镇上居民自建的小型民居。但随着孩子进入小学教育阶段，以家庭为单位进镇成为一种常态，年轻的家长负责工作赚钱，爷爷奶奶则负责照看和接送孙辈。全家人租到大房子是比较困难的，自己建房是较为合适的选择。

由于抚贤镇内一直没有进行大规模的商品房开发，买房这一选择也受到了限制。抚贤镇上的居民在近 20 年内以家庭为单位外流的少之又少，因此二手房的房源很稀缺。再加上，抚贤镇 2017 年才开始有商品房，且商品房的单位面积价格几乎是自建房的两倍，所以进镇买商品房的人数屈指可数。因此，从成本上看，自建房更为合理。

自建房的地基基本都是通过购买抚贤镇附近村集体出售的地皮而来的。在同一个开发期内，地皮的购买者绝非只来源于李村，因为周围其他村庄也会有人进镇建房。在调研中我们就发现，抚贤镇的土地资源并没有严格区分居住用地和农业生产用地。在集体开放对外售卖的地皮中，绝大部分是乡镇外围的农业生产用地。售卖主体有集中售卖的村集体，也有单独向外售卖的个体。因此，当时卖家均会以一个乡土社会较能接受的价格卖出，为周边村庄的村民进镇建房提供了便利条件。而这种土地资源的模糊化处置虽然让商品房无法在当地扎根，却满足了周边村庄入镇建房的大量地皮需求。

这种土地资源的模糊化也是与当地乡镇企业的发展需求相

匹配的。严格按照我国 1998 年修订的《土地管理法》的规定，若将农村集体用地转让为商业或建设用地，则必须收归国有之后再转让，这将大大提高土地的价格，并提高当地乡镇企业建设和农民进镇的成本。抚贤镇的这种土地流转则是与当地乡镇企业发达且迫切需求低成本建设用地的需求相适应的（叶艳妹、彭群、吴旭生，2002）。自建房的低成本是李村农民能够快速实现就近城镇化的重要条件。

2. 乡土住房格局的保留

李村村内的房子一般都是两到三层的独立楼房，一层设置六间房。我们时常可以观察到相距不远的几栋楼房建筑风格和房屋布局十分相似。建房上的一致性与当地分家的传统密切相关，分家之后的兄弟要么就在一大栋房子里分灶，要么会就近建房，并且兄弟建的房屋格局基本相似。

而李村人在镇上自建的住房格局，也与村内的住房非常似。单户单栋楼是主要的形态，一般修建三层，每一层的面积大约为 80 平方米。每栋楼前都留了较大的空间，至少可以并排停放 3 辆小汽车。然而停车的作用倒在其次，这个空地类似于村里房前的场院，主要用于晒粮食和摆酒席。一层的门是一扇大大的卷帘门或者由四扇铝制门组成的平开门，门的面积基本占了第一层的一面墙，这与当地传统的四扇实木门类似。与大门相对应的是传统的"天屋"，天屋即指第一层楼进门的第一间房。天屋进深宽绰，在所有房间中面积最大，主要用作会客、娱乐和摆酒席等。

特定的住房布局与李村人功能性的需求是分不开的。一般来说，宽阔的场院和天屋能为公共性事件提供场地，具有公共空间的功能。大门敞开意味着主人在家，并乐意接受客人的来访；大门关闭则是告诉其他人主人不在家。大门可以起到传递信号的作用。事实上，李村人只要在家，都会开着大门或一扇小门，是欢迎宾客前来造访的意思。这种在农村具有公共性与社会性的行为，依然保留到进镇之后。许多时候，主人在楼上活动，楼下的大厅却依然敞开，邻居可以不拘束地直接进来坐下。这最起码说明，人们不担心物品丢失，对周围人的判断与预期是熟悉且信任的。进镇之后，李村人依然保留房屋的传统布局，说明李村人的功能性需求并没有发生太大的改变，这与其行为和交往逻辑没有发生太大变化密切相关。

3. 超前消费式建房

在不同时期，自建房的成本会有一定的差异。但是这种差异与经济发展水平和个人投资能力相匹配，至今没有一个阶段的成本是让前来建房的人感到不堪重负的。20 世纪 90 年代，在镇上自建房只需花费几万元到十几万元；21 世纪的前十年，自建房的成本上涨到 20 万元左右；而近十年间，自建房的成本又再度上升了 10 万元左右。根据我们的调查，不同时期进镇建房的李村人基本上都是自己手中存有七八万元的时候就敢开始建房，而一般建好房之后就会背上十几万元的债务。但对于李村人而言，"拿着七八万元的钱，做二十多万元的事儿，并不是什么稀罕事儿，反正欠了钱之后再挣钱慢慢还就行了"。据搬进镇的李村人说，因建房所欠的债务一般都能在三年左右的时间内还清。

超前消费式建房可行的条件是，必须要有可靠的资金来源。而李村人建房筹钱的对象一般有两类：一类是可以直接提供借贷的亲戚、朋友，另一类是可以拖欠工钱的施工工人以及可以拖欠材料费的建材老板。其实这两类筹钱对象所反映出的，正好是李村人在进镇过程中可以获得的两种社会性支持：第一种来自传统血缘和地缘纽带的熟人互助，第二种则是较熟悉的市场主体的延时支付，我们称这些市场主体为"泛熟人关系"。借钱行为是考量社会关系强弱的重要标准，一般发生在相对亲密的熟人关系中。因此，在李村人准备找亲戚借钱进镇建房的时候，往往在酒桌上就能把事儿办了。不过由于当时亲戚都普遍面临进镇建房的消费支出，能资助的金额往往并不会太大。因此，他们往往通过"泛熟人关系"进行超前消费。一系列研究中国区域历史的学者一致同意将以交易中心聚集而成的多个村看作一个区域，将乡镇纳入乡村研究的内涵之中（施坚雅，2000：339～342）。在交易市场上，村里的人能与镇上特定行业的从业者通过交易形成一种相对熟悉的状态。而正是这种"泛熟人关系"下的泥瓦匠和建材老板给进镇的人提供了补充性的支持。一般现金不够的人都会通过拖欠泥瓦工的工资和材料厂的材料钱来缓解当下的资金紧张。而债主也完全不担心收不回钱，因为都相互知道欠债的人住在哪儿，怎么也跑不掉。

可见，李村人进镇建房对于成本的考虑和对待债务的态度都表现出了较强的自信，这主要来自他们对未来生活的良好预期。而事实证明，他们的自信得益于抚贤镇二、三产业提供的充分就业。欠债的家庭一般都能在进镇工作三年左右的时间内还清债务。当然，人们也会充分考虑每一阶段的开销，在建房过程中量入为出。虽然建筑质量和私人居室的装修档次因人而异，但在用于日常交往的一楼空间，基本布置都是相近的，即摆放一张简洁的茶桌、几把竹凳，看不出每户人家的经济条件区别。这使原本经济分层就不明显的李村在社会交往方面更加趋于扁平化。

小 结

总的来看，李村人的就地城镇化实践，是其发展逻辑的体现，乡镇较多的就业机会是其主要拉力，交通条件改善与"撤点并校"政策是其有效推力。小作坊生产无以为继，李村人转寻新的工作机会，与乡镇企业的发展耦合，形成了青年劳动力乡镇往返流动的就业形态。在交通改善条件下，乡村人民美好生活的实体面向逐渐由"吃饱穿暖"转向"市民生活"。教育政策将子代送进乡镇接受义务教育，乡土社会的家与村逐渐分离。最终，李村人抓住了城镇化的机会，就地实现了个体社会身份的转变，这正是他们在发展逻辑引领下做出的理性选择。

在就近城镇化中，李村人呈现了速度快、参与面广、阶段性、时空耦合性、以自建房进镇为主和超前消费建房为主的特点。而由于时空的耦合性，李村人进镇之后的居住分布与之前在村内的居住分布产生了非常大的差异。老邻居被打散，李村人面对的是陌生的邻居，但李村人按照新的地缘迅速和邻居形成了联结，并在地缘的基础上发展出更加日常的交往关系，从而重组了一个更加复杂的新地缘圈，这是我们在调研过程中感受最明显的。进镇之前完全不相识的人因为住在一起而成了新的左邻右舍，他们常常会搬出小凳子在屋外空旷的场地上闲谈一整天，有时候还能凑在一起打麻将或者斗地主。相对而言，个体与被打散居住在其他街道的老邻居的交往则成了"无事不登三宝殿"的礼仪往来，一般只有老邻居家里有红白喜事的时候才会帮忙，而日常交往频率明显降低。

尽管人们仍然安身于新旧地缘圈相互编织的生活圈中，但进镇生活不仅仅是居住在家，更有日常互助与上班工作。这些社会网络的改变对于李村人来说意味着什么？被打散的李村人是否还是一个完整的社会？李村人进镇之后的社会交往到底如何？这些社会性因素怎样影响了新旧地缘圈的存续？我们将在后文进一步讨论。

第五章

家庭内外：地缘圈的存续
何以可能（一）

新旧地缘的交汇，在李村形成了独具特色的社会关系形态。进入抚贤镇的李村人，并没有随着生计模式的改变以工厂为中心形成新的业缘圈，建立新的生活和交往圈子；反而是以原有的地缘关系为基础，结合血缘关系发展出了一个更加复杂多样的地缘圈。在新的居住格局下，李村人缺乏一个像生产队时期一样稳定的共同体。加之，在镇上生活的李村人多从满足各自核心家庭的需要出发，去建构相应的社会关系，形成了以旧地缘为基础、新地缘为补充的社会关系格局。那么，对于进镇生活的李村人来说，其社会的整合逻辑是什么？在这一社会中核心家庭又具有什么样的意义？地缘圈存续的机制为何？这是本章将要讨论的问题。

一 核心家庭内情感性关系占主导

家庭规模的缩小和结构的简化，一定程度上代表了社会的核心家庭化趋势。但家庭规模的缩小并不代表着家庭关系及其功能的弱化。对于核心家庭来说，传统的亲属关系及其他网络依旧具有重要的意义，在许多方面发挥着不可替代的支持作用，从而使家庭功能的实现呈现网络化的特征（彭希哲、胡湛，2015）。

不可否认，当熟人社会中涌入大量陌生社会的经验时，封闭的社会受到冲击会逐渐开放。依靠"伦常"维持的"差序格局"式的关系网络也必然会发生改变。在以己为中心的关系圈层中，"己"的单位开始逐渐从个人转换为核心家庭，社会结合中的实利化倾向增强。核心家庭内部虽然依旧以情感原则为主导，但是在核心家庭之外，工具性的实利计算已然占据优势，成为主导性的原则，工具性圈层格局已然出现（谭同学，2009）。

李村的家庭结构同样也在不断地趋于核心化。虽然主干家庭是当前主要的家庭结构类型，但主干家庭主要都是在满足子代核心家庭的需要的前提下存在的。但对于每一个家庭来说，依托亲属关系和旧地缘下拟亲属关系①（李丽媛，2007）的支持，依旧能够实现家庭需求的自我满足。在社会交往方面，新的地缘关系只是替换填补了旧地缘关系和血缘关系的一部分，扩展了拟亲属关系的范围。所以，从本质上看，李村内核心家庭的重要性不断增强，并由情感关系主导；但是核心家庭之间，即使是亲属关系，更多的还是工具性关系的联结。

（一）"形式主干化"的家庭结构

中国传统社会的农民以家庭作为社会行动的重要单位，家

---

① 拟亲属关系一般指以地缘、业缘等一般关系为基础，通过拟亲属化转变为类似亲属的亲密关系。通常来说，人们会借助"拟亲属关系"的称谓，称呼那些无亲属关系的人，借此形成类亲属的人际互动。

庭结构的变化无疑是社会关系变化最重要的影响因素。家庭结构类型的变化代表着家庭内部组织方式的变化，会对家庭成员间的关系模式和家庭功能的实现产生影响（童辉杰、黄成毅，2015）。

就李村的家庭结构类型来说，本质变化不大，即使经历过一次社区重组，也没有从根本上改变原来的家庭结构类型。在2006年之前，人们主要是居住在村里，每一次搬入抚贤镇居住的人数并不多。他们大多根据个人家庭经济条件而购买地皮建房，原先在村内比邻而居的亲兄弟也因此可能被打散居住在不同的街道，这使他们的居住较为分散，就算是住在一条街的李村人也并不一定相互认识。而2006年以后，因为"撤点并校"，李村人普遍面临孩子必须进镇上学的问题，而恰好在当时赶上了秀林村和抚贤村的土地集体开发，因此大多数李村人都集中选择在抚贤村和秀林村买地皮建房子，形成了一个新建街道60%～70%都是李村人、中间掺杂部分"陌生人"的居住格局。

新邻居和原邻居交错、陌生人和熟人交织的居住格局，原本应该催生出以核心家庭为主的家庭结构，但事实上并非如此，联合家庭和主干家庭依旧是目前李村人主要的家庭结构形态。基于降低生活成本和代际支持的功能性考虑，很多已经分家的子代家庭依旧与父母居住在一起。不同代的家庭之间在工具性关系和情感性关系的交织下，呈现不同的交往方式，这也是为何李村看起来联合家庭如此之多的原因。但是，毋庸置疑的是，情感性关系在这里胜过了工具性关系。

在抚贤镇上，人们的房子通常都会建两层以上，每层有五六个房间。而李村的年轻人一般选择在家里结婚，婚后与父母居住。这样做有三方面的好处。一是可以节约娶妻生子时的购房成本，因为大多数父辈的积累只能支持建起一栋房子。二是可以节约婚后的生活成本。和父母一起居住，水费、电费、伙食费等都由父母出，父母还能帮忙带小孩，从而使很多儿媳从家务劳动中解放出来而作为全劳力参与到打工经济中，因而大大降低了生活成本。三是在抚贤镇上生活成本本来就较低，和父母居住的话，生活的压力更小。镇上的年轻人崇尚安逸，不像父辈一样拼命干活，经常说的就是"生活过得去就行"。因此，联合家庭和主干家庭成了进镇生活的李村人最好的选择。

家庭结构的类型必然会影响到家庭成员间的关系模式和交往逻辑，并对传统家庭的功能产生影响。但事实上，在李村，分家和养老的变化并不大。

在分家问题上，李村具有明确的单系偏重特点。李村的女性不具有财产继承权，也不需要承担养老义务。分家往往以"分灶"为标志，即每个儿子在结婚生子之后单独打一口灶开火做饭。若是兄弟同住，很多家庭会将房子分成左右两半，修两个楼梯，或是在老房子旁边再修建一间新房。兄弟姐妹关系不和睦的，往往会单独搬出去另修房子。兄弟各自成家之后便成为新的会计单位，小家庭的收支单独计算，而父母原先积累的财产往往要等到父母去世之前才会分配。大儿子成家之后，父母在还需要抚养小儿子的情况下，即便是在儿子结婚时就将财产进行了划分，通常也会给自己留一部分养老的钱。独子家庭通常不会分家，除非婆媳关系不好，这也是之前李村人分家的主要原因。但在今天导致李村家庭关系破裂的因素，更多的是夫妻矛盾而非代际矛盾。另外，一些家庭的父母会偏心小儿子，尤其是多子家庭的父母。我们访谈到的案例就有因老人偏爱而出现的分配不均。

> 张明和的奶奶当年分家时就偏爱小儿子（前文提到的张顺发），将家中的一亩九分田全给了小儿子，结果张明和父亲成为贫农，叔叔被划分为富农。无独有偶，张明和的母亲在去世之前也将全部家产留给了小儿子，而当初张明和结婚时就只分到了两间房、两斤米和七斤红薯丝。

但就已有资料来看，我们还无法判定当地的财产划分是否完全取决于父辈的好恶，或是某种潜在的公平机制，但单纯从子代的财产继承权和赡养义务的匹配情况来看，二者往往是不对等的。

养老问题和分家具有相似之处。李村的老人一般是在丧偶或自己丧失劳动能力的情况下，通过轮流到子女家里吃住来进行养老的，即"吃轮饭"。在父母尚有劳动力时，他们不仅能够独立从事农业劳动或靠打工和特殊手艺获得收入，从而实现经济上的独立和生活上的自养，还能够帮助子代照顾家庭、抚育孙辈，成为子代的得力助手，因此该阶段子代基本上没有养老压力。当父母年事已高、体弱多病时，兄弟就要轮流承担对父母的物质供养、生活照料和精神支持等义务。李村的老人基本上都倾向于跟着儿子住，哪怕女儿有房子，儿子只是租房子，也要跟儿子住。如果有几个儿子，就在几个儿子家里轮流住。若是兄弟关系和睦，那么，经济条件好、空闲时间多者可能会主动承担更多的养老责任，老人生病时也能在某一家多停留些日子；若是兄弟关系不和，兄弟几人则会在父母养老的投入上斤斤计较，甚至可能因为这个月比上个月多了一天而使老人落得无人照管的境地。更严重的情况是兄弟之间互相推诿，都不承担养老义务，最终只能由女儿负责老人的晚年照料。从案例中我们可以得到更直观的感受。

> 曾方满和叔叔在镇上比邻而居，曾方满的爷爷就在自己家和叔叔家轮流吃饭，一家一天轮流。但是有时候家里有事，没办法轮流时，会互相帮忙照顾。伯父在外面务工，就主要负责爷爷的生活费。

> 巫静雯阿姨2013年母亲去世后半年就承担起了照料父亲的责任。由于嫂子性子急，与父亲冲突较多，巫静雯阿姨的哥哥有一天晚上就直接把老人送了过来，从此父亲就在巫静雯阿姨家养老。2013～2018年哥哥都没有出过钱，基本上都是巫静雯阿姨出父亲的生活费，父亲看病的费用也是小病巫静雯阿姨出、大病她的哥哥出。2018年父亲生病，哥哥提出三兄妹分摊医药费，巫静雯阿姨与其吵了一架，因此从2019年开始哥哥开始给其抚养费，哥哥给1000元，妹妹给500元。巫静雯阿姨觉得哥哥反正不要面子，所以无所谓父亲在哪里养老。至于自己的养老意愿，巫静雯阿姨认为肯定是跟儿子养老，但是就算给儿子买房，也会给自己留一定的养老钱。

总体上，李村的子代还是会履行赡养义务的。现在李村90%的老年人都搬到了镇上跟子代一起居住，只有少数老人喜欢住在山里，基本上是那些有行动能力的老人或没有条件跟随子代进城的老人仍在村里单独生活。2010年左右，老人们对居住在李村的想法开始转变，主要是因为道路等基础设施有所改善，封山育林后的环境质量也进一步提升，尤其是前者使他

们不担心在村里养老看病不方便的问题。相比十几年前因为环
境一般、交通不便而离开李村，现在80%的六七十岁老人都
有回村养老的想法。虽然现在大多数在镇上居住的老人对于未
来养老的期望是回村居住，但仍是以符合儿子的需求为前提
的，即便回村养老也是在自己完成了隔代抚育的任务之后。若
是儿子需要父母在镇上帮忙，老人则会一直留在镇上。

从李村的家庭结构变化、分家以及养老实践来看，当地的
代际关系仍是相当紧密的。这是因为在情感关系主导的家庭内
部，不同代的家庭之间尽管有工具性的考量，但并非仅仅充斥
着实利的计算。父代和子代核心家庭虽是不同的家庭单位，但
依旧是充满温情的，从代际权利与义务关系的变化可以更明显
地看到这一点。

（二）"本质核心化"的权利与义务

在过去，代际支持主要指向父代出于"养儿防老"和
"香火继承"观念的考虑，对子代大量投入，是功能性与价值
性合一的行动。但是在今天的李村，这两者都不明显，代际支
持更多的是父代以子代为中心的投入，父代牺牲自己享受的机
会去支持苦苦挣扎的子代，以使子代的生活过得"体面"。这
一转变的发生，与父代权威的转变息息相关，权力关系模式的
改变必然影响到代际的关系模式。

在传统时期李村的家庭中，父辈是具有绝对权威的。孩子
从心底里害怕父母，不敢忤逆，不听话的孩子会被村民骂作
"坏东西"。父辈的权力鲜明地体现在其对子代婚姻的决定权
上。前文已经提到，在换亲这一充满张力的婚配形式中，换亲
成功的关键在于被换亲女性对婚姻选择权的放弃，亦即女性在

博弈中的妥协。

除了换亲，社会继替也如此。在传统时期，招女婿与娶媳妇类同，女方家要出彩礼，入赘的女婿被当作儿子看待，有一些还会改姓。女婿入赘之后，其对原生家庭不再承担养老的责任，只负担基本的人情，且生下的孩子只能随母亲姓。然而随着时代的变化，这种制度在实践过程中并未得到严格的执行，现在大多数招赘的家庭至少都会生两个孩子，一个随母姓，一个随父姓，一些男方强势的家庭甚至可以只随父姓，把母姓放在第二位。很多上门女婿不再将老丈人称作父亲，但依旧要履行赡养的义务。上门女婿在家庭和村中的地位和权力依个人品质而定，只要有能力、为人好，就能够当家做主，也不会被宗族和村庄的人低看。而且，如果是亲戚之间招赘，则亲戚关系优先于姻亲关系。近十多年来愿意入赘的男性越来越少，只有一些找不到媳妇或经济条件比女方差的人才会当上门女婿，因此，很多纯女户也不会执着于招婿，而是选择将女儿嫁出去。

代际关系的变化在婆媳关系上也有明显的体现。过去婆婆管儿媳妇是天经地义的事情，即便媳妇从心底里对婆婆的管教不服气，也不敢做出任何反抗的举动，一些没能生育儿子的媳妇更是一辈子都在婆婆面前抬不起头。

陈桂菊在 1990 年结婚，当时她刚刚 23 岁。结婚之后，婆婆对她的态度一直不好。刚进门时她做饭找不到米，便跑去问在邻居家玩的婆婆，结果被婆婆臭骂一顿，让她回家自己找。不过在家里经济条件很差，全家人都吃红薯丝拌饭的情况下，她每次还是会给身体不好的婆婆单独留出一碗白米饭。陈桂菊的第一个女儿在满月时因肺炎早夭，第二胎又生了个女儿，婆婆因此对她非常不满。尽管她心里委屈，但因为家里穷，还要给婆婆和丈夫治病，所以陈桂菊怕养不起孩子，就在孩子百天之后偷偷到医院上了环。不料上环偏位，她后来又意外怀了第三胎，生了一个儿子，婆婆对她的态度才稍有好转。

但是随着社会经济条件的改善和家长权威的衰落，不仅换亲、过继、入赘这样的事情越来越少甚至消失，而且原本父代可以掌控的很多事情也已被子代接过，即权力中心开始转移到子代。其中最明显的就是父代对子代投入的持续性和夫妻权力关系的变化。

父代对子代的投入是具有阶段性的。在子代未成年以前，父代的投入主要表现在对子代教育的期待和支持；在子代成年以后，则是婚姻帮扶和隔代抚育。尽管如第四章所言，李村的人对于子代的教育，一直没有特别高的要求或抱特别大的期望，但是总体上其对子代的教育投入是不断增加的。

20 世纪八九十年代，父辈们对于学校教育大都不太重视，相比于获取更高的学历，他们更愿意让子代学一门手艺，找到一份对应的工作，因此，在当时很多能够进普通高中的孩子也往往选择就读中职，因为中职包工作分配。即便能够意识到教育的长远意义，大多数父母也因为学费和附加费太贵而缺少对孩子的实际支持。而 2000 年之后，家长的教育观念发生了明显的转变，更多父母期望自己的孩子能够进入大学读书，因为拥有高学历意味着更容易找到高收入的工作，因此他们对孩子的教育也更加重视。但父母对孩子的教育投入呈现一种两极分化的趋势，成绩好的孩子的父母会投入更多以乘胜追击，成绩差的孩子的父母则会逐渐减少投入，有一种"破罐子破摔"的心态。

以子代需求为中心的行为取向以及父代权威的衰落是今天李村代际关系越来越以子代核心家庭为主的体现。工具性的考虑开始浮现，这一方面是客观现实需要的体现，另一方面是李村人追求发展的体现，只不过这种发展是低水平的"小富即安"。但是，这种服务于子代的代际关系既是核心家庭功能网络化的重要一面，也是核心家庭中情感性原则在发挥主导作用、抑制实利计算的表现。

（三）原生家庭支持与年轻夫妻的关系

在夫妻权力关系方面，上文其实已有论述。在李村的家庭内部，男女双方的地位趋于平等，甚至在经济地位上女性还略高于男性。夫妻双方共同决定家庭的重大事项，夫妻之间的权力关系已然从原来的男尊女卑的不对称关系变成了今天的平等关系。李村夫妻权力关系的变化和性别分工紧密相关。因为产业发展和职业的变化，很多女性早早地走出家庭，外出务工。像前面提到的陈桂菊在过去的手工小作坊工作和在玻璃厂建立起来以后去玻璃厂上班一样，李村的女性很早就在经济地位上开始追赶男性，并逐渐与男性的经济地位持平。基于此，李村男性和女性在经济方面的分化也使女性的经济地位有了显著提高，并进一步提升了其家庭地位和社会地位，女性渐渐有了较大的话语权。这一情况随着性别分工的进一步发展形成了今天女性地位较高的现象。

据估计，在李村将近一半的家庭都是由女性当家、支配财产，仅在重大事件上与丈夫商议。这不仅仅是因为思想观念的改变，更是因为大部分女性有了独立生活的能力，她们能够承担与丈夫离婚后的生活成本。

2000 年前后，社会劳动就不再以男性为主，女性劳动力的优势凸显，女性经济地位显著提高，其社会地位也随之上升。近年来，许多年轻夫妻往往一吵架就冲动提出离婚，更有甚者刚结婚一个月就离婚。父母、亲友的劝说通常没用，孩子也不足以成为他们勉强维持婚姻的理由。对李村的村民来说，未婚先孕和离婚在今天已经不再是公共话题，离婚之后回到娘家的女人也不会被村里人说闲话。因为，妇女在此种情境下不再是被动选择的一方，也不会成为娘家的负担。

　　付国强的女儿和丈夫在 2019 年离了婚，主要原因是其丈夫好吃懒做，"不成器"。女儿是在离婚后才告知付国强夫妻二人事件原委的，而亲戚只知道其离婚的事实，并不知其离婚的缘由。付国强说只要家里人知道离婚的原因就行了。另外，自己女儿离婚并不是她个人有问题，相反是她处于有理的一方，所以也不用为了避闲话对亲戚缄口不言。不过，付国强还是对我们询问女儿婚姻的事情表现得有点儿警惕，不是非常愿意提起。付国强的女儿离婚后离开男方家，回到村内休息了一段时间。付国强说像其女儿这样离婚后回村的，并不会有人闲言闲语讨论评价她（后杨主任说，最主要的一方面是村里人搬进镇，闲聊的人少了，另一方面是当地离婚的现象近十几年来显著增多，已不是什么稀罕事）。而付国强的女儿要二婚的话，也并非难事，因为当地有不少单身汉配二婚女的案例。所以离婚的女人并不愁嫁不出去。

不过以高离婚率为特征的婚姻不稳定性并没有对当地人的生育意愿造成影响。在年轻人看来，生育只是一个生理性结果，无论有没有钱先把孩子生出来，有了孩子自然就会挤出钱来养了。从表面上看，李村人对于夫妻关系和孩子的认识完全是个体性的。但事实上，我们发现，他们之所以能够有底气，做出看似如此随性的行动，是因为在情感性主导的核心家庭之内，父代会主动帮助子代，同时，家庭功能在亲属网络支持下，可以较好地实现。所以，在强大的代际家庭之间的情感纽带的支撑下，他们才有率性而为的资本。

（四）"底线互助"的兄弟关系

在李村，业缘并没有能够很好地团结人们，血缘虽然依旧有影响力，但是血缘的联结强度也不足以渗透进日常生活的方方面面。从血缘的联结方式上看，从传统时期至今，李村人的血缘认同单位与行动单位始终是三服以内。这样狭小的血缘圈意味着这一相对紧密的团体是互助合作与人际关系的最底线，不会因地缘的变化而被割裂。因此，无论是在村内还是在镇上居住，来自三服以内血缘亲属的互动程度与先前无异。即使对所有人来说这已经是最内的一个圈层，但是从实际情况来看，三服以内的亲戚对个人生活的支持还是相对薄弱的。对于一般的家庭来说，李村大多数兄弟、叔侄在生活上基本能够做到互相扶持，但仅限于生活底线上的帮助，或者说仅保障生活较差的一方"饿不着"。

在搬迁到镇上生活后，李村人虽然对经济利益关系的重视度渐渐有优先于血缘关系的意味，但血缘关系始终没有被经济关系超越。基于血缘的亲属关系依旧是李村人底线的互助网络。

谢孙香的孙子出生于 1998 年，小时候因生病罹患了智力障碍性的疾病，现于特殊学校就读，每年学费和生活费总计两万元。但其作为特困户每个月只有两百元的补贴。而出生于 1990 年的谢孙香的孙女，自从谢孙香的儿子去世后，就完全成了家中的顶梁柱，当下在河北的箱包公司打工，每月工资 2500 元。工资除了用来贴补家用，还要负担弟弟的生活费用，所以她至今仍未结婚。

另有一个案例，出生于 1986 年的周诚孚患有先天性小儿麻痹症，因上学期间走路和上下楼梯不方便，自二年级就辍学在家做家务。周诚孚的弟弟 1990 年出生，17 岁到外省打工，月工资一两千元。弟弟在镇上买了地基，用四五年时间前后花了十多万元陆续把房子建好后，就把母亲和周诚孚接进新房子同住。结婚前弟弟挣的钱一般都交给母亲统一支配，之后便交给弟媳管，不过一直都会不定期给周诚孚零花钱用，周诚孚只有在非常需要钱的时候（突发危及生命的情况）才会跟弟弟要，平时的一些个人必需的花费主要靠自己省下来的零花钱。弟媳是昙虹南片人，跟弟弟打工相识，当时知道周家情况后并没有嫌弃，其父母也没有干涉，倒是她的姑姑表示反对，担心她之后负担会很重，但弟媳并不在意。现在周诚孚已经有两个侄子，家里兄弟关系和婆媳关系都还不错，但两年前他主动提出分家，即把户口分开。主要因为自己是贫困户，怕拖累弟弟弟媳的发展，贫困户不能参加干部评选、买房买车。但自己没有生活自理能力，也没有房子，所以无法分灶和分住。另外，周诚孚还有两个表兄弟，但他一般不会开口向他们寻求帮助，因为他们各自都有家庭要照应。

上面两个案例清晰地展现了在极端的情况下，或者是在生存线上挣扎的时候，尽管从经济的角度出发，不管患病的兄弟可能会生活条件更好，但人们还是没有弃亲兄弟于不顾。虽然从总体上看，李村血缘关系纽带一直比较弱，但仍是他们整个关系中最核心的部分，是生活的托底保障之一。可以发现，李村因为分散的居住格局，在人们没有进镇以前，地缘和血缘在极大程度上是同构的。从地缘生发出来的亲属关系网络虽然不是十分紧密，但也是他们社会关系中最重要的一环，是家庭功能能够良好实现的基础。因此，在具有血缘关系的亲属处于生存困境时，情感关系最终还是胜过了理性的计算，激发李村人做出"底线互助"的行为决策。

二　核心家庭外工具性关系占主导

家庭结构类型和组织方式的形态可以塑造家庭成员间的交往模式和逻辑，进而影响到社会关系的建构。对于当下居住在抚贤镇的李村村民来说，因为居住空间的变化和家庭结构的改变，人际交往的出发点是构建满足家庭需要的社会网络。同时，在李村人当前的就业形态中，并没有孕育出成熟的职业分化，因此也未建立起成熟的业缘关系，所以人们只能重组老地缘圈。而新邻居和原邻居交错的居住格局导致原本村里的老地缘圈被包含进了镇上的新地缘圈里面。值得注意的是，老地缘圈里的人在进镇生活以后，受新地缘圈的影响，在互动当中增加了新的身份关系，比如趣缘和业缘的关系。而由于其他关系的介入，不熟悉的李村人开始变得熟悉，这也保护了李村作为一个社会共同体不会立刻解体。在这样的背景下，陌生人和熟人交织在一起，人们的交往以核心家庭为单位展开。虽然每一个人看似都是从自己的个性化需求出发来建构社会关系的，但本质上还是以核心家庭的最大利益为目标的，这体现在日常交流和人情往来等方面。

（一）交往圈的多种面向与多维关系

1. 日常交流圈

与进镇生活前相比，最先发生改变的是日常的交流圈子。我们发现，日常交流圈子的亲密程度主要与交流频率相关，交流圈的中心就是平时接触便利性较高的群体。从频率角度看，村内人的交往基本上是按照"兄弟—亲戚—同学—同一生产组的老邻居"这样的顺序排列的。

> 聂怀远老师在搬进镇之前在村内交流最频繁的对象就是他的哥哥。20世纪80年代，他哥哥结婚之后就与父母分了家，另在父母家边上盖了一栋房子，但相距不过数米。因此，聂怀远和哥哥每天都能打几个照面，哥哥也成为其交流圈子的中心。而在村内，亲戚基本上都住在一个生产组内，因此聂怀远老师也会经常与住的不远的亲戚们发生生产和社会关系的往来。

兄弟、亲戚基本上都是基于血缘形成的联结，而基于学业形成的同学圈子对聂怀远老师来说也十分重要。而且同学圈子对于聂怀远老师而言具有特殊而重要的意义，因为在村内从事老师工作的基本上都是聂怀远老师的同学，学校成为老师们仅次于家庭的第二交往场域。而对于普通的村民而言，同学基本上也都成了农民，因此没有身份的特殊联结，也没有形成除公共场所或自家居所以外的次要交流场域。

进镇之后，聂怀远老师则将在镇上打交道的人按照"镇上街道上的邻居—同事—亲戚—老邻居"这样的次序排列。

2015年前后，聂怀远和哥哥还有其他亲戚因为没能在同一时间购买地皮建房，因此在镇上分开居住了，居住地相距十分钟左右的车程。哥哥一般一周来看望父亲一次，其他时间很少会"没事跑过来"。因此，与聂怀远老师镇上日常交流最多的就是他们家两边和对面的邻居。除了邻居，聂怀远老师就是和学校里的老师们在学校内交流联系地比较频繁。而亲戚和之前的老邻居，聂怀远老师和他们都会恪守"无事不登三宝殿"的交往准则，日常交流很少，大多在婚丧嫁娶的日子才会见面说说话。

可以很明显地看出，进镇生活以后，日常生活的主要场所就转变成了镇上的房屋以及工作的地方，人们的交往圈子也因此发生了变化。这就呈现种现象，即地缘和血缘的离散状态左右着人们日常生活互动的对象，一般地缘距离越近，互动频率就越高。当血缘与地缘叠加的时候，亲属关系往往处于日常交际圈的内层；当血缘与地缘离散得比较开的时候，亲属互动频率也会降低。另外，在聂怀远身上，我们还可以看到业缘发挥了重要的作用。由于业缘圈子相对稳定的场域互动，业缘群体始终处于聂怀远日常交流圈的内部。

2. 人情往来圈

交流圈的改变一定程度上也对人情圈产生了影响，但人情圈依旧还是以亲戚为中心，发生的改变不算很大。聂怀远老师还在村子里生活的时候，他的人情圈主要是按照"自己的兄弟姐妹—妻子的兄弟姐妹—父母的兄弟姐妹—其他亲戚和邻居等"的次序展开的（见图5-1）。

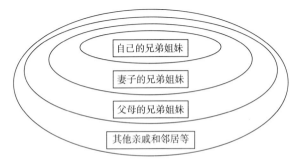

图 5-1　聂怀远居住在村里时的人情圈示意

这样一个圈层仍是按照"由己及人"的格局向外推的。处在最中心的是自己的兄弟姐妹；第二圈是妻子的兄弟姐妹，这两圈都是自己的同代人；第三圈是父母的兄弟姐妹，跨越了代际；第四圈就是其他亲戚和邻居等。可以明显地看出，人情圈是按照先亲属亲戚后邻居的次序来排列的。

到了镇上以后，聂怀远的人情圈似乎发生了一定的变化，不自觉就转变成了按照"儿女亲家—夫妻双方的兄弟姐妹—父母的兄弟姐妹—同事朋友—新老邻居"的顺序先后排列的新人情圈（见图5-2）。

自从搬到镇上后，聂怀远的人情圈似乎有了一定的变化。但我们可以看到，实质上人情圈并没有太大的变化，人情圈的

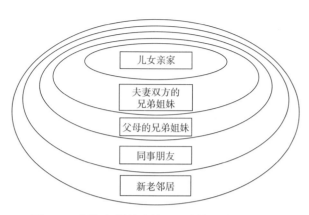

图 5 - 2　聂怀远居住在镇上后人情圈的变化示意

中心仍是以亲戚为中心的，只不过是让位于子代儿女亲家了，圈层由内向外推展仍是按照亲属亲戚向普通邻居的顺序推出去的。因此城镇化对人情圈实质上并没有太大影响。

同时，通过比较人情圈和日常交流圈的变化，我们可以看到，日常交往圈子最易受空间布局的影响，是改变最为明显的。但显然人情圈短时间内很难随着空间的切割而改变，人情圈事实上还是以亲属亲戚为中心的。

不过我们看到，现在聂怀远的人情圈中，同事朋友构成了一个新的圈层。实际上，这是与其职业有一定关系的。在村子里的时候，同事就是自己的同学，也是自己的邻居，因此，虽然与他们的日常交流多于其他邻居，但是在人情圈内仍会按照地缘的逻辑将其划在普通邻居那一个圈层里。但进镇生活之后，聂怀远的同事就不再是之前的同学了，即不再具有先赋性的地缘关系，而是单纯工作场域内的同事。因此为了维持业缘关系，聂怀远单独将同事划为一个圈层，并且将其置于普通邻居之前。这体现出新的业缘关系对于聂怀远的重要性。

虽然现在业缘关系对于聂怀远而言具有特殊性，但也可以看到一个具有普遍意义的转变。随着李村人进入不同行业，并由此形成场域内的同事关系，业缘关系也将逐渐成为李村人人情圈不得不单独考虑的重要圈层。

人情的圈层分界在人情礼金上体现得最为明显。杨腊梅的讲述可以让我们看到其中的变化。

> 我现在主要就是和亲姐妹，还有邻居往来。一般亲姐妹之间行走（交往），若遇上办酒，如果是儿女结婚生娃类的大酒至少要给 1000 元，碰上生日等类似的小酒也要几百块才过意得去。和普通亲戚、邻居行走（交往）的话，主动请的基本要给 400 元以上红包，没有请的则是给 200 元以上红包。

杨腊梅给出的礼金数额很明显就是根据人情圈的分层情况来给的。不过，当地情况比较特殊。一般村民办酒待客会分为两种：主动请的亲戚朋友和不请自来的邻居。主动请的亲戚朋友给的礼金一般都会在 400~500 元，十分亲近的亲戚动辄要千把块钱了。不请自来的邻居一般给 200 元就够意思了，而关系比较好的邻居给 400~500 元也是有的。总的来说，李村人始终都遵循着亲疏远近的交往准则，并且十分乐意"邻居不请自来"以维持自己与邻居之间的联系。

不过，这种人情往来一直都给村民带来了很大负担。尤其是近几年来，随着人们进镇生活，人情圈融入了新邻居和新的行业伙伴，交往范围扩大了不少，礼金的数额也随着翻了不少。一般人家都对这种人情往来叫苦不迭。但就算人情往来的负担比较重，却仍然没有人会轻易退出这种人情圈。因为同住一个乡镇，隔三岔五总能见面。如果退出交际圈，下次见面就不好打招呼了，而且之后还指不定会在什么时候需要别人帮忙呢。杨腊梅对此就有深切的感受。

> 家里现在最大的负担就是人情债，一年要花费两三万元在这上面。我姐姐喜欢做酒，但是我自己不太喜欢，因为做酒很麻烦。但遇上做酒还是会去，一是怕得罪人，二是怕别人笑话我们家这点钱都拿不出来。
>
> 之前别人说，曾经有两个战友，其中一个喜欢做酒，另一个就得经常去吃酒给礼钱。有一次经常去的这个人趁着喝酒半开玩笑地说，"你们再这样做酒我就不来了，不然一年的钱都给你了"。

杨腊梅一方面是想借这些例子说明李村人面临的人情负担之重，另一方面是说明一般人在面对这种负担时的无奈和所在交往圈子可能施加的社交压力。因此，她也害怕成为笑话中的主人公。

另外，我们也看到随着家庭生命周期进入到不同的阶段，人情圈的中心逐渐由父亲转向子代，并随之延续。这种转变反映的其实是大家庭的收缩过程，由原来以兄弟血亲为主的人情圈，逐渐让位于子女，关系收缩在一个子代核心家庭上。不过，最重要的是，我们看到一般家庭人情圈涉及的范围主要还是集中在上下三代之内。

在聂怀远的儿子未成家之前，其人情圈的中心位置，上及父母一代的兄弟姐妹，下至自己的兄弟姐妹。儿子结婚之后，儿子的交际圈也随之自然地进入了聂怀远的圈子。这也就意味着，侄子侄女辈的小辈必须被划入聂怀远的人情圈，形成上至父母辈，下至子女辈的三代圈层。我们可以说，三代是人情圈中心的一个代际边界。这主要是因为位于外圈的亲戚范围其实相对来说具有很大的弹性，一般在五服之内伸缩，而亲属交流的实践则主要是依据现实情况的互动便利性程度进行的。有的亲戚搬去很远的地方就从此断了联系，这种情况在当地也是有的。

不管是日常交流圈还是人情往来圈，随着新旧地缘的交汇，都发生了不同程度的改变。这种改变虽然形式各异，但本质上是服务于子代核心家庭需要的，是家庭功能实现的重要一环，这从处于圈子中心地位的家庭可得到佐证。这些圈子的改变，是新地缘替补老地缘、血缘发挥功能的必然结果，亦是李村人获得社会性支持的必然，就像第四章讨论到的关于建房借钱的案例一样。

（二）社会交往的实利化

进镇生活是一个重要的时间节点，可以粗略地以此按阶段划分人们的社会关系。在进镇以前，李村是生产队捏合过的社会，存在一定的社区规范，社区自身也有一定的价值生产能力，即使这些价值规范是比较微弱的，但也发挥了一定的作用。而进镇以后，人们社会关系的建构发生了分野。一批是依靠原来生产队的关系维系的老邻居，另一批是依靠地缘的松散联结，辅之以业缘、趣缘的一批新交往对象，比如很快就混熟了的新邻居。事实上，进镇生活以后，李村的人不是以原来的初级关系为基础生长次级关系，而是依靠自己的经营建构次级关系。而原来的初级关系退化，成了应急的求助对象。所以血缘、地缘和业缘对于村民来说，只是在不同面向上承担了不同的功能，并不是同构的。而以此建立起来的圈层关系，仅仅成了日常交往和社会活动的圈子，不具有规范社会生活的能力，缺乏共识性的价值体系。生活在其中的人呈现的是一个个单独的个体而非整体，行动的逻辑是从个体出发而很少考虑集体。

从个体出发建立起来的圈层关系决定了血缘、地缘和业缘对个体来说是在不同面向上承担着不同的功能。从进镇建房时和新邻居合作，到平时休闲娱乐和老邻居与新邻居一起，再到红白喜事做酒基本上只邀请亲属和老邻居，除了部分有固定工作的人，工作同事也不在请客的对象范围内。这意味着，李村人行动的单位已经开始变成一个个的个体，生产队时期的集体已经慢慢被打散，集体的记忆开始慢慢模糊。

> 周必清平时没事就跟新邻居互相串门聊天，很快就熟悉了彼此家中的情况，例如谁家喜欢打牌、谁家喜欢种菜之类的。他跟老邻居也还有联系，做酒的时候会请老邻居帮忙，虽然老邻居进镇后的具体情况不太了解，但情感还在。父母一辈去世做酒仍会请老邻居，不请新邻居，自己一辈去世则会请新邻居。大多数迁出的李村人也会保留村里的户口，因为迁入地不接收，所以他们还是会回村维修房子、平整田地、办手续等，自己心里认同的"同村人"实际上还是老李村人。

周必清的变化并不是特例。随着对镇上生活的熟悉，越来越多的人开始只考虑各自的需求，而逐渐忽略情感的经营。就像很多年轻人只认识这一代同组的人一样，旧有地缘的记忆正在慢慢消失。过去联结程度比较低的李村人按照现在的街区新地缘互动，他们虽然认同行政村李村的村民身份，但作为一个亲密共同体的认同感和归属感不再那么强烈了。而在整体移民的过程中，地缘与经济关系正在起越来越重要的作用。以前不熟悉的李村人正在变得熟悉起来，在红白喜事上也是如此。

在红事的规模和规格上，当地一般摆 20 桌左右，其中亲戚就有五六桌。请客的时候，五服之内必请，五服之外就看平时的相处情况，走动多的就请。其他十多桌都是邻居朋友。在红事上，即使有钱人也不会多给份子和多办酒席。由此看出，李村村民在红事随礼上并未形成激烈攀比。与由多个小家族集团组成的村庄相比，这里的社会联结相对原子化，随礼行为与面子竞争的关联也较小。

在红事的对象上，四五十岁这一辈人红事上请的更多的是老邻居，只有二三十岁的年轻人请的客人才是新邻居更多一些。这反映出前者虽然已经搬到镇上十余年，但交往或重视的主要还是原来的圈子。而在二三十岁的年轻人这里出现了拐点，也就是成长阶段的社会环境直接影响了圈子的范围，他们更重视与街坊邻居的交好往来。

李村人在份子钱的数额上往往在亲属类别上呈现差异，舅舅比叔叔给的份子钱多。反过来，在一个家庭内部，在女方亲戚结婚时随的份子比在男方亲戚结婚时随得多。例如一个家庭在女方兄弟结婚时可以给到上万元，而在男方兄弟结婚时随 5000 元就够了。由此可看出，李村的女性地位较高，同时宗族力量较弱也导致份子钱的失衡。

在红事的代际接替上，基本上，儿子成家之后父母就不用随份子了，人情往来的任务传给了下一代。许多和父母当时是一个小组的人，对于子代而言渐渐变得不那么重要。所以，在他们的父母去世后他们也就会渐渐不再主动地与他们往来了，参加老一辈交往圈的红事就是为了还人情，本质上是基于社会交换的逻辑。

汤一博说，在李村，一般来说帮忙办红白喜事的人能得到一个 20 块左右的红包和 3 包香烟，基本上属于纯帮忙的性质。大家请去帮忙的人，主要是自己的叔伯兄弟这一边的亲戚；舅舅家这边的亲戚主要是来做客的，不能让他们干活。不过这种区别在建房子的互助情境下则略有不同。在集体化时期，建房子是要给帮工现金的，只有兄弟和娘舅不用。总的来说，当地人认为与堂兄弟相比，小舅子这边的人更亲。当地人说是"因为前者是分出去了（的外人），彼此之间隔了一层了"，这与中国传统社会以在宗族中确立自身位置、以绵延家族为人生责任的观念和导向大相径庭。同时，很多人跟妻子的关系要胜过跟父母的关系，因为"父母总会老，不跟老婆好还跟谁好"。

由此，当地形成了以夫妻为核心、再以此往外延伸的圈层格局，人们对男方和女方两边的社会关系没有区别对待，即在日常行动中不强调社会身份的一面，而只是强调作为亲缘关系的一面。而人们社会行动的单位也越来越呈现为以一个个的个体为主的表象特征。但不管是红白喜事，还是做酒请客，其背后还是以满足核心家庭的需要为本质特征的。

（三）社区支持的理性化

随着人们社会行动的单位渐渐变成个体，原有的社会联结纽带进一步弱化，社区原来的价值生产能力也随之变低了。就像人们在做酒这件事情上越来越不太在意别人评价一样，集体规范的约束力也变得弱了。请客时请了谁、没请谁、办得怎么样都不算规矩破坏与否和出格与否的评价内容。尤其是原来温情脉脉的社区支持也渐渐掺杂进了经济考虑。

贫困户曾波一家原是广乔村村民，老房子在 2010 年左右倒塌，不得已才搬到镇上。他们建的新房是孚昕镇村属地，买的叔伯姐姐婆家的土地。由于贫穷，曾波与儿子只能边打工赚钱边建房，东拼西凑终于在 2014 年把房子建好了。房子刚刚建好，妻子却被查出癌症。这个家庭的艰辛是左邻右舍以及原来的广乔村村民都清楚的。

曾波家建房时赊欠村里人的工钱 2 万元，村里人开的防盗门店 8000 多元，以及镇上灯具店 2000 多元，共计 3 万多元。人们知道曾家有人生病了，所以都催得不紧。所以直到 2019 年曾波家还拖欠着防盗门店的钱。一般而言，无论是不是有曾波家生活困难的这种特殊情况，只要是抚贤镇范围内的，各行老板都会给赊账，但是如果不是同村人则不会给赊好几年。不过能赊账是做一般小本生意时最重要的条件，老板与客户都觉得像是借的感觉，是一种人与人日常相处的伦理逻辑。但是，即使是同村人，给不给优惠主要还是依据个体性的亲疏远近区分的，并不是熟人社会的逻辑，而是超出地方性知识的商业逻辑。曾波对此的解释是，"因为别人不是内行，到底便宜多少（外人）是不知道的"。

然而，尽管曾波家里的情况不甚乐观，但红白事的支出仍然不可避免。

对曾波来说，家中除了亲戚以外没有什么朋友。做酒时，来往少的人主人根本就不会通知。曾波家最近一次办酒还是在建房子时。当时来随礼的，后面借钱也是要还回去的。由于曾波妻子患重病，还完了人情之后少走动一点，别人也会理解。还礼金需要随行就市：2014年曾波建房时，邻居随礼100元，但是一年后礼金普遍涨到了200元，因此再还给人家也是200元。在红事方面，假设对方家儿子多，并不是每一次都要还礼。另外，如果不是亲戚，去一次就可以了。

红白喜事支出的基本原则是维持双方付出与收益的对等，保持双方总体上互不相欠以维系既有的关系。但是在逐渐个体化的情况下，人们之间的关系已然发生改变，理性的考虑越来越多。

事实上，不管是日常的人情往来，还是生活的照应，抑或是临时救急方面，李村人目前都只有底线互助的逻辑存在，再也不像集体化时期那样有一个持续性、稳固的社会支持网络。整个社会关系逐渐被工商社会吸纳，越发地松散了。

可以很明显地看出，进镇生活以后，因为日常生活的主要场所是镇上的房屋以及工作的地方，人们的交往圈子也发生了变化。地缘和血缘的离散状态左右着人们日常生活互动的对象，一般来说，地缘距离越近，互动频率越高。当血缘与地缘叠加的时候，亲属关系往往处于日常交际圈的内层，而当血缘与地缘离散得比较开的时候，亲属互动频率也会降低。另外，在聂怀远身上，我们还看到了业缘发挥的重要作用。由于业缘圈子内相对稳定的场域互动，业缘群体始终处于聂怀远日常交流圈的内部。但是有教师这样稳定职业的人是非常少的，大部分人交往的圈子内部依旧还是更注重血缘，尽管交流的频率受居住距离的影响有所降低。

　　李村副书记钱海星经营家具店期间，曾经雇用过他的叔叔做小工。叔叔做事不行时钱海星还是会骂他的，而且当众骂。例如在一次砍树工作中，叔叔没按照钱海星要求的方法而是按照自己的方法做，钱海星就当众斥责了他，规训他尊重钱海星作为老板的身份，听其指挥。

　　樊庆礼在1981年复员后曾被安排到抚贤镇的玻璃厂工作，当时社办企业的招人指标在公社社长手中，樊庆礼凭借自己的关系将弟弟也介绍进了厂。

　　1987年，苏远志跟哥哥到西安打工，经人介绍在汽修厂做油漆工。20世纪90年代初，苏远志的工资已经达到每天几十元，而同时期村里的小工干一天活只能挣两块钱。尽管人们都知道做油漆工赚钱多，但入这行需要有人介绍，于是苏远志将侄儿、小舅子都带出去做了油漆工。苏远志的哥哥转业回来后办厂失败，在税务所工作的堂兄将其介绍到政府做临时工，当协警做税务征收工作。当时人们都不清楚这个职务是什么性质，总觉得他们权力很大，于是哥哥能够夹带私活儿赚钱。

在日常生活中，三服以内的血缘关系只在婚、丧、建房等需要做酒的情况下发挥作用。日常赋闲在家照顾外孙的付春华与自己的两个亲姐妹家分别居住在抚贤镇东西两侧的两条主街道上，相距不足500米。她认为自己与姐妹的关系都很和睦，有大事肯定要帮忙。但是，"日常谁家里做了好吃的是想不起给姐妹家里送一送的"，"临时有事接送不了孩子一般（也）是让邻居帮忙，因为邻居招呼一声就行了。姐妹不知道是不是有事在忙，叫来更麻烦"。付春华叫邻居帮忙而不叫姐妹帮忙的解释，在她自己看来是非常合理的，但是如果我们仔细思考就会发现其中的问题。在通信发达的今天，用微信等软件即时联系是很轻松的事情，问一下姐妹是否方便并不困难，但是她还是觉得跟邻居开口更容易。另外，这也反映出，在当地，血缘关系在日常互助中的缺位是一个正常现象。在人们的认识中，亲戚大事不帮忙是不正确的，这是牢牢刻在人们脑海中的仪式性、规范性内容。但是，小事是否帮忙却是主要根据便利性选择的，并且可以不被地方规范所制约。我们在观察中发现，在儿童放学后的这段时间里，如果家长不在家，儿童通常会直接进入邻居家的方厅内玩耍等待。在可选与可不选之间，人们的行为在小事上越来越倾向于依靠地缘而非血缘，在大事上则还靠着血缘。但总体来看，社区支持越来越走向理性化，工商社会的逻辑越来越明显。

三　地缘圈的存续何以可能

以核心家庭为单位的李村人往往基于家庭发展的需求对外产生联结，表现出比较强的随意性。其联结的机制为何？联结强度如何呢？

正如上文所述，人们在大多数情况下对邻居的期待和依赖超过了亲属。地缘圈成为以核心家庭为本位的李村人最基本的行动单位和最终归属。因此，有必要考量地缘这一社会联结机制在李村人的社会中发挥的作用。

其实从李村的历史来看，地缘关系一直以来都是人们最重要的社会联结因素。但是不同时期的地缘关系搭载的成分不同。在传统时期，血缘关系与地缘关系重合、农业业缘上的互助合作联系较少；在集体化时期，生产小组使地缘关系突破了血缘关系也对地缘关系有了一定的冲击，并且加深了农业生产、基础设施建设过程中的业缘合作，以及夜校时期产生的趣缘关系也对地缘关系产生了一定的冲击；在就近城镇化后的现代时期，总体而言，新地缘与老地缘构成了人们生活中最重要的社会联结纽带，但是其承载的内容变得因人而异。

李村村民在抚贤镇居住，改变了原有的地缘结构，人们散落到各个街道，一个组的人都被打散在不同的街道居住，左邻右舍不再是之前熟悉的那些人。但是以李村为单位来看，旧地缘关系是否仍然在抚贤镇上存续？如果存续，是以何种方式存续的，其中的机制如何？而随着地缘结构的改变，新地缘又是如何发育的？其与旧地缘的关系如何？这是研究李村社会必须要回答的一个问题。

（一）旧地缘如何存续

从整个社会角度来看，李村人对地缘关系有着直接现实性的需求。但是地缘所承载的内容已不仅仅是功能论意义上的互助合作，还有行为方式上的优先选择、情感价值上的信赖与归属。从李村来看，旧地缘并未完全消解，新地缘是旧地缘的更新和扩展。

旧地缘的存续，主要体现在人们对于原来村庄的认同和表现出来的交往选择上。城镇改变了人的生活样态和面向，同时培养出了小工商业者和有闲阶层，他们对熟人关系的主动维护与联系是维护李村的主力。在乡镇上经营的商业虽然在地理上已经离开村庄，但仍不会完全脱离原有的乡土社会关系，这集中反映在有差别的销售网络和价格上，不过这种差别交易在不同的商品上也会有细致的差别。小工商业的从业者有买卖大宗商品的，也有交易小额商品的。前者以家具、建材、家电等大宗商品的交易为主，买卖过程中有较多的赊账、记账、讨价还价等环节，表现为一种区分等级和层次的熟人关系主导型生意；后者以小吃店、服装店、香烛店、小卖部等零售业为主，买卖过程通常是难以讨价还价的小额现金交易，是一种对熟人与陌生人不加区分的市场关系生意。这二者有较大的区别。

小商品交易以镇上广乔村小夫妻开的米粉店最为典型。其对村庄的嵌入程度较低，主要做一些过路客的生意，常客大概有两百多人，主要是一些在附近上班和上学的人。由于利润微薄且为非必需品，所以没有售价上的差别，但会给一些李村70岁以上的老人家免费，因为小夫妻觉得他们来一趟不容易。一碗米粉利润两元，一天至少要卖150碗才能不赔本。

大宗商品交易中，电器生意就是一种典型的熟人经济，而非完全的市场经济。每家店都有自己的客户圈子，也有一定的内部竞争。曾知阳十年前和叔叔合伙开了一家电器店，客户以熟人为主。"抢来抢去，最后都是熟人，每个人都有一个圈子"，"你的熟人肯定不来我这里买，哪怕我比你便宜点儿"。另外，熟人会包售后，不熟就基本不管。李村900多户、3000多人，曾知阳电器店的生意圈主要是其中的100户。而在这100户中，老李村的人几乎占了一半，基本上都是老李村的邻居、同学、朋友，叔叔和父亲的同学、朋友等。而其他大李村的人知道曾知阳开电器店的，偶尔也会去他店里购买电器。

在价格上，曾知阳会根据不同的对象给予不同的定价。以售卖一组标价为 3000 元的空调为例（如表 5 – 1 所示），第一档是关系很要好的"哥们儿"以及亲戚们，其中堂兄弟与表兄弟差距不大，一般只赚 210 元，这些人占到营业额的 20%；第二档是老李村中临近几个组，平时有人情往来的一些熟人，会有 10% 的利润空间，他们人数较多，能占到营业额的 30%；第三档是"四村合一"后的大李村村民，大部分只是认识，甚至很多都不知道名字，不过这些人也能占到营业额中的 30%，会比进货价高出 10% ~ 15%。如果是父亲在老李村的熟人而自己却并不太熟悉，则会降一等，按老李村的圈层来处理。最后一档是完全的陌生人，会坚持按照标价卖，底线是不能低于利润的 15%。

表 5 – 1　曾知阳电器店的销售情况

与自己的关系	范围	营业额占比（%）	利润空间以售价3000 元的空调为例
亲戚朋友	"哥们儿"、亲戚	20	7%（210 元）
老李村的人（熟人）	临近几个组，有人情往来的一些熟人	30	10%（300 元）
大李村的（认识的人）	父亲经营香烛店结识的熟人	30	10% ~ 15%（300 ~ 450 元）
陌生人	抚贤镇及周围乡镇不认识的人	20	15% ~ 20%（450 ~ 600 元）

由于做惯了熟人生意，曾知阳有时甚至觉得卖给陌生人会不靠谱。有一次，一个住在镇上的人在曾知阳店里购买了一组空调。后来那人无故要求退货，还去曾知阳的店里闹了一场。

相对而言，熟人来此买电器基本上都较为顺利，除了有一次一个李村的老熟人过分压价导致交易失败。成本价 2700 元一件的电器本来开价就已低至 2900 元，买方非要降到 2800 元。曾知阳觉得自己赚不了钱，而且买方还要赊账，所以就叫买方去别的电器店看一下。然而，这个老熟人却觉得在曾知阳这里买是给曾知阳面子，曾知阳赶他走让他丢了脸，所以就去别的家花 3800 元现金买了一件一模一样的。这种赌气性质的消费，恰恰反证了李村熟人之间是包含着凭借关系获得交易优惠的信赖与期待的，即熟人之间的商业行为应当是以关系优先而非盈利优先的。如果买方感觉到这种熟人的关系未被重视，则会产生被冒犯的感觉，并以背叛熟人关系的方式来维护个体的尊严。

对于过去完全嵌入村内生活的传统服务行业来说，村庄场域内的关系变得更加复杂，分化出了不同于地缘关系的互动关系。比如红白喜事厨师行业的熟人关系中，逐渐增添了行业竞争、行业合作等色彩。

> 上文提到的罗清泉在 20 世纪 80 年代兼职组建的厨师班子，最开始的时候主要是给本组人帮忙办事，100 块左右一次，班子成员自带一套厨具，按酒席桌数算工钱。最开始的三四年，生意最红火，几乎每天都有人请他们去帮忙，他们的生意还做到了其他村子。后来越来越多的人开始从事了厨师班子这个行业，竞争多了，请他们的人也就少了。不过如果是亲戚办事，他们还是会优先请罗清泉这一班厨子的。搬到镇上生活之后，原来的亲友圈、地缘圈内的亲戚朋友还是会优先请罗清泉的这班厨师。

可见，在村社场域内，人情圈与地缘、血缘高度重叠，同一个行业圈子的往往就是个人最亲近的朋友、亲戚或者同学，一个人兼具多重社会身份，这也为稳定和发展行业圈子提供了较强的情感支持。首先，入行一般除了对硬件设施有要求外，不存在过多的筛选条件，合作的基础是信任的情感而非技术的互补。另外，商业圈子的维护少不了客户的支持，在地缘、血缘社区内，亲戚往往衍化为其稳定的服务对象。可以说，在村社场域内，商品服务仍主要是基于原有社会关系延伸形成的新联结。

同时我们也可以看到，尽管行业内会有竞争关系，但是平时班子之间的帮忙互通也是一种常态。班子之间的互助一般都是直接找班子里的领头人，让领头人在班子里找些人帮忙，凑凑人数。班子里的领头人通常会在内部协调，抽调两个有空儿的人去帮忙。这种行业协调可以达成的基础是，在行业圈子内，不同班子的领头人之间存在多重的社会关系。对于他人的求助，领头人考虑的不仅是行业的竞争态势，还要维持同一场域内他群与己群稳定的社会关系。而且，当时各班子服务范围基本不重叠、不相交，因此彼此间也不会产生较为激烈的竞争。

罗长德55岁（2014年）时办了一个养猪场，养殖70多头猪，一年能挣三四万元。在大李村内，有同等规模的养猪大户有二十几户，另有十几户养了几头到十几头。猪场主之间一般都会相互联系，共同商量猪肉统一定价和交流猪瘟的发生传播情况。

这些看似存在行业竞争的行为，却渗透着传统社区的交往逻辑，突出他们并非完全商业化的一面，这正是李村社会关系中很有意思的特征，也正是旧地缘存续的重要体现。

（二）新地缘如何发育

新地缘交往不是单个人的关系，而是整个家庭的全方位联系，这种联系是从家庭的定居开始的。从居住格局上说，李村的村民是散居在抚贤镇的几条主要街道上的。但是比起原初状态下沿山脚狭长散居的老李村，新李村从条状变成块状，人反而相对聚居了。由于抚贤镇所在地的抚贤村宅基地一次只开放一片区域售卖，因此受到宅基地售卖开放时间的影响，人们在不同的时间内选到的宅基地区域是不一样的。而进镇生活是需要经济条件支持的，受到经济条件的限制，李村的村民搬迁到镇上的顺序也有了先后，经济条件好的人先进了镇，经济条件差一些的则晚一些进镇。宅基地购买的限制和经济条件的筛选，让李村的村民难以选择自己的邻居，邻居当中陌生人和熟人交织是最常见的情况，也为新地缘的发育提供了基础。

1. 以家庭为单位的全方位互动

抚贤镇的居住格局表现为各个村庄的人散乱居住，这种新地缘的产生也带来了以家庭为单位的新的交往。首先，过去以生产队为单位的居住格局被打破，村民最为依赖的地缘关系丧失；其次，原来并不熟悉的李村村民反而可能变成新的邻居，并且新的邻居中包括了其他村的村民。来到抚贤镇生活，跟外村人建立关系的契机通常是从购买下宅基地后的共同建房开始的。购买同一片区宅基地的时间和建盖房屋的时间基本相近，新邻居之间互相交往、共同商量建房的细节，保证楼房的外观既整体一致又符合政策要求。这种达成一致的协商过程是非常简单的，因为人们只追求统一，没有多少审美上的要求和独特设计。在建房的过程中，人们还需要分摊公共墙的费用，因为建房的时间相近，又有政策的要求，所以邻居之间因为公共墙发生矛盾的比较少。

李村人普遍认为，邻里家庭中女主人间的关系直接影响着两个家庭的关系，而男主人间的关系不管如何对两个家庭间关系的直接影响都没有那么明显。做木匠的钱茗洋表示："男人在外做事的时候多，女人在家的时间多。女人能处得好，那么男人自然就处得好。要是女人处不好，磕磕绊绊就多了，谁家都不安宁。"但是我们观察到，在抚贤镇居住的李村人，性格普遍隐忍，日常相处中都追求相安无事，因此女人处不好的情况并不多见。然而，深入李村人的日常生活，就会发现追求相安无事并非性格因素使然，而是他们的一种生活策略。

对于搬迁到镇上的家庭来说，男女主人的年龄普遍在 45 岁以上，其子女已经成年。45 岁以上的女性，通常不再打零工，而是在家中照顾儿女及孙辈。女性之间的交往频率较高，互助合作需求也就相对旺盛。例如，前文提到的付春华临时有事接送不了孩子时一般是让邻居帮忙，因为邻居招呼一声就行了，而不找姐妹帮忙，说明了人们在日常互助合作中的需求首先由地缘关系满足。另外，在儿童放学后的这段时间里，如果家长不在家，那么儿童通常直接进入邻居家的方厅内玩耍等待。这就要求邻居之间必须充分信任，不能在日常的交往中有过多嫌隙，以免消耗信任资本。

人们尽管会为了顾全大局而隐忍，然而邻里相处中的情形是复杂多样的。尤其是当邻里有经营性活动时，邻里的相处会变得更加困难，不容易寻找到平衡点。

张广生是 1997 年来到镇上的，后来老房子被征收拆迁，他到现在的国道旁边建了新房子。搬到这边以后，有一家邻居开了个 KTV。这家 KTV 是由四个人合伙开的，其中一个合伙人和张广生还有些亲戚关系。这四个人在开 KTV 之前找过张广生，并告诉他噪声对日常生活会产生一定的影响。一番商量之后，张广生表示可以理解，而开 KTV 的四个人也经常在逢年过节时给张广生送价值几百元的礼物，因此关系还算融洽。

在 KTV 运营中，张广生的儿子有一段时间住在家里，因为每天晚上 KTV 老是吵，影响他们休息，儿子对 KTV 的人发了一次脾气。KTV 的人后来主动来给张广生家加上了隔音窗户，噪声小了很多，矛盾也随之得到了缓解。

然而对于这家 KTV 带来的噪音问题，邻居们的反应各不相同。像张广生这样有点儿亲戚关系的会在一定程度上容忍，而有些人家则会搞些阴招报复，比如有的人就悄悄把 KTV 客户停在自己家门前的车给剐蹭一下，以发泄自己的不满。但是，人们普遍会顾及邻居的面子，而不选择诉诸法律或行政手段。居住场所和身份的转变，让尚未完全适应商业社会的李村人在处理很多问题的时候呈现复杂的样态，有时甚至显得有些茫然。

2. 共同体内（趣缘）新关系的建构

一群热衷于将老村民组织在一起的人，是有趣缘需求的有闲群体。前文我们已经提到，老李村与抚贤镇聚居状态的差异使原来并不熟悉的李村村民反而可能变成新的邻居，并且新的邻居中包括了其他村的村民。因此，对于一个李村共同体而言，新关系为他们带来了生机与活力。但是人员的聚拢并不容易，这与许多因素相关。

妇女主任杨腊梅一直试图组建一支花鼓队，"在我们村广场舞是拉不起来的，但是我们花鼓队的基础好，想搞成像那些村子拉去比赛、表演的广场舞队那样，特别整齐划一"，但是这个想法的实施一直面临一些困难，除了经费，就是人员的组织问题。人居住散乱不好组织是其一，集体活动参与积极性不高是其二。从表面上看，组织不起来广场舞队、花鼓队的原因是村民"不愿意团结"，但是对其他村民的访谈能够帮助我们理解李村村民参与群体性娱乐活动不积极的原因。

> 钱金成的妻子63岁，一辈子务农，从来没参与过跳广场舞，因为看不惯在工厂上过班的中老年女性当中兴起的跳广场舞活动。据她判断，长期做农民的女性即使到镇里生活后也不会去跳广场舞，跳广场舞的大部分是厂里干活的。

由于李村人搬到镇上较晚，村庄也缺乏社办工厂的基础，工友关系发展并不成熟。工厂是群体社会，工人的审美在朝夕相伴的环境中得到社会化，时尚与潮流都可以由所在的群体传播，并且可以形成共同娱乐与活动的基础。而对于李村村民来说，即便自己一个人在家门口拿着音箱跳舞，也不会选择和老乡邻一起进行集体娱乐活动。

另外，搬到镇上的村民可以进行小规模的娱乐活动，比如打牌、打麻将、聊天等。但目前可以一起消遣娱乐的不再是老乡邻，而是现在的新邻居。因为住在附近的人搬到镇上的时间相近，经济水平也大致相当，很容易玩儿到一块。新的社会关系的建立受其他因素的影响较少，即使经济条件有差别也可以一起聊天消遣。

樊明智夫妻二人之前在乡镇政府做厨师近二十年，直到 2018 年才退休。在大女儿、女婿 2009 年结婚之后，夫妻二人便在镇上的家中开了一间麻将馆。主要是因为樊明智腿脚不便、不方便串门，就想着开一个麻将馆，让附近的邻居和朋友过来玩。所以刚开始的时候，麻将馆是不"抽红"的，隔了好几年才象征性地每局抽两元钱。到樊明智麻将馆打麻将的也多是附近的邻居和之前村里的老朋友。

麻将馆这类场所为新朋旧友提供了一个基于共同爱好而交流互动的特定场所。樊明智对此有自己的观察，"经常有（两个人）一聊天就发现两人一起做过工，是很早就认识的。他们一来二去成了朋友，后面一起打工有什么门路就互相介绍"。但是一般情况下，牌友并不会互相加入对方的人情圈子走动，而且这种趣缘产生的关系也容易破裂，"毕竟'牌桌无父子'，一次打不好掀了桌子，有的人可能下次再来就赔笑说自己喝多了，大家也就让这件事过去了。还有不少人就闹翻了，来的也少了"。

由此可见，缺乏有力联结的新关系的搭建并不容易，人际交往的规范也还没有形成，人们的信任只能维持表面和谐。李村的结构一直以来就是较为松散和扁平化的，缺乏强大的社会支持，因而对人们的长远交往与发展而言，就难以催生出社会资本、社会网络、互惠性规范和由此产生的信任，即人们在社会结构中所处的位置给他们带来的资源。当前的李村有较多人混杂在基层社会的原因，一是村庄精英的整体水平不高，不能起到带动社会资源整合的作用；二是社会结构中缺乏支持性要件，村民没有发展出网络抱团的意识。而从根本上看，村庄精英难以走得更远也与社会资本中支持性要件的缺失有关。

小 结

在新的居住格局和社会交往中，李村村民以核心家庭为单位进行社会互动。在家庭内部，进镇生活以后虽然看似每一个家庭都更加个体化，代与代之间、夫妻之间、兄弟之间都浮现出一种理性计算的倾向，但本质上情感关系依旧是人们交往的主导原则。在情感关系的维系下，家庭的需求绝大部分可以自己满足。而在核心家庭之外，不同家庭之间的交往则开始以核心家庭为计算的单位，工具性的考虑越发明显，带有实利化的色彩。但就李村人的社会关系网络来说，血缘在不同的面向上一直维持在三服的范围内，与过去的作用相比变化并不突出，而地缘的影响则十分明显，尤其是新旧地缘的转换。

在李村农民分批且零散进城的情况下，李村村民社会关系中旧地缘与新地缘交织在了一起。但是地缘所承载的内容并不仅是功能论意义上的互助合作，还有行为方式上的优先选择、情感价值上的信赖与归属。从李村村民的角度来看，新地缘是旧地缘的更新和扩展。以地缘为主导的社会交往逻辑，促使旧地缘得以存续，新地缘得以发育。那么在地缘关系之外呢？工商社会常见的业缘关系是否已在李村人之间发育出来？如果有，能否有效促成李村人的社会联结呢？

第六章

业缘与社会：地缘圈的存续
何以可能（二）

　　以核心家庭为单位的李村人，往往基于家庭发展的需求产生与外界的联结，并以新旧交汇的地缘圈为主要联结纽带，但这种互动与交往表现出比较强的随意性。而在李村人进镇之后，其生计模式实现了从农业向工商业的转变。有学者对农民工交往行为进行研究后认为，业缘关系的强化可以使农民的交往空间呈梯度化，其中行业的严格层级体系、工资制度和日常工作仪式在很大程度上形塑了他们的日常交往，其重要特征是业缘强化与小地缘关系弱化（汪国华，2009）。那么工商社会中常见的业缘关系是否已在李村人之中发育出来？如果有所发育，业缘的联结程度如何，能否影响个体的社会关系网络，成为重新组织李村人社会联结的纽带？

一　业缘关系未发育

　　业缘关系的深入发展是将陌生人拉近、建立起高度信任的熟人关系的过程（侯东栋、王晓慧，2018）。现代社会，工厂工资制度和对工作仪式规范的强调，最大限度地排除了私人情感交流（汪国华，2009）。并且，同事往往拥有同样的时间、空间和共同的专业性，因而利于以职业为联结纽带的业缘关系的建立。因此，业缘关系在现代社会分化交往中的地位越来越突出（李汉宗，2013）。我们最初推测，在工厂做工的李村人最有可能发展出较强的业缘关系。

（一）工厂内的弱联结

不同于最初的推测，我们在调查中发现，在抚贤镇做工的李村人的业缘联结程度并不强。对于这种现象，我们首先要从业缘产生的生产领域进行探究。

在现代化的工厂中，劳动过程高度碎片化。布雷弗曼（1979：81~105）在研究汽车行业后发现，为控制劳动过程，资本家将工作分解成可流水线操作的小模块，以提高工作效率，劳动过程逐步碎片化。这种碎片化使工人失去了对劳动方式的控制权和对劳动过程的掌握，他们因此常常产生强烈的不满情绪。这主要是因为，在碎片化的劳动过程中，工人时刻被分割束缚在流水线生产的各个节点上，而无法形成有效的社会联结，更无法获得社会支持。与这种情形相似，碎片化的劳动过程也发生在抚贤镇的工厂内。

在集约化的工厂内，受到强规范性意识和生产中时空制度化分割的共同作用的影响，私人交往被限制在十分有限的范围内。进厂做工的工人必须遵循工厂的生产规范和时间安排，"一般进厂不遵循技术要求的年轻人都会被工厂开除"。因此，生产时间内，工人被迫最大化地排除私人情感。另外，虽然工人拥有相同的工作时间和场域，但也面临着时空的双重分割。

首先是时间分割，在玻璃厂上班的李村人多数是临时工，玻璃厂对临时工的生产管理实行三班倒，八小时记作一个工作时间段。个人可根据自己时间灵活选择，一般工厂不做强制性要求。因而，同为一个工厂的员工也无法充分地共享时间。其次是空间，即便工人能共享时间，流水线生产流程也将个体联结的空间进行了分割。一个个工人被附着于生产线的各个节点上，空间上存在一定的隔离，从而无法形成有效的互动。因此，工人就被分割成处在不同时空单位内单独生产的规范性个体，难以形成有效的联结。另外，大部分由家庭小作坊转战玻璃厂的李村人，都无法成为工厂里的技术工，一般都只能做临时工。临时工工作内容相对简单，技术要求不高，需要配合的程度较低，因而也很难在生产场域中产生互动。

其次，从生产领域的社会关系情况来看，工厂内部也未形成严格的层级体系，无法分化出工人的社会关系，因而也无法带来工人对工厂或上级领导的依附。

在生产领域，工厂内部并未发育出多层级的权力与支配体系。李村人进工厂之后进入流水线生产，一般能接触到的领导者主要限于生产车间内。生产车间外的权力关系与层级流动对工人而言并无太大意义，真正有意义的是生产车间内的权力支配与流动。而在生产车间内，一般只有工人组长和车间主任两级。工人负责生产，组长负责管理本组生产，但组长自己也是生产工，只有车间主任专职负责监督。通常是工人与车间主任直接沟通，组长可发挥的作用不大，"工人请假一般都是跟主任请假，自己找好顶班的人即可"。从这个意义上说，生产车间内是缺少真正的中间管理层的。组长有虚名无实权，因此这样的职位无法激发工人努力向上流动（如成为组长）的意愿。

而车间主任通常是专业技术人才，或者是厂长的亲戚、朋友等"自家人"，因此，普通工人一般也不会打车间主任这个职位的主意。中间管理层缺少，即内部劳动市场欠发育，使工人无法利用个体的劳动获得职位晋升等有差别的权力关系（布若威，2008）。进厂的工人普遍感受不到向上流动的可能，对工作的期待就停留在做好本职工作上，因此工人对上级领导并没有太强的依附性，也难以做出为了向上流动而讨好领导等的行为。

第二，玻璃厂内工种分化与合作的需求低，也使当地玻璃厂工人难以衍生出现代工厂标志性的业缘关系。一般在封闭的生产系统内，完整的劳动过程往往需要角色各异的工人配合完成，并在工作结构下发生互动，进而形成一种业缘联结。在布若威（2008：67~77）研究的零件加工厂中，操作工按照计划员给定的计划完成对应的工作，但计划员并没有超越操作工的权力，因此只能在操作过程中检查进度，讨价还价式地督促操作工完成工作任务。操作工和计划员的关系就是紧密相连、共同进退的伙伴关系。操作工也要和库房值班员、叉车员搞好关系，才能有效地开展工作，因此也催生了强大的内部联系，他们可以在一起骂工厂老板或者上一级管理者，甚至会一起无目的地罢工或静坐。但在玻璃厂内，工人之间虽有技术工和临时工的分化，但由于技术的硬性限制，临时工转换成技术工的可能性微乎其微。一位工厂经理提到，"技术工多半是在社队企业时期培育出来的熟练工和专业职业技术学校培养出的人才，工厂一般都不愿意花费时间和金钱培养半道转行的农民为技术工"。并且，技术工与临时工的工作分化是十分明确的，不会发生技术指导或工作安排方面的联系，因此，在工人内部存在的"二元劳动力市场"也并不能分化出上下级的支配关系。

此外，工人间的薪资分层也并不明显，主要是因为较低的产业层级、计件工资式的结算方式使工人的单位工资差距并不大。技术工与临时工虽有工资差异，但因为缺乏工种转换的可能，人们也都认可两者之间的工资差异，很少主动将二者的工资收入做比较。对于大多数工人而言，个体经济收入变化的唯一变量就是上班天数的多少。工厂上班的临时工，一般按日计算工作量，做够一定天数就结工资，一个月能赚3000元左右。一般只要家里没事，工人都能坚持每天去上班挣钱。因此，工人之间很少会因为争取获得更高的薪资而产生合作或竞争的互动关系；同一时期内行业标准的固定化，使工人也不会因为对涨工资有期许而形成对上级领导的服从和依附关系。

最重要的是，工厂外存在的就业机会使雇员对单位的依附程度较低。当在企业外部获得资源的机会多且能形成有效的替代时，雇员对于单位的依附程度就会更低（华尔德，1996：15~16）。罗清泉提到，他在1997年进表弟的玻璃厂做工，也没有丢掉厨师这一行。但做到2009年的时候，因为身体比较胖就不愿意在玻璃厂干比较累的活了，于是专职做厨师，一个月也能挣2000多元，不比在厂里上班差到哪里去。在当地，在工厂外获得工作资源的机会很多，因此工人对工厂的依附程度较低，工厂也无法对工人产生控制和支配。另外，工厂的准入门槛低，工厂并不在意低端工人的来回更迭，因此工人与工厂的关系是低依存度的雇佣关系。

综上所述，工厂生产的规范性和时空分割打破了个体私人圈层的联结，却未发育出层级体系分化工人的社会关系，因而也无法形成工厂对工人的支配。工人与工厂的关系随时可以解除，工人对工厂也没有产生太强的认同和依赖。总而言之，工人在工厂内既没有横向结成"同事"关系的条件，也缺乏产生纵向"向上"依附的动力。

（二）商业、手工业领域的弱支持

业缘形成的内生动力是寻求社会支持的需求，但是当社会支持的需求无法得到满足时，业缘关系也无法维持甚至形成（刘玉侠、陈翠萍，2014）。因而行业间的互动能否满足从业者的发展需求是业缘联结能否形成的重要因素。除了在工厂做工，李村村民还在或兼业或全职地从事其他职业。那么工厂之外的工商从业者、手工业者是否能发育出广泛的业缘联结呢？

1. 弱互助需求的底层高流动就业形态

李村人在工厂外的就业呈现多元、低端、高流动的特点，因而在行业内部也呈现行业间同质性强、行业内个体性强、互助合作需求低的交往特点。而一般流动性强和同质性强的进城人口很难形成紧密持久的业缘关系（刘玉侠、陈翠萍，2014），如前文提到过的厨师等。除此之外，还有一些比较重要的职业，如新兴的雇佣式务农者、有传统工艺基础的木匠手工业者以及小卖部、服装店、家电等个体户等，也未发育出很强的业缘关系。

雇佣式务农是 2019 年兴起的，主要是当地 2018 年新成立的蓝月谷旅游开发公司通过市场雇用的方式雇人种植观赏性的草皮。受雇者做的是农活，拿的是工资，个人身份是工人，完全区别于传统的务农形式。一般受雇的人都是家庭经济条件差，并且没有隔代抚养责任的老人。已经 53 岁的陈秀莲由于身体不好并且年龄也即将达到工厂招工的年龄上限，就加入了种草的队伍。她表示这一群人一般只要身体扛得住、有时间的话就去做。上工形式类似于集体化时期的集体出工，一般早上都会有工头带着车在镇上规定的地点等工人集合，之后带着工人进村种草。通常二三十个人在一块地上一起做工，旁边会有监工和记工的人，晚上下工时工头会再用车把工人带回镇上。但这种工友身份也并没有取得正式的社会关系地位，一般一起去做工的都不会发展到走人情的地步。这和以往处于资本积累阶段的李村人的关系类似，生产和生活分离，因而也很难形成强业缘关系。

木匠是抚贤镇内较为特殊的行业，它没有玻璃业和鞭炮业那样深厚的产业基础，但李村人做木匠的却不在少数。木匠行业一般依靠师徒制进行传承。师徒制下，留在行业内的依然保持师徒关系，逢年过节徒弟会给师傅送礼，但相互之间并不会走人情，实质上是徒弟单方面孝敬师傅，而非互动。而一旦脱离该行业，师徒关系也便自动解散。行业间也很难形成统一的规范和内部联结。镇上有很多家开门面做木工的，其中就有不少是之前老李村的人，在镇上也算得上是"同村同业"。但他们一般都各顾各的生意，并不会有太多往来，主要是因为日常生产家具并没有合作配合的需要。

另外，不少李村人在镇上经营着小店铺，经营范围十分广，包括米粉、香油、衣服、中草药、家具、家电等。但是这种个体工商户因为经营人数少，个体性强，所以很难形成密切的业缘关系。同时，这些小个体户老板与周围同行常常存在一定的隐性竞争关系，也很少会产生业务上的往来。

除此之外，还有一点值得关注，那就是李村人的就业选择具有很强的流动性，常常跨界打零工或彻底转行。陈秀莲之前在玻璃厂打工的时候，就有一段时间帮她的亲二姐摆摊卖过菜。木匠钱茗洋之前教过的六个徒弟当中，最终只有两人仍留在行业内，其余人均转行做了小生意。跨界转行之所以行之有效，是因为这种转行主要是低端产业间的转换。得益于其成本低廉，即没有技术壁垒和过高的资金投入要求，这也意味着其互助合作的需求一般都很低。

涂尔干（2013：73～98）论证了分工带来的差别会导致个体对构成社会各个部分的依赖，并形成各个部分之间的联结。但李村人进镇之后在工厂之外进行的多元化就业选择实际上并没有参与真正意义上的生产分工，只是存在职业的差异，并且具有很强的同质化和底层化特征。

有学者进一步指出，业缘的形成一般源于广泛的社会分工，属于工业革命之后的产物。而工业革命之前人们从事简单且同质的职业，缺少知识、语言的分化，也缺少共同的时间、空间和专业知识，难以发育出业缘关系（李汉宗，2013）。抚贤镇的多元就业更类似于工业革命前的就业形态，难以发育出业缘关系。

要理解这种职业分布情况对人们生活的影响，我们需要将农民就业的类型划分为"高端"行业与"低端"行业。"高端"行业通常以高技术含量、高资本需求、高社会资本需求中的某种或某几种为特征，一般会得到高收入回报；"低端"行业通常以低技术含量、低资本需求、低社会资本需求中的某种或某几种为特征，一般只能得到低收入回报。这二者的差异使我们关注到以下两个问题。第一，"高端"行业之间以及"高端"与"低端"行业之间存在技术和认知的壁垒。"高端"行业的准入门槛较高，其中各行业的规则、秩序、交往逻辑及业缘关系差别较大；而"低端"行业的准入门槛较低，其中各行业具有一定的传统性、可通约性和可推测性，规则、交往逻辑、业缘关系等都是易于理解的。当这种差别没有形成时，行业规则和交往逻辑就不会在人们的生活中占据任何地位。第二，当全部人都在从事低端工商业时，职能分化不突出。那么，在现代社会中由职能分化带来的生产模式、消费方式、生活方式的差异也不突出，与之相伴的职业行为是可以被行动者相互理解与相互推测的。更为关键的是，职能分化会产生社会分化与区隔，这将从根本上影响人们的社会交往。区隔没有发生，那么从事不同行当的行动者之间并没有异质性。

没有异质性则意味着缺少联结的必要。一般，分工越是停留在低级水平，个体就越是具有相似性，即同质性越强，集体内的个体不需要复杂的协作即可完成生产任务。而分工等级越高，分工越复杂，个体之间的差异就越大，即异质性越强。劳动分工下的异质性，使协作成为工作的必需。因为当事人一方在承担义务时，必须以另一方承担义务为基础。因此，在分工等级越高的场域内，各个成员往往根据职能要求行使自己的专门职能，以支持生产共同体的运行，并在此期间结成了紧密的联结（涂尔干，2013）。

在这种划分方式下，我们可以看到，李村人的职业分布有如下特征：个体职业虽然多元但是相对低端，准入门槛低，缺乏可以对人产生制约与改变的行业规则。低层次的行业之间一般都没有太强的从业壁垒，这也为李村人在不同行业之间自由流动提供了便利，进一步导致当地无法形成持久稳定的业缘关系。此外，也是由于低端的行业特征，人们的收入水平大致相当，没有明显的经济分化，在日常生活中很少能够感受到经济分层带来的社会分化，其生计支出、消费习惯、娱乐消遣不会被经济分化区隔。同时，在小工商业的行当中维持生计，大多是以家庭或小作坊为单位的，即使是在大工厂中，计件工资与流水化作业形式，也使从业者之间不会形成支配关系、合作关系等互惠依赖或者互助合作需求，因此人们很少与同行结成紧密的业缘关系。

2. 强需求、弱支持与隐性竞争的商业形态

在互助需求比较强的商业领域中，由于行业内支持弱，李村人通常在经商起步的时期就遭遇了挫折，再加上各行业间隐性的商业竞争，从业者也很难形成业缘联结。

李村人在最开始涉猎各行各业的时候，就已经展现出了行业互助缺失的问题。其一表现为李村人一直以来就有过自己办厂当老板的尝试，但纷纷失败。失败的原因是：一方面，李村人缺乏成熟的资金、配套技术以及社会资本以冲击其他村传统优势产业的既有存量；另一方面，我们看到部分非抚贤镇传统优势行业，如医药、家具店等涌现出了一两个经济精英，但是当地其他人无法对其成功的经验进行复制，这与李村人内部缺乏专业知识和市场信息的共享传统是有关系的。

我们在前文提及，玻璃厂在私营化的浪潮中就遭遇了一定的私人投资陷阱。这些承包工厂的老板抱着挤进成熟行业分一杯羹的心态，通常都半途失败了，人们认为原因主要是技术不过关——混合料配比不正确或熔炼技术不稳定。人们表示这与熟练技工缺乏有关。但事实上，自社队企业解体以来，就有不少熟练工人在私营企业做工，也就是说，私营企业并不缺少熟练工人。

张必胜提到，他在 1994 年就进社队企业工作，干了两年。社队企业倒闭之后，他就作为欣怡玻璃厂一名普通的员工，见证了前后 4 个私营老板从接手厂子到破产的全部过程。

结合前文案例，我们可以看出，这个几经换老板后倒闭的厂子，其实是拥有熟练的技术工人的。但是熟练工人并不掌握材料调配等核心技术，只能完成低级产品的制作。又由于老板是彻头彻尾的外行人，给出的工资也不高，工人不愿尽心参与高质量产品的试验与生产。技术或专业知识支持的缺乏，使村内工业在起步阶段就很艰难，若想在与乡镇玻璃企业的竞争中发展可以说是难上加难，因此，李村一直没在传统优势行业中发育出实力较强的企业主。

不过，李村内部也涌现出了个别经济精英，但都是在商业基础薄弱的行业中生长出来的。他们的起家过程，都结合了个体的精明、勤劳与难以遇到的市场时机。

当地的医疗行业在私营化改革中逐渐发展起来，其中李村的从业者占据了抚贤镇的主要市场。在私营化浪潮中发家的除了李村村民李长安原有的医生团队，其中做的最好的就是调研期间任李村书记的郑友明（下文简称郑书记）。其个人的创业主要靠自身打拼，对本土的社会资本依赖程度较低。

郑书记早年受父亲影响，对医学感兴趣，并将发展的目标瞄准了医疗行业。初中毕业，他便进了中专学医，之后成为一名乡村医生。同时，郑书记的从商头脑在医疗行业私营化之后开始充分展现了出来。他 2000 ~ 2002 年当医药代表。在此期间，他花了几十万元在村里的老宅上建了一栋三层高的别墅。之后他与朋友合伙开药店，非典时，一个月就赚够了在昙虹市买房子的钱。2010年，他又在乡镇创办了环宇医院。之后郑书记又创办了资产达2000万元的蓝月谷旅游开发公司，聘请专人做总经理，并设立了董事会。

李村除了在医疗行业有所建树以外，在家具行业也取得了一定的发展成果，其中就有资产规模达数百万元的家具店。其运营者钱海星之前在村里一直做着木匠的工作。而这种具有独特专业性的行业也是其他人难以涉足的。

钱海星在1997年高中毕业后便跟着父亲学习木匠，之后外出了一段时间。2002年，钱海星模仿在外打工时看到的经营模式，在抚贤镇租房投资建厂做家具，自产自销。父亲负责管理，兄弟几个负责做活，一年能赚六七万元。2003年，钱海星花29万元买地皮建了楼房，进深10米，三兄弟每人一层，每层为三室两厅布局，面积加起来约有1000平方米；2006年，钱海星花30万元在房子后面增建了厂房，进深达30米。2009年，三兄弟合伙花30万元在厂房后面又增建了厂房，进深20米，中间的厂房用作门面，三兄弟平分。2010年，钱海星花30万元买了12亩地皮，花360万元另建一厂，整个厂完全归钱海星所有，兄弟没有股份，父亲也不参与管理，现在厂子全部由妻子经营。而钱海星作为村委会班子的一员，参与村庄治理的工作。

意料之外的是，现在发展得相对比较好的两个非传统优势行业，都不是在抚贤镇的传统优势行业中生长出来的。而现在这两个行业精英基本实现了行业垄断，包括最新的市场信息和人际资源。因此，外围的人很少能获得相关的信息，继而根本无法复制其成功的经验。

近几年，玻璃业的繁荣也促进了玻璃销售的发展，李村发展出了一批将玻璃运到其他地区销售的货车司机。

> 李村的王本华就是其中的一员，他经常开车去云南、贵州等地的村子贩卖玻璃器具。因为当地有举办各种仪式和典礼的需要，他们经常会整套整套地买玻璃器具。拉一车的玻璃器具过去，大概十天就可以卖完。但这些卖玻璃器具的人一般都是单个出去的，除了十分要好的朋友，不会共享市场信息。虽然最近这几年，大家建了一个微信群，但是他感觉在里面的人都是在吹牛甚至互相说谎。王本华分析认为，大家是因为怕对方来占自己的市场，后来他觉得没什么意思就退群了。

可以看到，现代化的信息交流手段也改变不了行业内缺乏信息分享的现状，主要还是因为使用者之间的竞争。王本华退群的原因也基本反映了微信群内其他成员的想法，人们都想通过窥屏的方式等待他人的消息，自己却不愿意分享市场信息，防止被他人抢了先机。

深入了解可以发现，李村在抚贤镇上做生意的商人不仅不会互相支持，他们之间还存在十分激烈的行业内部竞争，缺少合作的实践。

> 钱茗洋和钱海星是四服以内的堂兄弟。当时钱海星父

亲做木匠，在村里小有名气，基本垄断了当地家具制作市
场。钱茗洋当时准备从老师转行做木匠的时候，却是出村
去其他地方找的师傅学的技术，主要是避免出师之后和堂
叔抢生意。

钱茗洋不跟着叔叔学反而跟着外人学的主要原因是怕跟叔
叔抢饭碗。而跳出访谈者的论述进行分析的话，钱茗洋的逻辑
实际上是没有解决根本问题的。市场蛋糕有限，不管是跟着谁
学，入行之后还是会和已入行的人抢饭碗。从其他地区的经验
来看，最明智的做法就是叔叔带着侄子学，一起垄断市场，但
实际上并未形成这种局面。

竞争博弈似乎成为李村人的一种商业交往常态。但这种常
态却是隐性的，个体往往通过规避合作与利益往来，从而减少
直接的冲突。而这种规避有一个好处就是减少了正面冲突的机
会，维持了行业内各从业者的表面和谐。但更深远的影响却是
消极的，这种回避冲突不合作的方式无法生发出有效的业缘联
结，因而一定程度上限制了行业的整体发展。

总的来看，李村人在多元的就业选择与实践中均没有被组
织起来，形成紧密持久的业缘联结，人们潜在的联系常被同质
性、流动性和低互助需求的现状消解。而互助需求强的行业，
也因为行业内的竞争博弈而无法形成有效的业缘联结。

二　业缘关系未发育的机制分析

在社会分工明确的社会中，新的业缘组织形式影响着社会
团结的形态。其中较为团结的形态，涂尔干称为"职业群体"

（occupational group）①。"只有通过与职业活动关联十分紧密，甚至可以完全洞察内部运作机制、领会各环节需求并了解这些需求潜在变动的群体，才可以有效地安排职业内部的活动。满足以上条件的单个群体，则是由那些从事相同生产活动、由一个有机体中组织的人构成的。"（Durkheim，1984：xxxv）涂尔干提出职业群体的目的并不仅仅是表明一种业缘的联结，更多的是揭示职业互动在社会生活中构建的总体性关系，肖瑛（2008）称之为"总体的社会组织"。遗憾的是，当前的研究虽然关注到了农民在农业现代化过程中出现的"职业群体"现象（张波、申鹏，2019），但是其含义只指向了新型职业农民的发育，并没有对农民作为一个社会性群体进行考察，也没有对从事其他职业的农民结合而成的职业群体予以关注。

以往的研究认为，从乡土社会进入乡镇社会，将会形成不同的就业圈、生活圈、交际圈，进而影响到个人的业缘关系（杨山等，2019）。同时，圈中还有层，这种复杂的圈层结构一般都是基于利益、认同和信任交叠而形成的个体行动范围（周泓，2018）。也就是说，就业圈应是包含多重关系交错形成的结果。但是，上文已然讨论了在就业圈内，李村人并未与他者产生有效的业缘联结。综合分析来看，李村人的业缘关系未充分发育的最主要原因就是在就业圈内没有分化出支配关系、支持关系、竞争博弈关系等全方位影响日常生活的新维度。

首先是在工厂内部并未发育出强支配关系。工厂的规范性

---

① 从严格意义上讲，"职业群体"或称"法人团体"，其植根于深度劳动分工及工业化的社会环境。在本研究中，我们不从大社会环境出发，也暂时将其称为"职业群体"，目的是考察这种组织的生成会对原有的社会生活产生何种影响。

要求和管理制度将工人分割成为单独生产的个体，难以产生业缘联结。因此，在工作时间内，个体是去特殊性的工人，个体与工厂的关系主要是单纯的经济雇佣关系。工人关注的是工资，没必要关注工厂的经营状况。在工厂工作 30 年的张必胜就曾提到，"厂子里面的领导走掉的事情，大家看得比较开，认为只要厂子在就没事，因为工资是厂子负责的"。其次是工人们对于同事的认同一般只会停留在"一个厂做工的工友"等基本身份识别的层次上。总体上，个体对于工厂和其他同事的工人身份并没有太强的认同。另外，工厂内生产工种差异不大，经济收入相近，因而也没有形成有效的上下级和经济地位支配的关系。

通常来讲，在生活中，支配关系最容易入侵到社会交往的各个领域。当上下级的关系确定后，无论其血缘、地缘关系如何，都会受到上下级关系的限制。在李村的人际关系中，只有少数的工商业家庭中出现了上下级关系，比如钱海星作为老板可以训斥干活不力的叔叔，这正是业缘关系对先赋型的血缘、地缘关系入侵的表现。上文提到，在地缘关系中，两个家庭的关系通常取决于一家之主的关系，如果男主人之间是上下级关系，那么女主人之间甚至子女之间都很难仅以地缘的关系考量对方。但工人之间并未分化出层级式的权力关系，他们是扁平化的工友关系，工人无论是在社会地位还是在经济收入方面都具有同质性，因此，工人也没有通过职业进一步联结发展的必要。

另外，工厂之外的工商业从业者也并未形成支持关系。无论支配关系还是支持关系，其本质都是一种为了共同目标而产生的合作关系。利克特等在对以生产为中心的领导方式和以人为中心的领导方式进行比较研究后总结出了"支持关系理论"

（张丽风，2010），然而管理学不曾关注到的，是生产中关系的社会结果。工厂内的分割也导致工友在社会生活中缺乏相互支持的经验与需求，人们通常采取保守自助的心态，即"不求人"，如果实在需要互助，也很少考虑找工友。在工厂之外，李村人多元的就业方式中，小商贩的个体经营性较强，这种个体经营的模式一般缺少互助需求，因而很难产生上下游之间的支持关系。而在关联性、互助性较强的大型工商业中，工商业主是在一个较小的市场范围内进行销售，因此实质存在竞争博弈关系。由于并未发育出技术支持、信息支持、资金支持等关系，从业者之间的信任度和认同度偏低。因而这里的工商业主不会共同向陌生领域、陌生地区进发，产生进取型的互助合作需求。

信任、认同、支持关系较弱的另外一个后果是，各个行业内均存在隐性的竞争博弈关系，阻碍相互的联结。商人之间常保持着警惕，却通常采取避让或不建立联系等消极的和平手段处理实质的利益冲突，从而维持住了社区表面的和谐。其背后反映出的正是当地社会规范不强、家族支持力量薄弱的现状。一旦发生纠纷与冲突，社会缺乏有效的化解机制，其后果可能是非常严重的。

总体而言，李村人虽进入了复杂的就业圈，但就业圈内并未发育出支配关系、支持关系和竞争博弈关系来分割原有的社会关系，进而导致李村人进镇之后业缘关系发育较弱。

三 业缘关系无法入侵个体社会生活

尽管在生产领域具有"专业市镇"的特征，但作为特定类型手工业较为发达的工商业市镇，抚贤镇并没有发育出像景德镇一样的血缘、地缘、业缘集合体性质的社会组织形式（方李莉，2011）。从社会领域观察，我们发现，工作之外的个体并没有对业缘建构的社会关系产生依赖，而是依然选择回归核心家庭和地缘圈以获取社会支持。也就是说，业缘难以进入李村人的社会生活。这表现为李村人对社会交往对象的选择，通常是地缘关系先于业缘关系。

而业缘关系无法入侵个体社会生活，最主要的原因是李村人一直未把生活发展的期望与意义附在业缘关系上。如前一章所言，核心家庭为个人提供的社会支持能最大限度地满足个体生活发展的需要，而地缘圈子也能为个体和家庭提供社会支持满足现有的发展需要，因此二者共同消解了业缘联结的强度和作用力。

（一）个体回归核心家庭的社会交往

进厂做工的李村人将自己一天的时间划分成两个阶段：做工期间和下班之后。而在工作时间之外，个体均回归到家庭，围绕地缘圈层开展社会交往，形成社交圈的分隔。这主要是因为镇域的职业分化程度小，就业类型比较单一，并且没有形成商品房小区，住房结构与村庄内大致相同。因此在农民由乡土社会到城市社会转移的过程中，镇域没有形成以职业为轴心、以个人或核心家庭的形式分散居住的散户社区（李汉宗，2013）。相反，李村人仍居住在以地缘为轴心，以核心家庭为主要交往单位的集群社区。

付银菊的女儿付芊芊 24 岁，曾在抚贤镇的职业技术学校上学，毕业后到平川市的高级酒店打过三年工。由于结婚对象在抚贤镇上居住，因此，她在 2017 年辞职回到抚贤镇，目前在最大的民营企业风怡玻璃厂上班。她对在平川打工的经历与对当前在风怡玻璃厂上班有着完全不同的体会。

> 在平川市打工时经理管得很严，在酒店的时候每天都得化妆，每个人都必须打扮得好一些。酒店要求服务好，到处都干净，所以什么事情都要做，哪怕是别人擦的杯子有水渍，但是在你手里被看见不干净也是不行的。所以大家尽量都做好一点，总给别人惹麻烦会被大家瞧不起。打工的时候住的是酒店给租的集体宿舍，8 个人一间屋，就跟上学的时候一样，同事也跟上学时候的宿舍同学一样，轮休的话就一起出去逛街。我准备不做的时候，赶上经理结婚了，还是随了一下礼，后来我结婚的时候人家也转了微信红包。

在外出工作的时候，以个体为行为主体的付芊芊，按照企业内部的规范性要求进行穿着打扮和工作。同时，她和同事被安排住在一起，得以共享社会互动的时间和空间。在该情景下，付芊芊缺乏地缘圈子和血缘圈子的社会支持，业缘成为她唯一的社会支持来源。因此，她和同事的关系紧密而团结，可以一同逛街、互相包容、进行人情交往。

回到玻璃厂上班后，她的生活也发生了重大的变化。

> 我在玻璃厂是专门做抹平玻璃模具底边的，技术要求不是很高，但工作量大，所以做的人少。带我的组长是一个大姐，她不怎么说话，因为太累了，（其他人也）都不想说话。出货量大的时候要找一些临时工，大家平时都不

太认识，几个人倒 24 小时的三班，所以临时工做完活也
还不认识。回到家就不想动，婆婆不用我做饭，有时候下
班晚了就去我妈家吃。我自己没有什么朋友，老公有时候
带着我和他的哥们儿一起吃夜宵。

工作性质的改变使付芊芊的业缘相处模式发生了变化。同
事关系消失殆尽，取而代之的是繁重、冰冷的机械工作。因
此，付芊芊不认为自己的工友是同事。对她而言，同事仅仅是
凑在一起、一同工作的单个个体。付芊芊社会交往的行动单
位是家庭。对于工厂内一起做工的工友，付芊芊既没有期待
也没有发展交际互动的行动，因为她不曾将价值和发展预期
放置在此。"等我有孩子了就辞掉工作，自己做微商，微商
很赚钱的。"

另外，付芊芊从平川市回到抚贤镇，依靠父母与公婆的贴
补帮助，小夫妻反而真正过上了吃穿不愁的生活。而付芊芊开
微商的想法也得到了付银菊的支持，她认为自己女儿的想法正
是当前大多数年轻人的想法，他们"开过眼界"。另外，对于
女儿一回家就玩手机，不出门与大家联络的行为，付银菊认
为，"她只是阶段性地不爱找人玩，等到生育了孩子之后自然
就会和妇女们多来往，一般来讲是这样的"。可以看到，重返
乡镇生活的付芊芊，得到了父母和公婆的社会支持，生活水平
提高了。但在原有的以个人为中心的业缘圈子被打散之后，付
芊芊现有的交际圈子主要依靠核心家庭的父母维持，因此常常
表现出日常生活交往无以寄托、以手机度日的情况。付银菊对
付芊芊"生孩子之后会主动和他人多互动"的判断和当地以
核心家庭为主要交往单位的现实情况是一致的。一旦新的核心

家庭成立，初生育的父母就会成为核心家庭的重要决策者，并依据核心家庭的需求向外拓展交往圈。

可以看到，工厂内是分割的去特殊化个体，且没有分化出层级关系以影响个体的社会交往行为，也没有带来工人对工厂权威的依附。而工厂之外，以核心家庭而非个体为交往单位的互动，主要通过为个体提供强有力的社会支持而减少个体向外寻求支持的需要。"工友"算不上"同事"，就是因为工友在工厂之外的生活面向是核心家庭。而有时，"工友"和亲戚或者邻居的身份是重叠的，两者之间的互动才具有了一定的复杂性。但李村人一般都能化复杂为简单，常在复杂重叠的社会关系中挑选出他们认为最重要的一类关系作为其行为的依据，从而在复杂的关系网络中应对自如。

（二）地缘优于业缘

结合前文的分析，地缘仍是李村人交往联结的纽带。我们也看到，地缘圈层之外的工友一般都是"无事不登三宝殿"。就算两者正好处于同一个地缘圈子，他们往往也会优先关注地缘基础上的邻居关系，而非工友关系。

一个周末的午后，我们走进了曾国涛家中，有两名与他年纪相仿的男性正在与他闲聊。曾国涛为我们一一介绍，一个是商湾村的老邻居付文，另一个是现在与之隔一家的邻居张智慧。在听了一会儿他们的聊天后，我们才意识到，这几人是一直结伴进厂打零工的工友，因此才能跨越村的界限而聚在这里交谈。而在其他地方，人们通常会直接介绍这些人是我的同事。这引起了我们的好奇，便问曾国涛为何不直接介绍这些是他的同事？曾国涛的回答令我们感到惊讶："我们只是一起出去打零工，是做活儿而已，不是同事。"待两位工友走后，我们询问起他们的日常关系。付文与张智慧是一起打零工的工友中与曾国涛比较合得来的，又因为一个是自己的老邻居、一个是自己的新邻居，所以在生活中曾国涛与他们经常走动来往。但曾国涛在和他们两人走人情的时候却会依照各自人情圈内的普遍标准送礼金。比如，在和商湾村的老邻居付文走人情的时候，曾国涛就按照商湾村人普遍给付文的人情数额给礼金；和新邻居张智慧走人情的时候，他就按照镇上邻居一般相互来往给的人情数额给礼金。另外，走人情时除了礼金有差别，曾国涛也根据对象选择去不去现场帮忙。对于付文，曾国涛可以直接带着礼金去吃酒，不需要帮忙；但是对于张智慧这个邻居，他是要在做酒时帮忙的。不过他们都不会加入一起去打零工的但住得远的其他工友的人情往来，大家都这样做，互相也不介意。可见，曾国涛对待两个工友的态度完全是从地缘关系的角度出发的，以曾国涛为代表的打零工群体的地缘逻辑完全压过了业缘相处的逻辑。

在李村人的普遍认知中，打零工只是"做活儿"而不是"上班"。"上班"是有固定地点、固定时间、固定收入的劳动。因此，打零工只是赚钱的一种手段而已。这种认知影响着人们生活的许多方面。第一，如前文提到的，打零工的男性之间是较为随机的搭档伙伴关系，不是现代意义上的同事关系，人们不会刻意长期互欠或博弈来维持关系。第二，即使有业缘上的往来，也要以处理地缘关系的逻辑来处理这种业缘关系。

（三）业缘关系难以承载血缘关系

在以往的研究中，在一个职业分化程度较低、产业结构单一的城镇，血缘、地缘常常能和市场互嵌，产生诸如"同乡同业"的业缘联结（谭同学，2012）。但我们已经分析过，李村人进镇以来形成了地缘优于业缘的关系。而血缘与业缘的关系，则是业缘关系根本无法承载血缘关系。

兄弟难合伙是李村人的一个共识，其直接的原因是，李村人认为兄弟合伙存在冲突难以调和而导致兄弟感情分裂的风险，因此最好的办法就是不掺和在一起。这意味着，兄弟的血缘关系与生意合作中的业缘关系基本无法重叠。除了第三章最后一节提到的黄清文的例子，付广成也遇到过类似的问题。

> 2018 年，付广成与之前的邻居也是从小玩到大的朋友合作投资搞了一个农家乐。农家乐以付广成家的房子为基础，进行了一定的装修后就开业了。但现在生意不是很好，付广成就委托朋友全权打理农家乐。关于合伙人的选择，付广成明确拒绝和哥哥合作。一方面是考虑到哥哥住的远没有办法合作，另一方面是"钱容易破坏兄弟感情"。如果兄弟因为做生意起了意见，很有可能会感情破裂。

为何李村的业缘关系无法搭载血缘关系，而在中国的其他地区却有业缘与血缘的互相成全？我们还要回归到对社会结构的分析。吴重庆（2014）对福建莆田乡土之外的"打金业"的研究发现，"同乡同业"经济活动与乡土社会发育相辅相成，并成为经济与社会高度嵌入的典型社会经济形式。"社会经济"体现的是经济与社会的紧密结合，经济行为总是具有社会特征，并不断嵌入总的社会关系。

对比来看，莆田"打金业"同乡同业的形成基础有两个，这也正是李村内部社会网络和所处社会环境之下所不具备的：

一是发达的乡土社会网络；二是社会成员身处真正的乡土之外。吴重庆（2020）近期的研究对此有所关注。

从村庄内部的社会网络来看，"钱塘江以南中国"历来就有强大的社会网络，宗族文化浓厚，宗亲意识强烈，形成了互助互惠的强关系。很多新人就是靠乡土社会网络中的强关系迈过创业门槛并自立门户的。并且，从业者内部一致遵循"同业店面保持数百米"等潜规则，积极避免恶性竞争并保持互惠合作（吴重庆，2020）。相较而言，李村自新中国成立以来，就没有形成过内聚力较强的宗族组织，"家"构成了村庄内部人与人之间的边界。一旦分家另立门户，新家就自然而然地与原生家庭拉起了一道屏障，这使兄弟合作也难以实现。

从所处社会环境来看，莆田人是真正身在乡土之外的。莆田人"同乡同业"基本集中在"界外"——莆田沿海地区，他们一般只有过年才能返回家乡，对其流入地而言就是完完全全的外乡人。强大的乡土社会网络在外部环境不利的情况下也进一步增强，令外人难以涉足其中与其竞争。李村人就地城镇化，其实并未到真正的乡土关系之外。他们在新的社会环境中与邻居很快形成地缘联结，并不断扩展自己的社交圈。因此，进入新地域也并未起到从外部激发李村人内部合作的作用。

缺少内部合作的传统与适当的外部刺激，李村人始终以家作为个体生活的边界。而宗族力量的薄弱，也难以有效调节经济关系中的兄弟冲突，因此李村人更愿意将血缘和业缘关系分开，以减少潜在的风险。

小结

通过以上的分析我们看到，进入抚贤镇的李村人尽管脱离了农业生产，但是在工商业方面的业缘联结并不强。一方面，生产领域本身的联结程度低。李村人主要在工厂做工，但工厂的弱支配和弱经济分化无法将工人组织起来，以形成基于职业的有效社会联结。此外其他多元的就业选择均处于低端水平，且同质性高，行业内群体成员缺乏配合的需求，因而无法形成以工作为纽带的紧密社会联结。在需要互助的商业领域，由于从业者之间缺少互助合作，隐性竞争激烈，无法促成李村人形成紧密稳定的业缘关系和支持。另一方面，业缘关系对社会领域的介入程度较低。正是由于李村人在生产过程中没有分化出支配关系、支持关系和竞争博弈关系，李村人才无法形成以职业为联结的强业缘关系，继而不能影响李村人原有的社会关系网络。因此，进镇后的李村人仍以核心家庭为单位、以地缘圈为纽带开展社会交往。

第七章

断裂与脱节、互动及联结：
城乡李村间的关系

城镇与乡村的空间分隔，会不可避免地导致人们在生产方式、生活面向及价值取向上与乡村断裂脱节。经过前几章的分析，我们看到老地缘关系在人们的生活中占据重要地位，但这是否意味着李村人的城镇生活与乡村生活之间仍然存在比较广泛的联系？如果存在联系，人们会在哪些方面以何种形式继续互动？我们将以整体性的视角从两个方向进行考察：现实中的联结以及现代社会搭建的系统性联结。

一 断裂与脱节

当前对于城乡关系的研究，多为中国整体观下的宏观研究（刘守英、王一鸽，2018）。然而，李村的人员流动方式为我们提供了直接观察城乡关系的样本。尽管可以认为李村仍然在人们的日常互动中存续着，老地缘关系占据了日常生活的主导，但是从细微之处可以发现，城镇生活与乡村生活的现实性断裂越来越大。这集中表现为对土地、乡土性关系和乡土仪式的抛弃。

（一） 土地记忆模糊

土地对农民的重要性不言而喻，但随着李村人的生产日益脱离土地，生产资料高度商品化，原本赖以生存的土地也逐渐隐没于李村人的记忆深处。归根结底，人们不再依赖土地是因为依靠打工收入便可以满足日常需求。

李村人搬进镇以后，家庭生活资料，包括主食、蔬菜、水果几乎全部都从蔬菜市场购买，而留在村内的村民一般会在房前屋后种植。但从近几年开始，村内村民也不再在自家豢养年猪，而是选择从镇上屠宰场购买新鲜猪肉。在传统的乡土社会，自家豢养的年猪是家庭全年生活的主要肉品来源和食用油来源。一旦放弃自己生产猪肉，转向从市场获取猪肉，也就意味着当地村民放弃了自我生产基本生活资料的主动权，长久下去就会愈加依赖商品经济。

最初搬进镇的那一拨人，常常将自己在村里的土地无偿赠送给自己的亲戚或者隔壁的邻居。后来进镇的人越来越多，抛荒的土地也随之增加，即使无偿赠送土地给亲戚朋友，他们也不愿意种，全村只有几个勤快人还在种。最初抛弃的土地在村民的记忆里随着时间的流逝也越来越淡，稍微年长的一代还大致记得自家田土所在的大概方位，具体的土地界线就分不清了。而成年之后就在村外务工的年轻人对土地的记忆就更加模糊了。从 2006 年左右人们大规模进抚贤镇开始，李村的村民就倾向于将土地抛荒。从 2017 年起，村里开始向上级政府申请休耕补贴，这实际上是完全符合村民想法的一种决定。对于抛荒的原因，村民的回答是，从镇里到村里来回折腾过于麻烦。但是当我们反问到，2000 年左右人们在进城务工之初的阶段，人们哪怕骑着摩托或是自行车走 15 公里也要回家种地，这不麻烦吗？农民开始反思，并且坦言："不仅仅是怕麻烦，因为现在土地的产出与人们的务工收入相比，实在是不值得一提，省下时间打零工更划算。"一般情况下，土地劳作是联结已实现城镇化的农民与农村的根本纽带，但是在粮食商品化程度很高的今天，农民对土地的情感依赖不敌经济理性考虑。一个现象可以充分说明这一心态——2018 年，蓝月谷旅游开发公司计划在村内集中种植观赏性苗木，通过流转获得了几千亩地的经营权。而在流转期间，大部分李村人都非常爽快地签订了流转协议，并未过多关心协议的具体内容。而在大部分农村地区，大规模流转土地是一件很难获得农民同意的事情。

（二）乡土性关系断裂

除了在土地等物质性事实方面脱离与乡土的联系，人们还会在价值意义层面抛弃乡土仪式。对于这种情况，人们通常归结为"人变懒了"。但是，"懒"也有"懒"的原因。其中最为典型的变化在于丧葬仪式。人终有一死，葬礼作为重大的社会仪式，随着李村就近工业化的发展而发生了调整，人们的丧葬观念与习俗同时在变迁。

丧葬仪式一共有两大部分，通常以出殡为分界点——前一部分主要是借助一些仪式对逝者进行追悼，对生者进行抚慰，即所谓的葬礼阶段；后一部分则主要是对逝者在"另一个世界"生活的安排和生者对逝者福荫后人的祈求，即下葬和祭祀。在传统的葬礼中这两个阶段都很重要。城镇土地稀缺，因此李村人进镇生活后安置逝者，是李村丧葬流变中很重要的一方面。在李村，老一辈人一般都要求土葬，他们不能接受其他丧葬方式。因而，目前在镇区去世的老人，大部分都会选择拉回村里埋葬。据估计，李村有 20% ~ 30% 的人会考虑在镇上安葬，剩下的基本上都是回村安葬。搬迁入镇前，一般家里有人去世了会通过放鞭炮通知大家，大家知道后会考虑是否来帮忙或者是否来参加葬礼，而来帮忙的多半是一个组的邻居。

李村的白事一般办三天，第一天、第二天举行仪式，第三天出殡下葬。出殡的队伍是有讲究的，以往从前至后依次是放鞭炮的、花圈、孝子贤孙、灵柩、抬棺金刚、管乐队、锣鼓队、孝家的其他成员（女婿、女儿、儿媳、外孙等）以及其他参与者。最近几年，这种顺序发生了变化，老店湾村的郭强给我们讲了这方面的情况：与其他地方灵柩前是儿子、孙子不同，李村是儿子、女儿、女婿是排在前面的，这似乎昭示了当地不同家庭成员的地位逐渐平等。

另外，在戴孝的人中，有两类人比较特殊，一类是女婿，另一类是过继去别家的儿子。当地一般将上门的女婿当亲儿子看待，在戴孝时也是跟亲儿子一样的级别。过继出去的儿子也是和亲儿子一样。这一现象似乎进一步印证了我们对于当地不同家庭成员的地位的判断，同时，我们也在思考这一现象的根源。进一步调研发现，当地宗族关系相对薄弱，这种现象的出现应与此相关。一般来说，在宗族性较强的社会，过继出去的儿子从社会结构上看，就是别人家的孩子了；而李村过继出去的儿子跟亲儿子一样戴孝，显然是自然情感战胜了社会约束带来的结果。

除了回村安葬，李村另一部分选择在镇上安葬的人，基本都是村里有能力在抚贤镇附近买墓地的人。

一般来说，抚贤镇一块墓地花费在 2000 ~ 3000 元。买墓地的一共有三种人：附近村庄出来做生意的有钱人，外地来镇里定居的人和抚贤镇里的人。就整个抚贤镇来看，100 户里面只有 5 ~ 6 户会买墓地。李村出来的经济能力较差的人则回到村里安葬。按当地的说法，有钱的人为了方便，会把祖坟迁到新买的墓地里面。

富人和穷人对死者安置选择不同的说法，提示我们这种差异是否因为在镇上办葬礼比回村办葬礼便宜。因此，在郭强的帮助下，我们对办葬礼的费用做了一番比较：

镇上办葬礼花费：3000 元的墓地 + 200 元灵车托运费 = 3200 元

村内办葬礼花费：600 元灵车托运费 + 9 辆宾客车 × 200 元/辆 = 2400 元

刨除酒席等其他费用，单从这些基本费用来看，回村埋葬比在镇上埋葬便宜 800 元。这个较小差距的结果让我们对理性计算的解释持保留态度。当地对"家族葬"形式的漠视，以及相当一部分人选择在镇上安葬的事实，或许和当地宗族力量比较弱有关，人去世后在心理上没有落叶归根的需要。另外，许多人表示葬在哪里都是为子女日后上坟方便，这可以看出，当地村民对待乡土的态度已经变得漠然了。

另外一个有趣的现象是，当地 2010 年左右开始改用灵车托运灵柩。而在这之前，灵柩需由村内 8 个力气大的人帮忙抬。郭强认为改成灵车托运的原因主要是"人变懒了"。差不多也是从 2010 年开始，当地流行起请人哭丧，费用为 400 元一场，而这在现在成为一种普遍现象。在过去，左邻右舍与五服内的亲戚都要来哭丧，无论是真心实意还是象征性地哭，都是一种社会关系的确认。请人帮忙抬棺，更是乡村社会常见的互助合作行为，同样可以表达对彼此的需求以及确认社会关系的远近。当人们开始选择用金钱消费来代替互助合作时，乡土社会关系也就开始在人们心态的悄然变化中发生断裂。

（三）乡土仪式的淡化

在各类仪式中，村内龙王庙活动的不断消失与镇内经济精英主导的新龙王庙的兴起，形成了鲜明对比。该地社会结构松散，社会基础稀薄，村民以祭祀活动作为联结彼此的纽带。李村庙宇众多，有龙王庙、观音庙、土地庙等十几座庙宇，其中以龙王庙居首，平均两三个组共一个龙王庙，以庇佑平安之用。在一般农村社区或城郊社区中，庙会及其活动具有调节个人心理状态、社会控制安全阀以及维系社会组织、增进群体凝聚力的功能（赵世瑜，1996）。然而，李村庙会的功能却与此不同，在近些年尤为显著。下面，我们以李村其中一个龙王庙为例来说明庙宇的运转方式和在当地社会中的位置。

首先，人们去龙王庙一般是"有事求龙王老爷才去，没事就不去"。李村村民对其保持着"信则有，不信则无"的态度。但是大部分时间，村民一般都是因为家里孩子身体不好而去求龙王老爷，而非我们所想的祈雨、祈祷来年风调雨顺。村里人坦言，信仰龙王的人越来越少。

其次，龙王庙的"管辖范围"① 经过了几次大的变动。新

---

① 我们将"龙王过生日"请帖邀请的范围作为所言的龙王的"管辖范围"。

中国成立前，该地龙王庙的"管辖范围"含混不清，但是村民都了解彼此的界限。新中国成立后的集体化时期，龙王庙虽然不存在了，但一年一度的"龙王老爷过生日"、大家一起吃饭的习俗仍然流传了下来，这个范围扩大到了半个李村自然村（4～5个生产队）。在2013年合村并组之后，送请帖开始扩大到更大范围。在合并了广乔村自然村之后，甚至连广乔村的村民都被送了请帖，"不过广乔很少有人来，大部分时间广乔的人还是去他们自己的龙王庙"。

再次，前文提到龙王庙于20世纪90年代进行重建并在之后组织了庙委会的过程。目前庙委会账上的资金流水主要是附近村民捐的香油钱、求神拜佛的礼钱，总共一两万元，但是现在呈现越来越少的趋势。因为"现在村里人少了，庙里就没有人了，也没有人管龙王庙了。老人少了，年轻人就更少了，村里什么样的人都没有了。老人在镇上养老不想进来，年轻人要上班也没时间进来"。管委会每月花220元雇人照顾龙王庙的日常卫生和抽签工作。吊诡的是，在我们调研期间，一个在庙委会承担会计职责的老人，坦白说自己不烧香、不磕头，但是也不反对别人来，当时在庙里做会计也是被几个朋友拉着来的。现在的庙委会俨然是一群老年人在支撑，对村民的日常生活并没有多大影响。

以龙王庙为中心建立的是一个松散的地缘组织，其唯一且最大的职能就是"给龙王老爷摆生日宴"。龙王老爷每年五月十九"过生日"，每年都举办盛大的宴会，请乐队来唱花鼓戏，请村民吃饭。每年等龙王老爷"过生日"的十几天前，庙委会开始写请帖送到每家每户。村民来给龙王老爷"庆生"时，需要给龙王老爷"送礼"，100元、200元、500元、1000

元不等（村民给龙王爷"送礼"基本以户为单位，来龙王庙吃饭也以户为单位）。只要村民来给龙王老爷送了"礼"，就可以在庙里一起吃饭庆生。一般情况下，庙委会会邀请专门的乡下厨师来做酒席和摆盘，"礼金"收入与请人吃饭的支出基本持平。龙王庙"庆生"达到巅峰的时候，是2013年刚刚合村并组之时，足足摆了28桌，范围覆盖整个大李村，总共256人。村内以前会请花鼓戏团，热热闹闹地过一天。但是现在收的礼金和来的人都逐渐变少，所以无法负担请花鼓戏团的支出，因此，人们基本上吃了饭就走了。尽管李村几乎没有人时常拜谒村内的龙王庙，但是村里人普遍认为在抚贤镇上的人基本上都去镇上的龙王庙。龙王庙作为一种社会联结纽带的功能正在逐步减少甚至面临消失的窘境。

而目前镇上的龙王庙，则完全没有起到社区凝聚作用的庙会活动。龙王庙组织的主导者和参与者几乎都是具有广泛人脉的企业主。在秀林村附近开办药店的李洛中医生提到，一位姓黄的大老板在抚贤镇边上建起了新的龙王庙用于给自己"捐功德"。为了表示积极的态度，与其有商业往来的人都在龙王庙的奠基仪式上捐了不菲的香火钱，而这其实是为了在香火薄上给黄老板留下深刻的印象。此后每年的"龙王生日"，黄老板不一定会亲自出面操持，但是这些人还是要到场再捐一些公德，"捧捧人场"。然而，这样兴师动众的活动却得不到普通居民的响应，甚至问起住得稍远的人家，他们都不知道有这样一个龙王庙。由此可见，镇上由企业主捐建的龙王庙已经成为精英集会的场所，用于搭建社会关系平台、争取社会关系资源，其社区性功能已经弱化为群体性功能。

二　互动与联结

（一）城乡间的现实联结机制

前面已经提到，有能力务工的人们几乎不会考虑继续从事农业活动，但是仍有一部分人由于年龄、身体等原因不能务工，只能回到村中务农，李村还在继续为村民提供着生存支持。种蔬菜和稻米是人们普遍的选择，也有一些稍有积蓄的人加入种植油茶树的行列；还有老人受蓝月谷旅游开发公司的雇用，目前在村里以集体雇工种植的形式栽种草皮，大致可以每天赚 100 元。但是，单纯的小农业经营只能维持最基本的生活，能够和儿女共同居住的老人通常不会选择回到村里。

种油茶树是有一点积蓄的小老板的选择。前文提到，由于阳光和土质等问题，李村的山地可以分为三种等级的地，并不都适合种植茶树。米粉店老板曾科辉已经投入了几十万元，流转了几十亩地打算种茶树，这几十亩地都是用自己的好地换别人的差地，包括堂兄弟和兄弟的地都是如此换的。他预期"这一代人可能不会介意，但茶树已经种植满了，树龄越大，土地越值钱，下一代人可能会在土地上有纷争"。

曾科辉种植茶树的意向来自附近乡镇的经验。隔壁镇有一个"万亩茶园"，是一个大企业流转了 6000 多亩地种了 2000 多棵树形成的，该企业通过获得大量的政府补贴支撑起步。每年给村民返还一斤半茶油以延缓起始阶段的费用支出时间。茶园最近这几年开始收回成本。种茶树的主要成本是在 11 月最忙的时候雇人除草和施肥的费用，因此曾科辉还打算在村里盖一间房子，让被雇的人农忙时在那边住。一棵树能产 30 斤茶球，而 100 斤茶球能产 4 斤油，后者一般能卖到 200 元。小本经营补贴少，曾科辉正在向政府申请补贴，估计只能拿 200 元/亩的补贴，只有 200 亩以上的种植规模才能拿到最多 1000 元/亩的补贴。但他们这些中等农户无法流转到这么多土地，也得不到足够的资金支持。为此，曾科辉曾经召开了一个范围主要涉及堂兄弟的家族会议，但最后还是没有一个人肯投钱。他早已估计到这种结果，并解释道："回报周期长，茶树需要三四年才长成，六七年后才能收回本钱，哪怕是堂兄弟都不敢冒险。"

另外，对于村庄的发展，曾科辉认为退耕还林时如果能种上经济树种如茶树，而不是一些没有什么利用价值的树，现在就是见效益的时候，老百姓都可以得到好处。只可惜当时有当时的目的，只是对涵养水源的迫切需求。

老李村还为老一辈的人提供情感支持。有一部分老人会回村找老伙伴、老战友一起打麻将、钓鱼，或者几个人相约一起回到村里修葺院子。不同组的村民对于老群体的认同与期待有着很大的差别，这既取决于过去的关系渊源，也取决于现实关系的联结机制。而这些联结机制，既有功能性的一面，也有价值性的一面。

在李村人的认知中，九狮组的 20 多户人家一直较为团结，不仅一直保持着高密度的往来，2018 年还一起出了几万元垫路基。其中主要出钱的是魏姓兄弟，二人从事不同的行业，长兄在县城做建材生意，弟弟在现在的李村内养殖食用蛇，二人都干得不错。他们愿意出钱的原因，在李村村主任张发洋看来，是魏姓兄弟想与本组人处关系的一种表现。"弟弟养蛇有

几种考虑，一来修好路来回运货上货更方便，二来养殖场虽然
离得远但是别人家都有点怕，他想多出点钱跟大家搞好关系，
别人就不好说什么。"因此，即使同组的其他人家都不出钱，
兄弟二人也会付出全部费用。李村人认为九狮组的人团结还有
一个原因，就是他们祖祖辈辈供奉"石老爷庙"。该庙只有九
狮组的人年年来维修，并且过年一起供奉，这么做起到了情感
维系作用。这与外面的龙王庙的功能是完全不一样的。

也就是说，九狮组既具备历史渊源的社会关系传统，又在
现实的生活中搭建了"处关系"的现实需求。即使在家家户
户搬迁到镇上的情况下，依然可以保护相互间的联结。然而，
李村里的大多数生产小组并没有这样的联结传统与现实需求，
人们只能在原子化的今天逐渐走散。

（二）城乡间的系统联结机制

都市和乡村的联结早已打破了地域与时空的限制，依靠互
联网等手段侵入了乡村生活。过去的研究通常将互联网对农村
的影响放置在农业发展的问题中考虑，而没有从个人的生活方
式入手。然而"生活方式的变迁是个人私人的历史"（费孝
通，2016：285），农民的生活方式中蕴含着大量的社会学
问题。

在调研期间，研究者们每天中午要到妇女主任杨腊梅家里
吃饭。杨腊梅的公爹年近八旬，是一位老军人。这位老人不会
讲普通话，但是可以听懂我们说的话。杨腊梅平时性格活泼健
谈，但在公爹面前是非常贤淑寡言的。通常杨腊梅与婆婆在厨
房做饭，杨腊梅的公爹坐在方厅的躺椅上看手机。智能手机接
连发出"网络小视频"特有的嘈杂声，饭前饭后都是如此。

我们曾留意他浏览视频的内容与频率，发现内容包含了当下城市在年轻人中流行的歌曲、舞蹈、旅行拍摄、做菜教程等丰富的内容，而老人的操作习惯竟然也与年轻人相似——遇到不喜欢的视频就随时划掉切换。

对此现象，杨腊梅表示，老人用智能手机在农村已经不是稀罕事了，通常孝顺的儿女都会为父母安装上无线网络设备。而网络对在村内生活的老年人的影响也是切实可见的。

> 公爹过去是个不苟言笑的老头儿，不喜欢与人讲话。有一年摔坏了腿躺着很闷，我们也担心，我女儿就把她的旧手机给了爷爷，教他怎么玩，抖音这些视频学起来都很快，点开一直划就可以了。他看这些解放了一点头脑。以前我们给家里买东西他总会不允许，就说没有用、浪费钱，现在他也不管了，就说时代变了，年轻人得赶潮流。有一次他看见那个连体的下田雨衣还跟我们说给他买，要钓鱼穿着。

早年农民对陌生社会经验与知识的积累主要靠外出务工带来的流动实现，而近些年却并不一定依赖物理空间的流动。甚至在某些不外出务工的村庄，农民的变化同样很大（谭同学，2010）。网络在一定程度上正是增加农民陌生社会经验的一种方式。现代社会运作的价值观、方式与逻辑正在逐渐进入农民的头脑中，这对于个体生活、代际关系乃至社会关系都会产生全方位的改变。

这一切改变指向了一个更加广阔的理论视域——城乡间的系统联结。

在中国，社会变迁不仅仅是一个社会从乡村到城市的地域变化，更是"核心制度秩序"的转型，现代社会秩序同时存在社会整合与系统整合的两种逻辑，"社会整合的问题把注意力放在行动者之间有序的或冲突的关系上，而系统整合问题关注的则是一个社会系统的各个组成部分之间有序的或冲突的关系"（洛克伍德，1997）。莫塞利斯（1997）综合了洛克伍德的观点及其与哈贝马斯、吉登斯的区分，他认为，按照洛克伍德自己的定义，"从社会整合的角度看，焦点是具体的行动者和他们在时空上的关系/互动（relations/interactions）；从系统整合的角度看，焦点转移到制度复合体，这是一个虚拟的规则/规范秩序（virtual order of rules/norms）"。

理解这两种整合的差异十分关键。以往的许多中国农村研究关注"社会整合"的解体，关注社会互动的降低、社会关系的剥离乃至社区共识等内容的消失。但同时，网络、教育等来自国家、社会与市场的知识正在逐渐影响甚至替换农民原有的"地方知识"。在思维意识、价值观念等层面上，农民受到了"大传统"的影响，向更具现代性的方向改变。现代性也意味着多元化与差异性。因此，社会系统给农民带来的改变是十分复杂的。实际上，更深层的改变恰恰发生在"系统整合"的层面，需要将焦点转移到由现代社会制度编织的秩序复合体中。这个由现代性主宰的规范秩序与行动逻辑，可以跨越时空与层次，在不同程度及不同方面整合着行动者。而职业分化，是社会系统的基础层次，使不同的个体迅速被不同的社会系统吸纳。农村的变迁过程通常是两种整合形态并存的，其中可能有悖，也可以在某些方面并行不悖。比如波兰尼（2017：122）已经发现，对于农村来说，"农民经由国内市场的形成而被整合到大的国家单位之内。全国性市场现在已经取得了与地区性市场及国外市场并存（部分地相互重叠）的地位。农业现在已经被国内商业——一个相对孤立之市场的体系——所补充，后者与仍支配着乡村之家计的经济原则并行不悖"。

（三）旅游开发下的养老想象：现实联结与系统联结的交汇

我们发现，调研时李村 50 岁以上的人大部分都提到日后要回乡养老，并且他们对家乡的发展有着很高的期待。但是，他们不曾认真思考的是，他们想回到的是过去有着乡土风味的李村社会，还是仅仅在李村上构筑的田园牧歌式的休憩之地。根据我们的观察，城镇生活使人们的观念和生活已经发生了巨大的改变，人们想要回到的乡村，或许正是城乡现实联结与系统联结的交汇场域。

受访者在访谈中不约而同地提到"旅游发展起来了就会回去做个农家乐"，这既包含了对城镇内维持生计较为艰难的退让，又包含了对乡村生活的价值归属。这种生计预期首先源于周围村镇的发展经验，以及蓝月谷旅游开发公司的成立。周围乡镇的经验源于附近孚昕镇的罗健带领本村发展"生态农业"种桃树已经获得成功。万亩桃林采摘园已经在附近地区很有名气，人们可以不离开乡土就享受到农业带来的实惠。通过观察可以发现，李村正在发生改变。当地的旅游业已经处于建设基础设施的起步阶段。新建的村部旁边已经盖起了第一批单元楼房，其中 6 个单元的 48 户几乎全部售出，买主都是本村村民。由于周围环境优美，人们对于是否拥有庭院已经不是很介意了，而是更加在意方便卫生的居住环境。人们认为旅游业不能马上发展起来，与道路没有修整完善有关。

另外，李村山林里有珍稀的古树资源，村里试图利用这一资源进行旅游开发。从 2017 年起，作为经济精英的村干部将村民的抛地需求与国家政策结合起来，成立了蓝月谷旅游开发公司，这个公司的另一个名称是"李村合作社"。所谓"合作"经营，就是利用集体土地进行开发，村民认股投资的企业经营形态。从公司架构来看，总经理刘泽胥，副总经理张发洋，财务部长王双森，市场部长付太平，项目部长付长德，行政部长胡牡丹均是本村村民。从项目运营来看，即将开发的项目有餐饮、民宿、经济作物养殖（王双森、付太平），绿化种植（付长德），水厂和竹炭厂（后期规划）。从股金筹集方式来看，共筹 100 股（200 万元），其中村集体 30 股（省财政拨款）、郑发明 20 股、刘泽胥 20 股、村民共 30 股。村民股金筹集是通过组长告知的方式让村民知晓的，未开村民大会，只有很少的人愿意入股。在村民看来，本村地处偏僻并不适宜旅游开发，风险大，再加上总经理本人在当地曾是"混混"，名声不好，人们不怎么相信他们的宣传。

自村庄合作社建立时起，村庄就已经联系到草皮种植、药材种植的项目，能够吸纳 100～200 个村民就业，范围覆盖到邻村的村民。其中管理者每月有 3200 元收入，普通工人根据工作量的不同可以得到每天 100 元、160 元、200 元不等的收入。对于闲置在本村的劳动力来说是不错的工作，但是对于已经搬迁到抚贤镇居住的村民则毫无吸引力。合作社目前共流转土地 180 亩，包括李村和灌口两个村，10 年流转期，本村流转的土地很少，原因是符合条件的土地不多，同时，一部分村民害怕种植草皮对土地有害。

不过，毕竟有人愿意接手闲置的土地，人们同意接受这个可以将损失降到最低的选择。因此对于这样的项目，全村只有2户表示不同意，这2户无论在村干部还是在其他村民的眼中都是"钉子户"。大多数人不理解这些人的做法，即使在文化水平较高的樊高林看来，这些不同意的人家只是"不愿意看见别人好"，因为农民"自己搞土地兼并的话没有技术和政府投资，效益不会高"。樊高林表示，老百姓多半是睁一只眼闭一只眼的，自己不知道项目怎么搞，也不往里面投钱。人们也不担心外面的老板来投钱，还欢迎他们来投钱，这样大家还有利益赚。

从根本上说，个别村民不了解这种企业化合作经营的实质。附近孚昕镇的罗健带领本村发展"生态农业"种桃树已经成功。李村村民希冀自己的村庄也像这个村庄一样，每个人都可以有地种，而不是一个企业掌管所有的地，只让大家拿一点点收益。人们知道自己成为股东，却不知道企业如何运作，更不知道自己会收益多少或损失多少，其实是一种权利与信息的不对称。

就整个村庄社会而言，普通村民无法真正参与到合作社的经营与收益中来。按照企业设立的规定，股权多者掌握话语权，这使村庄社区内的大多数人成为"合作"中的外人，经济精英自然而然掌握了主动性与话语权。与这样一个大工程相比，社区的其他方方面面事务都显得非常不重要，无论是人，还是社区的公共空间，都要为此让路。由于信息的缺失与游戏规则的复杂，即使共同体内部的人们感受到了不平衡和弱势，也不能与既定规则相抗衡。

因此，蓝月谷旅游开发公司的成立带来了三个结果。第一个结果是，一部分生计困难的人确实得到了就业和改善生计的机会。第二个结果是，在城镇居住的人看到了李村改变的希望。在城镇生活的人们所谓的返乡养老的李村，并不是今天这样比较破败的李村，而是交通、住房、网络等各个方面都可以与城镇接轨的乡村。人们希望同时享受城市的生活便捷与乡村的优美环境。在现实的情况下，只有依赖旅游开发才能达成这个目的。第三个结果，村庄社会结构的不平衡加剧，精英与大众对自身所处环境的控制力进一步分化，共同体更加弱势。村庄社会结构不平衡的机制与结果，完全体现在了村庄治理的过程中，我们将在下文展开分析。

三　城乡分隔下的社会团结

目前城乡之间偶尔还会发生互动，而这种互动大多是源于村级行政的力量。伴随着经济社会发展，村民的不在地为村庄治理带来了较大的挑战，李村村庄治理的手段和思路发生了重大调整。在村庄治理手段上，常规化工作占据村干部工作的重心；在村庄治理的思路上，公共服务功能逐渐凸显。由于村民不在地，内生性的社区治理力量逐渐弱化，基层治理的"群众"越来越难以找回。

（一）　经济精英上位与村庄治理的陌生化

当今的村干部选拔标准已经有了巨大的转变。有些地方，个人关系是否强大、能否争取项目成为村干部评选的重要标准。在商业经济发达的当地，有经济思维和拥有强大商业网络的商人成为重要人选。由于经济精英在村时间较短，对村庄人事的了解程度不高，在当下的村庄治理中，原本的"熟悉之治"的土壤已经在逐渐瓦解。从现在的村支书郑友明、村主任张发洋，村委会委员钱海星、曾知阳可以明显看到这种特征。村支书与村主任是常年合作的医院经营者，村委会委员钱海星是开办家具厂的村庄年轻富人，党建专干曾知阳经营一家电器城。他们在本村的生活都较为富裕，属于经济分层中的上层。

郑友明早年学医成为一名乡村医生。他在 2000～2002 年当医药代表。之后与朋友合伙开药店。后在 2010 年创办了环宇医院。2013 年当选县虹市人大代表，后到农户家中走访，了解到一些确实贫困的村民没能获得低保户指标，产生了回村当干部的念头。2014 年，郑友明在一次党员大会暨换届大会上临时决定竞选，被老干部们笑话，没想到意外当选，因而决定挑起重担。

他在当村支书后组建了新班子，接手了村集体留下的 18 万元外债。当时村干部工资一年几千元，他先了解支委们一年的家庭支出，然后把自己的一些小项目给他们，让村委会成员能够赚点儿钱以解决生活后顾之忧。他认为村干部必须有公心、对村庄事务熟悉、有一定的经济实力。他上任后要求自己清正廉洁，之后主要做了几件事来取得村民信任，如还清集体外债。对于郑书记做事，村里党员是有意见的。其一，他不关注作为党支部书记的传统任务，比如开党会时不出现以及不按时开党会。其二，2019 年"七·一"他没有按照传统，在镇上开党会以及请大家吃饭，理由是中央的八项规定，这很让党员寒心，认为这是自己出钱也要做的事情。郑书记在任职一段时间后发现要请有权威的人替自己稳定人心，因此请前任荣书记出马。但荣书记从别人口中才得知自己是村子"理财监督小组"的组长，他都不知道自己属于这个小组。荣书记自己觉得他不会为这个来路不明的职称做事情，更谈不上监督，但是村民却因为听说荣书记当组长而感到放心。

在郑友明的认知中，以商人的思路运作村庄集体是非常有效的。在2017年左右，郑友明创办蓝月谷旅游开发公司，以合作社的模式，让村民以入股的方式参与其中。村民入股方式有三种：现金入股，每股2万元；土地流转入股，按照每亩300元，3年6万元，折合成3股；以及物资流转入股，请第三方公司评估绿化苗圃的价钱，折成股金。蓝月谷旅游开发公司成立后，郑友明并没有直接参与管理，而是让刘泽胥担任总经理。刘泽胥虽然有经营的本事和思路，但曾经是周围出名的"混混"，因此有些村民不愿入股。但是郑友明却认为，"刘早已改邪归正，老百姓的意见是比较狭隘的，能者不问出身"，但是他却不知，村民对于刘泽胥人品的看法直接影响了他们对村委会班子的信赖。

强势的村书记郑友明主要负责为村庄整合资源，很少具体参与村庄事务的管理。村庄事务管理的职责主要落在了村主任的身上。

调研时李村现任村主任张发洋，49岁，是广乔村石新组人。他与郑书记是一起读书、学医、合作的工作伙伴。从未有过村干部工作经历的张发洋在2019年5月9日上任村主任。他觉得事务太复杂、太累，远远超出想象。老板与村干部的角色有一些冲突。总体上医院的事情安排一下即可，但村里的事情往往积压很久都做不完。村主任此前一直没有合适人选，前任村主任劝说张发洋："你理应出来做事，第一你是党员，第二你是李村的一员，无论从哪一面说都应该出来为老百姓做点事情。"张发洋想到村庄，他认为"确实没有熟悉情况的人可以扮演这个角色。平时一家 1 万元的月收入已经让全家过得不错了，当村主任月工资 2900 元基本都消耗在车的油费上了，只是觉得做点事学习学习也很好。"

在当村干部的过程中，一起起棘手的事件使张发洋体会到老百姓越来越"不好弄""不朴实"。这些事件充分体现了脱嵌于村庄的生产、生活与村庄治理之间的张力，以及村庄治理如何处理逐渐现代化的农民与政府之间的关系。

（二）弱势社区与强势个体

强势的不仅仅是村干部，自从张发洋上任以来，似乎各类强势的村民不断地涌现了出来。这让见多识广的张发洋怎么也想不通："都是熟悉的乡邻，怎么就突然变得精明起来了，懂得很多就天天搞事情"。在社区弱势的情形下，一些"懂得名堂"的个体反而可能找出不合理的地方进行对抗，但是对抗的手段又不高明，便成为人们口中的"钉子户"。这样的一些强势个体，在基层政府的服务型转型与社会规则的改变中应运而生，其机制值得探究。

其中，有两件事尤使张发洋夜不能寐。

1. 拆房子事件

老李村有一个肖姓男子，与张发洋的舅舅关系不错。平时住在城里，农村房子要倒塌，同意张主任带人去推倒，前提是推之前通知他来搬走一些物件。结果张发洋忘记告诉户主，老肖要求赔偿 5000 元。张发洋先联系舅舅跟他做工作，无效；再次相约谈话仍无效。张发洋请示镇里，没有钱补给他，他老婆患病，就从民政口给一点医疗的费用，老肖仍然不答应，并将价码提高到2万元。张发洋对他说："拆房子不是为了我个人，我自己是不能给你赔偿的。"接下来老肖将矛头对准张发洋，在微信朋友圈对其进行攻击。

老肖一开始是将希望寄托于学法律的大学生侄女，能在最后从法律上得到援助，但是侄女告诉他不可能。接着做导游的儿子告诉老肖，家里人的户口都在李村，得罪村干部没有好处，老肖觉得有道理，此事不了了之。

2. "钉子户"事件

贫困户王帅顺有一些精神疾病，总是到村部新修的楼里生火做饭，为了要村里给其修建一个新房子，故意找碴。由于必须自己垫钱验收后才能拨付，而贫困户和村里都拿不出钱，张发洋就想办法把一户人家不需要的房子以4万元的价格买下来，验收后钱款进入贫困户王帅顺的账户，再给这户人家。王帅顺的账户有钱后不肯交钱，说买这户房子只用了1万元，村委会要私吞另外的3万元，取钱可以，但前提是再为其增建2个屋子，还要签合同。合同拿出来，张发洋发现贫困户王帅顺的背后"有高人指点"，以张发洋操作中的程序不合理作为砝码。而贫困户王帅顺本身根本就不懂，甚至不知道签合同要签字按手印。张发洋盘算，如果这招还不管用，就要拿出撒手锏：开车带着贫困户王帅顺去精神病院看一看，再告诉王帅顺，反正你自己有精神病，如果还纠缠不休村里就开证明让他去住精神病院。

村里有一个贫困户叫刘思豪，因为之前没有评上低保户，所以也不能被评为贫困户，又没赶上第二批的易地搬迁，自家的老房子成了危房，没地方住，扬言要住到村委会来，村里就花了 11 万元给他修了一栋房子。有一个昙虹市的记者管他叫叔叔，刚修好房子的时候他跟媒体使劲夸村上的好，过了几个月突然又到村部来说不想要那个房了，称修房用的老料给他带来了坏运气，村干部知道他是想要钱，就没有理会，结果他就唆使其他贫困户一起到村部闹事。之前他想当封山育林的护林员，一年有 6000 元的工资，由于实际上是个虚职，村里就把指标给了他。后来他还想要卫生员的工作（一年工资 7000 元），但这个工作不可能给偷懒的人，所以他又闹事扬言要砸村委会人员的车子。但张发洋相信大多数村民还是非常善良淳朴的，能提出的要求一定是他们非常需要满足的。

与此类似，村里有一被称为"无赖"的彭某，想要垄断村里的运输，书记没有答应，他又提出要帮集体看河道里的鱼，村委会同意并希望借此机会让他和他的那帮朋友管住自己，培养他们的集体责任感。没想到还没过几天他自己就开始到河里捞鱼，村委会认为这个人没有什么改变的希望了，就到他舅舅家，让他舅舅转告他不要再捣乱，否则就依法追责。

在当地，一些精英退出体制后，一旦对社会政策不满，常常成为基层治理当中"懂规则的反抗者"，同时，他们具有一定的社会地位，更容易带动当地百姓质疑基层治理的合法性。其中一个典型人物是荣国昌，他既是过去的精英，又是一些不合理政策的反抗者。

    荣国昌，1954年出生，21岁毕业参加工作。在镇上教书6年，后做乡共青团书记6年，1967年进中铁局，在平川市内工作9年；1976年分配回村做帮干，公社做会计。现在退休之后，补贴一直没着落，之前也尝试过向上写报告。在访谈中他错把我们当政府的人，一直反映补贴未到位的事情。

    2001年，荣国昌的大儿子在鞭炮厂上班，因发生事故被炸身亡。在当时，一般出现此类事故是工厂与家属私了解决。但是荣国昌认为这样太憋屈了，他知道国企里面是有工伤保险的，因此认为国家必须重视起买保险的事情。经由荣国昌的不断上访，当地乡镇政府、司法机关出面调解，通过走保险程序赔付了荣国昌家9000元。荣国昌对该处理结果表示满意，认为政府在解决具体事故中是公正的。同时，他也体谅厂长家儿子也在事故中死亡。另外，荣国昌与厂家在李村就是一个生产队的，相互认识，厂家也特意给荣国昌家送了一副下葬的棺材。事故之后，厂家关厂搬走，很少返乡。

    由此事件引发，乡镇政府重视起私营企业的保险问题。自此后，乡镇政府要求企业为每个鞭炮厂的工人买保险，赔付金额从2000年的9000元一直涨到2019年的80万元。

"钉子户"大致有两种。第一种，行动者完全清楚事情的运作逻辑，明白自身可以采取何种方式争取权益。第二种，行动者感觉到自身受到剥夺，但是说不清楚其中的机制，因此而采取"闹事"的方式。前面论述的几个案例的主人公都属于第一种。而大多数村民，都是第二种模糊感受到剥夺而采取不恰当行动的类型。村民的想法也很简单，"只要不从我裤兜里拿钱就行"。

令村民产生被剥夺感最强烈并产生误解的事情是休耕补贴款的落实问题。一位五保户义愤填膺地谈到所谓的"政府贪污休耕补贴"的问题。"电视里播了，我们省规定的每亩地每年 400 元补贴，到农民手中只有每亩地每年 260 元的补贴。"由于信息不对称，这位五保户称，主要是从电视新闻了解到的补贴金额，还有在外地打工时了解到的外地的补贴金额与本地不对等。然而，休耕补贴是因地制宜的。但普通村民常因无法获取全面的信息而对政策的实施产生怀疑。这位五保户尽管享受到政府的补贴，但仍然不信任政府和基层干部，尤其是当地之前有过干部带钱跑路的情况。关于政府是否贪污，曾在受访的几个村民中引发了一场争论，在场的其他人都对五保户的言论表示不信任，当场用方言和五保户争辩。对于休耕补贴的具体数字，村民仍然不甚清楚。前年春节，前任村主任在自家饭店，被索要休耕钱的老百姓围住，把酒都喝光了。还有，一个贫困户把自家房子建超标了，因而验收不合格，不能拿到应得的住房补贴，却认为这是村干部在捣鬼。面对这种情况，村干部只能采取单个安抚的办法，而代价是被个别村民的要求"挟制"。

尽管村民会为自身的利益努力争取好处，但是在李村，集体的利益仍然有着实在的正当性。这从一起砍树事件和一起修路事件中可以得到印证。

为了道路整治，张发洋请工人（也是村里人）来清理路旁冗枝。但是工人觉得刘城家的树挡路就直接砍了。刘城的父亲与叔叔当年栽下这棵树。刘城生气的点在于没有通知他就把树砍了，因此闹到村部要求赔偿。刘城是党建专干曾知阳的姑父，但是劝解无效。刘城的侄子来到村部，张发洋接待，先是夸其"年轻人前程似锦，犯不着为这种小事来回跑"，接下来刘城侄子的态度缓和，对张发洋说，他叔叔只是要求赔一个礼。张发洋送走他后给刘城打电话赔礼，主动揽下了责任。

其实这个事情的责任在于工人没有跟刘城打招呼，但是张发洋认为，如果不承担责任，刘城家就会找砍树的人的麻烦。砍树的人作为普通村民考虑事情不会特别全面，而且也不可能给赔偿，村民间产生矛盾最终还是会交给村干部处理。不如张发洋直接以村委会主任的身份，处理涉及公共利益的事件，"集体是正当的"，在博弈时不提及私人利益，则不需要赔偿。

村里规划修路，2.13 千米共五条路。有一段是修到山里，会经过三个村民组，而不经过另外一个向旁边延伸、已经无人居住的九狮组。九狮组要求把水泥路接过去，这 600 米需要花费 17 万元，村委会认为无人居住就不需要了。他们继续闹，村委会表示再闹就都不修了，其实村委会知道，如果因此不修，其他三个组的人会埋怨九狮组，而九狮组是害怕这一点的，因而可以转移矛盾。

(三) 社区内生性治理力量的弱化

近五年的时间里，村级治理的性质发生了较大的转变。从由上级政府主导的管理型村庄治理，转变为对国家负责、为农民服务的服务型村庄治理，这种治理内涵的转变需要村干部逐渐适应。现在的李村行政村由过去的九湾村、商湾村、李村、广乔村四个自然村组成。在 2017 年并村前，一般是 5 个村干部管理 1000 人；并村后，6 个村干部管理 4000 人。在 2019 年，李村并村完成后才建起的办公大楼，不但为村委会设置了单独的办公、会议场所，而且设立了各个便民窗口，这使村委会的功能和形象都更加符合服务的特征。而在此前，村委会办公主要是在村干部家中，如遇换届、党建等大型事宜则在镇上订会议室开会。这虽然显得不够正规，却能够深入基层完成村庄治理。因此，表面上村庄治理的常规化其实在一定程度上代表了社区内生性治理力量的弱化。

村委会工作大致包括维稳、征兵、计划生育等。在土地使用方面，目前开始控制建房，尽量一户一宅，建议集体居住。而想通过分户口等方式建两处房子现在也比较困难，因为一般独子成家后，村里和户籍部门一般不会同意分户口。这里还没有开展宅基地复垦项目，但是有些地方已经开展，主要流程是拆房—平整土地—统筹分配。

当前村委会的主要工作如下。

第一，人居环境整治。

人居环境整治首先是厕所改造。目前只改造好了仍居住在村里的 102 户人家的厕所。李村是优先试点的区域，所以由村里先去镇上找厂家谈，1600 元每户。规定成本并且要求有化粪池。由于后来别的村再建将成本控制在 1400 元，因此额外的 200 元只能由村委会解决，无法找村民要。

第二，空心房、违建房（外面有房的）、牲畜房拆除。

对于快要倒掉的房子，村民是希望村委会帮忙拆除的，比较配合，毕竟自己拆也需要花 800~1000 元。目前拆掉的 8 户的房子都是这种情况。总共指标是 200 多户，张发洋认为肯定是完不成的，因为很多人虽现在在镇里有房，但还要回来养老，他们不会允许拆除。目前的矛盾在于，上级规定要签合同，而合同是县一级统一做好的，把补贴金额写得清清楚楚，但是又没有拨款，村里给不了农户补贴。

第三，垃圾分类。

垃圾分类最难做，因为村民没有这个意识。比如下湾村的易大爷，张发洋多次做工作，但是讲完还是不知道。遇到上级检查询问"有没有人普及垃圾分类的知识"，他就说"没有"。村干部认为："其实人不坏，就是没有这个意识。"

第四，党建工作。

2018 年县虹市委组织部招聘社会人员担任党建专任干事，通过考试选拔，由组织部发放工资，工作受村委会领导。月工资 1750 元，年终绩效考核合格者奖励（根据村里财政）6000元。2018 年还有专职网格员（月工资 2000 元），后来市里财政维持不了就取消了。李村（四个自然村）共有三个网格员，2018 年收集人和户的摸底信息，房子的基本情况和定位，协助公安系统统计吸毒人员。网格工作没有固定的要求完成时间，因为市里正在试点，情况总是变动。

第五，扶贫工作。

李村一共有 87 户贫困户，上级政府会与医药企业合作培训种植药材的知识，签协议种多少收多少。但是贫困户面临的问题是年迈等。低保 360 元/（人·月），一家中可以有好几人入选。五保户是 468 元/（户·月）。另有一种年龄没到五保户标准的失独家庭，村里会给其评选特困户予以照顾。对于因病致贫的，有额外的大病救助和民政报销渠道。

村民有事一般直接找村主任而不是组长。虽然村民迁到镇上之后，一个小组的并未居住在一起，但小组管理仍是其村级管理的主要形式。组长负责派出性的任务，比如休耕补贴由组长发放。事实上，村小组班子成为一个信息收集机制，而不是村庄治理机制，是科层体系下渗的结果。组一级的有效性完全靠秩序的内生机制。一般小组组长在传达政策方面起着主要作用。同时，配合现代化办公要求，每个小组建立了一个微信群，主要用于政策传达和信息交流。小组群名一般也是小组的名称。而当地小组的名称一般也是根据小组内标志性的住房或者居民姓氏起的，比如"张家老屋组""吊楼组"。近几年，李村 57 个小组已经缩至 26 个，许多合并的组尚未选出小组长。根据村治的内容，小组长主要负责宣传政策、征求意见。以村主任张发洋所在的生产小组为例，有 22 户、90 多人，现在只有 3 人在村内居住。当选小组长的基本要求是 60 岁以下，必须会使用智能手机。还是有一些人会争着当组长，其实村里只能在年终时象征性地给几百元。但是人们看中的好处有二：第一，多做几年组长，估计政府未来会给组长发工资；第二，在搞开发时信息畅通，以期分一杯羹。

目前村里有辅警制度。辅警在抚贤镇派出所上班，主要负责需要出警的纠纷，凡是李村村民犯事，辅警都要过去，把情况及时反馈给村上。这种制度在一定程度上缓解了基层警方的压力。

村里目前只有两个民兵，张发洋现任民兵队长，目前打算重新组建 20 人的民兵队伍，要求是 30 岁左右的退伍军人，且在镇上居住，能够随叫随到，与全镇民兵一起参加培训，主要负责村庄安保以及防火防灾。

（四）社区自我救济能力的丧失

随着服务型政府的转型与技术手段的不断进步，基层政府对于农民生活的控制力和辅助力在乡村生活的各个方面不断提升。无疑，服务型政府的建设不断为农民带来实惠，既为农民提供服务，又为其提供资源。但是在广乔村做过 17 年村支书的荣香华有其独特的见解，认为归纳起来有两个意涵：其一，服务功能的增强如果不注意方式方法，会逐渐压缩村庄内生的能动性；其二，资源的下达如果不能兼顾公平，就会对原本相对平安无事的村民关系造成损害。

其中，最为典型的方面在于灾害防治。过去偶尔的洪灾、冰灾都能共渡难关。以往，农民并没有将希望寄托于政府，全靠互相帮扶走出困境。以 2008 年初的冰冻灾为例，停水停电，砍柴不便，冰雪厚积压垮民房。当时村干部带领村民展开自救。一般情况下，房屋被毁的安顿至村部或亲戚邻居家，即使住上两个月，亲戚或邻居都没有什么怨言。人们互相帮忙维修房屋，一起走街串巷带点食物送给吃饭困难的人家，甚至村干部会自己掏钱接济村民。也就是说，村民依靠自己的力量，完全可以恢复正常生活。并且，这种互相帮助促使社会关系更加紧密，"对团结有好处，帮过别人的名声好，被人帮的要还人情"。

而在近些年，基层政府主动提供了这一方面的支持。政府会提前预报气象灾害，同时加大灾害预防宣传。落实到村一级，村干部一般都会重点筛查村内几处较易发生灾害的地点，及时通知附近居民灾害预报，一家一户发通知。灾害之后，镇政府会将受灾群众集体搬到乡安置点，并向上级汇报申请灾害补贴。

> 2012 年以后，尤其是现在，救灾会首先由政府部门现场勘察。有些人的心态是"两眼望上"，总觉得政府给得多是理所应当的。甚至政府人员来送东西，如果自己不需要都不会理会。荣香华书记认为这一转变的发生从"贫困户"的评选开始，"过去如果被认定为'贫困户'，那是耻辱，家里都娶不到媳妇的；2014 年以后贫困户的补助增多了，人们拼命争取"。

在访谈中，我们见到了将村部当成了"物业管理中心"的村民。访谈时一群老人来到村部，看起来客客气气的，却是要求村委会在厕所改造后给每家每户把水管接好。当地政府已经在厕所改造中为每家提供了 1100 元左右的补偿，到了这一步，各家各户只需要自己动手或者互相帮助，用 100 元就可以接上水管。但是村民还是借口腿脚不便，要求村委会雇人解决。

村主任张发洋对此觉得非常无奈，认为贫困的人得到好处，学习他们的经验，是一种习得性无助。

> 扶贫的钱多，村干部又都忙着扶贫，所以老百姓不仅觉得村里有钱，还觉得村干部很闲。我是不能开口子的，第一，坚决不能用钱解决问题，这会让更多人觉得村里有钱从而讹诈；第二，接水管这种事，放在过去也就是互相帮一把的事情，现在就都依靠政府；第三，有些人越来越自私。

无论是否进入城镇，李村村民的整体经济状况都在较好，只要愿意劳动，每个人基本都可以有事做。并且，产业已经被镇域的经济精英垄断，李村产业扶贫的需求较低。因此，扶贫的专项补贴没有了功能的划分，一概成为"砸向个人的大笔金钱"。荣书记认为，原本出于对弱势家庭的保护而设立的低保、贫困户评选政策的执行不当，使村民的关系更加紧张。

弱势者不再弱势，是让村民感受到不公平的一点。对弱势者的保护是村庄共同体中原本存在的救济行为，这些人在获得了政府的帮助后，村庄社会便不再需要提供救济，这样一来，村庄内生的兜底与互助机制便会丧失。

在多数弱者可以得到救济的同时，底线救济也存在遗漏。基层政府的服务型转向同时伴随着治理手段的标准化，这就意味着熟悉的治理方法可能出现问题。一些历史遗留问题并不在今天的服务标准范围内，却需要解决。

> 走访要走对对象，不能总是"会哭的孩子有奶吃"，不该去妥协的人，坚决不开口子。不主动伸张的人，了解情况也得去看，以示公平。

对于访谈中主动与我们攀谈的家里很困难的巫静雯，荣香华认为她就是没有得到救济的典型例子。其母亲在1971年集体化时期为集体做工时砸断手臂，但一直没有得到补偿，原因是计划生育开始后，所有的补贴、选拔都首先将超生的人筛出。而20世纪90年代巫静雯超生，连累其母亲不能获得补贴。巫静雯家在有困难时没有得到补偿，但是如今可以有补偿时却不符合贫困户的标准。荣香华认为村里如果有灵活的费用，对于这些人可以有一点慰问，也有利于缓和矛盾。因为政策性的扶贫一旦制度化，就会让有些人觉得理所当然。

总而言之，村庄治理方式的变化，既是李村社会团结机制改变的一个结果，又是李村社会团结机制发生改变的原因之一。作为结果来看，其原因是社区结构的改变：其一，居住结构中城乡分隔的居住形态为村庄治理带来了较大的困难；其二，社会分层结构中精英与大众愈加分化，他们之间的熟悉度降低，对村庄事务的掌控力日趋分化。作为原因来看，需要从社会团结的角度审视当前李村的村庄治理过程，愈加科层化的组织过程并不一定会使村庄治理得到最佳的效果，反而可能会剥夺社区内生的治理力量，并使自我救济能力降低。

小结

对于李村而言，人们的生计模式不再依靠村庄。因此，老地缘被逐渐融合在新地缘的形成过程中，人与土地、乡土性关系和乡土仪式正在日趋脱节，老地缘存在的根基受到了动摇。

但是乡村社会的改变并非直观看起来这么简单，在城镇李村与乡土李村的互动、联结之中，乡土李村实质上受到了更大的影响。一方面，城乡间的现实联结机制依靠功能性的人际关系与价值性的交往传统维系，在李村目前只有比较少数的生产组和个体在维系这种联结，这是一种主观上的选择；另一方面，城乡间的系统联结机制构筑于现代社会体系，正在对农村与农民发挥着改造的作用——社会变迁不仅仅是一个社会从乡村到城市的地域变化，更是"核心制度秩序"的转型。相较于传统社会，现代社会运作的价值观、方式与逻辑正在逐渐进入农民的头脑中。这会使乡村社会的个体生活、代际关系乃至社会关系都会产生全方位的改变。

　　因此，我们可以判断，人们期待回去的李村是一个现实联结与系统联结的交汇之地，是兼具了城乡优点、适宜居住的田园而已。在未来的发展过程中，如果没有更多社会性因素的生长，生于斯、长于斯的老地缘关系终将被替代。

结 语

一 总结与回顾

"农民进城"可谓是近年来中国社会最为令人关切的现象之一。作为一个问题域，其中一些部分已经得到了学界的关注：农民如何进城，进的是什么样的城，进城后的生计与生活如何，农民进城后可以依靠怎样的社会关系。在中国的不同地区，以上问题有完全不同的答案。李村调查，使我们看到了非传统的中国农村与非现代的中国乡镇的缩影。笔者以李村社会的历史发展为线索，试图描绘出在国家、市场的双重作用下，李村中的个人、家庭与社会如何安排其生计与生活；在李村村民到抚贤镇镇民的身份转变中，人们如何应对血缘、地缘、业缘等各种维度的社会交往。最终思考，如果人们的社会交往仍然是"新瓶装旧酒"，李村还可以被称为一个乡土社会吗？

以下，我们将按照各个章节的问题意识进行梳理与回顾。

第一章，我们关注的问题是，一个缺乏互助合作基础的社会是怎样的形态。老李村位于丘陵地带，地形复杂，多种农业经营方式、得天独厚的灌溉条件、长时间开发的山区、不平等的继承制度、半向外开放的生活模式使这里的人们居住松散，社会联结纽带较弱。社会规范与惩戒力量同样脆弱，人们善于寻求私力救济等方式。由此可见，人们依赖的血缘型、地缘型社会支持一直不足。

第二章，集体化时期国家权力的下渗与公社制度的建立，在李村松散的社会基础上重新建立起了一个村庄社会。一个以生产队为核心的地缘共同体发挥了前所未有的作用。而这种对社会的改造是循序渐进而非断裂式的。在此期间一系列制度建立，为改革开放后雨后春笋般出现的手工业家庭小作坊提供了稳定的社会环境和经济环境，也提高了女性在家庭中的地位，由此改变了李村当地的婚姻形态与家庭结构。并借由共同的教育、共同的趣味活动等建立了以生产队为中心的地缘圈，成为此后旧地缘的基础，并打散了一直悬浮在村庄外部的私力救济"江湖"。

第三章，分田到户之后，人们以核心家庭为单位从集体的生产领域撤离；然而在娱乐生活、纠纷调解等领域，家庭与社会尚未切割，形成一种"集体半消解"状态。同时期花炮行业的加工小作坊兴起，一家一户的生产与销售模式对核心家庭强化、社区联结弱化产生了较大的影响，由此形成的发展逻辑更进一步塑造了独特的家庭形态和生计模式。20世纪90年代中后期社队企业解体以及产业私营化，进一步推动由农入工的生计转型，更意外性地奠定了倒"丁"字形的社会分层结构，也直接影响了后续城镇化的进程以及血缘、地缘和业缘三者之间的关系。

第四章，在加工小作坊逐渐被取缔后，发展逻辑驱使李村人在村镇之间流动工作，为获得好的工作和改善家庭生活条件而奔波劳累。另外，活跃的市场交易、模拟乡镇生活的实践不仅满足了李村人发展的需求，也进一步刺激了他们向上跃迁的动机。此外，教育进镇造成核心家庭内子代与村的分离，与生产进镇造成核心家庭父代与村的分离，推动李村人实现了家庭人口进镇。在就近城镇化中，李村人呈现了速度快、参与面广、阶段性、时空耦合性、以自建房进镇为主和超前消费建房为主的特点。而由于时空的耦合性，李村人进镇之后的居住分布与之前在村内的居住分布产生了非常大的差异。老邻居被打散，李村人面对的是陌生的邻居，但李村人按照新的地缘迅速和邻居形成了联结，并在地缘的基础上发展出更加日常的交往关系，重组了一个新的更加复杂的地缘圈。

第五章，结合以上内容我们试图讨论，李村这种"新瓶装旧酒"的社会存续的机制是什么？我们首先关注到的是家庭内外的社会关系与交往方式。在镇上居住的李村家庭，以核心家庭与主干家庭为主要的家庭结构类型。在核心家庭的情感关系不断增强的同时，主干家庭形成了有力的代际支持。在进镇生活之后，家庭内的关系呈现了代际关系中权利与义务失衡、夫妻关系平等且脆弱，以及兄弟关系依然只能实现底线互助的特征。尽管基于降低生活成本和代际支持的需要，镇上的李村家庭中联合家庭的数量也很多。但在核心家庭与主干家庭之外，即使是联合家庭也常常只是工具性关系的联结，这使基于血缘的互助合作不易获得。同时，虽然个人的社会交往出现了多种面向以及实利化的特征，但基于生活策略与情感信任考虑，人们仍然需要较高频次的地缘交往。这种交往并非基于个人关系的社会交往，而是整个家庭的全方位互动。当镇域范围内的社会交往主要以家庭为单位时，从旧地缘关系扩展而来的新地缘关系显得尤为重要。

　　第六章，我们继续分析了李村地缘圈存续的机制。李村人进镇之后形成的新的居住格局和就业选择，并未完全改变其社会联结机制。以核心家庭为行动单位的李村人的生活面向仍是地缘圈子。一方面，血缘联结历来不紧密，无法有效渗透进家庭生活的方方面面。在这种情况下，家庭在功能论意义上的互助合作，还有行为方式上的优先选择、情感价值上的信赖与归属都仍然以新旧地缘交汇下形成的地缘圈子为主。而另一方面，李村村民普遍处于生产链下游、同质性强，缺少形成强业缘联结的条件，业缘关系也无法入侵个体生活的其他关系网络，更谈不上为李村人的生活发展提供社会支持。甚至，当业缘的交往涉及血缘与地缘关系时，血缘和业缘常常因为缺乏调解机制而无法互嵌，而地缘却可以在业缘交往中占据上风。因此，人们的生活没有在真正意义上被其他社会联结方式冲散，反而强化了人们对地缘圈子的认同和依赖。

　　第七章，结合前三章的分析，尽管可以认为旧李村仍然在人们的心目中与日常互动中存续着，地缘关系占据了日常生活的主导，但是城镇生活与乡村生活的现实性断裂越来越大，并集中表现为对土地、乡土仪式和乡土性关系的抛弃。不容忽视的是，断裂中仍有联结，现实的联结与系统的联结均发挥着作用。在现实联结层面，乡村李村在农业出产上至少可以为村民提供底线上的生存支持，而一些精英能够开发李村的生态环境资源，使之产生经济效益甚至吸纳村民就业。在当下的现实联结中，少数以生产组为单位的群体，仍然维系着基于过去共同生产、互助团结的情感纽带，并转化出社会内生的集体行动能力。在城乡分隔的境况下，经济精英治村为村庄带来了获得资源的机会，但同时也不可避免地使村庄治理走向陌生化。尽管政府为村庄不断注入资源，控制力与辅助力有所提升，但这同时也使村庄的内生性治理力量弱化，社区自我救济能力丧失。然而，乡村社会深刻的改变发生在系统联结层面。无论村民是否向外流动，逐渐普及的互联网都传递着社区之外的知识，每个个体都被现代制度编织的秩序复合体整合。现代性本身带有多元化与差异性的特征，因此村民的生活世界也在表面的一切如常中产生了分化。

二 理论探讨与延伸

（一） 不同时期地缘关系的形成机制

结合本书前言部分提出的理论框架，我们对不同时期的李村有了更加深刻的认识。在不同时期，地缘关系的形成机制并不相同。

在李村的现实中，地缘关系的形成有三个阶段。第一阶段，新中国成立前的时期，是闭合的松散地缘社区，李村的地缘关系形成了与血缘交织的弱联结。但是，由于互助合作需求较少、居住松散，没有发育出强有力的宗族，因此血缘的主导性不强，对于每个家庭来说，可以独立发展较为紧密的地缘关系朋友，但地缘关系是较为薄弱的。第二阶段，集体化时期，是闭合的地缘共同体。国家力量用地缘的方式整合了农民生产生活的方方面面，地缘关系成为搭载其他关系的主导力量。农民形成了以生产小组为核心的、圈层化的紧密地缘关系。第三阶段，城镇化时期，李村进镇村民之间形成了开放的松散地缘关系。村民没有依赖业缘关系，却自发依赖于地缘关系。这种地缘关系从表面看，仍然是曾经的最核心的生产小组，似乎是地缘关系的遗留。但是与中国的其他区域相比，这种新旧交织的地缘圈超过了业缘关系，并占据了农民生活的主导。本书的分析，剥离出了当下与此相关的三个最为重要的社会事实：血缘联结一直比较薄弱、以核心家庭为单位的社会交往，以及镇域内的业缘发育不充分。一方面，李村的血缘联结历来薄弱，无法有效渗透进家庭生活的各个方面。在这种情况下，地缘核心家庭之间的互助交往替代着血缘核心家庭产生的作用。另一方面，以核心家庭为单位的社会交往避免了个人社会交往的过度发展，进一步巩固了地缘关系的地位。由于镇域内产业的低端化、社会分工发育不充分，业缘关系在组织个人生活、重塑社会关系方面发挥的作用过于薄弱。这三个社会事实，将个人的日常生活、社会交往甚至生活面向都带入了地缘关系形成的社会空间中。

（二）低端社会分工下的个体与社会交往

民族志对上述的社会事实进行了一定的理论分析，试图回应两个现有的社会学命题。

首先，我们要讨论社会分工以及社会团结的问题。在理想的城镇化进程中，农民职业从第一产业向第二、三产业的改变过程带来的不仅仅是生计模式的变化。正如涂尔干（2013：24）所认为的，劳动分工不再是单独经济利益的范畴，其自身便是社会和道德秩序。他提出联结紧密的职业群体，其目的不只是为了表明业缘上的联结，更是为了揭示职业互动在社会生活中构建的总体性关系，肖瑛（2008）称之为"总体的社会组织"。中国近期的研究关注到了这样的问题，汪国华

（2009）对农民工的交往行为进行了研究，认为业缘关系的强化可以使农民的交往空间梯度化，其中，行业的严格层级体系、工资制度和日常工作仪式在很大程度上形塑了他们的日常交往，其重要特征是业缘强与地缘弱。在以工商业为主的城镇社会中，社会交往逻辑一定会被业缘关系切割吗？如若不然，在何种情况下业缘逻辑不能占据社会生活的主导地位？

我们已经看到，李村的城镇生活与上述的城镇化理想完全不同——业缘关系没有重新组织农民的社会关系。这其中的机制既是经济性的也是社会性的。从经济性的方面来看，业缘逻辑不能占据主导的最重要原因，是业缘关系的发育不足。作为特定类型手工业较为发达的工商业市镇，抚贤镇并没有发育出像景德镇一样血缘、地缘、业缘集合体性质的社会组织形式。在抚贤镇现有的工业体系与商业体系内部，趋于简单化的生产过程中没有分化出支配关系、支持关系和竞争博弈关系，导致李村人无法形成以职业为联结的强业缘关系。这种较弱的业缘联结不能侵入李村人其他方面的社会关系网络。所以进镇后的李村人仍是以核心家庭为单位，以地缘为主要交往联结纽带的简单社会。最为明显的表征是，工作之外个体依然选择回归核心家庭和地缘圈子获取社会支持，而非业缘。在既有地缘又有业缘可供选择的情况下，李村人的社会交往对象通常是地缘关系优先。

从社会性的方面来看，联结并不紧密的业缘关系无法侵入个体的社会生活，李村人一直未把生活的期望与意义附着在业缘关系上。就一般的李村家庭而言，核心家庭为个人提供的社会支持能最大限度地满足个体生活的需要，而地缘圈子也能够为个体和家庭提供社会支持，因此消解了业缘联结的强度和作用力。但是，李村人在对社会支持的需求上表现出了极大的自足性与保守性。李村人为何仅仅需要低限度的社会支持，而没有其他方面的发展性支持需求呢？

除了我们关注的社会交往问题，低端社会分工还直接影响着在小城镇生活的每个个体。这就引发了下一个需要讨论的问题——农民进镇后进一步向上发展的需求与支持。

这一问题对应于小城镇与人口发展的研究。一份基于2010年中国综合社会调查的研究显示，在当前的中国，农民主动向大城市进行城镇化的意愿并不强烈，有进城计划的农民仅有10%左右（杨传开等，2010）。一些学者分析了其中的客观因素与主观因素。陆益龙（2014）认为，年轻人、收入更高、更具有现代生活方式倾向的农村人主动城镇化的意愿更为强烈。王德福（2017）的研究提出，人们并非一代人直接进城，而是"接力式进城"，以家庭资源的代际转移为方式，通过接力式的代际支持实现家庭体面进城的目标。与这些研究不同的是，李村的农民早年便实现了就近城镇化，实现了生产、生活发展的一大进步。但是他们在进入乡镇后并未表现出继续进入县城、地级市的意愿，甚至在年轻人中也很少有打拼意愿。但是，在中国的许多区域，农民不仅想进入城镇，更想一步跨入真正的城市。李村村民的发展脚步为何会在进入小城镇之后趋于停滞，不再考虑进一步向上跃迁呢？其中的机制如何？

首先，我们可以肯定的是，农民不想继续跃迁，不是因为对当下的生活已经很满意。许多李村村民曾提到城里令人羡慕的丰富的教育、医疗资源，但是他们并不敢贸然进入城市，并对此解释为"没有学历、没有技术、没有人，找不到工作，立不住脚"。这些原因从表面上看是可以理解的，但是结合其他地区的经验就可以发现，没有学历、没有技术大概是早年农民面临的共同的问题，但是为什么许多地区的农民敢于进入城市呢？在比较的视角下，当地人话语中常常提到的"没有人"进入我们的视野。

农民进城的举动对于整个社会而言是社会结构转型的一部分，但对于每个个体而言，则既是一个基于经济理性计算的行动，又是一个充满社会意涵的行动。在社会网络理论中，经济理性行动与社会行动二者之间的关联十分紧密。"没有人"意味着社会网络与社会支持的缺乏，这是李村长久以来面临的问题。而更为严重的是，作为传统的工商业市镇，抚贤镇同样没有发育出良好的基于社会分工的"弱关系"（沈毅，2013）。强关系与弱关系的双重不足严重阻碍了社会网络的搭建——血缘与地缘可以带来的是强关系，在同质性的组织或群体内部重复雷同的信息传递；而弱关系则存在于异质性的个体之间，有助于个体获取组织或群体之外的新信息，从而在社会流动求职等方面占据优势（Granovetter，1973）。在现有的血缘、地缘、业缘关系中，血缘关系不足以成为可以仰仗的强关系；业缘在当下盛行的行业中是很难发育的，也难以搭建出信息优势充分的关系网络。李村人深知这一点，因此既不愿意向上流动，也不愿意为了向上流动而主动搭建社会关系。

因此，通过李村的社会关系现状，我们可以发现一个微妙的交互机制：社会支持的缺乏、农民不愿向外流动以及业缘关系发育的不足，三者形成了交互的关系。先赋性的社会支持缺乏导致农民缺少向外流动的资源；业缘分化不足使农民的后致性社会支持缺乏，进而抑制他们向外流动的需求；在农民向外流动的意愿降低后,生产与生活过程中的变数与困难通常不需外力就可以应对。通常情况下,人的社会交往不是无边无际的,其本身存在着分类与分层的内涵,人们会以某些圈子为核心对自己的社会交往进行限定。而在一个发育较为充分的现代社会中,这种限定通常是由经济分化与职业差异造成的。然而,镇域内的经济分化较弱以及职业差异较小使人们找不到合适的划分社会关系的依据,因而松散的地缘关系反而显得重要了。因此,在镇域范围的日常生活中,家庭和邻里已经基本满足了互助合作与情感价值所需,继而农民更加不愿主动参与业缘关系的搭建。最终,镇域内的社会交往呈现一种收缩的样态,这在中国其他业缘发展不充分的城镇同样存在。

(三) 初级社会分工下的镇域社会

将抚贤镇的现象放置到整个中国来看,镇域范围内的情况是近似的。一个个从事着低端社会分工的行动者组成了低端社会分工下的镇域社会。这一类社会的特征是已经开始具备城市社会的光鲜外表,但尚且不具备城市社会的真正内核。相关研究已经为镇的功能做出过判断:"镇区则介于城乡之间,作为'城之尾,村之首',体现为联结城市和乡村的节点和桥梁,既为乡村提供略低等级的就业机会、消费场所和基础的教育医疗服务等,也是城市的腹地,高层级的服务依赖于城市。"(李裕瑞、尹旭,2019)人们可以在镇的范围内完成生产活动,在一定程度上进行消费,但是更高层次的一些消费,如更高层级的教育、更优质的医疗等,则要进入县城及以上的行政区域完成。但是从人们的生活面向来看,抚贤镇是不同于中国的其他乡镇的。依照发展的逻辑，大多数进入乡镇的农民无论是为了个体还是家庭的发展，都仅仅将进镇作为脱离农村的跳板，县级以上的区域才是理想的城市生活留居地。

在村民自发向城镇流动的环节中，城镇生活与以往的乡村生活的内在逻辑并没有实质上的差异——职业环境只不过是从农田进入工厂，甚至是做招之即来的零工；日常生活需要的是小规模的、以熟人贸易为主的街集贸易，或许只是多了一个门面。农民在形式上进城，而这个"城"却未在实质上具有城市的内核。城市社会存在的市场逻辑与较为标准化的规则如同一个系统，使人们可以超出个体的关系而彼此信任。然而在这里，既不同于在封闭农村社会时，人们因为完全熟悉而共用一套标准和信任，又不同于城市社会中，由社会分工建立起的、依靠陌生人完成日常行动的逻辑。

社会交往的收缩并不代表人们可以规避社会的变化与发展。可以说，镇上人们的关系正是在一种"半生不熟"的状态中维系着。人们对社会交往的两种考量方式，隐含在生活经验之中，其本质是信任关系的问题。而这已经有了理论上的阐释。在经济关系中，第一种，基于个人关系形成的信任，被格兰诺维特称为"关系性嵌入"。这种蕴含于单独关系中的信任，依靠双方之间建构出的认同，但是本身就会增加欺诈的机会。第二种，基于群体和网络身份而拥有的信任，两两之间的关系交织成为更加复杂的"结构式嵌入"，这种社会网覆盖下的关系实质上更加牢靠。在抚贤镇的产业发展过程中产生的经济关系问题上，一方面，已经有许多由"关系性嵌入"而产生欺骗和背叛的例子，人们难以互相信任；另一方面，人与人之间无论是权力关系、竞争关系还是合作关系都未发育完全，因此"结构性嵌入"的业缘关系"土壤稀薄"。另有一直较为松散的血缘和地缘联结纽带，这使整个社区的规范与权威是无序的，不能发育出具有稳定基础的结构信任。

　　除了现实人际关系本身负载的关系性信任与结构性信任，镇域的社会关系中还缺乏由现代性主导的抽象社会所蕴含的系统性信任（李猛，1999）。所谓系统性信任是指现代性的发展逐渐缔造了各种理性化的程序和制度（冯仕政，2004），而这些并非内生于人的日常生活，而是由不在场的机构或专家根据专业的逻辑设计出来的，对于普通人来说就是一种"黑箱"系统。但是社会运转的抽象化使人们逐渐适应于广泛的社会分工、信任分工系统，并且将生存与发展的权利、机会交付给抽象的程序与制度。然而，这种系统性信任在不同的个体身上有着不同程度的表现。从技术层面来说，尽管前文我们提到了现代的科技手段等对农民生活产生了改变，但是这些改变仍然流于表面。参与社会生活与市场活动的每一个人都无法抗拒抽象社会的裹挟，但不意味着每一个人都适应具有程序性、反思性、非人格化的抽象运转机制。从价值层面来说，人们对抽象社会中包含的对程序的认同、对制度化个人主义的认同、对工具理性范畴的认同还远未产生。缺乏对社会系统的参与，其结果是，无论人们的日常生活依靠血缘、地缘还是松散的业缘联结，镇域社会的本质仍未脱离熟人社会。

参考文献

埃米尔·涂尔干，2013，《社会分工论》，生活·读书·新知三联书店。

蔡昉，2010，《人口转变、人口红利与刘易斯转折点》，《经济研究》第 4 期。

陈靖，2011，《农民的行动观念与村庄秩序——一个地缘性村落的考察》，《中共南京市委党校学报》第 6 期。

方李莉，2011，《血缘、地缘、业缘的集合体——清末民初景德镇陶瓷行业的社会组织模式》，《南京艺术学院学报》（美术与设计版）第 1 期。

费孝通，1990，《缺席的对话——人的研究在中国——个人的经历》，《读书》第 10 期。

费孝通，1996，《重读〈江村经济·序言〉》，《北京大学学报》（哲学社会科学版）第 4 期。

费孝通，1999，《费孝通文集》（第 2 卷），群言出版社。

费孝通、张之毅，2006，《云南三村》，社会科学文献出版社。

费孝通，2012a，《江村经济》，北京大学出版社。

费孝通，2012b，《乡土中国》，北京大学出版社。

费孝通，2016，《中国城乡发展的道路》，上海人民出版社。

冯仕政，2004，《我国当前的信任危机与社会安全》，《中国人民大学学报》第 2 期。

桂华、余彪，2011，《散射格局：地缘村落的构成与性质——基于一个移民湾子的考察》，《青年研究》第 1 期。

哈贝马斯，2000，《合法化危机》，上海人民出版社。

哈里·布雷弗曼，1979，《劳动与垄断资本》，方生等译，商务印书馆。

贺雪峰，2003，《新乡土中国》，广西师范大学出版社。

侯东栋、王晓慧，2018，《流动人口的城市融合：从疏离到结缘——基于差序格局理论的分析》，《西北人口》第 1 期。

华尔德，1996，《共产党社会的新传统主义：中国工业中的工作环境和权力结构》，龚小夏译，香港：牛津大学出版社。

焦长权，2012，《换亲：一种婚姻形式及其运作——来自田野与地方志的分析》，《中国乡村研究》（第 9 辑），福建教育出版社。

卡尔·波兰尼，2017，《巨变：当代政治与经济的起源》，社会科学文献出版社。

李风华，2014，《中国农村工业的起源：基于制度的视角》，《湖南师范大学社会科学学报》第 4 期。

李海金，2011，《集体化时期农民政治身份及其影响的变迁研究》，《中共党史研究》第 12 期。

李汉宗，2013，《血缘、地缘、业缘：新市民的社会关系转型》，《深圳大学学报》（人文社会科学版）第 4 期。

李丽媛，2007，《民间社会中的拟亲属关系研究》，《西北第二民族学院学报》（哲学社会科学版）第 1 期。

李猛，1999，《论抽象社会》，《社会学研究》第 1 期。

李裕瑞、尹旭，2019，《镇域发展研究进展与展望》，《经济地理》第 7 期。

刘金海，2010，《农民的"集体劳动"：缘由、规范及实施》，《中共党史研究》第 2 期。

刘世定、邱泽奇，2004，《"内卷化"概念辨析》，《社会学研究》第 5 期。

刘守英、王一鸽，2018，《从乡土中国到城乡中国——中国转型的乡村变迁视角》，《管理世界》第 10 期。

刘玉侠、陈翠萍，2014，《农村流动人口再城镇化的社会支持探析》，《江淮论坛》第 6 期。

陆益龙，2014，《向往城市还是留恋乡村？——农民城镇化意愿的实证研究》，《人文杂志》第 12 期。

罗伯特·芮德菲尔德，2013，《农民社会与文化：人类学对文明的一种诠释》，中国社会科学出版社。

罗平汉，2014，《老解放区土地改革运动的几个问题》，《安徽史学》第 5 期。

洛克伍德，1997，《社会整合与系统整合》，《社会理论论坛》第 3 期。

马克·格兰诺维特，2019，《社会与经济：信任、权力与制度》，中信出版社。

迈克尔·布若威，2008，《制造同意：垄断资本主义劳动过程的变迁》，李荣荣译，商务印书馆。

莫塞利斯，1997，《社会整合与系统整合：洛克伍德、哈贝马斯、吉登斯》，《社会理论论坛》第 3 期。

彭希哲、胡湛，2015，《当代中国家庭变迁与家庭政策重构》，《中国社会科学》第 12 期。

钱杭，2001，《血缘与地缘之间：中国历史上的联宗与联宗组织》，上海社会科学院出版社。

单丽卿，2016，《"强制撤并"抑或"自然消亡"？——中西部农村"撤点并校"的政策过程分析》，《河北学刊》第1期。

沈毅，2013，《迈向"场域"脉络下的本土"关系"理论探析》，《社会学研究》第4期。

施坚雅，1998，《中国农村的市场和社会结构》，中国社会科学出版社。

施坚雅主编，2000，《中华帝国晚期的城市》，叶光庭等译，中华书局。

谭同学，2009，《当代中国乡村社会结合中的工具性圈层格局——基于桥村田野经验的分析》，《开放时代》第8期。

谭同学，2010，《桥村有道：转型乡村的道德、权力与社会结构》，生活·读书·新知三联书店。

谭同学，2012，《亲缘、地缘与市场的互嵌——社会经济视角下的新化数码快印业研究》，《开放时代》第6期。

童辉杰、黄成毅，2015，《当代中国家庭结构的变迁及其社会影响》，《西北人口》第6期。

王德福，2017，《弹性城市化与接力式进城——理解中国特色城市化模式及其社会机制的一个视角》，《社会科学》第3期。

汪国华，2009，《新生代农民工交往行为的逻辑与文化适应的路向》，《中国青年研究》第6期。

王天夫、王飞、唐有财，2015，《土地集体化与农村传统大家庭的结构转型》，《中国社会科学》第2期。

王晓毅，1993，《血缘与地缘》，浙江人民出版社。

吴重庆，2014，《"界外"：中国乡村"空心化"的反向运动》，《开放时代》第1期。

吴重庆，2020，《"同乡同业"："社会经济"或"低端全国化"?》，《南京农业大学学报》（社会科学版）第5期。

项飙，2018，《跨越边界的社区：北京"浙江村"的生活史》，生活·读书·新知三联书店。

肖瑛，2008，《法人团体：一种"总体的社会组织"的想象——涂尔干的社会团结思想研究》，《社会》第2期。

杨传开、刘晔、徐伟、宁越敏，2017，《中国农民进城定居的意愿与影响因素——基于CGSS 2010的分析》，《地理研究》第12期。

杨山、杨虹霓、季增民、于璐璐，2019，《快速城镇化背景下乡村居民生活圈的重组机制——以昆山群益社区为例》，《地理研究》第1期。

叶艳妹、彭群、吴旭生，2002，《农村城镇化、工业化驱动下的集体建设用地流转问题探讨——以浙江省湖州市、建德市为例》，《中国农村经济》第9期。

张波、申鹏，2019，《我国新型职业农民群体研究回顾与展望：一个文献综述》，《理论月刊》第7期。

张丽风，2010，《利克特的支持关系理论的评述》，《西南农业大学学报》（社会科学版）第4期。

赵世瑜，1996，《中国传统庙会中的狂欢精神》，《中国社会科学》第1期。

周泓，2018，《镇域商域宗族与圈层社会形态》，《宗教信仰与民族文化》第1期。

Durkheim，E. 1984. *The Division of Labour in Society. London*：

The Macmillan Press Ltd.

Granovetter，M. S. 1973. "The Strength of Weak Ties." *American Journal of Sociology* 78（6）.

中共株洲市委调查组、《湖南日报》记者、《人民日报》记者，1974，《一个很好的典型——株洲市厂社挂钩，集体安置知识青年到社队农、林、茶场的调查报告》，《人民日报》6月12日。

《人民日报》记者，1975，《向着光辉灿烂的目标迈进——看株洲厂社挂钩、知识青年下乡对缩小三大差别的意义》，《人民日报》10月4日。

后 记

　　2019 年暑假，我们研究团队来到李村开展为期半个月的驻村调研。调查之初我们未设立任何研究目标或研究主题，只想试图了解与理解一个村落的历史与当下。在大量的访谈之后，我们将研究目光逐渐聚焦在村庄非常实在的"地缘关系"上。尽管我们将"地缘"作为一个研究主题，关于"地缘关系"的问题意识却已经萦盘在我们的脑海中长达几年的时间。地缘是农村社区常见的联结纽带，但一般被学界作为血缘的依附而对其关注较少。直至来到李村，我们终于发现地缘关系在某些地区的村落中具有实质的内涵和功能。

　　在写作中，我们遵循着两条进路。其一，通过李村的个案，我们试图展现依靠地缘联结的非传统型乡土社会及其变迁过程。我们关注在传统农业社会、集体化时期与市场化时代这三个阶段，地缘圈不同的形成机制，继而考察地缘关系如何对农民的生产、生活及社会交往产生影响。其二，李村是华中地区十分具有代表性的村落，其最近二十年出现"移民式"就近城镇化现象，即人们搬迁到镇上，但村民未形成基于业缘关系的社会交往，反而依赖于重组后的地缘圈。这种"新瓶装旧酒"的社会交往是不可思议的，而这与李村自身较少的社会支持，以及发育不足的业缘联结有着深层次的关联。我们的写作试图揭示这一现象背后隐藏的，在中国镇域社会中，低端社会分工带来的经济与社会后果。

在调查过程中，县级、镇级以及村级的领导干部、工作人员为我们的调研提供了极大的帮助与便利，为此，我们表示衷心的感谢。我们还要感谢李村参与访谈的几十位村民，你们鲜活的记忆与不加保留的陈述和倾诉，将李村的结构与关系、历史与现实呈现在我们的眼前。在调查与写作的过程中，我们仅仅是这些历史的编撰者，是结构与关系的归纳者，但可以将这些材料咀嚼出社会学的味道。

本册的具体写作分工如下：导论由董磊明、宋苑撰写；第一章由谢梅婕、刘明撰写；第二章由谢梅婕、田艳、卢霞撰写；第三章由李健民、焦傲然撰写；第四章由卢霞、李健民、王悦撰写；第五章由朱泽荣、宋苑撰写；第六章由卢霞、宋苑、谢梅婕撰写；第七章由宋苑撰写；结语由宋苑、董磊明撰写。

图书在版编目（CIP）数据

京师社会调查 . 2，李村：就近城镇化与地缘圈的重
构 / 董磊明等著 . -- 北京：社会科学文献出版社，
2020. 10
ISBN 978 - 7 - 5201 - 7633 - 0

Ⅰ . ①京… Ⅱ . ①董… Ⅲ . ①乡村 - 社会调查 - 醴陵
Ⅳ . ①D668

中国版本图书馆 CIP 数据核字（2020）第 236136 号

李村：就近城镇化与地缘圈的重构

著　　者 / 董磊明　宋　苑 等

出 版 人 / 谢寿光
责任编辑 / 胡庆英

出　　版 / 社会科学文献出版社·群学出版分社（010）59366453
　　　　　　地址：北京市北三环中路甲 29 号院华龙大厦　邮编：100029
　　　　　　网址：www. ssap. com. cn
发　　行 / 市场营销中心（010）59367081　59367083
印　　装 / 北京市松源印刷有限公司

规　　格 / 开　本：889mm × 1194mm　1/32
　　　　　　本册印张：7. 75　本册字数：180 千字
版　　次 / 2020 年 10 月第 1 版　2020 年 10 月第 1 次印刷
书　　号 / ISBN 978 - 7 - 5201 - 7633 - 0
定　　价 / 199.00 元（全三册）

本书如有印装质量问题，请与读者服务中心（010 - 59367028）联系

北京师范大学京师社会调查丛书

Juyicun:
Evolution of Peasants' Action Logic

聚义村：
当代农民行动逻辑的演变

薰磊明　李健民 .... 等 著

社会科学文献出版社
SOCIAL SCIENCES ACADEMIC PRESS (CHINA)

"京师社会调查丛书" 总序

　　在现代社会科学体系中，社会学是基础性、综合性学科，也是具有极强实践性、应用性的学科。社会学必须直面社会实践中凝练出的重大理论问题。中国特色社会主义社会学是对社会主义社会运行特点和规律的揭示与阐释，也是对社会主义社会实践的理性认识，是在这个基础上对社会学基本理论的创新性发展。以马克思主义的认识论和方法论研究社会变迁的实践，是中国社会学学科发展的源头活水；而中国的社会发展、社会建设、社会治理，也离不开社会学理论的与时俱进、创新发展与有力支撑。

　　社会调查研究是社会学研究非常重要的方面。一直以来，社会调查都是中国社会学界的一个优良传统。中国社会学在近百年发展的历程中，一代代社会学人做实地调查、以实证性实验的科学精神和研究方法，立足国情、扎根本土，探索和发展具有中国特色的社会学理论和研究方法，从而将其孕育、形成、发展为比较完整的学科体系、学术体系和人才培养体系。

一

　　马克思主义认为，全部社会生活在本质上是实践的，只有

人们的社会实践，才是人们对外界认识的真理性的标准。实践是理论的基础，实践高于（理论的）认识，因为它不但有普遍性的品格，而且有直接现实性的品格；实践是理论的出发点和归宿点，对理论起决定作用，理论必须与实践紧密结合，理论也必须接受实践的检验，并随着实践的发展而发展。社会学是从变动着的社会系统整体出发，通过人们的社会关系和社会行为来研究社会的形态、结构、功能、演变规律。正是人类丰富的社会实践，尤其是工业革命以来经济社会和文化心理变迁催生、滋养了社会学。社会学拥有悠久深厚的社会调查传统。正确、有效的社会调查，是我们认识社会、发展社会学学科的不二法门。

中国的社会学学科发展和中国的革命实践一样，都是遵循着从实践的感性认知出发，进而跃升为理性认知，再回到实践去检验这样的认知路径。

20世纪上半叶，中国社会和中华民族陷入深重的灾难，许多革命家和知识分子投身于救国的大潮，力求准确把握和深刻认识变化中的中国社会，致力于探索救亡图存和民族振兴之道。以毛泽东为代表的共产党人，从社会革命的高度，开展了大量的社会调查，写出了影响深远的《中国社会各阶级的分析》《湖南农民运动考察报告》《寻乌调查》《兴国调查》等一系列著名的调查报告，有力地引领了中国革命的走向，这些都是社会学的经典文献。就是在那个时期，以李景汉、陶孟和以吴文藻、费孝通为代表的中国老一辈社会学家深入开展社会调查，产生了一大批优秀的社会调查研究成果。这固然由于他们受过系统严格的社会学训练，更在于他们有着正确的认识论和方法论：他们深入农村社会内部了解农民的生活实践，洞悉农村社会结构，把握社会前行的实际逻辑。

以上两路人，一路是革命家，一路是学院派；一边是社会调查与理论政策研究，一边是社会学调查与学理学术研究，两路人马有着鲜明的区别，然而都取得了巨大成功。他们的成功有着相同的原因。首先，他们的调查与研究都不是为了玩智力游戏，也不简单地是为了建构理论，他们都有着社会责任的历史担当，都是为了深刻认识中国社会、拯救中华民族于水火。其次，他们的研究都是从中国农村的实践出发，而不是把经典理论作为教条。再次，他们的研究都没有停留在感性认识的层面，没有简单地淹没于支离破碎的经验之中，革命家是基于对社会现实和历史的全面分析，提炼出了中国社会革命的战略与策略；学院派则是在经验研究的基础上进行了有益的理论抽绎与建构。最后，他们的研究又都回归于社会实践进行检验，并程度不同地引导着和影响着中国社会实践。

新中国成立后的一段时期，中国社会学没有得到应有的发展。改革开放之后，中国经济快速发展，社会发生深刻变革，社会学得到了迅速恢复和发展。中国社会学界紧扣时代脉搏，做出了一系列卓有成效的社会调查，例如费孝通的小城镇调查、雷洁琼的家庭调查、陆学艺主持的"百县市调查"，以及中国人民大学的"中国综合社会调查"（CGSS）、中国社会科学院的"中国社会状况综合调查"（CSS）、北京大学的中国家庭追踪调查（CFPS）、北京师范大学的"百村社会治理调查"等。这些社会调查不仅有力地推动了中国社会学的理论建设、学科发展，也在不同程度上影响了国家决策和相关政策的制定与实施。

历史和现实深刻表明，社会大变革时代，一定是社会学科

大发展的时代。当今世界正经历着百年未有之大变局；当代中国正进行着历史上最为广泛而深刻的社会变革，正经历着人类历史上最为宏大而独特的社会实践创新。这些都给包括社会学在内的社会科学的繁荣发展提供了强大动力和广阔空间。如此规模的世界变局，如此深刻的社会变革，如此丰富的社会实践，如此庞杂的社会问题，既是我们中国社会学人重大的学术研究和创新机遇，也是应尽的社会责任和历史担当。

二

社会学研究必须直面社会变迁中的真问题，社会调查也必须围绕社会变迁中的实际问题而展开。社会调查的范围涉及社会生产、生活的方方面面。当前和未来一段时期，以下方面尤其值得高度重视。

新一轮科技革命对人类社会的广泛和深刻影响。随着互联网、大数据、人工智能等新技术的兴起，社会生产方式、产业结构、产业形态、利益分配格局、生活模式、社会行为与社会运行状态、社会治理机制都在发生着深刻的变化。对这些问题展开深入调查，是我们面临的重要课题。

乡村社会变迁与乡村治理。改革开放尤其是 21 世纪以来，农民的生计模式发生了巨大变化，劳动力主要投放于非农就业，其对家庭的经济贡献占据主导地位。这使得农民的价值观念、家庭内部关系，以及农户之间的关系、农村基层的建设状况，乃至国家与乡村社会的关系和乡村治理体系已经并将继续发生深刻的变化。如何完善相关的体制、制度、政策，如何推进农业农村现代化发展和深入实施乡村振兴战略等，都亟待调查研究。

城镇化与城市社会发展。在中国快速城镇化的进程中，城市的社会结构、社会组织、社会群体、人口流动、社会治理、社会行为、生活方式、社会心理、社会关系，以及社会发展规律等方面，都迫切需要进行深入调查和研究。

单位、企业与劳工关系。传统单位制的变化、机制与社会影响，企业与政府关系，企业与市场关系，企业与社区关系，企业内部运行机制，利益分配与保障体系，就业状况，新兴行业与新兴职业等，都需要调查研究。

家庭、婚姻、人口问题。在经济社会和文化价值体系深刻变化的情况下，家庭的规模与结构，代际关系、夫妻关系的变化需要引起关注，尤其是生育意愿与生育行为、婚恋模式、家庭暴力、家庭家教家风和婚姻的稳定性；抚养与教育、老龄社会治理、老龄人口养护等，都值得深入调查研究。

教育、医疗、健康、公共服务。这些是保障和改善民生的重点，也是推动基本公共服务均等化的重要内容；民生需求变化和投入保障，脱贫攻坚成果的巩固与提升，相对贫困的治理等，都需要作为重要课题加以研究。

此外，城乡基层民主、法治、安全、诚信、环保、公平、正义等方面的问题和制度建设，以及传统优秀文化传承、智能社会发展与治理等方面的调查研究也都应该被高度重视。

三

社会学人不仅仅是社会的生活者、观察者，还是思考者和理论的建构者。社会学的社会调查具有学术性、探索性，不仅仅是见闻的收集、资料的获取、社会现状的了解，还要深入研

究社会运行与发展的过程、逻辑与机理。因此,社会调查需要掌握科学方法。

树立问题意识。要围绕问题开展调查和收集资料。资料看似收集得丰富,但如果繁复琐碎,主次不分,"只见树木不见森林",这样的资料用途有限,甚至可能是无效的信息,因为信息只有纳入一定社会事实的范畴来思考和体悟才是有价值的。正是基于此,对于较大规模的调研,调查人员与项目设计者要做到认知的同构,并做到把调查与研究结合起来;否则,调查者便可能沦为"学术炮灰",仅仅是个资料收集员,主观能动性无法得到发挥,而研究者得到的仅仅是二手资料,缺乏厚重的质性感受,这样研究效果会大打折扣。

坚持整体性观念。社会生活的不同面向之间彼此交织、相互影响,从而构成一个社会的整体。任何一个系统都是更大系统中的子系统,只有在更大的系统中了解各个子系统之间的相互联系,才能对整个系统有深刻的理解。单从某一个方面切入可能会"盲人摸象"或过度阐释,发现各个部分之间的张力与悖论能使我们迸发出知识与思想的火花。因此,当我们带着具体的问题、任务进行社会调查时,必须尽可能对相关的场域有整体性的理解;面对杂乱无章的现象,要善于抽丝剥茧、溯本求源、去伪存真、拂尘见金,深刻认识社会内部各部分之间的有机联系。80多年前,著名社会学家费孝通先生在江村做调研时,就成功地使用了这样的方法,这对于今天的社会调查研究仍有很强的启迪意义。

解剖麻雀与全局分析。解剖麻雀就是进行典型个案调查,是要获得这一案例全方位的知识和深入认识,在具体深入个案做性质判断的时候,可对其进行深描,以理解行动者背后的复杂动机。但是，解剖麻雀的最终目的是认识全局，以利于"解决问题"，调查就像"十月怀胎"，解决问题就像"一朝分娩"。如果我们只局限于个案的认识，就很难获得全局知识，甚至有可能出现"攻其一点、不及其余"的毛病。因此，在全面解剖麻雀的基础上，需要展开全局分析。在从个案调查到全局分析的过程中，理论指导非常关键。毛泽东同志在进行农村调查时，之所以能够把握农村全局，很重要的就是善于运用马克思主义的理论来解剖不同村庄的材料，让理论和具体实践有机结合起来。社会科学调查之所以不同于一般社会调查，原因也在于它能够将社会科学理论运用于调查实践中，在具体个案调查中展开全局分析，从而见微知著、以小见大。

定性方法和定量方法。定性调查方法，主要是调查人员对调查对象做深入访谈来获取资料。这种调查方法的优点是，可以对调查对象进行详细、全面、深入的了解，并根据具体情况及时调整访谈内容，在与调查对象的互动过程中展开深入思考。召开调查会的方法，是一种典型的定性调查。要做"讨论式"调查，就是调查人员和调查对象之间进行深度交流，让调查对象帮助调查人员完成对事情的分析和认识。定性调查的缺点是，在有限时间内，只能对有限的人员进行访谈，并获取调查资料；同时，定性调查在资料汇总以后，在分析总结阶段对调查人员的素质要求很高——既能够掌握大量资料，又能从具体资料中归纳分析出普遍性的认知。定量方法往往需要以扎实的定性研究为预研究。定量研究主要是在获得质性感受的基础上，通过发放调查问卷和研究表格，从调查对象处收集资料，并进行集中分析和研究的方法。这种方法的优点是，能够进行大规模的标准化、规范化调查；其缺点是，只能收集到有限的数据和信息，很难根据不同调查对象进行随机应变和调整，同时对调查人员和调查对象的知识水平等要求也较高。

此外，随着科学技术的发展，大数据等信息化技术成为调查研究的重要手段、技术。将大数据作为社会调查的重要方法，可以对数据进行收集整理、分类识别、清洗净化，进而对诸多复杂社会问题展开分析研究。运用大数据等新技术进行调查研究的做法会越来越多。

四

北京师范大学社会学学科发端于 20 世纪初，底蕴深厚，大家云集。1919 年，中国共产党的创始人之一李大钊同志就在北京高等师范学校开设社会学课程。1930 年，学校成立社会学系，后来并入北京师范大学的辅仁大学，1943 年也设立了社会学系。北京师范大学和辅仁大学的社会学学科聚集了一批名家，也培养了大量的优秀人才。曾经在两校社会学系任教的名家还有李达、黎锦熙、许德珩、黄凌霜、施存统、马哲民、李景汉、朱亦松、钟敬文、袁方等，这些名师大家先后为北京师范大学社会学学科奠定了发展的基础。

改革开放以来，中国社会学恢复重建，北京师范大学社会学学科也迎来了建设发展的历史机遇。1981 年，学校设立民俗学博士点；2001 年学校将哲学院改建为哲学与社会学学院，成立社会学系，设立社会学硕士点和社会工作本科，；2011 年，学校成立中国社会管理研究院；2015 年，学校将哲学与社会学学院的社会学系、文学院民俗学方向相关资源整合，成立社会学院，与中国社会管理研究院实行两个牌子、一套班

子，致力于建设国家社会治理新型高端智库和社会学一流学术重镇；2017 年，国务院学位委员会批准北京师范大学社会学院为社会学一级学科博士点；2019 年，人力资源和社会保障部、全国博士后管理委员会批准北京师范大学在中国社会管理研究院/社会学院设立社会学博士后流动站；2020 年初，中国社会管理研究院/社会学院成为国家批准的北京师范大学国家高端智库主要组成部分。

多年来，北京师范大学中国社会管理研究院/社会学院的师生们，一边阅读社会学及人文社会科学的经典理论，掌握基本知识、理论和方法，一边深入农村、城市调研，产生了诸多科研成果。为了持续汇集和展示北京师范大学社会学教研人员和社会治理智库人员的社会调研成果，我们特编辑出版"京师社会调查丛书"。近年来，董磊明教授带领学生在深入农村调研的基础上完成了三本具有较高学术水平的著作，作为首批"京师社会调查丛书"出版。我们期待着有更多优质调查研究成果列入此系列丛书出版。我们也谨以此套丛书参与中国社会学、中国社会治理以及中国社会科学繁荣发展的进程，将其奉献给所有关心、关注中国社会发展与进步的人们。

魏礼群

2020 年 10 月

Contents 目 录

导　论

一　问题意识

中国改革开放最引人注目的是经济领域的成就，其中最主要的成果是生产力的大幅提升，并彻底改变农民的生计模式，使其不再捆绑于土地之上，由此产生了一系列社会基础的变化（贺雪峰、仝志辉，2003）。20 世纪 30 年代费孝通（1998）对中国农村的经典考察建立在"乡土中国"之上，即使计划经济时期政经合一，农民生产方式仍然没有得到改变，以"蛰伏"的形式扎根于权力的文化网络之中（杜赞奇，2003；王朔柏、陈意新，2004）。生产力决定生产关系，社会的运行基础和人们的行为逻辑只有在改革开放后，才在真正意义上走向革命性变化，由此对农民行动逻辑的再认识将构成对中国的一种社会底盘式理解。

2019 年 1 月，我们团队前往位于北方某省（我们称之为 E 省）的聚义村进行为期半个月的社会调研。此次调研从社会纽带的视角出发，结合对经济状况进行的结构性考察，着重研究当地的代际关系、兄弟关系、夫妻关系等，以及这些社会基础之上的乡村治理。近年来，聚义村被上级政府以大量项目投入的形式打造为旅游村，从这个意义上来看，对于 E 省甚至中国而言可能并不具备代表性。但回顾其 30 多年来的历史变迁，聚义村体现了某些学术理论上的典型性，尤其是在农民行动逻辑方面，其展示了理论层面上极为丰富的变化，并集中反映了这类现象的共性特征（王宁，2002）。社会诸要素之间的多重关系及排列组合在此个案中积聚，得以被研究者集中观察，使其构成了总体性社会中的典型案例。

聚义村 30 多年来变化之大令人惊讶。由于当地自然条件恶劣，20 世纪 90 年代以前村民们只能勉强维持生存，并形成一种松散薄弱、寡淡冷漠的联结和得过且过、克制容忍的心态，我们将其归纳为"生存型逻辑"。到 20 世纪 90 年代中期温饱问题解决之后，人们才开始将剩余劳动力投入消遣休闲，并开始出现照顾家庭的温情脉脉，我们称之为"生活型逻辑"。2004 年后聚义村所在的永宁区就业机会大量涌现，村民又转为动用家庭所有劳动力服务于进城购房和子代教育，代际关系从寡淡稀松变为紧密依存，逐渐转向"发展型逻辑"。

聚义村是一个个案，也是一个缩影，浓缩了作用在这个样本身上的社会结构及其变迁的一般性逻辑。透过该个案，我们得以对某些基础理论进行反思，例如农民研究。农民研究的范式主要包括理性小农、道义小农和被剥削者等。理性小农论是从形式主义的视角出发，把小农当作资本主义企业家进行分析（舒尔茨，2006）；道义小农论则认为小农的生产主要是为了满足其家庭的消费需求，而非追求最大利润，是一种实体主义观点（恰亚诺夫，1996）；与前两者不同，马克思主义强调的小农是阶级社会和政权体系下的被剥削者。

在这几个范式基础上，黄宗智（2014）曾提供了一个近代中国农村的多维图景，即不同阶层有着不同的行为取向。首先是贫农,在人口和阶级分化的双重压力之下仅仅抓住小农场和雇工以勉强维持生计(这种分析有很重的马克思主义分析色彩);其次是家庭农场主,满足于家庭消费要求和工作辛劳之间的"均衡"(一如恰亚诺夫所指出的劳动-消费均衡论);最后是经营式农场主,追求利润或利益的最大化(这种分析是形式主义分析所强调的)。

如果我们将视野放宽,这三个阶层的行为取向类似于聚义村村民身上的生存型逻辑、生活型逻辑和发展型逻辑,因此这三种逻辑可能具有超越个案,甚至相应理论的更强的一般性和生命力,这也正是黄宗智的研究中没有将经验事实一般化的缺陷所在。我们发现"生存""生活""发展"这三种逻辑在不同时空会有不一样的展现,会出现在同一个村庄的不同时期、同一时期的不同地区、同一个地区的不同阶层甚至是同一个人的不同面向,即在不同情境下具有不同的权重和排序。

因此,现实生活中的农村社会是多维面向或多种范式的混合体,同时这些面向与范式相互影响、相互转化,构成一个不断变化、复杂的图景。这种认识论的转变引导我们去调整研究模式,从对农民和村庄范式的单一研究转向对不同逻辑立体排布下的整体分析,包括特殊类型和边缘群体的变动;从农民和社会转型的简单功能解释转向逻辑转变机制的抽象化与一般化,即追求超越当时、当地个案之上的普遍性认识。

二 研究方法

为达致上述的分析效果,我们有必要对初步形成的质性感受进行更严谨细致的科学研究。在调研的时候,面对杂乱无章的现象，我们习惯于观察社会内部各部分之间是如何有效密切地配合的，尤其关注社会纽带这一社会事实。故方法论上偏向于涂尔干式的社会学方法准则或者结构功能论（涂尔干，1995），具体民族志方法可以接续吴文藻的社区研究传统（吴文藻，2010）。因此，本书的核心是采用整体主义的视角，对村庄的多个侧面进行严谨的观察研究，从而形成对当地的整体性理解。反过来，对每一个侧面的理解都是建立在村庄整体的理解之上的。在这些基础上，我们尝试用社会事实解释社会事实，例如第二章利用代际关系对当地特殊的夫妻关系进行解释。

社区研究的理论前提是研究对象内部能够形成一个自治的系统，系统的各个部分之间有效组合，人们也各自承担相应角色。但相对静态的分析方法与个体的自主性、建构性之间通常存在张力。本书以研究农民行动逻辑为主要目标，往往与复杂多变的需要和期待相勾连。因此，在具体深入个案做出性质判断的时候，本书也会尝试对其进行深描，理解行动者背后的复杂动机，做出一个"因果上妥当"（韦伯，2005：14）的诠释，例如八九十年代的开荒和逃荒到底属于生存型逻辑还是发展型逻辑的问题。对具体行为的诠释并不意味着就要抛弃结构。个体的具体行为之中会有多重动机——在本书中表现为生存、生活和发展——但又会嵌入一定的社会结构，后者使大部分人持有相同的主要需求。这是因为社会结构影响了特定需求实现的基本条件和主要手段，例如聚义村在发展型阶段得益于机会和财富的涌流，这让大部分村民看到了阶层跃升的希望，并为进城采取一系列的经济投入与社会动员。

在以上方法论指导下，本书第一部分分析了传统时期的移民背景和经济基础，以及在此之上形成的家庭关系和社区关系，这些构成了村庄的社会底盘，也构成了我们分析的起点。在第二部分，我们的目光放在 20 世纪 90 年代中期之后，由于工业收入和商品粮活跃使当地人的温饱问题得以解决，加之市中心建设带来的就业机会涌现，个人和家庭的行动逻辑发生了怎样的具体变化；在这些"细胞"发生"裂变"之后，村庄的纽带和性质又会走向怎样的立体式发展。在第三部分，我们考察了发展型背景之下的村庄治理，越来越多村民依靠城市机会而非村庄资源向外发展，村庄内部走向一种怎样的秩序；当国家不断注入资源来扶持和激活村庄发展时，村庄存量和增量资源如何分配，分配方式是否符合村民对于公平正义的期待；伴随着资源注入的是国家权力的下渗，而国家权力的下渗又是否能真正推动村民行动逻辑的转变，能否改变村庄固有的权力结构与利益分配格局。

三　村庄概况

（一）地理状况

我们所调研的聚义村位于北方 E 省的大陵市永宁区百孝镇（均为化名）。大陵地势中间高两翼低，沟壑纵横，水土流失严重，属黄土丘陵沟壑区，山区、半山区面积占 92%，海拔 1000～2000 米。永宁区是大陵市政府驻地，是大陵市的政治、文化和交通中心。聚义村是永宁区的一个普通村落，距大陵市区 20 公里，离百孝镇政府所在地有 10 公里左右，总面积 12 平方公里。这里地广人稀，地理位置较为偏僻，且山河交错、封闭性好。抗日战争期间这里曾是军事要塞，至今村内仍有碉堡遗址。

聚义村地势以丘陵和山地为主，一条聚义河贯穿 4 个自然村落，村中平地和水田集中在河两岸，其自然风光与周边地区相比更为优美。但聚义村大部分土地属于旱地和坡地，土壤贫瘠，耕作难度大。这里属于温带大陆性季风气候，干旱是最为主要的自然灾害，其余自然灾害包括冰雹、暴雨、霜冻、风灾等。

（二）经济背景

聚义村地处大陵市的山区，海拔较高，气候寒冷，无霜期较短。土地类型以黄土丘陵和土石山地为主，地形崎岖，地力瘠薄，谷子、玉米、土豆为当地主要作物，一年一熟。农业用地分为三种类型：旱地、坡地和水浇地，其中坡地又有背梁地和阳梁地之分。不同类型农地的产量差异显著。以 2010 年为例，聚义村有耕地 2300 亩，山间还有散落的草场可供放牧。水浇地亩产 800 斤至 900 斤，而坡地与旱地的亩产只有 500 斤至 600 斤。

改革开放前，聚义村绝大多数村民从事农业，但该地地广人稀，农业生产条件较为恶劣，是临近县市村民外迁开荒的主要去处之一，经济一直较为落后。20 世纪 90 年代，农业制度改革以及城市化、工业化的发展使得不少村民挣脱土地的束缚，从事第二、第三产业。尤其是 2004 年后，大陵地区撤地设市，永宁市撤市设区，因永宁区处于大陵市的地理中心，所以成为市政府所在地。虽然其起步阶段仅作为地区中心，缺乏向周边的辐射能力，但近十几年来有发展壮大的趋势。这种发展得益于当地煤矿产业的开发，也得益于包括教育、医疗、基础设施在内的城市升级。永宁区人口从 2000 年初的几万人迅速增长至 50 多万人，其中流动人口大约有 20 万人，由此带动了旅游、教育和服务业的发展。目前，仅饭店就有 1000 多家，餐饮行业从业人数达上万人。聚义村的大部分中青代因此被吸引进永宁区打工，不少老人也随之进城照顾孙辈。

在聚义村村民向城市集聚的同时，大陵市近年来的"城市反哺农村"计划又"选中"了聚义村。由于聚义村地广人稀、自然环境优美，附近还有滑雪场、森林公园等旅游资源，近几年来永宁区政府投入了几千万元的项目资金在当地发展乡村旅游。村庄房屋的门面被翻新为古代建筑的样式，村里搭起了戏台，村容、村貌焕然一新，民宿、饭店鳞次栉比，吸引了一批人从城镇回村。不过，这些资源倾斜在了 4 个自然村中的聚义自然村，因此引起了其他 3 个自然村的不满。

（三）社会构成

聚义村由聚义、秦家坡、邢家口和塔子沟 4 个自然村组成，全村共 341 户、860 人（为方便叙述，本书涉及的"聚义村"均指聚义行政村）。聚义自然村为村委会所在地，是其中人口最多的村庄，共有 210 户、508 人，约占聚义行政村总户数的 2/3，也是从永宁市区前往聚义行政村的"门户"。村内主要有王姓、张姓和侯姓等姓氏，其中王姓的户数最多，有 40 多户。

聚义自然村东边的是邢家口村，虽叫"邢家口"，但现在已经无邢姓村民居住，以王姓、杨姓村民为主。再往东边是塔子沟村，塔子沟村是 4 个自然村中面积最大、环境最为恶劣的村庄，常常有野猪出没。以前分为"南沟"和"北沟"，改革开放后才合并，每个沟的人口都很少且姓氏极散，人口最多的高姓也就 6 户而已。最东边的是秦家坡，离聚义自然村有 2 公里。

聚义村历史上是边远山区，环境恶劣、地广人稀，可开发的荒地较多，因此成为邻村乃至邻县村民外迁的主要目的地。聚义村成村历史短，绝大多数村民在此定居不超过七代，是一个典型的移民村。最大的一次移民潮发生在新中国成立前，因躲避战乱大量流民从周边县市逃难于此，饥荒也使不少人离开家乡，来此开垦荒地以存活下去。从新中国成立至 20 世纪 80 年代前，尤其是 20 世纪 60 年代三年困难时期，仍有周边村民陆续迁移至此。值得注意的是，与南方地区的举族迁移相比，这些迁至聚义村的村民绝大多数是两三个人甚至单个人的个体性迁徙。

（四）居住格局

聚义村的村民在人民公社时期乃至更早的时候都住在山上的土窑。土窑的修建成本很低，且人们挤在一个大炕上睡觉和做饭，这是最省柴火的方式。从 1985 年至 2000 年初，随着经济收入的不断提高，村民陆续在山下的平地修建砖窑。聚义自然村村干部特意规划了公路和宅基地等，公路规定修 7 尺宽（约 2.3 米）。后来汽车逐渐增多，狭窄的村间公路使得汽车进出村庄很不方便。村民打算修砖窑时都要向村委会提出申请，采用抓阄的方式免费获得一块三分的宅基地，一分半修三孔窑洞，一分半作为砖窑前的空地。1990 年聚义河的北面没有空余宅基地之后，新砖窑都修在聚义河南边。一般情况下家庭经济条件较好的人家才能先修砖窑，因此，聚义河北面村民的经济条件总体优于南面的村民。

无论是土窑还是砖窑通常都是在儿子与父亲分家前后修建的，因而父子、兄弟通常是分散居住。比如聚义自然村村民白玉林，他的爷爷因修土窑较早，居住在村中心，而到了他父亲成家时，爷爷的窑洞旁边已无处修建新的窑洞，父亲就在离爷爷很远的村庄边缘建了一口土窑。关系疏远的兄弟、父子，在选择宅基地时更倾向于离得远些。

秦家坡自然村的村庄规划和居住格局也经历了相似的变迁历程。村民的土窑在20世纪80年代以前都修建在东北—西南向的一排山的山脚下。窑洞前有一条土路，再往前100多米是一条东北—西南向的小河，小河与土窑之间大片的平地是村民的耕地。80年代后人们逐渐在土窑前砌砖窑，村庄在土窑前规划了两排宅基地。2000年之后，两排宅基地都已经修满了砖窑，有几户后修砖窑的人家就在紧邻土窑的位置修建砖窑，地基比前两排砖窑高出1米多。

总结而言，地广人稀、农业条件恶劣，同时景色优美、旅游资源丰富是聚义村自然环境的两个面向。移民村和杂姓村是聚义村社会环境的两个主要特点。因此，聚义村在传统时期表现为某种低水平的均衡。从20世纪90年代起，随着经济结构和社会关系的变动，这种低水平的均衡开始转变。

第 一 部 分

"生存"：传统时期的农民行动导向

聚义村是一个由移民组成的村庄。由于荒地较多，相邻村庄和县市的村民迫于战乱或饥荒来此开荒保命，但一般也只能维持生存状态，过着较为赤贫的生活。因此，行动的所有逻辑都指向如何生存以及如何更"经济"地生存，"糊口"成了行动的主要目的。

在这种逻辑导向下，无论是家庭内还是家庭外都仅维持着底线的联结和互助。一方面，家庭内部代际间只是底线的抚养和赡养关系，父母对孩子抱有一种放任自流的态度，成年后就让他们自己去外面"闯"，不会提供太多的支持；而父母也不寄希望于孩子履行赡养义务，大多觉得靠自己就行，即使独子通常也会分家。另一方面，村民与村民之间的互助与合作仅发生在维持生存的临时性事项上，如建窑和挖水渠等。

除底线联结之外，村庄在价值观或精神气质方面，还普遍存在着一种底线伦理，即隐忍宽容的处世态度和得过且过的社会心态，在日常生活中人们经常说的一句话是"各有各的难处"。与弱肉强食的逻辑不同，人们相互间冷漠疏远、包容克制，最严重的冲突后果只是打破对方玻璃。在这种逻辑下，村民对已婚妇女因家计困难而出轨的现象持包容的态度，因此村内重组家庭和离婚率较高。在聚义村，生存逻辑是人们行为的主要导向。

第一章

移民背景与经济基础

经济与人口是社会结构变化的基础，本章分别介绍移民背景与传统经济基础。由于聚义村是历史较短的移民村，这构成了聚义村特有的文化背景与村庄特征。成村后，村民因经济的贫瘠而承受着巨大的生存压力。逃荒的历史与贫困的经济最终构成了聚义村松散社会结构的基本背景。

一　历史较短的移民村庄

清末至民国初年，自然灾害与社会变动使得 E 省内其他地区人多地少的问题加剧，如大陵域内的临川县等地，各家各户均须派劳动力外出谋生，聚义村成为这些出逃者的落脚地之一。由于聚义村的自然条件较为恶劣，此处有大量未经开垦的荒地，逃来的劳动力可以在此勉强生存。然而土地过于贫瘠，即使单个劳动力达到其最大的土地开垦能力，也不足以维持其基本温饱。因此，一般逃来的人会给地主做长工，从而维持生存。移民一般是单个男性劳动力，并非整个家庭迁移，因此造就了聚义村杂姓移民的社会。尽管后来有亲属互相投奔，但是恶劣的自然条件也只能使人们"各顾各的"。这种以生存逻辑为主导的社会联结方式，使得村庄未发育出以"小亲族"为基本行动单位的次级结构，也没有演化为彻底原子化的弱联结。

移民的过程持续到改革开放前。土地改革后各家各户拥有的土地增多，直到人民公社时期都没有太大的变化，但是村民的生活并没有因土地的增多而得到改善。这个历史较短的移民村庄有如下几个特征。

第一，流离失所、贫困早夭造成的破碎家庭数量多。由于生活条件的极度艰苦，人们维持生存非常困难。这种物质条件的落后造成的影响主要表现在婚姻与家庭方面。在婚姻方面，夫妻二人难以白头偕老，丧偶导致的再婚率较高。在家庭方面，未成年人的夭折率奇高，致使父代对子代的期待是平安健康成长，甚至有听天由命的心态，没有更多发展性的期待。于克勤、于克勤妻子及殷红丽的家族史充分体现了这两点。

于克勤的爷爷有兄弟三人。1930 年左右，他的太爷爷正值中年便得急病过世。太奶奶虽已中年，但是尚有幼子需要抚养，就带幼子改嫁到了旁边的小神头村。不过，当时太奶奶与对方签订了"回头婚书"，即百年之后还要回到聚义村与前任丈夫合葬。在太奶奶过世之后，虽然前后两任夫家也争执过，但"回头婚书"在当地是有很强的社会效力的，因此后任夫家只能承认这一协议。于克勤的爷爷是老大，母亲再嫁时他已经成家立业，因此没有跟母亲过去。二爷爷自己闯去天津当兵，后来就再未回来，甚至母亲下葬时也未现身。三爷爷跟过去后，就在小神头村住下，但是没有更改姓氏。四爷爷是太奶奶跟后来的丈夫所生，姓常。于氏的子代、孙代与三爷爷、四爷爷的往来都比较密切，并没有因不同姓氏而生分。

到于克勤的父辈，生活则更加曲折。由于爷爷的前几个孩子全部夭折，他便从别的地方要来（领养）了于克勤的父亲。于父在原生家庭是年龄最小的孩子，进入于家成了年龄最大的孩子。之后爷爷又有了四个儿子和两个女儿，因生活难以为继，最小的女儿被送养到了百孝镇，从此再无往来，爷爷认为小女儿能够有人家要并且她能存活就已经很好了。

于克勤的妻子家原籍平县，在其父辈一代由于人多地少而迁到了东华镇，这个镇大部分都是平县附近的人。那里的人完全依赖土地，不在乎辛苦，只求刨出一点点粮食。这些人大都春天过来种地，秋天收了粮食再回平县，但是于克勤妻子一家人就在东华镇定居了。她父亲当时也是家里最小的孩子，由于家里养活不了，于是送给了她的奶奶。她的奶奶后来又生育了一个儿子和三个女儿，她父亲跟奶奶的关系并不亲密，到聚义村做上门女婿后就很少回去看她奶奶。直到奶奶的小儿子去世、小儿媳改嫁后，做上门女婿的父亲只好回去照应她。

由于恶劣的生存环境，当地夭折率奇高。因为缺乏营养，孕妇通常干瘦不产奶水，婴儿长期饥饿、易患疾病，再加上药物匮乏，患病的婴儿常常在出生后或2~3岁夭折，三年困难时期，这一问题更严重。在访谈时，多个受访者都非常平静地讲述发生在亲人身上的事件，没有太大的情绪波动，可见这些现象在当地曾是常态。

第二，村庄没有发育出良好的互助合作机制与困难兜底机制。每一个个体可以得到的家庭、家族支持与村庄社会支持都非常少。这种无依无靠的体验使得极少数有个性且敢于尝试的年轻人试图跃出农门，尽管结果未必理想，但这正是一种"触底反弹"的发展型逻辑。

> 林国清生于 1948 年，目前家族居住在聚义村已经是第八代了，土改后他的家庭被划分为贫农。林国清 4 岁丧母，父亲跑到了阳泉，林国清由祖父抚养。1958 年祖父去世，林国清由他伯父临时抚养了两年。他伯父家中当时已经有了孙子，生活压力非常大，因此 12 岁的林国清就自作主张爬上一辆公车，准备闯出去。跟着公车来到省会后，林国清靠乞讨度过了五年。17 岁时，他被作为盲流送回永宁县，但是林国清的伯父不同意再照管他，他也没有得到生产队的帮助，最后林国清被送到了永宁县的孤儿院待了一年。林国清满 18 岁能劳动后，被安排到了邻市的建筑工程公司做工。当时建筑工程公司在本村招工，一共去了 200 多人。有了工资后，林国清的生活开始富足起来。

> 聚义村村委书记王亮羽的爷爷 40 岁时从临川县逃荒来到聚义村投靠亲戚，王亮羽的父辈共姐弟 3 人。1942年，王亮羽的爷爷在种地时被日本人误认为是游击队员而遭到杀害，周围的邻居帮忙安葬了他爷爷。此后家里生活十分困难，依靠他的奶奶和姑姑们种地为生。由于女人们劳作不易，邻居在平时也会来帮工或者借粮食给她们。王亮羽的外公一家也是逃荒而来，当时母亲一共 7 个姐妹，

为了活命，外公将 3 个满 18 岁的孩子扔在了老家。逃荒到聚义村以后，他外公回去照顾三个孩子直到自己去世。王亮羽外公去世以后，他外婆改嫁给了当地的张姓光棍。王亮羽的爷爷去世三年以后，奶奶也改嫁了，此时王亮羽的外婆仍和他们一家居住在一起，全家一共八口人。外婆单独住在一个小窑里，剩下的七口人住在一个大窑里。

王亮羽 22 岁时高中毕业，回来以后一直当民兵连长。因为工作干得好，得到公社武装部部长赏识，被提拔去管理军械所，做了三个月又被提拔成为副部长。当时一个月可以挣 19 元左右，但是维持不了家里的生活，便没有继续干下去，而是回家种地，一个月可以挣 30 元。他一直有些后悔，如果当时家庭没有那么困难，他或许早已经当了干部。王亮羽 25 岁时，想结婚但没有婚房，他只好修理爷爷去世后留下的烂窑洞做婚房，每天扛一块石头，花了 3 年时间将烂窑洞修建好。由于大家庭难以负担添丁进口的压力，他刚一结婚父母便提出分家。分家时，王亮羽没有分得任何钱财，只有一口窑洞、20 斤山药、5 斤小米、5 斤大豆、30 斤玉米和一份灶具，接下来只能靠小两口自己谋生。王亮羽结婚不久，父母就因病无力劳动，此时最小的弟弟只有 5 岁，因此他要负担弟弟妹妹的所有开支。当时，兄弟间这么负责的并不多见，一般人结婚后就不再管自己的兄弟姐妹了。因此，王亮羽年轻时就在村里树立了良好的口碑。

家庭与家族支持的不足是大陵市一带的普遍特征。根据当地人的描述，在当时，分家意味着真正意义上"各过各的"。

在代际关系方面，分家以后，即便年轻夫妻生产生活能力差，父母也不会管；在兄弟关系方面，兄弟亡故后由叔伯养大侄子的案例很少。倘若侄子成为孤儿，叔伯也许会在日常生产生活中提供一点帮助；但如果是孤儿寡母，父系家族通常就不再管，只有"出了事"才会管，日常生活只能仰仗娘家的照拂。结合林国清与王亮羽的案例，我们可以发现，当时父系家族的衰弱有几种后果，皆不利于勇于向外闯荡的年轻人实现阶层跃迁。一是对于弱势家庭成员较多的年轻人来说，家族缺少帮助照顾家庭成员的力量，而这是年轻人不得不回到农村的强大拉力。二是对于单独闯荡的年轻人而言，村庄社会不能为其提供必要的社会资本，在闯出去后继续向上跃升的过程中推力不足。因此，虽然在生存型逻辑占据主导的年代也有发展型逻辑的火花出现，但是这些火花通常转瞬即逝。

第三，村庄难以发育出大地主，而小地主的生活缺乏发展型逻辑。小地主与普通农民之间存在阶层分化，小地主已经实现了相对意义上的生活型逻辑，而农民和移民却还是生存型逻辑占据主导。聚义村的地主通常家庭内部兄弟数量多，共同劳动积攒的土地多。新中国成立前，聚义村有张、辛、侯和余4个姓氏的地主，家户房头规模都不大。其中，张姓地主家四个房头，人丁兴旺、家产最多，其祖先还在乾隆年间当过县长。即使是张家这样在当地人心目中家大业大的地主，也没有形成族产、族田、本族私塾等具有发展性特征的组织。其他单个地主势力较小，也没有能力让孩子上私塾，因此地主子女也未受到好的教育。

土改前，村长都由大地主担任，这样做的好处是自己的子弟不会被抓去当兵。地主间也会以让对方的子女免于兵役而互送人情。当年侯家、张家展开了保长之争，因都想当保长而整治对方。但是这种争斗是双方族长个人之间的争斗，并没有涉及整个家族。而其他小地主更不会参与其中，因为他们的生存仍较为艰难，仅能满足温饱。白国坤的太祖父在不足 20 岁时跟着舅舅来到聚义村，并未自己开荒，而是以养女婿的身份种着地主的地，后来他娶了地主家的女儿。即使是地主的女婿，他在土改的身份认定中也只被算作中农，可见其土地之少。他向孙子讲当时的生活是一日不敢懈怠的"土里刨食"，并且"一颗咸鸭蛋要吃上几天"。

尽管相对富裕，但是大地主对穷人的剥削程度并不低。村里人让我们比照《半夜鸡叫》的影片来想象这种剥削。由于这里没有形成大家族，并且是活不下去的人投靠地主，所以长工通常是真正的穷人而不是地主的亲戚。即使是亲戚借钱，最终也要用劳动来还，因此亲戚间的关系不紧密。人们提到"土改"时即使长工是亲戚，斗地主的时候亲戚也不会手软。在土地产出较低的情况下，种地需要大量人工。地主通常借粮食给活不下去的人，继而让这些人以做苦力偿还。实际上，在土改之前，很少有长工能够有自己的土地，并不是因为土地少，而是因为地主出借粮食之后不允许他们直接还粮食，而是让他们为自己做苦力。同时我们注意到，"地主"一词在当地具有建构性，许多村民认为当时勤劳占地的人并不一定都是地主，只是被当时的政策划分成了地主。当一场运动来临时，谁在村里强势一点，并且雇过长工，人们就说他剥削过人，他便被划分成"地主"。

土改后，地主的生活一落千丈。地主的东西被拿来与穷人平分，在生活上曾经的地主陷入不如穷人的境地。不仅如此，在推荐上学时，地主的孩子也无法得到推荐机会。由于新中国成立前没有受过私塾教育、新中国成立后也没有机会上学，地主家庭的后代一般能力不突出，社会逐渐稳定后几乎没有向上跃迁的可能性。不过，土地改革的势头没有扩张，那些祖上是地主，但自己这一代已经败落了的人并没有受到批斗，其后代也没有受到牵连。直至今日，当年最大的地主张家四个房头中，除大房已经"绝户"外，其他房头均有后代住在聚义村，但是生活条件都较差。他们相互间已经较为生疏，甚至邻门亲戚的红白事也只有在私人关系较好的情况下才会参与。张金明是现在二房头的继承人，因为他的儿子正在坐牢，所以村里人的看法是这个房头也会"绝户"。

第四，村庄的道德规范与公共舆论较弱。在人人只能勉强维持生存与代际继替的情况下，保存自己和后代的生命是过日子的第一要义。因此，传统文化中的男女之防、贞操观念、孝悌之道等社会规范得到遵守的可能性也变小了。

> 于克勤的二叔于文新娶过一个本村的老婆，但是嫁给于文新前她曾嫁过另一个本村的男人，由于结婚不久这个男人去世，她便很快改嫁于文新。两个人在一起不久，又由于性格不合而离异。此后，她辗转陕西有了一个女儿，不知何故又回到了聚义村，嫁给了一个残疾人。这样一个婚姻经历丰富的女性，却可以在村庄过着相对正常的生活，维持着表面的人际关系而没有被边缘化。

在动乱饥饿的年代，女性（多次）再婚并不罕见。然而女性在本村多次结婚，放在同一时期的中国其他地区来看也是不可思议的现象。在生存的挤压下，无论是男性还是女性，均不能获得理想的异性资源。女性需要稳定的伴侣共同劳作以换取维持生计的粮食，男性需要女性生育后代。只要维持了生存，在生活的其他方面，便不能过多计较。代际关系方面同样如此，历史上的聚义村村民对于赡养老人的要求只是"给老人一口饭吃，保证他们饿不死"。如果赶上灾荒时期，相当多的老人会饿死，但是其他村民并不会给老人的儿女扣上不孝的罪名。另外，在其他地区常见的族内抚养，如父母去世后长兄抚养弟妹，或者父亲去世后叔伯抚养侄子的现象并不多见，而这主要是由于物质资料短缺，在亲戚家"多双筷子多个碗"的存活限度也不容易达到。从90年代起，随着生活条件的逐渐改善，村庄开始有了家族内互相照应帮忙抚养遗孤的案例，村庄对于做出这类行为的人会给予很高的赞誉。

第五，村庄边界相对模糊，村庄对外来人包容度高。这主要表现在集体化之前个体在自然村之间迁移以及集体化时期个体在生产小队之间迁移时，分得土地较为容易。其中最重要的原因是这里荒地很多，人们依靠购买的方式即可获得土地。在集体化之前，外来户需要亲戚拉他们一把，亲戚作为他们在村庄立足的依靠。在集体化之后，外来户需要合作社的人际关系，先要得到合作社领导的认可，再利用自身的才能融入村庄生活，进而得到村民的肯定。

　　薛宝华家祖籍临川县，他的曾祖父逃荒而来，先搬到聚义村南边的阳石村，后来阳石的土地不够，祖父又于1947年搬到聚义村。当时有更早搬来的近亲在聚义村，手中的地比较多，俨然是一个小地主。祖父来到聚义村后先给这位亲戚打工，并住在其家里。后来，祖父慢慢挣了钱，才从这位亲戚的手中购买了土地。薛宝华认为，如果当时没有亲戚就来不了聚义村，有亲戚才有依靠，才能安顿下来。当时鲜有人敢一个人无依无靠地闯过来，虽然村庄里的人并不会为难他，但也不会帮他，就看他自己能不能生活。当时也不能随便开垦荒地，因为地界是划分好的，山上没有开垦的荒地也都是有人管的，所以需要买。

白国坤家与薛宝华家有类似的迁移历史。白家自清朝起，就居住在聚义村，至今已是第五代人了，但并不算村里最早的移民。白国坤的曾祖父独自从临川县来到聚义村投奔他的亲舅舅，来了以后给舅舅打长工。到民国时，他已经攒下足够的财产，并在村里买了土地与山林，白家后代都表示见到过当时的地契。由于土地改革时白家主动交出了土地，而且白家在村里的人际关系较好，他们在土改时没有被划分为地主，后代的生活也较为平静。

1982 年前后，最后一批移民搬来聚义村，牛文涛正是其中之一。他的老家在塔子沟，与聚义自然村同属一个大队，不算外来人。当时在大队内迁移并不困难，但是由于各个小队的生产条件差别较大，人们自然产生了区隔。好的小队 1 个工挣 5 毛钱，差的小队 1 个工挣 4 毛钱。过去 4 个自然村中条件最好的是秦家坡，牛文涛曾经考虑过搬去秦家坡，但是因为没有人介绍而作罢。换队就是为了成家，当时只有户口到了好的队，女方才愿嫁。

20 世纪 80 年代搬过来的几户人家分两类。第一类是靠血缘、姻缘关系进入；第二类是有一门手艺，并且为整个村庄所需要。例如，一个会唱民歌、玩社火的人，经常在社火节时来村里表演，而且不收酬金，他后来向村主任提出迁入村庄的申请，村主任以及村里人同意他迁入村庄。通常来讲，在宗族性村庄，需要依靠很亲近的血缘关系才能迁入村庄，且迁入后的家庭对原村的社会关系有很强的依附性，但在聚义村一个人只要有一技之长就能迁入，而且在1980年代能够分得土地，并享用水利灌溉等一系列公共资源。由此可以看出，村庄排外力量较弱，村庄的内聚力较弱。

第六，村庄的日常生活缺乏时间维度，家族内的历史传承较为薄弱。在访谈的过程中，通常只有在一群人不断互相纠正的叙述中，才可以还原当时某个事件的大致样貌，整个村庄的记忆具有"无事件境"的特征（方慧容、杨念群，2001）。只有少数人可以对家族故事进行大致陈述，这又表现出村庄集体记忆的缺失。而这一切的根源还是物质条件的极度匮乏。牛文涛在对过去生活的追溯中随口说了一句颇具哲理的话，"太苦了，日子过了一天都不知道能不能看见明天的太阳，看见明天的太阳就不想再忆起昨天的月亮"。一方面，人们主观上不愿回顾痛苦的往事；另一方面，客观的日常生活中很少需要对一个相对长的时间段进行计算。人们的时间观念是具象化的，比如大多数人提到自己结婚的时间，会概括为"狗年的冬月""生产队解散单干的第一年春种之前"。提到父母、子女的年龄，一般只能直接说出属相，并且要计算一会儿才能说出来。村庄有关经验的传承都与生产活动直接相关，并且体现出"行胜于言"的特点，即"老人不给孩子讲以前的事情，也不用讲怎么种地，大家一起干活就学会了"。

总体而言，历史上的聚义村自然条件恶劣，生产资料极度匮乏。与此相关，婚姻容易破裂，具有社会支持、兜底、保护功能的家族没有发育形成。在普遍的生存型逻辑之下，即使少数个体被迫形成了发展型逻辑，但由于社会支持的不足，个人也很难实现向上流动。就社区共同体而言，村庄内部联结程度松散、社会道德规范不足，公共舆论的管束力较弱；另外，村庄对外边界模糊，社会排斥性较弱，因此外来户一旦进入村庄，完全可以凭借特殊手艺或为人处世而占据一席之地。短暂的村庄历史和不断迁移而来的灾荒移民，使得聚义村成了一个缺乏主导性社会规范的村庄。

二　贫瘠的传统经济

老辈的聚义村村民因贫困和生计而逃荒至此，然而在聚义村，他们的生存依然面临着巨大挑战。据当地年鉴记载，永宁区在新中国成立后多年"粮食产量低而不稳"，且人均粮食因人口增加而呈现减少的趋势。1949 年，永宁全县人均粮食为277.9 公斤，到 1990 年便只有 227.8 公斤，"永宁县由'大宗出口县'变为自足县，再变为缺粮县"。在改革开放以前，聚义村村民都依托本村的传统经济谋生，包括传统的种植业以及畜牧业。土地的贫瘠导致在传统农业经济下村民长期处于"种多少都吃不饱"的状态，一直到 20 世纪 90 年代初，村民的吃饭问题才得到解决。

贫瘠的传统经济给村民生活和村庄变迁带来了两个方面的重要影响。第一，它使得村民长期处于"各顾各，勉强活着"的生存状态，形塑了当地松散的社会结构。单个村民必须在恶劣的生存条件下谋求生存，代际间的经济纽带相当薄弱，亲人、村民间的互助与集体组织也相当缺乏。这种经济与社会基础极大地影响了村民面对市场化、打工经济等新形势下的生活状况与发展选择。第二，它刺激村民为解决生存问题而外出闯荡，催生出一批"生存发展型"精英。这批人在改革开放后的40年来主导了村庄的生计变迁，至今仍在村庄政治、经济等方面占据主导位置。

本部分以占聚义行政村人口70%以上的聚义自然村为主要分析对象，着重阐述这种薄弱经济的具体情况，同时讨论这种生计模式给村民生活与村庄社会结构带来的影响。打工经济兴起之前，"贫瘠"的农业生产使得村民长期贫困、缺少积累，父代与子代间缺少财富传递与经济依赖；而生产上的相对孤立、缺少合作则使得父子、兄弟之间的互助需要与经济勾连进一步弱化。

（一）耕作的历史

集体化时期以来，聚义村村民耕种土地的历史可大致分为四个时期。

租佃时期（新中国成立前）：聚义村以土地租佃制度为主。村民回忆说：当时聚义村有王、白等几个大姓，他们祖上较早迁居至此，除拥有大片耕地外，还占据了大量的荒山及房屋。新中国成立前，逃荒至此的村民必须向这些大户租借房屋与土地，才能勉强谋生。地主则常常要求佃户优先耕种用来交租的土地，耕完后才能耕种养活自己的土地，且后者的地力远逊于前者。因此，新中国成立前这里的土地矛盾尖锐，佃户完全受制于地主，难以通过耕种改善自己的生活状况。

集体化时期（1958～1979年）：经过近10年的农业合作

体制探索，聚义村于 1958 年实现公社化，开启了近 30 年的集体化生产。集体化时期国家建设的成果显著，根据当地年鉴，1971 年永宁县化肥厂建成投产后，永宁全县的粮食产量得到了大幅提高，从 1958～1969 年的年均亩产 106.2 斤提高到了 1971～1984 年的 222.4 斤，涨幅达 109.4%。然而，由于粮食种植总面积的减少以及人口的增长，村民分得的人均口粮却不见增多。聚义村的情况与永宁全县的资料记载是相符的，据村民回忆，刚刚分田到户时，村民人均有 4 亩耕地，但在当时的生产条件下，每人每年仅能收获 500 斤粮食。这并不能满足村民基本的生存需要，村民长期处于饥饿与贫困状态。

"开荒"时期（1979～1990 年）：1979 年，按照党的十一届三中全会精神，永宁县开始全面推广农业生产责任制。由于土地贫瘠，包产到户后，聚义村村民的生活水平并没有得到改善，人地矛盾仍然尖锐，生存压力依然巨大。1979 年，人民公社解体，基层政府也不再严格限制村民开荒了。为了谋求生计，聚义村的村民投入到长达 10 年的"开荒"运动。开荒运动取得了良好的效果，到 80 年代末，当地的农业种植面积达到顶峰，全村新开垦的山地有 1000 多亩。

"抛荒"与稳定兼业时期（1990 年至今）：伴随着打工经济的兴起，村民生计模式开始转变，传统种植业收入在村民家庭经济收入中占据的比重越来越低，不少村民选择外出务工并将自家土地抛荒。据村主任回忆，到 20 世纪 90 年代初，随着耕作条件的改善以及打工带来的收入提高，聚义村村民基本解决了温饱问题。我们将在第五和第六章着重讨论 1990 年以后村民生计模式的转变，这里仅关注这一趋势在农业上的表现。

到 2018 年，农业不再是村民家庭经济的支柱。约 50% 的田地不再被耕种，包括所有的坡地以及一半耕作条件不好的旱地。这些土地不再被耕种的原因主要有两个：一是随着打工收入的不断增多，继续种植贫瘠的田地成了"不经济"的选择；二是2002年推行退耕还林政策之后，村里约有30%的耕地退耕并种植了防护林。

尽管农业不再居于家庭经济收入的主导地位，但依然是聚义村村民重要而普遍的收入来源。我们调研时，村里仍有70%的家庭从事农业生产。约50%的耕地多是由留村的老人以及在周边务工的中年人在闲时种植玉米，补贴家用。每年卖玉米的收入为每亩400~500元，也有不少村民种植蔬菜，以减少家庭开支。我们将在第七章具体讨论2019年调研时村民的农业生产状况及其对村民家计与发展型行动的意义。

（二）贫瘠的土地

1979年分田到户后，迫于生计压力，聚义村村民不得不投入长达10年的开荒运动。本部分将结合分田到户后村民的土地占有状况与土地耕作条件，说明这种开荒背后聚义村薄弱的经济基础。本部分引述的土地面积及产量数据均来自聚义自然村原村干部的口述，并得到不同村干部的印证，基本符合事实。

1979年，聚义自然村约有50户村民，共250人；耕地1200亩，包括水浇地600亩、旱地600亩以及少量的坡地。村民将本村的耕地划分为三类：水浇地、旱地和坡地。水浇地沿河分布，可直接引河水灌溉，是旱涝保收的土地，产量最高；旱地平坦但灌溉不便，地力参差不齐，产量次于水浇地；坡地是靠山不平坦的土地，依照朝向又被分为背梁地与阳梁地，这类土地产量最低，1990年约占全村耕地的25%。这三类土地的玉米年均亩产产量比约 3∶2∶1。

分田到户时，主要分配水浇地与旱地。出于兼顾效率与公平的考虑，采用了两种分配土地的办法。一种办法是耕作条件较好的土地被划为责任田，按照每户的劳动力数量进行划分。分到责任田的村民既要交农业税与公余粮，又要按劳动力的数量给村里出义务工。责任田占全村耕地的 20%，约 250 亩，村民人均能分到 1 亩多责任田，这些责任田多为耕作条件较好的水浇地。另一种办法是耕作条件较差的土地被划为口粮田，按照每户人口的数量进行划分。这类田地只需要交纳农业税，不需要交公余粮以及出义务工。口粮田约占全村耕地的 80%，村民人均能分到 3 亩。这种口粮田全村约 950 亩，包括水浇地（350 亩）和旱地（600 亩）。由于土地间的产量与耕作条件差异大，当时采取的办法是按玉米产量平分地界，再由村民抓阄划分土地。因此，当时村民分到的口粮田有亩产高、面积小和亩产低、面积大两种。

责任田的划分将地力与劳动力相匹配，提高了土地使用效率，同时村集体在公余粮与义务工方面得到了保障。在此基础之上，口粮田又进一步保障了土地分配的公平与村民的粮食需要。这种划分兼顾了效率与公平，实质上是对人民公社时期"人七劳三"分配制度的延续。分田到户之初，聚义村村集体保留了 20～30 亩机动地，从 1979 年至 1994 年，村集体遵循"大不变，小调整"的原则，这些机动地已经被全部分给了村民。1994 年以后，国家实行三十年不变的延包政策，村里就再没有进行过土地调整。

如前所述，包产到户后，迫于生计压力，当地村民投入了长达 10 年的开荒运动。除了少数年轻人外出打工，大多数村民不得不投入家庭的全部剩余劳动力（包括尚能劳作的老人、家务间隙的女性以及 12 岁以上初具劳动能力的青少年）在周边的山坡上开垦荒地。

当时村民们默认的规矩是开荒者对新开垦的土地拥有（排他的）使用权，获得的收成全部归开荒者所有。到 80 年代末，全村新开垦的耕地面积有 1000 多亩，包括 400 多亩耕作条件较差的旱地和 600 多亩坡地。

1990 年，聚义自然村的耕地面积达到顶峰，此后随着打工经济的兴起，内卷的劳动力得到有效释放，村民也不再进行低效的土地开垦。这一时期，聚义自然村耕地面积约为 2300 亩，其中水浇地约 600 亩，旱地 1100 亩，坡地 600 亩。1979 年包产到户时和 1990 年耕地面积最大时的土地数量及产量数据如表 1-1 所示。

表 1-1　聚义自然村耕地面积与各类粮食产量（1979 年、1990 年）

	包产到户时（1979 年）	耕地面积最大时（1990 年）
总耕地面积（亩）	1200	2300
总粮食产量（斤）	300000	460000
平均亩产（斤）	200	200
人均口粮（斤）	500	
水浇地面积（亩）	600	600
旱地面积（亩）	600	1100
坡地面积（亩）	0	600
水浇地亩产（斤）	300	
旱地亩产（斤）	200	
坡地亩产（斤）		100

资料来源：根据对当地村民和村干部访谈的资料整理而成。

综上，1990 年以前的"贫瘠年代"，尖锐的人地矛盾使聚义村村民的农业生产内卷化。尤其是在经历长达 10 年的开荒热潮后，村民在农业上的劳动力投入已经达到边际效益极低的程度，不少新开垦的坡地山高路远且分散，挑水灌溉非常消耗劳力，而每亩的产量却不到 100 斤。因此，无论多么勤奋开垦、多么辛苦劳作，多数家庭仍难以实现温饱。

下文我们将系统说明，艰苦的生活条件使得聚义村长期处于松散的社会结构之下，村民间缺乏集体行动的能力，整个村庄也缺乏公共性与秩序维持机制。值得注意的是，对传统农村而言，恶劣的自然环境并不一定会导致松散的社会结构。如有学者提到的，聚居于山区的客家人就是因恶劣的生存条件而在围龙屋或土楼内凝聚成团，建构起强大的宗族内聚力（刘锦云，2005：225~238）。下文对聚义村农业生产过程的考察将解释这一矛盾，我们发现，传统时期的聚义村不仅经济生产能力低下，而且村民缺少合作，这样的农业生产方式不需要村民的集体行动，村民其实长期处于"各顾各，勉强活着"的生存状态，久而久之村庄无法通过合作形成较强的内聚力。

（三）"各顾各"的农业生产

聚义自然村种植的农作物主要为玉米，也有少量大豆、土豆、山药和葵花。由于此地无霜期较短，玉米仅能一熟。村民常于立夏播种玉米，于秋分至寒露间收割。随着时令的变化，劳作主要包括以下五个方面（工作量以户均 5 亩地计）。

①育种。在每年阳历 3 月 28 日到 4 月初左右，农户会开始培育种子。而在这之前，需要有人帮忙运输培育种

子所需要的化肥、翻新种子地的土层①，一般需要 2 个或
2 个以上的人合作完成。

②盖地膜。当幼苗在地里成长，达到覆盖地膜的条件
后，一般需要 2 个人共同完成盖地膜。

③除草、松土。通常一个人 7 ~ 8 天就能完成。

④间苗。不需要合作。

⑤秋收。如果耕地少，比如在 3 ~ 4 亩，两口子用 1 ~
2 天就可以干完，不用找人帮忙。然而运输过程中必须有
男性；如果土地很多，两口子干不完，则必须求助于他
人。但由于户均土地较少，这样的情况并不多见。

除了上述五个方面的劳作外，挖水渠也是日常农业生产的
一个重要方面。事实上，在包产到户后，所有村民都需要挖水
渠引水浇灌旱地，而且挖水渠的工作一般需要 3 ~ 4 个劳动力
合作才能完成（我们将在第七章详细讨论这种合作的组织方
式）。我们发现，挖渠引水时的合作也是临时性、地缘性的。

在挖渠引水之外，聚义村村民在农业生产的主要环节就没
有更大规模的合作了，基本夫妻二人合作就可以完成。村民之
间缺少长期的互助需要，再加上松散的社会结构，村民之间缺
少血缘性的社会支持以及组织、协调合作的机制，长此以往，
村民也就更倾向于不合作了（有关当地互助难以达成、冲突
难以调解的问题，我们也将在第七章详细讨论）。

总的来说，由于土地贫瘠、生产条件差等原因，在打工经
济兴起前，聚义自然村的传统农业生产难以解决村民的吃饭问

---

① 在机械化之前，翻地还需要用耕牛。有关耕牛的饲养将在第三章详加讨论。

题。贫瘠的传统经济极大地影响了村民的生活，不乏因饥馑造成的悲剧，如婴儿夭折、村民弃婴等。为了在恶劣的自然条件下生存，聚义村村民一方面必须利用剩余的劳动力进行内卷化的农业生产，精耕细作、开垦荒地，但仍长期处于极为艰苦的"地里刨食"的生活状态；另一方面又有极强的动力离开村庄，外出务工以求生存。薄弱的传统经济导致村民长期处于饥馑且孤立的状态，而社会支持的缺乏又进一步促使村民向外迁移，试图谋求生存、改变自己的命运。

第二章

寡淡孱弱的家庭

由前一章可知，聚义村村民基本是在民国时期及新中国成立至 20 世纪 80 年代由于逃荒陆续迁入本村的。迁入后，由于自然条件的恶劣，他们只能在薄弱的传统经济下勉力谋生。事实上，也不乏迁入聚义村后无法维持生计而又外逃或者经济条件太差无法结婚导致"绝户"的例子。这种窘迫的生活境遇将"逃荒"与"饥饿"烙入了 30~70 年代出生的村民的整个生命史，并在该村总体性社会结构的建构中起到了决定性的作用。

在接下来的几章，我们将依次分析当地的代际关系、夫妻关系、村民间互助合作以及村庄公共仪式是如何受到长期贫困生活影响的，并最终表现为社会结构的全面松散。若照聚义村村民的说法，便是他们在往昔的日子是如何"各顾各，勉强活着"的。本章主要关注构成传统家庭的两个基本纽带（代际关系与夫妻关系）在当地的表现。

一　底线的代际关系与孱弱的父系纽带

本节将考察聚义村村民的父系家庭结构，围绕代际关系讨论与其紧密相关的抚养、分家、互助等社会过程，并归纳在贫瘠的生存状态下当地父系家庭制度的基本特征。费孝通曾对中国人的家庭结构与家庭观做出了精辟的论述，他认为"家庭"是人们最基本的生活单位，是一切制度的基本团体（费孝通，1998：187）。中国人的"家庭"，有别于西方社会学中仅指夫妻及其未婚子女所组成的"核心家庭"；中国人的"家"可以被称为"扩大了的家庭"，即在核心家庭基础上扩大的团体，是中国人经营共同生活的最基本社会团体（费孝通，1982：3）。在此之上，他强调了"父系"在中国家庭构成中的重要性："在中国的乡土社会中，家并没有严格的团体界限，这社群里的分子可以依需要，沿亲属差序向外扩大……中国的家扩大的路线是单系的，就是指包括父系这一方面；除了少数例外，家并不能同时包括媳妇和女婿。在父系原则下女婿和结了婚的女儿都是外家人。在父系方面却可以扩大得很远，五世同堂的家，可以包括五代之内所有父系方面的亲属。"（费孝通，1998：39）

本节将沿着费孝通的逻辑，考察并说明薄弱的经济基础和窘迫的生活境遇对聚义村村民基本的家庭代际关系与父系纽带的影响。我们发现，传统时期聚义村的村民在各种资源和条件极其匮乏的环境中成长和奋斗的经历，共同形塑了这代人以及这个移民村庄最基本的家庭结构特点和文化特征。由于这代移民主要来自附近地区，他们仍保持着与迁出地相同的文化风俗和社会惯习的大传统，又在此基础上形成了具有"移民特色"的小传统，即"生存大于一切"的"生存型逻辑"。在这种逻辑下形成了以最底线的抚养－赡养关系为主、为了满足最低层次的生存需求而单打独斗、具有高度工具理性特征的生存型家庭代际关系——一种相对平衡、联系松散、无内在紧张的代际关系。

（一）最底线的抚养－赡养关系

就其大传统而言，聚义村保留了相当程度的农村传统家庭的文化特征，如人们的生育意愿非常强烈，计划生育以前的大多数家庭都有三四个孩子。由于经济贫困，当时婴儿的夭折率较高，为求母子平安，当地还有延续了近百年的庙会传统。直到今天，村里几乎所有的家庭都"跟会会"，而"跟会会"最主要的目的就是求子和保佑小孩平安长大。直到90年代，村里仍普遍存在领养、过继、入赘和改姓等现象以及在遗产继承中严格的男丁继承规则，这些充分说明人们存在着继承香火的观念。在经济条件稍好的家庭，父辈依旧享有较高的地位和权威（在窑洞的居住格局和婆媳关系中可以得到体现）。

然而对于90年代以前的大多数家庭而言，由于迁徙以及极端的贫困，父代难以给子代提供足够的经济支持，要维持这种大传统下的理想家庭形态便显得十分困难。聚义村村民的个人奋斗史充满了为温饱和稳定而奔波的辛酸，对于他们而言，在恶劣的自然条件和战乱的社会环境中求生存是其最主要的任务。生活的极度贫困使父辈只能勉强将子女抚养长大，无法给他们提供更多的物质支持，更谈不上为其提供教育、准备嫁娶所需的财物，大多数人在具备基本的劳动能力之后就必须外出闯荡，自谋生计。我们以一个案例说明当时年轻人面临的这种窘境。

> 聚义村村民张建国，生于1960年。他20岁（1980年）的时候，家里的土地难以再供养全家人，于是他便孤身一人外出闯荡。他先到百孝镇当了2年小工，之后开始从镇上进些日用杂货，用背篓背着在周边十几个村叫卖。据张建国回忆，那时有过两三年特别苦的日子，自己时常风餐露宿，生意赔了还会吃不饱饭。一直到1987年，张建国的生意才有了起色，他购置了小板车，还在镇上租了一间房子，生活才逐渐好转起来。在他外出打拼的几十年，基本没有得到父母兄弟的帮助，"我也不想靠，靠也靠不上"，他只能靠自己的努力谋生。

当时有不少年轻人像张建国这样，选择外出，或务工或创业，有的甚至沿街乞讨，试图在艰苦的条件下谋求生计，改变自己的命运。虽然他们中的很多人失败了，但村民在艰难的生存状态下仍然不断尝试谋求发展（我们将在第八章进一步讨论这种努力）。

无论如何，在贫瘠年代，父亲及父系家庭只能给子女提供最底线的抚养（事实上，在很多情况下这种抚养也难以维持）。当父亲年老时，其对儿子给自己养老的要求也很低。

无论是村民口中贫瘠年代的老人还是在我们调研时见到的中老年人（"40后""50后""60后"），都呈现对子代赡养的"低欲望"。如村民所总结的：村里老人不存在退休，一般能干多久就干多久，自己养活自己，如果两个老人中有一个动不了了就由其老伴照顾，只有在一个老人无法独立生活的情况下，他的儿子才会给予他帮助。这种照顾在多数情况下只是每天给老人送饭；少数情况下就是在自己家腾出一口窑洞，就近照料。村民李有良属于后一种情况，他的父亲就住在自己隔壁的窑洞，他认为自己只要给他吃好喝好就行，不需要精神陪伴，也不会给父亲额外的生活费。当问到李有良，如果老人要喝水挑不动他是否会帮老人挑时，他只是说："那也不会帮，他要喝多少就挑多少。"

李有良对于帮父亲挑水的回复可能显得冷漠，然而事实上，他为父亲做的已经超过大多数村民了。对于在贫瘠年代成长起来的人们，淡漠而疏远的父子关系很常见，当我们问到村民的父子关系时，感受到的常常是对利益直接而精确的算计和对"亏欠"的抱怨，而少有对原生家庭和父系家族的归属感。

（二）脆弱的家庭和求简的分家规则

在贫瘠年代，村民不得不充分发挥经济理性以维持生存。当小家庭不足以维持下去时，家庭成员就只能"大难临头各自飞"，为了生存将原有的小家庭拆散、重组。我们以30年代出生的村民于克勤的家庭为例，从中可窥见当时村民在艰难岁月中家庭破碎的历史。

> 于克勤的父亲是聚义村人，生有包括于克勤在内的三个儿子，于克勤是家中老大。于克勤20岁成家后不久父亲便因病去世了，迫于生计，他的母亲只能带着老三改嫁到了邻村，只剩下于克勤和老二留在聚义村。不久，老二有机会到天津当兵，从此却一去不回，与家人断了联系。50年代，于克勤和妻子曾多次尝试生育，因为条件不好，

孩子生下来都夭折了。于克勤于是从邻村要来了现在的大儿子。到了60年代，于克勤和妻子又生了四个儿子和两个女儿，所幸都活了下来，但这造成了于克勤家庭的巨大负担。最终，于克勤只能将小儿子送给了邻县的一户人家，被送走的孩子与老家这边的人也再未有来往。

在艰难的岁月里，于克勤的家庭不断被拆散，母亲带着三弟改嫁，二弟远走，于克勤自己的大儿子是收养的，小儿子因为养不起而不得不送给别人。原本的家庭成员散落各地，又重组成新的家庭。事实上，于克勤的岳父也是被送养的。破碎的家庭形式贯穿了整个贫瘠年代，类似的改嫁、送养、抱养的例子十分常见，以至于我们很难在村中找到一户人家，其三代亲属中是没有人经历过家庭重组的。在极端情况下，甚至还有年近60的女人带着一家幼小改嫁的。

家庭的破碎使得聚义村历来以核心家庭为主，无法形成华北农村地区普遍存在的小亲族势力。据我们统计，聚义村以王、张、侯姓为主，但户数最多的王姓现在也仅有30户，且分属4个不同的祖宗，而侯姓与张姓各有10多户。

在上一节我们提到，因为经济的贫困，代际的经济联系非常薄弱，无论是父代对子代的经济支持还是子代对父代的赡养与回馈都非常有限，加上农业生产中的互助较少，不需要父子间的合作，因此传统农村中理想的"扩大的家庭"模式在聚义村实际上是缺乏经济基础的。当家庭总体的经济能力有限时，如何支配家庭的财产更容易引起父子间的矛盾，以1964年出生的村民刘梁为例。

刘梁小时候的家庭条件不好，母亲曾生下包括刘梁在

内的六个兄弟姐妹，但除了刘梁外都因为营养不良而夭折
了。因为积劳成疾，刘梁 9 岁时，他的母亲也不幸去世。
母亲去世第二年，刘梁的父亲就续娶了继母，继母家同样
条件不好，她也是在前夫去世后带着一个女儿改嫁过来
的。12 岁时，刘梁念完了小学，但父亲和继母拒绝供他
继续念书。最终在一番争执后，刘梁与父亲断绝了父子关
系，靠着舅舅的资助读完了初中。初中毕业后，刘梁就迁
到了另一个村，与父亲再不来往。至今，刘梁回忆起自己
的父亲时仍然很气愤："他不养我，我也不管他……我父
亲死的时候我都没有去，都是村里人帮忙打发的。后来我
给他上过坟，但我只上坟，不花自己的钱。"

在较少的合作基础以及窘迫的家庭经济背景下，父子之间
潜在的争执使得当地形成了一种简单的分家惯例，即在儿子结
婚后尽快让其从原生家庭分出，并且几乎不带走原生家庭的什
么财产（按村民的说法就是"要分也没什么可分的"）。

聚义村的大部分家庭都会在儿子结婚后迅速分家。由于是
移民村，当地每家每户关于分家的定义、时间和规则略有差
异。分家包括分窑、分灶、分财产和分债四方面，下文我们将
针对这四方面的内容展开讨论。

20 世纪 90 年代，只有少数家庭住在山下的砖窑，多数家
庭都居住在山上两到三孔的土窑中。按当地风俗，两孔窑洞以
东窑为"大"；若是三孔窑则以中间为"大"，东边其次，西
边最"小"。一般是一家人聚居在一孔窑洞中，有儿子结婚则
以先东后西的顺序将窑洞分出去（有能力的家庭也会以这个
顺序新起窑洞）。若由于儿子多，家里经济条件有限，那么无

窑洞的新婚夫妇一般在过完婚后的第一个春节就必须自建窑洞。通常新婚夫妇都是先借住在别人家中，一边攒钱买料一边施工，直到新窑洞建好。这期间父亲和兄弟只提供力所能及的体力帮助。不在资金上提供支持，不见得是不愿意，多是因为父亲与兄弟同样生活困难，无力支援。

无论是否分窑，哪怕就住在隔壁，结婚后的儿子都要与父母分灶，父母不给新婚夫妇提供口粮。对于分家导致的土地变动，据当时做村里会计的张升回忆，村集体一般不主动要求村民报备分家情况，只是已经分家的村民可以到生产队登记，将父子的工分分开。而大多数家庭都会选择在儿子婚后立即进行这项登记。

对于分财产，村民间并没有形成明确、统一的规则，主要是因为家里太穷，"没有什么可分的"。如薛富贵、薛富强、薛富民兄弟三人结婚后便一同与父亲商议分家的事，结果三兄弟只各分得一个木箱、三个大缸和两个小缸。村民财产之少，由此可见一斑。

由于没有什么财产，当地的分家主要表现为分债。在多数情况下，儿子并不会继承父亲的债务，有村民认为这是因为父母不愿意把负担丢给儿子，但也有村民认为，儿子本来就没有从父亲那里继承很多财产，又凭什么帮父亲还债呢？无论如何，多数父母都不会将自己的债务转嫁给子女。也有替父亲偿还沉重债务的例子，这会得到村民的赞誉，但说到底只是个案而已。

总之，由于"各顾各，勉强活着"的生存状态，父子之间既缺乏生产与生活中的支持与帮助，也缺少可分的家产。各自谋生可以避免纠纷，婚后分家成了贫瘠年代通行的惯例。

(三) 寡淡而理性的家际互助

由于聚义村村民分家较早,分家之后有很长一段时间父代与子代均拥有劳动能力和自理能力。这一时期,子代与父代之间的互动更多地体现为几个核心家庭之间的互助,包括父代帮子代养育孩子、向兄弟提供经济支持等。这些互助不仅与父子关系密切相关,而且深受婆媳关系和兄弟关系的影响。

父子分家之后,父辈尚有劳动能力的,通常都是靠自己种地养活自己。由于儿子结婚之后,母亲仍处于壮年,种地经验丰富,如果帮着儿子带孩子,不仅比下地干活更费心、责任更大,还有可能减少自己核心家庭的收入。因此出于核心家庭利益的考量,当时大多数的婆婆都不会帮媳妇带孩子。

> 李贵仁的妻子(1950 年生)于 1970 年嫁到聚义村,婚后一个月就与公公婆婆分了家,生了孩子之后,她白天一边带孩子一边干农活,晚上趁孩子熟睡的时候还要做家务、帮助丈夫把窑洞拓宽,十分辛苦。她的母亲只在她坐月子的时候待过几天,公婆也只有偶尔农闲的时候才会过来帮忙做饭。

不难看出,该地区以解决核心家庭的生存问题为基本逻辑,父代与子代两个家庭都在温饱线上挣扎,只有在父代有余力的情况下才会帮助子代的家庭。相较于"上阵父子兵"式的理想父子关系,这里的代际关系显然要松散得多。

此外,婆媳关系也保持在基本平衡的状态。刚嫁过来的儿媳作为村庄的外来人,有一段短暂的生疏期,儿媳这段时期在家庭和社会生活中处于弱势地位,因此有的婆婆便在儿媳刚嫁过来的时候在生活开支（要节俭、穿着不要太追求时髦）、男女关系（不要与村里的其他男人多说闲话）和家务投入（要勤快、家务要做好、农活要出力）等方面管教儿媳。但是在聚义村社会结构松散的背景下，融入核心家庭和村庄生活是一件很容易的事情。一般来说，儿媳在生育男孩后，就巩固了其在核心家庭中的地位，同时儿媳会逐渐融入村庄生活，得到村里人的认可。此时，儿媳便拥有了与婆婆抗衡的资本，婆媳矛盾也由此升级。

在聚义村，大多数家庭的分家就意味着"各管各的"，即使是父子、兄弟也难以守望相助。几个从原生家庭分散出去的小家庭不仅要成为一个个单独的伙食单位，而且要成为独立的会计单位。当时，村里挣不到钱（工分）、娶不上媳妇、身体有缺陷的少数几个人与自己父辈共同生活的时间较长，但"老人不能一直养活"他们，当父辈劳动力下降到只能自己勉强生存时，也只能分家。完全丧失生活自理能力的人在父辈去世之后由兄弟照料，但是这种照料一般仅限于供给粮食，"仅仅保证他活下去"而已。

牛文涛的哥哥有智力障碍，一直与父母同住。父母相继逝世，牛文涛就开始替哥哥种地，但是只在收割后分给他一些粮食。后来，哥哥成为"五保户"后，牛文涛就不再给他粮食了。

在聚义村，兄弟之间也仅限于生存底线式的互助。一旦对方可以在温饱线上勉力挣扎，兄弟就不再救助对方，更谈不上帮助兄弟去照顾兄弟的妻儿。如上文提到的村民于克勤，他父亲去世后，仍有两个叔叔在村里，但这两个叔叔因为家庭负担过重，只愿意给于克勤两兄弟饭吃，而不管于克勤的母亲。于克勤的母亲只能带着弟弟改嫁到邻村，一家人也就此散了。

与传统宗族理想的、紧密的兄弟互助不同，聚义村的村民在分家之后兄弟之间的日常互助通常发生在种地和修窑两个方面。事实上，这种互助也很少发生。由于当地土地贫瘠，耕地种粮所需的劳动力较多，所以农忙时各家很少有闲置劳动力，大家在自顾不暇的情况下是不会去给兄弟帮忙的。而在修窑时，男方的兄弟或亲戚很少帮忙，当地人更倾向于与邻居或要好的朋友以换工的形式互助，甚至有两位接受访谈的人是靠姻亲（如大舅子、岳父等）的帮助完成修窑的。

当地是以核心家庭的利益为本位的，兄弟各自的人际关系、人情关系也是"哥哥走哥哥的，弟弟走弟弟的"。"如果我弟弟跟一个人吵了架，我见了那个人还是要理会的，我弟弟也不会生气。因为个人的关系个人处，我没有跟你（那个人）闹矛盾，（所以）我还是得跟你（那个人保持）和气。"甚至在兄弟婚姻受到侵扰的时候，聚义村人依然很冷静。只有在爆发剧烈冲突时，兄弟才会帮忙。"打架的时候还是兄弟亲，我肯定要帮我兄弟，但是最好先讲道理。"

当地家庭结构以核心家庭为主，一个个核心家庭都挣扎在温饱线上，终日面向黄土背朝天地劳作。不富裕的经济条件使得他们即使想对自己的至亲施以援手却无能为力，社会支持的缺乏使得他们必须先考虑自己小家庭的安危，即便内心想与兄弟同仇敌忾，行动上也只能以"讲道理"了事。

在解决温饱问题以前，聚义村村民难以秉持理想家庭的大传统。迫于生计压力，村民在代际关系中仅存有最低限度的抚养与赡养；一旦儿子成家，家庭会迅速分裂，进入"各顾各，勉强活着"的循环状态；已分家的父子与兄弟之间所剩的，仅是无法回避的生活重压与理性算计。村民只能依靠自己维持家庭的生存。一旦这种生存难以维持，最后的社会归宿便应声破裂，如于克勤父亲死后，母亲改嫁，兄弟远走。经济的窘迫、支持的缺乏、家庭的脆弱几乎构成了那个年代聚义村村民生活世界的全部。代际关系的脆弱以及父系家族的淡漠构成了聚义村村民赖以生活的村庄社区，而在这样的社区，内聚力不足，内生性规范缺乏。

二　女性占优的婚姻市场与夫妻关系

如前所述，聚义村因传统经济极为薄弱，代际关系与父系纽带也屡弱不堪，而这种弱势在具有流动性与竞争性的姻亲关系中被放大了。在聚义村，有女性资源的家庭以及女性本人在择偶、结婚、婚后生活等方面相比于普遍贫困的男方家庭都有着显著优势。村里的家庭重组十分普遍，且长期存在"光棍撬媳妇"的现象，离婚率居高不下。本节将对当地女性占优的婚姻市场及"光棍撬媳妇"现象进行分析与讨论，说明父权制大传统背景下，由于父系家庭屡弱，当地夫妻关系表现出的特殊性。

（一）相对保守的通婚圈

现在来看，村内通婚的家庭约占全村已婚家庭的 30%。特别是 20 世纪 50 年代前后出生的人，通婚半径只能覆盖附近几个村。1974 年村里建立了初中，教学范围覆盖半个百孝镇，村内年轻人才多了一层可以横跨村庄边界的同学关系，年轻人交友的网络也进一步扩大，村庄通婚范围外扩至整个百孝镇。2004 年以后兴起的打工潮，为青年男女建构了新的社会交往模式和社会空间。由于现在村内打工人群主要的务工范围在永宁区，且永宁区吸引的务工人群以大陵市人为主，所以通婚范围也就基本固定在了大陵市内。

由于村庄底线的生存逻辑，该地的传统规范没有建立起来，但是村庄的婚姻模式却有自身的特点。如同姓不通婚，该村村民认为同姓人的祖先是相同的，若同姓人通婚会被别人笑话，说成是"不三不四"。此外，当地还有"差辈通婚"的情况，如年纪相仿的小姨与外甥女分别嫁给了隔壁村的侄子与表叔。

（二）找对象：女性为主导的婚姻市场

在聚义村，从找对象开始，女方就占据着较大的"议价权"。有村民说："自己那会儿（20 世纪 80 年代）找对象多是女方家长嫌弃男方家庭条件不好，男方家长一般不会反对。"经济条件是女方考虑婚事的首要因素，也是导致大龄青年变成光棍最主要的原因。如一位村民 26 岁时家里建起了新房，马上就结了婚，此前一直没有找到结婚对象（当时婚龄通常为20 岁左右），如果这位村民家里没有建新房，他很可能变成光棍。村里曾有村民为了结婚而想尽办法从条件较差的生产队转到条件较好的生产队，并断绝与所有亲戚的联系。

该村特有的代际关系和社会网络，导致父辈没有家族力量作为后盾，其权威在孩子成长过程中很早就开始式微，所以年轻人在找对象的时候就拥有了极大的自由裁量权。20 世纪 80年代之前，男女结婚一般都是通过媒人介绍。媒人介绍多是先告知双方父母，女方父母满意才会通知年轻人去相亲。但是从80年代开始，媒人给适龄男女介绍，适龄男女见面之后觉得合适才会开始交往并告诉父母，并且这在90年代的时候成了主流的恋爱方式。恋爱的男女双方告知各自父母后，一般男方父母不会反对，男方父母觉得"娶到老婆就不错了，不用挑"，女方父母大多会在男方家庭条件较差的情况下反对，但是很多时候，父母的反对对于子女的选择并没有多大的影响。

虽然父辈权威式微，当地并未有稳定的社会规范，但人们仍然有统一的婚姻衡量标准，当时的姑娘找对象的标准是"一军人，二干部，三工人，四教师，五学生，六农民"。

在集体化时期和改革开放初期，婚嫁主要以家庭条件为衡量标准，一般没有父母的男性成为光棍的概率很大，甚至自身条件很好但是家庭条件很差的男性也有一部分人成了光棍。除此之外，村民就主要依据"一军人，二干部，三工人，四教师，五学生，六农民"的标准来考察潜在的对象。打工潮开始之后，发展型逻辑开始凸显，"只要你能出去打工你就不会是（成为）光棍，自己凭本事带女孩回来"。打工潮之后，婚姻的衡量标准从家庭条件向个人条件过渡，开始优先考虑人品，然后考虑在永宁区是否有房子、相貌是否佳、是否独生子、父母是否勤快等因素。

（三）两边靠的婚姻模式

本部分主要关注聚义村村民的婚姻模式，包括婚姻的开始、婚后的生活、婚姻的结束，以及对整体婚姻市场的讨论。由于父系力量的薄弱与生存环境的恶劣，聚义村村民难以得到来自父系血缘纽带的支撑。一是父系力量薄弱，无法形成长期稳定的社会支持。因此，村民成婚之后，形成了两边靠的婚姻模式。二是生存环境使得村民自顾不暇，"各顾各"的生存逻辑串联生活的方方面面，除了底线救助之外，人们无法提供更强有力的支持。

聚义村的抚育模式基本以双系抚育为主，互助也以父系与母系并重。基于底线的生存逻辑，当地年轻人需要通过婚姻来获得更多的社会资源。因此，年轻人结婚后，会根据双方家族势力强弱来判断关系的亲疏，如果有远亲实力强大也会与之密切交往。

婚后，不论是丈夫还是公婆，对女性的控制力都是极有限的。老人们回忆，哪怕在观念很传统的年代，婆婆也不敢对儿媳妇太严厉，因为怕儿媳妇赌气跑了。女性婚后仍会与娘家保持密切的联系，尽管当地老人对子女养老的要求非常低，但是嫁出去的女儿在父母养老等方面要承担的责任丝毫不比儿子少。在新人筹备婚礼、修建新房时女方来帮忙的亲戚也不会少于男方。事实上，当地半数老人都是在女婿家养老的，这既反映了女性作为女儿在原生家庭有相对重要的位置，也反映了女性作为妻子在夫家有较高的家庭地位。

但是这种较高的家庭地位是依附于婚姻关系的，是由于能给核心家庭提供社会支持而获得的。因此，如果女性的丈夫早逝，她丈夫的兄弟与家族成员不会给她提供任何帮助，出于"活命"的考虑，女性带着孩子改嫁是其必然的选择。村民曾表示本地从未出现过一直为丈夫守寡的年轻媳妇，即便是中年丧偶的妇女，她们的子女都已成年，她们依然在丈夫死后不久选择改嫁。在当地，女人在自己丈夫死后一年就可以改嫁，甚至有女人在丈夫患重病的时候已经开始筹划改嫁。"过去成为寡妇的女人几乎都会改嫁，是为了孩子能吃饱饭的权宜之计，一般就是搭伙过日子；现在生活条件好了，也有女人怕孩子受气而不改嫁的。"

由于女性在婚姻市场占据绝对的优势，因此其在婚姻中具有决定权。这使得丈夫对妻子的出轨行为无能为力，而父系力量的薄弱也使得男方父母在此事上显得懦弱无能。20世纪七八十年代出生的人离婚大多是夫妻感情不好导致的，这些夫妻通常不是自由恋爱（村里人提及被光棍"撬"走的几个媳妇都不是自由恋爱）。大多是女性首先提出离婚，男性在这件事情上没有话语权，即使有了孩子也不能阻碍女性离婚。"男人再娶娶不到大姑娘，女人再嫁却可以嫁小伙子。"妇女再嫁后，多数情况下孩子是跟着父亲。但是重组婚姻中约有80%会再次破裂，也有不少妇女因为和前夫所生的子女长大成人而回去与前夫继续在一起生活的。即使女性占据了婚姻市场的绝对优势，一般一个妇女最多结婚两次，两次之后多会发展成情人关系而不是婚姻关系。

费孝通（1998：240）曾说："在我们的亲属体系中虽不能抹杀父母的任何一系，但也永远不会是双系并重的，于是形成了单系偏重的形式。在财产私有制的社会里，这是社会结构的普遍特征。"在聚义村，由于贫困而缺乏积累，父系力量薄弱，因此女性在婚姻市场与家庭生活中的地位相对较高。总结而言，当地的经济水平与社会结构决定了女性在家庭生活与婚姻市场中拥有更多主动权，具有较高的流动性。

（四）"光棍撬媳妇"现象

聚义村一直存在光棍群体。至我们调研时，全村有20多个光棍，其年龄在 40 ~ 60 岁。村民认为"又穷又懒"是导致其成为光棍的主要原因。

在外出务工兴起之前，当地青年男性的适婚年龄是 25 岁左右，现在受外出打工的影响，适婚年龄推迟到 27 岁左右。在聚义村，超过 30 岁还没有结婚的男性一般就被称为光棍。因为在当地超过 30 岁的成年男性未来还能够结婚的概率是极低的。

光棍的一般境遇是广义的婚姻制度的组成部分，因而也是村庄公共性的直接体现。费孝通曾提到"婚姻制度作为一种社会制度规定了婚姻双方及其亲属的权利、义务。并且涉及对村民性生活的控制"，"婚姻不仅是性的途径，也是对性的规范和控制"（费孝通，1998：129、140）。作为一种社会制度，婚姻制度有其社会控制功能，这种功能受到村庄社会结构的形塑，并极大地影响了光棍的行为及生活状况。

在聚义村，经济条件差是光棍产生的最主要原因。光棍中有相当一部分是因为经济条件差而错过了合适的婚龄，进而被排斥在婚姻市场之外。这部分光棍很有意愿通过各种策略来获取女性资源，解决自己的婚姻问题，"撬媳妇"便是其中的典型。

"撬媳妇"现象在聚义村具体表现为部分光棍用出钱送礼、出力帮工等形式讨好已婚妇女，试图与其建立亲密关系，最终促使其离婚并与自己同居或结婚。除在集体化时期因为对极端的不轨行为进行集中惩治而有所收敛外，这种现象在聚义村一直存在，并随着男性外出务工、夫妻两地分居而逐渐增多。根据村干部回忆，2000 年前后是村庄外出务工的第一次高峰期，其间有 7 对夫妻因为留守村庄的妻子出轨而离婚。

基于光棍的行动视角，"撬媳妇"需要较高的经济和情感成本。如一位村民所总结的："光棍撬别人媳妇自己是要付出很多的，要不断地出钱、出力，还要费不少心思。很多光棍原本家庭条件就不好，一个人漂泊着，有点积蓄还都投入到了女人身上。"

事实上，绝不是所有光棍都具备撬媳妇的条件。"撬媳妇"需要想尽办法，包括情感上"嘘寒问暖"、经济上"送礼物"、日常生活中"帮着干活"等，当然，"主要就是靠出钱出力来'砸'"。在行动之前，光棍对自己的"斤两"与"撬"的对象是否匹配是有预估的。光棍"撬"的目标主要是30～50岁、家庭条件较差的已婚妇女。聚义村有一个光棍王某与已婚妇女小刘的丈夫在同一个煤矿打工，王某的职位与收入均高于小刘的丈夫，在王某成功"撬"走小刘后，村庄社会的舆论并没有对王某和小刘的越轨行为产生强烈抨击，反而将婚姻的失败归因于小刘的丈夫——"自己不行，老婆跟人跑了也没办法"。

在拮据的生活与繁重的劳动中，女性面对光棍的"撬"有三种可能的态度。

第一，拒绝光棍。生活相对好，与丈夫感情深的女性会拒绝光棍的追求。事实上，光棍在追求前就会有所考量，对于难以得手的对象，如村干部或村里富户的妻子，他们压根不会去"撬"。

第二，"一妻多夫"的家计模式。生活拮据的女性可能会接受光棍的礼物与帮助，并以此改善自己的家计，但不会与丈夫离婚。事实上，家计困难的已婚妇女同光棍保持一定的关系并从中获取好处，这在聚义村几乎是一种人尽皆知的生活策略。对此，女方的丈夫有时是知道并默许的。他们在事实上形成一种由三个或更多成年劳力供养一个家庭的"一妻多夫"的家计模式。

第三，被光棍"撬走"。女性完全被光棍打动，原有家庭解体并与光棍组成新的生活单位。被"撬"走的女性在离婚后依然保持在婚姻市场中的优势地位与较高的流动性。村民总结，"同居的光棍与女性只有一半会领证结婚，而且这些女性中十有八九还会被别人再次撬走。一般到第三次女方就不会再领证，而是以情人关系与男方同居了"。

在聚义村，丈夫对抗"撬媳妇"的光棍是较为无力的。一是由于其自身生活的贫困与窘迫，二是由于缺少父系家族的援助。一个人的媳妇被光棍"撬"走了，他的兄弟多认为这是"别人家的家事，与自己无关"。这不会影响他们与光棍的日常交往，更不会认为这是自己家族的耻辱。一个家庭中，丈夫即使发现了光棍的不轨企图，他也难以从自己的亲属那里得到帮助来有效遏制光棍的越轨行为。兄弟都靠不住，村民则更谈不上。可以说，"光棍撬媳妇"现象正是聚义村社会结构松散、父系家族衰微的直接后果。作为"边缘人"的光棍不能得到及时的帮助以及严格的社会控制（如在宗族型村庄常见的那样），最终成为一种难以控制的社会风险。

在本节，我们基于聚义村村民的婚姻关系与夫妻关系的基本情况，介绍了当地相对保守的婚姻圈、女性占优势地位的婚姻市场以及极为特殊的"光棍撬媳妇"现象。可见，在贫瘠经济导致的巨大生存压力以及缺乏父系家庭控制力的情况下，女性资源的稀缺性能在很大程度上被放大。占据优势的女性、委曲求全的丈夫、劳力费心的光棍以及事不关己的村民，构成了贫瘠年代聚义村两性关系的鲜活图谱。这反映出传统家庭结构以及道德观念在经济贫瘠、村庄内生性规范弱化的情况下所产生的社会后果。

通过"光棍撬媳妇"现象我们可以发现，在孱弱的代际关系和女性占优势地位的夫妻关系之上生长出的，是一个家庭结构松散、缺乏内聚力与内生性规范的村庄社区。在接下来的几章，我们将分别从村民间的互助机制、村庄的公共仪式以及集体化时期村庄秩序的维持与演变的角度出发，系统地考察聚义村作为一个松散的地缘社区，其村民间纽带的实质内容以及村庄公共性的维系与变迁，在此基础上完善我们对聚义村社会结构的总体认识。

第三章

松散联结的社区

村庄作为村民生活的共同场域，其社会秩序和价值生产能力对于约制人们的行为，维系村民的共同生活和建构村庄共同体具有重要意义。在上一章村民婚姻与夫妻关系的讨论中，我们看到在经济贫瘠、社区松散、缺乏内生性规范和价值生产能力的情况下，传统的家庭结构以及道德观念的错乱状态。本章将接续上一章的讨论，将观察的视角扩大到社区，基于村民间的互助机制、村庄的公共仪式以及集体化时期村庄秩序的维持与演变进一步完善对于聚义村社会结构的认识。

一 生存型的互助合作

互助与合作是村民在生产生活中一个重要的维度，亦是村庄共同体形成的重要方式。面对不同的社会现实情况，对互助合作的需要也不同，因而互助合作的程度和可能性也会有差异。同时，根据社会现实复杂性的差异程度，互助合作的内容会有不同的排列组合，由此呈现丰富多样的形态。一般来说，当面对凶险急切的压力，如外敌入侵和自然灾难时，人们需要形成一个紧密合作的共同体，否则将面临灭族灭村的危机。为此村民制定了一些严密的社会规范，反过来这些规范又不断强化了社会关系结构，使其变得紧密。比如客家人向南迁徙时面对激烈的土客矛盾和恶劣的自然条件，这些外力维持并加强了族群内的团结。但是满足温饱后，人们面对弥散弹性的压力，只需要在生产生活上维持必要的互助合作，例如，帮忙建房子、帮忙收割农作物等，因此人们之间的社会联系是较为松散的。

聚义村大部分村民都是来此开荒的移民及其后代，资源争夺不激烈，也较少遇到大的自然灾害，村民面对的主要是弥散和弹性的外部压力，缺乏互助合作发展的社会基础，仅仅停留在维持生存的低水平的互助合作之上，村庄亦因之缺乏强大的社会规范。同时，聚义村属于低度分化和缺失集体记忆的村庄，内部少有经济精英和宗族精英，村集体的组织能力比较弱（贺雪峰，2001）。

（一）生产互助合作中的生存逻辑

对聚义村的村民来说，虽然农业生产是互助合作的主要内容，但互助合作的程度不高。聚义村自然条件比较恶劣，耕地多为坡地，水资源不丰富。因此，一方面基本的互助合作是保证生产正常进行的必要方式，另一方面这种合作很多时候夫妻二人即可完成，很少超越家庭的范围。所以，家庭之间互助合作的程度和频率都较低。

1. 土地耕种中的小范围互助

在第一章我们讨论农业生产的时候，已经涉及了一些土地耕种方面的互助合作，将所有工作做系统的梳理，得到表 3 - 1。通过表 3 - 1 可以看出，聚义村在农业生产上互助合作需求较少，除了挖水渠灌溉，所有的工作基本都可以由夫妻二人合作完成。

表 3 - 1　玉米种植的主要工作及人力需要

工作类型	运化肥	翻地	播种	盖地膜	挖水渠灌溉	除草	拨弄玉米苗	间苗	秋收
所需劳力（户均）	2人须合作	2人须合作	2人须合作	2人须合作	3~4人须合作	2~3人无须合作	2~3人无须合作	1人无须合作	2人运输必须有男性

资料来源：根据对当地村民访谈的资料整理而成。

对于挖水渠灌溉这一互助合作行为，在本章可以做更详细的考察。除了聚义村村头的土地有地下泉水不用挖水渠灌溉，村里其他的土地都要挖水渠灌溉。大家一起挖水渠，从河里挖到地里。当问到有无偷工减料不合作的情况时，当地人告诉我们，这样的人很少，因为种地是一定要用到水源的。鉴于生存的需要，大家必须保持底线性的团结，并且降低彼此发生冲突的可能性。所以，在用水时上下游都是自觉排队的，即使村民发生争吵也能协商解决。就像村民告诉我们的。

离（水源）远的地（要）排队浇水，实在不行就晚上浇，总之是尽量不起冲突，没有什么应对的办法。

这里的平地一般都是用河水灌溉，我们灌溉用的渠是农业集体化的时候挖的，在河上游有一个口子，谁需要灌溉就去把那个口（子）打开，水就流下来了；要是（如果）几个人同时用水就互相商量，把时间错开。当时因为灌溉吵架的还挺多的，比如你在下面浇着地，他在上面就给你堵上了，因为他也要浇地，你上去找他理论，两个人都说自己时间紧，旁边要是也有人在浇地就会来劝一劝，因为也不是多大的事，两个人协商一下或者是先来的先浇，或者是两个人一起浇，那个（把）水堵一半，一般有权有钱有势的人协商的时候占便宜的多。

村里当时有四口井，没有严格划分，就近打水，一般井水都是生活用水。当时没有人挑井水上山去浇坡地，山上的地都是望天收，除非你是种了一、二亩菜还能浇一浇。我们这儿不缺水，因为山上有泉眼，泉水一直往下流，所以就算旱田也不怎么缺水。也有人用管子和泵引水浇坡地，一般私人没有这些东西，改革开放刚开始的时候有几年天旱，有一个抗旱服务队拿着工具来了，给人家钱才给你浇（地）。

集体化时期，因为用水聚义村曾和下游的 Y 村发生过争执。Y 村人因为用水量不够而破坏上游的进水口。聚义村一个小队的队员来到 Y 村与紧挨着地的小队理论，但双方都只有五六个人前来"撑腰"，最终靠生产队队长出面协调解决了此事。在这种应该集体一致对外的时候，却仅有少数人在行动，由此可以看出村民之间松散的社会联结。从调解员张志忠曾经调解过的一个用水纠纷中，可以更清楚地反映这一点。

2000 年，春旱。张志忠没有在村里当队长，去永宁区打工了。农民需要先浇地再播种玉米或蔬菜。由于干旱，灌渠中的水很少，浇透一块地需要几个小时，若是按顺序浇，下游的地要很晚才能播种，甚至轮到下游的人浇

（地）时就没有水了，这种情况会影响一季庄稼的收成，因而浇水先后事关重大。村民协商决定通过抓阄来确定浇水的顺序，不论土地的地理位置，谁的运气好谁就先浇。有一家在没有轮到自己浇（地）时就挖开地旁的水坝将渠水引到自己地里，本该轮到的那家发现后就与抢先浇地的这家争执，由于没有人来调解，抢先浇的这家把本该轮到的那家的玻璃砸了。

这就是秦家坡发生的最激烈的一场冲突，时间久了两家关系也修复了。张志忠认为是因为没有人调解冲突才会升级，若他当时参与调解或许就不会演变为这么大的冲突。张志忠认为"砸玻璃"就是村庄中最严重的冲突了，这一点的确很让我们出乎意料，村里人总是一团和气，很少发生纠纷，即使发生纠纷了，也难以演变为肢体冲突。张志忠对此的解释是打架若是把对方打伤还需要送他去医院，赔医疗费和误工费，村里人不会为了争一口气而白白付出这么大代价，在生存逻辑下，减少开支、保证基本生存更为重要。此外，村民隐忍、包容，还因为他们认为日后总会有需要互助合作的时候，若关系太僵，对方可能使用阴招。因此，当兄弟亲族关系并不紧密时，没有争"气"的必要，也缺乏争"气"的资本。村民之间关系淡漠，"各顾各的"，是因为没有形成有效的公共空间来形塑社会规范。

不过有时候，出于经济理性的考虑，为了节约时间，人们也会相互合作。

农村种地播种的时候需要互相帮助，拖拉机在前面走需要一个人（操作），后面还需要一个人把没有压实的土地压一压，如果一个人干，一亩地一天都干不完，但是两个人一天能干好几亩。一般关系好的人会互相帮助。如果我家要耕两亩地，他家要耕五亩地，那我也要帮他耕完，这个不能太斤斤计较。

为了快速干完农活，农忙时关系好的人会临时组成互助小组，抢夺播种的"黄金时间"。这种利益相连的小团体，在生产中有很多。因为是临时组成的，也意味着它具有不稳定性。比如，我们的访问对象牛文涛就是和人合养一头牛，因为他父亲和这家人产生了一点小矛盾，两家关系闹掰了，就换了一家合养牛。这表明临时互助小团体很容易拆散、重组，只是一种工具性和实用性的互助，缺少伦理性的约束。但农业生产是一个长周期的活动，这些临时的互助合作不断发生，构成了村民之间一种长期的合作需求，塑造了松散的村民共同体。这样的互助形态，使得人们在整体上维持着一种低水平的共同体关系，彼此之间既不算紧密也不算疏远，其明显的表现就是隐忍，一团和气。

2. 牲畜饲养中的底线性互助

与种地相似，在养牛和养羊方面，互助合作也兼有临时性和周期性的特点。村子周边地形复杂，夏天在山上放牛，如果牛太多容易跌下山，所以村民养牛的规模一般不超过20头。夏天农忙，饲养牲畜的家庭劳动力不足，需要与村民合作才能完成播种（只有种地才有粮食喂牛）。所以养牛的人会结成互助小组，一个去放牛一个种庄稼，彼此轮换。有趣的是，夏天放牛时，如果哪家的牛走丢了，村民不会帮着找，顶多是丢牛人自己的兄弟帮忙找。也就是说，养牛户之间只是临时性、交换性的互助关系。这种互助并不能扩展到生活中的其他方面或者发展为延时性、责任性的互助关系。因此养牛户之间仅在与牛有关的、交换性的事件上存在互助。当时空情境发生变化，例如看到别人的牛跑丢时，他们都不会给予别人帮助，因为"各管各的，没必要多管闲事"。

在公共空间方面，纠纷主要和养羊有关。一个是因为赶羊外出路上，羊对生活环境的破坏会引起村民的不满；另一个是羊吃了别人的庄稼引发的纠纷。

下面是关于羊吃庄稼引发纠纷的典型例子。一个牧羊人的100多头羊进了别人的玉米地，吃了半亩地的玉米，玉米地的主人发现后十分气愤，要求牧羊人赔偿几千元，牧羊人不肯赔，两人吵架还差点打起来，但又不敢打架。相持不下后，玉米地的主人去找张志忠，张志忠到后，把两边都训了一顿。张志忠对牧羊人说："庄稼是别人辛辛苦苦种的，你（家羊）把别人家的玉米吃了，吃三根五根也没事，你吃得太厉害了。"这样说是为了让牧羊人认识到自己侵犯别人利益的严重程度，唤起他对对方遭受飞来横祸的"不忍"之心。张志忠又对玉米地主人说："你不要得理不饶人，别人（家羊）是不小心吃的，不是故意的，大不了去法院打官司，你哪有时间去打官司呢？"让他也要体谅牧羊人的难处并认识到自己把事情闹大不值得。最后双方都同意牧羊人给玉米地主人赔偿几百元了事。

村民对于此类纠纷的反应也是颇为有趣的。访谈时我们曾就羊吃玉米的事进行了询问，受访者的回答大致是这样的："面积小的话，大家都不会特别追究，道个歉，说说情就好了，不会要啥赔偿，也不会有大的冲突，生活都不容易嘛。但是如果吃得太多，超过半亩那肯定是要赔，这已经影响到人家收成了。"可见，面对生产中的摩擦，人们是比较克制的，很少会因为一点小的矛盾而爆发大的冲突，但是当这种摩擦可能威胁到生存时，人们反应就会比较激烈，这正体现了人们互助合作中的生存逻辑。

在生产活动中，由于合作的刚性需求不高，但又并非完全不需要，人们的互助合作仅仅局限在很小的范围内，没有延伸到其他方面，所以未形成一个团结程度较高的共同体。村民之间的互助合作只是为了维持底线性的生存，只要生存不受到威胁，就很少与他人进行互助合作，而尽量避免纠纷的逻辑亦是如此，"忍过去就好了"。

（二）生活互助合作中的生存逻辑

与生产中的互助合作不同，生活中的互助合作渗透在生活的每一个方面，是一种自然的行为。生活中的互助合作主要有三个方面：人生大事、生活照应和救急。其基本的逻辑就是保障人们"死不了"，至于过得好不好则不会过多考虑。

1. 人生大事中的关系与人情

日常性互助的一个重要方面就是打窑建房。聚义村是移民村，以前人们主要在山上打土窑用于居住，后来慢慢演变成在山下盖砖窑房。但无论是土窑还是砖窑房，都是需要有人帮忙的，尤其是土窑，必须在一定时间内完成，否则会倒塌，单靠夫妻两人，根本不可能完成。

1980 年以前，聚义村村民都是在坡地打土窑居住，通常几代人居住在一口土窑中，这样冬天取暖可以少烧柴。1985年前后，村里人开始在平地上盖砖窑房。李振华是当时村里第一个建砖窑房的村民。

当时村里打了一个用于烧砖的公共砖窑,属于集体财产。盖房需要用砖的人就自己出煤烧砖,烧一块砖需要耗费一块煤。当时李振华建三间砖窑共用了40个工。只有大工(技术含量较高)和跟随大工的小工需要付钱(大工4.5元/天,小工1.5元/天),其他人都是来帮忙的。当时村里邻居共有十多个人来帮忙(盖砖窑),我们不出钱,就给他们烟、白面以示答谢。建房一共花费1040元,这些钱攒了两年。对于这些过来帮忙的亲戚、邻居,虽然不用给酬金,但是"欠着人家的人情",在他们修房子时,就要过去帮忙。

打窑建房中的互助圈子,基本上就是村民们平时交往比较密切的人,一般都是亲戚,还有就是相处得特别好的村邻。

这种互助还有一个要素——人情,帮工帮的就是人情。这种人情不是及时清算的,而是一种延迟报偿的"人情借贷机制",对帮助他人修砖窑的人则是一种"人情储蓄机制"。在这种"施"与"报"的逻辑中,物品、劳动是不同的,不是一物换一物,而是在总体性社会关系中,在不同生活面向中的"施"与"报"。比如修窑这事,你们家修窑的时候,他帮你三天;等到他们家修的时候,你也帮他三天;如果他家先修的窑,当时你没有帮忙,你家修窑请他帮忙他也帮,不计较之前你没有帮忙,以后还有很多互相帮忙的地方,比如耕种的时候你也能帮他。如果出现了不对等的"施"与"报",比如别人来帮了三天工,但是之后你只还一天工,对方就要想想是在其他什么地方得罪你了还是在村里什么事做得不合适才会遭受这样的社会惩罚。

另一个重要的日常性互助就是红白事。红白事作为村庄公共生活的重要事件，也是展现村民之间关系紧密程度的重要窗口。在红白事中，人们不仅能够重新建构彼此的关系，而且能通过礼金确认和强化自己的社会关系，清算自己的人情账，从而维系彼此的人情往来。

在聚义村，办白事的时候一般不通知，"门户"才来。"门户"都是往来比较多的人，人们根据彼此之间的关系远近衡量自己要不要来。白事的费用一般是由主家的几个儿子分担，帮忙办白事的以村邻为主。关于具体的红白事宜及人情圈将在下面"维系型的公共仪式"一节着重论述。

2. 生活照应和救急中的血缘与理性

生活照应主要体现在那些互助成本低的方面，如互相借钱、借粮食、帮扶兄弟、照顾寡嫂等。王亮羽在回忆自己的经历时说，他刚结婚那会，弟弟只有四五岁，因此自己需要担负起照顾弟弟的责任。他说："那时兄弟间这么负责的人不是很多，有一半人遇到类似的情况都不会管，很多人结了婚就自己过自己的日子去了。如果家里的兄弟去世了，其他兄弟在平时生活中，都会帮助去世兄弟的家人。至于孤儿的话，叔叔婶婶都会照顾，不会坐视不理。"

在借钱方面，聚义村的人优先跟亲戚借，其次是同学和好朋友。一般不会向村里人借钱。"借钱的时候，不管亲兄弟与堂兄弟谁有钱，人们一般都先找亲兄弟借。但如果亲兄弟比较抠门，堂兄弟比较大方，就先找堂兄弟借，不找亲兄弟借，免得招人嫌弃。"可见，借贷受到声誉和口碑的影响。如果兄弟找自己借钱，对方要多少自己就得借给他多少，特别是在亲属出现紧急情况时，都会尽最大能力给予帮助。

在还钱方面，借方一般是攒够了钱再还，即使出借时间长，债主一般不催，也不用借方打欠条。如果借贷是为了融资做借贷生意，那么性质就不一样了，需要借方打欠条，并且要计算利息，因为人们认为这是"租钱"。村民要账的方式一般都比较温和，大多数人都是托人带个话，不亲自去要。因为面对面要账的话，村里人会说闲话。

打架是需要救急的典型事件。在聚义村，血缘的亲疏远近是村民判断是否参与打架的基础。但是，血缘仅仅提供了基本的指引，最终是否参与打架还得看打架双方谁对自己的生活更重要。私交和财富是很重要的因素。根据对聚义村村民的访谈，我们整理出表3－2。

表3－2　聚义村村民打架救急情境中的行动选择表

	亲兄弟	堂兄弟	私交好的朋友	有钱的朋友	村邻
亲兄弟		帮亲兄弟	不确定	不确定	帮亲兄弟
堂兄弟			帮私交好的朋友	帮有钱的朋友	不参与
私交好的朋友				不确定	帮私交好的朋友
有钱的朋友					帮有钱的朋友
村邻					

注：①表中对角线两侧所表示的情况一致，故只列出一侧的情况。②对角线上情况不做考虑。③不考虑私交好和有钱的朋友交叉的情况，即既私交好又有钱的朋友。

首先，帮亲兄弟的情况很明确。在亲疏远近上，村民普遍认为堂兄弟和村邻一样。其次，帮朋友的情况也相对容易区分。因为私交好的朋友和有钱的朋友在生活中能给予自己更多的帮助，这个意义上堂兄弟还不如这些朋友。再次，不参与的情况发生在堂兄弟和村邻打架时，因为村民认为二者的亲疏关系一样，两不相帮谁也不得罪。最后，不确定的情况表现的正是私交和财富对血缘亲疏远近的影响。正因为二者的作用日益突出，人们在行动抉择时才出现了犹豫。

不管是生产中的互助合作还是生活中的互助合作，都体现出在家庭这一行动单位内部及家庭之间，人们互助合作的需要和合作的程度偏低。这与聚义村低水平、小范围、临时性的合作需求有关，也与人们关系联结松散及血缘纽带薄弱有关。聚义村的互助合作，是底线性质的，根本目的在于保障基本生存。但由于面对的压力是弥散、弹性的而非凶险、急切的，村民间对互助的程度要求并不高，村民的共同体意识也不强。

在家庭层面的互助合作如此，那在社区当中会如何呢？在村庄的公共生活空间中，公共仪式互助合作方面的社会关系又会有什么样的特征呢？这将是下一节讨论的内容，我们将从婚丧仪式和庙会出发，在公共仪式中透视村庄的社会结构。

二　维系型的公共仪式

仪式是通过构建一个有意义的仪式情境，使人们可以在该情境中满足精神需求并获得心理慰藉，同时也是人们对动机、情绪、感情进行意义灌注的工具。尽管不同的仪式会有不同的社会功能，但正如涂尔干所言，它们都不过是同一功能主题基础上的实践的变体（涂尔干，2006：217）。因为公共仪式在建构社区公共性话语体系和公共性意义方面具有重要的作用，所以其成为展现村庄社区公共性和人们社会联结强弱的重要方面。

依照公共仪式在社会联结方面的意义，我们可以大致将其分为三种类型。第一类是整合型的公共仪式。这一类仪式依靠涂尔干描述的神圣感染施加影响，将人们凝聚为一个具有极强的集体行动能力和有效的集体规范约束的共同体。第二类是形式型的公共仪式，这一类仪式的举办与持续仅有制度合法性压力，目的是与其他类似组织保持制度上的形式一致。第三类是维系型的公共仪式，这一类仪式介于前面两种仪式之间，虽然有一定的整合能力，但是比较有限。

聚义村低水平、底线性的互助合作，塑造了家庭之间松散的生产和生活共同体。这种共同体的关系形态，在社区公共空间中会影响人们的行动逻辑。公共空间的存在，以其相对固定的社会联结形式和人际交往结构，孕育着社会秩序生成的基础（曹海林，2005）。在村民公共生活的仪式当中，我们可以窥见聚义村维系型的公共仪式背后村庄社会的联结状态和生存性的社会秩序底盘。

（一）婚丧仪式的松散联结

聚义村的代际关系松散，村民们在养老方面秉持底线性的救助，这在第二章的分析中已经指出。因此，他们没有衍生出"薄养厚葬"的习俗，而是一切从简处理。改革开放之前，由于经济过于贫困，"门户"少的人家白事不操办，仅仅祭奠一下便匆匆了事。婚姻是两个家庭搭建社会关系、扩大社会支持网络的重要方式。加上聚义村女性家庭地位较高，要求红事办得热闹，所以当地红事一般比白事办得隆重，具有一定的仪式感。

1. 婚嫁仪式

由于女方的要求和两家人的共同支持，婚嫁仪式一般比丧葬仪式办得隆重。由于受经济条件的束缚，仪式总体上还是比较简单。在集体化时期，村民的婚嫁仪式相对简单。一般只需要宴请男女双方父母及一些直系亲属，大家"凑在一起吃个饭"，婚嫁仪式就结束了。宴席的桌数一般不会超过两桌，女方也不需要彩礼。改革开放初期（20 世纪 80 年代），村民的人情圈开始扩大。虽然依旧不需要彩礼，但是开始宴请旁系亲属，宴席的规模控制在五桌以内。到了 20 世纪 90 年代，彩礼开始出现，人情圈进一步扩大，宴席的规模扩大至十桌左右。

2. 丧葬仪式

村民一般认为丧葬仪式是"纯浪费钱"的，"少花一点就少赔一点"。因此丧葬仪式的规模，受主家经济条件的影响很大。

聚义村老人去世之后，子女一般不请风水师，因为一个风水师需要花费一千多元到两千元，在村民眼里这是一笔比较大的开支。因此，有老人去世时，大部分村民都不会请风水师挑选适合下葬的日子，一般在老人去世当天就直接安排下葬。下葬后三天才宴请亲朋吊唁。因为当地人觉得"在家停放尸体需要花很多钱，放的时间越长花的钱就越多"。"没钱嘛，很正常，简单办一办，又省钱又省事。"

同样，在丧葬仪式的规格上，大多数人是根据自家的经济情况选择最适合的丧葬花费。"别人家家庭条件好能办得起来，他们家条件没有别人家好，办得差不多就行了。"

聚义村的丧葬仪式一般不进行通知，只有亲戚或"门户"才会参加，其他村民则根据彼此之间关系的远近，来衡量自己是否参加仪式。

祭祀祖先的问题离不开对祖坟的讨论。由于年代久远，绝大多数村民都不会去移民迁出地祭祀祖先。迁入聚义村几代之后，子孙跟移民迁出地基本已经断绝了往来。实际上，对于背井离乡的聚义村村民来说，由于巨大的生存压力，只能日复一日在土地上劳作以维持生存。加上缺乏迁出地的社会支持，他们逐渐与迁出地的亲友断绝了联系。

村民在每年的清明、七月十五和立冬这三个日子会去上坟。上坟活动以核心家庭为单位，一个家庭只有一个人去洒扫，一般不会帮助或代替兄弟去祭祀，这与聚义村松散的代际关系和兄弟关系是分不开的。

（二）庙会的微弱整合

从家庭的互助合作到婚丧仪式，聚义村都呈现一种较为松散的状态。但松散的社会结构依旧拥有其自身的整合机制，该村最重要的社会网络维系机制和社会整合机制就是庙会。庙会在当地又被称为"会会"。改革开放之前村里就有庙会，以自然村为单位，每个自然村有自己的庙会。各村都有一个相对固定的日子，不同村的时间是错开的。

1. 庙会组织

每个村的组织情况略有不同。邢家口村的庙会由全村 30 多家轮流举办，每届庙会为六家合办，每家大约五六年轮到一次①。起初，抓阄确定全村每届庙会的举办人家与轮流的顺序，之后

---

① 此处的家并非核心家庭，而是扩大的家，是由老人与已分家出去的几个儿子的核心家庭所组成的家。

每年依次往复，不再抓阄。如果有意外情况，也可以两家人协商互换，不过这种情况极少。每次在举办的六家中选择家长最年轻的一家做主，老人到了一定年龄就把主办权交给儿子。

庙会的组织者会提前几个月明确分工，确定庙会举办时间，请秧歌表演团，准备集体聚餐，准备敬神的香、纸、对子，并口头告知村里人。主办的一家收庙会香钱，并向每个自然村精英发请帖。庙会当天，由这六家人"照应"庙会。若是主办庙会的六家中的某家在村里人缘不好，并不会影响参与庙会人数，因为"人们是来敬神的，不是来敬他的"，由此可见办庙会的人只是履行村民的义务而已。

在聚义自然村，庙会设有组织委员会，有一本会员手册，记录所有入会的会员。会员基本覆盖整个自然村的村民，每年按照排序筛选出 13 个人帮忙组织庙会。每年新成家的年轻人的名字将被写在会员名录后面，并删除他们父亲的名字，由他们代替父辈管理庙会事务。虽然每次组织的人不同，但基本都是同一辈的。因而形成了一个由同辈人组成的责任分摊机制的团队。不过随着外出打工的人逐渐增多，年轻人没空的时候父辈会帮他们组织。如今庙会基本沦为老年人的娱乐项目了。

每年选出来的管理者主要有两方面的任务：第一是向成员收取会员费；第二是联系扭秧歌等表演者。大家都比较自觉，没有拖欠会费的现象，因此，管理任务较为简单。管理者只是临时性接过管理权限，庙会运作更多的是依靠传统机制。

2. 庙会参与

本村人全部都会来参加庙会。在城里工作的年轻人和出嫁的女儿也会回来参加。

村民平日不常去庙里祭拜，反倒是外村人会去庙里祭拜。

庙会的时候，村民会先一家人一同祈求风调雨顺、平平安安。看完秧歌后，全村人一起聚餐。庙会有一定的章程，并具有一定的社会规范，"人不去钱也要出，不能想去就去或今年去明年不去"。

集体化时期，换生产队的几户人家，基本上头几年两个生产队的庙会都参加，但是逐渐都只参加自己最终所在生产队的庙会。"两边都参加，两边都出钱，经济负担太大。"由此可见，庙会成了社会关系调整和重构的跳板，帮助村民建立新的地缘关系网络。

聚义村里参与庙会的人要进香，需要出香钱。庙会当天，会张贴捐香钱的花名榜，按所捐香钱从高到低的顺序排列。一般全村一次庙会能收到一万多元的香钱，除去所有开支（大约一万元左右），剩下的钱留给下一次办庙会的主家。香钱捐多少全凭自愿，出多出少于自身都无碍，但是香钱的捐赠仍然呈现一定的特点。村干部会去参加各个自然村的庙会，香钱出得最多的基本都是他们。以村主任李振华为例，他一般都出五百元，是村干部中出钱最多的。若有人比他出得还高，村民也不置可否，但是私下会相互劝说不要出得太高，因此并未形成攀比之风。由于李振华每次都出得最高，庙会聚餐的时候村民们都会邀请他出席，还会一起给他拜年。

捐香钱以核心家庭为单位，老年人与年轻人要分开出香钱。年轻人大多数出两百元左右，基本没有出一百元以下的。但村民一般都秉持"不争面子，只保面子"的原则，不会觉得出得越多越有面子。与礼金不同，香钱在亲兄弟之间是可以因为经济水平的不同而产生差异的。老年人一般出一百元以下，且出多出少更加自由。总体来说，通常每家会出一二百元，最少也得出五十元，最高的有出一千元的。

会员费是以核心家庭为单位计算的，因此会员费没有代与代之间的传承。老年人将管理责任传递给儿子以后还是要继续自己交会员费，但是交纳的金额比较随意。一般老年人年纪大到没有经济能力时才不再交纳会费。

3. 庙会的意义

据聚义村的村民说，庙会的兴起与相亲有关。起初，因为担心男孩娶不到媳妇，所以举办这样一个"会会"。通常会让本村的年轻男孩都参加，别村的姑娘也过来参加，为年轻男女相亲提供条件。当然也有一部分村民是为了祈福和娱乐。因此，在村民心中，聚会、娱乐、寻求社会支持和构建社会网络是庙会的主要功能。

在婚丧两件人生大事上，我们看到了聚义村公共生活空间里面薄弱的社会秩序和价值生产能力。这和村民的共同体意识不强、共识性的规范缺乏、村庄的内生性秩序无法有效生成并对人们的行动产生制约有关。即便如此，聚义村的村庄共同体也并没有完全解体。在庙会的整合之下，原本薄弱的社会秩序和价值生产能力以一种微弱的状态牵扯着人们。这使得整个村庄的公共生活空间呈现一种松散的状态，人们之间维系着薄弱的联结，以确保生存不受到威胁。

从家庭到社区，聚义村社会联结的薄弱和社会规范的缺乏，清晰地展现了生存型社会的底色。缺乏内生性的规范和秩序生成能力，一方面是因为聚义村在生产和生活方面互助合作的需求不高，未发展出合作性较强的共同体；另一方面是因为人们在公共生活中亦没有有效的社会整合机制。这在上面的分析中已然清晰可见，然而聚义村松散社会的形成，事实上还与其缺乏强大的外力刺激有关。回顾集体化时期村庄秩序的演变和维持情况，有助于加深我们对这个问题的认识。

三　集体化时期社会秩序的演变

集体化时代的特殊之处在于通过国家力量的下渗，对乡村社会进行了捏合。无论原来的村庄是松散还是团结，在共同生产和共同生活的状态下，都会发展出具有一定整合能力的共同体。在国家力量退出后，虽然这种共同体会受到一定的影响，但其解体与否却与村庄的结构密不可分。外力的介入，对于村庄来说具有重要的意义，一方面可以刺激村庄共同体的发育，形成统一的内生性规范；另一方面可以推动建构起新的社会秩序。

（一）生产方式的捏合

人民公社时期，一个生产大队的领导班子由生产队长、副队长（年轻人）、会计和民兵营长组成，他们的年纪都差不多。一般来说，能干、组织能力强、办事公正的人才能当生产队长。就聚义村来看，当生产队长的多是40岁至50多岁的贫下中农，由于太年轻的人缺乏经验，当队长管不住社员。地主、富农成分的人，即使干活干得再好也当不上干部，还会因为成分不好经常受到欺负。聚义村的居民大都是新中国成立前后单枪匹马逃荒并定居在此地的，并没有大的家族。但兄弟多的人家，很少有人敢得罪他们，就连生产队长也如此。

生产队基本是按地形划分的。地缘关系较近的人划进同一个生产队，因为聚义村亲属关系的范围仅在两三户到四五户，甚至还有些是独门独户的，所以他们进生产队之前相互之间不一定很熟。评工分都是生产大队评定，如果生产小队自己评定的话，队员会因为工分的多少产生矛盾。生产队长基本能做到公平，对于懒汉，晚上开会的时候会对其进行批斗。

在土改运动至改革开放以前的时段内，聚义村的社会形态发生了较大的变化，集体意识开始较为系统地改造村庄日常生活。尽管人们的生活仍然由生存型逻辑主导，但是在社会联结方面，外在的政治力量已经促使人们开始加强合作，社会秩序也有了较为严格的标准。其中土地改革和"文革"，使代际、家族的势力对比发生了变化。生产队的这种捏合方式，通过外力的作用改变了原来的生产生活状态，迫使人们建构并适应新的共同体。

（二）集体规制下的秩序再生产与维持

聚义村的生产方式和生活交往方式都受到国家政策的深刻影响。村干部用集体话语和公共道德再造了村庄的社会秩序。松散的村庄共同体，很快接受了新的规范，并在村庄生活的各个方面塑造和再生产着新的秩序，比如惩戒机制方面。20 世纪 70 年代，生产队的粮食产量有所提高，已经有灵活机动的粮食可以支配。不少村民为了消遣，用粮食做赌注参与赌博。赌博的人多是三四十岁的中年人，掌握家庭的粮食支配权。赌博极大损害了村庄公序良俗，有人最多输过 500 斤粮食，差不多就是一年的口粮。赌博的人之间即使是熟人也绝不会手软，会及时清账。如果有人赖账，他的财产会被别人拿走甚至发生肢体冲突。

那时，每个生产大队都有民兵组织，民兵组织的主要工作就是抓赌、抓小偷、调解纠纷以及保障上级政策在基层的落实，民兵营长和这些民兵大多是 20 多岁的年轻人，年龄远小于这些"赌棍"。民兵营长手里有枪，村里人大都很怕他，但一般执行任务时他不带枪，抓赌也不用他亲自出马。排长带领一队民兵去抓赌，被抓到的人都比较害怕，虽然不服气，也不敢顶嘴或反抗。此时国家赋予的体制性权威已经压过了村庄内生性的长幼有序的原生性权威。当然，在力量的强弱对比之下，这些年轻的民兵内心也有些害怕打不过这些中年人或遇到"狗急跳墙"的情况，但仍要装出一副很强硬的样子。"心里怕，嘴上不怕"，抓到赌博的人先打一顿，没收赌资，再罚一笔款。民兵在执行任务时也会遇到比较危险紧急的情形。有一次两个民兵一起抓一个杀人犯，杀人犯手里拿着枪，他们一边追捕，一边又极其害怕被杀人犯反杀，后来得到公安部门的支援，才将杀人犯抓住。村级民兵组织只能在村内制约轻微越轨行为，对于严重的违法行为仍需依赖国家暴力机关处理。

村里人厌恨经常干坏事的人，把他们叫作"黑皮"，每个自然村都有一两个。公社时期，秦家坡村有一个小偷，经常偷本村人的东西。有一次这个人偷了村里人的玉米，被抓到以后还要赖说不是他干的。民兵营长通过比较脚印和查看麻袋的标记确认是他，没收了他的东西，并对其罚款。对于村里的人来说，只要村里东西被偷了都会认为是他偷的。

除了民兵组织之外，批斗会亦是村庄当时一个重要的制约机制。村里人大都不愿被"挂牌子"，即被批斗，这很丢面子。儿媳不孝敬婆婆、婚内出轨等都有可能被批斗。这说明集体化时期，私人生活也被纳入了村庄的公共管控。

事实上，在集体化时期因为有"集体"这一强大外力的存在和捏合，村庄的秩序和价值生产借助国家的话语体系进一步加强，人们之间的社会关系联结紧密。从"文革"结束到改革开放前，社会的秩序标准依然严格，只是某些私人领域开始松动，一些个人与个人之间发生的越轨行为不再受到严厉惩罚。但是改革开放初期，内外交加因素的影响使不少乱象重新开始抬头，社会规范又再次趋向松散。

第四章

贫困年代的生存与发展

由于聚义村传统经济水平的严重低下，当地直至20世纪90年代中期才基本解决温饱问题。而在此之前的"贫困年代"，村民长期处于受饥饿威胁的状态，不得不尽全力在贫瘠的土地上劳作。这种贫困的状况形塑了当地松散的社会结构，造成代际关系、夫妻关系、兄弟关系、村民关系的相对疏离。村民在有限的条件下只能照顾好自己，"各顾各，勉强活着"。本章将系统总结聚义村在贫瘠年代的生存压力，关注一些村民面对压力时如何突破困境、谋求发展，即在生存型阶段中展现了怎样的发展型逻辑。

在整个"贫困时代"，聚义村村民的生活无疑是充满了"苦"与不幸的。如第一章所述，经济上的贫困将"逃荒"与"饥饿"烙在了20世纪30年代至20世纪70年代出生的村民的整个生命史中。我们在聚义村看到的，是生计压力下个体难以为继的生活及家庭这一基本生活单位的松散与破碎。在此背景下，"生存"与"活着"成为那个年代村民生活的主题与底色。吴飞（2009）曾对传统中国农民所经历的生活（"过日子"）及其所追求的生活意义有过精辟地描述：

> 对大多数家庭而言，过日子就是在幸与不幸之间摇摆
> 的"混日子"，充满了各种喜悦和欢乐，也总有一本难念
> 的经……说所有人都是在混日子，并不仅仅因为过日子是
> 艰难的，而且在于，过日子永远是一个"过"的过程。
> 这就意味着，人们一般不会因为日子中有困难就不再过
> 了；即使困难能够解决，也不可能立竿见影地换来好
> 日子。

吴飞论述的独到之处，在于他点出生活过程不仅包括生活
中的"乐"，也包括生活中的"苦"。他点明了，除了"好日
子"下的理想与得到，那些艰苦的生活同样是村民生命史的
重要组成部分。生活中的幸与不幸被一个以家庭为基本单位的
完整意义的世界包容到了"过日子"的过程当中，使家庭中
每一个个体的生命都足够充实、足够坚韧，从而将"日子"
过下去。

本章我们将结合调研材料，对"贫困年代"聚义村村民
整体的生活状态与行为逻辑进行归纳、梳理。第一节，我们将
说明在贫瘠经济下村民面临的生活压力来自哪些方面，困难年
代村民的"活着"具体包含哪些内容，村民又是如何在这些
压力下谋求生存的。第二节，我们将考察在困苦年代村民是如
何进行变通的，我们会用一系列个案展示村民如何回应这种苦
难，他们在可操作的范围内又是以何种方式谋求生存与发展，
使用何种可能的方法改善自己的生活。

一 贫困年代的艰难生存

对聚义村村民而言，"生存"与"活着"主要包含两个方面的内容，即生理层面与社会层面。生理层面主要包括食可以果腹，住可以安居等物质保障；社会层面主要指结婚生子，完成社会继替。下文将分别对这两个方面展开讨论。

（一）生理层面的生存

前文提到过，包产到户以前，由于土地的贫瘠和生产条件的不足，村民每人每年仅能收获 500 斤粮食，这使得村民长期处于贫困状态，不得不进行内卷化的开荒并在农业生产中挣扎求生。恰亚诺夫（1996）曾提出农民家庭的"人口周期论"，即小农家庭的经济情况因其家庭人口的周期性变化而发生周期性的升降。当父辈尚能劳作，子辈尚未生育时家计较好；当父辈老去，子辈尚不能劳作时家计较差；当家庭因变故失去年轻劳动力，只剩老人和儿童时最差。对聚义村村民而言，同样面对贫困的大环境，不同家庭的承受力也是不同的。多数家庭其实还可以勉强维持半饥饿状态生存，但对于少数劳动力不足甚至丧失主要劳动力的家庭而言，生活的重担可能直接将小家庭摧毁。村民刘平安向我们讲述了他少年时期的悲惨经历。

> 刘平安 4 岁（1952 年）时他的母亲就去世了，不久父亲难以忍受家庭的重负，独自跑到了外地，只剩下刘平安与爷爷相依为命。刘平安 10 岁（1958 年）时，爷爷也去世了，刘平安只好去唯一的伯伯家住了两年。但当时伯

伯刚抱上孙子，生活压力非常大。随着小孙子的长大，伯伯也越来越负担不起尚不能劳动但饭量却越来越大的刘平安。最后，刘平安觉得自己不能再拖累伯伯，便选择了出走。他趁夜"扒"上一辆班车离开了家乡。当时他也不知道车会开到哪里，只是觉得必须靠自己去讨生活了。

刘平安的班车最后停在了省城，在省城无依无靠，他只能在街头靠要饭度过了非常苦的 5 年。刘平安 17 岁（1965 年）时，因为政府清理流动人口，他被遣送回了家乡。可是刘平安的伯伯和村集体都没有能力抚养刘平安，便把他送到了永宁县的孤儿院，在那里待了 1 年。满 18 岁能参加工作后，平安就离开了孤儿院。

刘平安的故事并未结束。但到这里，我们看到的是刘平安少年时悲惨的经历。值得注意的是，刘平安在向我们讲述自己的经历时并不责怪自己的伯伯，因为"当时实在是太穷，日子太苦了"。面对当时物质极度匮乏的现实，哪怕是父子之间也很难照顾彼此。因此，当人们陷入绝境时，如刘平安这样的孤儿就只能外出逃难，自谋生路。

刘平安并不是那个年代的个例。食、住等最基本的物质需求往往是紧迫的，它能够促使一家人紧密团结、共渡难关，也会在家庭成员力不能及时导致家庭解体。在当时，类似的因生计所迫导致家庭破碎的例子是非常常见的，如父子不能相顾，便只能早早分家各自谋生；孤儿寡母难以生存，寡妇便只能带着孩子改嫁。

贫困的经济条件导致了聚义村村民的困苦与窘迫，严重不足的物质条件时刻威胁着每一个村民的生活，最终形成了聚义村松散的社会结构。令人绝望的生活境遇迫使村民做出改变，为了自己与家庭的基本生存，每个人都会尽自己最大努力谋取收入。我们将在下一节系统阐述村民为谋求生存，以及在生存状况下进一步谋求自身条件的改善而做出的努力。

（二）社会层面的生存

费孝通（1998：115）曾强调，人类为维持社会结构的完整，便建构起生育制度作为社会继替的人为保障。在贫瘠年代，聚义村村民不得不面临社会继替的压力，这种压力主要体现在婚姻与后代抚育两个方面。我们将分别说明这两种困难在贫瘠年代对村民生活造成的影响。与物质性生存压力相比，这种社会性的困难并不会导致个体的灭亡，但它却逼迫村民接受二婚、出轨、入赘等相对妥协的生活模式，进一步导致家庭的破碎和公共性的消解。

对于婚姻，我们曾在前文说明当地较高的婚姻重组率以及长期存在的"光棍撬媳妇"现象。从经济上而言，"撬媳妇"的尝试其实是从光棍身上抽取了他们的劳动剩余（因为没有家庭拖累，他们往往还能有一点闲钱或者空闲劳动力）。婚姻对于年轻男性群体无论如何都是有巨大吸引力的，因为婚姻既包括获得女性资源的生理需要，也是完成社会继替的主要途径。

由于经济的普遍贫困，经济条件是女性选择婚姻对象时的最重要考察指标。大龄单身男性有一定积累后，便会"出此下策"，采用这种变通的方法获得婚姻。所谓"变通的方法"并不限于撬媳妇，我们可再看穆家两兄弟的例子。

穆家两兄弟分别于 1973 年和 1975 年出生。两兄弟的母亲早逝，他们从小与父亲相依为命，家庭条件非常不好，这使他们在婚姻大事上举步维艰。两兄弟的妻子都不是"明媒正娶"而来。

哥哥穆建林一直单身到 35 岁，以前在本村有过对象，但女方父母嫌他家庭条件实在太差不同意他们在一起，争执数年后，穆建林只能与对象分手。最后穆建林只身到邻县打工，"撬了别人的老婆"，他才结了婚。为此，他付出了巨大的代价。当时穆建林分到了村里征地的十余万元，他把这些钱几乎全部用到了 3 个孩子（妻子带来的）的上学与结婚上，并且在婚后的近 10 年中还在不断打工支持这 3 个孩子。而他与妻子也再未生育。

弟弟穆建英显然比哥哥幸运。他在 25 岁时与邻居家的女儿偷偷处对象，并在女方怀有身孕后迫使女方父母将女儿许配给了自己。穆建林认为，如果不是弟弟的对象已经怀有身孕，她父母不可能同意女儿与自己弟弟结婚，而自己弟弟也很可能成为光棍或像自己一样用变通的方法获得婚姻。

可见，对男性而言，婚姻很可能变为沉重的生活压力与经济负担。大龄单身男性采用的"变通方法"会导致社区内部的出轨行为，造成别人家庭的破裂和社会的不稳定。

生育方面，贫瘠年代聚义村的新生儿曾有着较高的夭折率。而村民应对高夭折率的方法就是妇女要不断生育。费孝通（1998：229~230）曾指出这是穷苦的农民为维持家庭人口不得不采取的下策。

在中国农村，我们常见到农民对于生育毫无限制，一个妇女可以生十几胎。有人认为那是受到中国伦理观念奖励生育的影响。在我看来那是因为死亡率太高，尤其是婴孩死亡率太高所致。死亡的威胁下，要维持社会结构的容量，势不能不多多生育。农家尽管几年就有孩子出生，但是能长到成年的儿童为数并不太多。奖励生育并不一定是奖励人口，只是人口的维持没有把握，不能不出此多生一些的下策。我说是下策，那是因为这是最不经济的办法，别的投资多少可以有一些收获，投资在人身上而人一死，便前功尽弃，还赔上一副棺木。一个已经穷困的社会，再有人的不断死亡去侵蚀它的余力，自是一件可悲的事。

生育的压力不仅损害村民的经济，也会损害村民的身体。我们提到过一位村民刘梁，他 1964 年生，他的母亲曾六次生育，但除了刘梁，其他孩子都因为营养不良而夭折了。刘梁 9 岁时，他的母亲也因为连续生育、积劳成疾去世。还有另一位村民于克勤，20 世纪 50 年代，他和妻子不断生育，但孩子总是夭折。然而到了 20 世纪 60 年代，他们又不断成功，连续生下了六个孩子。十几次的生育摧毁了于克勤妻子的身体，使她疾病缠身再也不能干重活。孩子过多让于克勤一家承受了沉重的负担。

整个贫困年代，聚义村村民在生计上的困苦程度令人难以想象。生理性与社会性的生存压力在很长时间里不断摧残着当地的村民。面对如此恶劣的生存条件，我们也就能理解为何当地村民会发出"各顾各，勉强活着"的感叹。生存是艰难的，然而人与外部环境的互动向来不是单向被动接受的。为了在有限条件下改善自己的生活，聚义村村民极大地发挥了主观能动性，利用一切可利用的物质和社会条件谋求生存与发展。虽然，聚义村的温饱问题要到 20 世纪 90 年代中期才解决，但在这之前，聚义村村民的拼搏从未停止过。下一节将聚焦在那个以饥饿和艰苦为底色的年代，村民是如何利用有限的条件维持生存，甚至谋求发展的。

二　困苦生活中的勉力发展

1990 年代中期，由于打工经济的发展以及粮食商品化程度的提高，聚义村村民基本解决了温饱问题。而在这之前，生活在困苦中的聚义村村民依然进行了一系列尝试谋求发展。本节将结合一系列个案对这一时期村民的发展逻辑进行归纳。

必须要说明的是，作为两种理想类型，从"动机"的层面区分出某个具体的行为到底是为了生存还是为了发展是困难的。正如马克斯·韦伯（2010：93～101）在其方法论中说明的：动机乃是主观意义的复合体，而"主观意义"指的并不是某个特定行动者在特定具体情况下就存在的意义，或者某一群行动者中间归纳出来的平均或相近的"意义"；它专指理论上构想的，被认为是假设的行动者或行动者们在某个特定行动类型中的主观意义的"纯粹类型"[①]。而针对后者的理解就不是"从并不涉及更广泛背景的直接观察中推导出行为之意义或者符号表达方式的可能性"，而是要把握意义的复杂性，通

---

① 纯粹类型（pure type）即他本人在别的地方常用的"理想类型"（ideal-type），见韦伯，《经济与社会》（第一卷），阎克文译，上海人民出版社，2010，第 95 页。

过一种对动机的"说明性的理解"（namely explanatory under-standing），把行为置于一种明白易懂和比较综合的意义背景中对动机进行理性理解。而这里得到的也必然"只是并不确定的'理想实验'"，因为"一种解释本身从意义角度看上去无论显得多么清晰，它都不可能因此而宣称是具有因果效力的解释"。这种解释所得的"理想类型"的用处在于，它能够为一个统计学上具有一致性的行动类型表明其作为一个社会行动进程的"可以理解的主观意义"，进而使其能被称得上是一个"社会学的概括"。

一个毫无疑问的事实是，当时村里能实现阶层跃升式"发展"的村民是极少数，多数村民，无论养殖、跑商、种树还是逃荒最开始都是为了满足生存需要（包括生理性的生存需要和社会性的生存需要）。虽然我们难以在动机层面区分每一个个案的主角劳作到底是为了"生存"还是为了"发展"，但我们依然可以对他们实然存在的发展途径进行考察。因此，在贫困年代，无论是为了生存还是为了发展（事实上究竟为了什么是难以说清的，一个逃荒的人并不会因为他一开始是出来逃荒就拒绝发展的机遇；一个谋求自身阶层跃迁的人也很难说他努力的成果一点都没有被用于生存），只要是村民相较于集体化时期有所不同，他们主动促成生产状况改变的，我们都将其称为"发展"。这种努力最终在 20 世纪 90 年代中期帮助大多数村民解决了温饱和生存问题，也催生出一批"生存 – 发展型"的村庄精英，这批人在改革开放后的 40 年里主导了村庄的生计变迁，且至今（2019 年）仍居于村庄政治、经济等各个方面的顶层。

本节将参考新经济社会学的"嵌入"理论，讨论"发展的类型"，依据特定发展行为中发展者与既有社区空间的关系进行分类，讨论其发展的不同路径。"嵌入性"是新经济社会学的核心概念之一，意指经济行动是嵌入到社会之中的，强调关注社会性要素对经济行为与理性算计的影响。波兰尼（Polanyi，1957）和格兰诺维特（Granovetter，1992）分别从不同的分析单位与分析层次出发对"嵌入性"概念做了诠释。波兰尼承接"实体经济学"的观点，强调社会结构对经济过程的整合作用，认为经济过程是社会系统的一部分，而经济行为是被社会系统制度化的。格兰诺维特的视角则更为微观，并且给个体的自主性留下了空间，他一方面承认经济嵌入于社会关系，另一方面又对个体在经济过程中的自主性给予了承认。①

对于农村社区而言，在传统农耕经济范畴下，经济行为，尤其是交易中的理性算计当然是高度嵌入村庄社区的。然而前文已经充分说明了一个趋势，即在巨大的生计压力下聚义村各个层面的社会结构都趋于松散。那么我们需要关注的问题就是，在此情境下，当村民试图在经济上求变，无论是为了满足生存需要还是为了谋求发展，原有的村庄社会关系在他的发展行为中将居于何种地位。它是如莆田系医院那样，依托旧有的社会支持网络团结协作谋求发展（林颖楠，2016）；还是如我们曾经调研过的原子化地区那样，村民缺乏社会支持，只能单枪匹马外出闯荡。

---

① 此段论述参考自：符平，《"嵌入性"：两种取向及其分歧》，《社会学研究》2009 年第 5 期。符平还指出，这两位学者虽均使用"嵌入性"概念，但他们理论上并无承接或关联。由于两者理论具有相当程度的相似性，后人在这方面常有误读。

根据聚义村的情况，我们依照村庄社会关系在村民发展中的作用将当地村民贫困时期的发展路径分为三类：支持型发展、变通型发展和冒险型发展。下文将依次对这三种发展路径进行分析。

（一）支持型发展

支持型发展指村民依托已有的社会关系，相互支持进行发展。这种发展路径的典型案例便是公社解体后当地掀起的轰轰烈烈的"开荒运动"。

前文我们曾介绍过聚义村从 1979 年包产到户后到 1990 年土地耕种面积达到峰值这段时间村民进行的"开荒运动"。前后共开垦荒地 1000 余亩，户均新开垦荒地 10 亩以上，家家户户都参与了开垦荒地的运动。毫无疑问，这种开荒运动仍是传统农耕经济背景下，人们面对人地矛盾而不得不采取的内卷式的农业生产方式。这些新开垦的荒地大部分产量极低，多数亩产只有 100～200 斤。但是当时的村民迫于生计，只能采取这样的生产方式。

值得注意的是开荒运动中村民家庭的内部分工，即主要依靠家庭的剩余劳动力（尚能劳作的老人、家务间隙的女性以及 12 岁以上初具劳动力的小孩）进行开荒。青壮年劳力负责耕种家里原有的、产量相对高的土地。若劳动力再有富余，还可以到周边的煤厂或焦化厂打些零工贴补家用（20 世纪 80 年代初这种就近务工无论是工作机会还是薪水都是非常少的，只能作为务农收入的补充）。

可以看到，迫于生计压力，只要有机会扩大生产，增加家庭收入，村民便会积极进行家庭内部的分工与合作。这意味着，只要有发展机会，传统家庭内部的强纽带自然会在合作中得到重塑。同时，这也有利于村庄公共性与内生性规范的再生。

（二）变通型发展

变通型发展指村民在社区内部，不离开既有的熟人社会的文化环境谋求发展，因为这种发展常常以尝试新的生产方式，在社区内部开辟新市场的形式达成，因此我们将其称为"变通型发展"。

我们在前文曾谈到村民张建国做货郎的例子，这便是典型的变通型发展。张建国 20 岁时家里就不再养他，他只身一人出来闯荡。最终在百孝镇周边几十个村开辟了市场，做货郎生意，一做就是 30 多年。这个过程中，张建国没有得到家里父母兄弟的帮助，但他谋求发展的尝试仍然未离开他熟悉的百孝镇与聚义村。他向我们介绍了熟人社区的关系与地方性知识对于货郎这门生意的重要性。

张建国与另一位货郎共享同一市场，他们与这些村庄的村民打了 20 年以上的交道。在一定程度上，他们也早已成了常去的几十个村庄熟人社会的一部分。

做货郎的收入非常可观。近 20 年来，每隔一两年就会有人尝试进入这一行业。然而毫无例外，这些人都在一年内就失败了。其原因就在于，货郎的商业经营是以与当地村民极端熟识、对村民生活极端熟悉为基础的，因此进入这一行业的门槛极高。张建国如此形容这种门槛。

新手不可能做下去，原因有三个。

第一，进货必须把握得准，要根据时节与村民最近的生活情况进行调整，这样才能尽可能多地卖货并防止进错货卖不出去。

第二，必须做满一个季度，不同季度经营方式完全不同，有的季度就是不赚钱，甚至还会亏损。1 年为 1 个周期，必须做满 1 年才能发现门道，新手常常坚持 1 个季度见赚不了钱就放弃了。

第三，必须会做人，不论是定价、讲价、赊账、要账，都不能唯利是图，要赚钱，也要讲"公义"。

可见，货郎能够获得利润并长期经营，不仅需要在充分了解当地村民生活的基础上灵活调整销售策略，而且需要依循熟人社会的逻辑及在其之上生长出来的"公义"逻辑来做生意。张建国与另一个货郎之间因熟人关系达成了某种默契，即各自经营，让村民自己选到哪家购物，不进行任何竞争。张建国便是依托于自己知根知底的村庄社区与熟人社会，灵活变通，开辟市场，最终实现了自身的发展。

作为两种理想类型，变通型发展与支持型发展是有可能同时存在于一个具体的发展过程中的，两者表示的是利用既有社会关系的不同路径。支持型发展中社会关系能够给发展行为带来直接的物质或劳动力上的支持；变通型发展中社会关系则只是给发展行为提供了一个可供嵌入的熟人场域，发展者一方面能在熟悉的社会环境中相对安全、便利地进行发展，另一方面由于具有地方性知识而易于找到变通的契机来开辟市场，达到发展的目的。

（三）冒险型发展

冒险型发展指村民直接离开既有村庄社区谋求发展。因为缺少社会支持和对前景的了解，这种发展往往是风险较大的，因此我们将其称为"冒险型发展"。其中较为典型的，是本章第一节提到的，村民刘平安在成为孤儿后"扒"上班车没有目标地到外地乞讨，被送回家乡后又无法待在村中最后被送进市区的孤儿院的例子。实际上，刘平安坎坷的前半生并没有结束，这之后他又两次离开了家乡。

> 刘平安 17 岁（1965 年）被送进了孤儿院，1 年后，他年满 18 岁回到家乡。回乡待了没多久，刚好几百公里外的盆州县有一家国有的建筑公司到永宁县招工，他便又离开了家乡。这之后，刘平安便领上了工资，日子也逐渐好起来。
>
> 1971 年，刘平安已经是盆州县县委书记的通讯员了。结果遇上"文革"，他被划为"右派"，并被送到五七干校学习了一年。1972 年刘平安便得到了平反，但他已经不敢回工作单位，便又回到了自己的家乡。
>
> 回乡后，刘平安被公社分到了与聚义村临近的青年农场，在那里他结了婚并且一干就是十年。1982 年包产到户，刘平安分得了土地，才带着家人回到聚义村。

从 12 岁到 34 岁的 22 年里，刘平安四次离开聚义村。

从刘平安的经历中我们可以清晰地看到村民离开村庄可能的"推力"与"拉力"。"推力"指使得村民不愿留在村庄的动力，包括经济条件不足以糊口、缺乏可以依靠的社会支持网络等；"拉力"是外界吸引村民离开村庄的动力，主要是较好的工作机会。刘平安前两次离开聚义村主要是"推力"使然，后两次则主要是"拉力"在发挥作用（但也不排除刘平安仍然因为聚义村经济条件差而不愿意留下来的考虑）。

刘平安最后回到了家乡，但很多如他一样的冒险者都没能再回到家乡。如前文提到的，村民于克勤的二弟获得机会到天津当兵，从此便一去不回，与家乡断了联系。冒险型发展正如同其名字一样，充满了危险与不确定性。

外出对于聚义村人来说就是"冒险"，这其实还是由于当地社会结构较为松散，缺少彼此间的支持所致。在贫困时代，只有获得了极好的工作机会（这始终是少数），或者是活不下去的时候，村民才会"舍命一搏"，离开村庄到一个遥远而陌生的地方重新开始。20 世纪 90 年代中期，温饱问题基本解决后，村民便没有动力向外探索了。

第 一 部 分

"生活"与"发展"：20 世纪 90 年代以后的范式转换

改革开放带来经济体制变革，工业收入增加、商品粮市场活跃，20世纪90年代中期，聚义村的温饱问题得以解决，人们能够敞开肚皮吃白面了，再也不需要为"今天不知明日事"的顾虑而省衣节食，这一经济条件的变化带来了行动逻辑的转换。人们开始将剩余的物质资源与时间资源投入消遣娱乐，而非边际收益递减的土地。同时家庭内部关系开始亲密化，私人生活中情感不断滋长。2004年，就业机会涌现以及人们普遍进城务工之后，这种情况才有所改变。这时人们逐渐脱离较闲暇安逸的乡村生活转入追求发展的社会趋势和逻辑。20世纪90年代中期到2004年可以认为聚义村出现了一段短暂的生活型阶段。

2004年之后，永宁成为大陵市中心，围绕城市建设的基础设施、建筑绿化、餐饮服务等行业开始兴起，创造了大量的就业岗位。同时，2005年完成的撤点并校使优质教育资源都集中在市区，村民虽然在聚义村具备了不错的生活条件，但对进城和阶层跃迁有了强烈意愿和动力，即不满足维持现状，要追求更好的经济条件、教育资源和医疗服务等，剩余劳动力为此全部被动员起来投入"生产"。① 简而言之，人们出现了从生活型逻辑到发展型逻辑的转变。

---

① 包括经济性生产与社会性生产，后者指老人帮子女等完成社会继替。

第五章

短暂的生活型阶段

寡淡羸弱的家庭关系与松散薄弱的社区联结是聚义村生存型阶段的社会底色，这一底色在改革开放以后悄然发生改变，20世纪90年代中期以后一种另类的行动逻辑——生活型逻辑——最终取代了生存型逻辑在村庄中的主导地位。本章首先追溯这个历史性转折的具体过程，我们认为生计模式的变革是其中的主要因素，因此是本章前半部分的分析重点；其次我们具体阐述生活型逻辑的基本内容，以及其与生存型逻辑存在哪些差异。

一 人地矛盾的频繁波动（20世纪70年代至80年代初）

第一章中提到，从贫瘠年代开始，聚义村几乎所有家庭都不得不尽最大努力开垦荒地以维持生存。但是，严重的人地矛盾决定了仅仅依靠开荒远不可能解决温饱问题。本节及下一节利用当地年鉴数据系统分析了这种人地矛盾的具体情况及其变化。

永宁县土地面积广，但是等级分化严重且集中在第三、六和八级（按照 1996 年的全国土地资源综合评价标准）。全县土地中有水利灌溉条件、肥力较高、能够一年二作的土地仅占全县总面积的 3%，是全县人的蔬菜基地。永宁县符合国家土地资源评价标准、真正能够种口粮的土地仅占全县土地总面积的 43.9%（其中三级、四级土地占 38%，亩产均在 100 公斤左右，五级土地占 5.9%，亩产 50 公斤左右）。剩下的 56.1%的土地都属于第六、七、八级。因此，从自然条件和土地质量看，永宁的土地仅适合用作草场和牧场，根本无法种植粮食。

因此，在没有其他工作机会和粮食来源的贫困年代，所有人都不得不通过在砂石地里、土石山上"开荒刨食"讨生存。根据年鉴记载的数据，我们观察到开荒热潮、化肥和优种的引入使农业种植得到了不同程度的改善。

开荒热潮已经在第一章有所论述，化肥和优种的引入则能够提升土地肥力，增加粮食产量。下面是一组记载化肥与优种引入前后的产量数据。民国 33 年（1944 年），永宁县种植小麦 21445 亩，小麦产量 160747.5 公斤，小麦亩产不足 8 公斤。1960 年代渐次引进小麦优良品种（晋麦 5 号、8 号、17 号、25 号，晋农 3 号，农大 183，太谷 49，北农 1 号，京麦 1 号等），1970 年代末小麦的亩产量增加到 82 公斤。1970~1980年，为增加土地产量，永宁县农民成倍增加农肥使用量，1980年，农肥使用量达到亩均 18 公斤，是 1971 年的 1.8 倍。1990年，农民开始使用化肥，亩均化肥使用量高达 38 公斤。

不过，大陵地级市组建后的政策调整大大影响了土地使用结构，粮食作物的种植面积由 1960~1970 年的 95%以上，降至 1985 年的 74.4%，1990 年回升至 85.8%。粮食种植面积的明显减少以及最肥沃的土地用来种植蔬菜、油料作物等，客观上减少了本地粮食产量。

在城镇化早期，农业种植是大陵市广大贫苦农村的主要收入来源。非农产业发展有限，对村民收入的影响不大。1971年，大陵地区组建对当地人口流向产生了较大影响。1972年，永宁县县城的人口流向就逆转为流入，这种趋势一直持续到1990年。但是，这种经济与人口走向的利好形势几乎没有对与县城距离较远的百孝镇村民的生计产生影响。1964～1982年和1982～1990年，永宁县中心镇南关镇的增幅分别为130%和46.2%，百孝镇的人口密度的增幅仅为24.6%和7.9%（见表5-1）。可见，在城镇化早期，非农经济的初步发展对百孝镇当地村民的生计模式影响有限，农业仍然是当地人最主要的生计模式。

表5-1　永宁县1964年、1982年和1990年三次人口普查部分乡镇人口密度表

地区	面积（平方公里）	1964年		1982年		1990年	
		人口密度（人/平方公里）	位次	人口密度（人/平方公里）	位次	人口密度（人/平方公里）	位次
总　计	1324.05	69.98	—	108.55	—	133.52	—
南　关	63.47	350.31	1	808.51	1	1182.23	1
田家岭	76.93	96.23	9	139.62	8	165.64	7
蓝眼川	27.35	102.82	8	132.21	9	140.51	9
黄营川	175.78	20.44	14	27.96	13	30.04	13
洪　城	252.66	21.57	13	26.77	14	28.17	14
百　孝	111.86	51.6	11	64.27	11	69.32	11

资料来源：根据永宁县年鉴的相关数据整理而成，地区一栏进行了技术处理。

二 生计变革与温饱解决（20 世纪 80 年代中后期至 90 年代初）

20 世纪 80 年代，自然灾害频发使得永宁县粮食产量很低且不稳定。相比于土地条件优越的地区，永宁县农民家庭温饱问题的解决不仅仅是因为优种的改良与引入，更多取决于非农就业机会涌现与商品粮市场的出现。

20 世纪 80 年代后期，粮食市场活跃，外地面粉大量涌入市场。支撑本地农民对粮食商品消费的是同时期非农收入的提高。以种植业为主的单一型农村产业结构发生了变化，农村工业、建筑业、运输业和商业迅速发展起来。根据永宁县年鉴，1985 年永宁县农村社会总产值为 5675 万元，1990 年为 13175 万元，（经计算）增长了 1.32 倍。其中 1985 年农业总产值 3041 万元，经计算占当年农村社会总产值的 53.59%；1990 年的农业总产值为 5329 万元，经计算占当年农村社会总产值的 40.45%。农村工业产值 1985 年为 1064 万元，经计算占当年农村社会总产值的 18.75%；1990 年上升为 4670 万元，经计算占当年农村社会总产值的 35.45%。1984～1990 年，整个永宁县种植业收入平均比重下降为 28.2%，乡镇企业收入平均比重上升为 62.2%，农村经济收入结构发生了根本性的变化。

20 世纪 90 年代，普遍温饱的实现得益于非农就业机会进一步涌现。虽然自然生存条件难以从根本上改变，但是工业、建筑业、交通运输业普遍兴起，大大增加了农民家庭的现金收入，使得商品粮市场的出现与活跃有了可能。

根据聚义村村主任回忆，1980～1990 年聚义村 1/3 的人都走出了村庄，在附近的砖厂、焦化厂、矿井兼业打工。20世纪90年代后期，整个永宁县的劳动力处于高度富余的状态，劳动力市场供过于求。进砖厂和焦化厂的劳动力人多活少，每日能赚2.5元，1年下来能净赚200元。对于生活压力非常大的聚义村村民来说，矿井的工作虽然是无奈的选择，但却充满了吸引力。矿井的工作非常危险，是"用命换钱"，工资非常高，一般来说实在过不下去的人才会到矿井工作，大多数人还是尽量到砖厂、焦化厂兼业打工。离村庄最近的矿井大概有10公里，在矿井工作的男人需要起早贪黑地往返于家与矿井之间。当时矿井工作有3档工资，即井下1档1万/月，井下2档2000~5000元/月，井上2000多元/月。除此之外，在煤矿打工也是有分化的。煤矿招工只收青壮年男性，学历低或者根本没有学历的劳动力进不了大煤矿，所以聚义村的大多数人都只能进私人的小煤矿，安全更加没有保障。到煤矿打工是当时主要的就业方式，并一直延续到2000年。到我们调研的时候，聚义村仍有30~40户在煤矿打工。

工商业的兴起改变了传统经济时代以农业为主的单一生计模式。村庄中一部分青壮年劳动力开始进入私人矿井和工厂，农民家庭的现金收入增加。永宁县统计局1985年统计，农民群体中高收入人数比重逐年上升，低收入人数比重逐年下降。1980年人均收入200元以下的乡村有249个，到1985年减少到65个。农民消费水平全面提高，消费结构发生明显变化。1985年农民人均消费支出227元，是1980年的2.6倍。1990年，永宁县从事农业的劳动力比例降至64.12%，从事工业的劳动力占劳动力总数的比例为7.86%，建筑业的劳动力占劳动力总数的比例为6.37%，交通运输业的劳动力占劳动力总数的比例为

4.67%，商业饮食业的劳动力占劳动力总数的比例为 2.12%，其他劳动力（包括外出的临时工、合同工）占劳动力总数的比例为 14.86%。

三　生活型社会中的行动逻辑

20 世纪 90 年代中期，聚义村人们开始有了物质积累。基于此，生活也变得相对闲暇安逸，这一时期的村庄状态，我们将其称为"生活型社会"。"生活型社会"是整个社会中的大多数个体与家庭普遍走出了以生存为要义的状态，以享受生活为主要目的。对比生存型社会，生活型社会表现为生产生活压力的减弱，前提是时间资源、物质资源上的相对剩余。但是比起发展型社会，生活型社会的个人与家庭暂且还没有足够的发展需求、机会与动力。这种逻辑的改变弥散于乡村生活的各个维度。

（一）生计逻辑理性化

聚义村的人们一直保留着对土地的情感与依赖，即使外出务工，人们也没有扔下家中的土地。但是，这种对于土地"不扔下"的态度与此前的"寸土必争"并不是完全相同的。在生存型社会，人们不会浪费任何可以耕种的土地，甚至明知边际收益递减还会不断开荒。生存型逻辑到生活型逻辑的转变，表现为节省出的劳动力不去种坡地、不去开荒，会主动放弃收益较低的土地。从表面上看，这种逻辑与传统中国的"消遣经济"具有某些相似之处，即在消遣经济态度下，货币并不被看作具有很高价值的东西，"消遣经济中，工资提得愈高，劳作的冲动愈低，生产的效果以个人说，也跟着愈少，这是和我们通常所熟悉的经济学原理刚好相反"（费孝通，1999a：481）。但是事实上，聚义村的生活型逻辑与消遣经济仍有区别。

在农业生计方面，聚义村的农业生产资料并不理想，坡地与旱地在总耕地中占较大的比重。但据村民们回忆，1997 年，已经有不少人家放弃了坡地，2004 年前后坡地几乎不再有人耕种。2010 年，旱地也很少有人耕种了。

舍弃旱地与坡地的不仅是进城打工的年轻人，而且还有许多在村里依靠农业为生的老人。养羊的薛承武表示，自己现在种了两三亩蔬菜。种菜的效益普遍比种粮食好，如果卖到城里，种蔬菜每亩一年可以赚一万多元，但是薛承武种的菜没有出售，而是供自己家人食用。在他看来，养羊更加赚钱，种菜是为了儿孙吃起来方便。如果把家里的这些新鲜蔬菜卖了，用赚来的钱却不一定能买到这么好的菜。种粮食则更加不必，因为现在商品粮价格不贵，自己种粮食反而耗时费力。因此不如自己养羊、放羊，既锻炼身体又省下了治疗因种地落下的病所需的医疗费。薛承武的豁达与长远眼光令我们记忆颇深，这是一种具有现代色彩的生活型逻辑，因为它不同于传统中国社会的"消遣经济"，行动者的选择中掺杂了经济理性的成分。

（二）代际关系亲密化

生活型逻辑首先出现在小家庭中。从代际关系看，代际间的支持开始出现。过去父子关系松散是人们普遍认可的事实，许多人提到，50 年前即使是家中独子，结婚了也得分家。前文我们曾经提到，在生存难以保证的时代，分家意味着真正意义上"各过各的"。然而从 1990 年起，不管子女结婚前还是婚后，父母对于子女的帮助都更多、更细微。

首先，手中有余钱的父母通常会为儿子预备好结婚要用的窑洞，甚至会在结婚前夕帮助子女再次装饰新房。在这一段时间内，家家户户的砖窑外都有了较为气派的大门和高高的围栏。许多父母还会帮助儿女操持好房内的家具、家电。王亮羽与儿子两代人不同的分家情况非常典型。

> 王亮羽25岁（1978年）时结婚，分家时只分得20斤山药、5斤小米、5斤大豆、30~50斤玉米、一份灶具，然后就必须靠自己谋生了。由于没有窑洞，他每天扛一块石头，用3年时间修好了爷爷死后留下的烂窑洞，当作自己的婚房。
>
> 25年后，儿子结婚时，王亮羽夫妻给儿子准备好了砖窑以及家具、家电。在他们看来，这种日子比起自己年轻时真的幸福太多。但是，王亮羽的妻子仍然担心自己准备的物品儿媳不喜欢。

其次，在结婚之前，彩礼中现金的比例开始提升。据秦家坡自然村60岁的刘文栋回忆，彩礼的数额有这样一个变迁过程。1980年结婚时，男方要出几百块钱的彩礼和衣服钱，女方不要求男方有房子，女方要陪嫁几百块的东西。当时不请酒席，集体化时期不让铺张浪费，就骑个自行车或者抬个轿子把新娘接回来，众人就散了。当时只请近亲，没有其他朋亲①，

---

① 在当地语境中，"朋亲"在不同时期有不同含义：在人们普遍开始外出打工前，社会交往对象一般集中于村内，因此朋亲与亲戚几乎同构，"朋亲"泛指亲戚朋友；在人们普遍开始打工后，在城里结识的朋友称作"朋友"，"朋亲"专指血缘关系较远的亲属，人们一般更加重视其朋友身份而非亲属身份。

礼金就几块钱。

1990 年结婚时，男方要给三大件（电视、缝纫机和自行车），女方不要求男方有房子，彩礼几百块，女方要陪嫁衣服和家具。当时流行敲锣打鼓，也要办酒席，办一次酒席（不是按桌）要花一百块，男女双方分开办酒席宴请亲戚。

2000 年左右男方的彩礼都是 666 元、999 元等吉利数字，女方仍然不要求男方有房子，但要有金首饰，女方要陪嫁皮箱、衣裳等，没有现金。男女两家分开办酒席，宴请的朋亲逐渐变多。

生产方式的变化对生活型逻辑的产生有较大的影响。结婚后，父子间"分账不分灶"变成了一个常态。从表面看这似乎是代际关系变得紧密的一种表现，但实质上，这是子代对父代的一种"剥削"。有一个更加典型的变化，儿媳生产后的月子期有婆婆照顾，并且不需要自己带孩子了。在集体化时代，儿媳生产后通常自己带孩子还要操持家务，而婆婆需要继续到生产队去挣自己的工分。在集体化时代结束后，土地的产量进一步提升，即使减少农业劳动力也可以获得较高的粮食产量，这使得部分劳动力从农业耕种中释放出来。因此，婆婆作为农业剩余劳动力可以帮忙照顾孙辈。

> 张金明回忆，30 年前大哥家刚抱来女儿的时候是大嫂下地干活，他母亲照顾孙女。过了 1 年他母亲就同时帮着带大哥的女儿和张金明刚出生的儿子。据他判断，当时 10 个家庭中只有 2、3 个婆婆会帮着照顾孙辈，因为怕麻烦。现在婆婆照顾孩子主要是因为媳妇赚钱多，"有前途"。

张金明认为"怕麻烦"不是关键问题，关键在于一个家庭内怎样安排人手能够获得最大的收益。过去做农活儿儿媳不如婆婆，所以婆婆去做农活儿；如今打工婆婆不如儿媳，所以儿媳去打工。

在婆婆带孩子的问题上，已经做婆婆的殷红丽为我们算了一笔账。2000 年农业机械化已经开始，婆婆就算不去地里干活，家里的收成也够全家人吃。土地上多婆婆一个劳动力，一年最多能多赚 500 元。而这 500 元与媳妇安心坐月子、家中和睦相比不值一提。因此，在当时的逻辑中，省出一个劳动力来补充家庭生活劳动是非常值得的。2015 年以后，人们不再依靠土地，因为年轻人在城里打工的收入远远超过了老人。现在如果婆婆不带孩子，去打工一个月能赚不到 3000 元，年轻的儿媳打工一个月可以赚 5000 元。儿媳妇自己带孩子就耽误了打工，不仅少赚 5000 元而且还可能丧失发展机遇。由此可见，从 2000 年开始，人们就已经开始以主干家庭为单位进行计算，这一方面说明了代际关系变得紧密了，另一方面也体现了生活型逻辑在村民大规模外出打工之前的普遍性。

（三）私人生活中情感的滋长

按照费孝通（1998：66）早年对家庭内部特征的判断，西方传统家庭的特征是以"夫妻轴"为主轴的，这是由于"两性感情的发展，使他们的家庭成了获取生活上安慰的中心"；中国传统家庭的特征是以"父子轴"为主轴的，这是由于中国家庭似企业一般运作，强调秩序与效率，"这两轴都因事业的需要而排斥了普通的感情"。聚义村的情况则更为特殊，两轴均缺乏感情，即生计过于艰难，缺乏维系父子关系的基础（共同的事业），全靠夫妻合作维生，但是为了活命，夫妻关系也非常容易破碎。根据新中国成立前聚义村中的一些情形判断，无论是原配夫妻还是再婚夫妻，"搭伙"过日子似乎是一种较为普遍的婚配形式。

在生计条件不断改善，并且经济上有所积累之后，夫妻间的感情因素变得更加重要。柳文枫认为"以前不兴谈对象一说，家里出身差不多，有人介绍相看相看就结婚了，一辈子在一块。十几年前这边人出去打工见了世面就想学城里人谈对象了，大部分也不是自由恋爱，但是要处一段时间，处不成就分开"。柳文枫的女儿曾经与同学介绍的男孩儿处了三个月，发现没有什么感情（不合适），就分手了。当时的邻居们对于此事的评价已经非常具有同理心了，都说："没有感情早分早好，等到结婚就麻烦了。"后来柳文枫女儿自己找到的对象家庭条件不如前一个男友，但是女儿喜欢，柳文枫也十分支持，"没钱可以赚，对方父母身体不好我们也能帮忙照顾。只要夫妻能齐心，日子就能过起来"。这种注重感情的婚姻观，已经完全不同于在生存型逻辑之下的"搭伙"过日子的婚配观念了。

私人情感滋长的另外一个表现，是以感情为基础的偷情、出轨开始变多。2000 年一年内，聚义村发生了八起女人出轨的事件，村民记忆犹新，普遍认为这一年村里"撞了邪"。许多人表示不理解，因为女方不是为了男方更好的条件而出轨，甚至出轨对象的条件远比丈夫更差。

柳文枫回忆，女方出轨除了因为觉得自己男人挣钱少，还有一个原因就是男人不会办事。遇到这种情况不应该把事情搞大，一旦两个人发生争吵就要离婚，就是不离婚老婆也会跑，要不你就干脆不要管她。我就是不会办事才离了婚。有两种人能管得住老婆，一种是性格强势的人，自己老婆刚一犯错就打，打得她们都不敢再犯错；还有一种就是挣工资的人，她们会巴着你不走。如果没有感情，心飞了早晚也都管不住"。

乔宝峰的前妻生下一儿一女后到新疆摘棉花。在新疆期间，她与一同摘棉花的同村光棍产生了感情，冲动之下私奔了两年，后来一起回村。乔宝峰的前妻并非图光棍的条件，在光棍经济不好的状况下，他前妻还一直用私房钱接济他。后来光棍另娶他人，他前妻又回到了他家，但是在村里已经被边缘化了。

与传统时期妇女靠到别人家"打秋风"存活相比，生活型的逻辑下，女性很少有为了更好的生活而出轨的案例，大多是出于私人情感。在这种情形下，女性会做出在外人看来十分不解的选择，比如与比自己丈夫差的男性交好，主动接济相好者，或者知道喜欢的人有各种缺点后依然不抛弃。这些非"理性"的行为，正是生活型逻辑中私人情感滋长的表现。

（四）社区公共性的相对增强

聚义村村民大规模进城打工之前的日子，是现在的村里老人们十分怀念的。因为对比解决温饱前每天"勒紧裤腰带"的艰难岁月，这一时期人们有了一定物质积累，过着相对安逸的日子。另外，集体化时期的组织化过程对人们在生产生活上的联结仍有作用，并在村庄内催生出了一定的公共空间。

最重要的表现是村庄庙会的再度兴起。其实庙会从改革开放起已经有所恢复，到了 20 世纪 90 年代末，庙会已经有了相对完整的组织结构与组织流程。牛文涛曾经这样评价庙会，"庙会的正日子是正月十五，冬天不能种地，去外面打工的时间还没到。人们闲在家里还不如做点事。办庙会最麻烦的是准备阶段而不是庙会当天，很考验人的耐心，也考验每家每户的配合"。配合与准备工作需要参与者付出时间、精力以及金钱。在生活型逻辑之下，村民不介意时间、精力上的付出，因为这些剩余的时间与精力并没有机会转化为生产力。但是，金钱上的支出还是会使村民感到为难，"给少了不好看，给多了自己苦"。人们对于脸面的介意，反映了社区公共价值对人的约束。

然而在此之后，外出打工的兴起使大部分村民踏入了进城求发展的大潮。庙会渐渐成为老年人的活动，年轻人的时间与精力几乎都投入赚钱之中，尽管他们还会"捐香火"，但更多是"钱到人不到"，刚刚起步的公共空间趋于解体。现在，虽然庙会还在一直举办，但是其意义主要是消遣娱乐。

总体而言，在聚义村的生活型阶段，物质与时间上的相对剩余影响了个体、家庭及社会的方方面面。其中，生计模式的改变，使人们由全身心投入土地变为掺杂着理性算计的"消遣种地"，不再接受边际收益递减的农业行为。而物质与精力的剩余，使得代际支持不断增强，人们甚至开始根据主干家庭的收益安排家庭成员的分工。私人的情感生活开始在村庄中不断滋长，情感联结一方面是夫妻关系稳固的定力，另一方面又是婚外关系增加的动力。最终，由个体闲暇引发的村庄公共生活短暂的高潮，又随着发展型逻辑的形成而逐渐消失了。可以说，生活型社会的存在是短暂而使人怀念的。但是，这是农民缺乏发展机会情况下的副产品，种种表现也是社会进一步发展的前奏。当农民有了跃迁的视野与机会之后，生活型逻辑逐渐让位于发展型逻辑。

第六章
发展型逻辑的普遍转向

在经历了十余年较为闲暇安逸的生活型阶段，21世纪初聚义村又经历了一次行动逻辑的转型，即向发展型逻辑的普遍转向。与上一章类似，我们首先描述生计模式的历史性变迁，然后关注聚义村村民向发展型逻辑转化的具体表现。

一　普遍务工、开始积累（20世纪90年代末至21世纪初）

20世纪90年代中后期至今，聚义村大多数家庭的生计都转入了非农行业。图6-1、图6-2和图6-3是整理了1990年以来大陵市年鉴的相关数据制作而成。从图6-2可见，2000年之前大陵市的工业年平均从业人员没有很大波动，2000年之后的大多数年份呈高速增长趋势。图6-3进一步验证了自1990年以来，大陵市工业年平均从业人员数量稳定增长。而永宁区作为大陵市的政治、经济与教育的多元中心，非农就业机会的增长与非农行业的发展走在整个大陵市的前列。

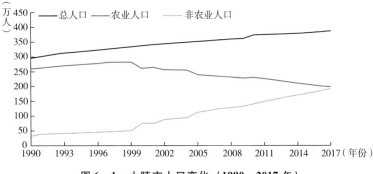

图 6-1 大陵市人口变化（1990~2017 年）

资料来源：根据大陵市年鉴的相关数据制作成图。

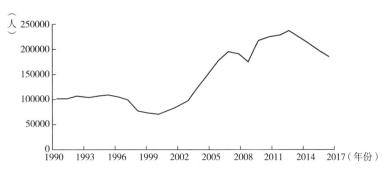

图 6-2 大陵市工业年平均从业人员变化（1990~2017 年）

资料来源：根据大陵市年鉴的相关数据制作成图。

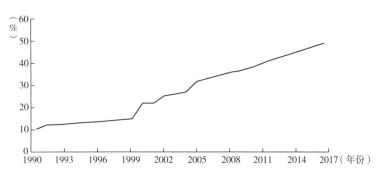

图 6-3 大陵市非农人口占总人口变化（1990~2017 年）

资料来源：根据大陵市年鉴的相关数据制作成图。

这种以务工带动家庭收入积累的生计模式逐渐兴起,其能够实现的客观产业条件是当地以煤炭产业为中心的整个产业链的形成,为聚义村大多数青壮年男性提供了充足的就业机会。据聚义村村委会会计于友逵回忆,20 世纪 90 年代末进入煤矿的工人大多是干苦力活儿,这种高危职业的工资明显比其他行业高。当时,一般的挖煤工月收入 5000~6000 元,后勤工作人员(例如厨师、会计等)每个月也有 2000~3000 元。当时,聚义村有 20~30 户村民在煤矿做工人,另外还有 40 多户的年轻人在矿场上搞运输,主要就是开大车运煤,其中仅有 2~3 户自家有大车,其他都是被车队雇佣的司机,不直接承包矿场的运输业务,所以工资要低很多。

20 世纪 90 年代,除了煤矿生意十分红火,洗煤厂也层出不穷。私营小洗煤厂的数量远多于大洗煤厂,小洗煤厂一般有十几个人,大洗煤厂能达到上百人。洗煤厂的工人工资相对于其他行业的工厂要高出很多,每个青壮年劳动力可达 40 元/天,一个月能挣 1000 多元。洗煤厂的工人们一天需要工作 9 个小时,都是机械化操作,分工和职责明确,相互配合。男性工人一般做机械工,女性工人做化验工。进了工厂,工作纪律特别严格,不能随随便便请假回家,很多时候家庭事务只能由工作比较灵活的另一半或者老人料理。

白玉平今年 62 岁,但是因为从事的工作又苦又累,看起来要比他的实际年龄苍老十多岁。白玉平自我调侃说,他们这一代人普遍"显老"。20 世纪 90 年代初,村里的人不得不出去讨生活,比较早出去务工的人回到村里会带回来新的就业信息。白玉平就是通过这样的方式得知永宁区有一家洗煤厂正在招工的。与白玉平同一批去洗煤厂的,还有十多个年轻人。洗煤厂离家远，白玉平少则一个多月、多则好几个月才能回家一趟。到了年底，村里外出务工的村民都会回来，彼此之间串门，就会传递就业信息。

正如白玉平和于友逯的亲身经历所示，在1990年代末至2004年这一阶段，一方面本地非农务工机会大量涌现但外出务工的村民大多集中在高危行业；另一方面就业市场的信息传播又极为受限，传统的村庄地缘关系形成了信息流通的网络。大多数非农就业的机会都是通过熟人介绍获得的。这种信息的交换是以互利为前提的。信息交换是公平且不太涉及自己核心利益的，所以在薄弱的村庄内能够实现。但是教授技艺就截然不同了，白玉平提到自己曾经介绍四弟去同一家洗煤厂干活，但并不是与自己同样的职位，他也没有教授四弟很重要的技艺，不然四弟就可能和自己产生竞争。

2000年初，市场对劳动力的需求进一步扩大，各洗煤厂的工资差异变大。很多年轻人为了获得更高的工资，频繁换工作，甚至有人5年换了三四个厂。在这种背景下，同村年轻人工作和工资信息的交换网络仍然存在，但是"各有各的想法"，同乡聚集已经不是找工作的决定性因素了，很难10多人一起到同一个厂子里务工。"大家都分散开来，一两个人或者三四个人在一起，哪里工资高就到哪里去。"

二 大陵市中心建设与就业机会激增（21世纪初至今）

大陵在计划经济时期的行政级别是大陵地区，永宁县城为大陵地区驻地；1996年5月永宁撤县设市，永宁县改为永宁

市；2004 年 6 月，大陵地区撤地设市，永宁市撤市设区，继
续作为大陵的行政中心。这次行政体制改革后，大陵市政府开
始加强市中心的建设，并带动了永宁区服务业、建筑业与商业
的发展。2004～2007 年，永宁区规模工业增加值稳健增长；
2007～2011 年突飞猛进；2011～2015 年逐渐回归到平稳增长
水平（见图 6-4）。政府在项目建设中投入大量资金，带动了
第三产业的发展，整个大陵市的人口开始涌入永宁区。永宁区
作为区域性的行政与教育中心，涌现了大量非农就业机会。

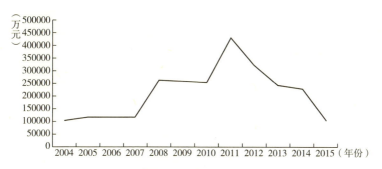

图 6-4　永宁区规模工业增加值变化（2004～2015 年）
资料来源：根据大陵市年鉴的相关数据制作成图。

2004～2005 年永宁区完成了"撤点并校"任务。撤点并
校政策使得整个永宁区甚至大陵市最好的教育资源集中于大陵
市中心，这促使老百姓将子女送到大陵市市中心读书。为了照
顾子女，相当一部分妇女在市中心租房子住，边务工边照顾上
学的子女。一方面，城区的常住人口数量剧增，带动了城市服
务业的发展；另一方面，这些进城的女性劳动力大多进入门槛
较低的服务行业务工。

与此同时，2005 年永宁区投资建设了一系列基础设施，
包括新建小学、维修中学、新建城北文化活动中心、新建老年

活动中心、新建村建设卫生服务所等。根据永宁区年鉴，这些投资包括大陵市政府投资300余万元、争取外资40万元，在永宁区中心新建了一所建筑面积4380平方米、占地20余亩的公立小学；投资60万元，对城北的公立中学进行改造；投资200万，新建办公、学习、娱乐一体化的文化活动中心。

与城市建设同时进行的还有煤区的整改与轻工建材企业的兴起。根据大陵市年鉴相关资料，2000年初政府开始按照国家"关小上大"的产业政策，严格执行"六条标准"，关闭了煤炭资源枯竭、生产能力相对弱的永兴煤矿（化名），集中整合了四家煤矿。仅2005年一年就对煤矿新增加投资7000万余元，整合后的煤矿原煤生产能力可达到每年69万吨，安全生产装备得到升级。此外，大陵市政府大力引进轻工建材企业在永宁区建厂投产。2006年，一系列轻工企业在大陵市建厂，同时，建成了两座大型混凝土搅拌站，完成了三座砖厂环保达标技改项目。混凝土搅拌站年生产能力可达20万立方米，并实现了当年投产。这一系列轻工建材企业生产链建设共吸引资金4000万元，解决大陵市当地就业900余人。

2004~2005年一系列硬件设施的建设与改善，直接带动了大陵市区建筑行业的发展以及农村闲置的青壮年劳动力向大陵市区流动。人口向大陵市区的新一轮集中，再次刺激了市区餐饮、服务等行业的发展。在本地快速城镇化的过程中，男性就业机会与女性就业机会同时增加，一些家庭避免了家人分居的问题。经济比较宽裕的家庭，还会选择父母子女共同在城区租一间简陋的房屋，形成一种新的城市蜗居形态，即父亲从事建筑业，母亲照料家务、兼职到餐馆打零工，孩子在城区的学校上学。每个男性劳动力平均每年能够攒下三万元，女性劳动力每年净收入约两万元；如果家有一男一女两个青壮年劳动力，小核心家庭年均收入约五万元，可达到当地平均收入水平。

最后，服务业、工业与建筑业的兴起为青壮年劳动力提供了大量就业机会。聚义村 40~50 多岁以务农为主的中年人，近几年受益于永宁区的绿化项目，他们每年能够工作 7~8 个月，按照计件方式核算工资，勤快的中年人一天最多能挣 120 元。至于年龄在 50 岁以上、仍然有劳动能力的人能够在永宁区做一些纯体力的临时工作（如搅拌水泥之类的），但是大多数老年人很难找到工作。中年人的零工收入能够减轻子女的赡养压力，甚至能够为子女提供代际支持，成了子代进城的后援力量。

三　发展型行为的涌现

2004 年开始，聚义村村民开始大规模进城打工，并且尝试在城里买房定居。在中国由于城乡差距，城乡关系很大程度上趋近于阶层关系（李强、王昊，2014），进城意味着有更好的经济收入、公共服务、就业机会和生活品质等，他们行为的实质是通过进城实现阶层跃升。聚义村村民在进城打工的同时还兼顾让孩子接受更高质量的教育。人力资本在现代社会中对社会分层的影响越来越大（谭江蓉，2016），让孩子接受更好的教育是试图通过下一代实现整个家庭的跃迁。另外，还有少部分村民选择守在村里种地或者养牛，但他们进行了扩大再生产，也可被认为是一种资本积累以及向上跃升的方式。

(一)"蹩脚"的艰难进城

聚义村村民在城里主要从事建筑、餐饮等行业,较高的城市生活成本导致聚义村不少已进城的家庭始终无法"甩开土地",不得不频繁往返于城乡之间,形成了"以非农就业为主、辅以农业"的生计模式,是一种"蹩脚的城镇化"。在这种艰难的进城路上,有很多人是不太成功的,甚至付出了比留在村里更高的生活成本。即使如此,大部分村民也没有放弃进城发展的机会。因此,从行动指向的角度而言,"蹩脚"的发展也是发展,已然是一种行动逻辑的转换。

出现这种往返于城乡之间的家庭生计模式主要有两方面原因。一方面,2010 年以后,原本充沛的就近非农就业市场趋于饱和,同时,还面临来自附近其他县市的农民的竞争,永宁区的农民开始明显感受到"打工没有以前容易了"。另一方面,教育、医疗等资源更多集中在市中心,乡镇无法满足农民家庭在经济发展和子女教育上的需求。在这两种生计模式下,进城农民为了减轻日常生活成本,不得不在周末回到村庄经营土地,形成了被动的、稳定的城乡流动格局。

截至调研的 2019 年,聚义村已经有 60% 左右的家庭在城里买了房,不过这里面有大小产权之分,其中 2/3 的家庭购买的是小产权房,只有 1/3 的家庭购买的是大产权房。另外,在城里租房的有 30 ~ 40 户,其中 1/3 是买得起房的,不买是因为对房子要求高,或儿子尚未结婚。大产权房是在城市建设用地上建立的,一般每平方米 5000 元;小产权房是在农村集体土地上建设的房屋,未办理相关证件,也未缴纳土地出让金等费用,不受国家法律保护,但每平方米只要 3000 元。这种房地产市场的兴起一定程度上是因为土地规划方面没有充足的房地产开发指标，那么"官方计划"之外的就是小产权房。"房地产热起来的时候，大家都来了，你修一块我修一块"，小产权房在近十年才逐渐兴起，但却得到了多数农民家庭的认可。而且小产权房没有民政档案，所以并不影响贫困户评选。

聚义村村民认为，买小产权房不存在发生产权纠纷的可能，他们认为小产权房是由村集体建的房子，是有公信力的。大产权房和小产权房的区别主要在于以后遇到拆迁赔偿不一样。此外聚义村村民没有买大产权房就更有面子之类的社会性评价压力。其实买小产权房的家庭中有一半只要努力"够一够"，是能买得起大产权房的，选择小产权房更多是因为其地段更好、性价比更高。

聚义村现在买房的村民明显多于附近其他村庄，这主要得益于 2012 年电线厂的征地赔偿款。当时共有 200 多户村民的耕地被征用，每亩土地的赔偿款是 4.8 万元。如果没有征地赔偿款，聚义村最多只有 20% 的家庭能买得起房。2012 年后，大部分被征地的村民拿到征地赔偿款后都毫不犹豫地投入房地产之中，甚至不惜"牺牲"女儿的利益。

> 杨华大爷将自己征地的赔偿款（十几万）全部都给了儿子买房，其中还包括女儿的征地赔偿款，女儿本来有 4 万元的征地赔偿款，但杨大爷只给了她 2 万。女儿起初很有意见，但被杨大爷说服了，先"顾全大局"，过几年再慢慢给她余款。最后女儿同意了，也没有因为这件事影响日常关系。

"围城"里面的人想出来，外面的人却想进去。与聚义村村民都想进城形成鲜明对比，随着美丽乡村的建设，有不少城里人想到村里买房。三个房间的窑洞因此从一万多涨到十六万左右，贵的甚至可达到二十万。而对于土地和房屋买卖的态度，人们普遍说道："应该买卖，一来既然城里人想上来，村里人想进城，那我们就换一下呗！二来你要是房子卖不了，你还是得进城租房、打工。"

（二）更高质量的教育投资

在教育方面，大多数聚义村的父母尽可能为孩子创造更好的学习条件。在 2005 年撤点并校之前，就有很多家长让孩子到大陵市区读书，虽然镇上有小学和初中，但人们认为教学质量较差，大部分人宁愿租房子也要送孩子进城读书。之后永宁区下辖村大部分不再设立小学，与此同时，优质教育资源不断向大陵市区集中，因此很多孩子从小学开始就到大陵市区上学。父母或爷爷奶奶从孩子小学阶段就开始一边在城里打工一边陪读。据我们了解，大陵市区的大多数学校都是寄宿制，进城陪读并不是父母必须的选择，但很多父母不放心孩子从小自己一个人在外生活，"怕孩子不适应，吃不好也睡不好，所以家长得过去照顾着点，顺便也在城里打工挣钱"。

聚义村村主任李振华曾经很"自豪"地跟我们介绍说："这里只有留守老人，没有留守儿童。"这反映了家庭内部偏重于对下一代的资源和情感投入，并且这种投入是以教育为核心的。人们将孩子带到城里主要为了让他们接受更好的教育，甚至有父母在孩子上学前就把他们接来大陵市区，一部分原因是想要孩子在"起跑线上就不一样"，同时，还希望更好的抚育子代以实现向上发展。下文将展开详细论述。

（三）农牧业的扩大再生产

尽管人们普遍在进城和教育投资中实现了个人与家庭的发展，对一些经济基础较差而又希望向上跃升的村民而言，扩大经营农牧业以获得更高收入也是一种上升途径。在农业方面，聚义村目前有 10 户人家流转 20 亩以上的耕地，但其中多数是深沟里的旱地和坡地，经营成本颇高。此外，深沟里的耕地平时需要提防野猪，但由于村内互助合作和共同防御的能力不足，农户的经营成本无形中又增加了。

一些养牛户也表现出发展型逻辑。养牛的特点在于启动成本高，后续成本低，收益稳定，风险较小且不占用太多劳动力。除去 3000 元左右的学习成本以及购买一头用于生产的母牛共需 1 万元，此后的牛圈、饲料、配种等方面的成本都极低。牛圈就建在宅前屋后的空地或过去的土窑中，修建和维护成本不高。冬天牛就吃自家种植的农作物秸秆和玉米粒；从立夏到八月十五牛被放养到周边的山上吃草，并搭配少量饲料。总的来说，养一头下崽的母牛一年所需的成本不会超过 300元。牛生病或死亡的概率也极低，如果牛生病了，养牛户自己就能诊断、治疗，村民几乎不会考虑这方面的风险。

母牛养大后有十来年都可以下崽，每年能下一头小牛。小牛养一年便可以出售，其间的成本为 300 元左右。公牛每头可以卖到 1 万元，母牛则可以卖到 5000～6000 元，母牛也可能被留下来下崽从而扩大经营规模。因此，多数养牛户只需 2～4 年就可以赚回一开始购买母牛的成本，其间的风险较小，且可以长期经营并获利。养牛是一项省力的产业，"养 10 头牛还没有打工累，养 20 头牛才和打工一样累。可如果养 20 头牛，一年就能有 6 万到 7 万元收入了"。

可见,养牛是成本与风险较低,较为省力且回报不菲的产业。可在聚义村 210 户中目前只有 7 户在养牛,主要是养牛的启动成本较高,普通村民难以负担,这是他们发展养牛产业的主要障碍。2016 年的产业扶贫政策在解决村民发展养牛产业的困难方面发挥了作用,如今的 7 户养牛户里有 4 户是受扶贫政策的资助才养起了牛,这部分内容我们将于后文再展开详细讨论。

第七章

发展型阶段的社会特征

上一章论述了聚义村村民从生活型逻辑到发展型逻辑的转向，本章将继续深化对后者的认识与理解，并将由发展型逻辑作为主导逻辑的社会形态称为"发展型社会"。我们将看到，当聚义村进入发展型阶段，代际关系与后置性关系上的变化是聚义村主要的社会性特征，"支持型发展的常规化"是聚义村得以转型的关键机制。另外，即使是在发展型社会，仍有部分村民保有生活型逻辑，这一现象值得我们进一步关注与思考。

一 紧密化的代际关系

上一章提到的就业机会大量涌现为发展型需求的实现提供了基本条件，换言之，更为和谐的人与资源的关系支撑了村民的向上发展。与此同时，人与人之间的关系也相应地发生了变化。尤其在家庭内部，从原来传统时期底线性的寡淡联结，转为一种紧密互助、团结向上的代际关系，以支持进城定居、阶层跃迁的发展型目标，前后转变之快、幅度之大令人惊讶。因此，本节主要关注聚义村村民的代际关系在生存型阶段与发展型阶段之间的差异。尽管这种变化在生活型阶段已然悄悄开始，为展现前后剧烈的转变，本节着重论述生存型与发展型两个阶段的代际关系特征。

（一）从"抚养－生存"到"投资－发展"

父代对子代的投入最显著的体现是在教育上。如上一节所说，为了让孩子接受更优质的教育，很多村民宁愿租房也要把孩子带到大陵市区上学。此外，在子代教育的投入过程中，人们还动用了父辈资源，老人一般将孙子（女）从出生抚养到幼儿园或学前班，也有部分老人在孙子（女）上小学后仍帮忙接送、照顾的。

以秦家坡村为例，现在有接近 1/3 的老人都在帮忙照看孙子（女），其中原本能出去打工却因照看孙辈而放弃的老人就有一半多。事实上大多数公公婆婆并不愿意照看孙辈，一方面照看孩子尤其是照顾婴儿很麻烦、很费心，而且他们中不少尚有赚钱能力，带孙子（女）会耽误自己打工赚钱；另一方面大多数老年人不习惯进城生活，跟子女们一起居住也不方便。

但最终父辈仍会承担起照顾孙辈这一责任，因为子代的工作更加稳定、收入更高也"更有前途"，相比之下父辈牺牲自己的工作显得更加"划算"。如果父辈不帮忙，子代还需另请保姆照顾小孩，成本更高。通过家庭内部的理性计算，父辈会"牺牲"自己的个人利益，寄希望于通过下一代在城镇接受更好的教育而实现整个家庭的向上跃迁。当然，也有一些长辈会主动要求帮子代照顾孩子。

牛文涛和老伴在儿媳生了双胞胎之后主动到大陵市区伺候月子，并帮忙带了七年孙子。老两口和儿子、儿媳各带一个，这样才照顾得过来，隔一段时间就将两个孩子互换一下。为此，他还放弃了在村里体面的工作——会计。当时牛文涛没有跟儿子住在一起，而是自己租房子住，同时还在住所附近打零工。儿子、儿媳没有给他带孙子的钱，牛文涛自己挣的工资倒经常花在孙子身上。孙子们上小学后，老两口才回到村里。

在传统时期，聚义村的父母都是勉强将子女抚养长大，谈不上为其提供教育、准备嫁娶，大多数父母在孩子具备基本的劳动能力之后就"赶"他们出去闯荡。现在的父母不仅超越了底线的抚养，而且在子女成长、教育、成家及照顾孙辈等方面操心。从下面两个案例中能看出父母的操持与费心。

聚义村的薛宝华共有四个女儿一个儿子。大女儿在省会打工时认识了一个河南的小伙子，但薛宝华不同意她嫁太远，除非婚后他们住在永宁区，这样"方便照顾她"；二女儿和三女儿出嫁时他分别给了1万元和5000元嫁妆，远高于男方家2200元和880元的彩礼；儿子结婚时的开销全是薛宝华承担的，他给了儿子20万元置办婚礼，如何花费均由儿子支配；小女儿今年还在读博，薛宝华准备再养四五年羊，等小女儿出嫁后就不再干了。

李德胜有一儿两女，小女儿找了一个外地的男朋友，但老伴担心对方不可靠，于是他们就特意到男方家住了三天，经过一番考察最终同意了婚事。男方家里一开始只愿意出2万元彩礼钱，但李德胜要求3万元彩礼。老两口把这 3 万元彩礼钱存到了银行，婚后又还给了小女儿和女婿。

对于家庭而言，变故也是常有的，如意外、疾病和灾害等，特别是在聚义村的贫困时代，家庭极其脆弱和不稳定。2009 年，面对儿子遭遇的意外，村民王亮平表现出了顽强的坚持力。

> 王亮平两岁的儿子从炕上摔下来，因颅内出血当场昏迷，过了 40 多天才醒来。当时在医院抢救总共花了 2 万多元，家里没有多少积蓄，他把家里的三头牛、一头骡子全部卖了还是不够，看病的钱几乎都是借来的。后来他坚持又带着儿子到北京各大医院看病，可惜医生都说无法进行手术，只能慢慢恢复。

面对儿子高昂的治疗费用王亮平从未想过放弃，这在之前他上几代人身上几乎是不可能发生的事情。从以上案例中可以看出，聚义村村民代际间已经从底线式养育、使子代能活下来的"抚养－生存"关系转为向子辈倾斜大量资源、精力和情感，希望其能更好发展的"投资－发展"关系。

（二）从"各过个的"到"儿子没出息"

与父辈对子辈的尽其所能的投入相比，聚义村子辈对父辈的赡养与传统时期相比并没有很大转变，依然维持在较为底线的水平。经济支持之外的精神陪伴并不是必需品，老人对儿女的养老期望也很低，总是希望"不给孩子添乱"。但是与寡淡冷漠的生存时期相比，老人的目的不是将父辈和子辈切割为两个相对独立的家庭单位"各过个的",而是意欲克制自己的需求为子代减轻负担,从而支持子代发展。

在养老的经济支持方面,父辈普遍表示自己可以靠种地和国家发放的养老金、扶贫款生活,不需要、也不指望孩子给钱养老。一方面,这代人完全是靠自己在恶劣的环境中扎根立足的,因而劳动和自立的观念在他们心中根深蒂固。村里一些将近80岁的老人依旧要忙农活,甚至还要帮子女种地,"我不跟儿子要钱,自己能维持(生活)……国家给我发养老金,一年八九百,自己在地里还干点活,能干多少干多少……种地也累,但我就是个农民,有点活干还挺痛快"。另一方面,父辈体谅儿女在外打拼的辛苦,想要尽可能为他们减轻负担,"人要自力更生,能自己动就自己动,儿女有儿女的任务,要给他们减轻负担"。从子代的生活实际来看,一些外出打工失败、同时还肩负小家庭生存压力的年轻人确实无力向老人提供支持。

在老人的生活照料上,子代大多会在修建或购买新居时考虑到老人的房间预留问题,以备老人将来养老之用,更重要的是方便老人前来帮忙照看孩子时居住。但多数老年人在自己能自理时都不愿意与子女同住。一方面,子女在城市的居住空间很小,与子女一起住不够宽敞;另一方面,"即使有儿女照顾也没有自己生活舒服,在自己家更随便一些,而且窑洞冬暖夏凉,比楼房住着好"。因此他们觉得"儿女经常回家看看,给自己带点好吃的好穿的"就是孝顺。反过来,老人不但不期望住进城里,还会改造自己村里的房子,以便子女回村时能住得舒适。

张景山在 1990 年修了新的砖窑，他的儿子小时候一直与他的父母住在中间的窑洞中，儿子上初中后搬到了西边的窑洞居住。后来儿子一直在外读书，并在延安找了工作，准备结婚。2016 年，张景山主动搬到了东边的窑洞居住，把中间和西边的窑洞腾出来给儿子当婚房，因为中间的窑洞更加宽敞明亮，住着最舒服。2017 年起，他开始陆续给儿子的窑洞装修，以备儿子和儿媳过节回家时居住。他粉刷了墙壁，买了新床和新衣柜，还隔出了一小间浴室，浴室的四周和地面都贴了瓷砖，安装了热水器，与现代楼房装修没有什么区别；接下来他还计划在西边的窑洞里修一个厨房，方便儿媳和儿子独立做饭。在装修风格上他还经常征求儿子的意见，1 万多元的花费全部由自己承担。与之相对，张景山东边自己的窑洞中依旧摆放着陈年的旧家具，也没有粉刷。

在访谈中，村里老人经常提到的一句话是："儿子没出息"。然而吊诡的是，当今社会的年轻人在工作方面的绝对能力（例如教育水平和工作技能等），较之父辈毫无疑问是有所提高的。造成这种主观判断的原因，很可能是代与代之间分化速度的不同。父辈及其同辈群体的人生大部分时间都在农村，群体内部分化不大；子辈工作和生活的主要面向则在城里，群体内部分化显著，容易与他人产生较大差距，达到中等水平也往往需要付出比父辈更多的努力和成本。而在传统时期，由于村民们生活在社会分层相对扁平化的同一场域，即使"各过各"的，子辈与父辈相比，境况也不会差太多。普遍进城务工之后，父子两代分处两类分化速度不同的场域和群体。这使得子代多少显得"没本事",父辈也总觉得子辈"没出息"。为了让子辈不至于与同辈群体差距过大,大多数父辈不再遵循以往"各过各"的原则,甘愿被子辈"啃老"。

二　逐渐渗入的后致性关系

代际关系变得更为紧密的同时,聚义村内部的村民间关系变化不大,甚至可能因为以核心家庭为中心的向外发展,使原来就不紧密的村庄结构变得更为松散。同时与亲人这些先赋性关系相比,同学、朋友等后致性关系在发展型社会中变得越来越重要,逐渐成为向上跃迁的重要社会资本,主要体现在资金和信息的获取上。

(一)　社区的持续松散

前文已经论述分田到户之后又恢复为各干各的农业耕作形态,在向外发展的大潮背景下村里仍然需要互助合作的主要在养牛和养羊方面,但遗憾的是这种互助合作仍然难以有效形成。上一章提到的养牛人数少,除了启动成本高之外,很大程度上是由于村庄内部的互助合作能力低以及纠纷解决机制弱。

在城市上班使得村民的生活重心逐渐转向城市。养牛虽不太"费力",但十分"费心",需要 1 名壮劳力在村里全职照料牛。年青一代大多数优先选择进城务工,很少会回村养牛,老人则要到大陵市区帮儿女带孩子,难以兼顾。如前文所述,养牛户之间的互助关系仅仅是临时性和交换性的,牛跑丢后一同放牛的人也不会帮忙找牛。这种脆弱的互助形态延续至今,让养牛这项工作一直不太省心。

同样费心的还有养羊，而且羊群更容易产生纠纷。一个是羊群破坏别人的庄稼，前文已有提及，这些不时出现的争持与漫长的调解过程无形增加了养羊的成本。另一个是羊群进出留下的羊粪，也常常引起沿街农户、环卫工人对养羊人的不满。与羊吃庄稼造成的冲突不同，羊粪纠纷上养羊人往往是得便宜的一方，但损失的却是多数人的利益。

在改道纠纷发生之前，村里有两家养羊，分别是陈家和于家，他们经常要把羊赶到河对面的山上放养，而羊在行走途中会留下羊粪，影响村庄的环境卫生。于家放羊路途中不经过村里农户附近的道路，对村民影响不大。而陈家放羊途中则需要经过小学旧址、张家、王家之间的道路，容易引发周边村民对他的不满。

2004年，村民出义务工修建了水泥路，由于是村里人的劳动成果，大家都不愿意水泥路被村里几个养羊养牛的人破坏。村干部张贴了告示，禁止养羊养牛的人走水泥路，那时村里有四五家养羊，两三家养牛，他们基本上都遵守村里的规矩，后来村里管得松了，他们又开始走这条水泥路，并整整持续了十二年。

2016年，因为美丽乡村建设村集体铺了柏油路，国家每公里补贴6万元，还组织了环卫工人打扫卫生，这时环卫工人以及张、王两家对陈家的不满更为强烈。在村庄的公共舆论对个人行为影响不大的背景下，两家就找到调解员张志忠，让他出面调解。经过多次协调，张志忠给陈家规划了新的放羊路线，绕过张、王两家，这个问题才得以解决。

上述案例是一个缩影，对于这件存在了十余年之久、损害公共利益的事件，村庄内部一直没有对其形成有效规制，村民的愤懑也无法排解，体现了社区的持续松散以及规范的相对薄弱。同时，村民的意见越来越集中和强烈，也反映了发展型逻辑下人们对于可供发展的平台和环境有了更高的期待，不再保守隐忍、得过且过。

（二）社会支持的新需求

在大规模进城务工后，聚义村村民开始进入一种"城乡生活"。虽然活动半径仍然是城市和乡村，但生活内容已然"市民化"，包括消费需求和服务需求等，逐渐向城市的生活标准看齐。

新的消费和服务需求也对社会支持提出了新的命题，即资金和信息的获取上越来越依赖后致性关系。这是由于村民进城后嵌入到了一个更大的城乡结构中，原有场域的社会关系将难以完全适应新系统的复杂性，包括更高的资本要求以及更大的不确定性等。从以下几个案例能看出后致性关系在人们生活遇到问题时所起的作用。

白国坤的儿子在省会工作时交了一个女朋友，结婚前女方除了要求婚房以外还要婚车。白国坤向所有亲戚、邻居借了个遍，但最后还是差两万元。于是白国坤向在大陵市区的工友求助，其中一位离职的工友后来经营饭店赚了不少，借给白国坤两万元，白国坤才凑够买车的资金。

2015 年，村民陈飞雪检查出早期胃癌。陈飞雪本想找个中医慢慢疗养，但儿子陈同佳一定要带父亲去大型医院，找一个医术高明且认真负责的专家。于是陈同佳找到在工作中认识的大陵医院的精神科大夫，在这位精神科大夫介绍下认识了北京某医院肿瘤科的徐医生。随后陈同佳带父亲前往北京。徐医生耐心解释病情，做检查和手术时尽力将日程往前安排，从术前化疗到术后恢复都与家属们密切联系。目前陈飞雪身体健康。

徐俊茂是北京某大学 2013 级工业设计专业本科生，这类职业目前在大陵市就业机会少，找工作比较难。但由于父亲 2016 年出车祸后行动不便，母亲又早逝，作为家中独子的他毕业后想回到大陵市工作。直到临毕业前，徐俊茂都未能找到工作，亲戚邻居这方面也接触很少，帮不上忙。不过徐俊茂后来找到在大陵市某电商公司做人力资源管理的高中同学。在这位同学的帮助下，他得到大陵一家设计公司的招聘信息，并最终应聘成功。

由此，同学、朋友等逐渐成为村民实现发展的重要社会资本，后致性关系逐渐渗入原本以先赋性关系为主要纽带的聚义村。综合以上现象可以看出，在发展型阶段，聚义村村民的核心家庭纽带越来越紧密，在城市建立的后致性关系越来越重要，村庄社区联结将变得更加松散。

不过，聚义村内部还有一项公共活动延续至今，这就是庙会。直到现在，几乎全村人还会坚持来参加，城里工作的年轻人甚至会请假回村，儿媳、孙子、孙女，还有出嫁的女儿、女婿等也无一例外。年轻人甚至带上自己的男女朋友参加，村里人都很欢迎。只可惜一年一度的庙会更像是一场回归家园的集体狂欢，其维系的动力更多来自娱乐性的需要以及为了在原有社区寻求建构和扩大自己后致性关系与社会资本，村庄没有得以建立起成型的互助合作体系和社会伦理规范。

三　发展型社会及其逻辑

纵观聚义村的历史发展，每个时期都会有人想要发展、想要实现阶层跃迁，但只有在 2004 年以后下开始出现较大比例的、持续性的发展型行为以及较为广泛的超越现状、向上跃迁的意愿，我们将这种社会形态称为"发展型社会"，即绝大多数人努力规划自己的人生，并试图向上跃迁，形成一种追求发展的社会"风潮"。与前文提及的"生活型社会"不同，"发展型社会"中人们将剩余劳动力投入到再生产之中而非消遣娱乐。发展型社会的定义在于发展型行动逻辑成为社会的主流，生活型逻辑和生存型逻辑退到次要和附属位置。这是一种没有取得发展进步就焦虑的社会；是一种持生活型态度将会被边缘的社会。

如前文所述，即使在生存型社会也有人敢于突破和冒险，采取发展型的行动，但在已然具备相当物质条件的情况下仍然要发展的行为，我们可以将其归纳为"生活－发展型"行为，即在解决温饱、享有一定生活品质之后，为了进一步实现阶层跃迁所做出的更加积极主动的行为。

总结发展型逻辑，可以按照行动者所处的社会结构将其分为"生存－发展型"逻辑和"生活－发展型"逻辑。对于发展的具体路径，可以根据行动中所依据的社会关系分为支持型发展、变通型发展和冒险型发展。一般而言在有剩余、机会多的情境中才有可能出现大量发展型行为；而在极艰难、尚未解决温饱的社会结构下就出现大批发展型行为是很少见的。第一章提及的"开荒运动"是一个特例，可以勉强认为经历了一段短暂的发展型社会，但对于大部分人而言，这只是迫于生计而无奈选择的生产方式，在采取这种方式的同时，能真正实现阶层跃升式"发展"的是极少数，例如下文提到的村干部，他们是最先发展起来的一批经济精英。

在以"生活-发展型"逻辑为底色的发展型社会中，与其他类型的社会形态相比支持型发展比变通型发展和冒险型发展更为主流、所占比例更高。回顾上一章提及的2004年以后出现的三类发展型行为，买房进城和教育投资都是支持型发展，只有扩大再生产是在村里进行权宜性的变通型发展。

这是因为发展型社会的典型特征是机会与财富的涌流，类似费孝通（1999b：302）在乡土重建中提到的"丰裕经济"，是"止不住的累计和扩展"，关键差异也不在财富的多寡，而在于丰裕经济是扩展的、动的经济，而非封闭的、静止的匮乏经济。由于机会多、风险小，普通人无须卓越杰出的个人禀赋和冒极高的风险外出，只要具备中等能力，愿意向上发展就能找到机会。同时，经济水平的提高也为发展提供了更充足的资源，包括经济支持和社会支持。前者指有物质资源来帮助子代实现阶层跃迁，如2012年征地赔偿对聚义村村民的发展影响很大；后者指有剩余劳动力帮助子女完成社会继替。在此，发展型社会实现了"支持型发展的常规化"。而在传统社会，支持型发展的实现要么是极个别的天才得到发展机遇之后，集全家甚至全村之力保驾护航；要么是个别富豪通过私塾教育、资源供给甚至私人关系对子代发展进行支持。

"支持型发展的常规化"之下，发展的路径也更为制度化，即在现有制度下能普遍实现向上流动，例如，找一份收入不错的工作、高考考上好大学等。另外，发展也成为一个更加稳定和系统的工程。在这个过程中需要动员既有的社会关系，并循序渐进地建构新关系，进而对这项工程形成持续的支持。这在聚义村表现为代际关系从原来的松散，转为了进城购房和孩子教育而变得紧密。聚义村由于本身血缘纽带较为薄弱，村民对社会关系的动员范围仅限于核心家庭，家庭之外的家族和社区则往往难以撬动。与之相比，在福建等地，人们则能将范围扩大至更大的血缘和地缘网络，进而实现同乡同业（吴重庆，2014）。

四 发展型社会中的生活型行动逻辑

（一）生活型逻辑的类型

当前，聚义村的村民已经普遍进入了"生活－发展型"的生活轨道。但是，仍然有一些村民保持着生活型逻辑没有变化，或者曾在生活与发展之间徘徊，但最终落回到生活逻辑。我们有必要对这些人的情况加以梳理。"生活－发展型"家庭谋求发展的根本动力，是代际接力式的跃迁意愿，当代际接续都成为问题时，这种动力便会丧失。因此，保持生活型逻辑的个体，是日子没有"奔头"，有资源并且闲暇的人。

第一类保持生活型逻辑的人，是没有后代或者已经明确后代没有发展期望，因此，失去发展意愿，丧失了发展机会的人。

　　　白家这一代共有兄弟五人，老大从小跟爷爷住，跟其他兄弟联系很少；老二出生在三年困难时期，一出生便送给他人改了姓氏，但近年一直与弟弟们保持着联系；光棍老三、老四和作为乡镇职工的老五住在一个院内，但因老五是乡镇职工平时不在村内，所以日常只有老三和老四共同居住。由于家族早年的地主身份，白家这一代人过得比一般村民贫穷辛苦，并且娶妻困难。老三、老四一晃年龄大了，二人便不再试图娶妻，而是共同努力让弟弟老五获得了到乡镇当职工的机会，也娶了媳妇。前几年的占地补贴款缓解了家庭的生活压力。老五一直对哥哥们的帮助心存感激，主动提出翻新家里的窑洞，老三、老四和老五夫妻各一口窑。老五出 5 万元、老三和老四各出 2.5 万元。

他们在 2017 年翻新了院落，这个新式大院在村庄边缘的一众房子里非常显眼。进入大铁门，一只毛色发亮的巨大金毛狗扑了上来。白家老三连声说这条狗经常洗澡非常干净，并且自豪地说这是花几千元买的纯种狗，在农村不常见。在家家户户都不锁大门的情况下，白家的大铁门是随时上锁的，兄弟俩对此表示是担心大金毛跑出去。但其实，村里人并不会来到这里串门，他们对白家老三和老四的评价是"光棍久了性格古怪不会处人"，并且"钱都败散了，完全不攒钱"。的确，花几千元买一条宠物狗不像是这里省吃俭用的农民会有的消费行为。

除去宠物狗这项较大的支出，在日常生活中，兄弟俩的消费理念和生活方式也与这里的其他村民非常不同。当其他村民表示日常"不至于"吃红烧肉的时候，兄弟俩会经常到集市买肉改善生活，因为"就算是两个人也要认真吃饭"。老五的儿子从小没有在村里长大，已经进了大城市生活，与伯伯们不亲，所以兄弟俩不会将养老的期待放在侄子身上。他们的打算是尽量先互相照应，到老的不能动的时候住进永宁区的一家养老院，费用不算高，目前的积攒加上再打几年零工就基本够了。

在聚义村，不到60岁的男性仍然算是壮劳力，许多人兼职多份零工还要种地，是为了给子女和孙辈多做积累。白家老三、老四两兄弟年近60岁没有子女，因此失去了继续奋斗的打算和希望，其心态是两个人舒服地过日子即可。因此，他们在留足养老的费用之后，不再考虑拼命做工，而是种好家中的耕地，农闲时打打零工。他们养宠物狗的行为在旁人看来无法理解，但是寂寞生活中的一种慰藉。

另外一个典型案例是56岁的村民张金明。他的大儿子现在在省会坐牢，不知道要坐多久，已经离了婚，一双儿女都归女方，张金明作为爷爷想见孙子也见不到。

在村里人看来，张金明以前为了大儿子拼命做活，托人找关系给儿子安排到省会重工企业，但是儿子坐了牢之后一切都没有了，张金明也一夜衰老，变得放荡不羁、玩世不恭。近些年甚至"为女人昏了头"，搭上养老钱养情人。

对于张金明来说，他的人生中曾经有很长时间为了儿子拼搏，甚至要努力让儿子在大城市安家立业，这是典型的发展型逻辑。但是，儿子遭遇的牢狱之灾完全在自己的掌控之外，儿子的后代也不让自己管，并且养老也几乎不可能依靠这些后代，顿时失去了过去的发展动力。他现实的幸福感只能来自每周进城见情人，其生活意义在于当下，而非像其他村民那样寄托于后代。

第二类保持生活型逻辑的人，是拥有发展机会但是没有发展意愿的人，当地人称他们为"懒汉"。当下村内的懒汉多是中年人，没有家庭负担，人们普遍认为，"懒"是个人特质的一部分，给懒汉再多的发展机会也是浪费。

大多数懒汉是在四十多岁后就过上了"消遣经济"的生活，是典型的生活型逻辑。村里有一群 45 岁至 60 岁的懒汉，其子女都已结婚，有的也带孙子。他们已经完成人生的重大任务，家庭生活压力较小，村民形容他们是"通常想干活就干，不想干活就不干，今朝有酒今朝醉，有多少就花多少"。他们大多是拿到征地款后变懒的，但是这群人并没有余力挥霍。此外，还有少部分懒汉生性贪图享受，仰仗家中不错的经济条件从小采取闲散消遣的生活型逻辑。

在聚义行政村，当前共有 149 户贫困户，综合村干部的判断，其中，65 户老人劳动能力弱、劳动意愿弱；12 户懒汉劳动能力强、劳动意愿弱；41 户失能者劳动能力弱、劳动意愿强；31 户有很强的发展能力和意愿。因此，在国家政策落实到地方的环节上，需要充分考虑贫困户的不同类型，根据其劳动能力和劳动意愿做出适合的分配方案。

（二）生活型逻辑的实质

以往关于农民生活型逻辑的研究，大多将生活逻辑等同于"过日子"，农民在以个体为本位的观念下完成家庭再生产、社会关系再生产和生活意义再生产。而村庄生活系统是农民"过日子"的行为逻辑的叠加和延续（简小鹰、谢小芹，

2015）。"过日子"意义下的生活逻辑是以核心家庭为单位的。然而冷波、贺雪峰（2018）的近期研究发现，贵州深度贫困地区农民的生活逻辑是本体性的，即"在'生活本位'逻辑下，农民的本体性价值是体验当下生活。个体在当下的生活过程中不断体验生活、感受生活，并从中获得心理满足与价值需求，其生活具有分散性、随意性、多元性、情感性等。家庭不是生活的全部，他们更多的是要在社会交往中体验生活，生活过程成为一种实体般的存在，每个人都有自己的生活历程和策略，但是他们都会在生活过程中保持安逸的生活状态"。

值得注意的是，目前聚义村农民的这种生活型逻辑并未广泛存在，并且主要遵从于个体体验的闲暇，并不是传统意义上乡土社会的"过日子"或消遣。那么，这样个体化的生活型逻辑本质为何？这种形态在聚义村何以形成呢？

结合上文的分析我们可以判断，聚义村个体化的生活型逻辑的本质，是个体行动者及其家庭满足基本生产生活需求后，继续跃升为发展型逻辑的基础薄弱、动力不足，剩余物质资源与时间资源没有投入到再生产中，表现为安于现状的生活态度。因此，这种逻辑指向了非代际、非群体性的行动。

以往的乡土社会为我们提供了一种理想类型。在中国其他地区较为普遍的是，即使是个体的闲暇与生活，也有其公共性和秩序性的一面，有其伦理道德维度。杜鹏（2019）近期的研究提供了很有价值的参考。

中国农业社会中的闲暇体验是一种美好的合道德性的生活状态，它内在于农民日常生活。所谓闲暇体验是指农民作为生活主体感受且规划日常生活的状态与能力，反映了农民闲暇生活的心态基础。中国农民的闲暇体验兼有情感和伦理的维度……情感与伦理的交织意味着闲暇体验镶嵌于"时间消费－社会交往－仪式互动"的闲暇生活结构之中，不可还原为个体情绪或社会遵从。因此，闲暇体验是一个实践问题。闲暇生活结构展现了闲暇体验的实践空间，其中，时间消费因容纳了村庄社会交往和仪式互动而具有丰富的社会学意涵。在闲暇生活结构中，个体的情感能量在社会交往和仪式互动过程中升华，避免了情感的狭隘和空洞，伦理通过扎根于日常生活而实现心态调控。

在聚义村的现实生活中，秉持个人生活型逻辑的个体完全按照个人想要的方式安排生活，其中没有社会交往与仪式互动的痕迹。也正是这个原因，大多数人会认为"懒汉""光棍""可怜人"等没有奔头的人同时也是"自私自利""不会处人"的人。但是，从社会学的视角来看，这些表现与他们的生活遭遇在某种程度上是互为因果关系的，最起码是多因一果的——个体性生活逻辑形成的原因并非完全由这些行动者的主观意愿导致。客观而言有以下两个原因。其一，聚义村并不是传统意义上的乡土社会，原有的社会并未内生出道德规范、公共秩序以及共识性的闲暇。在此前的生活中，人们迫于生计压力很少有生活型逻辑层面的行动。但是，当生计需求得到满足之后，生活型逻辑的阶段并未在所有人当中同步开始。大部分人直接随着外界环节的发展而进入了发展型逻辑阶段，只有少部分无力进入发展型逻辑阶段的人才会进入生活逻辑阶段；其二，由于个体早年的遭遇限制了其社会交往的深度与广度。这一部分人在村庄生活中处于较为边缘化的位置，很难组织起具有一定共同体性质的闲暇活动，因此只能求之于己。

关于这种生活型逻辑的社会后果，冷波、贺雪峰的研究已经对极度贫困地区做出了阐释。"在农民日常生活中，'生活本位'逻辑下形成的低经济效率的劳动力利用机制、低度循环的家庭再生产机制和强生活幸福感的价值生产机制，指导和安排了农民的生活方式。在现代化进程中，'生活本位'逻辑阻碍了农民家庭向上流动，但也缓和了乡村文化失范危机。"然而，聚义村并非极度贫困地区，如果单独考虑社会经济地位，聚义村的人们无论在农村务农还是在城里打工并没有很大差别。但是，在发展型逻辑普遍化的今天，人的分化或许正是由行动逻辑的变化开始的，即生活型逻辑阻碍了聚义村村民向上流动，而发展型逻辑导致父代对子代的向上流动有着较好的预期。

因此，我们的基本判断是，在普遍发展型逻辑下仍然保持生活型逻辑的人有两类。第一类是村庄社会的边缘人。第二类是由于与众人格格不入的逻辑而成为村庄社会边缘人的人。这种判断有利于我们进一步思考社会治理中边缘人的问题。

第二部分

外向型精英治村：发展背景下的村庄治理

聚义村村民从徘徊于温饱线的生存型逻辑到温饱有余的生活型逻辑再到积极进城的发展型逻辑的范式转变，表明村民的生活方式、道德伦理以及对生活的期待都发生了根本性变革。当他们的生活世界不断向村外、向城市拓展，谋求居住、教育、工作等方面更高水平的发展时，村庄仍然是老人的生活家园，也是中年人、年轻人不断往返的生活乃至精神家园。这时，村庄内部的秩序如何维系？当国家不断注入资源来扶持和激活村庄发展时，村庄存量和增量资源如何分配？是否符合村民对于公平正义的秩序期待？伴随着资源注入的是国家权力的下渗，而国家权力的下渗又能否真正推动村民阶层实现跃迁式的发展，能否触及村庄的权力结构与利益分配格局？面对这一系列问题，我们试图从村干部与村民之间复杂而微妙的互动以及第一书记的治理实践中描摹和分析出村庄生动的治理图景。

第八章
稳定的权力结构

改革开放后,聚义村的主职村干部①人选一直是相对固定的,除少数村庄精英能够真正参与村庄政治外,其他人似乎都处于影响村庄利益分配格局的边缘。稳定的村两委班子是一个村庄权力结构稳定的表现,这种情形通常在宗族型村庄出现,行政职位由一个或几个宗族的领袖人物担任,干部席位的多少通常与宗族在村庄中的势力密切相关,类似于金耀基(1997)论述港英时期香港政治体制时提出的概念"行政吸纳政治"。而在一个社会结构原子化的村庄,固定的支配结构难以建立在如流沙般的社会基础之上,不同势力团体之间通常会因为临时的利益而产生权宜性的纵横捭阖。然而,聚义村这样一个"各顾各"逻辑盛行的松散型移民村庄却形成了一群精英长期掌握政治权力的局面,大多数村民既难以表达利益诉求,又难以影响利益分配的格局。这种稳定的权力结构是如何逐渐由精英形塑和固化的,又是如何与村民的公共实践相互影响的?

① "主职村干部"是指村书记、村主任、村会计等有决策权的核心村干部。

一 精英掌握行政权力

当下的聚义行政村共有 9 名村干部，分村党委与村委两套班子。除了村主任李振华既是村委，又是党支委外，其他人在身份上都只属于其中一套班子。一般规模在 800～1000 人的村庄只有 3～5 名村干部，即使是我们 2018 年暑假调研的江苏省塔村 4000 多人的大村庄也只有 8 名村干部。相比之下，聚义村的村干部人数偏多。本研究按这 9 名村干部的职权顺序，将他们的职务、年龄、所在自然村、经济资本和社会资本进行整理，如表 8-1 所示。村干部处于村庄经济中层和中上阶层，村庄中权力的中心是村主任李振华和村书记王亮羽。李振华是村里的首富，他和弟弟都开绿化公司，他弟弟也是村里排得上前五的富人；王亮羽有四兄弟，家族势力最大。李振华和王亮羽两人都有近亲在当地政府部门或事业单位工作，这一政治资源为其处理村庄公共事务、联系上级政府提供了很多便利。但聚义村第一书记秦志远坦言："王亮羽作为村书记只是名义上的老大，村里真正的当家人还是村主任李振华。"王亮羽的二弟王亮平也说："村书记管党务工作，村主任管全面工作。"

聚义村 9 名村干部中有 6 名是聚义自然村人，其他 3 名来自另外三个自然村。聚义自然村的人口占聚义行政村总人口的三分之二，来自各自然村的村干部在村两委班子中所占的比例与各自然村的人口占聚义行政村总人口的比例基本相当。但是，衡量各自然村在行政村的政治势力，主要看这些村干部在班子中的地位以及村干部彼此间的关系。村主任李振华是秦家坡村人，但是李振华作为聚义行政村范围内权威最高的村干部，他的社会声望辐射范围不仅仅局限在秦家坡村，他还是聚义自然村的纠纷调解员，聚义自然村大大小小的纠纷多找李振华调解。于友逵会计虽然是聚义自然村人，但与李主任的关系要比同是聚义自然村的王亮羽的关系亲近很多，两人以兄弟相称。于会计说他很早就不想当村干部了，想把更多精力投入到挣钱上去，但是要帮李振华才一直坚持任村会计。从这一点也可以看出王亮羽和李振华的关系比较微妙，王亮羽虽然比李振华年长，并且家族势力大，但是在村里的威望仍然比不过经济水平远高于自己的李振华。李振华虽然身为秦家坡村人，但是他的支持者和影响范围却深入王亮羽所在的聚义自然村。在最近的一次换届选举中，王亮羽票数远低于李振华，差点落选，王亮羽通过与上级政府的关系才保住了书记的职位。李振华和王亮羽两人在村干部人选中进一步竞逐，王亮羽推荐他三弟王亮君进入村两委班子，李振华推荐他绿化公司的员工王凯林进入村两委班子。另外两个自然村各有一名村干部：位居第四的李斌是邢家口人，管民政、公章和土地，村干部都要到他那儿去盖章；位居第五的柳文枫是塔子沟人，管畜牧，他父亲曾是塔子沟生产队的干部，在自然村里较有威望。

表 8 - 1　聚义行政村村干部职权、经济与社会资本

姓名	职务/分管事务	年龄（岁）	所在自然村	经济资本与社会资本
1 李振华	主任	54	秦家坡	首富，经营绿化公司；两兄弟；大儿子在政府机关工作，小儿子在区公安局工作
2 王亮羽	书记	66	聚义	经济属上层；四兄弟，家族势力最大；儿子在区交警队工作

姓名	职务/分管事务	年龄（岁）	所在自然村	经济资本与社会资本
3 于友逵	会计	52	聚义	煤矿技工；两兄弟
4 李斌	民政	40	邢家口	在村种地、养牛；两兄弟
5 柳文枫	畜牧	40	塔子沟	在村屠宰猪羊；两兄弟
6 王亮君	新成员，无具体分管事务	50	聚义	回村前在外开大车、做生意；王书记的三弟；儿子在区消防队工作
7 侯仁宝	环卫工人	64	聚义	在村种地；三兄弟
8 王凯林	新成员，无具体分管事务	45	聚义	在村种树打小工，经济条件中等偏下；独子
9 任雅玲	妇女主任、村医	55	聚义	丈夫是区人民医院医生

资料来源：根据对当地村民访谈的资料整理而成。

李振华和王亮羽在村庄中精英地位和政治权威的形成并非一日之功，早在刚刚改革开放时，村里大部分的人尚处于生存线边缘时，李振华和王亮羽就努力在生存中谋发展。李振华精明能干，20岁不到就受到了生产队干部的赏识，成为村里万元户的重点培养对象。村庄为了培养万元户，将培养对象分为重点户和专业户，分给重点户6亩水浇地、专业户4亩水浇地，还分给每户一头牛。李振华家成为重点户后，抓住机遇，勤劳肯干，成绩突出。他1983年种土豆，亩产达3000~4000多斤，卖出一万多斤，共卖了500多元。1984年，他改种小米，亩产1000多斤，又卖了1000多元。短短两年内，他就攒够了修砖窑的资金，在村里盖起了第一座砖窑，这是远近闻名的事。1986年正月，李振华去了临汾农业大学学习养猪。猪一般要一年长成，他养的猪四个月就长到 180 斤。20 世纪 80 年代，年仅 20 多岁的他就成为聚义村的村主任，秦家坡自然村的规划布局就是出自他之手。

王亮羽也有着与李振华相似的人生奋斗史。王亮羽小时家里很穷，因他读书好，家里几个弟弟共同出力供他念完了高中。高中毕业后，他回村当民兵连长，因为工作干得好，得到公社武装部长的重用，提拔去管理军械所，三个月后升为武装部副部长。但武装部工资低，他辞职回家种地，一个月可以多挣十几元钱。25 岁结婚时没有婚房，他就把爷爷死后留下的烂窑洞改建成婚房。他每天扛一块石头，花了 3 年时间才修建好婚房。正是靠着这股拼劲和韧劲，王亮羽在村庄中的社会经济地位逐渐上升，并在 20 世纪 70 年代当上了村里的民兵营长，获得了体制性权威。那时担任民兵营长的他管着三四十名民兵，每年 3～4 月、11～12 月训练，主管抓小偷、打架、赌博、调解纠纷等。因为他掌握着暴力资源，村里人都害怕他。

由此看来，1980 年代李振华和王亮羽这两位个体能力很强的人就在村庄政治中崭露头角。1980 年代中期，他们两人分别担任聚义村主任和村书记，两人搭班子一干就是十多年。但是，到了 20 世纪末 21 世纪初，随着农业税费负担逐渐加重，从土地中谋生存的空间越来越小，再加上市区周边非农就业机会的增加，他们俩于 2000 年先后决定卸任村干部职务，进入永宁城区赚钱。他们是村庄中对经济形势变化最敏感的人，亦属于村庄中最早出去打拼的一批人。

当村庄中一流的精英出走后，填补村庄政治结构性空缺的是村庄中老实忠厚的侯仁宝，他年龄比王亮羽稍小，25 岁进公社大队。他曾在访谈时说："我一直在村委里面，但是我只是个跑腿的，现在也是。"李振华和王亮羽虽然进入永宁市打拼，但是永宁市区离村庄很近，因此，他们从未真正脱离村庄，对村庄里发生的大事依然了如指掌，只是因经济来源的重心向村外转移，他们的生活面向也逐渐向外。2006年，国家取消了农业税，村庄治理任务减轻，李振华已然成为村庄首富，他决定回来竞选村干部。经济精英的地位进一步巩固了他在村庄权力结构中原有的优势地位，无人能与其竞争，于是李振华将村书记和村主任一肩挑。他干了两届后，国家对村庄公共品投入不断增加，担任村干部较少面临农业税费时期的各种伦理困境，经济条件宽裕后的王亮羽也决定回来参与竞选。凭借其家族势力和社会声望，他重新当上了村书记。

此时，李振华和王亮羽已经在村庄中成为经济、政治、社会全方位的精英，掌握着村庄各种资源的配置权。他们如何配置这些资源，很大程度上受到其权力文化网络的影响。在这样一个缺乏历史感和集体记忆的村庄，村民们能往上追溯的最多不超过四代人。在这种以地缘关系为主的村庄社区中，村庄社会结构极其松散。地缘性连接纽带的庙会虽然看似以自然村为单位，且村干部在其中颇受尊重，但庙会只建构了仪式性的地缘共同体，人们依然难以形成超越小亲族的集体。于村民而言，后致性的私人关系更为重要。

村干部是村庄的一分子，他们的社会关系网络与普通村民有相似之处。村干部权力的文化网络包括了村内和村外两个部分：在村内主要是兄弟、堂兄弟组成的小亲族和私人朋友圈子；在村外则主要是由个人努力和偶然机缘建立起来的后致性的社会关系以及近亲在政府部门任职进一步拓展的社会关系。原子化的村庄不像宗族性村庄一样村庄整体利益与宗族利益几乎同构，因而难以产生覆盖整个村庄权力的文化网络，这意味着他们的行动无法受到宗族性的社会力量的制约，移民性地区又难以沉淀出稳定的公序良俗与社会的公共空间来监督其行为。于是，村干部就变成了小团体利益的代表，无法代表大多数村民的根本利益，即无法成为"保护型经纪人"，且容易蜕变为"赢利型经纪人"。

在这样的权力文化网络之下，国家和市场投入村庄的增量资源的分配由村干部决定。此外，村干部还通过招商引资等方式将村庄既有的山林等存量资源拍卖或承包出去，将集体资产套现，并从中渔利。村两委班子由此形成了一个内部团结紧密的利益集团，在吸纳新的村干部上亦形成了特有的规则，即经济地位高、有人脉的人相比村庄里人缘好、有公心的人更容易进村两委班子，甚至没有公心、人缘不好的人只要有钱、有人脉也可能会进村两委班子，村两委班子以此来维持或扩大从外部引入资源的机会。村干部的继位者不一定是自己的血亲，与自己有利益勾连、彼此充分信任的村民亦可成为继位者。因此，村干部以及与村干部关系近的人形成了一个带有特权，并且具有一定封闭性的身份群体。

此外，在进城发展型逻辑的推动下，部分村干部的主要经济来源在村庄之外，他们努力追求外在于村庄的城市生活。除了李斌、柳文枫和侯仁宝三人没有在城里买房、买车外（前两人因没有被征地而未获得征地款），其他村干部都在城里买了房和车，平日住在城里，只有村里有事时才会回到村里。这说明村干部的居住空间、生计基础乃至生活面向都逐渐从村庄转移到了城市，逐渐脱嵌于村庄，这也说明了一个外向型的精英治村模式已然形成。

二 村民的公共参与

从集体化至今，村庄公共性呈现出一定变化。在集体化时期，集体所有物和个人所有物分得很清楚，集体的就是集体的，村民个人不敢拿集体的东西，村干部也不敢贪污集体的东西。改革开放后，村里大多数人为自家生计奔波，较少关心国家大事和村庄公共事务，村庄公共性式微。村民即使发现了资源分配不公，也难以团结起来对抗这种不公平。村庄中有公心的"在野"精英即使号召村民打破这一格局，也难以动员三服亲属之外的村民响应。无法组织起来的村民难以制衡村庄中的精英群体，村庄权力被少数外向型精英掌握，呈现了寡头治理的特征。这种村庄治理模式又使得大多数村民没机会受到政治上的历练而成为政治上的低能者，除这些长期参与公共事务的精英外，村庄缺乏成熟的政治担纲者。然而，虽然村民在总体上呈一盘散沙的状态，但不同类型的行动者参与村庄治理的程度和方式各不相同。

（一）沉默的大多数

村庄涉及资源分配的公共事务都在村两委班子内部商议，很少召开村民代表大会，这使得村民对村庄公共事务的知晓相对滞后。入党是村民参与村庄公共事务的一种重要途径，在村庄中，国家的政策、意识形态会以党员大会的形式进行宣传，因而党员比非党员村民更早知道国家政策，也更能理解政策对村民的意义。虽然村民可以通过电视、互联网等方式获知国家政策的动向，但具体的地方性政策及其复杂的运作则无法通过大众传媒了解。因此，未入党的村民要了解国家政策仍需依赖党员的告知和解释。村庄中公共事务未充分公开，人们对公共事务的获知大都通过口耳相传，信息变得碎片化。除了村干部，村里谁也说不清某一项公共事务是如何开展的。流传出来的信息又缺乏村民可信的权威者的解释，因而人们多是将信将疑。

> 聚义村白石青说："虽然村干部说征地 500 亩，但是只有村干部才知道真正征地多少亩，我们不完全相信村干部说的。"那家口村的一个村民也说："这三五年地也卖了、山也卖了，见什么卖什么，村里（村委会）也不公布出来，村民要干什么（搞种植）的时候他们就跟我们说山已经卖了。我们也生气，但又惹不起人家。"

在前述的处理村庄纠纷时村民就表现出这种隐忍的特点。当两个村民之间发生冲突后，通常村里没有人来看热闹。村庄生活中能够产生同情共感的社会关系范围非常狭窄，超出这个范围的人和事，只要不损害自身利益，村民就不关心，因而村庄公共性难以形成。村庄曾发生过的冲突，激烈程度十分有限。即使因为灌溉与邻村生产队发生冲突时，也只有少数村民卷入，大多数人都选择回避和隐忍。

聚义村村民表面上尽可能保持一团和气，避免发生纠纷。即使产生纠纷，也难以演变为肢体冲突。村民"一团和气""避免纠纷"是因为其没有有力的社会支持，村民不能轻易得罪人，这是为以后工具性互助合作留出空间。因此，在兄弟亲族关系并不紧密的村庄中，村民何来争"气"的必要？又何来争"气"的资本？

较少的纠纷调解方式使村庄中难以形成有效的纠纷调解机制。纠纷调解本就是公共权威塑造和公序良俗形成的过程。而聚义村因村民生存性的隐忍，使公共权威、公共规范难以形成。

隔壁村有一个 30 多岁的吴姓"波皮"，时常偷东西，甚至偷集体的树。直至他利用生石灰装瓶的办法在水库里炸鱼，人们终于忍无可忍，不知是谁偷偷将这些瓶子绑在他的身上并将其推入水库炸死，这最终成为一个悬案。他违反计划生育政策，有 6 个女儿，一直没有儿子，人们认为这是他作恶多端的报应。他死后妻子改嫁，较小的女儿送人。妻子在改嫁后就生了儿子，人们认为这更加验证了此前生不出儿子是上天对他的惩罚。

当村庄既无法通过公序良俗的社会力量来约制越轨者，又无法通过正当性的渠道制裁越轨者时，村里人就不得不使用非正当性的、匿名的灰色暴力，或者通过归因于苍天的因果报应，来平衡因社会失序带来的内心失序。

村民对于村干部的态度也同样如此。即使村干部采取的利益分配方式使村民利益直接或间接受损，村民也"敢怒不敢言"。

邢家口村的一位老年妇女说："惹了人家，领导就要报复你，卡得你什么都干不了。人家不让你动，你就不能动，弄得你没办法。我们不选他也没用，人家都有门子，领导和领导都勾着手，'官向官，民向民'，人家上面都有大头。我们倒是也投票，但是人家不按你们的投票结果来，人家早就定好谁当官了，老百姓没权力。"

村民口中反复出现的"人家"就是指代村干部，村民已经将村干部视为"他者"，在掌握了资源与权力，还能援引国家力量作后盾的村干部面前，遭受不公平的个体化村民显得极其弱小，既难以自组织起来，又难以诉诸制度性的渠道寻找改变。虽然人们的生活进入了发展型逻辑，但是村庄秩序中生存型的隐忍依然存在社区之中，大多数村民仍然是"沉默的大多数"。

（二）个体性的"斗士"

在这种不公开的利益分配决策和不公平的利益分配格局之下，村庄里却有一群人能够与村干部"抗衡"，他们被村干部称为"黑皮"，"黑皮"在村干部和村民心中有着截然不同的形象。对于大多数村民而言，"黑皮"本是好人，村民不以"黑皮"称呼他们。他们通常为人霸道，抓住了村干部的把柄，敢于向村干部索要项目或其他资源。他们之所以有底气，是因为这种人通常都有暴力资源做后盾，也不怕村干部的报复。他们虽然霸道，但不欺压普通村民。所以村民们不仅不责备这样的人，而且觉得这样的人"厉害"。大多数村民很少与村干部交往，抓不住村干部的把柄，即使拿到了村干部的把柄，也不敢借此维护自己的利益，因为村干部通过各种政策上的运作就能够使个体化的村民在村中"寸步难行"。因此，"黑皮"得利对其他村民的示范效应较弱。

对村干部而言，"黑皮"的经济地位和社会资本对自己不构成政治权力上的威胁，但是这些"黑皮"令村干部厌烦。他们以二三十岁的年轻人为主，聚义村有十多个，邻近每个村都是如此。他们总是在村干部会议、村民代表大会等公开场合闹事，公开要求各种权益，村干部不答应，他们就耍赖。在他们看来村干部没有权威，他们想要获取资源时，会先指出村干部行事不公之处，把村干部骂一顿。2012 年征地时，如果他们的地一分未征，他们尚且不会闹，但凡征地划定的范围含有他们的一部分地，他们就会闹着要多征一些。村干部对他们无可奈何，村干部的处理方式是回避——"我不理你，你闹一会儿自己就觉得没意思了"，迫不得已时也会给其分利。若是在宗族力量比较强大的地区，这类人会受到宗族力量的制约，因而，村民只要露出一点要成为"黑皮"的苗头就会被遏制。在苏北农村地区，虽然村里以小亲族为主，大宗族的力量较弱，但是"黑皮"也相对较少，这可能是因为国家力量充分地渗透到了乡村社会，从而加强了对农村社会的管理能力。与之相对照的聚义村，村干部则较少动用国家力量来制约"黑皮"，村干部考虑到自己有把柄在他们手中，又忌惮"黑皮"的暴力资源，加之他们只是在村内小打小闹，因而不会轻易报警将事情闹大。由此，当地形成了村干部与"黑皮"分利与制衡的微妙关系。

虽然这些"黑皮"被称为敢于指出村干部不公甚至公开挑战村干部权威的"斗士"，但是这些"斗士"并不能建构公平的秩序，因为他们不是为了公共利益而战。勤劳老实的村民眼看着这些斗狠耍赖的"黑皮"在村干部手中分得利益，羡慕与怨愤的复杂情感互相交织，这反而加剧了人心失衡。

（三）精英的"铁杆"支持者

在村庄中，还有一部分村干部的"铁杆"支持者，他们维持着村庄日常管理的正常运转，村干部在村庄选举和政策运作时都需要这群人的支持。他们之所以支持村干部，既有利益的考量，也有人情的因素。只是他们与村干部的关系不同，追随村干部的动机也相应有所差异。

小亲族中的亲属是村干部比较坚定的"铁杆"支持者，村干部也倾向于将资源向自己的小亲族倾斜。比如村主任李振华主持修建和负责经营的日间照料中心，请了自己的妹夫牛文涛和妹妹做饭，并从公共经费中给他们开工资。但是小亲族的范围终究较小，村干部难以仅通过血缘关系获得更广泛的村民支持，因而私人朋友为村干部拓展支持网络发挥了重要作用，其中有少数关系亲近且能力较强的村民被吸纳进村委会班子，一部分被选为村民代表还有一部分被发展成为党员，在村庄中大部分党员都有公共职责。

全村 300 多户按居住远近分成 7 个片区，每个片区选两个男人、一个女人做村民代表，全村共有 21 位村民代表，他们的年龄在 40～50 岁。年轻一些的人不愿意当村民代表。部分村民代表是村干部的"铁杆"支持者，是比较固定的人选，其他村民代表则由几户轮流担任，每三年换一届。村民代表平常主要负责上传下达工作，即把村民的意见反映给村干部或把村干部交代的事传达给村民。村干部"铁杆"支持者的意见通常与村干部一致，而其他村民代表通常难以影响村庄事务的决策。这些村民代表的经济条件大多较好，且基本都生活在城里，开村民代表大会时才回村，与村民之间的关系相对疏远。因此，他们不是自己所在的地缘团体利益的坚定维护者，其立场极易被村干部影响。

村干部与村民代表的私人关系所引发的利益勾连会进一步分化村庄。例如，区委书记包村时，村里要找一个贫困户由区委书记一对一帮扶。王亮羽书记推荐于克勤为区委书记的帮扶对象，他虽然家境清寒，但踏实肯干，并长期担任村民代表。随后的各种扶贫政策，他都会比其他村民优先获知，各种扶贫资源也都向他倾斜。区委书记把全村唯一一个护林员的指标给了他，这对于克勤来说，不仅意味着每年能多近一万元的收入，而且是一种荣誉。2017 年村里把乡村 e 站的扶贫项目也交由他来做，售卖农药、化肥以及其他农产品。然而，这种资源向部分人的倾斜会让其他村民产生相对剥夺感。村民们认为于克勤因为与王书记关系好才获得如此多的资源，所以有些愤愤不平。有的村民甚至宁愿去流动小贩那儿买价格更高的东西，也不在于克勤的乡村 e 站买平价商品。因此，这种资源倾斜的方式会使村民之间产生分化乃至隔阂。

（四）有公心的壮志未酬者

村庄中亦有人秉心公正，可是这样的人却不一定会成为村干部或村民代表。我们在走家串户的访谈过程中时常碰到一个来修锅炉的中年人，他总是在和周围人聊天之余，积极参与我们的访谈。他叫侯志强，侯家是聚义村的大家族。据推算，侯家在 19 世纪末 20 世纪初就迁入聚义村了，新中国成立前，侯家是村庄中的大地主，侯志强的爷爷在省城做买卖发家，在村里置办土地 300 多亩。侯志强 1966 年出生，有五个兄弟、三个姐妹，另外两个弟弟因为养不活（被）送人了，留下来的五兄弟中他是最小的，现在侯志强家族有 60～70 口人，是村里数一数二的大家族。然而，他家族中却少有人在村庄中占据重要的政治位置，只有他的大哥侯仁宝担任村干部。侯仁宝25 岁就在公社当干部，曾在 2000～2006 年担任了两届村主任。在访谈中侯仁宝说："我虽然一直在村委会里面，但只是个跑腿的，现在也是。我是个实在人，村里面乱七八糟的人太多了，我太软了，不行。"

而侯仁宝的弟弟侯志强则作风强硬，见到村里不平之事敢于出头。我们在王亮羽的二弟王亮平的家里访谈时，侯志强正好进来修锅炉，便加入了我们的访谈，讲了村里两个有关他如何处理不公之事的故事。21 世纪初，他是村里的电工，负责到各家各户收电费。有一户户主曾在公社工作，又与村干部关系好，肆无忌惮地偷集体的电。侯志强到他家收电费时，他拒交，并理直气壮地说这是集体给他用的。争执不下，侯志强就把他揍了一顿，侯志强的兄弟没有来帮忙，侯志强说不需要兄弟帮忙就可以把他打赢。侯志强认为他不交电费，侵占村集体的利益，打他是正当的，最后那人还是交了电费。

另一个故事发生在十多年前，日间照料中心后面的一片山林地被村集体低价承包出去，后来村里人才知道这片山林地承包给了当时的村干部乔余年，实际上他没有出承包费就将集体资产据为己有。此前，这片公共的山林地可供村民放羊，侯志强就是其中的放羊人之一，而乔余年私人承包山林后，就不允许其他村民前来放羊了。侯志强对此很不满，就以乔余年未交承包费为由不让乔余年使用这片山林地。

当村庄中的强人成为村干部后滥用公权力或是村庄中的强人借助村干部势力损害公共利益时，普通村民"敢怒不敢言"，只有少数家族势力大又有公心的另一种强人站出来才能制裁前一种强人。

驻村第一书记秦志远说侯志强曾希望当村干部，侯家人也支持他，但是村里有人反对他，他因此落选。秦志远说他是

"壮志未酬、心高气傲"。侯志强最近几年搬进了永宁城郊，经常来村里给各户修锅炉，是村里的"社会活动家"。可是他也无法使村民形成与村干部相抗衡的力量，而且村干部总能将欲团结起来的村民分化瓦解，这也使得这种有公心的人除获得自己家族的支持外，无法得到更多人的拥护，也就无法替普通百姓伸张正义。

综合以上村民的四类公共参与，我们可将村庄公共生活分为两种类型。第一种，是日常公共生活，如人情圈、婚姻圈、互助合作和纠纷等，涉及私利，普通村民都可以参与；第二种，是涉及公共资源分配的公共生活，也可将其称为政治公共生活，比如选举村民代表，评选低保户、贫困户等。这两种不同的公共生活有不同的排斥机制。"黑皮"是日常公共生活的边缘人却进入了政治公共生活，而大多数村民虽然是日常公共生活的主体却被排斥在政治公共生活之外。

外向型精英治村格局的形成不仅与村干部自身资源有关，而且还与村民边缘化的政治参与密切相关。当村干部资源分配不公时，大多数村民只图自我保存，从而成为无法形成集体行动的"沉默的大多数"。村庄少数霸道耍赖的"黑皮"通过个体能力能够从村干部那里分一杯羹，但是这些"斗士"变相的抗争只是为了获取更多个人利益，反而加剧了村庄公序良俗的式微。村干部在维护自己的精英统治地位，笼络村庄中的小亲族和私人朋友作为其权力支持者的同时，加大了特权群体与普通村民之间的裂痕。少数敢于主持公正的村庄强人无法团结广大村民，只能通过个体性的抗争来维持村庄有限的正义，最终沦为政治上的"壮志未酬者"。

第九章

国家资源在村庄中的再分配

近年来，国家在乡村社会投入了大量资源。项目制是资源分配的主要形式。值得注意的是，精准扶贫是自 2013 年开始的精准到村、到户的系统性扶贫事业，其中既包括为了扶贫投入乡村的大量间接资源（例如光伏发电、产业开发等扶贫项目），又包括对贫困户的直接支持（如贫困户认定、对口帮扶等）。本章试图探讨的是，在外向型精英治村的稳定权力结构之下，大量国家资源会如何在村庄中分配，这又会对村庄社会产生怎样的影响。

一 项目投入与社会性后果

由于聚义村是原永宁区区委书记的对口帮扶村，区政府给聚义村投入了 1000 多万元项目资金。在百孝镇 27 个村庄中聚义村获得的项目资金最多。其他投入了美丽乡村建设项目的村庄一般可获得 400 万 ~ 500 万元资金。未投入美丽乡村建设项目的村庄从扶贫项目中获得的资金一般是 200 万 ~ 300 万元，这些资金仅够改善水、电、路等基础设施。

永宁区政府对地方旅游资源开发做的整体性规划，并由县、乡、村联动配合。总体来看旅游村的建设不是以满足村民的真实生活需要为旨归，而是以打造当地旅游示范村的样板工程为目的。因此，旅游建设的一系列资源，只在聚义自然村重点投入，其他三个自然村均没有受益，他们尽管有怨言，但也很无奈。

（一）基础设施建设

在村庄中投入的基础设施建设包括人居环境改善、自来水工程、光伏供热（针对农户）、光伏发电（针对集体）和日间照料中心建设。国家希望通过这种普惠性的资源投入来推动农民整体性地进入前文论述的生活型逻辑的村庄生活，改善村庄各方面的公共服务。人居环境改善涉及全村 200 多户的危房改造，具体做法是在农户的砖窑外墙面贴上瓷砖。2016 年前，为了村容村貌的改善，村里大搞绿化并号召村民封掉破旧废弃的土窑，规定每拆一个旧窑洞补贴 1000 元。然而我们发现，村庄有几处旧土窑并没有被封。如村里的薛承武不愿意把他用来养羊的土窑封掉，因为他不希望失去这一赚钱的机会。以前他上山放羊是很正常的事，但是一搞绿化，为了防止羊啃坏绿植，村干部就不让他上山放羊了。结果，人居环境虽然得到了改善，但却影响了一部分人的生计。

2013 年，聚义自然村铺设了自来水管道。2019 年，秦家坡村开始铺设自来水管道，自来水安装秉持自愿原则，对于不愿安装自来水的村民，铺设管道时就绕过这一户。村民可免费使用自来水，由村集体交水费。村主任李振华说："只要我在任一天，就让你们免费使用自来水一天。"但对未来自来水费用的支出如何保证，村委会并没有长远规划。

在项目投入和运营方面，尤其是针对每户村民的基础设施建设，十分容易引发村民之间的矛盾。例如，在秦家坡村安装自来水时，需要在地下铺设自来水管道，彼此相邻的三户村民中，中间一户因不接受新鲜事物而不愿意安装自来水，还不让左右两户的自来水管道从自家门前穿过。对于这种情况，村干部协调不了，最后只能给左右两户分别接一段自来水管道。村干部表示，这种事情通常无人能管。这说明村庄没有内生性秩序，没有内生的积极分子和正义力量制约这种蛮横无理的人。村里有威信的人不多，村民大多遵循一种"不惹人"的逻辑，这使得村民间无论发生什么纠纷都要找村干部协调。最终的结果就是村干部选择性地协调村民间的纠纷，而不是从根本上解决村民之间的矛盾，这反过来削弱了村干部的权威，也使得村民在很多事情上难以达成一致的意见。在自来水供应、光伏供热、下水道改造等事件上，总会有农户不参与，结果导致村庄基础设施建设不均衡。

2017年，有一家公司来聚义村做光伏供热试点项目，这个项目分为两批。第一批10户，每户发放10块发电板、16个供热板。第二批100户，每户发放2块发电板、16个供热板，每户只需要付300元。但是村民不会使用这些设备，光能无法转化为足够的热能。因此，村民需要另外用国家电网上的电取暖，一个月需要花费1000多元。大多数村民认为花费过高，又改为烧煤。村委会将此事反映给了上级政府，希望上级政府提供新的项目改善这一状况，因此大陵市市政府批准了煤改电项目。然而，村民对煤改电的方案也不满意，因为用电的费用比烧煤高。一吨煤约300元，可用三个月，每年用煤的时间是当年十月至来年二月，一年需要花费约 600 元。而电的价格是 4 毛钱/度，一年需要 3000 多元，村民认为太贵了。

牛文涛作为光伏供热的体验者，认为光伏供热项目实际上是对村民有益的。由于技术原因，夜晚设备无法发电，公司就给每一户配备了耗电量较大的热泵。结果，第一批光伏发电的发电量只够村民白天使用，而第二批光伏发电的发电量连白天也不够用。电之所以不够用，是由于老百姓不懂光伏发电的工作原理，不会控制用电量。牛文涛摸索出了调节温度和时长的办法，认为每个月电费只需 700 元，一个冬天也只需 2800 元即可。而像牛文涛这样懂光伏供热原理并真正受益的村民全村只有 3 户，其他村民都停止使用光伏供暖了，村里成片的光伏发电板都成了摆设。

光伏供热项目之所以在村庄中"流产"，不仅是因为技术不成熟，还因为先进技术在乡村社会落地过程中面临着社会性困境。最初，一个石油公司的老板投资 300 万元推广光伏设备，他为了获取更多利润，只顾着发展 100 户的定额，未从村民使用设备的现实需要出发，没有给村民讲解具体使用方法，甚至连村干部也不清楚光伏发电的原理和操作方法。村干部也不关心村民的切身利益，只顾着完成上级政府光伏供热的推广任务。即使是村里懂得光伏供热原理和使用方式的 3 户村民也并未将使用方法分享给其他村民，或者给村干部提建议来推广这种合理的使用方法。由此可见，村庄缺乏公共性，每个人都只顾及自己的利益。

此外，聚义村还建了一个光伏发电站①，光伏发电站归村

---

① 据说当地每个贫困村都建有一个光伏发电站，以此增加村集体的收入。

集体所有，所发电能输送到国家电网，折返为电费收益。收益的 25% 作为集体收入，收益的 15% 用于发电站的运营与维护，收益的 60% 用于救济贫困户，救济的方式是"以工代赈"，即召集贫困户来做打扫卫生、清理沟渠等"义务工"，村集体给他们发酬劳，男工一天 80 元，女工一天 60 元。

2016 年，聚义村中学原址上建起了一栋三层高的楼，这就是老年人日间照料中心（以下简称"日照中心"），法人代表是村主任李振华。日照中心由民政局拨款建设与维护，每年需要 6 万 ~ 7 万元日常维护费。修建日照中心的初衷是为了让村庄无人照顾的老人有一个吃饭、休闲、聚会的场所。日照中心一层设有图书室、老年人活动室和餐厅，二层和三层共有十多个房间，内有床铺、电视、浴室等，配置齐全，还安装有地暖。但是日照中心承载的功能越多，日常运转所耗费的资金就越多，为了节约运转成本，李振华减少了它承载的功能。全村老年人夏天可以在一层餐厅免费吃午饭，但是二层和三层的房间已经空了两年多了，老人不能居住，否则还需要雇人照料。

李振华雇他的妹妹和妹夫牛文涛做饭、看管整个院子，每月给他们一人 1000 元的工资，让他们尽量替他减少开支，比如叮嘱他们地暖温度不能调得过高。图书室、老年人活动室等平常都锁着门，只是摆设，村里人都明白这一点。村里开设乡村酒吧的村民说："平日里村里人很少进日料中心的门，甚至散步都绕着走，所有的门都锁着，进去有什么意思呢？"日间照料中心本是服务于村民的公共需要，却由公益性项目变成了私人性项目。

（二）产业开发

为了发展村庄经济，改变村庄原有的生产方式和产业布局，当地政府推广蔬菜大棚种植并开发旅游业。但是大多数年轻人仍愿意进城务工，因此这两个新产业所需要的劳动力只能靠村庄里的中年人来供应。如果村民要深度参与新产业，就要在前期投入大量资金。同时，当地政府深入介入新产业的发展，将许多自上而下的行政任务、指标考核贯穿其中，所以新产业发展高度依赖政府提供的基础性资源。这样的结果是新产业开发只能使村庄中少数人进入发展型逻辑。

2016 年，省政府要求大力发展蔬菜大棚种植业，在全省范围内修建 10 万个大棚，给大陵市分配了 1 万个大棚建设指标。因此，百孝镇建了 310 多个大棚，占地约 500 亩。但大部分村民不愿意种。百孝镇党委书记说："当地农民习惯种植土豆和玉米，让农民改种蔬菜，农民不太愿意。若是提高原有种植作物的产量和品质，他们就很乐意，同时，还能把农作物相应的产业链条拉起来。"这说明自上而下地强推某种政策并不一定完全符合农民的需要和愿景，难以激发农民的内生动力。

聚义村推行蔬菜大棚时，村委会让村民将自家的承包地改种蔬菜，但大多数农民不愿意建蔬菜大棚，村干部迫于上级压力，强行让村民将自己家的玉米苗毁掉，建了大棚。每亩玉米苗补贴 800 元，虽然补贴与村民每年种植玉米的纯收入相当，但村民依然对此很不满。这些大棚归集体所有，承包给各家各户。大棚中间种蔬菜，两侧种葡萄，收获的葡萄要交给集体，以收回集体修建大棚的支出。区政府请山东来的技术人员给种植大棚的村民培训，但村民一时学不会，因此，村里有一百多个大棚破产，只剩下几户村民在种葡萄，两年后仍未收回成本。

百孝镇党委书记说：这次蔬菜大棚种植推广成了"政府的痛点"。之所以如此，与村民的心态密切相关，大多数村民认为每年从一亩土地收入 800 元就足够了，村民家庭的大部分收入都不依靠土地，他们对土地收益的期待已然大大降低。而且种植大棚太过劳累，村民宁可减少消费也不愿付出如此艰辛的劳动。此外，区县与乡镇之所以推进不了蔬菜大棚种植推广工作，还因为"上级领导的瞎指挥"。比如，大陵市委提倡在窑洞里种蘑菇，基层干部通过调研得出结论，这个项目无法实施，但是谁也不敢跟市委领导说，基层干部迫于层级的压力明知这事不能干还是只能硬着头皮干。

村集体为开发旅游产业投入了大量资源，旅游开发改变了村民习以为常、带有地方性特色的建筑。村里还建了一些仪式化的建筑进行布景，比如，大陵市道教协会在村里修了一座道观，而村民几乎没有信道教的；村里还修了一些江南风格的画廊、亭台。这些建筑虽然改善了村容村貌，但是村民对此缺乏认同感，它们与村民居住的逼仄的窑洞形成鲜明对比，也与以耕种和放养牛羊为主的村庄生活格格不入。

与村民生活联系密切的旅游开发项目是农家乐，但村民扎堆参与的农家乐并不是村民自发组织，而是百孝镇政府和聚义村集体规划的，被纳入了区县与乡镇政府对旅游示范村的考评体系。2016 年，为发展旅游业，村干部鼓励村民在自家窑洞开设农家乐。但由于住址的位置优劣不同，住在路边的村民更易开办。开办农家乐的村民要自主投资三四万元，修葺砖窑，置办吃饭和住宿所需的物品。全村共有 20 多户报名，村委会进行资格认定，最后达标的仅有 12 家。审核的标准包括窑洞的环境、饮食卫生、住宿条件，这次审核将有资产、家庭内聚力较强的家庭筛选了出来。村委会给审核达标的村民家统一挂上农家乐招牌，送他们到永宁区进行培训。开办农家乐的村民都会做些家常菜，还会请厨艺好的厨师来做饭，繁忙时还会请些短工。五一小长假期间，一家农家乐一般每天能有八九千元的收入，村民每年因开办农家乐增加的收入能达到两万多元。

但村里的农家乐是否盈利，取决于开办农家乐的家庭经济基础。经济基础较好的家庭投资的农家乐规模较大，吸引的顾客多，所以能较快进入盈利期，而经济基础较弱的家庭则容易因此项发展性投资而陷入负债的困境。乡村酒吧的老板王乐天就属于后一种情况。他有两个儿子，都在永宁区工作。他一亩多地的征地款已用于给大儿子买房，手里没有钱给小儿子买房了。王乐天老伴去世得早，家里还有一个生病的 70 多岁的老母亲和一个 40 多岁还没有结婚的弟弟，他与母亲、弟弟三人住在一起。王乐天因家境贫困被评为贫困户，但是为了让儿子结婚，他干劲很足。王乐天的大儿子在永宁区开酒吧，有相关的经验和资源，王乐天就在家中开了一个乡村酒吧，提供吃饭、KTV、住宿等服务，共投入七八万元。乡村酒吧的装修模仿了城市中酒店的风格。这个乡村酒吧是王乐天和他弟弟合开的，七八万元的投资大部分是向姊妹、朋友、村民借的，欠工匠的工钱已经拖了三四年，尚未偿还。

村里的乔余年回村办农家乐，即聚义村村口的余年农家乐。他贷款十万元，作为启动资金，将自家砖窑装修为餐厅，他办的农家乐是村里规模最大的。但是，由于第二年就要还贷款，他在其他渠道又借了八万元，至今还没偿还。据他回忆：2016 年村里刚发展旅游时，农家乐生意最好，周末每天能有一两百人来，2019 年降到一百人左右，村里的农家乐也纷纷关门，只有两三家农家乐还在营业，负债在身的乔余年也不得不重新做卖醋的生意。

镇政府曾承诺给每家农家乐补助 2 万 ~ 3 万元，但至今未兑现。永宁区区委书记等领导都曾来村里视察旅游业的发展，农家乐是其中的亮点，他们来后注重拍照、审核，将农家乐的开办当作他们的政绩，但对于拨款补助之事却相互推诿，办农家乐的村民都对此表示不满。

2017 年，聚义村为了发展旅游业，在村内文化广场的西侧搭建实景剧场地，以演出实景剧的方式吸引游客。实景剧项目由市里的传媒公司运营，他们雇佣本村人表演实景剧，就是将村民的日常生活展现给游客。

实景剧表演每年五月开始，每月演八场，村民每演出一次便可获得 80 元。开办乡村酒吧的王乐天负责记录参加表演的村民与参演次数。当他把名单交给村里时，村干部却让村民们自己找传媒公司要钱。村民找了公司，公司推脱责任，村干部并未主动出面帮村民解决工资问题。在我们调研期间，村干部又把花名册拿回，说由村集体发钱给演出的村民。据驻村第一书记秦志远说，后来村委会迫于村民的压力申请到了文化局的拨款此事才得以解决。从 2018 年开始，村里不再请外面的传媒公司运营实景剧项目，改由村集体经营，但仍未盈利。

以上已有的产业开发项目都未能给聚义村带来更高水平的发展。在现有景点布局和村庄整体环境下，难以形成可持续的旅游驱动力。村庄旅游的辐射范围较小，吸引的游客数量十分有限，因而旅游产业的发展受到很大限制。

（三）招商引资与征地

村干部除了要在各级政府跑项目外，还要招商引资。村干部引进的企业分为两类：第一类企业负责运营项目，给村庄提供服务；第二类企业在村庄落地，村集体为其提供生产场地，村干部需要协调村民与企业之间的关系。我们重点关注的是第二类企业。

聚义村先后引进开办了养猪场、搅拌厂、红枣加工工厂。2018年又新引进了两家做康复养老项目的公司，但这两家公司的重点却在房地产开发。聚义村之所以能引进这么多的企业与其离市区较近有关。在提高引资过程中，企业确定落地到哪个村庄要通过上级政府主导的很多中间环节进行审核。粗略来讲，一般企业会先与区领导、乡镇领导建立联系，而不是由村干部直接与投资方接洽。企业提出场地地理位置、面积、配套设施等要求，区领导决定由哪个乡镇承接企业，乡镇领导再决定企业在哪个村落地。

这些企业的经营者一般都是外地人，与村庄没有任何联系。当企业与村民之间发生纠纷后，村民会找村干部从中协调，村干部通常口头上答应会找企业负责人协商，但实际却将纠纷搁置，直到事情不了了之。另外，这些企业不招聘本村人，因此，并未融入村庄的生活，村民与企业主及企业的员工都是相对陌生的。

企业入驻聚义村需要征地，这就意味着村民拥有的存量资源可以迅速变现。哪些人能够变现、变现的标准如何……这些重大利益问题通常会引发纠纷。如前文所述，大部分人都希望自己的土地被征用，因为大多数家庭的积蓄会因征地骤增十多万元甚至更多，进城买房便成为可能。但征地导致了村庄社会经济结构的调整，引发了一系列的矛盾纠纷，也将村庄的利益分配体现得淋漓尽致。

未被征地的村民对征地范围的划定不满，已被征地的村民觉得村集体留的征地款太多。后来村集体给每位村民发放一万元，本质上是为了户与户之间的平衡，只要户口在村里就算村里人，但是嫁出去的女儿，就算户口还在村里，也只能每人分得 5000 元。大家都觉得这种做法公平，村里没有哪家的女儿提出要获得与儿子同等标准的征地款。按村庄习惯，女儿嫁出去后不能继承父母财产，尤其没有土地继承权。但是《中华人民共和国物权法》第五十九条规定："农民集体所有的不动产和动产，属于本集体成员集体所有。"即村民只要户籍在村里就具有村庄完备的成员权，因而村庄的这种征地款的分配模式是在村庄习惯与国家法律之间的一种平衡，能保证多数人的利益。

征地时，村委会征求村民意见。出乎意料的是，被划入了征地范围的村民闹得更厉害，他们大多数希望在已有利益的基础上获得更多利益，或认为已有的分配方案不公平。分地时，村集体是按产量分地的，人均总产量相同，而人均总面积不同。征地时则按土地面积计算，使得土地面积少的村民对此不满。村书记王亮羽的父母去世后给他留了地，因此，他获得的赔偿款相对多一些。而六十多岁的村民邢立原感慨道："以前虽然穷，但平等。"此外，在分地时，土地丈量并不准确，比如，王乐天 1.6 亩的土地，农业税和粮食直补都按 2 亩计，但是征地就只按实测面积计算（土地经过了重新测量），村庄中有几户农户都是如此。找村干部反映，村干部却不愿使用之前的面积计算方法。另外，电线厂征地时划定了一片区域，有的村民一整块土地中只有部分土地在划定的区域内，剩下的部分面积小，弃之可惜，留下又不便耕种，因此，他们希望村干部协调电线厂能将剩下部分也征走，但村干部没有同意，因为开了这"口子"后续会带来很多麻烦。

由此可见，资源的大量涌入虽然整体上改善了村庄的物质条件，但是对村庄既有社会结构和分配秩序的冲击却是极大的。之前大量的项目投入也使得村庄公共设施的后续维护成本很高。村集体每年仅"义务工"开支就有十多万元，再加上水电费、村干部工资等日常性开支，全村一年需要花费 60 万~70 万元才能维持运转。村庄的收入来源主要有 2012 年征地集体留款、财政转移支付（只够发工资）、旅游业门票（旅游门票 30 元/人），门票费全部归村集体，五一假期门票收入 8 万多元，全年旅游业收入 20 多万元。财政转移支付和旅游业门票这两项收入都不足以维持日常性支出，所以村集体目前仍在吃 2012 年征地款的老本。现在，村集体经常会面临资金周转的问题，比如，村里义务工都由贫困户来做，本来村干部承诺每月发一次工资，但实际上年底才能勉强发放。此外，村民承包工程的很多工程款也被长期拖欠。

征地让村庄中部分人迅速从生存或生活的状态转为面向城市发展的状态，加剧了贫富分化，使村庄中的人心更加离散，而且失去了土地的人们就此失去了在城市失业后的保障。国家资源虽然大量投入村庄，但在村庄中的利用率却很低，而且由于村庄既有的利益分配格局，这些资源反而助推村中精英实现了进一步的发展，并且巩固了他们在村庄中的特权身份。大多数普惠性的基础设施建设项目都来源于自上而下的行政规划，只注重工程短期效益，而忽视了村民的长远利益。不透明、不公正的利益分配不断激化着村庄的内部矛盾、损耗着国家的权威。

二　精准扶贫及其对发展型逻辑的影响

（一）当地精准扶贫概况

习近平总书记2013年11月在湘西考察时提出"扶贫要实事求是，因地制宜。要精准扶贫，切忌喊口号，也不要定好高骛远的目标"。2015年1月习近平总书记在云南考察时再一次指出"要以更加明确的目标、更加有力的举措、更加有效的行动，深入实施精准扶贫、精准脱贫，项目安排和资金使用都要提高精准度，扶到点上、根上，让贫困群众真正得到实惠"。在习总书记明确提出精准扶贫的理念后，中共中央办公厅、国务院办公厅印发《关于创新机制扎实推进农村扶贫开发工作的意见》的通知，将建立精准扶贫工作机制作为六项扶贫机制创新之一。国务院扶贫开发领导小组办公室、中央农办、民政部、人力资源和社会保障部、国家统计局、共青团中央、中国残联随后研究制定了《建立精准扶贫工作机制实施方案》，在全国推行精准扶贫工作。在中央政府的大力推动和地方政府的努力下，精准扶贫取得了显著进展（汪三贵、郭子豪，2015）。

国家成立国家扶贫网，实行扶贫的大数据管理，2013～2014年实行村庄贫困户建档立卡制度。之后大量的项目制以及"两不愁三保障"政策的指标伴随着精准扶贫的任务引入村庄，精准帮扶成为村干部工作的"重中之重"。

所谓精准帮扶是相较以往一刀切、大而全的帮扶内容及方式而设计的。聚义村为了推动精准帮扶，为贫困户制定了一系列"脱贫政策"，如贫困户医疗 100% 报销，住院不用挂号，自费部分县级最高 1000 元，市级最高 3000 元，省里最高 6000元，慢性病一年给 1200 元补助；村民到了 60 岁一年给 1400元养老金；青少年上学有补助；需要购买生产资料的农户可获得小额无息贷款 5 万元；学技术也有补助。其中对村民最有利、最有价值的扶贫政策是教育扶贫，其次是小额信贷。下面，我们将以这两个政策为例说明聚义村精准帮扶政策的实施情况。

1. 教育扶贫

教育扶贫政策主要是针对贫困户子女在各个上学阶段实施不同程度的资金帮助，称为"雨露计划"。就读二本以上大学的大学生每年可获得资助 5000 元；读中专、大专、三本的大学生每年可获得资助 2000 元；义务教育阶段"两免一补"，即免学费、学杂费，补贴寄宿与生活费；高中生每年可获得资助 3000 元；幼儿园的小朋友每年可获得资助 1000 元。

在教育扶贫政策的大力支持下，解决了贫困户子女"上学难"的问题。以前许多贫困家庭常常因支付不起学费，导致子女辍学。教育扶贫给予贫困户的经济支持，让贫困户的下一代能够接受好的教育，进而获得更多机会实现阶层跃升。村民张俊源的儿子就是通过助学贷款、教育扶贫等政策扶持念完大学的，他毕业之后留在城里工作，全家跟着进城务工，实现了核心家庭的城镇化和生计模式的升级。

2. 小额信贷

2016 年，大陵市推行贫困户小额信贷政策，由大陵市政府指定的银行给 60 岁以下的贫困人口提供小额贷款发展生产。小额信贷以户为单位，最高额度 5 万元，偿还期限三年，其中政府帮助补贴 4.35% 的利息。2016 年，聚义村开始宣传小额信贷，鼓励直接贷款，村里当时有 4 户办理了直接贷款。2017 年，村里开始鼓励间接贷款，没有指标限制，有很多贫困户不相信，137 户贫困户中只有 60 多户参与。此外，这年还发展了 1 户直接贷款。2018 年市政府就不允许再发展新的间接贷款。

直接贷款需农民有抵押物，比如牛。聚义村 5 户直接贷款的贫困户中有 2 户投入养牛，另外 3 户则没有用于生产，其中 1 户三年到期后还未还款。以下是这 5 户家庭的生计状况：

贺忠祥：51 岁，为养牛贷款 2 万元，目前已从 2 头牛发展到 8 头。第一书记秦志远评价他是一个老实、有能力的人。他的两个孩子正在上学，为此，他干劲十足，生活很有干劲。

杨玉莲：62 岁，她和丈夫名义上分户，但实际上是一家人。丈夫养牛，她被评为贫困户后贷款 5 万元，资助丈夫养牛。

温兆基：35 岁，开运煤车，贷款 5 万元，用于还车贷，到期还款。虽然没有直接将贷款用于生产，但也是作为经营性的资金在周转。

白国涛：52 岁，贷款 5 万元，没有投入生产，也没有急事需要用钱，到期还款。

梁志勇：55 岁，贷款 5 万元，有一儿一女，他在城里打工。贷款时虽然答应了村干部发展生产，但是他却不当一回事，有投机心理，"政府的钱用了再说"，虽然村干部已催他多次，但他至今还未还款。

间接贷款由贫困户带资入企，之后企业给村民分红，分红利息年化收益率为 7%，其中 6% 给村民，1% 给村集体。但一般 7% 都给村民，村民每年可获得 3500 元分红。除政府帮助补贴利息外，这相当于企业的贷款年利率为 7%，远低于企业以高利贷等融资方式获得资金的利息（贷款年利率大约为 15% 甚至更高）。这其实是银行借贷给集体企业，政府承担一部分借贷利息，集体企业再给村民分一部分利润用于精准扶贫，最终获利最大的还是集体企业。

此外，村里还积极推行"一村一品"产业发展模式，也是以扶贫专项资金贷款的方式借贷给村民或企业（与村庄有直接联系的企业）。共有 40 多户村民获得贷款，每户给 2000 元，其中 14 户是直接贷款，投入养羊或养牛等生产领域。另外 30 多户是间接贷款，贷款对象是村里一个馒头厂（馒头厂的老板与村干部有关系）。馒头厂每年给这些农户 2000 元，不过农民向村干部催了几次之后才补齐。村里人说"不知道是第一书记让这么做（指贷款给企业），还是村委班子这么做的"。

3. 其他扶贫方式

除教育扶贫与小额信贷扶贫外，还有就业培训等扶贫方式。以就业培训为例，大陵市的护理护工行业发展较好，永宁区政府便组织了农民护理护工领域的培训。聚义村有 10 人参加了培训，其中中老年女性占多数，但是她们结业后大部分还是闲在家。不过，在农业方面并没有新的扶贫政策，仅将已有的"粮食直补"政策纳入了精准扶贫政策范围。

总体来说，当地政府扶贫力度大，效果也好。当地村民普遍认为"脱贫快是因为国家的扶贫力度大，比如说养殖补贴、光伏发电补贴、技能培训、低保之类的。光是光伏发电项目我们村就补贴了 13 万，村干部是按照贫困户的贫困程度发给他们的"。现在，村民对于就业很有信心"只要你干一点活赚一点钱，也不至于是个贫困户"。

虽然贫困户可以借助国家资源脱贫，但是国家资源是阶段性的，无法给予贫困户持续性的支持。因此，基层政府也在试图摸索更加长效的帮扶机制。

（二）当地精准扶贫的过程与问题

精准扶贫对未来农村减贫意义重大，但它是一项复杂的系统工程，要做好精准扶贫工作需要理解精准扶贫的难点并寻求有效的解决方式。目前在精准扶贫方面的困难主要体现在精准识别方面。本节会从精准识别的成效与存在的问题加以阐述，并就此展开讨论。

精准识别强调要通过民主、科学和透明的程序将贫困户识别出来，这里的重点就是相对贫困群体中的贫困户识别，要在有限的贫困规模下，识别出最贫困、最需要扶持的人（葛志军、邢成举，2015：157）。根据国务院扶贫开发领导小组办公室 2014 年印发的《扶贫开发建档立卡工作方案》的通知，国家农村扶贫以 2013 年农民人均纯收入 2736 元（相当于 2010 年 2300 元不变价）为识别标准，还提出各省、自治区、直辖市（以下简称"各省"）在确保完成国家农村扶贫标准识别任务的基础上，可结合本地实际，按本省标准开展贫困户识别工作，纳入全国扶贫信息网络系统统一管理。如果按照客观贫困线评选，当时百孝镇只有极少数家庭可以入选贫困户。

2014 年，聚义村上报了 400 多户，最终评为贫困户的只有 199 户，共计 366 人（聚义村所在的百孝镇共有贫困户 1417 户，共计 3895 人）。

2016 年，百孝镇乡镇政府要求村集体重新按照"八不进"的标准来进行统计，压低贫困人口比例。"八不进"标准指的是有住房、有汽车、子女在国企事业单位工作、五保户、国家财政供养人员、生活水平明显高于村庄平均水平、长期从事生产经营活动、有劳动能力但是懒惰的人都不能进贫困户名单。"八不进"的前五条是市级政府明文规定的，后三条是村民代表一起开会讨论决定的。经过新的一轮筛选，贫困户缩减至 140 户，共计 291 人。这 291 人大部分属于 2014 年上报的贫困人口，还有少数因病致贫等新增贫困户。

每年贫困户的评选，是通过小组推荐产生的。小组由村民代表、党员代表、村两委班子、乡镇政府干部组成。村民代表由村民大会选举产生，14 ~ 15 户出一个代表。村民认为，真正的贫困人口是一定会被上报的。2016 年聚义村 400 多户家庭，报了贫困户 217 户，后来通过村民大会删掉 1/3，后面又查出 1/3 不符合评选贫困户标准（有住房或有汽车的）。

在这一过程中，被"淘汰出局"的贫困户虽然有微词，但是也接受这个结果，"公认你不符合贫困户评选标准，个人反对也没用"。村干部也认为，最后讨论的结果是村民所认同并接受的。"村里个人的生活水平大家平时都看得到"，"那些真正有钱有能力的人也不会虚报贫困户，因为他们觉得也挺丢脸的"。

当时全村共计 290 户贫困户。村内 60 周岁以上老人约有 130 人，其中 105 人属于贫困人口（子女的经济水平与老人的经济水平呈现显著的正相关）。这些老人中 70 岁以上（约 70 人）仅有小部分在种地或偶尔打零工；60 ~ 70 岁（约 60 人）有一半靠种地和打零工维持生计。代际分家、分别立户有利于老人获得国家扶贫补贴，以期"国家给他们养老"。这些老年人不指望挣大钱、发家致富，他们只希望为以后的老年生活积攒更多的积蓄。村里有 50 ~ 60 个"懒汉"，都被评为贫困户，他们的年龄在 45 ~ 60 岁，子女都已结婚，家庭生活压力较小，通常想干活就干，不想干活就不干，有多少钱就花多少。

接下来贫困户有两次大调整，2017 年缩减至 70 人，到 2018 年仅剩 2 户共 7 人。村干部普遍认为"脱贫快是因为国家扶贫力度大，现在脱贫的标准是年收入 3200 元，光是国家的各项补贴就有 2000 多元，所以只要种点地打点零工就可以脱贫"。因此现在的贫困户主要是残疾人和独户（无儿无女的人）。

实际上，贫困户的真实收入很难准确测算。一方面，农民可能会故意低报收入，由于农民都没有固定的工作，有时无法准确计算自己的收入；另一方面，村干部虽然能估计出各户的收入，但是也无法计算出准确的数字。

由此可见，"精准识别"虽然在上下级的沟通下发生了一定的"错位"，但贫困人口在此过程中确实"得到了好处"。

（三）精准扶贫对发展逻辑的影响

为了进一步检验扶贫政策可以多大程度上推动农民生活从

生存逻辑演变为发展逻辑，我们将贫困户从意愿与能力两个维度进行划分。意愿指希望改善生活水平的积极性，能力指村民个人的劳动能力、资本积累、社会支持，即改善生活水平的自身条件。我们将贫困户的分布总结如下，见表9－1。

表9－1　贫困户情况（意愿与能力）分布

	意愿强（户）	意愿弱（户）
能力强	31	12（懒汉）
能力弱	41	65（老人为主）

扶贫政策不能让意愿弱的贫困户意愿变强（懒汉没有因此变得勤快，老人仅需要扶贫来兜底或提升他们老年生活质量）。通过增加生产资本来助推有意愿向上发展的家庭，每户一年可累计获得1万多元的扶贫款。而当自身劳动能力、经营能力、社会支持较弱时，即使针对每户的物质性投入再多也不能彻底改善农民的生活境况。根据与村干部的访谈，之前没有被评为贫困户但是有很强的扩大生产、改善生活意愿的人中，有部分人入选了贫困户后得以扩大生产（如表中能力强、意愿强的户），还有不少只能凭借自己的力量。

相反，扶贫政策反而使得一些原本有跃升动力的村民开始怠惰。聚义村贫困户中有三四个经常闹事的，年轻力壮却不劳动，而是依靠国家的补助。这些人上饭店喝酒吃饭，总是找村干部的麻烦。由此来看，精准扶贫仅仅只是助推了部分极有发展意愿的人，给了他们资本原始积累的"第一桶金"，并通过各种保障实现了家庭的"城镇化"。扶贫政策也使部分本可以通过自身努力实现阶层跃升的人开始懈怠，有时候甚至为懒汉提供了一个温床。

　　精准扶贫的实施，对村庄中不同阶层人的发展逻辑起到了进一步分化的作用。各种精准扶贫项目，使得村庄精英更加有意愿向外发展，而部分普通村民开始"等着国家给钱"。中间阶层的大多数，则继续在打工的路途上奋斗，以期实现"进城"的梦想。

　　由上一节我们可以看到，精英之所以回村庄担任村干部，一个重要的原因是国家的项目资金愈加充裕，精英可以分配、利用这些资源。在这个过程中，精英也完成了对国家资源的部分掌控。由于当地松散的社会结构，村民缺乏集体行动的能力，加之村干部俘获的是村庄外生资源的增量而非村庄内生资源的存量，他们只能被迫成为"沉默的大多数"，只有我们上文提到的"黑皮"与之抗衡。村庄精英通过部分项目，实现了进一步的阶层跃升，生活面向及社会交往更加向外拓展，从而造成了村庄政治的外向型特征。

　　以上项目制、精准扶贫出现问题的一个重要原因是农村基层领导力供给不足，从学术界和政策界近年来关于精英治村、富人治村、乡绅治村等乡村治理模式的讨论来看，这一问题在当下的中国农村普遍存在（李祖佩，2012；赵晓峰，2012）。农村基层领导力供给不足所带来的一个严重后果就是农村集体行动能力的弱化和农村公共事务治理的低效，反贫困的难处也正是在此。由于地理、经济、社会、文化等多方面因素的影响，聚义村等贫困村庄普遍无法内生出优秀的领导者，甚至，还有大量精英人才外流。因此，经济资源下乡需要同时配套行政资源的注入。下一章我们便主要关注村庄内生政治精英之外的新行政资源或新治理主体，了解他们对聚义村的社会作用。

第十章

政府行政资源的进入

  上一章我们详细描述了国家资源注入后在村庄的再分配格局。在调研中我们发现，在经济资源进入村庄的同时还伴随着政府行政资源的支持。后者旨在增强基层领导力，改变村庄权力格局，进而促进农村公共事务的"良治"（王亚华、高瑞等，2016）。政府行政资源的进入有三种主要形式。第一，乡镇政府以"包村干部"形式委派领导干部。第二，县职能部门以"第一书记"等形式下派部门工作人员。第三，对口帮扶单位（对口帮扶单位行政级别依据村庄贫困级别而定，如厅、局级单位对口帮扶深度贫困村）派遣人员参加村庄扶贫等相关工作。通过不同形式下派的政府干部一般会以"扶贫工作队"的形式与村干部一起参与村庄扶贫项目的分配及实施等工作。本章将关注这些村干部之外的新治理主体进入村庄社会的过程，并主要以第一书记秦志远的经历为切入点，探讨新治理主体发挥作用的影响因素与具体机制。

  在永宁区，除纪检委外，区政府的各个部门承包区内共93个贫困村，人数较多的部门承包两个贫困村，如国土局、财政局等，人数较少的部门承包一个贫困村，如区委办等。各部门需下派人员在贫困村进行驻点。在聚义村，"包村干部"是镇政府一级主任科员王兴国，在镇政府主要负责民政、社保等工作。"第一书记"是区委办临时借调人员秦志远，在区委办主要负责后勤服务工作。区委办同时作为聚义村的对口帮扶单位，下派的扶贫工作队人员包括队长徐胜利、第一书记秦志远、区委办科员江义、高明。因此，王兴国、徐胜利、秦志远、江义和高明等人构成了聚义村村干部之外的新治理主体。

政府行政资源的进入，旨在重新激发出村庄社会的活力。新治理主体的介入，目的是打破村庄内部可能固化的权力格局。本章我们想要解答的问题是，在村民普遍转向发展型逻辑、权力分配秩序由外向型精英主导的聚义村，新治理主体如何发挥作用，以及哪些因素影响了其作用的发挥。

一 影响新治理主体的因素

2015 年，永宁区区委办下派扶贫驻村工作队进驻聚义村。扶贫驻村工作队队长为区委办副主任徐胜利，第一书记兼副队长是区委办副主任科员张春生，两名队员分别是区委办科员江义和高明（下派驻村扶贫工作队主要负责对口村庄扶贫以及基层党建工作，还需长时间驻点，任务较为繁重。一般只有单位"离得开"的工作人员才能参与工作队，有的是"新来的年轻人"，有的是年龄较大临近退休的工作人员）。

2018 年 3 月，第一书记张春生由于身体原因提出辞职。

第一书记的工作需要熟练操作电脑以及常驻村庄，但年纪大的干部"不会用电脑"，因此，无法担任这一职位。徐胜利和高明近 50 岁，电脑、手机操作均不熟练。所以，经张春生推荐，第一书记由秦志远接任。

秦志远 1990 年出生，大专学历，未婚，父母均为个体户。2010～2014 年在永宁区区委办做临时聘用人员，2014 年通过公务员考试考入永宁区人事局，在永宁区人事局工作了三个月，之后借调至永宁区区委办从事后勤服务工作。2018 年 4 月，被区委办下派至聚义村接任第一书记，兼驻村扶贫工作队副队长。

在调研中我们发现，尽管秦志远是作为"政府行政资源"进入村庄的，但他并未真正进入村庄权力格局的核心层。究其原因，有以下两点。

第一，区委办的单位性质。区委办的单位性质决定了其无法为聚义村带来项目资源。永宁区区委办主要负责协助永宁区委领导处理区委日常工作，负责区委文件、文稿的起草、批办、审核和印发等工作。区委办与其他业务职能部门的区别在于，无法以职能部门名义下发项目，项目资源较为稀缺。加之其不是聚义村的直接上级管辖部门，无法对村干部进行一定的行政约束（调研中，我们发现包村干部王兴国就较为顺利进入了村庄权力格局之中）。因此，工作队进入村庄后一直处于较为弱势状态。

第二，秦志远个人的行政职位。在区委办，秦志远属于"编外人员"，一直处于边缘地位。徐胜利和江义、高明工作上一直对他颇多照顾，彼此也相对熟悉。工作队下派到村后，三人成了秦志远在村庄真正的后盾。徐胜利工作繁忙，除了在重大事情的决策以及在重要仪式上出席，工作基本由秦志远、江义、高明三人负责。秦志远初来乍到，江义、高明二人更了解村庄情况，在工作上经常对其进行指导与帮助。由于江义、高明二人生活和工作压力较大，秦志远经常会主动帮他们分担工作。虽然名义上是互助，但秦志远在很多场合说不上话，只能听从村干部或其他工作队队员的意见。

此外，秦志远的个人特质，包括年龄、性格、家庭等也有一定影响。秦志远未满30岁，村干部认为"他还是很年轻"，而且他性格内向。另外，他的父母都是个体户，家庭的社会关系网络较为稀松。

在上述因素（下文我们将其并称为个人资源禀赋）影响下，虽然秦志远是作为政府行政资源为村庄社会提供支持，但是其不仅无法为聚义村带来项目资源，也难以单纯依靠自身在与村庄政治精英的互动中获得优势。

与此同时我们发现，在张春生担任第一书记时，他与村庄精英一直处于"相安无事"的状态。在秦志远接任第一书记后，秦志远与村庄精英开始围绕村庄权力进行一定竞争，虽然无法进入村庄权力格局的核心层，但也改变了聚义村的村庄政治生态。追根溯源我们发现，是由于二者内生动力不同。张春生是区委办副主任科员，年近五十，即将退居二线。在年龄的限制下，其内生动力较弱，基本以完成第一书记本职工作为主。秦志远精力充沛、年富力强，在职责与道义上都以帮助村庄贫困户为核心，内生动力较强。这些因素的差异造成了两人对村庄权力格局的不同影响。

二 新治理主体的类型

根据上述分析，新治理主体的内生动力、资源禀赋（包括所在单位性质、行政职务、个人特质等）可以被认为是影响其能否进入村庄权力格局的两个重要因素。因此我们将新治理主体划分为以下四种类型（见表 10 - 1）。

表 10 - 1　新治理主体的四种类型

	资源禀赋强	资源禀赋弱
内生动力强	积极作为型	努力作为型
内生动力弱	被动作为型	消极无为型

资源禀赋强的新治理主体背后政治资源丰厚，有的是因为其所在单位实力强大，控制大量资源，如县财政局、县交通局等部门；有的是因为本人行政职位较高，在县域社会关系网络中掌握大量资源。这类新治理主体由于能够给村庄社会带来大量实质性项目资源，同时一定程度上主导项目资源的分配，因而大都非常强势。如果村庄原有政治精英力量较弱，那么，新治理主体能迅速获得村庄政治的主导权，从而进入村庄的权力核心。如果村庄原有政治精英力量较强，能否主导村庄权力格局就取决于其内生动力的强弱。积极作为型新治理主体内生动力强，为顺利开展工作会与村庄原有的权力核心层进行一些复杂互动。由于其背后政治资源丰厚，一般能在互动中占据上风。被动作为型新治理主体内生动力弱，开展工作时一般采取"配合"态度，久而久之可能游离于村庄权力格局之外。但其资源禀赋较强，因此与村干部持"两相互利"之局。

资源禀赋弱的新治理主体政治资源较为匮乏，有的是因为其所在单位本身并非优势职能部门，缺乏项目资源；有的是因为其在原有部门就处于边缘地位。这类新治理主体虽然不能给村庄社会带来诸多资源，但是有行政资源作为支撑，也可以对村庄政治格局产生影响。因此他们会尝试各种手段参与村庄的权力分配秩序。而消极无为型新治理主体由于既缺少资源支撑也缺乏内生动力，会与村干部保持"相安无事"的状态。

三 村庄权力格局的进入

上一部分我们论述了新治理主体的四种类型。由此可见，聚义村前第一书记张春生属于消极无为型，现任第一书记秦志远属于努力作为型，因此他毫无疑问会试图改变原有的村庄政治生态。下文我们将以秦志远的经历为例，探讨新治理主体参与村庄权力分配秩序的方式与机制。

新治理主体进入村庄权力格局有两种主要形式。第一种是自下而上争取村民支持，以便在村庄权力格局中获得一席之地。第二种是自上而下与村干部进行复杂互动，试图直接进入村庄的权力核心。作为一个努力作为型主体，秦志远进入聚义村时上述两种形式均被他一一尝试，但可惜的是他仍然未能完全进入村庄的权力核心。下文我们将描述这一尝试的具体手段和实际过程，并试图阐释秦志远未获成功的影响因素与内在机制。

（一）村民支持的争取

由于前任第一书记张春生属于消极无为型治理主体，因此他在与秦志远的工作交接中未能提出很多有益建议。秦志远只能自己逐渐摸索在农村社会的工作方式。担任第一书记的第一个月，秦志远为了让自己尽快了解村庄情况，工作日都住在村委办公室。他白天挨家挨户访贫问苦，了解每个贫困户的生产生活以及家庭关系等情况，晚上回村委会查阅村庄历史、扶贫工作、党员和村民代表的基本情况等相关资料，力求尽快熟悉村庄。

秦志远的办公室位于村委会二楼，有两个房间。外间较大，用作办公室，里间是休息室，放着一张床。办公室旁边就是村党支部会议室，村干部办公室均在楼下。秦志远工作日都在办公室，不忙的时候会在里间休息。

秦志远刚进入村庄就十分活跃。当时大陵市区与聚义村未通公交。近年有不少村民在大陵定居，往返城村的需求逐渐上升。秦志远家住大陵市区，会开车上下班。为了拉近村民关系，秦志远每次往返于大陵市区，都会在村民的微信群里询问是否有人要搭顺风车。秦志远每次拉村民都会将其送到家门口。后来村民逐渐形成习惯，甚至会主动询问其时间安排，搭顺风车。秦志远这一举措也带动了村民们捎人进城的互助行为（在此之前，村民们基本不捎人进城）。2018 年 10～11 月，大陵市区与聚义村通了公交车，搭顺风车的村民少了很多。至今，秦志远总计拉了 300～400 人次。在这件事情上，秦志远非常有成就感。通过搭顺风车这一行为，秦志远不仅拉近了与村民的距离，还了解了村庄的基本概况和社会关系网络。

为了尽快融入聚义村，秦志远开始在村庄中走人情。人情圈主要包括村干部、贫困户等。除此之外，他还主动参加各个自然村的庙会，并且会捐赠 200 元给各个庙会（与大部分村干部出得一样）。当贫困户治病需要用钱时，他还主动替其垫付押金 1000 元。驻村 8 个月间，秦志远的车费、礼金等额外开销共计 4000～5000 元。

秦志远对村民们和村庄政治以往的"爱恨情仇"不甚了解，但是对贫困户的具体情况却如数家珍，"与贫困户关系非常和睦"。他力求能够关照贫困户生活的方方面面，如给贫困户送衣服、帮贫困户进城采购生活物资、购买贫困户的商品。

通过一段时间的摸索，秦志远在村庄的工作开展得更加顺利。村民遇到什么困难都乐意找他帮忙。为此，他特意避开村干部，给驻村扶贫工作队和贫困户单独建群，希望更好地开展工作。在此基础上，村民与其关系日益密切。

2018 年 9 月 15 日晚十点半，秦志远正在村委办公室加班。突然，贫困户章远给其打电话求助。秦志远连忙开车赶到他家，到家后发现章远脸已经肿得老高，经询问才知道症状已经持续两天。秦志远立即开车与其女儿女婿一同将章远送往区医院急诊。区医院医生检查后未发现病因，建议转到市医院。市医院医生检查后依旧未发现病因，无法开具住院单。秦志远在医院对医生动之以情、晓之以理，终于把医生说动同意病人留院观察。秦志远当晚在医院忙到凌晨一点才回到办公室。

2018 年 10 月，秦志远在镇政府上交聚义村扶贫材料时，听说现在可以给残疾人升级残疾证，升级后可以享受更高的扶贫补贴。他就想帮助给村里两户贫困户的残疾证进行升级。与区残联联系好之后，秦志远把二人拉到市区里帮其残疾证升级。但在区医院进行伤残鉴定时，医生说这两人没有明显残疾，无法进行升级。秦志远想尽各种办法都无法说服医生，只能作罢。秦志远非常失望，对二人也非常愧疚，认为"让他们白跑一趟，本以为肯定可以办成的事情却没有办成"。为表愧疚，在市区请二人吃了饭才把二人送回家。回村后，秦志远与王亮羽谈论这件事情。王亮羽说："他们会感激你的。"但秦志远认为："我在乎的不是他们感不感激，而是能帮贫困户做实事。"村里人知道这件事后，夸赞秦志远："你们做的工作比儿子还强。"

秦志远还代表贫困户与企业进行谈判。与村里合作的间接贷款公司，与贫困户签下两年合同，每年将分红打到村集体，再由村集体转账到间接贷款的贫困户个人银行账户。但 2018 年分红迟迟未发给贫困户。贫困户向秦志远反映了这一情况。秦志远立马给该公司负责人打电话，负责人以"公司搬家重组，资金暂时周转不过来"为由，让贫困户再等几天。几天后，贫困户继续向秦志远反映这一情况。秦志远又给该公司负责人打电话，通过半个小时的努力协商，负责人承诺分批次给贫困户打钱。后续秦志远也多次催促，公司共分五批给贫困户发了分红。每次公司给村民发分红，秦志远都会在贫困户群里提醒哪些人的分红已到账，提醒大家查收。

由上述案例我们可以看出，秦志远对贫困户的帮扶可谓尽心尽力，村民们也对其评价很高。很多村民开始绕开村干部直接找秦志远解决问题，如询问最近征地补偿什么时候到账。久而久之，村民形成了路径依赖，反而更加信赖第一书记以及扶贫工作队。

但秦志远在基层与村民密切互动的工作状态仅持续了三个月。2018 年 6 月后，秦志远开始了长达半年的填表任务。在这六个月时间里，他很少出办公室，忙的时候甚至一天都不洗漱，也不能按点吃饭。秦志远还时时在村民群里关心贫困户，希望村民"还想着他、记着他"。事实上，村民也并未"遗忘"他，反而会经常主动来办公室找秦志远，咨询相关政策问题。

总体而言，村民们对秦志远的表现十分满意，对其积极投入的工作状态也非常认可。村民在填写扶贫满意度调查问卷时，直接对秦志远说："对你们（工作队）没有问题，但对村干部就有问题了。"同时，秦志远年近而立，很多年龄较长的村民都觉得"秦志远十分亲切"，愿意跟他倾诉。村民们也对村庄政治不满已久，一直希望借助新治理主体的介入能打破原有权力格局。

但是如第八章和第九章所述，聚义村已进入发展型社会，村民的生活和工作面向基本已经转向村外。这一村民与村庄社会脱节的趋势，加上当地松散的社会结构，大量村庄资源尤其是增量资源的分配权让位于旨在回村谋利的外向型精英，由此村庄权力分配结构与村庄社会也开始脱节。因此，尽管获得了村民广泛的认可与支持，秦志远仍徘徊于村庄权力格局的边缘，能做的事情比较有限。同时秦志远也无法为村庄带来更多的资源，他曾有几次引进资源的机会，但都由于种种原因未能成功。这既影响了村民对他的好评，也加剧了他在村庄政治中的尴尬处境。

E 省一百多个第一书记共建了一个微信群。秦志远通过微信群联系上了一位成绩优秀的第一书记。秦志远多方交流下希望与其驻点村庄能够达成合作，实现资源互补。但当对方问及秦志远聚义村情况时，却发现聚义村没有能够与之合作的资源。最后，这一计划只能搁浅。

为了使聚义村产业发展能够有所突破，秦志远自己出钱到陕西等地学习村庄产业发展的先进经验。外出学习后，通过多方测评，秦志远决定借鉴平遥县养牛合作社经验，成立村集体养牛合作社，发动养牛大户、小户加入。但秦志远这个计划在村委会议提出后受到权力劝阻，原因主要有两个。一是前期投入过大，经环保测评等各项手续，预计养牛合作社建成需投资 300~400 万元；二是"村里即使有钱也不愿意投资，村干部需投入很多精力，还不一定能成功"。

由此我们可以看出，秦志远种种计划流产主要有两方面的原因。首先，村庄自身条件所限。聚义村自然环境、经济环境的恶劣，使秦志远难以利用村庄资源"撬动"企业或村庄与之合作。其次，与秦志远自身政治资源缺乏以及无法进入村庄政治核心有关，这又一方面源于上述所说的村民无法为其政治地位提升提供有力支持，另一方面来自下文将要论述的，秦志远在与村庄政治精英互动中的得失。

（二）与村庄政治精英的微妙关系

由于村民发展面向、村庄权力格局相继与村庄社会脱节，获取村民支持并不能让秦志远顺利进入村庄权力格局。同时，秦志远作为一个内生动力较强的新治理主体，想要"大展宏图"，不可避免要与村庄政治精英围绕村庄权力进行一定的竞争。下面，我们将论述秦志远与村干部（村庄政治精英）在生活工作上的互动过程，试图阐明其优势与劣势。

在公开场合，秦志远的地位是非常高的。在村内仪式性场合，通常由他坐主位。在日常的公共性场合，如两委班子会议，他都和王亮羽、李振华坐在一起。对于来聚义村的第一天，秦志远至今记忆犹新。2018年4月26日，工作队一行四人先到百善镇政府报道。镇委书记陆生民主持召开会议并欢迎了他。下午到聚义村召开两委班子会议，村干部让他坐在主位。秦志远向村委介绍自己，说："从今天起我就是聚义村的一员，希望通过自己的努力为村里做些事情。"之后，秦志远便以"政府行政资源"的身份进入了村庄。

在日常生活中，村干部与秦志远的关系非常和谐，"村干部对我都很好，最起码面子上很友善"。由于秦志远性格随和，年纪较轻，在村干部面前"不摆领导的谱"，所以村干部在和他交往中有话直说。但总的来说，村干部与秦志远的交流仍以工作居多。如秦志远和村主任李振华虽然在工作中交流很多，但私交甚少。秦志远的父亲和村主任李振华几年前曾一起合伙做过绿化项目，但仅仅属于点头之交。李振华在秦志远刚刚下村驻点时曾主动提及秦志远父亲。但这一关系并未拉近两人的距离。为了拉近与村干部的关系，秦志远付出了许多努力。他积极加入村干部的人情圈，给所有村干部随份子、在红白事上帮忙。秦志远认为自己"从没把村干部当外人"。在工作上，秦志远与村干部需要时时相互配合。如秦志远在填写工作评估表时，需获得李振华许可之后方能盖章；在填写扶贫材料时需要村干部提供粮食直补、退耕还林、卫生、养老等方面的资料；在召开党员大会时需要王亮羽主持发言。反过来，村干部在申报材料、党建程序等方面也需要秦志远的签字、盖章。

但秦志远还是不时会与村干部产生摩擦。比如，村干部有时会把一些不是秦志远职责范围内的工作交给他。如果村干部要求的是一些打印文件、操作电脑手机等简单易做的小事，秦志远一般都非常乐意帮忙。如果村干部要求的是一些撰写文字稿、整理会议记录等耗时耗力的事情，秦志远只会在推脱不掉的情况下才帮忙。秦志远虽然对这些工作有些许不满，但是迫于村干部的"人情""面子"，为了后续工作的开展，只能接下。李振华常说："秦书记的到来确实给村里减少了很多行政工作的负担。"

另外，村干部认为秦志远的积极态度挑战了村干部的权威。在秦志远进入村庄驻点前，村干部一直对村民有着强大的心理优势和一定的距离感。村民很多事情找村干部一直悬而未决，因此村民也不愿意与村干部沟通，认为"沟通不方便""村干部就是领导""不是怕领导，就是不想多说"。秦志远带着"政府资源"进入村庄，前期对村民的有求必应为其树立了良好的形象。村民现在普遍认为秦志远比村干部"更亲近""更靠谱"。这一现象让村干部有了危机感。

在秦志远与村干部的互动中，没有哪方固定处于弱势。首先，秦志远具有一定的体制性身份。他作为区委办下派驻村的工作人员，在镇域社会中可寻求一定的体制帮助。如聚义村包村干部王兴国，虽然级别比秦志远高，但是秦志远认为王兴国无法决定他的人事，有些事情王兴国甚至可能有求于他，且自

己是从区里下派的，因此两人是平等的。而王兴国是村干部的
直接管理者，村干部"60%的事情都要听他的"。有些事秦志
远不便与村干部直言，会请王兴国代为转告。其次，秦志远作
为一个"外来人"，在村庄权力格局中处于"局外人"角色，
决定了其随时拥有参与权和退出权。

随着双方互动的不断深入，村干部与秦志远逐渐找到了彼
此界限。如秦志远自知自己难以进入村庄权力格局的核心层，
一直尽量避免涉及村庄利益的核心事务，认为"村里的事务
不必了解太多，了解个大概差不多就可以了"，"要少问，不
能参与财务"，"只有职责，没有职能"。秦志远虽然力求帮助
贫困户解决问题，但其多在照料中心的伙食、贫困户就医等方
面进行申诉。在更为核心的权力分配与诉求上，秦志远只扮演
村干部与村民之间的调和者角色。

> 在一次征地工作中，村委征了一个贫困户的七分地，
> 仅剩下两分地。贫困户不便耕种，又舍不得抛荒。因此该
> 贫困户向秦志远反映，希望村里将其九分地全部征收。秦
> 志远将这一情况记录下来。他先向李振华、王亮羽求证事
> 情真伪，然后看似随意地问李振华能否将另两分地一并征
> 收。李振华最后没有同意。秦志远将结果转达给贫困户，
> 并告诉他"如果不同意就直接找村委"。

在秦志远与村干部的互动之中，秦志远通过自己细致的工
作获得了村民的信任，利用区委办的体制资源和独立于村庄的
心理优势对村干部进行一定的权力制衡。他虽然游离于村庄权
力核心层之外，但也帮助村民解决了许多生产生活上的实际困
难，有效缓和了聚义村较为紧张的干群关系，同时疏通国家或

上级政府与村民之间的信息流通渠道，避免村一级干部对地方信息的垄断，从而实现了部分精准扶贫和党建方面的监督与惠民。

总结而言，秦志远作为努力作为型的新治理主体，其积极主动的一系列举措，重新激活了村庄活力，也通过当地群众网络的建立以及各种体制资源的借用，对村干部形成一定掣肘，重塑了村庄政治生态。但这种主体类型在外向型精英治村的村治模式中也存在一些局限性，受到来自社会基础与制度供给的双重限制。一方面，村民普遍转向发展型逻辑后村庄权力分配秩序格局由外向型精英主导，使得新治理主体即使获得村民认可也难以进入村庄权力的核心层。另一方面，资源禀赋的不足使努力作为型的治理主体在与村庄政治精英的互动中往往处于不利地位。其他新治理主体类型与不同村治类型之间的互动模式也具有很高研究价值，对于调试与改革政府行政资源进入村庄社会的方式具有重要意义，我们也将在以后的调研中继续关注。

结　论

　　翻开聚义村的这段历史，我们看到的是一个客观存在、连绵不断的历史。当我们合上这部历史书时，如何去解读甚至解构它，则是在渗入主观认识之后充满张力的过程。本书尝试使用生存型逻辑、生活型逻辑和发展型逻辑的分析框架，可能会存在理论上的危险，但是乃在理想类型的意义上建构和使用，是为了去除"杂乱的繁多"中的"杂质"（韦伯，2013：30），并反过来让我们更好地比对和认识这个社区、这段历史，同时这也是更好地了解我们所处世界的方式。

一　行动逻辑的类型与转化

　　本书对经验事实进行梳理后，提出了三种类型的行动逻辑：生存型逻辑、生活型逻辑和发展型逻辑。所谓逻辑，在本书指目标与手段之间的因果关系，即确立以何者为最终指向及以何者为实现途径。具体而言，"生存型逻辑"指勉强维持糊口的两个标准，包括物质保障和社会继替，在这个过程中人们得过且过、无欲无求。即使有不确定的冒险尝试也是服务于维持现状。"生活型逻辑"则指个体及其家庭满足基本生产生活需求后，缺少继续向上跃迁的动力，将剩余的物质资源与时间资源投入到消遣娱乐之中。一些不确定的冒险尝试是为了改良现状服务。"发展型逻辑"特指对超越现状、实现阶层跃升有强烈的意愿，并进而通过对自己及他人的有效规划和动员，达致积极进取的生产生活行为。对于某些带有确定性的现状改良最终指向为超越现状。

从整体而言，聚义村经历了三次逻辑的大转变：在自然条件恶劣、土地情况贫瘠的传统时期，聚义村村民大部分只能"各顾各"地内卷化生产以勉强维持生计，家庭内部也表现为底线性的代际关系与孱弱的父系纽带及强势的女性地位，社区同样松散薄弱，互助合作仅发生在保障"死不了"的临时性事项上；20 世纪 90 年代中期，主要受工业收入增加以及商品粮市场活跃的影响，聚义村的温饱问题得以解决，人们逐渐将剩余的物质资源与时间资源投入到消遣娱乐，而非边际收益递减的土地上，走向一种生活型逻辑，具体表现为：生计逻辑理性化、代际关系亲密化、私人生活中情感的滋长等；但是在2004 年就业机会涌现和撤点并校完成后，人们不辞辛苦，频繁往返于城乡之间半工半耕，即使这样也要"蹩脚"地艰难进城。同时，产生了对下一代更高质量教育的追求，从而使代际关系开始变得极为紧密，形成了一种典型的发展型逻辑。

本书中的三种行动逻辑从总体而言看似线性的发展，但在复杂多变的现实中绝非如此。正如我们在书中所展示，即使在温饱尚未解决、大部分人由于艰难的生存环境得过且过的贫瘠年代，也有奋斗者谋求超越现状的发展，而在发展大潮之中也有泄气者保持生活型逻辑，过着没有"奔头"的日子。根据与所处社会结构的关系，也就是有无"剩余"这一经济维度，我们可以区分"生存"和"生活"。而根据主观性或能动性，也就是有无"奔头"的精神维度，我们可以进而将"发展"从这两者中区分开。因此以这两个维度作为标准，可以得出前文曾有所论述的四种类型（见表 11 – 1）。

表 11 – 1　行动逻辑的四种类型

		经济维度（可依赖资源）	
		无剩余	有剩余
精神维度（主动性/ 能动性）	无奔头	生存型	生活型
	有奔头	生存 – 发展型	生活 – 发展型

第一，无剩余、也无奔头的生存型逻辑，也就是在贫瘠经济下勉强维持生存，20 世纪 90 年代前的聚义村大多数人都维持这样的逻辑。第二，无剩余、有奔头的生存 – 发展型逻辑，也就是在赤贫年代也尝试努力超越现状，最为典型的便是聚义村 1980 年代第一批出去闯的人，他们中的成功者后来又回来成为村庄的政治精英。第三，有剩余、无奔头的生活型逻辑，伴随着温饱的解决，20 世纪 90 年代中期到 2004 年聚义村大部分人都经历过这一短暂时期，由于物质剩余的保持，现在也有人维持这一逻辑。第四，既有剩余、也有奔头的生活 – 发展型逻辑，得益于机会和财富的涌流，大部分人又看到阶层跃升的希望，并因此产生了进城的意愿、动力和行为。

四种行动逻辑之间并非静止不变，而是随着相应条件相互转化。从"生存"到"生活"可以归为较简单的物质水平提高，而从"生活"到"生活 – 发展"，则需要更多的发展机会，一方面让人看到阶层跃升的希望，另一方面也为发展提供更多的资源支持。此外，甚至还有从"生活－发展"倒退回"生活"的人，尤其在以家庭为本位的中国，人们把自己或家庭的成功寄托于子代的成功，正如第七章所述，没有后代、失去后代或者后代已经明确没有发展期望的情形都将使他们失去发展意愿。

二　社会类型及其限度

在生存型逻辑、生活型逻辑和发展型逻辑这三种行动逻辑的基础上，我们还提出了三种社会类型，即生存型社会、生活型社会和发展型社会。社会类型的划分标准在于以何种行动逻辑为主导。在生存型社会，"生存大于一切"的生存型逻辑压过其他逻辑，人们在生活中得过且过、和气隐忍；生活型社会表现为生活型逻辑成为公认的行为范式，将剩余劳动力投入消遣休闲是社会的常态；发展型社会的界定则在于发展型行动逻辑成为主流，生活型逻辑和生存型逻辑退至次要和边缘位置。这三种社会类型在聚义村的节点分别是 1990 年代中期的温饱解决以及 2004 年之后就业岗位的大量涌现。超越个案，我们可以推断出逻辑变化的拐点，实质上是劳动剩余的产生以及阶层跃升的机会、希望与意愿的出现。

三种社会类型的区别还在于个人发展路径的不同。按照具体行动中依托的社会关系，可以将发展路径区分为支持型发展、变通型发展和冒险型发展。在生存型社会中，该社会中个人上升途径大多数依靠在原有社群中的变通型发展，只有少部分冒险者选择冒险型发展，支持型发展的实现往往需要超强的禀赋或较高的财力。生活型社会介于生存型社会与发展型社会之间。当我们观察发展型社会，能发现支持型发展比变通型发展和冒险型发展更为主流。由于机会多、风险小，无须具备卓越杰出的个人禀赋，也无须进行不确定性很大的外出冒险，资质和出身一般的普通人只要具备中等以上的能力与追求发展的意愿就能找到向上流动的机会，同时，经济水平的提高也为发展提供了更充足的资源，从而实现了"支持型发展的常规化"。三种个人发展路径的变化也构成三种社会类型转化的重要机制。

发展型社会除了需要前文提及的人与资源的关系作为条件，还需要人与人的关系作为支撑。在聚义村，由于本身血缘纽带较为薄弱，村民对社会关系的利用表现为只能动员核心家庭，而家庭之外的家族和社区往往难以撬动。一是由于动员的成本过高。二是在人们不断向村庄外发展的趋势下，村民与原来社区联结愈发松散，而与在城市中建构的后致性关系逐渐密切。与之相比，在福建等地区，人们则能依靠原有强大的血缘、地缘网络实现同乡同业（吴重庆，2014）。

与行动逻辑类似，这三种社会类型也并非线性发展，甚至可能出现"倒退"。在珠三角地区一些就地工业化的村庄（贺雪峰，2017）以及南方一些就近城镇化的乡镇（董磊明、宋苑等，未出版），人们在争相发展、完成原始资本积累后又恢复为一种安逸知足的生活状态。其实当地以及就近县市并非缺乏可供进一步发展的就业岗位，只是他们放弃了这些边际收益递减的机会，可以说是倒退为一种生活型社会。此种形态演变值得我们进一步思考。

因此，理解当下社会我们可能还需要置于一定的阶层视角。人们的发展意愿是有复杂动机的，需要对行动背后的主观意义进行理解。就业机会的涌现使人们看到了向上跃迁的希望，并通过核心家庭紧密化的支持型发展，便能实现从底层跃升到中层或中下层。但从中层到中上层需要更强有力的社会资本的支持，包括紧密的血缘、地缘纽带以及可靠的后致性关系，这些关系的缺乏使大部分人最终停留在中层。同时在就地工业化与就近城镇化的农村，当地乡镇基本能满足人们对城市生活的需求，以及对城市的想象和期待。换言之，发展具有很强的社会性特征，是在与他人的比较和定位之中寻找一个自认为"凑合"的恰当位置。现在的聚义村可能相当于 20 世纪 90 年代珠三角和长三角地区的一些农村，村民在解决温饱后没有停止打工。由于永宁区当地的乡镇没有产业支撑，村民不能相对稳定地实现跃迁，只能选择难度更大的进城区发展，而非成本较低的进乡镇发展。相反，在沿海一些工业化较为成熟的村庄和乡镇，大部分人已然具备不错的经济能力，但他们也大多会满足于此，很少试图为了实现进一步发展，到县市定居、寻找待遇更高但不确定性更大的工作、以及为子女提供更优质的教育，而付出巨大的代价。因此，对发展的分析需要置于一定的社会结构或语境之中。

通过以上分析，我们可以总结出以下内容（见表 11 - 2）。

表 11 - 2　三种社会类型的特征与比较

	生存型社会	生活型社会	发展型社会
主导逻辑	生存型逻辑	生活型逻辑	发展型逻辑
社会关系	底线性联结	价值性联结	工具性联结
经济水平	无剩余	有剩余	有剩余
经济结构	发展机会少	发展机会较多	发展机会多

续表

	生存型社会	生活型社会	发展型社会
主要发展路径	变通型发展、冒险型发展	变通型发展、支持型发展	支持型发展
社会分层	低水平扁平化	高水平扁平化	金字塔形
价值观念	得过且过	知足常乐	无餍求得①

在发展型社会的大背景下，不少农村将会出现最先发展的一批经济精英回村竞选村干部。由于村民的发展依靠在外的机会而非村内的资源，一般只有在触及存量资源的时候才会引发争议，对触及增量的抗争只能在内聚力极强的村庄发生。村庄精英利用自己手中的利益分配权，实现了进一步的阶层跃升，从而生活面向更加向外拓展，愈发塑造村庄政治的外向型特征。在此情况下，精准扶贫也相当于一种资源下乡，对部分意欲向上发展的村民有积极作用，但有部分资源却被不愿意发展的懒汉占用。这需要我们对政策的具体内容和服务对象进行一些反思与调整，毕竟发展型社会中大部分人的期待和不满都已经有所转变。

---

① 由费孝通在《乡土重建》中提出，指丰裕经济中修天以利己，控制自然来应对自己的欲望，参见：费孝通：《乡土重建》，载《费孝通文集》（第四卷），群言出版社，1999b，第300页。

参考文献

曹海林，2005，《村落公共空间：透视乡村社会秩序生成与重构的一个分析视角》，《天府新论》第 4 期。

董磊明、宋苑等，暂未出版，《李村：就近城镇化与地缘圈的重构》打印稿。

杜鹏，2019，《情之礼化：农民闲暇生活的文化逻辑与心态秩序》，《社会科学研究》第 5 期。

杜赞奇，2003，《文化、权力与国家：1900—1942 年的华北农村》，王福明译，江苏人民出版社。

法律出版社法规中心编，2007，《中华人民共和国物权法》，中国法律图书有限公司。

方慧容、杨念群，2001，《"无事件境"与生活世界中的"真实"——西村农民土地改革时期社会生活的记忆》，转引自杨念群《空间·记忆·社会转型——"新社会史"研究论文精选集》，上海人民出版社。

费孝通，1982，《论中国家庭结构的变动》，《天津社会科学》第 3 期。

费孝通，1998《乡土中国生育制度》，北京大学出版社。

费孝通，1999a，《消遣经济》，载《费孝通文集（第二卷）》，群言出版社。

费孝通，1999b，《乡土重建》，载《费孝通文集（第四卷）》，群言出版社。

葛志军、邢成举，2015，《精准扶贫：内涵、实践困境及其原因阐释——基于宁夏银川两个村庄的调查》，《贵州社会科学》第 5 期。

贺雪峰，2001，《缺乏分层与缺失记忆型村庄的权力结构——关于村庄性质的一项内部考察》，《社会学研究》第 1 期。

贺雪峰，2017，《浙江农村与珠三角农村的比较——以浙江宁海与广东东莞作为对象》，《云南大学学报》（社会科学版）第 6 期。

贺雪峰、仝志辉，2003，《论村庄社会关联——兼论村庄秩序的社会基础》，《中国社会科学》第 3 期。

黄宗智，2014，《华北的小农经济与社会变迁》，法律出版社。

简小鹰、谢小芹，2015，《"过日子"与农民的生活逻辑——基于江汉平原 L 村的经验考察》，《长白学刊》第 1 期。

金耀基，1997，《中国政治与文化》，牛津大学出版社。

冷波、贺雪峰，2018，《生活本位：深度贫困地区农民生活逻辑研究——基于贵州 B 村的实证调查》，《湖北行政学院学报》第 6 期。

李强，王昊，2014，《中国社会分层结构的四个世界》，《社会科学战线》第 9 期。

李祖佩，2012，《"资源消解自治"——项目下乡背景下的村治困境及其逻辑》，《学习与实践》第 11 期。

林颖楠，2016，《乡土社会与市场经济的互嵌——福建省莆田市东庄镇同乡同业现象的调查》，《社会治理》第 1 期。

刘锦云，2005，《浅谈客家人的根源意识与宗族观念》，转引自《北京"文化梅州"论文集》，国际炎黄文化出版社。

马克思，2004，《资本论（第三卷）》，中共中央马克思恩格斯列宁斯大林著作编译局译，人民出版社。

恰亚诺夫，1996，《农民经济组织》，萧正洪译，中央编译出版社。

渠敬东，2019，《迈向社会全体的个案研究》，《社会》第 1 期。

舒尔茨，2006，《改造传统农业》，梁小民译，商务印书馆。

谭江蓉，2016，《乡城流动人口的收入分层与人力资本回报》，《农业经济问题》第 2 期。

涂尔干，2006，《宗教生活的基本形式》，渠东译，上海人民出版社。

涂尔干，1995，《社会学方法的准则》，狄玉明译，商务印书馆。

汪三贵、郭子豪，2015，《中国的精准扶贫》，《贵州社会科学》第 5 期。

王宁，2002，《代表性还是典型性？——个案的属性与个案研究方法的逻辑基础》，《社会学研究》第 5 期。

王朔柏、陈意新，2004，《从血缘群到公民化：共和国时代安徽农村宗族变迁研究》，《中国社会科学》第 1 期。

王亚华、高瑞、孟庆国，2016，《中国农村公共事务治理的危机与响应》，《清华大学学报》第 2 期。

王亚华、舒全峰，2017，《第一书记扶贫与农村领导力供给》，《国家行政学院学报》第 1 期。

韦伯，2005，《社会学的基本概念》，顾忠华译，广西师范大学出版社。

韦伯，2013，《社会学的基本概念》，韩水法译，商务印书馆。

吴飞，2009，《浮生取义：对华北某县自杀现象的文化解读》，中国人民大学出版社，38 页。

吴文藻，2010，《论社会学中国化》，商务印书馆。

吴重庆，2014，《"界外"：中国乡村"空心化"的反向运动》，《开放时代》第 1 期。

赵晓峰，2012，《"富人治村"的乡村关系及其后果研究》，《中共福建省委党校学报》第 8 期。

Granovetter, M. 1992, "Problems of Explanation in Economic Sociology." *Networks and Organizations：Structure, Form, and Action.* by Nitin Nohria & Robert C. Eccles（eds.）. Boston：Harvard Business School Press.

Polanyi, K. 1944. *The Great Transformation.* Boston：Beacon Press.

——1957. "The Economy as Instituted Process." In M. Granovetter & R. Swedberg（eds.）. *The Sociology of Economic Life.* Boulder：Westview Press.

后　记

从 2017 年开始，我们这个研究团队有计划、有规律地在每个寒暑假前往农村开展社会调研。本民族志就是基于 2019 年初寒假的一次为期半个月的驻村调研编写的。调研期间，我们白天分成多支队伍针对不同对象开展访谈，晚上进行五个小时以上的复盘与讨论。调研前我们并未带着任何具体的选题，调研接近半程时，我们根据收获到的内容聚焦出这个民族志的问题意识："从生存到发展——农民行动逻辑的变迁"，并基于此展开进一步的深入调研。调研结束后，我们就民族志和相关学术问题又进行了多次会议讨论。可以说，本民族志是团队成员的集体智慧。

本书的具体写作分工如下：前言和村庄概况由董磊明、李健民撰写；第一章由宋苑、李欣灿撰写；第二章由李欣灿、谢梅婕、焦傲然撰写；第三章由朱泽荣、王悦撰写；第四章由李欣灿、王悦撰写；第五章由张徐丽晶、田艳、宋苑撰写；第六章由张徐丽晶、李健民撰写；第七章由李健民、宋苑、焦傲然撰写；第八章由董磊明、欧阳杜菲撰写；第九章由欧阳杜菲、谢梅婕撰写；第十章由谢梅婕、李健民、欧阳杜菲撰写；结论由董磊明、李健民撰写。

诚挚地感谢胡湘、刘岳、董巍、刘衍斌、李景山、李冬林等朋友这些年为我们的调研提供的鼎力支持。本民族志基于学术伦理对调研地点进行了技术化处理，不方便列举为本次调研提供大力支持的地方政府领导、村干部和广大村民的姓名，在此一并对他们表示由衷的感谢。

图书在版编目（CIP）数据

京师社会调查.3，聚义村：当代农民行动逻辑的演变／董磊明等著. -- 北京：社会科学文献出版社，2020.10

ISBN 978 - 7 - 5201 - 7633 - 0

Ⅰ.①京…　Ⅱ.①董…　Ⅲ.①乡村 - 社会调查 - 吕梁　Ⅳ.①D668

中国版本图书馆 CIP 数据核字（2020）第 236135 号

聚义村：当代农民行动逻辑的演变

著　　者／董磊明　李健民 等

出 版 人／谢寿光
责任编辑／张小菲
文稿编辑／孙海龙

出　　版／社会科学文献出版社·群学出版分社（010）59366453
　　　　　地址：北京市北三环中路甲 29 号院华龙大厦　邮编：100029
　　　　　网址：www.ssap.com.cn
发　　行／市场营销中心（010）59367081　59367083
印　　装／北京市松源印刷有限公司

规　　格／开　本：889mm × 1194mm　1/32
　　　　　本册印张：6.875　本册字数：159 千字
版　　次／2020 年 10 月第 1 版　2020 年 10 月第 1 次印刷
书　　号／ISBN 978 - 7 - 5201 - 7633 - 0
定　　价／199.00 元（全三册）

本书如有印装质量问题，请与读者服务中心（010 -59367028）联系